Für Oma Brigitte und
Opa Arthur zur diamantnen
Hochzeit von Steffen, Nadja
und Arthur

♡ Herzlichen Glückwunsch

Feb 2018

Chronik
Jubiläumsbände

Chronik 1958

Tag für Tag in Wort und Bild

Redaktion: Holger Joel (Text), Bettina Bergstedt (Bild)
Fachautoren: Dr. Frank Busch (Theater), Dr. Jutta Köhler (Kunst), Dr. Ingrid Loschek (Mode), Felix R. Paturi (Wissenschaft und Technik), Jochen Rentsch (Musik)
Anhang: Ludwig Hertel, Bernhard Pollmann
Herstellung: Olaf Braun
Lektorat: Olaf Braun
Druck: Mohn Media, Gütersloh

Leihgeber für Zeitungen und Zeitschriften: Institut für Zeitungsforschung, Dortmund

ISBN 978-3-945302-58-3

Inhalt 1958

Der vorliegende Band aus der »Chronik-Bibliothek des 20. Jahrhunderts« führt Sie zuverlässig durch das Jahr 1958 und gibt Ihnen – aus der Sicht des Zeitzeugen, aber vor dem Hintergrund des Wissens von heute – einen vollständigen Überblick über die weltweit wichtigsten Ereignisse in Politik und Wirtschaft, Kultur und Sport, Alltag und Gesellschaft. Sie können das Jahr in chronologischer Folge an sich vorüberziehen lassen, die »Chronik 1958« aber auch als Nachschlagewerk oder als Lesebuch benutzen. Das Chronik-System verbindet eine schier unübersehbare Fülle von Artikeln, Kalendereinträgen, Fotos, Grafiken und Übersichten nach einheitlichen Kriterien und macht damit die Daten dieses Bandes mit jedem anderen Band vergleichbar. Wer die »Chronik-Bibliothek« sammelt, erhält ein Dokumentationssystem, wie es in dieser Dichte und Genauigkeit nirgends sonst zu haben ist.

Hauptteil (ab Seite 8)

Jeder Monat beginnt mit einem Kalendarium, in dem die wichtigsten Ereignisse chronologisch geordnet und in knappen Texten dargestellt sind. Sonn- und Feiertage sind durch farbigen Druck hervorgehoben. Pfeile verweisen auf ergänzende Bild- und Textbeiträge auf den folgenden Seiten. Faksimiles von Zeitungen und Zeitschriften, die im jeweiligen Monat des Jahres 1958 erschienen sind, spiegeln Zeitgeist und herausragende Ereignisse.
Wichtige Ereignisse des Jahres 1958 werden – zusätzlich zu den Eintragungen im Kalendarium – in Wort und Bild beschrieben. Jeder der 410 Einzelartikel bietet eine in sich abgeschlossene Information. Die Pfeile des Verweissystems machen auf Artikel aufmerksam, die an anderer Stelle dieses Bandes ergänzende Informationen zu dem jeweiligen Thema vermitteln.
566 zumeist farbige Abbildungen und graphische Darstellungen illustrieren die Ereignisse und Entwicklungen des Jahres 1958 und werden damit zu einem historischen Kaleidoskop besonderer Art.
Hinter dem Hauptteil (auf S. 208) geben originalgetreue Abbildungen einen Überblick über alle Postwertzeichen, die 1958 in der Bundesrepublik Deutschland neu an die Postschalter gekommen sind.

Übersichtsartikel (ab Seite 18)

19 Übersichtsartikel, am blauen Untergrund zu erkennen, stellen Entwicklungen des Jahres 1958 zusammenfassend dar.
Alle Übersichtsartikel aus den verschiedenen Jahrgangsbänden ergeben – zusammengenommen – eine sehr spezielle Chronik zu den jeweiligen Themenbereichen (z. B. Film von 1900 bis 2000).

Anhang (ab Seite 209)

Der Anhang zeigt das Jahr 1958 in Statistiken und anderen Übersichten. Ausgehend von den offiziellen Daten für die Bundesrepublik, für Österreich und die Schweiz, regen die Zahlen und Fakten zu einem Vergleich mit vorausgegangenen und nachfolgenden Jahren an.
Für alle wichtigen Länder der Erde sind die Staats- und Regierungschefs im Jahr 1958 aufgeführt und werden wichtige Veränderungen aufgezeigt. Die Zusammenstellungen herausragender Neuerscheinungen auf dem Buchmarkt sowie der Premieren auf Bühne und Leinwand werden zu einem Führer durch das kulturelle Leben des Jahres.
Das Kapitel »Sportereignisse und Rekorde« spiegelt die Höhepunkte des Sportjahres 1958.
Internationale und deutsche Meisterschaften, die Entwicklung der Leichtathletik- und Schwimmrekorde sowie alle Ergebnisse der großen internationalen Wettbewerbe im Automobilsport, Eiskunstlauf, Fußball, Gewichtheben, Pferde-, Rad- und Wintersport sowie im Tennis sind wie die Boxweltmeister im Schwergewicht nachgewiesen
Der Nekrolog enthält Kurzbiographien von Persönlichkeiten, die 1958 verstorben sind.

Register (ab Seite 233)

Das *Personenregister* nennt – in Verbindung mit der jeweiligen Seitenzahl – alle Personen, deren Namen in diesem Band verzeichnet sind. Werden Personen abgebildet, so sind die Seitenzahlen kursiv gesetzt. Herrscher und Angehörige regierender Häuser mit selben Namen sind alphabetisch nach den Ländern ihrer Herkunft geordnet.
Wer ein bestimmtes Ereignis des Jahres 1958 nachschlagen möchte, das genaue Datum oder die Namen der beteiligten Personen aber nicht präsent hat, findet über das *Sachregister* Zugang zu den gesuchten Informationen.
Oberbegriffe und Ländernamen erleichtern das Suchen und machen zugleich deutlich, welche weiteren Artikel und Informationen zu diesem Themenfeld im vorliegenden Band zu finden sind. Querverweise helfen bei der Erschließung der immensen Informationsvielfalt.

Das Jahr 1958

Das Atomium – Sinnbild und Wahrzeichen der Weltausstellung in Brüssel – ist auch Ausdruck der kontroversen Diskussion des Jahres 1958: Auf der Weltausstellung gilt das Atom als Symbol des Fortschritts, die Kernspaltung wird gefeiert als fast unerschöpflicher Energieträger der Zukunft; gegen die kriegerische Anwendung der atomaren Energie, die eine tödliche Gefahr für die gesamte Menschheit bedeutet, wächst jedoch weltweit der Widerstand, der im ersten Ostermarsch, in Arbeitsniederlegungen, Demonstrationen und vielen anderen Protestformen seinen Ausdruck findet.
Zu unmittelbarer Sorge gibt den europäischen Staaten 1958 die weiter eskalierende Staatskrise in Frankreich Anlaß. Sie erreicht am 13. Mai in Algier mit dem Putsch französischer Militärs gegen die Regierung in Paris ihren Höhepunkt. In den Augen der Aufständischen und auch vieler anderer Franzosen kann nun nur noch ein Mann die Nation retten: Charles de Gaulle. Sein Entwurf einer neuen Verfassung wird mit großer Mehrheit in einer Volksabstimmung gebilligt; am 4. Oktober wird denn auch in Frankreich die V. Republik ausgerufen. De Gaulle, zunächst Ministerpräsident mit Sondervollmachten, wird am 21. Dezember in das Amt des Staatspräsidenten und damit zum mächtigsten Mann Frankreichs gewählt.
Wie schon das Jahr 1956, bringt auch 1958 eine krisenhafte Entwicklung im Nahen Osten und läßt die Welt an den Rand eines internationalen Krieges geraten. Nach dem Sturz der Monarchie im Irak am 14. Juli marschieren britische und US-amerikanische Truppen auf Bitten der jordanischen und libanesischen Regierung in diese Länder ein, um weitere Umstürze zu verhindern. Die Sowjetunion beschränkt sich in der Nahostkrise auf verbale Proteste.
Auch bei den kriegerischen Handlungen im Fernen Osten – zwischen der Volksrepublik China und Taiwan – beziehen die Weltmächte deutlich auf entgegengesetzten Seiten Stellung, in diesem Fall greifen jedoch auch die Vereinigten Staaten nicht in den Konflikt ein.
Mit Empörung reagiert die westliche Welt auf die Hinrichtung von Imre Nagy, während des Volksaufstandes im Herbst des Jahres 1956 ungarischer Ministerpräsident, und drei seiner politischen Kampfgefährten. Nach einem geheimgehaltenen Prozeß werden alle vier Politiker in Ungarn zum Tode verurteilt und die Urteile sofort vollstreckt.
Der Tod des 82jährigen Oberhauptes der katholischen Kirche, Papst Pius XII., löst weltweit Trauer aus. Nachfolger wird der Patriarch von Venedig, Kardinal Angelo Giuseppe Roncalli (als Papst Johannes XXIII.).
Neben der Auseinandersetzung um die Atomrüstung beschäftigt die Bundesbürger im Jahr 1958 innenpolitisch vor allem das sog. Chruschtschow-Ultimatum der Sowjetunion mit Bezug auf Berlin (West). Die UdSSR kündigt die Viermächteverträge über die Stadt, verlangt, daß der Westteil Berlins in eine entmilitarisierte Freistadt umgewandelt werden soll, und droht an, bei einem Scheitern der Verhandlungen über den Status Berlins der DDR die Kontrolle über die Zufahrtswege zu der Stadt zu überlassen.
Wirtschaftlich erlebt die Bundesrepublik – in abgeschwächter Form – die Rezession, die in den Vereinigten Staaten von Amerika zur höchsten Arbeitslosenzahl seit 17 Jahren geführt hat. Neben den US-Amerikanern leiden vor allem die südamerikanischen Staaten unter der Wirtschaftskrise, weil ihre Exportchancen immer weiter zurückgehen.
Nach dem erfolgreichen Start des ersten künstlichen Himmelskörpers – des sowjetischen »Sputnik 1« – im Jahr 1957 steht auch 1958 ganz im Zeichen der Raumfahrttechnologie. Zu Beginn des Jahres gelingt es den USA, einen Satelliten in die Erdumlaufbahn zu schießen. Weitere Erfolge sind u. a. der Start des ersten Nachrichtensatelliten »Score« durch die US-Amerikaner und weitere Untersuchungen der Sowjets über die Auswirkungen der Raumfahrtbedingungen auf Lebewesen. Trotz mehrmaliger Versuche gelingt es den Vereinigten Staaten allerdings nicht, eine Rakete zum Mond zu schikken. Auf der Erde wird 1957 erstmals die Antarktis zu Fuß durchquert; mit dem Atom-U-Boot »Nautilus« wird erstmals das Nordpolpackeis unterquert.
Wenig Neues bringt das Jahr 1958 auf kulturellem Gebiet. Trauriger Höhepunkt ist die Ablehnung des Literaturnobelpreises durch den sowjetischen Schriftsteller Boris Pasternak, der in seiner Heimat politisch unter Druck gesetzt wird. Die Jugendlichen in der Bundesrepublik entwickeln immer deutlicher ihre eigene, vom Rock 'n' Roll geprägte Kultur. Ihre Ereignisse sind die Ankunft des US-Soldaten Elvis Presley in Bremerhaven und die Auftritte Bill Haleys in mehreren Städten der Bundesrepublik, bei denen es teilweise zu schweren Krawallen kommt.
Den Beginn des Sportjahres 1958 überschattet eine erschütternde Nachricht für die Fußballfreunde: Beim Absturz einer Chartermaschine auf dem Flugplatz München-Riem werden sieben Spieler der englischen Fußballmannschaft Manchester United getötet, acht weitere schwer verletzt.
Bei der Fußballweltmeisterschaft im Juni in Schweden geht der Stern des jungen Brasilianers Pele auf, der mit seiner Elf den Titel gewinnt.
Aus bundesdeutscher Sicht sind – neben Gustav (»Bubi«) Scholz, der sich den Europameistertitel der Profiboxer im Mittelgewicht holt – vor allem die Leichtathleten erfolgreich. Glanzpunkt ist die Einstellung des Weltrekords durch die bundesdeutsche 4 × 100-m-Staffel mit 39,5 sec.

◁ *Das Atomium auf der Weltausstellung in Brüssel*

Januar 1958

Mo	Di	Mi	Do	Fr	Sa	So
		1	2	3	4	5
6	7	8	9	10	11	12
13	14	15	16	17	18	19
20	21	22	23	24	25	26
27	28	29	30	31		

1. Januar, Neujahr

Die am 25. März 1957 geschlossenen Verträge über die Europäische Wirtschaftsgemeinschaft (EWG) und die Europäische Atomgemeinschaft (EURATOM) treten in Kraft → S. 14

In der Schweiz beginnt das Fernsehen mit dem ordentlichen Sendebetrieb. → S. 26

Im indischen Madras gründet Maharischi Mahesch Jogi die Schule der Transzendentalen Meditation. → S. 26

Nach einer Verfügung des Wasser- und Schiffahrtsamtes Duisburg-Ruhrort müssen die Seilfähren auf dem Niederrhein ihren Betrieb einstellen. Wegen ihrer Schwerfälligkeit gefährden sie den Schiffsverkehr.

2. Januar, Donnerstag

Das Bundeskartellamt in Berlin (West) nimmt seine Tätigkeit auf. → S. 17

Beim Kraftfahrtbundesamt in Flensburg wird die 1957 gesetzlich verankerte sog. Verkehrssünderkartei in Gebrauch genommen. → S. 22

Mit einem Skandal endet die Premiere der Oper »Norma« von Vincenzo Bellini in Rom, nachdem die Starsopranistin Maria Callas ihren Auftritt als Darstellerin der Titelrolle wegen »Indisposition« abgebrochen hat. → S. 27

3. Januar, Freitag

Eine neuseeländische Expedition unter Führung des Mount-Everest-Erstbesteigers Sir Edmund Hillary erreicht nach einem 82tägigen Marsch über fast 2000 km den Südpol (→ 2.3./S. 54).

4. Januar, Sonnabend

Der britische Premierminister Harold Macmillan schlägt einen Nichtangriffspakt zwischen dem westlichen Militärblock NATO und der Sowjetunion vor.

Nach Angaben des US-Außenministeriums haben die Ostblockstaaten von Juli 1955 bis Dezember 1957 den Entwicklungsländern wirtschaftliche und militärische Hilfeleistungen in Höhe von 1,9 Milliarden US-Dollar (rund acht Milliarden DM) gewährt bzw. zugesagt. → S. 15

Der am 4. Oktober 1957 gestartete erste künstliche Himmelskörper, der sowjetische Satellit »Sputnik 1«, verglüht in der Erdatmosphäre.

5. Januar, Sonntag

In einer Rundfunkansprache unterstreicht der österreichische Bundeskanzler Julius Raab den Willen seines Landes zur Neutralität und bietet die Dienste Österreichs bei künftigen Abrüstungsverhandlungen an.

Als indirekten Beitrag zur Wiedervereinigung Deutschlands bezeichnet der polnische Außenminister Adam Rapacki seinen Plan einer atomwaffenfreien Zone in Mitteleuropa in einem Interview mit der britischen Zeitung »Sunday Times« (→ 14.2./S. 38).

6. Januar, Montag

Die Sowjetunion protestiert bei den Vereinten Nationen in New York gegen die Einbeziehung von Berlin (West) in internationale Verträge der Bundesrepublik. Berlin sei die Hauptstadt der DDR (→ 27.11./S. 180).

Die sowjetische Regierung beschließt die Reduzierung ihrer Streitkräfte um 300 000 Soldaten, davon 41 000 in der DDR stationierte.

Als getarnte Enteignungen bezeichnet der niederländische Ministerpräsident Willem Drees die Übernahme niederländischer Unternehmen in Indonesien durch die Militärbehörden des Landes. Die Beschlagnahmungen stehen im Zusammenhang mit dem Konflikt um West-Neuguinea (Man Jaya), auf das sowohl Indonesien wie seine frühere Kolonialmacht Niederlande Anspruch erheben (→ 3.12./S. 198).

7. Januar, Dienstag

Der Staatssekretär im Auswärtigen Amt, Walter Hallstein, wird zum ersten Präsidenten der Europäischen Wirtschaftskommission ernannt (→ 1.1./S. 14).

9655 Frauen, darunter Ina Seidel, Gertrud von Le Fort und Marianne Dirks, haben eine Erklärung gegen Atomkrieg, Atomrüstung und Krieg unterschrieben, die der Bundesregierung sowie allen weiblichen Bundestagsabgeordneten zugeleitet wird.

Bundeswirtschaftsminister Ludwig Erhard (CDU) führt in Frankfurt am Main Karl Blessing als Präsidenten der Deutschen Bundesbank in sein Amt ein. Vizepräsident wird Heinrich Tröger. → S. 17

Der israelische Ministerpräsident David Ben Gurion, der am 31. Dezember 1957 zurückgetreten war, übernimmt mit unveränderter Regierungsmannschaft wieder sein bisheriges Amt. → S. 15

Aus Protest gegen die geplante Erhöhung der Staatsausgaben tritt der britische Schatzkanzler George Edward Peter Thorneycroft zurück. Sein Nachfolger wird Derick Heathcoat-Amory.

8. Januar, Mittwoch

Nach vierjähriger Haft wird der ehemalige Premierminister von Jammu und Kaschmir, Scheich Mohammed Abdullah, bekannt als »Löwe von Kaschmir«, auf freien Fuß gesetzt. → S. 15

Als zweite bundesdeutsche Rundfunkanstalt nach dem Bayerischen Fernsehen (seit 1956) nimmt der Hessische Rundfunk Werbesendungen in sein TV-Programm auf. Im halbstündigen Vorabendprogramm sind jeweils sechs Minuten lang Reklamesendungen zu sehen. Am 13. Januar beginnt auch der Südwestfunk mit Werbesendungen.

9. Januar, Donnerstag

In seiner Jahresbotschaft an den Kongreß vertritt US-Präsident Dwight D. Eisenhower die Ansicht, das mächtigste Mittel zur Abschreckung vor einem Krieg sei die Schlagkraft der US-amerikanischen strategischen Luftwaffe. → S. 13

Die DDR-Volkskammer beschließt den zweiten Fünfjahresplan für 1955 bis 1960, der eine vorrangige Entwicklung der Grundstoffindustrien vorsieht. Stärker gefördert werden sollen auch die landwirtschaftliche Produktion, der Wohnungsbau und die Konsumgüterindustrie (→ 16.7./S. 121).

10. Januar, Freitag

Die sowjetische Regierung richtet an alle Mitgliedsstaaten des westlichen Militärblocks NATO, der Vereinten Nationen sowie an die Schweiz eine Note, in der sie die Einberufung einer Konferenz der führenden Staatsmänner zur internationalen Verständigung vorschlägt. → S. 15

Der jugoslawische Vizepräsident Svetozar Vukmanovic-Tempo erklärt, daß sein Land künftig auf nichtrückzahlbare Wirtschaftshilfe der USA verzichten und statt dessen langfristige Kredite in Anspruch nehmen wolle.

Die Schweizer haben im Vergleich zu anderen europäischen Staaten einen sehr hohen Lebensstandard: Dies ist das Ergebnis einer Erhebung über Einkommen und Ausgaben von 212 Arbeiter- und 101 Beamtenfamilien in der Eidgenossenschaft. → S. 17

Berlin feiert den 100. Geburtstag des Zeichners Heinrich Zille. → S. 27

11. Januar, Sonnabend

Vier Mitglieder der südrhodesischen Regierung treten zurück, weil sie mit der Rassenpolitik von Ministerpräsident Garfield Todd unzufrieden sind. Ihrer Ansicht nach wird die schwarze Bevölkerung zum Nachteil der Weißen zu sehr begünstigt (→ 12.11./S. 182).

Beim Lauberhornrennen in Wengen (Schweiz) gewinnt der österreichische Skiläufer Toni Sailer, Olympiasieger von 1956, die Abfahrt, sein Landsmann Josl Rieder den Slalomwettbewerb.

12. Januar, Sonntag

Auf einem außerordentlichen Parteitag wählt die Berliner SPD den Regierenden Bürgermeister von Berlin (West), Willy Brandt, zu ihrem Vorsitzenden. → S. 16

Auf einer zweitägigen Veranstaltung in München mit dem Titel »Christentum und demokratischer Sozialismus« kommt es zum Meinungsaustausch zwischen je 50 Vertretern der SPD und der katholischen Kirche. → S. 20

In der Sonntagsmesse wird ein Hirtenwort der deutschen katholischen Bischöfe verlesen, in dem diese vor den »Folgen und Gefahren einer Mischehe mit Andersgläubigen« warnen. → S. 20

Bei den Deutschen Eiskunstlaufmeisterschaften in München verteidigen die Vorjahressieger Ina Bauer (Krefeld) und Manfred Schnelldorfer (München) erfolgreich ihre Titel in den Einzelwettbewerben. Paarlaufmeister werden Marika Kilius (Frankfurt am Main) und ihr neuer Partner Hans-Jürgen Bäumler (Garmisch-Partenkirchen). → S. 29

13. Januar, Montag

Bundeswirtschaftsminister Ludwig Erhard (CDU) schlägt eine Verlängerung der wöchentlichen Arbeitszeit um eine Stunde vor. → S. 17

Die Regierung in Den Haag bekundet ihre grundsätzliche Bereitschaft, auf niederländischem Boden Raketenabschußbasen zu errichten, falls dies vom militärischen Standpunkt aus notwendig sei.

9235 Wissenschaftler aus 44 Staaten richten einen gemeinsamen Appell an die USA, um eine Einstellung der Atombombenversuche zu erwirken.

14. Januar, Dienstag

Per Dekret erklärt die spanische Führung die in Nordafrika gelegenen Verwaltungsbezirke Río de Oro (Westsahara) und Sagia el Hamra sowie die Enklave von Ifni zu spanischen Provinzen. 1957 hat es um diese Gebiete blutige Auseinandersetzungen zwischen der spanischen Armee und marokkanischen Freischärlern gegeben.

Im Raum Stuttgart wird ein Lebensmittelskandal aufgedeckt, in den mindestens 50 Metzgereien verwickelt sind. Sie sollen in den vergangenen Jahren ihrer Wurst den hochgiftigen Stoff Natriumnitrit beigemengt haben, der eine besonders frisch wirkende Färbung bewirkt. → S. 21

15. Januar, Mittwoch

In einer Rundfunkansprache bezeichnet Bundeskanzler Konrad Adenauer (CDU) die Schreiben des sowjetischen Ministerpräsidenten Nikolai A. Bulganin vom → 10. Januar (S. 15) als einen großangelegten Propagandafeldzug.

In der DDR beginnt eine dreitägige Aktion »Blitz contra Wattfraß«, mit der in Spitzenbelastungszeiten Strom gespart werden soll. → S. 21

16. Januar, Donnerstag

Zu acht Monaten Haft auf Bewährung und einer Geldstrafe von 5000 DM wegen fahrlässiger Tötung und fortgesetzter Verstöße gegen das Heilpraktikergesetz verurteilt das Landgericht München II den »Wunderdoktor« Bruno Gröning in einer Berufungsverhandlung. → S. 23

17. Januar, Freitag

Die US-amerikanische Marine gibt die erfolgreiche Erprobung des neuen Raketentyps »Polaris« (Reichweite rund 2700 km) bekannt, der als Bewaffnung für atomgetriebene U-Boote gedacht ist.

Titelblatt des Hamburger Nachrichtenmagazins »Der Spiegel« vom 1. Januar 1958 zum Aufbruch der UdSSR und der USA ins Weltall

Januar 1958

Der Zentralbankrat der Deutschen Bundesbank senkt den Diskontsatz von 4% auf 3,5%; entsprechend werden auch der Lombardsatz (auf 4,5%) und der Zinssatz für Kassenkredite (auf 3,5%) um einen halben Prozentpunkt herabgesetzt.

18. Januar, Sonnabend

Beim traditionellen Filmball in Berlin (West) ist auffällig wenig Prominenz zu sehen. Im Mittelpunkt des Interesses stehen die Schauspieler Hildegard Knef und Willy Fritsch sowie der Regisseur Alfred Weidenmann (→ 11.1./S. 22).

19. Januar, Sonntag

Außenminister Heinrich von Brentano (CDU) bekundet das Interesse der Bundesregierung an der Aufnahme bilateraler Beziehungen zu einzelnen Ostblockstaaten.

Bei den Wahlen im Fürstentum Monaco gehen 982 der 1216 Wahlberechtigten zu den Urnen. Das Ergebnis: Zwölf Sitze erhält die Nationale Unabhängigkeitsunion (davon erreicht sie die Hälfte erst bei der Nachwahl am 26. Januar), sechs Mandate entfallen auf die Demokratisch-Nationale Allianz.

In Guatemala erreicht bei den Präsidentschaftswahlen keiner der Kandidaten die erforderliche absolute Mehrheit. Am 29. Januar einigen sich die Kandidaten mit den meisten Stimmen, General Miguel Ydigoras Fuentes und Oberst José Luis Cruz Salazar, auf die Bildung einer »vereinigten anti-kommunistischen Front«, der Fuentes als Präsident vorstehen soll. Er tritt sein Amt am 2. März an.

20. Januar, Montag

In einem Antwortschreiben an den sowjetischen Ministerpräsidenten Nikolai A. Bulganin schlägt Bundeskanzler Konrad Adenauer vor, den Briefwechsel einzustellen und statt dessen diplomatische Gespräche zu führen (→ 10.1./S. 15).

45 Bundestagsabgeordnete bringen den Antrag ein, die Todesstrafe bei Mord wieder einzuführen. → S. 16

Der schweizerische Bundesrat erklärt in einem Brief an den sowjetischen Ministerpräsidenten Nikolai A. Bulganin die Bereitschaft des Landes, als Tagungsort für eine internationale Konferenz der Regierungschefs zur Verfügung zu stehen (→ 10.1./S. 15).

In Frankreich wird ein Finanzgesetz erlassen, das die Reduzierung der Streitkräfte von 1 044 000 auf 890 000 Soldaten bis zum Jahresende vorsieht.

Olaf V. wird in Oslo als norwegischer König auf die Verfassung vereidigt und damit inthronisiert (→ 23.1./S. 24).

Das Lübecker Seeamt fällt seinen Spruch über die Ursachen, die zum Untergang des Segelschulschiffs »Pamir« am 21. September 1957 geführt haben. → S. 21

21. Januar, Dienstag

Frankreich, Italien und die Bundesrepublik wollen eine gemeinsame Produktion auf waffentechnischem Gebiet mit dem Ziel einer Standardisierung entwickeln.

Mit der exponierten Lage seines Landes und dem Wunsch, »auch nur den Anschein einer herausfordernden Geste zu vermeiden«, begründet der dänische Ministerpräsident Hans Christian Svane Hansen die ablehnende Haltung seines Landes gegenüber der Errichtung von Raketenabschußbasen auf seinem Staatsgebiet.

22. Januar, Mittwoch

DDR-Ministerpräsident Otto Grotewohl schlägt einen Volksentscheid in beiden deutschen Staaten über die Einbeziehung in eine atomwaffenfreie Zone vor.

Mit 334 gegen 226 Stimmen spricht die französische Nationalversammlung der Regierung unter dem Sozialisten Félix Gaillard das Vertrauen für ihre Außenpolitik aus.

Der sowjetische Parteichef Nikita S. Chruschtschow bestreitet in einer Rede vor Landarbeitern in Minsk, daß die UdSSR auf der Genfer Konferenz der Regierungschefs im Juli 1955 mit den Westmächten übereingekommen sei, die Wiedervereinigung Deutschlands durch freie Wahlen zu erreichen. Dieses Ziel sei nur auf der Basis einer Konföderation beider deutscher Staaten möglich.

23. Januar, Donnerstag

Im Bundestag in Bonn wirft die SPD der Regierung während einer außenpolitischen Debatte vor, die Chance zur Wiedervereinigung verpaßt zu haben, und fordert den Rücktritt von Bundeskanzler Konrad Adenauer. → S. 16

Nach mehrtägigen Unruhen in Venezuela flieht Staatspräsident Marcos Pérez Jiménez in die Dominikanische Republik. Die Macht im Land übernimmt eine Militärjunta, die am 25. Januar Wolfgang Larrazabal vorläufig zum Präsidenten ernennt. → S. 15

In Karatschi wird Prinz Karim Al Hussain Shah als Aga Khan IV. als Oberhaupt der Ismailitensekte inthronisiert. → S. 24

24. Januar, Freitag

Britische und US-amerikanische Wissenschaftler geben bekannt, daß ihnen die kontrollierte Kernreaktion durch Fusion von Wasserstoffatomen gelungen sei. Wenige Monate später erweisen sich die Versuchsergebnisse jedoch als falsch. → S. 26

Die Franzosen Guy Monraisse und Jacques Feret gewinnen auf Renault-Dauphine die am 21. Januar gestartete Rallye Monte Carlo. → S. 29

25. Januar, Sonnabend

In Brüssel hält der Rat der Europäischen Wirtschaftsgemeinschaft und der Europäischen Atomgemeinschaft seine konstituierende Sitzung ab (→ 1.1./S. 14).

Im saarländischen Berns wird der französische Privat-TV-Sender Saarländisches Fernsehen AG stillgelegt, der seit zehn Tagen ein deutschsprachiges Programm mit Werbespots ausstrahlte. → S. 26

26 Januar Sonntag

Eine Aufklärungskampagne über Gefahren und Folgen der atomaren Aufrüstung kündigt der SPD-Vorsitzende Erich Ollenhauer an (→ 25.3./S. 50).

Der Generalsekretär des westlichen Militärpaktes NATO, Paul-Henri Spaak, lehnt in einer Rede in Brüssel den Plan einer atomwaffenfreien Zone in Mitteleuropa des polnischen Außenministers Adam Rapacki ab, weil dadurch die Verteidigung Westeuropas preisgegeben werde(→ 14.2./S. 38).

Mit fast 75% der abgegebenen Stimmen lehnen die Schweizer in einer Volksbefragung ein Volksbegehren gegen den Mißbrauch wirtschaftlicher Macht (sog. Kartellverbotsinitiative) ab. → S. 17

Mit 44 188 gegen 40 001 Stimmen sprechen sich die wahlberechtigten Bürger Zürichs in einer Volksabstimmung gegen die Verlängerung der Polizeistunde über Mitternacht hinaus aus. → S. 23

Im Rahmen der Feierlichkeiten zum 80. Geburtstag des Schriftstellers Rudolf Alexander Schröder wird Paul Celan mit dem Bremer Literaturpreis 1958 ausgezeichnet. → S. 27

Vorjahressieger Eugenio Monti (Italien) sichert sich den Titel bei der Zweierbob-Weltmeisterschaft in Garmisch-Partenkirchen. → S. 29

27. Januar, Montag

Der ungarische Ministerpräsident János Kádár gibt vor der Nationalversammlung seinen Rücktritt bekannt; er will sich künftig ausschließlich seinen Aufgaben als Parteisekretär widmen. → S. 15

Zwischen den Vereinigten Staaten und der Sowjetunion wird in Washington ein Abkommen über einen Kulturaustausch und vermehrte Kontakte auf dem Gebiet des Fremdenverkehrs unterzeichnet.

28. Januar, Dienstag

Die Bundesregierung zeigt sich befremdet darüber, daß im »Päpstlichen Jahrbuch für 1958« auf die Nennung der deutschen Namen für die Diözesen östlich der Oder-Neiße-Linie verzichtet wird.

29. Januar, Mittwoch

Bundeskanzler Konrad Adenauer (CDU) weist in einer Rundfunkansprache die von den Abgeordneten Thomas Dehler (FDP) und Gustav Heinemann (SPD) gegen ihn in der Debatte am → 23. Januar (S. 16) erhobenen Vorwürfe zurück. Der SPD-Vorsitzende Erich Ollenhauer äußert daraufhin am 31. Januar sein Befremden darüber, daß Bundeskanzler Adenauer nicht im Parlament, sondern via Rundfunk antworte.

Einer Reduzierung der britischen Streitkräfte auf dem europäischen Kontinent um 8500 Soldaten im kommenden Haushaltsjahr stimmt der Rat der Westeuropäischen Union (WEU) zu.

Ägypten und die UdSSR vereinbaren ein Abkommen über eine wirtschaftlich-technische Zusammenarbeit.

Radio Moskau gibt bekannt, daß sowjetische Wissenschaftler an einer »elektrischen Schlafmaschine« arbeiten, mit deren Hilfe das menschliche Schlafbedürfnis auf zwei Stunden täglich reduziert werden könne.

30. Januar, Donnerstag

In Ankara beenden die Staaten des prowestlichen Bagdadpaktes ihre viertägigen Beratungen, an denen auch US-Außenminister John Foster Dulles teilgenommen hat. Beschlüsse wurden auf der Konferenz nicht gefaßt.

Anläßlich des 25. Jahrestages der nationalsozialistischen »Machtergreifung« wird das Motto im Lichthof der Münchner Universität geändert. → S. 20

Der Suchdienst des Deutschen Roten Kreuzes legt die ersten Bildsuchlisten vor, die zur Aufklärung von Vermißtenschicksalen aus dem Zweiten Weltkrieg beitragen sollen. → S. 26

31. Januar, Freitag

Den Vereinigten Staaten gelingt mit dem Abschuß des »Explorer 1« erstmals der Start eines Erdsatelliten. → S. 12

Die französische Nationalversammlung billigt endgültig das Wahlgesetz und die Rahmengesetzgebung für Algerien. Die nordafrikanische Kolonie bleibt damit Bestandteil Frankreichs. → S. 14

Im Januar liegt die Arbeitslosenquote in der Bundesrepublik um 219 000 über dem Wert vom Dezember 1957 und steigt damit auf 7,4% an. Im Januar 1957 waren jedoch noch rund 44 000 Bundesbürger zusätzlich arbeitslos gemeldet.

Gestorben:

3. Berlin: Alexander Meißner, (*14.9. 1883, Wien), deutscher Funktechniker.

9. Berlin: Paul Fechter (* 14.9.1880, Elbing), deutscher Journalist, Schriftsteller und Literarhistoriker.

15. Leningrad: Jewgeni L. Schwarz (*21.10.1896, Kasan), russisch-sowjetischer Schriftsteller.

30. Stuttgart: Ernst Heinrich Heinkel (*24.1.1888, Grunbach/Rems-Murr-Kreis), deutscher Flugzeugkonstrukteur.

Geboren:

25. Uerdingen: Jürgen Hingsen, deutscher Leichtathlet, Zehnkämpfer.

Das Wetter im Monat Januar

Station	Mittlere Lufttemperatur (°C)	Niederschlag (mm)	Sonnenscheindauer (Std.)
Aachen	– (1,8)	– (72)	– (51)
Berlin	– 0,4 (– 0,4)	– (43)	– (56)
Bremen	– (0,6)	– (57)	– (47)
München	– (2,1)	– (55)	– (56)
Wien	0,2 (– 0,9)	34 (40)	77 (–)
Zürich	0,1 (– 1,0)	69 (68)	49 (46)

() Langjähriger Mittelwert für diesen Monat
– Wert nicht ermittelt

Mit ihrer Titelkarikatur nimmt die satirische Zeitschrift »Simplicissimus« aus München am 4. Januar 1958 den neuen Wohlstand in der Bundesrepublik aufs Korn

SIMPLICISSIMUS

Jahrgang 1958 Nummer 1 | Herausgegeben von Olaf Iversen | München, den 4. Januar 195

Gesegnetes Neues Jahr!

Zeichnung: Manfred Oesterle

„Na, denn prost — auf deine Gesundheit!“

Durch Satellitenerfolg ziehen USA mit Sowjetunion gleich

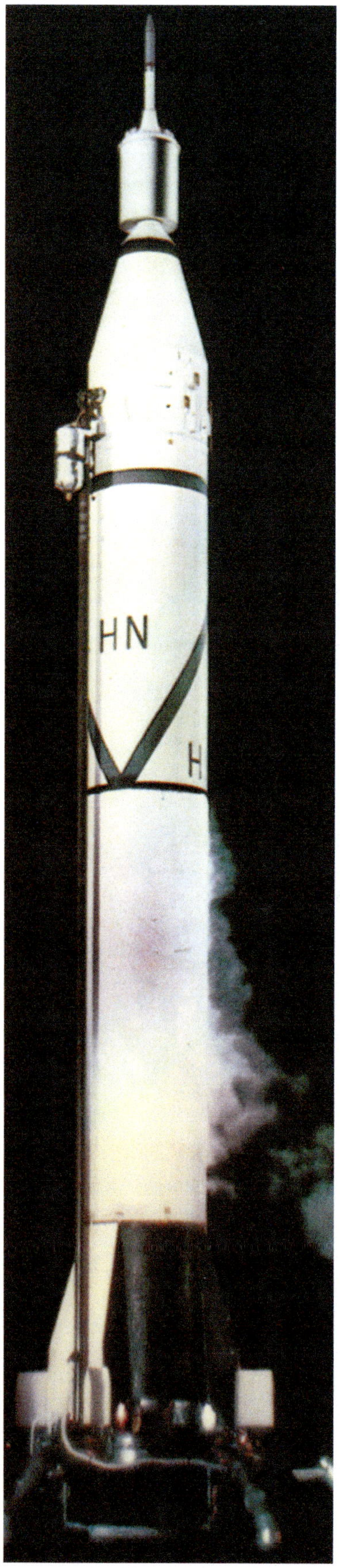

»Jupiter C«-Rakete mit »Explorer 1« an der Spitze auf der Startrampe des Raumfahrtzentrums Cape Canaveral

31. Januar. Erstmals erfolgreich verläuft der Start eines US-amerikanischen Erdsatelliten: Der von einer vierstufigen Rakete vom Typ »Jupiter C« angetriebene künstliche Himmelskörper »Explorer 1«, der um 22.45 Uhr Ortszeit vom Versuchsgelände Cape Canaveral im US-Bundesstaat Florida abgeschossen wird, erreicht die vorbestimmte Umlaufbahn und umkreist die Erde zwölf Mal täglich mit einer Geschwindigkeit von rund 27 000 km/h.

In den Vereinigten Staaten, aber auch in der übrigen westlichen Welt wird die Erfolgsnachricht mit Erleichterung und Genugtuung aufgenommen. Man hofft, daß die USA nun den Vorsprung der Sowjets auf dem Gebiet der Raketen- und damit auch der Waffentechnologie in Kürze einholen werden. Die UdSSR hat am 4. Oktober 1957 den ersten Erdsatelliten »Sputnik 1« ins Weltall geschossen und damit die bis dahin als technisch überlegen geltenden USA überrundet.

»Explorer 1« hat mit 13,9 kg allerdings ein wesentlich geringeres Gewicht als der sowjetische »Sputnik« (83,6 kg). Der Direktor der Abteilung Raketenentwicklung in der US-Armee, der gebürtige Deutsche Wernher von Braun, erklärt dazu, der »Explorer« sei nur ein Rivale im Geiste, nicht aber in der Materie des »Sputnik«. Er sei überzeugt, daß die Vereinigten Staaten noch immer fünf Jahre brauchten, um den sowjetischen Vorsprung in der Raketenentwicklung einzuholen.

Neben seiner wissenschaftlichen Bedeutung hat das Ereignis auch eine militärische Komponente: Die USA stellen damit unter Beweis, daß auch sie über Interkontinentalraketen verfügen, die im Kriegsfall die Sowjetunion bedrohen würden.

»Sputnik 1«, der erste künstliche Erdsatellit, mit dem die UdSSR am 4. Oktober 1957 das Zeitalter der Raumfahrt einleitete; in den USA löste diese Pionierleistung der als technisch unterlegen geltenden Sowjetunion einen Schock aus; gleichzeitig wurden aber auch die eigenen Anstrengungen auf dem Raumfahrtsektor intensiviert und naturwissenschaftliche Bildung verstärkt gefördert

Aufbau von "Explorer 1"

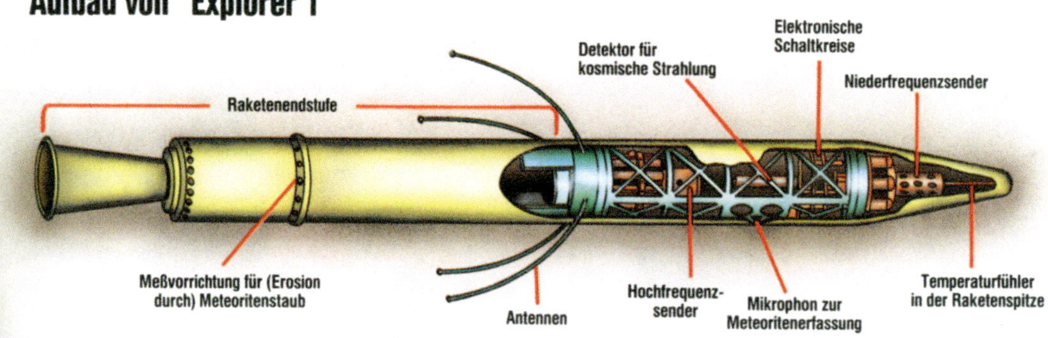

V. l.: William Pickering, James Van Allen und Wernher von Braun, Wissenschaftler beim US-Raumfahrtzentrum, mit einem originalgroßen Modell des »Explorer 1«, des ersten erfolgreich gestarteten Erdsatelliten der USA

Eisenhower will die Stärkung der Armee

9. Januar. In seiner diesjährigen Botschaft zur Lage der Nation vor beiden Häusern des Kongresses nennt US-Präsident Dwight D. Eisenhower als bedeutendste Aufgaben der Zukunft die Gewährleistung von Sicherheit und Stärke der Vereinigten Staaten sowie die konstruktive Arbeit für einen echten Frieden.
Als größte Bedrohung bezeichnet Eisenhower den »kommunistischen Imperialismus«, der von der Sowjetunion ausgehe; dem sollen die Vereinigten Staaten durch militärische Stärke begegnen. Im weiteren Verlauf seiner Rede schlägt Eisenhower ein Aktionsprogramm vor, das u. a. eine Reorganisation der Kommandospitze der Streitkräfte beinhaltet, um die in der Vergangenheit aufgetretenen Rivalitäten zwischen den Wehrmachtsteilen auszuschließen.

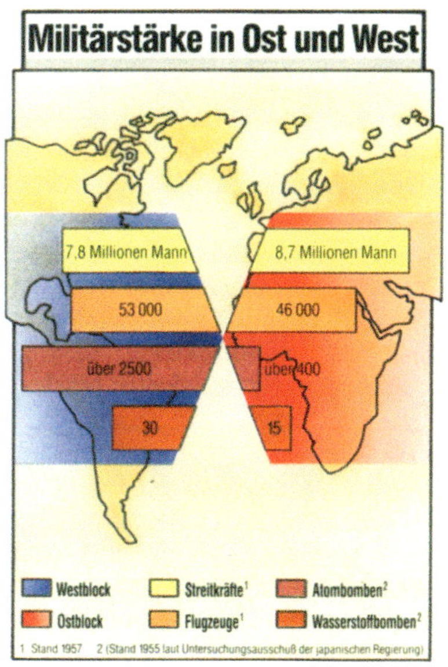

Im Rahmen des neuen Verteidigungsprogramms sind außerdem eine Erweiterung des Alarmsystems, eine größere Streuung der strategischen Luftwaffe – die Eisenhower als mächtigstes Abschreckungsmittel bezeichnet – sowie die Erhöhung der Raketenproduktion vorgesehen. Um seine Pläne verwirklichen zu können, fordert der Präsident von seinen Landsleuten »Opfer und ein großes Maß an Verständnis« für die Aufstockung des Militärhaushaltes. Zugleich plädiert Eisenhower aber auch dafür, die Unterstützung für wenig entwickelte Staaten keinesfalls zu kürzen, um diese nicht zu Freunden der Sowjetunion werden zu lassen (→ 4.1./S. 15).

Wunsch nach Frieden und Ost-West-Dialog

Die Hoffnung auf den Erhalt des Friedens sowie den Abbau von Spannungen in der Welt bringen Staatsmänner in Ost und West in ihren Ansprachen zum Beginn des neuen Jahres zum Ausdruck. Daß die Bevölkerung die Erfüllung dieses Wunsches als realistisch einschätzt, zeigt eine Umfrage des Meinungsforschungsinstituts EMNID (Bielefeld) in zwölf Weltstädten: Hierbei geben jeweils mehr als die Hälfte der Befragten an, sie glaubten an eine Entspannung zwischen Ost und West. Einzige Ausnahme sind die US-amerikanischen Städte Washington und Chicago, in denen nur jeweils 46% davon überzeugt sind, daß die Ost-West-Beziehungen sich in Zukunft verbessern werden.

Der sowjetische Parteichef Nikita S. Chruschtschow sagt in einem Trinkspruch auf US-Präsident Dwight D. Eisenhower während des großen Neujahrsempfangs im St.-Georgs-Saal des Moskauer Kreml:

»Ich hoffe, daß die anderen Missionschefs uns nicht mißverstehen. Aber wir sind Realisten. Wenn die Sowjetunion und die Vereinigten Staaten zusammenkommen und ein Übereinkommen erzielen könnten, würden die meisten der Weltprobleme gelöst werden können.«

Dem entgegnet US-Präsident Dwight D. Eisenhower in seiner Neujahrsansprache:

»Ich hoffe, daß die Völker der Sowjetunion im kommenden Jahr Frieden und die Grundlagen eines reicheren Lebens genießen, die die gesamte Menschheit anstrebt. Ich vertraue ernsthaft darauf, daß das neue Jahr eine festere und bessere Verständigung zwischen den Bürgern der Sowjetunion und dem amerikanischen Volk und anderen Nationen bringen wird. Sie können versichert sein, daß die Regierung der USA alle Anstrengungen zu diesem Ziele unternehmen wird.«

Bundespräsident Theodor Heuss führt in einer vielbeachteten Rede zum Jahreswechsel u. a. aus:

»Niemand hat die zuverlässig wirksame Arznei für die Gesundung dieser Zeit und dieser Welt in der Hand; sie ist auch nicht in wohlmeinenden Rezepturen von sachlich wie sittlich berechtigten Resolutionen einzelner Gruppen zu finden. Um was es wohl geht, ist nüchtern sich aus den Fesseln von ... Ideologien zu lösen.«

Für größere Anstrengungen auf dem Gebiet der Friedenssicherung spricht sich der Vorsitzende des Präsidiums des Obersten Sowjets und damit Staatsoberhaupt der UdSSR, Kliment J. Woroschilow, aus: »Wir werden in der Lage sein, einen immerwährenden Frieden auf dieser Erde und die Bedingungen zu schaffen, damit die Menschheit nicht länger um ihre Zukunft und die Zukunft kommender Generationen besorgt sein muß.«

In seiner Neujahrsansprache spricht Frankreichs Ministerpräsident Felix Gaillard die Wirtschaftsprobleme seines Landes an.

Angesichts des Algerienkrieges und der damit einhergehenden angespannten politischen Lage im Mutterland erinnert Gaillard seine Landsleute daran, daß ihnen ein Jahr harter Selbstbescheidung bevorstehe, da Frankreich sein wirtschaftliches Gleichgewicht sonst nicht zurückerlangen könne. Die Zukunft des Landes hänge davon ab, daß der Schwäche seiner Regierung abgeholfen werde.

US-Außenminister John Foster Dulles äußert zurückblickend die Ansicht, daß die westliche Welt 1957 trotz vieler Drohungen und Verlockungen einig geblieben sei. Dagegen gebe es im sowjetisch-chinesischen Lager »genügend Beweise für Unzufriedenheit und den Wunsch der Völker nach größerer Unabhängigkeit und dem Genuß der Freiheit«.

Zur weltpolitischen Lage nimmt auch der indische Premierminister Jawaharlal Nehru Stellung.

Er verlangt, daß der Kalte Krieg durch Verhandlungen beendet werde. Dies liege hauptsächlich in der Verantwortung der beiden Großmächte. »Doch auch die kleinen Nationen sollten ihre Stimme erheben, denn sie können ebenfalls die internationalen Ereignisse beeinflussen.«

Einen dringenden Friedensappell richtet der Präsident des Internationalen Roten Kreuzes, Leopold Boissier, zum neuen Jahr 1958 an die Welt:

»Angesichts der immer verheerender werdenden Waffen, die sich infolge der Angst und der Furcht überall anhäufen, appelliert diese Institution an die Vernunft der Menschen. Da selbst in dieser Welt das Rote Kreuz noch bestehen, helfen und manchmal dem Geist des Friedens und der Solidarität zum Sieg verhelfen kann, darf keiner den Glauben an eine bessere Zukunft verlieren.«

Wirtschaftliche Allianz der Sechs beginnt

1. Januar. Mit Beginn des Jahres treten die am 25. März 1957 in Rom unterzeichneten Verträge der Europäischen Wirtschaftsgemeinschaft (EWG) und der Europäischen Atomgemeinschaft (EURATOM) in Kraft. Ziel des EWG-Vertrags zwischen Belgien, Frankreich, der Bundesrepublik Deutschland, Italien, Luxemburg und den Niederlanden ist die Schaffung eines gemeinsamen Marktes, für den während einer Übergangsperiode von zwölf Jahren Zölle und andere Handelshemmnisse abgebaut werden sollen. Die Aufgabe der EURATOM besteht darin, Kernforschung und -Industrie in den sechs Staaten zu fördern, zu koordinieren und gemeinsam zu kontrollieren.

Auf ihrer Konferenz am 6. und 7. Januar in Paris ernennen die Außenminister der sechs Unterzeichnerstaaten die Mitglieder und Präsidien der neu geschaffenen europäischen Organe: Präsident der EWG-Kommission wird der Staatssekretär im Auswärtigen Amt, Walter Hallstein, der EURATOM-Kommission steht der Franzose Louis Armand vor. Im Laufe des Jahres konstituieren sich als weitere Institutionen das Europäische Parlament (→ 19.3./S. 53) und der Europäische Gerichtshof.

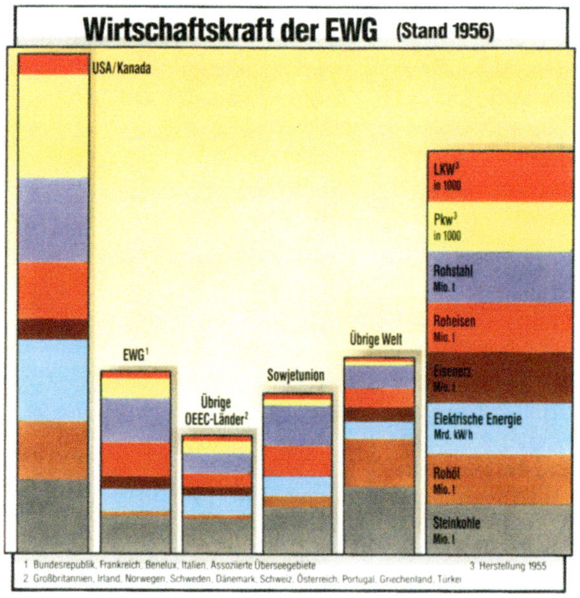

Nach ihrem Zusammenschluß zur Europäischen Wirtschaftsgemeinschaft (EWG) stellen Belgien, die Bundesrepublik Deutschland, Frankreich, Italien, Luxemburg und die Niederlande vor allem auf dem Gebiet der Stahlerzeugung und -verarbeitung eine bedeutende Wirtschaftsmacht dar; ihnen fehlt es jedoch an Rohöl

In der Weltwirtschaft kommt dem Zusammenschluß der Europäer eine beträchtliche Bedeutung zu: Er verfügt über einen Anteil am Welthandel von rund 13%; lediglich die Vereinigten Staaten mit einem Welthandelsanteil von rund 15% haben ein noch größeres Gewicht.

Darüber hinaus bedeutet die EWG-Gründung auch einen Schritt in Richtung auf eine mögliche politische Einheit in Mitteleuropa. Ihren Willen hierzu bekräftigen die EWG-Mitglieder am → 22. Juni (S. 101) im sog. Straßburger Manifest.

Unklar ist bislang noch, wie eine mögliche wirtschaftliche und politische Assoziation mit den übrigen Staaten des Europäischen Wirtschaftsrates (OEEC) aussehen könnte. Diese Länder befürchten nach dem Inkrafttreten des EWG-Vertrags Nachteile im Außenhandel (→ 2.12./S. 197).

EWG-Fahrplan bis zum 31. Dezember 1969

Im Vertrag über die Europäische Wirtschaftsgemeinschaft (EWG) ist eine zwölfjährige Übergangsfrist für die Verwirklichung des gemeinsamen Marktes vorgesehen. Im einzelnen ist folgender Zeitplan festgelegt:

1.1.1958: Inkrafttreten des Vertrags; Beginn der Verhandlungen über Grundlinien einer gemeinsamen Agrarpolitik; Beschluß des Ministerrats über objektive Grundsätze für Mindestpreise.

1.1.1959: Erste Zollsenkung zwischen den Mitgliedsstaaten um 10% (bis zum 1.1.1970 vollständiger Abbau der Binnenzölle); Aufstockung des Globalkontingents (= Einfuhrkontingente aller Partner) um 20% auf mindestens 3% der Inlandserzeugung des jeweiligen Produkts (bis Ende des Jahres 1967 müssen schrittweise 20% erreicht werden).

Bis 31.12.1959: Festsetzung der Grundlagen für die Berechnung der Außenzollsätze.

Bis 1.1.1960: Vorschläge der EWG-Kommission zur Gestaltung und Verwirklichung einer gemeinsamen Agrarpolitik und gleichzeitige Ablösung der einzelstaatlichen Marktordnungen.

Bis 31.12.1961: Beschluß des Ministerrats über Grundsätze und Revisionsverfahren zur Festsetzung von Mindestpreisen in der Landwirtschaft.

31.12.1961: Verbot von Verkehrstarifen mit subventionierender Wirkung; Einführung gleicher Löhne für die Frauen- und Männerarbeit.

Bis 1.1.1962: Langfristige landwirtschaftliche Verträge oder Abkommen.

1.1.1962: Befreiung des laufenden Zahlungsverkehrs von Devisenregelungen; Inkrafttreten der ersten Zollsätze des gemeinsamen Außentarifs (schrittweise Annäherung der nationalen Zollsätze bis 31.12.1969).

31.12.1965: Schlußtermin für das Vetorecht der Einzelstaaten zur Gestaltung der Außenzölle.

1.1.1966: Gleichbehandlung von Waren aus jedem Partnerland im Rahmen der einzelstaatlichen Verkehrstarife.

Ab 1.1.1966: Abänderungsmöglichkeiten der landwirtschaftlichen Mindestpreise.

Bis 31.12.1969: Freizügigkeit des Kapitalverkehrs in dem für das gute wirtschaftliche Funktionieren der Gemeinschaft erforderlichen Ausmaß.

31.12.1969: Freizügige Wahl des Arbeitsplatzes innerhalb der EWG; Ende der Übergangszeit für den gemeinsamen Markt.

Algerien weiterhin ein Teil Frankreichs

31. Januar. Nach einer über fast sechs Monate geführten Debatte verabschiedet die französische Nationalversammlung in dritter Lesung endgültig ein Rahmengesetz für Algerien, das die nordafrikanische Kolonie weiterhin als einen integrierenden Bestandteil des Mutterlandes festschreibt.

Frankreichs Krieg in Algerien

Mit der Besetzung Algiers im Jahr 1830 begann die französische Kolonialherrschaft über Algerien; bis 1847 wurde das nordafrikanische Land vollständig erobert. Ab 1870 wurde Algerien politisch und wirtschaftlich dem Mutterland angegliedert. Schon vor dem Zweiten Weltkrieg wurde der Widerstand nationalistischer Algerier gegen die Kolonialmacht deutlich. Am 1. November 1954 brach schließlich der offene Krieg der Algerier unter Führung der Befreiungsbewegung FLN gegen Frankreich aus, der auch unter der Zivilbevölkerung zahlreiche Opfer forderte und Frankreich wegen der hohen Militärkosten in wirtschaftliche Schwierigkeiten brachte.

Zugleich wird durch das Gesetz die »Eigenständigkeit« Algeriens insofern anerkannt, als die rassischen und religiösen Besonderheiten der dort lebenden französischen Staatsbürger weitgehend berücksichtigt werden sollen. Vorgesehen ist hierfür der Aufbau einer inneren Selbstverwaltung (→ 13.5./S. 86; 21.12./S. 194).

Belkassem Krim, Mitglied des Revolutionsrates der Befreiungsfront FLN

Abrüstungsvorschläge aus Ost und West

10. Januar. Die Einberufung einer Gipfelkonferenz zur Beendigung des Kalten Krieges schlägt der sowjetische Ministerpräsident Nikolai A. Bulganin in Schreiben an die Mitglieder des westlichen Militärbündnisses NATO vor.

In einem beiliegenden Memorandum werden folgende Themenvorschläge für ein solches Gipfeltreffen gemacht:

▷ Für mindestens zwei bis drei Jahre Einstellung aller Atom- und Wasserstoffbombenversuche
▷ Verbot von Atom- und Wasserstoffwaffen als Massenvernichtungsmittel
▷ Rapackiplan über eine atomwaffenfreie Zone in Mitteleuropa
▷ Abzug aller ausländischen Truppen von deutschem Gebiet
▷ Abschluß eines Nichtangriffspakts
▷ Abkommen über Kontrollmaßnahmen zum Schutz vor Überraschungsangriffen
▷ Maßnahmen zur Ausweitung der internationalen Handelsbeziehungen
▷ Maßnahmen zur Einstellung von »Kriegspropaganda«
▷ Meinungsaustausch über Möglichkeiten zur Spannungsminderung im Nahen Osten

Die sowjetische Führung (v. l. stellvertretender Ministerpräsident A. Mikojan, Ministerpräsident N. Bulganin, Parteichef N. Chruschtschow)

Im Westen werden die Vorschläge Bulganins mit Zurückhaltung aufgenommen. US-Präsident Dwight D. Eisenhower spricht sich in einem Brief vom 12. Januar dafür aus, die Organisation der Vereinten Nationen zu stärken, um in diesem Forum Abrüstungsverhandlungen führen zu können. Zugleich fordert er die Sowjetunion dazu auf, Maßnahmen zu ergreifen, um das Vertrauen zwischen beiden Machtblöcken wiederherzustellen. Als konkrete Abrüstungsschritte schlägt er vor, den Weltraum nur für friedliche Zwecke zu nutzen, Produktion und Bestand von Kernwaffen zu reduzieren, Atomwaffenversuche endgültig einzustellen sowie wirksame Maßnahmen zur Kontrolle der Abrüstung zu ergreifen (→ 17.12./S. 197).

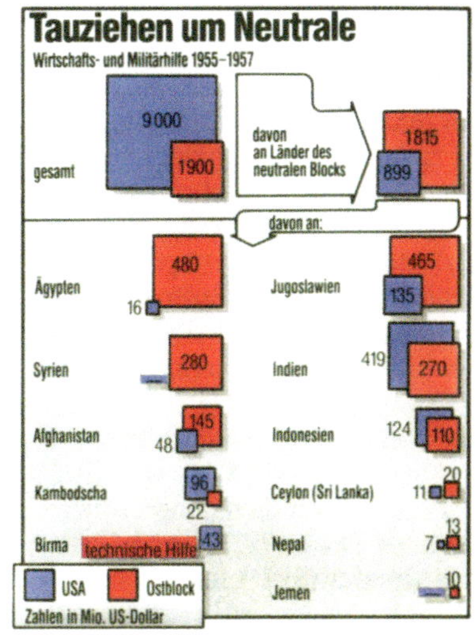

Sowjetunion hilft neutralen Staaten

4. Januar. Nach einem Bericht des US-Außenministeriums haben die Ostblockstaaten seit Mitte 1955 rund 1,9 Milliarden US-Dollar (rund acht Milliarden DM) für Wirtschafts- und Militärhilfe an wenig entwickelte Länder ausgegeben. Im gleichen Zeitraum gewährten die USA Auslandshilfe in Höhe von rund neun Milliarden US-Dollar (etwa 37 Milliarden DM). Bei den Ländern des neutralen Blocks sind die Sowjets mit ihrer Wirtschaftshilfe jedoch stärker vertreten.

Kádár nicht mehr Ministerpräsident

27. Januar. Der nach dem Volksaufstand im Herbst 1956 von den Sowjets mit der Regierungsbildung beauftragte ungarische Ministerpräsident János Kádár gibt vor dem Parlament seinen Rücktritt bekannt. Nachfolger wird der bisherige Verteidigungs- und Innenminister Ferenc Münnich. Kádár behält jedoch sein Amt als Erster Sekretär der Kommunistischen Partei.

János Kádár

Der neue Ministerpräsident, der wie sein Vorgänger als ein Vertreter der moskautreuen Linie gilt, erklärt, daß der Regierungswechsel nicht die geringste Änderung gegenüber der Politik Kádárs mit sich bringen werde (→ 17.6./S. 100).

Israels Regierung wieder eingesetzt

7. Januar. Vor dem israelischen Parlament präsentiert Ministerpräsident David Ben Gurion seine neue Regierungsmannschaft, die mit der am 31. Dezember 1957 zurückgetretenen völlig identisch ist. Die fünf Koalitionsparteien hatten zuvor Bedingungen zugestimmt, die Streitigkeiten zwischen den Partnern weitgehend beseitigen sollen.

D. Ben Gurion

Ben Gurion trat zurück, nachdem einige Koalitionspartner den Wunsch des Ministerpräsidenten abgelehnt hatten, in der Bundesrepublik Waffen zu kaufen. Die Bundesregierung erklärte ihrerseits dazu, daß sie kein Kriegsmaterial an Israel liefern werde.

Venezuelas Diktator flieht ins Ausland

23. Januar. Nach mehrtägigen blutigen Kämpfen wird der venezolanische Diktator General Marcos Perez Jimenez von einer Militärjunta gestürzt und flieht mit seiner Familie in die Dominikanische Republik. Neuer Staatschef wird Konteradmiral Wolfgang Larrazabal. Dieser kündigt die Abschaffung der Pressezensur und freie Wahlen an, sobald sich die Lage stabilisiert habe.

W. Larrazabal

Der Umsturz beendet die fünfjährige Präsidentschaft von Perez Jimenez, der schon am Militärputsch von 1948 entscheidend beteiligt war und mit seiner diktatorischen Regierung auf starken Widerstand der Bevölkerung stieß.

Löwe von Kaschmir vorübergehendfrei

8. Januar. Die indischen Behörden setzen nach vierjähriger Haft Scheich Mohammed Abdullah, bekannt als »Löwe von Kaschmir«, auf freien Fuß. Abdullah, von 1947 bis 1953 erster Premierminister des von Indien besetzten Teils von Kaschmir, trat zunächst für die Zugehörigkeit Kaschmirs zu Indien ein, sprach sich dann aber für eine Autonomie des sowohl von Indien wie von Pakistan beanspruchten, seit 1949 geteilten Gebiets aus. Daraufhin wurde er 1953 inhaftiert.

Scheich Abdullah

Die Freilassung ist nur von kurzer Dauer. Schon im April wird der »Löwe von Kaschmir« erneut verhaftet (→ 15.4./S. 74).

Heinemann forciert Adenauers Rücktritt

23. Januar. In großer Erregung wird im Bonner Bundestag eine außenpolitische Debatte geführt, die durch eine Große Anfrage der FDP zur Haltung der Bundesregierung gegenüber Plänen zur Entspannung in Mitteleuropa in Verbindung mit der deutschen Wiedervereinigung ausgelöst wurde.

Im Verlauf der Aussprache wird die Regierung Konrad Adenauer (CDU) vor allem von den Abgeordneten Thomas Dehler (FDP) und Gustav Heinemann (SPD) scharf angegriffen. Die beiden früheren Minister unter Adenauer werfen diesem vor, er habe 1952 die Chance zur Wiedervereinigung vertan, indem er eine Note des sowjetischen Parteichefs Josef W. Stalin abgelehnt hatte. Dieser hatte gesamtdeutsche freie Wahlen unter Viermächte-Kontrolle, Pressefreiheit, einen Friedensvertrag, den Abzug aller ausländischen Truppen aus Deutschland sowie die nationale Bewaffnung des wiedervereinigten Landes mit 300 000 Soldaten vorgeschlagen. Adenauer zog jedoch die geplante Einbindung der Bundesrepublik in das westliche Militärbündnis NATO einem neutralen wiedervereinigten Deutschland vor, da er Übergriffe der Sowjetunion befürchtete.

Heinemann beschuldigt den Kanzler nun, die damalige Entscheidung eigenmächtig gefällt und damit einen Weg beschritten zu haben, der zwar zum Ausgleich mit den westlichen Nachbarn, zugleich aber zur Ostfeindschaft geführt habe. Adenauer solle seinen Rücktritt einreichen, um nun solchen Kräften Platz zu machen, die der Spaltung Deutschlands Einhalt geböten.

Gustav Heinemann (vorn) im Bundestag; im Hintergrund Konrad Adenauer

FDP-Abgeordneter Thomas Dehler

Am 29. Januar nimmt der Kanzler in einer Rundfunkrede zu den Vorwürfen Stellung und beschuldigt SPD und FDP, den laufenden Verhandlungen mit der UdSSR schweren Schaden zugefügt zu haben.

In den Tagen darauf antworten der SPD-Vorsitzende Erich Ollenhauer und der FDP-Fraktionsvorsitzende Erich Mende ebenfalls über Rundfunk. Ihr Hauptvorwurf gegen den Kanzler: Dieser mißachte das Parlament, indem er die Debatte im Rundfunk fortsetze.

24 Prozent Flüchtlinge und Vertriebene

1. Januar. Die Wohnbevölkerung der Bundesrepublik Deutschland – ohne Berlin (West) und ohne das am 1. Januar 1957 politisch angegliederte Saarland – liegt bei 50 816 700 Personen.

Davon sind 9 148 100 (18%) Vertriebene aus den ehemaligen deutschen Ostgebieten oder den Gebieten außerhalb der Grenzen des Deutschen Reiches nach dem Gebietsstand vom 31. Dezember 1937; weitere 3 028 900 (6%) Personen sind seit 1945 aus dem Gebiet der DDR in die Bundesrepublik gekommen. Die meisten Flüchtlinge und Vertriebenen haben sich in Nordrhein-Westfalen, dem Bundesland mit der größten Kohle- und Stahlerzeugung, angesiedelt.

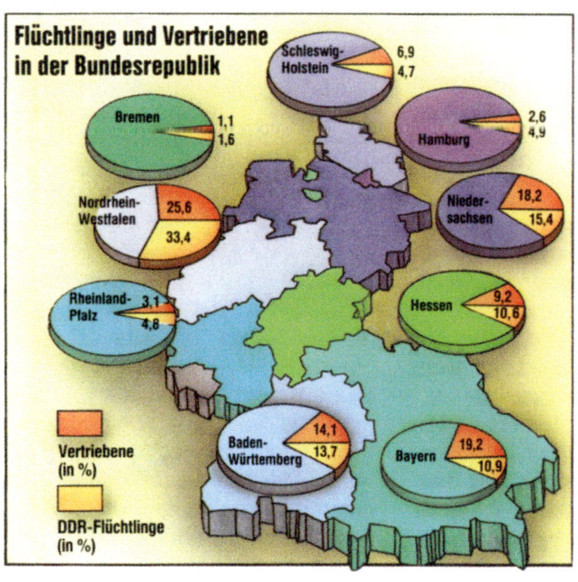

Viele der Flüchtlinge und Vertriebenen, die sich zunächst an der Ostgrenze der Bundesrepublik Deutschland – in Niedersachsen, Schleswig-Holstein und Bayern – vorübergehend niedergelassen hatten, sind inzwischen in diejenigen Bundesländer übergesiedelt, in denen sich bessere Chancen auf einen Arbeitsplatz bieten

Brandt übernimmt Berliner SPD-Vorsitz

12. Januar. Auf einem außerordentlichen Parteitag wählt die West-Berliner SPD den Regierenden Bürgermeister der Stadt, Willy Brandt, mit 163 gegen 124 Stimmen bei sechs Enthaltungen zum neuen Landesvorsitzenden ihrer Partei.

Willy Brandt

Der unterlegene bisherige Landesvorsitzende Franz Neumann kritisiert die Personalunion von Partei- und Regierungsführung und wirft Willy Brandt vor, von der sozialistischen Grundforderung nach Verstaatlichung der Grundstoffindustrien abgerückt zu sein. Er vertritt die Auffassung, den Kern der SPD müsse stets die Arbeiterschaft bilden; dem hält Brandt entgegen, die Partei müsse ihre Haltung beständig überprüfen und allen Schichten des Volkes eine geistige und politische Heimat bereiten.

CSU-Abgeordnete wollen Todesstrafe

20. Januar. 45 Bundestagsabgeordnete, zumeist Angehörige der bayerischen CSU, bringen im Parlament in Bonn den Antrag ein, bei Mord die Todesstrafe einzuführen.

Große Chancen werden der Initiative allerdings nicht eingeräumt, da für eine solche Verfassungsänderung die erforderliche Zweidrittel-Mehrheit voraussichtlich nicht erreicht werden kann. Die Todesstrafe ist in Artikel 102 des Grundgesetzes für abgeschafft erklärt worden, nicht zuletzt deshalb, weil dieses Strafmaß in der Zeit der nationalsozialistischen Herrschaft schon für geringe Vergehen verhängt wurde.

Argument für die Wiedereinführung der Todesstrafe ist u. a. die angeblich abschreckende Wirkung auf Straftäter, eine Erwartung, die allerdings durch Erfahrungen im In- und Ausland nicht bestätigt wird.

Als weiteren Grund für die Todesstrafe führt einer ihrer Befürworter, der CSU-Abgeordnete Richard Jaeger, an, das Leben eines jeden Bürgers müsse dem Staat mehr gelten als das eines Mörders.

Erhard schlägt verlängerte Arbeitszeit vor

13. Januar. In einer Sendung des Bayerischen Rundfunks spricht sich Bundeswirtschaftsminister Ludwig Erhard (CDU) gegen eine weitere Arbeitszeitverkürzung aus und regt statt dessen an, zu überprüfen, »ob das deutsche Volk nicht bereit sein sollte, wieder eine Stunde [in der Woche] mehr zu arbeiten«.

Der Wirtschaftsminister führt an, nach seinem Eindruck sei eine weitere Arbeitszeitverkürzung kein vordringliches Anliegen der Beschäftigten, da diese zwangsläufig einen geringeren Zuwachs des Sozialprodukts zur Folge habe.

Am 14. Januar weist der Vorsitzende des Deutschen Gewerkschaftsbundes (DGB), Willy Richter, in einer Rundfunkansprache die Forderung Erhards zurück. Er wirft diesem vor, man wolle durch zusätzliche Arbeitsleistungen der Beschäftigten die militärische Aufrüstung der Bundesrepublik finanzieren. Die 1956 von den Gewerkschaften aufgestellte Forderung nach der 40-Stunden-Woche sei inzwischen allgemein akzeptiert; es werde lediglich noch über das Tempo der Durchführung diskutiert.

Nachdem am 1. April 1957 in verschiedenen Industriebranchen die tariflich vereinbarte 45-Stunden-Woche in Kraft getreten ist und sich immer mehr Produktionszweige dieser Regelung anschließen, beträgt 1958 die bezahlte Wochenarbeitszeit eines Industriearbeiters durchschnittlich 45,7 Stunden.

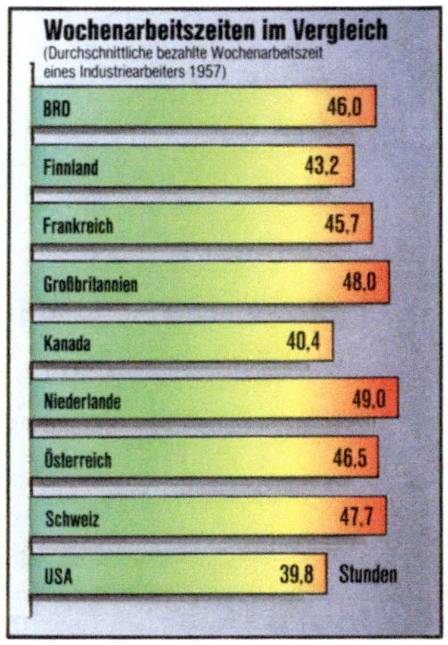

Im Öffentlichen Dienst wird die Arbeitszeit ebenfalls schrittweise verkürzt; am 22. Oktober beschließt die Bundesregierung in Bonn, die 45-Stunden-Woche auch für Beamte einzuführen.

Laut einer vom EMNID-Institut (Bielefeld) im Auftrag des Bundeswirtschaftsministeriums in Auftrag gegebenen Umfrage steht die Bevölkerung einer weiteren Arbeitszeitverkürzung kritisch gegenüber: 57% der Befragten lehnen sie ebenso wie eine Lohnerhöhung ab, weil sie Preissteigerungen zur Folge haben würde. 16% halten dagegen eine Verkürzung der Arbeitszeit bei gleichzeitiger Preisstabilität für möglich und befürworten diese.

DGB-Vorsitzender Willy Richter

Bundeswirtschaftsminister L. Erhard

Schweizer stimmen gegen Kartellverbot

26. Januar. In einer Volksabstimmung sprechen sich die Schweizer mit mehr als Zweidrittel-Mehrheit gegen die Aufnahme eines Kartellverbotsartikels in die Verfassung aus. Die Initiative für den Gesetzentwurf ist vom Landesring der Unabhängigen (LdU), der Partei des Migros-Gründers Gottlieb Duttweiler, ausgegangen.

Die Schweizer Bundesverfassung verbietet lediglich »volkswirtschaftlich und sozial schädliche Auswirkungen von Kartellen und ähnlichen Organisationen«. Der LdU wollte auch Absprachen untersagt wissen, die den wirtschaftlichen Wettbewerb einschränken oder Monopole schaffen.

Blessing wird Bankpräsident

Karl Blessing tritt in Frankfurt sein Amt als Bundesbankpräsident an

7. Januar. Als Nachfolger von Wilhelm Vocke tritt der neue Präsident der Deutschen Bundesbank, Karl Blessing, in Frankfurt am Main sein Amt an.

Von 1920 bis 1939 war Blessing bei der Deutschen Reichsbank tätig, wo er sich als Experte in Reparations- und Auslandsschulden-Fragen einen Namen machte. 1937 rückte er ins Direktorium der Reichsbank auf, wurde aber im Jahr 1939 abberufen, nachdem er sich »gegen die hemmungslose Ausgabenwirtschaft der öffentlichen Hand« ausgesprochen hatte.

Nach dem Krieg war Blessing u. a. Leiter des deutschen Zweiges des britisch-niederländischen Industrieunternehmens Unilever.

Jahreseinkommen in Schweizer Familien

10. Januar. Die Schweizer Regierung veröffentlicht die Ergebnisse einer Erhebung über Jahreseinkommen und Ausgabenverteilung in 212 Arbeiter- und 101 Beamtenfamilien. Demnach verdienen 6,6% der Arbeiterfamilien bis zu 8500 Franken (rund 8373 DM) pro Jahr, 30% zwischen 8500 und 10 000 Franken, 50,2% zwischen 10 000 und 13 000 Franken und 13,2% haben ein Jahreseinkommen von über 13 000 Franken.

Bei den Beamten verdienen 24,8% bis zu 12 000 Franken, 46,5% zwischen 12 000 und 15 000 Franken und 28,7% über 15 000 Franken.

Die Ausgaben verteilen sich folgendermaßen:

- ▷ *Ernährung:* Arbeiter: 31,9% der Gesamtausgaben; Beamte: 25,2%
- ▷ *Miete:* Arbeiter: 11,9%; Beamte: 13,3%
- ▷ *Erholung, Bildung, Gesundheit, Genußmittel:* Arbeiter: 24,1%; Beamte: 26,7%
- ▷ *Versicherungen:* Bei Arbeitern: 11,1%; bei Beamten: 12,3%.

Bundeskartellamt in Berlin eingerichtet

2. Januar. Zunächst nur mit knapp einem Drittel des vorgesehenen Personals – 49 von geplanten 170 Stellen sind besetzt – nimmt das Bundeskartellamt in Berlin (West) seine Tätigkeit auf. Aufgabe der neueingerichteten Behörde ist die Überwachung des Gesetzes gegen Wettbewerbsbeschränkungen, des sog. Kartellgesetzes, das am 3. Juli 1957 vom Bundestag erlassen wurde.

Das von Bundeswirtschaftsminister Ludwig Erhard (CDU) als »Grundgesetz der freien Marktwirtschaft« bezeichnete Gesetz sieht ein grundsätzliches Verbot von Kartellen vor. Als Ausnahmen, die jedoch angemeldet werden müssen, gelten Konditions- und Rabattkartelle für die Anwendung allgemeiner Geschäftsbedingungen in einer Branche.

Darüber hinaus kann das Bundeskartellamt in Berlin Zusammenschlüsse genehmigen, die bei einer Absatzkrise die Stillegung an sich gesunder Betriebe verhindern, die Produktionsabläufe rationalisieren sollen oder die den bundesdeutschen Export fördern.

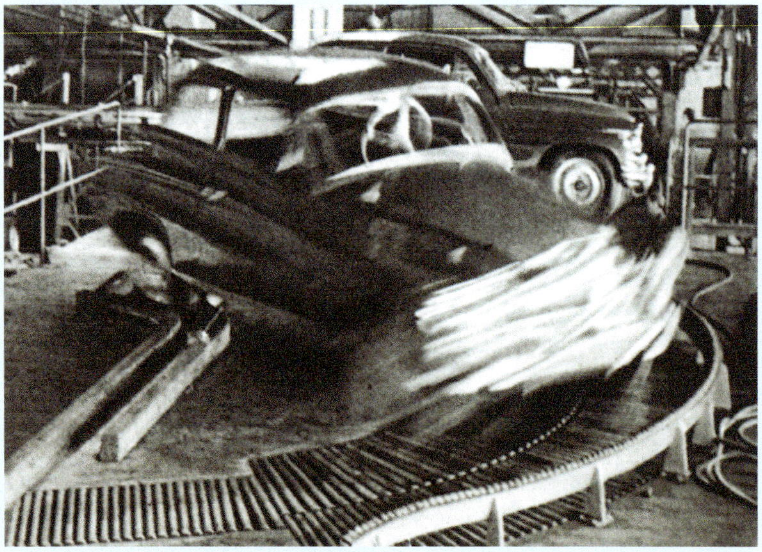

Automatische Förderbänder erleichtern die Arbeit: In einem tschechischen Automobilwerk rutscht ein »Skoda 440« auf einem »Karussell« zur Endmontage

Blick in die Werkhalle eines Pforzheimer Schmuckwarenherstellers, in der Arbeiterinnen in Massenproduktion Souvenirs für den Export fertigen

Arbeit und Soziales 1958:

Arbeitsplätze in der Bundesrepublik werden immer sicherer

Trotz eines konjunkturellen Rückgangs, der von den Vereinigten Staaten ausgehend auch andere westliche Staaten erfaßt (→ 30.6./S. 102), ist das Jahr 1958 für die Arbeitgeber in der Bundesrepublik von einer weiteren Konsolidierung des Arbeitsmarktes geprägt. Im Jahresdurchschnitt sind 1,7% der Erwerbstätigen arbeitslos; im Vorjahr waren es noch 1,9%, 1950 sogar 8,2%(→ 30.9./S. 154).

Im Jahresdurchschnitt gibt es in der Bundesrepublik Deutschland 25,5 Millionen Erwerbstätige, davon sind 62,7% männlich. Von den abhängig Beschäftigten – ihr Anteil liegt insgesamt bei 76% – sind 7% Beamte, 27,3% Angestellte und 65,7% Arbeiter.

Das Lohnniveau ist seit 1950 beträchtlich gestiegen. So hat ein Industriearbeiter 1958 einen durchschnittlichen Bruttowochenverdienst von 115,23 DM, während er 1950 nur 67,65 DM pro Woche verdiente. Demgegenüber schneiden die Frauen weit schlechter ab: Zwar haben sie seit 1950 (40,01 DM durchschnittlicher Wochenverdienst) erheblich zugelegt, jedoch haben sie 1958 mit einem Durchschnittswochenlohn von 68,33 DM gerade das Niveau ihrer männlichen Kollegen vom Beginn des Jahrzehnts erreicht.

Obwohl die Gewerkschaften schon 1956 die 40-Stunden-Woche zum Tarifziel erklärt haben, liegt die durchschnittliche Arbeitszeit 1958 in der Industrie bei 45,7 Stunden wöchentlich (1950: 48 Wochenstunden). Ebenso arbeiten weit mehr als die Hälfte der bundesdeutschen Arbeitnehmer mehr als fünf Tage pro Woche. Nachdem in einigen Industriezweigen jedoch die 45-Stunden-Woche schon tariflich verankert ist, wird 1958 auch der Öffentliche Dienst mit in die Arbeitszeitverkürzung einbezogen. Zugleich kommt aber auch eine Diskussion darüber auf, ob die Arbeitszeit nicht verlängert werden sollte, um erreichte wirtschaftliche Ziele nicht zu gefährden (→ 13.1./S. 17).

Wichtiges Thema des Arbeitsjahres 1958 ist die Automation am Arbeitsplatz, die verstärkt bei Verwaltungsarbeiten, aber auch in der Industrieproduktion eingesetzt wird. Neben technischen Problemen – es mangelt z. B. noch an Fachleuten zur Wartung und Steuerung der elektronischen Großrechenanlagen – werden vor allem wirtschaftliche und soziale Aspekte der vielfach so bezeichneten »zweiten industriellen Revolution« diskutiert.

Es wird angenommen, daß die Automation sowohl in den Unternehmen und der Arbeit selbst, als auch in der gesamten Wirtschaft aufwendige Umstrukturierungen zur Folge haben wird. Da zur Einführung der Rechenanlagen erhebliche Finanzmittel erforderlich sind, muß davon ausgegangen werden, daß die wirtschaftliche Konzentration zunehmen wird und immer mehr kleinere aber auch mittlere Unternehmen mit der Entwicklung nicht mehr Schritt halten können. Der Faktor Arbeit wird bei Einführung der Automation durch den Faktor Kapital weitgehend ersetzt.

Da viele mechanische Arbeiten, die jetzt noch von Menschen durchgeführt werden, bei einer voll- oder teilautomatischen Herstellung von Maschinen gemacht werden können, wird befürchtet, daß die Maschine den Arbeiter ersetzen werde, was in Zeiten einer schwächeren Konjunktur zu hoher Arbeitslosigkeit führen würde. In den Vereinigten Staaten ist eine derartige Entwicklung bereits eingetreten. Hier kann die Nachfrage der privaten Konsumenten nicht mit dem dank automatischer Produktionsweisen beträchtlich gewachsenen Angebot mithalten. Entlassungen sind in vielen Firmen die Folge der fehlenden Umsätze. Im Juni erreicht die Zahl der Arbeitslosen in den USA mit 5,4 Millionen den höchsten Stand seit 17 Jahren (→ 30.6./S. 103).

Nach Berechnungen des Ifo-Instituts für Wirtschaftsforschung sind in der Bundesrepublik von 1950 bis 1958 jährlich rund 6% der Beschäftigten durch Einführung von Automation freigesetzt worden; dies ent-

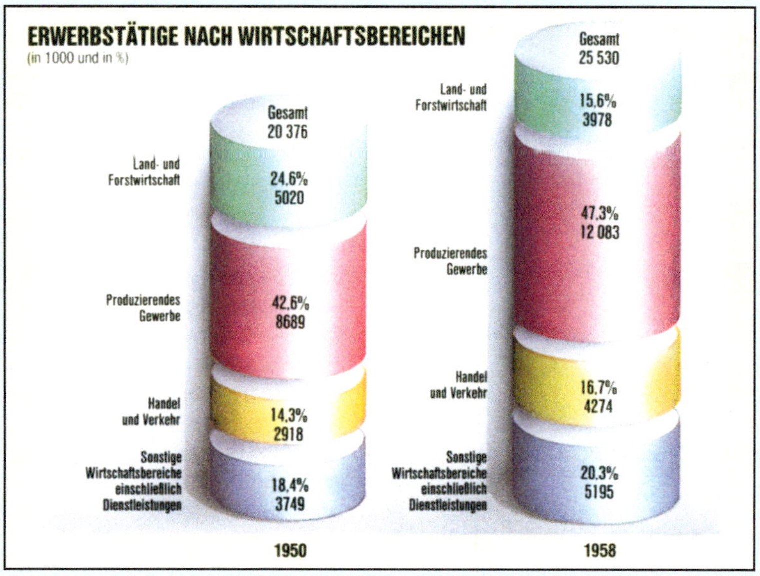

Neue Maschinen sollen die Produktionszahlen in der Industrie steigern

spricht einer Gesamtzahl von rund 1,5 Millionen Menschen. Dank des erheblichen Wirtschaftswachstums konnten diese Arbeitnehmer für andere Tätigkeiten (z. B. Maschinenüberwachung und -wartung) bzw. in anderen Wirtschaftsbereichen eingesetzt werden. Dies kann – so meinen die Befürworter der Automatisierung – eine qualitative Verbesserung des Arbeitsplatzes und eine Aufwertung im sozialen Status bedeuten.
Zugleich bewirkt die Automatisierung auch einen Wandel bei den Produkten selbst: Um wirtschaftlich arbeiten zu können, müssen die Herstellungsanlagen auf eine Ausweitung der Massenproduktion bei weitgehender Standardisierung und Typisierung der Erzeugnisse angelegt sein. Dies hat z. T. einen bewußten Qualitätsverlust zur Folge, weil der für den Massenabsatz erforderliche Markt auch durch den schnelleren Verschleiß der Produkte geschaffen wird. Damit einher gehen niedrigere Preise für den Endverbraucher, so daß sich für ihn eher die Neuanschaffung als die Pflege und Reparatur lohnt.
Von Kritikern wird ins Feld geführt, daß die Qualitätsminderung bei technischen Erzeugnissen leicht auf Kosten der Sicherheit gehen kann. Zudem werde durch die gewollte Wegwerfmentalität das Abfallproblem beträchtlich verschärft.
In jedem Fall gelte es, ein Gleichgewicht zwischen der kontinuierlich wachsenden Produktivität und der Nachfrage zu schaffen und langfristig aufrechtzuerhalten.

An Hängebügeln werden Autos in der Montagehalle der Opel AG zu den einzelnen Fertigungsschritten transportiert

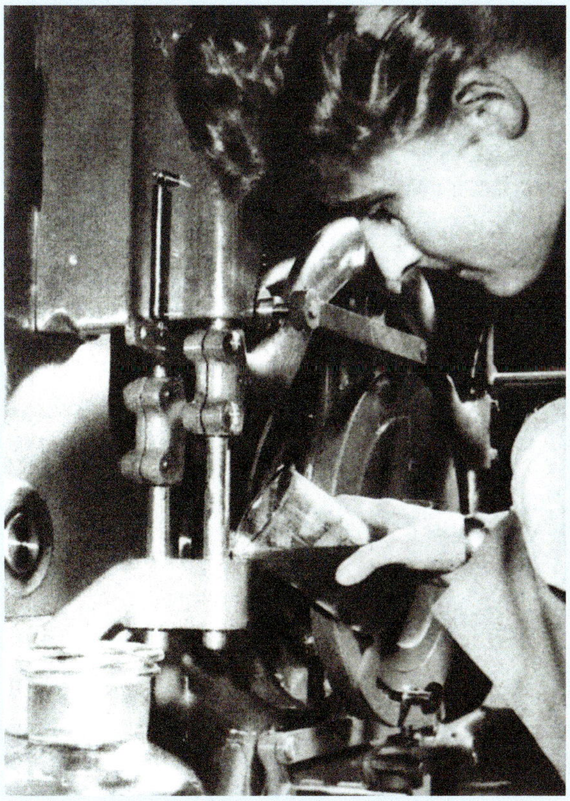

Im VEB Heft- und Falzmaschinenwerk Leipzig werden Gleitlagerbuchsen aus Epoxydharz gegossen

Zimmermann bei der Arbeit: Durch die rasante Entwicklung im Wohnungsbau ein sicherer Arbeitsplatz

Kirchen gegen konfessionelle Mischehen

12. Januar. In einem gemeinsamen Hirtenschreiben, das in der Sonntagsmesse verlesen wird, warnen die katholischen deutschen Bischöfe der Gläubigen davor, konfessionelle Mischehen zu schließen, da diese für die Begegnung der Konfessionen »kein guter Boden seien« und im allgemeinen »ein furchtbares Unglück« bedeuteten.

Die Bischöfe weisen auf Statistiken hin, nach denen interkonfessionelle Ehen besonders häufig geschieden werden. Zu leiden hätten auch die Kinder aus Mischehen; über die Hälfte dieser Kinder gingen der Kirche verloren.

Eine Woche später wird auch von den Kanzeln der evangelischen Kirchen im Rheinland eine Stellungnahme zu den konfessionell gemischten Ehen verlesen. Auch hier wird vor den Folgen eines solchen Lebensbundes gewarnt, insbesondere dann, wenn Trauung und Kindererziehung nach katholischem Glauben erfolgten. Die Gemeinschaft dieser Ehen werde nicht nur durch die Verschiedenheit des Glaubens, sondern auch »durch weithin unbekannte, dem Evangelium widersprechende Bestimmungen des katholischen Kirchenrechts bedroht«. Nach Angaben der evangelischen Kirche gehen im überwiegend katholischen Rheinland rund 50% ihrer Gemeindemitglieder konfessionelle Mischehen ein.

Beide Kirchen stimmen insofern überein, als sie befürchten, daß die Mischehen zwischen Menschen unterschiedlicher Glaubensgemeinschaften auf Dauer zu einer Entfremdung der Eheleute gegenüber ihrer jeweiligen Kirche führe.

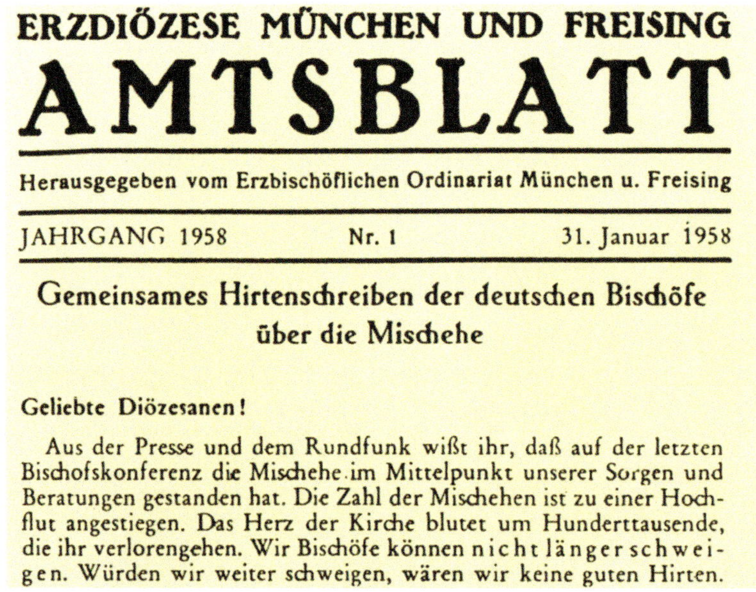

ERZDIÖZESE MÜNCHEN UND FREISING

AMTSBLATT

Herausgegeben vom Erzbischöflichen Ordinariat München u. Freising

JAHRGANG 1958 Nr. 1 31. Januar 1958

Gemeinsames Hirtenschreiben der deutschen Bischöfe über die Mischehe

Geliebte Diözesanen!

Aus der Presse und dem Rundfunk wißt ihr, daß auf der letzten Bischofskonferenz die Mischehe im Mittelpunkt unserer Sorgen und Beratungen gestanden hat. Die Zahl der Mischehen ist zu einer Hochflut angestiegen. Das Herz der Kirche blutet um Hunderttausende, die ihr verlorengehen. Wir Bischöfe können nicht länger schweigen. Würden wir weiter schweigen, wären wir keine guten Hirten.

Beilage zum Amtsblatt der Erzdiözese München und Freising mit dem gemeinsamen Hirtenschreiben der deutschen Bischöfe über die konfessionelle Mischehe

SPD diskutiert mit katholischer Kirche

12. Januar. »Christentum und Sozialismus« ist das Thema eines zweitägigen Treffens, zu dem die Katholische Akademie in Bayern 50 prominente Sozialdemokraten und ebenso viele Vertreter der katholischen Seite einlädt.

Auseinandersetzungen gibt es im Verlauf der Tagung vor allem in der Frage von Bekenntnis- bzw. Gemeinschaftsschule. Von katholischer Seite wird deutlich gemacht, daß jeder Mensch ein Anrecht auf eine christliche Erziehung besitze, »die keine Stelle ihm streitig machen darf«. Durch die Abschaffung konfessionell gebundener Schulen könne diese Art der Erziehung aber nur noch in Ausnahmefällen gewährleistet werden.

Dem hält der bayerische SPD-Vorsitzende Waldemar von Knoeringen entgegen, daß nur in Gemeinschaftsschulen alle Bildungs- und Kulturgüter des demokratischen Staats vermittelt werden könnten. Den Religionsgemeinschaften bleibe in den interkonfessionellen Schulen unbenommen, das Bildungsgut aus ihrer Sicht zu vertiefen.

Mahnende Appelle zum 25. Jahrestag der Machtergreifung

30. Januar. Nach dreistündiger erregter Debatte sprechen sich rund drei Viertel der etwa 3000 in der Aula versammelten Studenten der Universität München anläßlich des 25. Jahrestags der »Machtergreifung« Adolf Hitlers für eine Änderung des im Lichthof angebrachten Sinnspruchs aus.

Das vor über 50 Jahren angebrachte Horaz-Zitat »Dulce et decorum est pro patria mori« (»Süß und ehrenvoll ist es, für das Vaterland zu sterben«) wird durch den Spruch »Mortui viventes obligant« (»Die Toten verpflichten die Lebenden«) ersetzt. Das neue Motto dient als Erinnerung an die Geschwister Sophie und Hans Scholl, die während der nationalsozialistischen Gewaltherrschaft am 18. Februar 1943 Flugblätter gegen das Regime im Lichthof der Universität verteilt hatten. Die Scholls, Mitglieder der Widerstandsgruppe »Weiße Rose«, wurden nach der Aktion verhaftet und wenige Tage später vom Volksgerichtshof zum Tode verurteilt.

Besinnung und Prüfung des eigenen Gewissens fordern führende Politiker der Bundesrepublik zum 25. Jahrestag der nationalsozialistischen »Machtergreifung«. So ruft der stellvertretende Vorsitzende der SPD-Bundestagsfraktion, Carlo Schmid, dazu auf, jeder solle sich fragen, wie es zum 30. Januar 1933 habe kommen können und zu all dem, was aus diesem Tage hervorgegangen sei.

V. l.: Hans Scholl, Sophie Scholl, Christoph Probst, Mitglieder der Widerstandsgruppe »Weiße Rose« gegen den deutschen Faschismus (Foto von 1942)

Am 30. Januar 1933, dem Tag der »Machtergreifung« Adolf Hitlers, feiert eine Menschenmenge am Brandenburger Tor in Berlin den vermeintlichen Retter

Die »Pamir«, eines der beiden Segelschulschiffe der bundesdeutschen Handelsmarine, sank am 21. September 1957 im Orkan und riß 80 Matrosen in den Tod

Gründe für »Pamir«-Unglück

20. Januar. Vor dem Lübecker Seeamt endet die Untersuchung über den Untergang des Segelschulschiffs »Pamir« am 21. September 1957. Das Schiff war im Atlantik westlich der Azoren in einen Hurrikan geraten und gesunken. 80 der 86 Seeleute an Bord kamen bei dem Unglück ums Leben.

Als Ergebnis der Untersuchung, die für eventuelle Schadensersatzforderungen von Bedeutung ist, aber nicht eine Gerichtsentscheidung ersetzt, wird festgestellt, daß im wesentlichen vier Ursachen den Untergang der »Pamir« hervorgerufen haben:

▷ Falsche Segelführung
▷ Nicht geflutete Tieftanks
▷ Verrutschte, d.h. übergeflossene Ladung
▷ Starke Wassereinbrüche in die Aufbauten

Die im Jahr 1905 auf der Hamburger Werft Blohm & Voss gebaute Viermastbark, die auf ihrer letzten Fahrt nicht von ihrem angestammten Kapitän geführt wurde, hatte lose Gerste geladen.

Das Schwesterschiff »Passat« geriet einige Wochen später mit ähnlicher Ladung ebenfalls in Seenot, konnte sich aber selbst helfen.

Dia-Vorführung über die »Pamir« bei der Seeamtssitzung im alten Bürgerschaftssaal des Lübecker Rathauses

Wurst enthält hochgiftiges Natriumnitrit

14. Januar. Mehr als 50 Metzgereien aus dem Raum Stuttgart sind in einen Lebensmittelskandal verwickelt, dessen Ausmaße erst allmählich sichtbar werden. Die Fleischer haben entgegen geltendem Recht Wurst und Fleisch unzulässig hohe Mengen an Natriumnitrit beigemengt, das zwar die frische rote Farbe der Fleischwaren erhält, jedoch hochgiftig ist.

Aufgedeckt wurde der Betrug durch die Anzeige einer Hausfrau im Herbst 1957, die sich bei der Polizei darüber beklagte, daß am Tag zuvor erworbenes Hackfleisch nichts von seiner roten Färbung eingebüßt habe, also offenbar mit Zusätzen vermischt sei. Die Staatsanwaltschaft ermittelte daraufhin, daß allein ein Metzgereibedarf-Großhändler in Stuttgart in den vergangenen zwei Jahren 1200 kg Natriumnitrit abgesetzt hat, eine Menge, die nach Aussagen des zuständigen Richters ausreicht, um 500 000 Stuttgarter Fleisch- und Wurstverzehrer »niederzustrecken«.

Der Gebrauch des Stoffes ist durch das Nitrit-Gesetz von 1934 geregelt, das vorschreibt, daß Pökelsalz 0,5 bis 0,8% Natriumnitrit enthalten darf; die Metzger haben diese Höchstmengen durch eigenmächtige Zusätze jedoch z. T. beträchtlich überschritten und damit die Gefahr einer akuten, aber auch einer schleichenden Vergiftung bei ihren Kunden heraufbeschworen.

Stuttgarter Hausfrau mit einer durch hochgiftiges Natriumnitrit »aufgefrischten« Hackfleischportion

Nach den Ermittlungen im Stuttgarter Raum werden auch aus anderen Gebieten der Bundesrepublik zahlreiche Fälle von Natriumnitrit-Mißbrauch bekannt. Als Gegenmaßnahme wird vielfach gefordert, in der geplanten Neuregelung des Lebensmittelgesetzes (→ 15.11./S. 185) diesen Zusatzstoff zu Fleischwaren ganz zu verbieten.

Die Fleischereien bemühen sich unterdessen, ihren lädierten Ruf bei der Kundschaft teils durch Beschwichtigungen und Verharmlosungen der Tatbestände, teils durch die Beteuerung, sie verwendeten keine Zusatzstoffe, wieder aufzubessern.

Ein weiterer Lebensmittelskandal wird in Rheinland-Pfalz aufgedeckt. Hier hat ein Küfer etwa 1,2 Millionen 1 Kunstwein verkauft, der hauptsächlich aus Zuckerwasser, Glyzerin, Zitronensäure und anderen künstlichen Zutaten bestand.

DDR-Bevölkerung soll Strom sparen

15. Januar. Die Freie Deutsche Jugend (FDJ), 1946 gegründete »sozialistische Massenorganisation« der DDR für Jugendliche ab 14 Jahren, startet eine dreitägige Aktion »Blitz contra Wattfraß«.

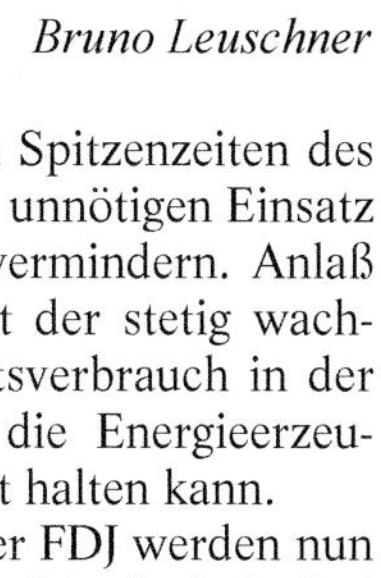

Bruno Leuschner

Die Jugendlichen bemühen sich auf Anregung des Vorsitzenden der staatlichen Plankommission, Bruno Leuschner, darum, drei Tage lang zu den Spitzenzeiten des Stromverbrauchs unnötigen Einsatz von Energie zu vermindern. Anlaß zu der Aktion ist der stetig wachsende Elektrizitätsverbrauch in der DDR, mit dem die Energieerzeugung nicht Schritt halten kann.

Nach Angaben der FDJ werden nun dank »Blitz contra Wattfraß« in drei Tagen 185 000 kWh weniger Strom als sonst verbraucht.

Kartei über Verkehrssünder

2. Januar. Mit Jahresbeginn wird die am 29. Juni 1957 gesetzlich verankerte Zentralkartei für Verkehrsdelikte, die sog. Verkehrssünderkartei, beim Kraftfahrtbundesamt in Flensburg eingerichtet.
In ihr werden alle rechtskräftigen Entscheidungen der Strafgerichte in Verkehrssachen zentral gespeichert. Die Daten sollen zur Strafverfolgung bei Straßenverkehrsdelikten eingesetzt werden, dürfen aber nicht zu anderen Zwecken verwendet werden.
Zu einem Eintrag kann es immer dann kommen, wenn die Polizei es bei der Ahndung von Gesetzesübertretungen nicht mit einer gebührenpflichtigen Verwarnung bewenden lassen will. Welche Delikte dafür im einzelnen in Frage kommen, ist in einer 84 Punkte umfassenden Liste eigens zusammengestellt worden. Daß sich hierin neben gravierenden und gefährlichen Delikten wie Trunkenheit am Steuer, überhöhte Geschwindigkeit oder falsches Überholen auch Bagatellübertretungen finden lassen, gibt vielfach Anlaß zur Kritik an dem Gesetz. Die Gemüter erzürnen sich etwa bei Eintragungen wegen »vermeidbarer Geräuschentwicklung«, »unzulässiger Abgabe von akustischen Zeichen« oder »Unterlassen von Maßnahmen zur Verhinderung des unbefugten Benutzern eines Fahrzeugs«. Bemängelt wird auch, daß manche Gesetzesübertretung sich nur unter Beeinträchtigung des Verkehrsflusses vermeiden läßt.
Ziel der Zentralkartei ist, die deutlich gestiegenen Unfallzahlen – deren Ursachen liegen zu fast 90% im Fehlverhalten der Fahrzeugführer – zu reduzieren und die Fahndung nach unfallflüchtigen Fahrern zu erleichtern.

Die Verkehrssünderkartei bringt den Gerichten mehr Arbeit

Wird in Flensburg erfaßt: Überfahren des Bordsteins (l.); Falschparken kann den Führerschein kosten (M.); Ziel ist auch Schutz für Fußgänger (r.) ▷

Faschingsprinzenpaar läutet die Münchner Ballsaison ein

11. Januar. Mit dem Einzug des Faschingsprinzenpaares ins Deutsche Theater und der dort abgegebenen Regierungserklärung für die kommenden »tollen Tage« beginnt in München die Faschingssaison, die in der bayerischen Landeshauptstadt vor allem mit festlichen Bällen und Kostümfesten begangen wird.
Die Ballsaison wird jedoch nicht nur fürs eigene Amüsement genutzt, sie dient auch dazu, die anwesenden Filmstars und die Prominenten des öffentlichen Lebens zu bewundern und über deren Privatleben zu spekulieren.
500 Gäste hat z. B. der Gloria-Filmball im Münchner Hotel »Bayerischer Hof«. Gastgeberin Ilse Kubaschewski, Chefin des Gloria-Filmverleih, kann u. a. Romy Schneider und deren Mutter Magda Schneider, Maria Schell, Olga Tschechowa mit Enkelin Vera, Eddie Constantine, Karlheinz Böhm und Dieter Borsche begrüßen; ebenfalls anwesend sind die Regisseure Alfred Weidenmann und Wolfgang Staudte.
Sportliche Prominenz ist u. a. durch Max Schmeling vertreten, der auf dem Münchner Pressefest 1958 mit dem Prinzenorden ausgezeichnet wird. Stargast auf dem Ball paré, dem alljährlichen Höhepunkt der Münchner Ballsaison, ist der millionenschwere Stierkämpfer Luis Miguel Dominguin, dessen Tanzpartnerinnen ebenfalls schnell ins Licht des öffentlichen Interesses rücken.
Die wichtigsten Voraussetzungen für einen gelungenen Ball sind – neben den Gästen – eine gestandene Tanzkapelle (zur Münchner Faschingseröffnung spielt das Orchester Hugo Straßer) und eine Tombola. Hierbei besteht der Hauptgewinn fast immer in einem Auto, je nach Preis der Eintrittskarten handelt es sich um ein BMW- oder ein Goggomobilmodell.

V. l.: Ilse Kubaschewski, Olga Tschechowa, Vera Tschechowa, Ada Tschechowa

Haft auf Bewährung für »Wunderheiler«

16. Januar. In einer Berufungsverhandlung verurteilt das Landgericht München II den »Wunderdoktor« Bruno Gröning zu einer Haftstrafe von acht Monaten auf Bewährung und 5000 DM Geldbuße wegen fahrlässiger Tötung und fortgesetzter Verstöße gegen das Heilpraktikergesetz. Im August 1957 war er mangels Beweisen von der Anklage der fahrlässigen Tötung freigesprochen worden.

Gröning, in den Jahren 1948/49 auf dem Höhepunkt seines Ruhms, hatte eine Tuberkulosekranke mit Stanniolkugeln und Handauflegen zu heilen versucht und eine ärztliche Behandlung verhindert. Die Patientin starb Ende 1950.

»Wunderdoktor« Bruno Gröning

Zürcher gegen Nachtleben

26. Januar. »Zürcher! Wähle die Freiheit! Stadtcafes Ja« oder »Schach dem Krach! Es ist genug!« lauten die Parolen, mit denen die Bürger von Zürich zur Abstimmung für oder gegen ein städtisches Nachtleben aufgefordert werden. Das Ergebnis der Volksabstimmung: Mit knapper Mehrheit – 44 188 gegen 40 001 Stimmen – setzen sich die Gegner der verlängerten Polizeistunde durch, deren Befürworter erleiden zum dritten Mal seit 1916 eine Niederlage.

Mit ihrer Entscheidung richten sich die Zürcher Stimmbürger gegen das vom Gemeinderat am 20. Mai 1953 beschlossene Experiment, für drei Gaststätten in der Schweizer Geschäftsmetropole Öffnungszeiten bis 2 Uhr zuzulassen, während alle anderen Lokale wie bisher um Mitternacht schließen.

Als vier Jahre später die Gemeinderäte den Versuch nicht nur verlängern, sondern auch drei weiteren Lokalen in Zürich eine Nachtlizenz erteilen wollten, erhob sich ein Sturm der Entrüstung. Kirchliche Kreise strengten das jetzt zur Abstimmung stehende Referendum an und brachten binnen kurzem die für die Vorlage erforderlichen Unterschriften zusammen.

Während die Befürworter des Nachtlebens vor allem auf Zürichs Ruf als Weltstadt hinwiesen, brachten die Gegner vor, durch die längeren Öffnungszeiten werde die Prostitution gefördert.

Zwei Herrscher inthronisiert

23. Januar. Vor 80 000 Mitgliedern der Ismaili-Sekte aus 20 Ländern wird in Karatschi der 21jährige Prinz Karim Al Hussain Shah als Aga Khan IV. zum neuen Oberhaupt der islamischen Religionsgemeinschaft inthronisiert. Prinz Karim wurde von seinem Vorgänger und Großvater, dem am 11. Juli 1957 im Alter von 79 Jahren in seinem letzten Wohnort Versoix am Genfer See verstorbenen Mohammed Shah, Aga Khan III., zum neuen Oberhaupt der Sekte bestimmt.
Zur Ismaili-Sekte sind insgesamt etwa zwölf Millionen Menschen zu zählen, die in Syrien, Ostafrika, Südägypten, dem Jemen, dem Irak, im Iran sowie an den Küsten des Persischen Golfs leben.
Ungewöhnlich schlicht ist dagegen am 20. Januar die Inthronisationszeremonie für den neuen norwegischen König verlaufen. Olaf V., Nachfolger seines am 21. September 1957 in Oslo 85jährig verstorbenen Vaters Håkon VII., wird vor dem Parlament auf die Verfassung vereidigt. Der 54jährige, ursprünglich Alexander Eduard Christian Friedrich Prinz von Dänemark, führt bereits seit 1955 die Regentschaft.

△ Der neue Führer der Ismaili-Sekte, Prinz Karim Al Hussain Shah, Aga Khan IV., nimmt nach der eigentlichen Krönung vor 80 000 Gläubigen im Nationalstadion in Karatschi auf seinem Thron die Huldigungen seiner Anhänger entgegen

◁ Der norwegischen Verfassung von 1814 entsprechend legt der neue König Olaf V. vor dem Parlament in der Hauptstadt Oslo seinen Amtseid ab

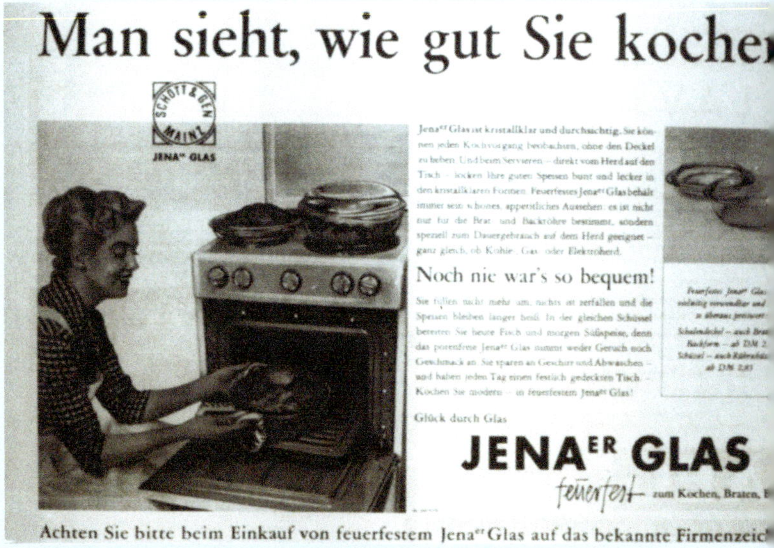

In der Werbung für feuerfeste Backformen und Schüsseln aus Jenaer Glas wird eine Hausfrau an einem der modernen Elektroherde gezeigt

Weil die lange Zeit rare Butter Margarine wieder zu verdrängen droht, wirbt der Hersteller der »Blauband«-Margarine mit neuen Argumenten

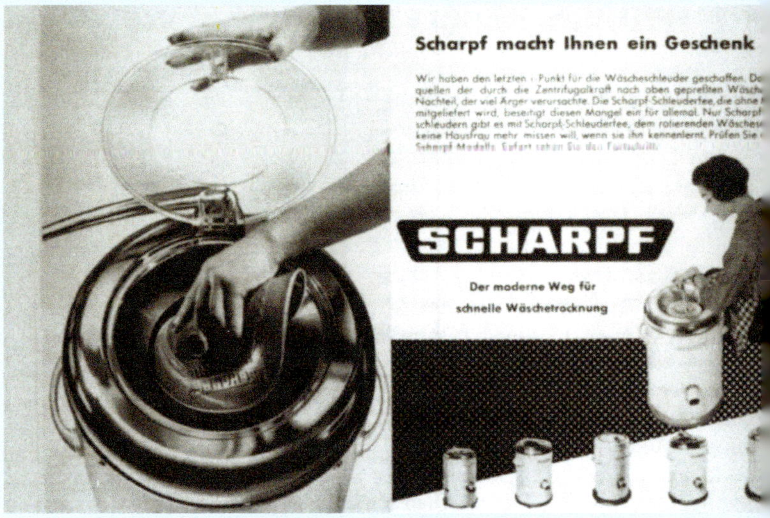

Haushaltsgeräte zur Arbeitserleichterung für die Hausfrau erhalten ständig neue Details, um auf dem Markt konkurrenzfähig bleiben zu können

Die Werbung der Ford-Automobilwerke im Jahr 1958 verbreitet Freizeit- und Urlaubsstimmung

Ein Frauenname als Zigarettenmarke suggeriert besondere Attraktivität für Raucherinnen

Sicherheit in festlichen Stunden soll das Haarwasser »Kolestral exquisit« bieten

Werbung 1958:

Reklame dient der Unterstützung des Wirtschaftswunders

Wachsende Kaufkraft und infolgedessen gestiegene Konsumbedürfnisse bei zugleich erheblich gesteigerter Massenproduktion führen Ende der 50er Jahre zu einem deutlichen Mehraufwand in der Werbung, mit deren Hilfe der Absatz angekurbelt werden soll.

Beliebte Werbeform in den Zeitschriften- und Zeitungsanzeigen ist die des Testimonials: Menschen in Alltagssituationen, in denen sich viele potentielle Käufer wiederfinden können, empfehlen den Kauf bestimmter Produkte, weil sie selbst damit zufrieden seien. Je nach Art der Ware wird der Personentyp genau ausgewählt: Für Kaffeewerbung steht der gemütliche Großmuttertyp zur Verfügung, für Waschmaschinen die flotte Hausfrau, die dank der Arbeitsersparnis auch noch für andere Dinge Zeit hat, Bier wird am besten von einem Stammtischbesucher angepriesen.

Für ein Produkt spricht sowohl, daß es alt ist, und sein Hersteller also über lange Tradition und Erfahrung verfügt, wie daß es neu ist und damit allgemein als modern und arbeitssparend gelten kann.

Einige Werber versprechen den Käufern ihrer Produkte aber auch, daß diese nicht allein nützlich oder wohlschmeckend sind, sondern auch emotionale Effekte auslösen.

Vieldiskutierte Werbeform des Jahres 1958 ist die sog. unterbewußte Werbung, die bei Film- und Fernsehreklame eingesetzt werden kann. Hierfür werden in Filmsequenzen Bruchteile von Sekunden lang Werbeszenen eingeblendet, die sich angeblich im Unterbewußtsein der Zuschauer festsetzen und sie zum Erwerb bestimmter Produkte animieren.

Über den Erfolg dieser Methode liegen allerdings sehr unterschiedliche Resultate vor: Während in den USA einige Firmen ihren Umsatz auf diese Weise schon erheblich verbessert haben wollen, haben Untersuchungen in Großbritannien eher negative oder gar keine Ergebnisse gezeigt. Noch nicht entschieden wurde darüber, ob die unterbewußte Werbung überhaupt in größerem Umfang eingesetzt werden darf: In den Vereinigten Staaten, wo die Versuche bislang am weitesten fortgeschritten sind, gibt es bereits große Protestbewegungen von Verbrauchern, die sich nicht auf undurchsichtige Weise manipulieren lassen wollen. Zudem wird befürchtet, daß auch politische Beeinflussung unterbewußt gesteuert werden könnte.

Das Rezept einer Hausfrau als Kaufanreiz für Suppenextrakt

Mit hohen Verkaufs Ziffern wirbt das Kühlschrankwerk Frigidaire

In der Werbung für »Palmin« steht Bewährtes neben Neuerungen

Vermeintlicher Erfolg bei Fusion von Atomen

24. Januar. In Pressekonferenzen in Harwell (Großbritannien) und Washington geben US-amerikanische und britische Wissenschaftler bekannt, daß ihnen experimentell die kontrollierte Kernreaktion durch Fusion von Wasserstoffatomen gelungen sei.

Wenige Monate später – am 16. Mai 1958 – stellt sich jedoch heraus, daß entgegen den ersten Annahmen es bei den Experimenten nicht gelungen ist, die erforderliche Temperatur für die Kernverschmelzung von etwa 100 Millionen °C herzustellen und die erzielten Resultate auf falschen Messungen beruhen. Im Gegensatz zur unkontrollierten Kernfusion, die bei der Explosion von Wasserstoffbomben entsteht, kann die kontrollierte Atomverschmelzung zur Energiegewinnung eingesetzt werden.

Versuchsanlage »Columbus II« in Los Alamos/US-Bundesstaat New Mexico, in der mit der Fusion von Wasserstoffatomen experimentiert wird

31 000 Schweizer können fernsehen

1. Januar. Mit 31 374 Konzessionären startet die Schweizerische Radio- und Fernsehgesellschaft (SRG), die am 27. Dezember 1957 eine neue auf zehn Jahre befristete TV-Lizenz erhalten hat, den offiziellen Sendebetrieb des Schweizer Fernsehens. Fernsehdirektor wird Eduard Haas, der diese Position auch während des Probebetriebs innehatte.

Eduard Haas

Fernsehsendungen gibt es in der Schweiz seit dem 20. Juli 1953, als mit drei Ausstrahlungen pro Woche der Versuchsbetrieb aufgenommen wurde. Nachdem der Probebetrieb weitgehend durch Bundessubventionen finanziert worden war, machte sich die SRG 1957 auf die Suche nach weiteren Geldgebern, weil mit staatlicher Unterstützung beim offiziellen Betrieb nicht mehr zu rechnen war. Die Gesellschaft nahm ein Angebot der Zeitungsverleger an, die dem Fernsehen jährlich zwei Millionen Franken (rund 1,97 Millionen DM) zahlen wollen, wenn die SRG darauf verzichtet, Werbespots in ihr Programm aufzunehmen.

Keine Genehmigung für Privatsender

25. Januar. Das saarländische Innenministerium läßt den bei Berus im Saarland stehenden Fernsehsender der französischen Saarländisches Fernsehen AG stillegen, nachdem der Fernsehsender der Aufforderung von Bundespostminister Richard Stücklen, seinen Betrieb einzustellen, nicht nachgekommen ist.

Richard Stücklen

Der Sender strahlt seit dem 16. Januar TV-Sendungen und Werbespots in deutscher Sprache aus, die in Teilen der Bundesrepublik zu empfangen sind. Die Gesellschaft beruft sich auf eine Vereinbarung von 1953 (das Saarland wurde am 1.1.1957 Bestandteil der Bundesrepublik), in der die damalige Saarregierung ihr das Recht zur Ausstrahlung von Werbeprogrammen zugesichert habe.

Demgegenüber steht das Postministerium, das allein über die Vergabe von Frequenzen bestimmt, auf dem Standpunkt, der Sender sei ohne Genehmigung in Betrieb genommen worden und störe mit seinen Ausstrahlungen das Programm des Deutschen Fernsehens.

3,2 Millionen sind noch immer vermißt

30. Januar. Der Suchdienst des Deutschen Roten Kreuzes (DRK) legt die ersten Bildsuchlisten vor, die zur Aufklärung von Vermißtenschicksalen beitragen sollen.

Die von DRK-Präsident Heinrich Weitz besonders geförderte Aktion geht auf einen Beschluß des Bundestages zurück. Mit Hilfe der Listen, die an etwa 5,8 Millionen Heimatvertriebene und Kriegsheimkehrer verteilt werden, soll der Verbleib von etwa 3,2 Millionen Zivilisten aus den ehemaligen deutschen Ostgebieten geklärt werden. Zwar wird davon ausgegangen, daß die meisten der Gesuchten bereits tot sind, jedoch erwartet das DRK, daß viele der Vermißten noch in ihrer Heimat leben und dort auf Nachrichten von Verwandten und Freunden warten, um möglicherweise im Rahmen einer Familienzusammenführung in die Bundesrepublik zu übersiedeln.

Heinrich Weitz

Aufgrund der Verhandlungen des DRK mit osteuropäischen Staaten kamen bis Ende 1957 rund 117 000 Deutsche in den Westen.

Meditation soll Probleme lösen

1. Januar. Im indischen Madras gründet der hinduistische Mönch Maharischi Mahesch Jogi seine Schule der Transzendentalen Meditation (TM).

In seinem Buch »Die Wissenschaft vom Sein und die Kunst des Lebens« umreißt Maharischi Ziel und Zweck der neugegründeten Bewegung folgendermaßen: »Sie stellt eine Philosophie des Lebens in der Erfüllung dar und bietet eine Praxis an, die für alle Menschen geeignet ist, alle Aspekte ihres täglichen Lebens aufleuchten und erglänzen zu lassen. Sie behandelt die fundamentalen Probleme des Lebens und bietet eine einzige Lösung zur Löschung allen Leidens an.«

Das von Maharischi angebotene Mittel zur Erlangung dieser »Glückseligkeit« ist die Meditation über ein Mantra, ein ein- oder mehrsilbiges »heiliges« Wort, das der Meditierende immer wieder vor sich hin sagt, murmelt oder denkt, um dadurch einen höheren Bewußtseinszustand zu erreichen. Wenngleich Maharischi seine Schule als weltanschaulich neutral ausgibt, ist ihr Denken doch nach einem autoritären Führerprinzip strukturiert. So gelten Demut und Dienen als »Methode, wie man Erleuchtung erlangt«. »›Dienen‹ bedeutet Handeln in Übereinstimmung mit den Wünschen des Meisters. Um in der Kunst des Dienens Erfolg zu haben, muß man seinen Geist, seine Wünsche und seine Abneigungen so einstellen, daß sie mit dem Willen des Meisters in Übereinstimmung sind. Man tut etwas und beobachtet dann genau, ob es dem Meister gefällt oder nicht, und danach richtet man sein Verhalten.«

Das Meditationsprogramm – es werden zunächst kostenlose Einführungskurse angeboten – erhebt den Anspruch der Wissenschaftlichkeit, jedoch beruhen die Thesen der Lehre vielfach auf unbewiesenen oder nicht beweisbaren Glaubenssätzen, die häufig dem Hinduismus entlehnt sind.

Opernskandal um Sopranistin Callas in Rom

2. Januar. Die seit Wochen ausverkaufte Vorstellung von Vincenzo Bellinis »Norma« zur Eröffnung der Opernsaison in Rom endet mit einem Skandal: Nach dem ersten Akt weigert sich die Darstellerin der Titelrolle, die Starsopranistin Maria Callas, erneut aufzutreten.
Die Primadonna gibt an, sie könne wegen einer Erkältung in dieser Vorstellung nicht mehr singen; es wird jedoch vermutet, daß auch die negative Publikumsreaktion bei ihrem Auftritt im ersten Akt die Entscheidung beeinflußt hat. Die Premiere, Gast ist u. a. der italienische Staatspräsident Giovanni Gronchi, wird abgebrochen; enttäuschte Besucher versammeln sich daraufhin am Bühneneingang zu einer Anti-Callas-Demonstration.
Die 1923 in New York als Tochter griechischer Eltern geborene Maria Callas machte schon seit Beginn ihrer Karriere durch ihre Stimme ebenso Schlagzeilen wie durch die von ihr verursachten Skandale. Ihren ersten großen Auftritt hatte die Sängerin 1947 bei den Opernfestspielen in der Arena von Verona; der internationale Durchbruch gelang ihr jedoch erst 1951, als sie an die Mailänder Skala engagiert wurde und damit ihre Konkurrentin, die bislang unangefochtene Primadonna Renata Tebaldi, übertrumpfte.
Der Ruhm der Callas gründet sich in erster Linie auf ihre mehr als drei Oktaven umfassende Stimme, mit der sie die Grenzen der traditionellen Opernfächer ohne Mühe überschreitet. Hinzu kommen ihr großes schauspielerisches Talent, ihr Ehrgeiz, Durchhaltevermögen und ein ausgezeichnetes Gedächtnis, mit dem sie sich innerhalb kurzer Zeit umfangreiche Partien einzuprägen vermag.
Zudem gilt sie als die teuerste Sopranistin der Welt: Die Metropolitan Opera in New York zahlte der Callas eine Abendgage in Höhe von 12 600 DM, für ihren Auftritt in Rom waren für jede der vier Vorstellungen 5400 DM vereinbart (→ 19.12./S. 205). Ihre Verehrer in der italienischen Hauptstadt mußten für Logenkarten der geplatzten Premiere bis zu 25 000 Lire (etwa 168 DM) bezahlen. Die Preise erreichten allerdings auf dem Schwarzmarkt binnen kurzem das Doppelte des offiziellen Kurses.

Die Premierengäste in der römischen Oper, darunter der italienische Staatspräsident Giovanni Gronchi, debattieren erregt über den Abbruch der Vorstellung

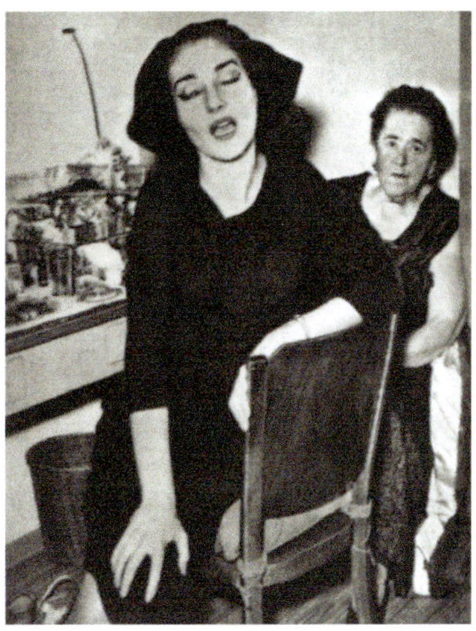
Maria Callas (l.) in ihrer Garderobe mit ihrer Freundin Elsa Maxwell

Die Sopranistin Maria Callas bricht ihren Auftritt in Vincenzo Bellinis »Norma« nach dem ersten Akt ab

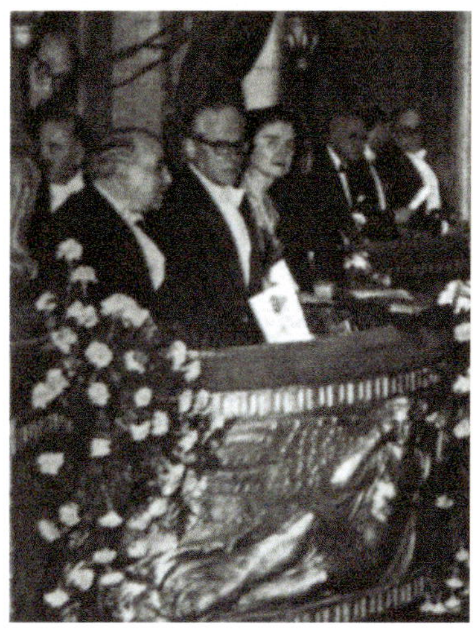
Italiens Staatspräsident Giovanni Gronchi (mit Brille) in seiner Loge

Celan erhält Bremer Literaturpreis

26. Januar. Mit einem Festakt im Bremer Rathaus wird der Schriftsteller Rudolf Alexander Schröder anläßlich seines 80. Geburtstages geehrt. Senatspräsident Wilhelm Kaisen und der Dichter Manfred Hausmann würdigen Leben und Werk des Jubilars, der als bedeutendster Erneuerer des protestantischen Kirchenliedes im 20. Jahrhundert gilt.
Auch in Schröders übriger Dichtung spielt das Verhältnis zur Religion eine vorrangige Rolle. Er machte sich außerdem als Übersetzer antiker Autoren einen Namen.
Im Anschluß an die Feierstunde überreicht Bildungssenator Willy Dehnkamp dem 1920 geborenen Lyriker Paul Celan den diesjährigen Bremer Literaturpreis, der mit 8000 DM dotiert ist.
Celan, der als Sohn deutscher Eltern aus der Ukraine stammt, machte vor allem mit seinem 1953 erschienenen Gedichtband »Mohn und Gedächtnis« von sich reden, in dem u. a. »Die Todesfuge« über das Schicksal des jüdischen Volkes im Dritten Reich veröffentlicht wurde.

Berliner erinnern an »Pinsel-Heinrich«

10. Januar. Mit Ausstellungen und Feiern gedenken die Berliner in beiden Teilen der Stadt des Malers und Zeichners Heinrich Zille, der vor 100 Jahren im sächsischen Radeburg geboren wurde.
Der als »Pinsel-Heinrich« bekannte Künstler, der von 1867 bis zu seinem Tod 1929 in Berlin lebte, suchte sich die Themen für seine sozialkritischen Zeichnungen vornehmlich im Berliner »Milljöh«, den Proletariervierteln der Stadt. Enge dunkle Hinterhöfe, verdreckte Straßen oder finstere Spelunken sind Zilles Schauplätze; seine Figuren sind teils ausgemergelte, teils durch viele Geburten unförmig gewordene Frauen und rotznäsige rachitische Kinder, deren Kenntnisstand in Lebensfragen leicht mit dem der Erwachsenen mithalten kann.
Zille, der sich selbst als »Armeleutemaler« verstand, versuchte auf diese Weise die Auswirkungen der Armut deutlich werden zu lassen, war er doch der Ansicht, daß »man mit Wohnungen genauso töten kann wie mit der Axt«.

Massentourismus entdeckt Wintersportmetropole der Prominenz

Der im schweizerischen Kanton Graubünden gelegene heilklimatische Kurort Sankt Moritz ist auch in diesem Winter wieder Anlaufstelle für prominente und/oder wohlhabende Wintersportler. Hier wie an anderen Skiorten in den Alpen zeigt sich jedoch, daß der Skisport in immer breiteren Kreisen der Bevölkerung Popularität gewinnt.

Immer häufiger werden in Sankt Moritz und anderswo Gruppen von Skianfängern gesichtet, die Klientel der überall aus dem Boden schießenden Skischulen (Foto oben). Für die bereits erfahrenen Brettl-Fans wird in diesem Winter ein neuer Skistil kreiert: Der Mambo (Foto rechts), mit dem der Wedeltechnik Konkurrenz gemacht werden soll. Hauptunterschied zum Wedeln ist der deutlich stärkere Hüftschwung, der den Mambo auf Skiern seinem Vorbild auf dem Tanzparkett (einem Import aus Südamerika) ähnlich werden läßt.

Hochmodern sind im Skiwinter 1957/58 außerdem Steghosen aus Stretchmaterial, die vor allem von den Frauen getragen werden und dank ihres eng anliegenden Materials die Figur besonders betonen. Die Skikleidung wird durch dicke Wollpullover und Anoraks ergänzt.

Wer es sich leisten kann, fehlt auch nicht beim allabendlichen Après-ski, bei dem mit etwas Glück vor allem in Sankt Moritz Filmstars, Prinzessinnen und andere königliche Hoheiten in Augenschein genommen werden können. Unter den prominenten Gästen befinden sich im Januar 1958 auch Konstantin von Liechtenstein und seine Tochter, Prinzessin Monika. Zu den vielbestaunten Gästen der Skisaison 1957/58 zählt aber auch die persische Kaiserin Soraya, von der bereits seit längerem gemunkelt wird, ihre Scheidung von Schah Mohammad Resa Pahlawi stehe unmittelbar bevor (→ 14.3./S. 58).

Kilius/Bäumler zum ersten Mal Meister

12. Januar. Zum Abschluß der Deutschen Meisterschaften im Eiskunstlauf kann bei den Herren Vorjahresmeister Manfred Schnelldorfer (München) seinen Titel erfolgreich verteidigen. Bei den Damen siegt – ebenfalls wie 1957 – die Krefelderin Ina Bauer.
Im Paarlauf kann sich Marika Kilius (Frankfurt am Main) mit ihrem neuen Partner Hans-Jürgen Bäumler (Garmisch-Partenkirchen) klarer als erwartet gegenüber der Konkurrenz durchsetzen. Dem Paar wird eine positive Entwicklung vorhergesagt, wenn auch noch die Harmonie fehle, die Marika Kilius mit ihrem früheren Eislaufpartner Franz Ningel verbunden habe.

Schnee behindert Rallye Monte Carlo

24. Januar. Überraschungssieger der diesjährigen Rallye Monte Carlo werden die Franzosen Guy Monraisse und Jacques Feret auf Renault-Dauphine.
Von 302 Mannschaften, die von acht europäischen Startorten aus an der Sternfahrt nach Monaco teilgenommen haben, erreichen lediglich 36 das Ziel; Grund für die hohe Ausfallquote sind ungewöhnlich winterliche Wetterverhältnisse, so daß Schnee und Glatteis den Fahrern sehr zu schaffen machten. Die Rallye Monte Carlo – älteste und berühmteste Rallye der Welt – wurde erstmals 1911 ausgetragen.

4 Millionen US-Dollar für Squaw-Valley

10. Januar. Auf Vorschlag von US-Präsident Dwight D. Eisenhower genehmigt der US-amerikanische Kongreß in Washington den Olympiaorganisatoren von Squaw-Valley im US-Bundesstaat Kalifornien eine Summe in Höhe von vier Millionen US-Dollar (rund 16,5 Millionen DM), damit diese die Olympischen Winterspiele 1960 im vorgesehenen Rahmen durchführen können.
Präsident Eisenhower begründet die Notwendigkeit der von ihm vorgeschlagenen Subventionen damit, das US-amerikanische Volk habe einen Tribut an die olympische Bewegung zu entrichten.

Der bundesdeutsche Viererbob mit H Rösch, A. Hammer, T. Bauer und W. Haller auf der Olympiabahn in Garmisch

Deutscher Sieg im Viererbob

26. Januar. Mit dem Bahnrekord von 1:14,28 min sichert sich Vorjahressieger Eugenio Monti (Italien) mit Bremser Renzo Alvera am zweiten Tag der Zweierbob-Weltmeisterschaft auf der 1650 m langen Garmisch-Partenkirchener Olympiabahn den Titel. Die Gesamtzeit der Sieger in allen vier Läufen liegt bei 5:05,78 min.
Auf dem zweiten Platz landet der Bob Italien II mit Marino Zardini und Pietro Siorpaes (0,97 sec Rückstand auf die Sieger), dritter wird das Team Österreich I (Paul Aste/Heinz Isser) in der Zeit von 5:08,36 min.
10 000 Zuschauer verfolgen an der Bahn – ihr Höhenunterschied beträgt 129,14 m, das durchschnittliche Gefalle liegt bei 10% – den spannenden Endkampf, der erst im letzten Lauf entschieden wird.
Mit einem Triumph für die bundesdeutschen Fahrer endet am darauffolgenden Wochenende die Weltmeisterschaft im Viererbob: Sieger wird der Bob Deutschland I mit Hans Rösch, Alfred Hammer, Theo Bauer und Bremser Walter Haller mit einer Gesamtzeit von 4:49,33 min vor der zweiten deutschen Mannschaft (Franz Schelle, Eduard Kaltenegger, Josef Sterff, Otto Göbl bzw. dessen Ersatzmann Hartl Geiger), die 1,07 sec zurückliegt.
In der Nacht vor der Entscheidung kommt es zum Eklat für Zweierbob-Champion Monti: Er, der am folgenden Tag mit der wenig siegverheißenden Startnummer 1 ins Rennen gehen soll, wird von einem Nachtwächter bei der Manipulation der Bahn überrascht. Monti versucht mit einigen Helfern den Schnee vom oberen Teil der Strecke zu entfernen, um seine Geschwindigkeit und die Siegchancen zu erhöhen.
Auf Antrag des italienischen Verbandes wird Monti, der 1957 in Sankt Moritz wegen ähnlicher Vorhaben nicht bestraft wurde, wegen Regelverstoß und unsportlichem Verhalten disqualifiziert.
Ihren bislang größten Erfolg verzeichneten die bundesdeutschen Bobfahrer 1951 und 1952, als der Garmisch-Partenkirchener Andreas (»Anderl«) Ostler gleich zweimal den Weltmeistertitel im Zweier- und im Viererbob errang.

Bobsport – das heikle Vergnügen

Seit im Jahr 1903 in Sankt Moritz die erste Bobbahn eröffnet wurde – in dem Schweizer Wintersportort wurde auch 1888 der erste Rennbobschlitten konstruiert – zieht dieser Sport Zuschauer vor allem wegen des mit ihm verbundenen Nervenkitzels an. Die aus Stahl hergestellten Zweier- und Viererbobs mit einer Kufenbreite von 8 mm bzw. 10 mm erreichen Spitzengeschwindigkeiten von bis zu 130 km/h. Das Tragen von Sturzhelmen ist Vorschrift. Gefahren werden die Bobrennen ausschließlich auf künstlichen Bahnen, die mit einer gleichmäßigen Eisschicht versehen sind. In den Geraden sorgt 5 mm hoher Spurschnee für eine leichte Tempodrosselung. Zur Sicherung der Kurven werden die Banden bis zu 5 m hochgezogen. Die Bahnlänge liegt im allgemeinen zwischen 1200 und 1800 m, das Durchschnittsgefälle zwischen 9 und 11%.

Februar 1958

Mo	Di	Mi	Do	Fr	Sa	So
					1	2
3	4	5	6	7	8	9
10	11	12	13	14	15	16
17	18	19	20	21	22	23
24	25	26	27	28		

1. Februar, Sonnabend

Syrien und Ägypten schließen sich zur Vereinigten Arabischen Republik (VAR) zusammen. → S. 36

Nach dreitägigen zähen Verhandlungen mit der sowjetischen Regierung in Moskau erreicht der polnische Außenminister Adam Rapacki, daß die Sowjetunion mögliche Verhandlungen um seinen Plan einer atomwaffenfreien Zone in Mitteleuropa in Zukunft nicht blockieren will (→ 14.2./S.38).

Nachdem die seit 1957 amtierende Regierung Kanadas im Parlament nicht mehr über die Mehrheit verfügt, löst Ministerpräsident John G. Diefenbaker die Volksvertretung auf und schreibt Neuwahlen aus(→ 31.3./S.52).

Zum ersten Mal seit 1951/52 erhöht die Deutsche Bundesbahn ihre Tarife um durchschnittlich 8,7%. → S. 40

2. Februar, Sonntag

Bei den Wahlen zu den Volksräten aller Stufen in Polen erhält die polnische Einheitspartei erwartungsgemäß überall mehr als 96% der abgegebenen Stimmen. Die Wahlbeteiligung liegt zwischen 83,9% und 85,7%.

Bei den allgemeinen Wahlen in Costa Rica wird der Vorsitzende der Konservativen Partei der Nationalen Union, Mario Echandi, der bisherige Oppositionsführer, zum Präsidenten gewählt.

Der Bob »Deutschland I« mit Pilot Hans Rösch gewinnt die Viererbob-Weltmeisterschaft in Garmisch-Partenkirchen (→ 26.1./S. 29).

Bei den Deutschen Tischtennismeisterschaften in Neumünster, bei denen erstmals Schwamm- und Schaumgummischläger nicht mehr zugelassen sind, wird der Münchner Konrad »Konny« Freundorfer zum sechsten Mal in Folge Deutscher Meister. → S. 45

In Preßburg (Bratislava) können bei den Eiskunstlauf-Europameisterschaften die Vorjahressieger Zdenek Dolezal/Vera Suchankowa (ČSSR) ihren Titel verteidigen. Das deutsche Meisterpaar Marika Kilius/Hans-Jürgen Bäumler erreicht Platz 5. Weitere Titelträger sind Karel Divin (ČSSR) bei den Herren, die 17jährige Österreicherin Ingrid Wendl bei den Damen sowie im Eistanz die Titelverteidiger Jane Markham/Courtney Jones aus Großbritannien (→ 16.2./S. 45).

3. Februar, Montag

Die Niederlande, Belgien und Luxemburg unterzeichnen einen Vertrag über die Errichtung einer Wirtschaftsunion zwischen den drei Ländern, der eine vollständige Wirtschaftseinheit bis 1962 vorsieht. → S. 38

Der nordvietnamesische Staatspräsident Ho Chi Minh erklärt in Hanoi, seine Regierung sei bereit, zusammen mit Südvietnam alle Maßnahmen zu treffen, um eine friedliche Wiedervereinigung der beiden seit 1954 getrennten Landesteile herbeizuführen. → S. 37

4. Februar, Dienstag

Der Filmschauspieler Paul Hörbiger (63) wird in Krems an der Donau von einem Gericht von dem Verdacht freigesprochen, eine 14jährige Schülerin vergewaltigt zu haben.

5. Februar, Mittwoch

US-Präsident Dwight D. Eisenhower erklärt auf einer Pressekonferenz, die Entscheidung über Annahme oder Ablehnung des Rapackiplans einer atomwaffenfreien Zone in Mitteleuropa sei in erster Linie Sache der Europäer, insbesondere diejenige der Bundesregierung (→ 14.2./S. 38).

In einer Erklärung schlägt die nordkoreanische Regierung u. a. den Abzug aller ausländischen Truppen aus Nord- und Südkorea sowie die Abhaltung freier Wahlen im gesamten Land unter Kontrolle neutraler Staaten vor.

Der US-amerikanische Atomphysiker Norman F. Ramsey wird zum Obersten Wissenschaftlichen Berater des westlichen Militärblocks NATO ernannt.

In einem Vortrag an der Universität von Ohio spricht sich UN-Generalsekretär Dag Hammarskjöld für vertrauliche Abrüstungsverhandlungen aus. Diese »stille Diplomatie« könne auch bei der Lösung anderer Probleme nützlich sein.

Im letzten Qualifikationsspiel zur Fußballweltmeisterschaft in Schweden (→ 29.6./S. 110) besiegt Wales die Mannschaft Israels in Cardiff 2:0 und steht damit als 16. Teilnehmer der Endrunde fest. → S. 45

6. Februar, Donnerstag

Das 35. Plenum des Zentralkomitees der SED, das seit dem 3. Februar getagt hat, setzt die Funktionäre Karl Schirdewan, Ernst Wollweber und Fred Oelßner von ihren Ämtern ab. Die Gruppe um Schirdewan setzte sich für Liberalisierungen ein. → S. 39

Nach Besprechungen mit dem ägyptischen Präsidenten Gamal Abd el Nasser erklärt der jemenitische Ministerpräsident Prinz Seif Al Islam Mohammed Al Badr, sein Land sei grundsätzlich an einer Anbindung an die Vereinigte Arabische Republik (VAR) von Ägypten und Syrien interessiert (→ 1.2./S. 36).

Der niederländische Autohersteller DAF stellt einen Pkw vor, der als erstes Modell seiner Preisklasse – 4000 Gulden (ca. 4500 DM) – mit einem vollautomatischen Getriebe ausgestattet ist. → S. 41

48 Menschen, darunter sieben Spieler des englischen Fußballklubs Manchester United, kommen bei einem Flugzeugabsturz bei München ums Leben. → S. 34

7. Februar, Freitag

Der französische Verteidigungsminister Jacques Chaban-Delmas erklärt, Frankreich wolle selbst Atomwaffen herstellen, um ein gerechtes Gleichgewicht innerhalb des Militärbündnisses NATO herzustellen.

Saudi-Arabien und Marokko schließen einen Freundschaftspakt, der insbesondere die gegenseitige Unterstützung bei der arabischen und der internationalen Politik und eine weitgehende Zusammenarbeit auf wirtschaftlichem Gebiet vorsieht (→ 1.2./S. 36).

8. Februar, Sonnabend

Französische Flugzeuge bombardieren ein tunesisches Dorf im Grenzgebiet zu Algerien; 79 Menschen werden dabei getötet. → S. 38

Die japanische Regierung ersucht die USA, die »Rückgabe der Insel Okinawa an Japan zu erwägen«. Die US-Amerikaner haben die Insel, die seit 1951 unter ihrer Verwaltung steht, zu einer Militärbasis ausgebaut.

Bei den Präsidentschaftswahlen in Paraguay wird der einzige Kandidat, der seit 1954 amtierende Alfredo Stroessner, für die kommenden fünf Jahre in seinem Amt bestätigt. → S. 37

9. Februar, Sonntag

Im Hagener Karl-Ernst-Osthaus-Museum geht eine Ausstellung mit Werken von Emil Schumacher und Joseph Faßbender zu Ende, die seit dem 18. Januar gezeigt wurde.

Bei den Skiweltmeisterschaften in Badgastein, die nach neuntägiger Dauer beendet werden, gewinnt der Österreicher Toni Sailer in drei alpinen Disziplinen. → S. 45

10. Februar, Montag

NATO-Generalsekretär Paul-Henri Spaak erklärt in Brüssel, je mehr atomare Stützpunkte in Europa errichtet würden, desto geringer werde die Wahrscheinlichkeit eines sowjetischen Angriffs.

Die DDR-Volkskammer stimmt der Berufung von Max Sefrin zum Stellvertretenden Ministerpräsidenten zu. Er wird Nachfolger des am 27. Dezember 1957 verstorbenen Otto Nuschke.

11. Februar, Dienstag

Die DDR-Volkskammer verabschiedet ein »Gesetz über die Vervollkommnung und Vereinfachung der Arbeit des Staatsapparates«, das die Verantwortung der unteren Organe der Wirtschaftsverwaltung und die Auflösung des Industrieministeriums mit Ausnahme der »operativen Gruppen« vorsieht.

Der französische Ministerpräsident Félix Gaillard übernimmt namens seiner Regierung die Verantwortung für den französischen Luftangriff auf ein tunesisches Dorf am → 8. Februar (S. 38), beschuldigt aber zugleich Tunesien, es habe den Zwischenfall durch sein Verhalten gegenüber algerischen Aufständischen im Grenzgebiet provoziert.

Auf der Tagung des Nationalen Volkskongresses der Volksrepublik China in Peking, die nach elftägiger Dauer beendet wird, beschließen die Delegierten umfangreiche Industrialisierungsvorhaben, darunter den Bau von 1185 Großbetrieben (→ 29.8./S. 134).

Skandinavische Möbel dominieren auf der Kölner Möbelmesse, die nach fünf Tagen ihre Pforten schließt.

In Lourdes beginnt offiziell das Jubiläumsjahr aus Anlaß der 100. Wiederkehr der Erscheinung der Mutter Gottes. →S.44

12. Februar, Mittwoch

Eine erste Gruppe von zehn von insgesamt 21 deutschen Wissenschaftlern und Technikern, die seit 1945 zwangsweise in der UdSSR mit Aufträgen der Sowjetbehörden befaßt und die zweieinhalb Jahre in Suchumi am Schwarzen Meer interniert waren, trifft in Friedland ein.

Im Fremdarbeiterprozeß in Arnsberg werden die Urteile verkündet: Wegen Totschlags bzw. Beihilfe dazu werden zwei Angeklagte zu fünf Jahren bzw. 18 Monaten Haft verurteilt; außerdem gibt es eine Verfahrenseinstellung und drei Freisprüche. Die Angeklagten gehörten zur SS-Division »Zur Vergeltung«, die kurz vor Kriegsende sowjetische Zwangsarbeiter, die angeblich sabotageverdächtig waren, in Massenerschießungen hingerichtet hatte. → S. 41

13. Februar, Donnerstag

Überraschend kommt es zu einem halbstündigen Gespräch zwischen dem britischen Gouverneur Zyperns, Sir Hugh Foot, und dem zyprischen Erzbischof Makarios III. → S. 37

14. Februar, Freitag

Irak und Jordanien schließen sich zur Arabischen Föderation zusammen, um damit ein Gegengewicht zur Vereinigten Arabischen Republik (VAR) zu bilden (→ 1.2./S. 36).

Die polnische Regierung veröffentlicht einen zweiten Entwurf des Rapackiplans über die Errichtung einer atomwaffenfreien Zone in Europa und legt diesen zehn Ländern in Form eines Memorandums vor. → S. 38

Auf seiner Sitzung in London spricht sich das Büro der Sozialistischen Internationale dafür aus, baldmöglichst eine Gipfelkonferenz aller wichtigen Staatschefs einzuberufen.

15. Februar, Sonnabend

In einem der »Süddeutschen Zeitung« aus München gewährten Interview erläutert SED-Chef Walter Ulbricht seine Vorstellungen über eine Wiedervereinigung Deutschlands auf dem Wege einer Konföderation. → S. 39

Toni Sailer, dreifacher Ski-Weltmeister, als Titelfigur auf der Düsseldorfer »abz« vom 22. Februar 1958

Februar 1958

Harold Stassen, Abrüstungsberater des US-Präsidenten, tritt von seinem Amt zurück, weil er bei den Gouverneurswahlen in Pennsylvania kandidieren will. Stassens Nachfolger wird am 27. Februar James Wadsworth.

In Padang auf Sumatra bilden Aufständische gegen die indonesische Regierung unter Achmed Sukarno eine »neue unabhängige Regierung«. Die Rebellen richten sich gegen Sukarnos Konzept einer »gelenkten Demokratie«. → S. 37

16. Februar, Sonntag

Ägyptische Streitkräfte, begleitet von einer Kommission zur Durchführung einer Volksabstimmung über die Vereinigte Arabische Republik (VAR), dringen in sudanesisches Gebiet vor. Daraufhin werden motorisierte sudanesische Verbände in die Region entsandt (→ 1.2./S. 36).

Mit deutlichem Vorsprung werden bei den Eiskunstlauf-Weltmeisterschaften in Paris die Vorjahressieger Barbara Wagner/Robert Paul (Kanada) erneut Paarlaufweltmeister. In den Einzelwettbewerben siegen Carol Heiss (USA) und ihr Landsmann David Jenkins. → S. 45

17. Februar, Montag

In einem Schreiben an den sowjetischen Ministerpräsidenten Nikolai A. Bulganin bekundet US-Präsident Dwight D. Eisenhower seine grundsätzliche Bereitschaft zu einem Treffen beider Seiten, schlägt jedoch vor, die Möglichkeit einer Gipfelkonferenz auf weniger förmliche und weniger öffentliche Weise zu prüfen.

Wegen Differenzen in der Rassenfrage tritt der südrhodesische Premierminister Garfield Todd zurück. Nachfolger wird sein Parteifreund Sir Edgar Whitehead, der Vorsitzende der United Federal Party (→ 12.11./S. 182).

Papst Pius XII. proklamiert in Rom die Heilige Klara von Assisi zur Patronin des Fernsehens.

Bei meist sonnigem, aber kaltem Wetter säumen Hunderttausende die Straßen bei den traditionellen Karnevalsumzügen in Köln, Düsseldorf und vielen anderen Städten. → S. 44

18. Februar, Dienstag

Das libanesische Außenministerium in Beirut teilt mit, Libanon wolle seine Unabhängigkeit und Integrität bewahren und sich weder der Vereinigten Arabischen Republik (VAR) von Ägypten und Syrien noch der Arabischen Föderation von Irak und Jordanien anschließen; man wolle aber beiden Zusammenschlüssen gegenüber eine »brüderliche Haltung« einnehmen (→ 1.2./S. 36).

Wirtschaftshilfe in Höhe von 98 Millionen US-Dollar (ca. 410 Millionen DM) und damit drei Millionen mehr als im Vorjahr wollen die USA Polen gewähren. Polen soll dabei hauptsächlich landwirtschaftliche Überschußprodukte erhalten.

Mit vier Pfund weniger Gewicht verläßt der US-amerikanische Luftwaffensoldat Donald G. Farrell nach einer Woche eine hermetisch abgeschlossene Kabine in der Schule für Luftfahrtmedizin in Randolph/Texas. Der Versuch sollte die Bedingungen einer Fahrt zum Mond simulieren. → S. 41

19. Februar, Mittwoch

Zwei weitere Erklärungen zur Frage einer atomwaffenfreien Zone in Mitteleuropa werden veröffentlicht: Während der Oberbefehlshaber der NATO-Streitkräfte in Europa, General Lauris Norstad, erklärt, der Rapackiplan bezwecke eine einseitige Abrüstung des Westens, bezeichnet die sowjetische Regierung den Plan als wertvollen Beitrag zur Friedenssicherung an der Nahtstelle zwischen West und Ost (→ 14.2./S. 38).

Die Volksrepublik China kündigt an, sie wolle bis Jahresende ihre Truppen aus Nordkorea – rund 350 000 Mann – zurückziehen. Zugleich werden die USA und die Vereinten Nationen aufgefordert, ihre in Südkorea stationierten Soldaten ebenfalls abzuberufen.

20. Februar, Donnerstag

Auf dem US-amerikanischen Versuchsgelände Cape Canaveral explodiert eine Interkontinentalrakete vom Typ »Atlas«; damit sind von sieben Probestarts lediglich zwei teilweise gelungen.

21. Februar, Freitag

Im Rahmen einer Volksabstimmung wird die provisorische Verfassung der Vereinigten Arabischen Republik (VAR) mit 99,9% der Stimmen angenommen und der ägyptische Präsident Gamal Abd el Nasser zum Präsidenten des neuen Staates gewählt. Am selben Tag ziehen sich ägyptische Streitkräfte und Beamte aus dem sudanesischen Gebiet zurück, in das sie fünf Tage zuvor eingedrungen sind (→ 1.2./S. 36).

Im Kampf gegen die Rebellen ordnet die indonesische Zentralregierung die Bombardierung militärischer Ziele auf Sumatra an (→ 15.2./S. 37).

Otto Habsburg-Lothringen, der älteste Sohn des letzten österreichischen Kaisers Karl I., der seit dem Sturz der Monarchie im Jahr 1918 im Ausland lebt, erklärt sich bereit, die bestehenden Gesetze Österreichs anzuerkennen und sich zur Republik zu bekennen.

22. Februar, Sonnabend

Die USA sagen Großbritannien vertraglich die Lieferung von Mittelstreckenraketen zu, über deren Einsatz beide Länder gemeinsam entscheiden sollen. Zugehörige Sprengköpfe verbleiben jedoch im Besitz der Vereinigten Staaten.

Die Vereinigten Staaten sagen Österreich die Lieferung von landwirtschaftlichen Produkten im Wert von 2,5 Millionen US-Dollar (ca. 10,5 Millionen DM) zu.

In Melbourne erreicht der australische Schwimmer Jon Konrads einen Weltrekord über 1650 Yards (1500 m) Kraul in 17:28,7 min. Er hält damit gemeinsam mit seiner Schwester Ilsa fünf Schwimmweltrekorde. → S. 44

23. Februar, Sonntag

Nach Angaben der US-amerikanischen Atomenergiekommission nimmt die Sowjetunion neue nukleare Versuchsexplosionen im Megatonnenbereich vor.

Bei den allgemeinen Wahlen in Argentinien wird Arturo Frondizi mit absoluter Mehrheit zum Präsidenten gewählt. Seine Partei, die Unión Cívica Radical Intransigente (Linksradikale), erhält im Senat sämtliche Sitze und in der Abgeordnetenkammer 133 von 187 Mandaten (→ 13.5./S. 88).

24. Februar, Montag

Auf einer Veranstaltung in Frankfurt am Main bezeichnet der Schweizer Nationalrat und Migros-Begründer Gottlieb Duttweiler die Situation auf dem bundesdeutschen Treibstoff markt als »Benzinkolonialismus«. Duttweiler hat durch seine Billigtankstellenkette in der Schweiz innerhalb kurzer Zeit eine allgemeine Benzinpreissenkung um sieben Rappen (rund sieben Pfennig) durchgesetzt.

25. Februar, Dienstag

Nach 25stündiger Gefangenschaft wird der von kubanischen Rebellen entführte Automobilweltmeister Juan Manuel Fangio (Argentinien) wieder freigelassen. → S. 37

In einem Interview mit dem Deutschen Fernsehen erklärt der Oberbefehlshaber der NATO-Truppen in Europa, General Lauris Norstad, die Stationierung von Atomwaffen auf dem Boden der Bundesrepublik sei für die Verteidigung des Westens notwendig.

Bundesverteidigungsminister Franz Josef Strauß (CSU) kritisiert den Plan einer atomwaffenfreien Zone in Mitteleuropa des polnischen Außenministers Adam Rapacki und schlägt statt dessen vor, daß eine solche Zone alle Ostblockstaaten mit Ausnahme der Sowjetunion umfassen müsse (→ 14.2./S. 38).

Mit Empörung kommentieren die Wiener Zeitungen den Überfall jugendlicher Bandenmitglieder auf einen 17jährigen Lehrling. Die Täter haben das ihnen unbekannte Opfer geschlagen und schließlich zu Tode getrampelt, ohne genau zu wissen, warum – wie sie bei ihrer Festnahme angeben. → S. 40

26. Februar, Mittwoch

In einer Unterhausdebatte kritisiert der britische Oppositionsführer und Abgeordnete der Labour-Party, Hugh Gaitskell, die Drohung Großbritanniens, bei jedem militärischen Angriff nukleare Waffen einzusetzen. Diese Maßnahme sei unwirksam bei Ereignissen, die zwischen einem Großangriff und einem bloßen Grenzzwischenfall anzusiedeln seien.

Das Zentralkomitee der KPdSU beschließt die Auflösung der Maschinen-Traktoren-Stationen. → S. 38

Die gesamte Bundesrepublik leidet unter wetterbedingten Behinderungen: Während im Norden große Schneemengen zu erheblichen Verkehrsbehinderungen führen und Dörfer von der Außenwelt abgeschnitten werden, drohen im Süden nach beträchtlicher Schneeschmelze Überschwemmungen (→ 13.3./S. 55).

27. Februar, Donnerstag

Der Bundestag in Bonn billigt den Grünen Plan 1958, der Subventionen für die Landwirtschaft in Höhe von 1,341 Milliarden DM vorsieht. → S. 40

Der im Oktober 1956 vom Bundestag eingesetzte Sonderausschuß Radioaktivität stellt in einem ersten Bericht eine beständige Zunahme der Radioaktivität aufgrund von Atomwaffenversuchen fest. → S. 41

Eine erste bemannte Raumstation prognostizieren Wissenschaftler auf der Tagung »Mensch im Weltraum« in der evangelischen Akademie Loccum für 1980.

28. Februar, Freitag

In einer Aussprache im Bundestag in Bonn über die Einführung von Privatfernsehen setzt sich die Regierung für die Zulassung eines zweiten TV-Programms ein. → S. 44

Nach Angaben der Staatlichen Zentralverwaltung für Statistik in der DDR ist der Volkswirtschaftsplan für 1957 mit 101,6% übererfüllt worden.

Bei den Parlamentswahlen im Sudan gewinnt die bisherige Regierungspartei Umma, die für die Autonomie des Landes eintritt, 63 von 173 Mandaten; die Nationale Unionisten-Partei, die für den Anschluß an die Vereinigte Arabische Republik (VAR) plädiert, erhält nur 45 Sitze (→ 17.11./S. 192).

Werner Heisenberg, Physiknobelpreisträger von 1932, erläutert die von ihm entwickelte »Weltformel« über die Struktur der kleinsten Teile in einer Pressekonferenz in Göttingen. → S. 41

Um 107 000 auf 1,325 Millionen sinkt die Arbeitslosenzahl in der Bundesrepublik im Februar 1958; dies entspricht einer Quote von 6,8%. Gegenüber dem Februar 1957 sind 213 000 Personen mehr arbeitslos gemeldet.

Gestorben:

11. London: Ernest Jones (*1.1.1879, Gower/Wales), britischer Psychoanalytiker.

13. Paris: Georges Rouault (*27.5.1871, Paris), französischer Maler.

17. Olomouc: Petr Bezruč (eigentl. Vladimir Vašek, *15.9.1867, Troppau), tschechischer Dichter.

Das Wetter im Monat Februar

Station	Mittlere Lufttemperatur (°C)	Niederschlag (mm)	Sonnenscheindauer (Std.)
Aachen	– (2,1)	– (59)	– (74)
Berlin	2,1 (0,4)	– (40)	– (78)
Bremen	– (0,9)	– (48)	– (68)
München	– (– 0,9)	– (50)	– (72)
Wien	3,6 (0,6)	57 (41)	63 (–)
Zürich	3,7 (0,2)	198 (61)	74 (79)

() Langjähriger Mittelwert für diesen Monat
– Wert nicht ermittelt

Der Weltraumfahrt widmet das US-Magazin »Life« seine Titelseite am 17. Februar 1958

Super-Fußballteam stürzt ab

6. Februar. Um 16.04 stürzt in München-Riem eine Chartermaschine der britischen Fluggesellschaft BEA vom Typ »Elisabethanian« mit 44 Personen an Bord kurz nach dem Start ab. 21 Passagiere, darunter sieben Spieler der englischen Fußballmannschaft Manchester United, kommen ums Leben; 23 Personen einschließlich der sechsköpfigen Besatzung überstehen das Unglück z. T. schwer verletzt.

Nach zwei Fehlstarts hat die zweimotorige Maschine auch im dritten Anlauf zu wenig Höhe gewonnen, sackt plötzlich ab und rast in ein Haus am Ende des Rollfeldes. Das Flugzeug bricht unmittelbar nach dem Aufprall auseinander und gerät in Brand, Rumpfteile und Tragflächen werden bis zu 300 m weit geschleudert. Ein schwerer Schneesturm behindert die sofort einsetzenden Rettungsmaßnahmen.

Manchester United hatte am Vortag in Belgrad gegen die Elf von Roter Stern 3:3 gespielt und damit das Halbfinale im Europacup 1957/58 erreicht. Der Verein aus dem Stadion »Old Trafford« wurde 1908, 1911, 1952, 1956 und 1957 englischer Meister und in den Jahren 1909 sowie 1948 Cupsieger.

Geformt wurde das junge Team – die »Busby-Babes« – von Manager Matt Busby, der bei dem Unglück schwer verletzt wird. Die Spieler waren von vier Ausnahmen abgesehen aus dem United-Nachwuchs herangewachsen.

Zu den Überlebenden von München zählen der nordirische Nationaltorwart Harry Gregg und Verteidiger Billy Foulkes, die beide das Krankenhaus bald wieder verlassen können. Schwer verletzt sind außer Trainer Busby die Spieler Albert Scanlon, Jackie Blanchflower, Duncan Edwards, Dennis Viole, John Berry, Ken Morgan, Bobby Charlton sowie Reservetorhüter Ray Wood.

Betroffen von dem Münchner Unglück ist auch die englische Nationalmannschaft: Mittelstürmer Tommy Taylor und Verteidiger Roger Byrne sind tot, der Einsatz des schwerverletzten Edwards bei der Weltmeisterschaft in Schweden (→ 29.6./S. 110) ist fraglich.

Die Toten von Manchester United

Mittelstürmer Tommy Taylor (26 Jahre), Verteidiger und Kapitän Roger Byrne (29), Linksaußen David Pegg (22), Mittelläufer Mark Jones (24), rechter Läufer Eddie Colman (21), Halbrechter Bill Wheelan (22), linker Verteidiger Geoff Bent (23).

Bundestrainer Sepp Herberger (r.) bei der Trauerfeier

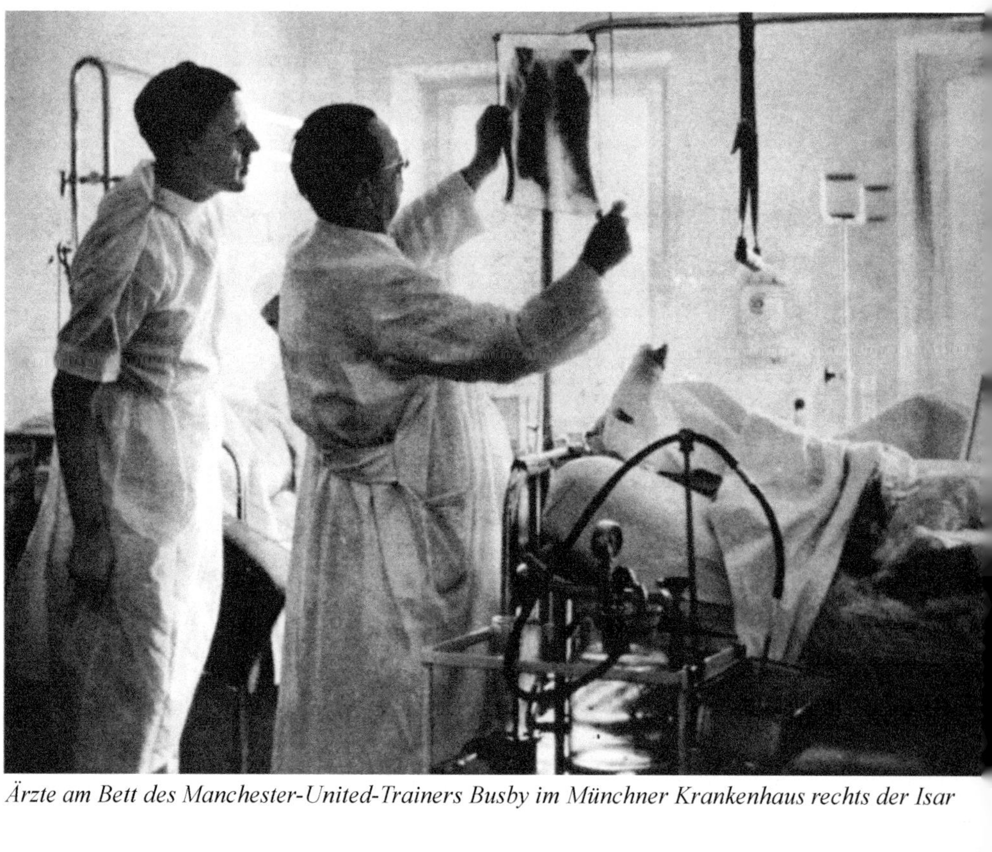

Ärzte am Bett des Manchester-United-Trainers Busby im Münchner Krankenhaus rechts der Isar

Das Team am Vortag des Unglücks, darunter vier der dabei Getöteten: 1 Colman, 2 Jones, 3 Taylor, 4 Byrne

△ Dichtes Schneetreiben behindert die Bergungsarbeiten an dem Wrack des britischen Flugzeugs, das bei eisiger Kälte mit 44 Personen an Bord kurz nach dem Start auf dem Münchner Flughafen Riem abgestürzt ist. Bei dem Unglück finden 21 Menschen den Tod. Die zweimotorige Maschine der Fluggesellschaft BEA ist nach zwei Fehlstarts auch beim dritten Anlauf nicht von der Rollbahn hochgekommen, in ein fast unmittelbar ans Flugfeld angrenzend stehendes Haus gerast, in Brand geraten und explodiert. Es wird angenommen, daß die Maschine wegen vereister Oberseiten der Tragflächen nach dem Start nicht an Höhe gewann. Unklar bleibt jedoch, warum nach zwei Fehlversuchen – beim zweiten Mal hat der Pilot ungewohnte Motorengeräusche bemängelt – die Starts nicht abgebrochen und das Flugzeug gründlich untersucht wurde. Nach dem Unglück müssen neben den 21 Toten auch mehrere Schwerverletzte geborgen und in verschiedene Münchner Krankenhäuser eingeliefert werden.

Syriens Staatspräsident Schukri Al Kuwwatli (im Wagen stehend l.) und der ägyptische Präsident Gamal Abd el Nasser

Drei neue Staatenbünde im arabischen Raum

1. Februar. In der ägyptischen Hauptstadt Kairo wird feierlich die Gründung eines neuen Staates proklamiert: Ägypten und Syrien haben sich zur Vereinigten Arabischen Republik (VAR) zusammengeschlossen. Zwischen beiden Ländern wurde bereits vor Jahresfrist eine militärische Zusammenarbeit in Form eines gemeinsamen Oberkommandos beschlossen, außerdem besteht seit März 1957 ein enges Zusammenwirken auf kulturellem Gebiet.

Die nun geschaffene staatliche Einheit soll vor allem wirtschaftliche Schwierigkeiten abbauen helfen und – wie Ägyptens Staatspräsident Gamal Abd el Nasser erklärt – »mit Problemen wie der Palästina-Tragödie fertigwerden«.

In einer Volksabstimmung am 21. Februar billigt die Bevölkerung der neuen Republik mit 99,9% deren Verfassung und wählt zugleich Nasser zum Präsidenten der VAR.

Am 8. März schließt sich auch das Königreich Jemen der VAR an, ohne jedoch seine staatliche Eigenständigkeit aufzugeben.

Als Gegengewicht zu der panarabisch nationalistischen VAR bilden am 14. Februar die westlich orientierten Königreiche Irak und Jordanien die Arabische Föderation. Beide Länder bleiben als eigene Staaten bestehen, wollen jedoch eine gemeinsame Armee bilden sowie ihre Außen-, Wirtschafts- und Finanzpolitik miteinander verbinden. Ein weiteres Bündnis im Nahen Osten wird am 7. Februar geschlossen: Saudi-Arabien und Marokko geben den Abschluß eines Paktes der Freundschaft und Zusammenarbeit zwischen beiden Ländern bekannt. Das Abkommen sieht insbesondere die gegenseitige Unterstützung bei der arabischen und der internationalen Politik sowie eine weitgehende Zusammenarbeit auf wirtschaftlichem Gebiet vor.

Einen ersten Konflikt ruft die Neuordnung im arabischen Raum an der Grenze zwischen Ägypten und Sudan hervor. Am 16. Februar dringen ägyptische Streitkräfte über die Grenze auf sudanesisches Gebiet nördlich des 22. Breitengrades vor, das von Ägypten beansprucht wird. Nachdem der Sudan sich an den UN-Sicherheitsrat gewandt hat, verzichtet Ägypten jedoch vorläufig auf ein weiteres Vorgehen und zieht seine Truppen am 21. Februar zurück (→ 14.7./S. 116).

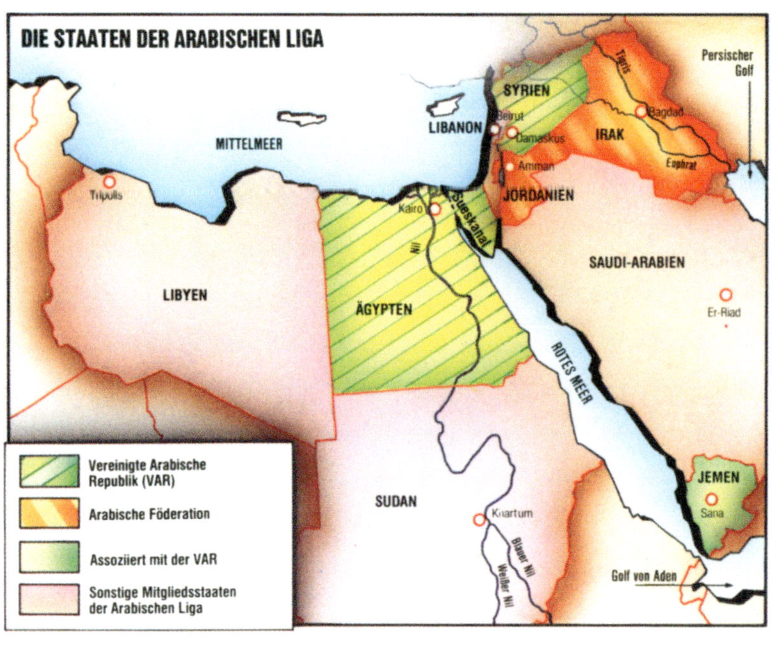

Arabische Länder im Nahen Osten

Ägypten: Das Land, seit 1953 eine Republik, wird seit 1954 von Oberst Gamal Abd el Nasser regiert. Er propagiert eine panarabische Politik und setzt sich für Reformen ein, um das Massenelend zu überwinden.

Syrien: 1944 erhielt das Land die Unabhängigkeit von Frankreich und wurde 1946 souveräne Republik. Seither befindet es sich mit seinen Nachbarn in ständigen Konflikten. Im Sommer 1957 schloß sich Syrien näher an die UdSSR an, wird nun aber Teil des Einheitsstaats unter Nassers Herrschaft.

Jemen: Ahmad Ibn Jahja ist seit 1948 König des Jemen. Am 8. März 1958 schließt sich das Land unter Beibehaltung seiner staatlichen Eigenständigkeit der Vereinigten Arabischen Republik (VAR) an.

Irak: Die irakische Hauptstadt war 1955 Gründungsort des Bagdadpakts, einem prowestlichen Bündnis der Türkei, des Irak, Pakistans, des Iran und Großbritanniens. Im Irak regiert seit 1939 König Faisal II.

Jordanien: Im seit 1946 von Großbritannien unabhängigen Königreich Jordanien regiert seit 1952 Husain. Er kündigte 1956 den Freundschaftsvertrag mit der ehemaligen Kolonialmacht auf; 1957 wurde das den prowestlichen Staaten zugerechnete Land durch Auseinandersetzungen um den politischen Kurs heftig erschüttert (→ 17.7./S. 117).

Saudi-Arabien: Herrscher des 1932 gegründeten Königreichs ist seit 1953 Saud Ibn Abd Al Asis, der zwar prinzipiell wie Ägypten für einen eigenständigen arabischen Kurs eintritt, sich jedoch keinem Bündnis anschließen will. König Saud ist zugleich offen für gute Beziehungen zu den westlichen Staaten.

Libanon: In dem als »arabische Schweiz« bezeichneten Land verschärfen sich unter der Regierung von Staatspräsident Kamil Schamun (seit 1952) die Spannungen zwischen prowestlichen Christen und panarabisch-nationalistisch orientierten Moslems (→ 31.7./S. 117).

Kubanische Rebellen unter Fidel Castro verschleppen Automobilweltmeister Juan M. Fangio

25. Februar. *Der argentinische Rennfahrer und Automobilweltmeister 1957, Juan Manuel Fangio, wird nach 25stündiger Gefangenschaft von seinen Entführern auf Kuba wieder auf freien Fuß gesetzt. Der argentinische Rennfahrer bezeichnet die Verschleppung, die er unverletzt übersteht, im Anschluß als »ein weiteres Abenteuer in meinem Leben«.*

Die Entführer des Rennfahrers, der am 24. Februar am Großen Preis von Kuba hatte teilnehmen wollen, gehören der Bewegung 26. Julian. Diese benennt sich nach dem 26. Juli 1953, an dem der kubanische Rebellenführer Fidel Castro mit einer kleinen Truppe die Moncada-Kaserne in Santiago de Cuba zu stürmen versuchte. Der Putsch war als Auftakt zum Aufstand gegen Diktator Fulgenico Batista y Zaldívar geplant, der 1952 durch einen Staatsstreich an die Macht kam und seither das Land mit nahezu uneingeschränkten Vollmachten regiert – wobei er von den Vereinigten Staaten unterstützt wird. Castro ging nach dem mißglückten Anschlag ins Exil, kehrte jedoch 1956 mit einer Gruppe seiner Anhänger zurück. Seither führt er, von der Mehrheit der Bevölkerung unterstützt, einen Guerillakrieg, durch den der Diktator immer mehr in Bedrängnis gerät. Ziel Castros ist die Errichtung einer sozialistischen Gesellschaft auf der karibischen Zuckerrohrinsel (→ 5.11./S. 181; Bild l.: Fangios Entführer stürmen mit Maschinenpistolen bewaffnet auf das Auto ihres Opfers zu; Bild r.: Juan Manuel Fangio nach seiner Freilassung).

Diktator Stroessner bleibt an der Macht

8. Februar. Bei den Präsidentschaftswahlen in Paraguay wird der einzige Kandidat, der amtierende Präsident Alfredo Stroessner, für eine fünfjährige Amtszeit wiedergewählt. Zugleich ziehen die 60 von der einzig zugelassenen konservativen Colorado-Partei aufgestellten Kandidaten aufgrund des Votums bei den Parlamentswahlen wieder ins Abgeordnetenhaus ein.

A. Stroessner

Stroessner, seit 1953 Oberbefehlshaber der paraguayanischen Streitkräfte, kam 1954 durch einen Putsch mit Hilfe der Colorados und der Armee an die Macht. Nach seiner Amtsübernahme setzte er demokratische Institutionen weitgehend außer Kraft. Er bemüht sich seither um Wirtschaftsreformen, deren Ergebnisse jedoch vor allem ihm selbst zugute kommen.

Widerstand gegen Sukarnos Herrschaft

15. Februar. In Padang ruft eine Gruppe oppositioneller indonesischer Militärs die »unabhängige Revolutionsregierung von Zentralsumatra« aus und sagt sich von der Regierung von Staatspräsident Achmed Sukarno in Jakarta los.

Achmed Sukarno

Die Gegenregierung auf Sumatra – Ministerpräsident ist der ehemalige Gouverneur der Bank von Indonesien, Sjafruddin Prawanegara – fordert, daß Sukarno zur verfassungsmäßigen Ordnung zurückkehren und den früheren Vizepräsidenten Mohammed Hatta mit der Regierungsbildung beauftragen solle.

Der seit 1945 als Staatspräsident amtierende Sukarno versucht mit seinem System der »gelenkten Demokratie« gegen regionale Widerstände die zentralistische staatliche Integration durchzusetzen (→ 15.4./S. 74.).

Noch keine Lösung im Zypern-Konflikt

13. Februar. Einen Tag nach Beendigung der Gespräche zwischen dem britischen Außenminister Selwyn Lloyd mit der Regierung in Athen über die Lösung des Zypernkonflikts kommt es überraschend zu einem Treffen zwischen dem britischen Gouverneur der Mittelmeerinsel, Sir Hugh Foot, und Zyperns Erzbischof Makarios III.

Makarios III.

Die Briten hatten es bislang abgelehnt mit Makarios, dem Führer der für den Anschluß an Griechenland kämpfenden Widerstandsgruppe EOKA, zu verhandeln. Zu einer Annäherung der Standpunkte kommt es nicht.

Während Großbritannien die Insel als Kolonie halten will, wünscht die türkische Bevölkerung Zyperns die Teilung der Insel, die griechische den Anschluß (→ 15.8./S. 135).

Nordvietnam will Wiedervereinigung

3. Februar. Vor Mitgliedern der Internationalen Überwachungskommission für Vietnam in Hanoi erklärt der nordvietnamesische Staatspräsident Ho Chi Minh, seine Regierung sei bereit, gemeinsam mit der südvietnamesischen Führung alle Maßnahmen zu treffen, um eine friedliche Wiedervereinigung beider Landesteile herbeizuführen.

Ho Chi Minh

Seit der Genfer Indochina-Konferenz von 1954 ist das Land in einen nördlichen Teil mit dem kommunistisch orientierten Vietminh und eine südliche Zone der französischen Kolonialarmee geteilt. Frankreich erkannte die Souveränität der 1945 proklamierten Republik im Norden erst nach seiner entscheidenden Niederlage bei Dien Bien Phu 1954 an. In Südvietnam wurde 1955 die Republik ausgerufen.

Plan für atomwaffenfreie Zone in Europa

14. Februar. In Noten an die drei Westmächte und die Sowjetunion legt die polnische Regierung eine modifizierte Fassung ihres Plans für eine atomwaffenfreie Zone in Mitteleuropa vor, den Außenminister Adam Rapacki zuerst am 2. Oktober 1957 der UN-Vollversammlung vorgelegt hatte.

Der ergänzte Rapackiplan enthält im wesentlichen drei Punkte:

▷ Ächtung von Atomwaffen in Polen, der Tschechoslowakei, der DDR und der Bundesrepublik

▷ Garantie der militärisch verdünnten Zone durch die vier Großmächte

▷ Errichtung eines Systems der Luft- und Bodenkontrolle, das garantieren soll, daß die vier Staaten von Atomwaffen frei bleiben

Durch diese neue Fassung bemüht sich Rapacki, zwei vom Westen vorgebrachte Bedenken gegen seinen Plan auszuräumen. Da jeder Staat eine eigene Erklärung abgeben soll, werden Verhandlungen zwischen beiden deutschen Staaten über einen gemeinsamen Vertrag vermieden. Die Westmächte hatten Polen vorgeworfen, auf diesem Wege die diplomatische Anerkennung der DDR durchsetzen zu wollen.

Neu hinzugefügt ist der Vorschlag über das Kontrollsystem, dessen Fehlen den Westmächten ebenfalls Anlaß zur Kritik gab.

Nachdem die bisherigen Bedenken durch die Neufassung ausgeräumt sind, werden im Westen jedoch auch angesichts des variierten Rapackiplans kritische Stimmen laut. So bemängelt Bundeskanzler Konrad Adenauer, der Vorschlag enthalte keine besonderen Maßnahmen, um die Wiedervereinigung Deutschlands zu fördern.

Jedoch werden u. a. auch die Wirksamkeit von Kontrollmaßnahmen in dem Gebiet sowie die Sicherheit dieser Zone vor atomaren Angriffen in Zweifel gezogen. So bleibt der Rapackiplan zwar noch einige Zeit in der Diskussion, konkrete Maßnahmen hat er aber nicht zur Folge. Ebensowenig Erfolg haben andere im Westen ausgearbeitete Abrüstungspläne für Europa, die z. T. den Abzug aller ausländischen Truppen aus Mitteleuropa vorsehen.

Für den Plan: Carlo Schmid (SPD)

Gegen den Plan: K. Adenauer (CDU)

Polens Außenminister Adam Rapacki will Mitteleuropa ohne Atomwaffen

Benelux-Staaten schaffen Wirtschaftsunion

3. Februar. Belgien, Luxemburg und die Niederlande unterzeichnen einen Vertrag, der die letzte Etappe zur Wirtschaftseinheit der drei Länder darstellt. Die Union betrifft ein Gebiet von 65 000 km² mit 70 Millionen Einwohnern.

Ziele der Übereinkunft, die bis 1962 verwirklicht sein soll, sind u. a. der freie Verkehr von Personen, Waren, Dienstleistungen und Kapital sowie die Koordination der Wirtschaftsund der Außenhandelspolitik.

Der Vertrag ist das Ergebnis 14jähriger Bemühungen um eine Einigung über die Benelux-Union, die damit ihren Partnern in der Europäischen Wirtschaftsgemeinschaft (→ 1.1./S. 14) einen Schritt voraus ist.

V. l.: J. Bech (Luxemburg), W. Drees (Niederlande), A. van Acker (Belgien)

Frankreichs Bomben treffen Zivilisten

8. Februar. 79 Tote, darunter Frauen und Kinder, sowie 130 Verletzte fordert ein Angriff der französischen Luftwaffe auf das an der algerischen Grenze gelegene tunesische Dorf Sakhiet-Sidi-Youssef. Bei dem Bombardement werden auch Einrichtungen des Roten Kreuzes zerstört.

Frankreich stellt den Angriff als Vergeltung einer dreimaligen Beschießung französischer Flugzeuge in den letzten zehn Tagen durch in der Nähe des Dorfes stationierte Flak dar. In dem algerisch-tunesischen Grenzgebiet halten sich Flüchtlinge aus umkämpften Gebieten in Algerien auf, unter denen sich nach französischer Auffassung auch Kämpfer der algerischen Befreiungsfront FLN befinden.

Als Reaktion zieht Tunis seinen Botschafter aus Paris ab und verlangt den Abzug französischer Truppen aus seinem Land. Beide Seiten reichen beim UN-Sicherheitsrat Beschwerden ein. Der Konflikt wird durch das Eingreifen Großbritanniens und der USA zunächst entschärft (→ 15.4./S. 75).

Plan für höhere Agrarproduktion

26. Februar. Das Zentralkomitee der Kommunistischen Partei der Sowjetunion billigt den Vorschlag von Parteichef Nikita S. Chruschtschow, die Maschinen-Traktoren-Stationen (MTS) aufzulösen und ihren Maschinenpark an die landwirtschaftlichen Kollektivbetriebe, die Kolchosen, zu verkaufen.

Chruschtschow verspricht sich von der Auflösung der rund 8000 MTS eine Anhebung der Rentabilität und Produktivität der Landwirtschaft.

1958 ist das erste Jahr im vom Parteiführer ausgerufenen »Wettbewerb« der Sowjetunion mit den Vereinigten Staaten: Die UdSSR soll die Fleisch-, Butter- und Milchproduktion der USA innerhalb von drei bis vier Jahren einholen, d.h. die einheimische Produktion auf fast das Dreieinhalbfache steigern.

Unterstützt wird dieses Vorhaben durch die Reformen von 1954/55, die den Kolchosebauern den Betrieb von Nebenwirtschaften erlauben. Durch diese privaten Kleinbetriebe hat sich die Fleischversorgung erheblich verbessert.

Ulbricht maßregelt Schirdewan-Gruppe

6. Februar. Eine Stärkung seiner an den Wünschen der sowjetischen Führung orientierten Position erfährt zum Abschluß des viertägigen 35. Plenums des Zentralkomitees der SED-Parteichef Walter Ulbricht. Das ZK beschließt, seinen Sekretär für Kaderfragen, Karl Schirdewan, »wegen Fraktionstätigkeit« und den früheren Staatssicherheitsminister Ernst Wollweber »wegen seiner Verstöße gegen das Parteistatut« aus seinen Reihen auszuschließen. Der frühere Chefideologe der Partei, Fred Oelßner, wird »wegen Verletzung der Disziplin des Politbüros« aus diesem Gremium entfernt.

Karl Schirdewan

Ernst Wollweber

Fred Oelßner

Die oppositionelle Gruppe um Karl Schirdewan hatte gefordert, den Kurs der Entstalinisierung weiter fortzusetzen, und trat »für eine Verlangsamung des Tempos des sozialistischen Aufbaus« ein. Besonders nach den Liberalisierungstendenzen in Polen und Ungarn (die allerdings Ende 1956 von den Sowjets niedergeschlagen wurden) wollte Schirdewan ähnliche Lockerungen in der DDR erreichen. Ulbricht vertrat dagegen Ende 1956 die Ansicht, die »wichtigste Lehre, die wir aus den ungarischen Ereignissen ziehen müssen: Es gibt keinen dritten Weg«.

Für die ausgeschiedenen Mitglieder rücken folgende Funktionäre nach: Alfred Neumann wird Mitglied des Politbüros an Stelle von Oelßner. In das dann neunköpfige Sekretariat des Zentralkomitees treten für Schirdewan und Wollweber Paul Fröhlich, Gerhard Grüneberg, Erich Honecker und Paul Verner ein.

DDR will Konföderation mit Bundesrepublik

15. Februar. In ihrer Wochenendausgabe veröffentlicht die Münchner »Süddeutsche Zeitung« ein Interview ihres Redaktionsmitglieds Ulrich Kempski mit dem Ersten Sekretär der SED, Walter Ulbricht. Darin äußert sich dieser u. a. folgendermaßen zur Frage einer deutsch-deutschen Konföderation:

»*Frage:* Als Vorstufe zu einer Wiedervereinigung Deutschlands haben Sie, Herr Ulbricht, wiederholt eine Konföderation vorgeschlagen. Wie stellen Sie sich eine solche vor – die Prozedur ihres Zustandekommens, ihren organisatorischen und staatsrechtlichen Status, ihre Befugnisse und Begrenzungen sowie die mutmaßlich notwendige Dauer ihres Bestehens?

Ulbricht: Unser Vorschlag, die beiden deutschen Staaten auf dem Wege über eine Konföderation Schritt um Schritt zu vereinigen, beruht auf der realen Einschätzung der gegenwärtigen geschichtlichen Situation. Wie können wir uns die Sache praktisch vorstellen? Zwischen den Regierungen der DDR und der Bundesrepublik würde zunächst ein völkerrechtlicher Vertrag über die Bildung eines Staatenbundes abgeschlossen. Es gibt bei Ihnen Leute, die noch immer auf dem Standpunkt stehen, daß die DDR von Westdeutschland vereinnahmt werden soll. Manche Leute in Westdeutschland suchen diese Politik unter der Maske ›persönlicher Kontaktaufnahme‹ zu tarnen und schlagen technische Gespräche über Post- und Telegraphenverkehr usw. vor. Das ist doch nichts anderes als der Versuch, Wege zu finden, um die DDR zu unterminieren. Es ist klar, daß sich diese Leute diesen Zahn ziehen lassen müssen. Sie müssen grundsätzlich abgehen von der Konzeption einer Annexion der DDR. Jeder Bürger der DDR, der die Sicherung des Friedens und die Wiedervereinigung will, wird Ihnen auf all die technischen Vorschläge antworten: Wir lieben auch die Technik, aber zunächst möchten wir von Ihnen wissen, ob Sie für die Schaffung einer atomwaffenfreien Zone sind und für die Politik der Verständigung durch Bildung einer Konföderation der beiden deutschen Staaten. Bei Bildung der Konföderation haben beide Seiten das Recht, alle Fragen zu stellen, die sie für zweckmäßig halten.

Nun behaupten die Bundesregierung und ihre Klopffechter, wir beabsichtigten mit der Konföderation Westdeutschland unsere Ordnung aufzuzwingen. Das haben wir niemals geglaubt. Aber andererseits wissen wir, daß die Bonner Regierung eine unterminierende Tätigkeit gegen die DDR ausübt. Deshalb erscheint es uns zweckmäßig, bis allmählich dieses Mißtrauen beseitigt ist, zunächst keine über beiden Staaten stehende selbständige Staatsgewalt zu schaffen und auf diese Weise jede Möglichkeit der Beherrschung des einen deutschen Staates durch den anderen deutschen Staat auszuschließen. Natürlich brauchen wir gemeinsame gesamtdeutsche Körperschaften, die aber zunächst noch keine eigene Exekutivgewalt, sondern vor allem beratende und empfehlende Funktionen hätten. Das heißt, es könnte in beiden Teilen Deutschlands aus Vertretern der Regierungen und der Parlamente ein gesamtdeutscher Rat gebildet werden, der solche Maßnahmen vereinbaren und den beiden Regierungen zur Annahme empfehlen könnte, die der schrittweisen Annäherung der beiden deutschen Staaten dienen.

Sie stellen die Frage, wie lange das Stadium der Konföderation etwa dauern würde. Nun: das hängt ganz von der Arbeit des Gesamtdeutschen Rates, von der Bereitschaft der beiden Regierungen, sich zu verständigen, und nicht zuletzt von der Mitwirkung des ganzen deutschen Volkes, vor allem von der Arbeiterklasse und ihrer Organisation ab, von dem Elan, der Bewußtheit, der Ausdauer unseres Volkes selbst... Möglicherweise sind schon ein oder zwei Jahre nach Abschluß des Vertrages über die Konföderation die Voraussetzungen gegeben, einen Schritt weiter auf dem Wege des Zusammenschlusses zu gehen.«

Ulbrichts Vorstellungen von deutscher Einheit

Ein SZ-Interview mit dem SED-Sekretär / Zuerst eine Konföderation – aber nur nach Verzicht auf Atomwaffen

Von unserem Redaktionsmitglied H. U. Kempski

Berlin, 14. Februar

Der Erste Sekretär der SED, Walter Ulbricht,

„Ich habe bewußt nur die einfachen Fälle genannt, damit nicht jemand uns den Vorwurf machen kann, daß wir große Forderungen stellen."

ten dabei sind?" Auf die Frage, ob er also dagegen sei, daß man ohne Anwesenheit deutscher Vertreter die Frage eines deutschen Friedensvertrags diskutiere, erwiderte er: „Das habe ich

Schlagzeile in der »Süddeutschen Zeitung« aus München vom 15. Februar zum Interview mit Walter Ulbricht

Walter Ulbricht (l.), Erster Sekretär des Zentralkomitees der SED, mit dem Chefreporter der Münchner »Süddeutschen Zeitung«, Ulrich Kempski

Subventionen für die Bauern

27. Februar. Mit den Stimmen der Abgeordneten aller Parteien billigt der nur schwach besetzte Bundestag in Bonn den Grünen Plan für 1958, das Subventionsprogramm für die Landwirtschaft.

Der Plan hat einen Umfang von 1,341 Milliarden DM, dies sind 129 Millionen mehr als 1957 und mehr als das Doppelte der 1956 bewilligten Summe. Wie im Vorjahr wird ein großer Teil der Summe – 456 Millionen DM – auf den Posten »Förderung von Qualität und Absatz der Milch« verwendet; außerdem unterstützt werden Maßnahmen zur Verbesserung der Agrarstruktur sowie zur rationelleren Gestaltung der Erzeugung in der Landwirtschaft.

Vor der Debatte legt Landwirtschaftsminister Heinrich Lübke (CDU) den sog. Grünen Bericht über die Lage der Agrarwirtschaft vor. Demnach erbrachten die Bauern 1957 7,5% des Bruttosozialprodukts (1936: 12,3%). Die Zahl der Beschäftigten in der Landwirtschaft hat seit 1950 um mehr als eine Million abgenommen und liegt nun bei knapp vier Millionen. Dennoch war wegen der hohen Lohnkosten der finanzielle Ertrag der Landwirte 1957 geringer als die Ausgaben.

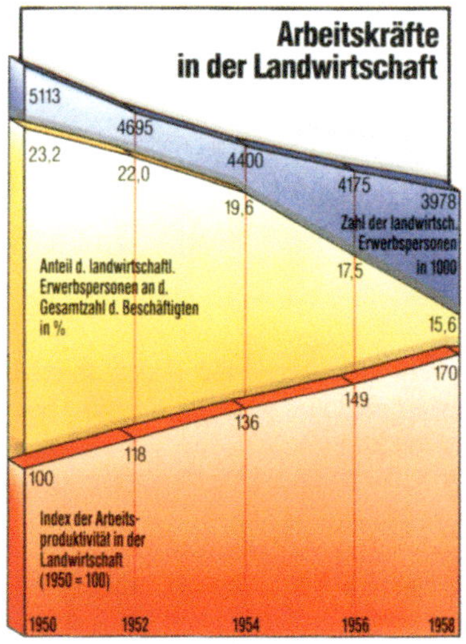

Bahnkarten werden teurer

1. Februar. 8,7% mehr müssen Reisende der Bundesbahn durchschnittlich für die Fahrkarten bezahlen. Mit der vom Bundeskabinett in Bonn gebilligten Tariferhöhung verteuert sich der Eisenbahn-Kilometer in der 2. Klasse auf 7,5 Pfennig, in der 1. Klasse auf 11,25 Pfennig.

Im Güterverkehr, wo die Tarif Massen vereinfacht werden, erhöhen sich die Frachtgebühren im Durchschnitt um rund 8,5%. Das stark defizitäre Staatsunternehmen Bundesbahn erhofft sich Mehreinnahmen von rund 700 Millionen DM.

Ziel der heftig umstrittenen Erhöhung ist es nach Angaben von Verkehrsminister Hans-Christoph Seebohm (DP), die Bahn von Bundeszuschüssen unabhängig zu machen. Dem hält die Gewerkschaft der Eisenbahner (GdED) entgegen, der Ausgleich des Defizits werde auf dem Rücken der Bahnarbeiter ausgetragen, die immer noch unterdurchschnittliche Löhne erhielten. 100 000 Arbeiter der Bundesbahn verdienten weniger als 300 DM netto pro Monat. Weitere Subventionen für die Bahn sollten nach Ansicht der GdED dem Rüstungsetat entnommen werden, der rund zwölf Milliarden DM beträgt.

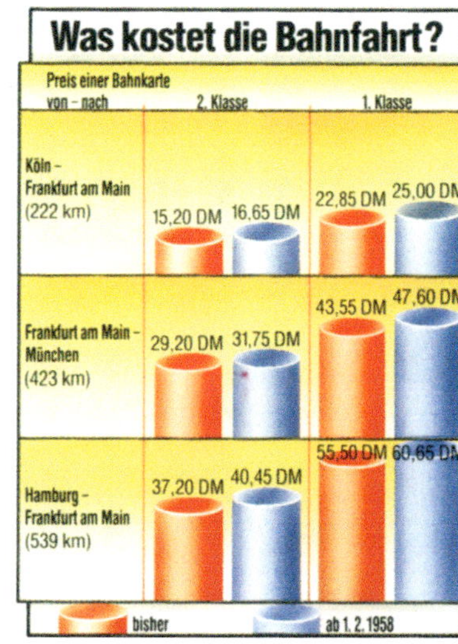

Rebellion der Halbstarken erschreckt angepaßte Bürger

25. Februar. Mit Empörung kommentieren die Zeitungen der österreichischen Hauptstadt den Mord jugendlicher Wiener Rowdies an einem 17jährigen Lehrling. Aus nichtigem Anlaß hatte die Bande das ihr unbekannte Opfer zu Boden geschlagen und schließlich zu Tode getrampelt. Die Bevölkerung fordert nun wirksameren Schutz vor den dem Halbstarkenmilieu zugerechneten Jugendbanden und längere Haftstrafen.

Auch in der Bundesrepublik machen Halbstarke in den vergangenen zwei Jahren immer wieder von sich reden. Tätlichkeiten mit tödlichem Ausgang bleiben die Ausnahme, die Vergehen der Jugendlichen bestehen in Auseinandersetzungen mit biederen Passanten und der Ordnungsmacht.

Die Halbstarken, überwiegend Jungen aus der Arbeiterschicht, sind durch ihre Kleidung schon äußerlich zu erkennen: Die »Röhre« (Nietenhose), karierte Hemden oder weiße T-Shirts und Lederjakken oder »James-Dean-Blousons« gehören zu ihrer Ausstattung ebenso wie ein Moped. Geboren in den ersten Kriegsjahren wuchsen die Jugendlichen zumeist in wirtschaftlicher Not und unvollständigen Familien auf. Sie wurden früh zur Selbständigkeit gezwungen und trugen als Kinder zum Lebensunterhalt ihrer Familien bei. Mit der Rückkehr restaurativer Erziehungsideale in den 50er Jahren sahen sich die Jugendlichen plötzlich Tugenden wie Anpassung, Unterordnung und Gehorsam gegenüber, gegen die sie nun rebellieren.

Eine Gruppe jugendlicher Halbstarker in Lederkleidung mit einem von ihnen verprügelten Mann

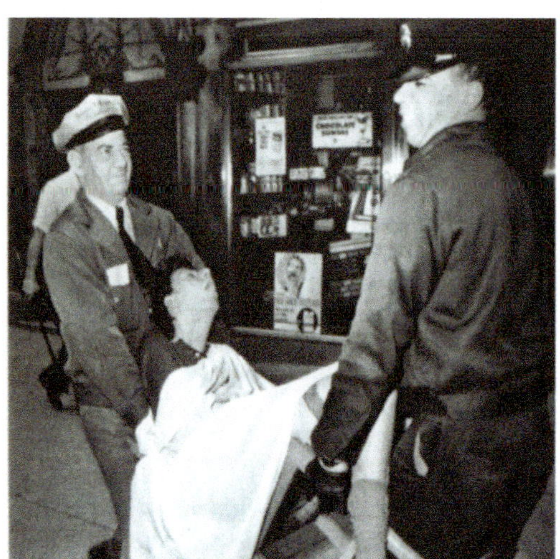

New Yorker Lehrerin, die aus Verzweiflung über Gewalttaten ihrer Schüler Selbstmord begangen hat

Schüler einer US-Lehranstalt, an der ein Mord und eine Vergewaltigung verübt wurden

Milde Urteile gegen Vergeltungskorps

12. Februar. Zu einer fünfjährigen Haftstrafe verurteilt das Schwurgericht Arnsberg im sog. Fremdarbeiter-Prozeß den Hauptangeklagten wegen Totschlags in 151 Fällen. Ein weiterer Angeklagter erhält 18 Monate Haftstrafe wegen Beihilfe zum Totschlag in 71 Fällen, ein Verfahren wird eingestellt und drei Angeklagte werden wegen »echten Notstands« freigesprochen.
Die sechs angeklagten ehemaligen Offiziere der Waffen-SS und der Wehrmacht waren als Mitglieder der SS-Division »Zur Vergeltung« im März 1945 an der Erschießung von 208 russischen Arbeitern – darunter Frauen und Kinder – im saarländischen Kreis Warstein beteiligt. Sie erhielten den Befehl, die angeblich spionageverdächtigen Fremdarbeiter zu »dezimieren«.
In der Urteilsbegründung stellt das Gericht fest, daß die Hauptschuld an dem Verbrechen dem Kommandeur der SS-Division zuzuschreiben sei, der jedoch bei Kriegsende Selbstmord begangen hat.
Die Urteile im Fremdarbeiter-Prozeß – der Staatsanwalt forderte für den Hauptangeklagten lebenslängliches Zuchthaus – werden in der Öffentlichkeit stark kritisiert und als »Mord am Recht« bezeichnet.

Atomtests erhöhen Strahlenbelastung

27. Februar. Der im Oktober 1956 auf Wunsch des Bundestages eingesetzte Sonderausschuß Radioaktivität veröffentlicht sein erstes Gutachten über die radioaktive Belastung von Luft, Niederschlägen, Boden und Milch.
Die zwölf Wissenschaftler kommen zu dem Ergebnis, daß seit Beginn der Erhebungen eine kontinuierliche Zunahme der Radioaktivität zu verzeichnen ist, die vor allem auf die Atomwaffenversuche zurückgeht. So ist die Aktivität der Milch für Strontium 90 seit 1955 auf fast das Dreifache angestiegen.
Ausdrücklich gewarnt wird vor in Zisternen gewonnenem Trinkwasser. Die Experten kommen zu dem Schluß: »Zur Zeit können die Möglichkeiten einer Schädigung nur so beurteilt werden, daß empfohlen werden muß, jede weitere ... Strahlenbelastung zu vermeiden.«

Der Göttinger Physik-Professor Werner Heisenberg, Nobelpreisträger von 1932, stellt der Öffentlichkeit seine »Weltformel«, die Elementarteilchentheorie, vor

Theorie der kleinsten Teile

28. Februar. Der Göttinger Physiker und Nobelpreisträger Werner Heisenberg stellt der Öffentlichkeit seine Formel der Struktur der kleinsten Teile der Materie, die sog. Weltformel, vor. In der Formel enthalten ist die von Heisenberg definierte »kleinste Länge« mit einer Größenordnung von einem billionsten Millimeter, in der sich die Wechselwirkungen zwischen den Elementarteilchen eines Atomkerns abspielen.
Obwohl die Theorie der Elementarteilchen seit Beginn der Atomwissenschaft die zentrale Fragestellung der theoretischen Physik darstellt, war diese bislang nicht in der Lage, die Probleme beim Bau von Atombomben und der Konstruktion von Kernreaktoren vollständig zu erklären, weil eine Erfassung der Vorgänge im Innern des Atomkerns nicht möglich war. Die Elektronenhülle ist dagegen durch die Quantenmechanik – die Krönung der von Max Planck begründeten Quantentheorie – und die Heisenbergsche Theorie von der Unschärferelation, für die er 1932 den Nobelpreis erhielt, zu erklären. Falls sich die Weltformel als richtig erweist – dies muß noch in vermutlich Jahre dauernden Experimenten nachgewiesen werden – können damit Vorgänge in der Kernphysik, die bisher in Versuchen beobachtet werden mußten, theoretisch errechnet werden.
Eine weitere praktische Anwendungsmöglichkeit der Weltformel betrifft die Spaltbarkeit der Atomkerne. Es kann theoretisch Gewißheit darüber entstehen, daß bei geeigneter Energiezufuhr neben Uranatomen auch stabile Atomkerne gebildet werden.
Heisenberg nimmt darüber hinaus an, daß durch seine Formel auch die Gesetze der Gravitation vollständig erfaßt werden können. Albert Einsteins allgemeine Relativitätstheorie klärte die physikalischen Vorgänge der Welt im Großen, Plancks Quantentheorie erläuterte den Mikrokosmos. Mit Hilfe der Weltformel können nun beide Theorien möglicherweise zu einer allgemeinen Feldtheorie zusammengeschlossen werden, was bislang als unmöglich galt.

Werner Heisenberg will seine »Weltformel« in jahrelangen Experimenten auf ihre Richtigkeit überprüfen

Erstmals ein Erfolg bei Mondfahrt-Test

18. Februar. Nach einwöchiger Dauer beendet der US-amerikanische Luftwaffensoldat Donald G. Farrell die erste Simulation der US-Luftwaffe für eine Fahrt zum Mond. Der 23jährige hielt sich sieben Tage lang in einer hermetisch abgeschlossenen Kapsel auf, vor allem um das psychische Befinden eines Menschen unter Raumfahrtbedingungen zu testen.
Farrell steht als erster die Prozedur bis zum Ende durch, seine Vorgänger machten vom »Panikknopf« Gebrauch, der das freiwillige Gefängnis öffnete. Farrell bringt von dem Test u. a. die Erkenntnis mit, daß es bei den Druckverhältnissen in der Kapsel unmöglich ist, zu pfeifen.

Elektrorasierer werden beliebter

Die Verdrängung der Rasierklinge durch elektrische Trockenrasierer konstatieren die Hersteller der Apparate für die Bundesrepublik. 1957 wurden hier rund drei Millionen Rasierapparate produziert; dies bedeutet eine Versechsfachung innerhalb der letzten fünf Jahre.
Nach Angaben der Hersteller benutzen derzeit von den 17,5 Millionen Männern in der Bundesrepublik rund sieben Millionen einen elektrischen Rasierapparat. Mit weiteren Steigerungen wird schon deshalb gerechnet, weil das immer vielfältiger werdende Angebot deutlich billiger geworden ist.

DAF mit Automatik sorgt für Aufsehen

6. Februar. Als sensationell wird das neue Kleinwagenmodell der niederländischen van Doorne's Automobielfabrieken (DAF), Eindhoven, gefeiert: Der Kleinwagen verfügt über ein Automatikgetriebe.
Das viersitzige Auto mit luftgekühltem Zwei-Zylinder-Motor kostet je nach Ausstattung zwischen 4400 und 4830 DM und ist damit gegenüber ähnlichen Modellen von VW, Renault und Fiat, die mit Schaltgetriebe ausgestattet sind, durchaus konkurrenzfähig. Der DAF 600 ist seit fast 50 Jahren das erste von einer niederländischen Firma auf den Markt gebrachte Auto.

Wohnen und Design 1958:

Renaissance des Chippendale

Möbelstücke mit klaren geraden Formen bestimmen die Wohnzimmereinrichtung; l. Eßplatz mit einer Durchreiche zu der benachbarten Küche

»Der Nierentisch ist tot« – überschreibt die »Süddeutsche Zeitung« in ihrer Ausgabe vom 12. Februar einen Bericht über die Kölner Möbelmesse. Nach dem Drang zu modernen Möbeln – Nierentisch, Schalensessel, Tütenlampen – zu Beginn der 50er Jahre hält in der Bundesrepublik Deutschland nun wieder ein rückwärtsgewandter Einrichtungsgeschmack Einzug.
Besonders groß ist die Nachfrage nach nachgemachten, teils am Fließband hergestellten Stilmöbeln, die sich häufig am Chippendalestil des 18. Jahrhunderts orientieren. Typisch für bundesdeutsche Wohnzimmer ist auch das »Gelsenkirchener Barock«, wuchtige Möbelstücke mit zahlreichen, barock anmutenden Verzierungen.
Im modernen Möbeldesign dagegen vollzieht sich eine Wende zu einfacheren klareren Formen ohne Kurven und verspielte Details. Besonderen Anklang finden die Entwürfe skandinavischer Möbelhersteller. Sie arbeiten zumeist mit hellem Holz und bevorzugen gradlinige praktische Formen.
Nach wie vor groß ist das Interesse an vielseitig verwendbaren Möbelstücken, etwa einem Fernsehsessel mit angebautem Tischchen.
Das Augenmerk der Innenarchitekten richtet sich zunehmend auch auf Phono- und Fernsehgeräte, die in vielen Wohnungen zum festen Bestandteil der Einrichtung geworden sind und dieser stilistisch angepaßt werden sollen. Auffälligste Marktneuheit auf diesem Gebiet ist 1958 der sog. Schneewittchensarg, eine Radio-Plattenspielerkombination der Firma Braun, die von Hans Gugelot entworfen wurde.
Auch wenn die übrige Wohnung häufig mit Stilmöbeln eingerichtet ist, bleibt in der Küche der Trend zum Modernen ungebrochen. Der begehrten, aber teuren Schwedenküche macht eine kunststoffüberzogene Variante Konkurrenz, die ebenfalls dem Anspruch der Funktionalität und Modernität genügt.
Elektrische Haushaltsgeräte gehören zwar noch nicht zur Standardausrüstung, werden aber immer weiter verbreitet. So verfügt etwa jeder dritte Haushalt in der Bundesrepublik über einen Elektroherd und einen Kühlschrank, in jedem vierten Haushalt sind Mixer und andere elektrische Küchenmaschinen zu finden. Einen Staubsauber haben fast zwei Drittel aller Haushalte, während eine Waschmaschine nur in etwa jeder fünften Familie zur Einrichtung gehört.
Auch bei der Ausstattung der Mietwohnungen gibt es noch einige Defizite. So verfügen nur rund 45% der vermieteten Wohnungen über Bad oder Dusche; in etwa 21% der Wohnungen müssen mehrere Parteien eine gemeinsame Toilette benutzen. Fast 90% der Wohnungen haben nur Zimmeröfen.

Maschinen einer Waschküche für die moderne Hausfrau

Vorschlag einer Frauenzeitschrift für den Abendbrottisch

Die Fernsehtruhe im Wohnzimmer an exponierter Stelle

Kinderzimmer-Einrichtung mit separater Schlafnische

◁ Die Eßküche bleibt für viele Bundesbürger, die in nach dem Zweiten Weltkrieg errichteten Mietwohnungen leben, ein unerfüllbarer Traum; vor allem in den Vereinigten Staaten und den skandinavischen Ländern wird die Kombination von Küche und Eßplatz als Ort der Behaglichkeit dagegen immer beliebter; Psychologen wollen zudem herausgefunden haben, daß der Herd in einer Wohnung einen besonderen Anziehungspunkt darstellt und die Küche deshalb auch als Wohnraum genutzt werden sollte; im Bild wird die große Küche mit Hilfe einer niedrigen Schrankzeile in zwei separate Bereiche aufgeteilt: l. eine moderne Arbeitsküche, bei deren Einrichtung besonders auf kurze Wege und angenehme Arbeitshöhen geachtet wurde (z. B. bei der Installierung des Backofens, den man ohne sich zu bücken benutzen kann); der Eßplatz r. ist mit Teppich und Polstermöbeln betont wohnlich eingerichtet

▽ Wohnzimmereinrichtung, bei der auf alle schnörkelig-»gemütlichen« Details verzichtet wurde; die Möbelstücke – auch die Regalwand – sollen möglichst leicht und grazil wirken und wenig Platz in Anspruch nehmen

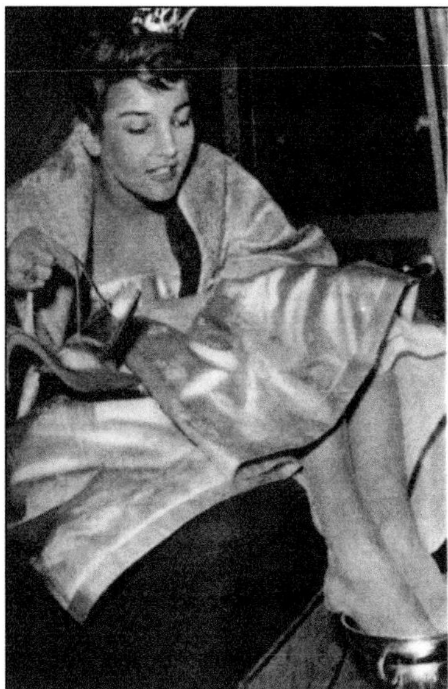

Närrisches Treiben auf dem Höhepunkt

17. Februar. *Trotz winterlich-kalter Witterung säumen Hunderttausende die Straßen, um in den Metropolen des Karnevals die Rosenmontagsumzüge zu sehen. Favorisiertes Requisit der Zuggestalter in Köln, Düsseldorf und Mainz sind in diesem Jahr Sputniks und Raketen. Aber auch andere aktuelle Themen finden in Karnevalswagen und Büttenreden ihren Niederschlag. So wird in Mainz ein Telefonat nach Rom folgendermaßen kolportiert: »Was ist los? Ein Stallhas hat sei Stimm verlöre? Ach so, die Callas hat die Stimme verloren. Nur eine Stimme – was soll dann da unsere FDP sage?« (Bild l.: Die Münchner Faschingsprinzessin Carolin; r.: Einzug des Prinzenpaars Carolin und Wolfgang I. beim Ball im Deutschen Theater).*

Diskussionen über privates Fernsehen

28. Februar. In einer lebhaften Bundestagsdebatte über Rundfunk und Fernsehen spricht sich Bundesinnenminister Gerhard Schröder (CDU) mit Nachdruck gegen das bestehende Rundfunkmonopol der öffentlich-rechtlichen Anstalten aus und fordert statt dessen einen »unabhängigen Rundfunk auf neuer Grundlage«.

Wie Schröder plädieren auch andere Abgeordnete der CDU/CSU dafür, freie Frequenzen für ein von den jetzigen Sendern unabhängiges bundesweites Fernsehprogramm zur Verfügung zu stellen. Unterschiedliche Meinungen herrschen noch darüber, ob mit der Programmgestaltung ein privater Veranstalter beauftragt werden sollte.

Die SPD steht auf dem Standpunkt, das System der öffentlich-rechtlichen Landessender dürfe nicht angetastet werden, weil nur so Ausgewogenheit garantiert werden könne. Rundfunk und Fernsehen seien ein politisches Instrument, das in Händen bestimmter Machtgruppen die Demokratie gefährde.

Die Rekordschwimmerin Ilsa Konrads mit ihrem Trainer Don Talbot

Konrads sammeln Schwimmrekorde

22. Februar. Der 15jährige Jon Konrads verbessert bei den australischen Schwimm-Meisterschaften in Melbourne den Weltrekord über 1650 yards (1500 m) im Kraulschwimmen um 24,2 sec auf 17:28,7 min. Es ist der zehnte Weltrekord, der von Jon und seiner um zwei Jahre jüngeren Schwester Ilsa seit Beginn des Jahres 1958 aufgestellt wurde.

Rekorde von Ilsa und Jon Konrads

Distanz (in yards und m)	Rekord 1958 Kraulschwimmen	Verbesserung zur früheren Bestzeit
	Ilsa Konrads	
880 und 800	10:16,2 min	18,4 sec
	Jon Konrads	
220 und 200	2:03,2 min	2.6 sec
440 und 400	4:21,8 min	4,1 sec
880 und 800	9:14,5 min	4.7 sec
1650 und 1500	17:28,7 min	24,2 sec

Eine auf Yards-Distanzen geschwommene Bestzeit wird auch für die entsprechende Meter-Strecke anerkannt, sofern der Schwimmer auf der Yards-Strecke die Rekordzeit der Meter-Strecke unterbietet.

Die Familie Konrads war 1944 vor der anrückenden Sowjetarmee aus dem lettischen Riga ins Deutsche Reich geflüchtet und 1948 nach Australien ausgewandert. In Sydney wurden die Geschwister – die 1,64 m große Ilsa und der 1,75 m große Jon – für den Schwimmsport entdeckt und trainieren seit fünf Jahren unter Leitung einheimischer Trainer.

Lourdes rechnet mit zehn Millionen Pilgern

11. Februar. Vor 60 000 Pilgern, darunter 30 Bischöfe, werden in dem französischen Marienwallfahrtsort Lourdes die Feierlichkeiten zur 100. Wiederkehr des Tages der Marienerscheinungen eröffnet. Am 11. Februar 1858 soll der damals 14jährigen Müllerstochter Bernadette Soubirous, die 1933 heiliggesprochen wurde, in der inzwischen berühmt gewordenen Grotte die Jungfrau Maria erschienen sein.

In der Grotte begann am 25. Februar 1858 eine Quelle zu sprudeln, die Bernadette Soubirous auf Weisung der Marienerscheinung zum Fließen gebracht haben soll und der besondere Heilkräfte vor allem bei der Behandlung von Verkrüppelungen und Lähmungen zugeschrieben werden. Die katholische Kirche bestätigte 1862 die Marienerscheinungen und hat seither auch etliche Heilungen als Wunder anerkannt.

Anläßlich der 100-Jahr-Feiern wird aus dem Vatikan ein feierliches Angelus-Gebet von Papst Pius XII. übertragen, der den Gläubigen in Lourdes außerdem eine Grußbotschaft zukommen läßt.

Der Wallfahrtsort in den Pyrenäen erwartet im Jubiläumsjahr sechs bis zehn Millionen Pilger aus aller Welt. Um den Zustrom zu bewältigen, werden Sonderflugzeuge und -züge eingesetzt. Wegen der großen Nachfrage sind die Zimmerpreise in Lourdes gegenüber dem Vorjahr um das Anderthalbfache gestiegen.

Besondere Attraktion der Feiern ist die neuerrichtete, teils unterirdische Pius-X.-Basilika, die am 25. Februar geweiht wird. Sie bietet rund 20 000 Gläubigen Platz.

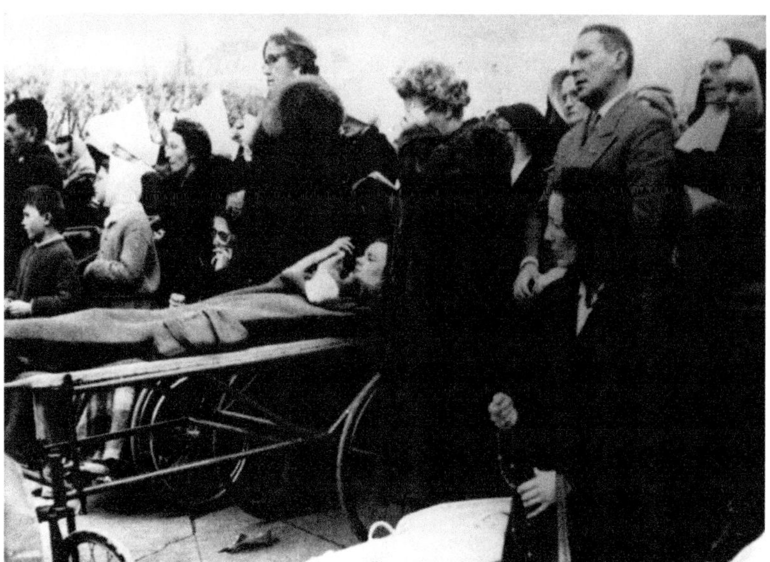

Vor allem Behinderte und Kranke pilgern zu Tausenden nach dem französischen Wallfahrtsort Lourdes; sie hoffen auf eine wunderbare Heilung

Dreifacher Triumph für Toni Sailer bei alpiner Ski-WM in Badgastein

9. Februar. *Nach neuntägiger Dauer gehen mit der Herrenabfahrt in Badgastein die alpinen Ski-Weltmeisterschaften zu Ende. Sieger am Graukogel wird der 22jährige Anton (Toni) Sailer aus Kitzbühel (Abb.) vor dem Schweizer Roger Staub aus Arosa. Mit seinem ersten Platz in der Abfahrt gewinnt Sailer nach seinem Sieg im Riesenslalom auch die alpine Kombination und ist damit der erfolgreichste Sportler der diesjährigen Titelkämpfe.*
Dabei hatte es für den »Weißen Blitz aus Kitz« in Badgastein zunächst schlecht begonnen: Im Slalom wurde er nur Zweiter hinter seinem Landsmann Josl Rieder.
Mit seinem dreifachen Triumph kann der Österreicher Sailer, der nicht nur als Skiläufer, sondern auch als Filmschauspieler erfolgreich ist, an seine Erfolge bei den VII. Olympischen Winterspielen im italienischen Cortina d'Ampezzo vom 26. Januar bis 5. Februar 1952 anknüpfen, wo er alle drei alpinen Goldmedaillen gewann.
Erfolgreichste Teilnehmerin bei den Damen ist in Badgastein die Kanadierin Lucille Wheeler, die den Riesenslalom und die Abfahrt gewinnt. Den Kombinationstitel holt sich die Schweizerin Frieda Dänzer aus Adelboden; im Slalom liegt Inger Björnbakken (Norwegen) vorn.

Eislaufweltmeister verteidigen Titel

16. Februar. Bei den nach viertägiger Dauer im Pariser Palais des Sports zu Ende gehenden Weltmeisterschaften im Eiskunstlauf können sich die Titelverteidiger von Colorado Springs 1957 sämtlich behaupten. Carol Heiss (USA) gewinnt zum dritten Mal in Folge, ihr Landsmann David Jenkins und das kanadische Paar Barbara Wagner/Robert Paul siegen zum zweiten Mal.
Beste Teilnehmerin aus der Bundesrepublik ist die 16jährige Ina Bauer aus Krefeld, die auf Platz vier der Gesamtwertung kommt. Das neuformierte Paar Marika Kilius/Hans-Jürgen Bäumler belegt Platz sechs (→ 12.1./S. 29).

Konny Freundorfer zum 6. Mal Meister

2. Februar. Bei den Deutschen Tischtennis-Meisterschaften holt sich der Münchner Konrad (Konny) Freundorf er seinen sechsten Titel in Folge. Im Finale bezwingt er wie im Vorjahr den Mörfeldener Josef Arndt klar in drei Sätzen.
Die Titelkämpfe in Neumünster standen im Zeichen der Favoritenstürze: Bei den Herren schied von acht gesetzten Spielern die Hälfte schon in der ersten Runde aus. Bei den Damen gewinnt in Abwesenheit der Titelverteidigerin Erna Brell (Frankfurt am Main) Uschi Fiedler aus Berlin (West) vor der Frankfurterin Hanne Schlaf.

Wales qualifiziert für die Fußball-WM

5. Februar. Vor 35 000 Zuschauern in Cardiff gewinnt Wales das zweite Qualifikationsspiel 2:0 (0:0) gegen Israel und sichert sich damit nach dem 2:0 im Hinspiel die Teilnahme als 16. Mannschaft für die Fußballweltmeisterschaft in Schweden (→ 29.6./S. 110). Israel hatte sich formal bereits (als Sieger der Gruppe Asien-Afrika) für Schweden qualifiziert, dabei aber wegen des Boykotts der Gruppengegner kein Spiel ausgetragen. Der Internationale Fußballverband (FIFA) setzte daraufhin zwei Spiele gegen eine bereits ausgeschiedene Mannschaft an. Der Gegner Israels wurde unter den Gruppenzweiten ausgelost.

März 1958

Mo	Di	Mi	Do	Fr	Sa	So
					1	2
3	4	5	6	7	8	9
10	11	12	13	14	15	16
17	18	19	20	21	22	23
24	25	26	27	28		

1. März, Sonnabend

Der griechische Ministerpräsident Konstandinos Karamanlis gibt den Rücktritt seiner Regierung bekannt, nachdem ihm mehrere Abgeordnete der Regierungspartei aus Protest gegen ein neues Wahlgesetz die Unterstützung entzogen haben; Nachfolger wird am 5. März Konstandinos Georgakopulos.

Der Bischof der italienischen Stadt Prato, Monsignore Pietro Fiordelli, wird von einem Gericht in Florenz zu einer Geldstrafe verurteilt, weil er ein nur standesamtlich getrautes Ehepaar als »im Konkubinat lebende öffentliche Sünder« bezeichnet hat. → S. 55

Nach einwöchiger Dauer geht in Nürnberg die 9. Spielwarenmesse zu Ende, an der erstmals auch ausländische Aussteller teilnahmen. Auffallend sind Raketen und Erdsatelliten zum Spielen sowie der hohe Anteil an Plastikspielzeug.

Beim Untergang des türkischen Fährschiffes »Üsküdar« bei schwerem Sturm in der Ismitbucht des östlichen Marmarameeres kommen mehr als 400 Menschen ums Leben.

In Mailand ist die Uraufführung der tragischen Oper »Mord in der Kathedrale« von Ildebrando Pizzetti zu sehen.

Vor 6000 Zuschauern sichert sich der EV Füssen in eigener Halle durch ein 7:3 über den EC Bad Tölz zum sechsten Mal in Folge den Titel eines Deutschen Eishockeymeisters. → S. 63

2. März, Sonntag

Nach einem 3360 km langen Marsch beendet die britische Südpolexpedition unter Leitung von Vivian Fuchs die erste Durchquerung der Antarktis. → S. 54

Im Brüsseler Heysel-Stadion schlägt die Fußballnationalmannschaft der Bundesrepublik Belgien 2:0.

Die Ulmerin Hannelore Basler ist bei den Deutschen Alpinen Meisterschaften in Rottach-Egern in allen drei Wettbewerben erfolgreich und sichert sich so auch den Kombinationstitel. Bei den Herren gewinnt Ludwig Leitner (Kleinwalsertal) Slalom, Riesenslalom und Kombination; im Abfahrtslauf siegt Fritz Wagnerberger aus Traunstein.

3. März, Montag

In einem Schreiben an US-Präsident Dwight D. Eisenhower spricht sich der sowjetische Ministerpräsident Nikolai A. Bulganin für eine Gipfelkonferenz aus, auf der alle Fragen erörtert werden sollten, die zur weltpolitischen Entspannung beitragen. Dies gelte jedoch nicht für die Wiedervereinigung Deutschlands und das Problem der osteuropäischen Staaten, da durch die Behandlung dieser Fragen die internationale Spannung verschärft werde (→ 10.1./S. 15).

Nach dem Rücktritt des bisherigen Ministerpräsidenten Abdel Wahab Mirjan wird Nuri As Said neuer irakischer Regierungschef (→ 14.7./S. 116).

In Köln wird das Theaterstück »Onkel, Onkel« von Günter Grass uraufgeführt.

Eine Ausstellung mit 75 Gemälden von Lovis Corinth im Schloß Charlottenburg in Berlin (West), die seit dem 18. Januar zu sehen ist, schließt ihre Pforten.

4. März, Dienstag

Der Ständige Rat der Nordatlantikpakt-Organisation NATO erklärt zu den neuesten sowjetischen Vorschlägen zur Einberufung einer Gipfelkonferenz, der Westen halte an seiner Bedingung fest, die Sicherheitsfragen nur in Verbindung mit der Wiedervereinigung Deutschlands zu behandeln (→ 10.1./S. 15).

In Polen werden Maßnahmen zum Abbau staatlicher Wirtschaftslenkung beschlossen. → S. 53

5. März, Mittwoch

Bundesverteidigungsminister Franz Josef Strauß (CSU), der sich zu Gesprächen in den USA aufhält, erklärt, die Bundeswehr werde US-amerikanische Raketen vom Typ »Matador« erhalten, die sowohl mit herkömmlichen wie mit atomaren Sprengköpfen ausgerüstet werden können (→ 25.3./S. 50).

In den Kammerspielen in Berlin (Ost) wird das Schauspiel »Der Müller von Sanssouci« von Peter Hacks uraufgeführt. → S. 62

6. März, Donnerstag

Gamal Abd el Nasser, Präsident der neugegründeten Vereinigten Arabischen Republik (VAR), gibt seine Kabinettsliste bekannt; der Regierung gehören 24 ägyptische und 14 syrische Politiker an (→ 1.2./S. 36).

Eine deutliche Verschlechterung im Verhandlungsklima zwischen Geschäftsleuten aus der DDR und der Bundesrepublik konstatieren Besucher der diesjährigen Leipziger Frühjahrsmesse. → S. 51

Nachdem der baden-württembergische Landtag Zahlenlotto bislang aus moralischen Gründen abgelehnt hatte, billigt er nun die Einführung des Gewinnspiels. Baden-Württemberg war der letzte »lottofreie« Teil der Bundesrepublik.

7. März, Freitag

40 Persönlichkeiten aus dem politischen, kulturellen und kirchlichen Leben der Bundesrepublik gründen in Frankfurt am Main den Arbeitsausschuß »Kampf dem Atomtod« (→ 25.3./S. 50).

Die französische Nationalversammlung spricht Ministerpräsident Félix Gaillard, der im Zusammenhang mit der Erhöhung des Verteidigungsbudgets für Algerien die Vertrauensfrage gestellt hat, das Vertrauen aus. → S. 52

In Uruguay wählt der Nationalrat Carlos Fischer als Nachfolger von Arturo Lezama zum Präsidenten der Republik (→ 30.11./S.183).

8. März, Sonnabend

Die aus Syrien und Ägypten gebildete Vereinigte Arabische Republik (VAR) schließt sich mit dem Jemen, der seine staatliche Eigenständigkeit behält, zu den Vereinigten Arabischen Staaten zusammen (→ 1.2./S. 36).

Das Schwurgericht in Steyr verurteilt den 38jährigen Hilfsarbeiter Alfred Engleder zu lebenslanger verschärfter Kerkerhaft. Der »Unhold von Steyr«, der im Sommer 1957 gestellt werden konnte, hat zwei Sexualmorde und vier Vergewaltigungsversuche begangen.

In Berlin (Ost) endet die Hallenhandball-Weltmeisterschaft, die am 27. Februar begonnen hatte, mit dem Titelgewinn Schwedens vor der Tschechoslowakei und der gesamtdeutschen Mannschaft. → S. 63

9. März, Sonntag

Gartenzwerge sind der Verkaufsrenner auf der Norddeutschen Gärtnerbörse in Hamburg. Der Verkauf der Gartendekorationen ist in jüngster Zeit sprunghaft angestiegen, Abnehmerländer sind u. a. Japan und südamerikanische Staaten.

Bei den 23. internationalen Arlberg-Kandahar-Skirennen, den nach den olympischen und den Weltmeisterschaftsläufen wichtigsten alpinen Skiwettkämpfen, kommt es zu einem österreichischen Doppelerfolg. Karl Schranz aus Sankt Anton und Josefine »Putzi« Frandl aus Radstadt werden Kombinationssieger. → S. 63

10. März, Montag

In feierlicher Zeremonie wird Bundeskanzler Konrad Adenauer (CDU) in der Kölner St.-Andreas-Kirche durch Hochmeister Marian Tumler zum Ehrenritter des Deutschen Ordens ernannt.

Die erste Niederlage in seiner Berufsboxerkarriere muß der Deutsche Mittelgewichtsmeister Gustav »Bubi« Scholz in Paris hinnehmen. Er unterliegt Europameister Charles Humez (Frankreich) nach Punkten (→ 4.10./S. 175).

Bei der Eishockeyweltmeisterschaft in Oslo wird Kanada zum 16. Mal Titelträger. → S. 63

11. März, Dienstag

Ein Düsenbomber der US-amerikanischen Luftstreitkräfte verliert bei einem Übungsflug in South Carolina eine ungeschärfte Atombombe. Der Zünder der Kernwaffe, in die kein Sprengkopf eingebaut war, detoniert beim Aufschlag und beschädigt sechs Häuser und eine Kirche. → S. 51

Der SPD-Abgeordnete und Bundestagsvizepräsident Carlo Schmid, der sich auf einer Vortragsreise durch Polen befindet, erklärt in der Warschauer Universität, jeder redliche Deutsche bedauere die an Polen während des Zweiten Weltkriegs begangenen Untaten zutiefst. Er drückt zugleich die Hoffnung auf einen Neuanfang der Beziehungen aus.

In Österreich beginnt die fünftägige Zeichnungsfrist für Volksaktien an dem chemischen Betrieb Hiag. → S. 55

12. März, Mittwoch

In einer Rundfunkansprache vertritt der SPD-Vorsitzende Erich Ollenhauer die Ansicht, eine Wiedervereinigung Deutschlands sei nur in Etappen zu erreichen. Erstes Ziel müsse es sein, eine allgemeine Abrüstung einzuleiten.

Die kubanische Regierung unter Nuñez Portuondo tritt zurück, nachdem Staatspräsident Fulgenico Batista y Zaldívar, der 1952 durch einen Staatsstreich an die Macht kam und seither diktatorisch regiert, die verfassungsmäßigen Grundrechte für die Dauer von 45 Tagen aufgehoben hat, um einem angekündigten Putschversuch Fidel Castros zu begegnen. Dem neuen Kabinett unter Gonzalo Guell gehören fast alle Minister der zurückgetretenen Regierung erneut an (→ 25.2./S. 37; 5.11./S. 181).

13. März, Donnerstag

Ganz Europa leidet unter einer Kältewelle. → S. 55

Die französische Schriftstellerin Françoise Sagan (22) heiratet den 43jährigen Pariser Verleger Guy Schoeller. → S. 60

14. März, Freitag

Die Sowjetunion lehnt es ab, sich weiterhin an Abrüstungsgesprächen im hierfür zuständigen UN-Subkomitee zu beteiligen, solange dort nur die vier Großmächte und Kanada vertreten seien. Dies erklärt das sowjetische Außenministerium in Moskau.

In einem Kommuniqué des iranischen Kaiserhofs wird die Auflösung der Ehe zwischen Schah Mohammad Resa Pahlawi und Kaiserin Soraya bekanntgegeben. Das seit 1951 verheiratete Paar ist kinderlos. → S. 58

Im Deutschen Fernsehen wird die erste Folge der Krimi-Serie »Stahlnetz« ausgestrahlt, in der unter der Regie von Jürgen Roland tatsächliche Kriminalfälle dargestellt werden. → S. 61

15. März, Sonnabend

Bundesverteidigungsminister Franz Josef Strauß (CSU) kehrt von einem zweiwöchigen Aufenthalt in Washington zurück; im Anschluß erklärt er, daß in der Bundesrepublik keine Mittelstreckenraketen-Basen errichtet würden.

16. März, Sonntag

Bei allgemeinen Wahlen in der UdSSR stimmen 99,98% der Wahlberechtigten für die Kandidaten der Einheitsliste zum Obersten Sowjet.

Der Aufstieg Nikita S. Chruschtschows zum mächtigsten Mann der Sowjetunion: Für die »Frankfurter Allgemeine« am 28. März 1958 das wichtigste Thema

Frankfurter Allgemeine

ZEITUNG FÜR DEUTSCHLAND

S-Ausgabe / Freitag, 28. März 1958 | Herausgegeben von Hans Baumgarten, Erich Dombrowski, Karl Korn, Erich Welter | Preis: 30 Pfennig / Nr. 74

Alle Macht in der Hand Chruschtschows

Bulganin abgesetzt / Der Parteisekretär nun auch Regierungschef / Neue Ministerliste erwartet

F.A.Z. Moskau, 27. März. Parteisekretär Chruschtschow ist am Donnerstag vom Obersten Sowjet an Stelle Bulganins zum Ministerpräsidenten ernannt worden. Sein Amt als Erster Parteisekretär behält er bei. In der Hand des Dreiundsechzigjährigen ist damit alle Macht der Sowjetunion vereinigt.

Chruschtschow nahm die Wahl stehend entgegen. Er dankte anschließend für das ihm entgegengebrachte Vertrauen, das ihn ehre. „Ich will alles tun, um das mir erwiesene Vertrauen zu rechtfertigen, und werde weder Kraft noch Gesundheit, noch mein Leben schonen, um Ihnen zu dienen." Während Woroschilow und andere führende Funktionäre dem neuen Ministerpräsidenten gratulierten, schüttelten Chruschtschow und Bulganin einander nicht die Hand.

Bulganin, über dessen künftige Aufgaben noch nichts bekannt ist, hatte zuvor seinen Rücktritt erklärt. Der Abgeordnete Kapitonow schlug darauf vor, die Erklärung Bulganins anzunehmen. Der Vorschlag wurde ebenfalls einstimmig angenommen.

Kurz darauf wurde Marschall Woroschilow zum Vorsitzenden des Präsidiums des Obersten Sowjets und damit zum nominellen Staatsoberhaupt gewählt. Fünf Minuten später schlug Woroschilow die Ernennung Chruschtschows „unter stürmischem Beifall" beider Kammern des Parlaments zum Ministerpräsidenten vor. Er stützte seinen Antrag auf einen Auftrag des Zentralkomitees und des Aeltestenrates des Obersten Sowjets.

Woroschilow würdigte hierauf Chruschtschow, wobei er vor allem dessen Verdienste um die Neulandgewinnung und die Reorganisierung der Wirtschaft hervorhob. Bulganin hörte sich die Worte des Staatsoberhauptes bleich und verlegen lächelnd an.

Nach der Ansprache Woroschilows begann Chruschtschow eine längere Rede. Er betonte, daß die Maschinen- und Traktorenstationen ihre Aufgaben erfüllt hätten. Die Kolchosen könnten jetzt die komplizierten technischen Mittel selbst einsetzen. Dadurch werde eine beträchtliche Zunahme der landwirtschaftlichen Produktion bei geringem Arbeitsaufwand gewährleistet. Es sei notwendig, durch die Entwicklung der Landwirtschaft die führende Rolle der Schwerindustrie zu sichern. Chruschtschow gab zu, daß „einige Genossen" Bedenken gegen die Stärkung des Kolchos-Eigentums geäußert hätten. Sie hätten behauptet, daß das Staatseigentum geschwächt werde, wenn Traktoren und andere Maschinen an die Kolchosen verkauft würden. Zwar habe auch Lenin die Ansicht vertreten, daß das staatliche Allgemeineigentum die höhere Form des Eigentums sei, jedoch habe er nie die beiden Formen des Eigentums einander gegenübergestellt. Er betonte abschließend, der Zeitpunkt sei nicht mehr fern, an dem die Sowjetunion über bedeutende landwirtschaftliche Ueberschüsse verfüge.

Während Chruschtschow noch sprach, hatte Woroschilow Mikojan auf den leeren Sessel Chruschtschows gezogen und sich mit ihm etwa zehn Minuten lang flüsternd unterhalten. — Es ist möglich, daß am Samstag in einer gemeinsamen Sitzung des Nationalitäten- und des Unionssowjets die Ministerliste durch Chruschtschow bekanntgegeben und daß Gromyko — dessen Verbleiben am Donnerstag schon bekanntgegeben wurde — in dieser Sitzung seine Erklärung zum Verbot der Kernwaffenversuche abgeben wird.

Stalin war bisher der einzige, der gleichzeitig Chef der Regierung und der Partei war. Nach seinem Tode im Jahre 1953 war Chruschtschow Parteichef geworden, während Bulganin erst nach dem Sturz Malenkows im Februar 1955 als Ministerpräsident zu dessen Nachfolger gewählt wurde. Die neue Vereinigung beider Aemter hat in Moskau um so mehr Aufsehen erregt, als erst kürzlich der ungarische Ministerpräsident Kadar als Regierungschef zurückgetreten war, um sich nur noch als Parteivorsitzender zu betätigen. Damals hatte man ausdrücklich auf die ähnlich gelagerten Verhältnisse im übrigen Osteuropa hingewiesen.

Zu den Berichten, daß Bulganin als Ministerpräsident abgelöst werde, hatte der erste stellvertretende Ministerpräsident Mikojan noch vor einigen Tagen zu einem westlichen Korrespondenten gesagt: „Sie liegen falsch, wenn Sie erwarten, daß auf dieser Sitzung Aenderungen in der Regierung vorgenommen werden." (Siehe auf Seite 3)

Ende der „kollektiven Führung"

London, 27. März (dpa). In den westlichen Hauptstädten hat die Wahl Cruschtschows kaum überrascht. Die meisten Beobachter stimmen darin überein, daß der Wechsel im Amt des Ministerpräsidenten keine Veränderungen in der sowjetischen Politik bringen werde, da Cruschtschow bisher schon die prägende und treibende Kraft für alle großen Entscheidungen gewesen sei.

In diesem Zusammenhang wird die Ansicht vertreten, daß mit der Zusammenballung der Macht in einer Hand das Pendel seit Stalins Tod wieder zurückgeschlagen sei. Das Ende der kollektiven Führung sei offensichtlich erreicht.

Strauß kann 24 „Matadore" kaufen

Der Verteidigungsausschuß stimmt zu / Eine Rakete kostet etwa 320000 Mark

BERICHT UNSERER BONNER REDAKTION

scho. **Bonn**, 27. März. Der Verteidigungsausschuß des Bundestages hat am Donnerstag gegen die Stimmen der Opposition dem Ankauf von 24 „Matadoren" zugestimmt. Jeder „Matador" kostet 78000 Dollar (etwa 320000 Mark). Er hat etwa die Form der alten V 1. Diese fernlenkbaren unbemannten Flugkörper, die auch Atomsprengköpfe mitführen können, werden von den Amerikanern als „taktische Atomwaffen" bezeichnet. Sie haben eine Reichweite von etwa 1000 Kilometer. Die Bedienungsmannschaften haben nach dem Abschuß der Flugkörper auf sie keinen Einfluß mehr, sie werden dann von einer geheimen zentralen Leitstelle gesteuert. Die „Bedienungsmannschaften kennen nicht das Ziel, auf das die „Matadore" abgeschossen werden.

Bundesverteidigungsminister Strauß hat bei der Begründung für die Notwendigkeit dieser Flugkörper darauf hingewiesen, daß sie als Nebenzweck auch die Entwicklung eigener ferngelenkter Geschosse möglich machten. Bezahlt werden sollen die „Matadore" (etwa 7,8 Millionen Mark) aus den Haushaltstiteln für die Beschaffung von Flugzeugen.

Von sozialdemokratischer Seite wurde nach der Sitzung darauf hingewiesen, daß die Erläuterungen zu diesem Haushaltstitel die Beschaffung von „Matadoren" sowie die zugehörigen umfangreichen elektronischen und Radargeräte nicht vorsehen. Die sozialdemokratischen Mitglieder des Ausschusses haben die Beschaffung der „Matadore" mit dem Hinweis auf ihre grundsätzliche Haltung zur atomaren Bewaffnung der Bundeswehr abgelehnt. Sie erklärten, damit werde die atomare Bewaffnung eingeleitet. Auch der oppositionelle Antrag, die Beschaffung der Flugkörper bis nach der Gipfelkonferenz zu vertagen, wurde abgelehnt.

Ollenhauer droht mit Streiks

Regierungsumbildung gefordert / Die Sozialdemokraten hoffen auf Risse in der CDU

BERICHT UNSERER BONNER REDAKTION

R. **Bonn**, 27. März. Ollenhauer hat am Donnerstag vor der Presse eine Erklärung der sozialdemokratischen Fraktion bekanntgegeben, in der die Opposition die Ablösung der Regierung Adenauer fordert und sich bereit erklärt, eine neue Regierung zu unterstützen, die sich von der atomaren Aufrüstung abwende und sich auf Friedensverhandlungen für ganz Deutschland und Entspannung in Europa durch eine atomwaffenfreie Zone verwende. Die Sozialdemokratie fordert in dieser Erklärung die Bevölkerung auf, zu verlangen, daß sich alle Kraft der Bundesrepublik auf Friedensverhandlungen und auf Entspannung richte, um die Gefahr des Atomtodes abzuwehren.

Ollenhauer erklärte, daß die Bundestagsdebatte nicht der Abschluß, sondern der Auftakt der Auseinandersetzung der Sozialdemokratie mit der Bundesregierung und den Regierungsparteien sein werde, die mit allen in der Verfassung gesicherten Mitteln der freien Meinungsäußerung und der politischen Willensbildung geführt werde. Er nannte ausdrücklich auch die Arbeitsniederlegung als ein solches verfassungsmäßiges Mittel eines Protestes. Als er gefragt wurde, ob er damit auch einen Generalstreik meine, erwiderte er, er habe sich klar genug ausgedrückt, was bei den Hörern sichtliches Erstaunen auslöste. Darauf fügte er hinzu, was im einzelnen zu geschehen habe, sei Sache des Deutschen Gewerkschaftsbundes, und ehe dieser sich schlüssig geworden sei, könne er nichts weiter erklären.

Diese Aeußerungen Ollenhauers vermittelten den Eindruck, daß die sozialdemokratische Parteiführung zunächst örtliche und befristete Warnstreiks für möglich hält.

Die Sozialdemokratie wird jetzt offiziell die Bewegung „Kampf dem Atomtod" unterstützen, von der sie sich großen Widerhall verspricht. Sie hat am Donnerstag ein Gesetz über eine Volksbefragung eingebracht. Ollenhauer sagte, die Union mache es sich sehr leicht, indem sie dieses Gesetz für verfassungswidrig erkläre. Auch die SPD wolle keinen Volksentscheid, der im Grundgesetz nicht vorgesehen sei, und lehne eine unmittelbare Gesetzgebung durch das Volk ab. Aber sie wolle eine gutachtliche Befragung der Wähler, und da die Union immer erkläre, mit der Mehrheit der Wähler übereinzustimmen, sei nicht einzusehen, warum sie dagegen sei. Sollte die Union aber das Gesetz ablehnen, könne diese Befragung auf andere Weise stattfinden. Der Gewerkschaftsbund könne seine Mitglieder befragen, und einzelne Länder könnten in ihrem Gebiet solche Volksbefragungen veranstalten.

Die Erklärung über eine Ablösung der Bundesregierung begründete Ollenhauer damit, daß der Beschluß zur atomaren Rüstung nicht auf einen Auftrag der Wähler der letzten Bundestagswahl gegründet werden könne. Eine Wahl gebe einer Regierung nicht für vier Jahre die Vollmacht, alles zu tun. Der Beschluß der Mehrheit sei keine parlamentarische Entscheidung wie andere, sondern bedrohe unsere Sicherheit und die Wiedervereinigung. Ollenhauer sagte nicht, daß ein „nationaler Notstand" bestehe, sondern zurückhaltender, daß die Gefahr näherrücke, daß ein solcher Notstand bestehe, nicht im juristischen Sinne, aber eine außerordentliche Lage, die verlange, auf breitester Grundlage das Risiko einer Katastrophe zu vermindern.

Die Sozialdemokraten wollen, wie Ollenhauer sagte, durch diese Erklärung zeigen, daß sie nicht nur negativ protestieren wollen, sondern daß sie bereit sei, bei entsprechender Mehrheit die volle Verantwortung zu übernehmen. Das Wort „unterstützen", das in der Erklärung für eine neue Regierung verwandt werde, lasse viele Möglichkeiten dafür offen. Auf eine Frage, ob seine Fraktion ein konstruktives Mißtrauensvotum einbringen wolle, das nach dem Grundgesetz einen neuen Kanzler vorschlagen muß, erwiderte Ollenhauer, man frage ihn hiermit mehr, als er beantworten könne. Die obersten Parteigremien würden am 10. April weiterberaten. Diese Erklärung stelle die Union vor die volle Verantwortung, ob sie bei Adenauer und seiner Politik bleibe oder ob sie eine andere Politik mit einem anderen Kanzler betreiben wolle. Das setze eine neue Entwicklung in der Union voraus, aber es gebe in dieser Partei manche Ansichten, die nicht mit denen der Regierung übereinstimmten. Ollenhauer erwiderte auf eine Frage, ob er an eine Spaltung der Union glaube, eine Partei könne doch immer einen anderen Kanzler vorschlagen, wenn sich die Voraussetzungen änderten.

Ollenhauer sagte nachdrücklich, daß es sich um eine innerdeutsche Auseinandersetzung handle, bei der die Alliierten in Deutschland aus dem Spiele blieben. Auf wiederholte Fragen, wie er dann zu der atomaren Ausrüstung der in der Bundesrepublik stationierten amerikanischen und britischen Truppen stehe, wies Ollenhauer darauf hin, daß eine atomwaffenfreie Zone nur in Verhandlungen mit allen Beteiligten, vor allem mit den Amerikanern und den Russen zustande kommen könne. Diese Ausführungen vermittelten den Eindruck, daß Ollenhauer nicht auf einem einseitigen Verzicht der Amerikaner auf atomare Waffen im Bundesgebiet besteht.

Die sozialdemokratische Erklärung wird in Bonner politischen Kreisen als ein Sieg der Gemäßigten in der sozialdemokratischen Fraktion angesehen. So finde sich in ihr das Wort „nationaler Notstand" nicht, das die Freien Demokraten verkündet haben. Die Sozialdemokraten werden jetzt zweifellos das Schwergewicht auf die Volksbefragung legen und hoffen, ein öffentliches Votum gegen die Bundestagsmehrheit zu erhalten. Der Gedanke an einen Generalstreik ist offenkundig weiten sozialdemokratischen Kreisen unsympathisch, da man zwar weiß, wie man ihn anfängt, aber niemand weiß, wohin er führt.

Nicht auf die Straße tragen

Bonn, 27. März (dpa). Bundestagspräsident Gerstenmaier hat im Süddeutschen Rundfunk am Donnerstag davor gewarnt, mit großen politischen Fragen „auf die Straße zu gehen" und auf außerparlamentarische Mittel zurückzugreifen oder Entscheidungen, die nach den Regeln und Vorschriften der Verfassung im Parlament rechtens ergangen seien und Geltung haben müssen, mit außerparlamentarischen Mitteln in Frage zu stellen oder gar umzustoßen. Es wäre das Ende der parlamentarischen Demokratie.

Fünfzig H-Bomben-Explosionen

EIGENER BERICHT

rjh. **London**, 27. März. Premierminister Macmillan hat am Donnerstag im Unterhaus auf eine Frage der Labour Party gesagt, die Sowjetunion habe bisher über fünfzig H-Bomben zur Explosion gebracht.

Frieden löst Bech ab

Brüssel, 27. März (dpa). Der luxemburgische Ministerpräsident und Außenminister Joseph Bech hat der Großherzogin Charlotte am Mittwoch den Rücktritt seiner Regierung eingereicht. Das Rücktrittsangebot, über dessen Annahme keine Zweifel bestehen, geht auf den Wunsch Bechs zurück, in einer neuen Regierung das Amt des Regierungschefs abzugeben, um sich ausschließlich der Außenpolitik zu widmen. Daneben will er allerdings noch die wenig strapaziösen Aufgaben eines Weinbauministers weiterführen. Die neue Regierung wird von dem bisherigen Innen- und Erziehungsminister Pierre Frieden geleitet werden.

Attentat auf den Gouverneur

Constantine (Algerien), 27. März (AP). Auf den neuen Gouverneur von Ostalgerien, Jean Chapel, ist am Mittwochnachmittag in Constantine ein Bombenanschlag verübt worden, durch den 31 Menschen verletzt wurden, während der Gouverneur ohne Schaden davonkam. Chapel ging mit seiner Begleitung durch eine enge Straße der Stadt, als ein Terrorist hinter einem parkenden Auto hervor eine Handgranate schleuderte. Die Granate flog über Chapels Kopf hinweg in eine Gruppe von französischen Soldaten.

Libanon will neutral bleiben

Beirut, 27. März (dpa). Das libanesische Parlament hat in der Nacht zum Donnerstag der neugebildeten Regierung Es-Sulh mit 38 gegen 15 Stimmen das Vertrauen ausgesprochen. Es stimmte damit der Regierungserklärung zu, in der es heißt, daß der Libanon seine Souveränität und strikte Neutralität zwischen den arabischen Fronten wahren und zu Ost und West gute Beziehungen unterhalten wolle. Die libanesische Oppositionspresse zweifelt an der Ehrlichkeit des Neutralitätsbekenntnisses in der Regierungserklärung. Besondere Beachtung fand die Tatsache, daß der libanesische Kammerpräsident Osseiran an den Debatten nicht teilnahm, sondern nach Kairo flog.

In Stalins Fußstapfen

Pzg. Wie vermutet, hat der Oberste Sowjet der Welt mit einer Ueberraschung aufgewartet. Sie beleuchtet die machtpolitische Situation in Moskau schlagartig. Bulganin wurde fallengelassen. Die Sympathiekundgebung, die man ihm am Vorabend der Wahl zum Obersten Sowjet noch öffentlich zuteil werden ließ, erweist sich damit als ein politisches Begräbnis erster Klasse. Er selbst hat voller Resignation erklärt, seine Möglichkeiten seien erschöpft. Zum Nachfolger hat der Oberste Sowjet auf Vorschlag des greisen Staatsoberhauptes Woroschilow den unermüdlichen Parteichef Chruschtschow gewählt. In totalitären Staaten ist man an die Vereinigung von Staats- und Parteimacht in einer Person gewöhnt. Nach Beispielen braucht man nicht lange zu suchen. Die Sowjetunion sieht in Chruschtschow den zweiten Diktator, der die Machtinstrumente Partei und Regierung zugleich in die Hand nimmt. Lenin war nur Vorsitzender des Rats der Volkskommissare. Die Parteiaufgaben überließ er dem damaligen Generalsekretär Josef Stalin. Als Stalin im Mai 1941, in einer Zeit der heraufziehenden Gefahr, Molotow das höchste Regierungsamt abnahm, schwebte ihm merkwürdigerweise gleichfalls eine Begegnung „auf höchster Ebene" vor. Es war nicht gerade eine Gipfelkonferenz, an die man damals dachte. Die Perspektive eines „Treffens von Tauroggen", einer Begegnung mit Hitler, zeichnete sich am Horizont ab. Es schien, als hätten die Staatsmänner im Kreml den Gedanken gehabt, alle protokollarischen Schwierigkeiten aus dem Wege zu räumen, die einer Zusammenkunft von Regierungschefs und Parteiführer entgegenstanden.

Aehnliche Beweggründe mögen jetzt für Chruschtschow gelten, der danach strebt, sich auf einer weltumspannenden Konferenz ein repräsentatives Forum zu schaffen. Niemand kann jedoch vor dem gewaltigen Zuwachs an persönlicher Macht, den der Beschluß des Obersten Sowjets für ihn darstellt, die Augen verschließen. Von der Idee der kollektiven Führung scheint nichts mehr übrig zu bleiben. Wer bisher zögerte, zu glauben, daß sich Chruschtschow in den Fußstapfen Stalins bewege, der muß angesichts des neuen Ereignisses einräumen, daß er an seinem Zweifel nicht mehr festhalten kann.

Druck und Gegendruck

Von Jürgen Tern

Die atomare Bewaffnung der Bundeswehr ist beschlossene Sache. Der Bundeskanzler hat sich damit durchgesetzt, das Parlament ist ihm gefolgt. Es ist Adenauer nicht leicht gefallen, der Bundesrepublik in dieser Sache das Gesetz des Handelns zu geben. Doch die Staatsräson — wie er sie versteht — erhebt sich in gleißender Kälte über einer Parlamentsdebatte, in deren Hitze alle Leidenschaften eines hin- und hergerissenen Volkes die Willenshärte des alten Mannes nicht haben erweichen können. Zwar steht er mit seiner Macht, die nach den vielen, auch seine Kräfte verbrauchenden Jahren doch noch mehr ist als taktische Routine und bloße Herrschaft über den Apparat, nicht allein gegen den Zorn und die Energien, den Intellekt und die Eloquenz seiner Widersacher. Um ihn geschart sieht man im Bundestag jüngere Männer, die seine Argumente, abgewandelt bisweilen, mit mehr Glanz und reicherer Gedankenfülle vorzutragen wissen als er selbst mit seinem kärglichen Wortschatz, der auf diesem harten Gestein nicht tiefe Wurzeln hat schlagen können. Aber die scharfe Auseinandersetzung im Bundestag hat doch eines deutlicher enthüllt, als es jemals dem Beobachter der Bonner Szene war: Die Bundesrepublik wird, als politisches Phänomen, nicht mehr sein, was sie ist, wenn einmal die Tage ihres ersten Regierungschefs gezählt sein werden.

Es ist auch die widerwillige Erkenntnis oder die hinter heftiger Aversion verborgene Ahnung dieses Tatbestandes, daß die Führungskraft des alten Herrn selbst den verwegensten Angriffen noch widersteht, was seine Gegner über die Maßen aufbringt und nun anscheinend auch mit Kampfmitteln spielen läßt, deren Natur problematisch ist. Der mit mancherlei Talenten beschenkte Sozialdemokrat Helmut Schmidt, der sich in dieser Debatte die Rolle des Enfant terrible zulegte und der den Kanzler mehrfach provozierend „primitiv" hieß, hat mit vorwitziger Keßheit der Schar der Christdemokraten zugerufen: Aber da Sie ja ihn haben, sind Sie der Notwendigkeit des Nachdenkens enthoben. Mit dem Wort wird die Situation fast ebenbürtig simplifiziert. Nicht das Nachdenken nimmt der Kanzler seinen Getreuen ab — sondern wenn etwas, dann den Willensakt und die schwer zu erschütternde Entschlossenheit zur Konsequenz. Es wäre pharisäerhaft, wollte man meinen, das Nachdenken und die Kraft der Gedanken sei allein der Opposition gegeben. Auch im Regierungslager gibt es gute Köpfe, die sich mit den Bedenken gegen die atomare Bewaffnung ernsthaft auseinandergesetzt haben. Dauer und Penetranz des Kanzlerregiments haben freilich politische „Manichäer" aufkommen lassen, die das Gute und das Böse nur noch auf bestimmte Parteifarben verteilt sehen.

Der junge Helmut Schmidt hatte vor seiner aus der Flanke gerittenen Attacke den guten alten Le Bon mit seiner „Psychologie der Massen" konsultiert. Er hatte wohl recht, wenn er die Klientel des Kanzlers auf den hinteren Bänken des Bundestages hinter den taktischen Zügen der Führung gelegentlich mit lautem Feldgeschrei herlaufen sah. Bisweilen ist gar ein wenig nachgeholfen worden. Wir sahen von der Tribüne, wie in einem für die Mehrheit unangenehmen Augenblick der Debatte der Minister Wuermeling, ein Zelot mit gerötetem Gesicht, unter die CDU-Abgeordneten fuhr und sie mit einem Stück Papier zu lärmenden Protestgesten aufscheuchte. Dergleichen kommt vor. Aber, so muß man fragen, sieht es bei der SPD anders aus? Während der 37stündigen Aussprache sahen wir sozialdemokratische Hinterbänkler, selbst bei Reden ihrer Fraktionssprecher, nicht weniger oft im unvermittelten Wechsel zwischen Zeitungslektüre und kräftiger Lautuntermalung des vorn gesprochenen Wortes. „Urlaute" — hat Professor Carlo Schmid gespöttelt. Auf beiden Seiten ist nichts mehr vom „Biedermeier".

Das ist vorbei — daß sich im klassischen Parlament des 19. Jahrhunderts die Honoratioren noch dem vernünftigen Argument und der Individual-Intrige zugänglich zeigten. Im Zeitalter der Massenparteien stehen einander parlamentarische Heerhaufen gegenüber, die sich dazu verurteilt sehen, die Auseinandersetzung über die heikelsten außenpolitischen Fragen fortwährend und direkt mit dem Kampf um die innere Macht zu verquicken. Infolgedessen lockt nicht nur ein Argument das andere hervor, sondern fordert auch eine Schärfe in der parlamentarischen Aktion die Gegenschärfe heraus, und es provoziert Druck, gar außerparlamentarischer, den Gegendruck.

Nach ihrem erfolglosen Kampf im Bundestag sieht sich die Opposition nach anderen Schlachtfeldern und nach anderen Methoden um. Das ist verständlich — gerade wenn man bedenkt, daß ihr in dieser Bundestagsdebatte, anders als am 23. Januar, der Einbruch in das Selbstvertrauen des Regierungslagers mißlungen ist. Dr. Heinemann hat eine des ernsthaften Nachdenkens werte, vielleicht gar eine bessere Rede als am 23. Januar beigesteuert; er hat sich als eine geistige und rednerische Potenz des dritten Bundestags erwiesen — mag man seine Ansichten nun teilen oder verderblich finden. Doch er hat diesmal in Dr. Gerstenmaier einen ebenbürtigen Widerpart gefunden, der das gleiche Vokabular des „kirchlichen Raums" und dessen Tonregister beherrschte. Das Regierungslager hätte also getrost der Debatte noch einen weiteren Tag geben können, obschon ihr Recht der Abkürzung der Aussprache und der Brauch der „Guillotine" in der parlamentarischen Auseinandersetzung unbestreitbar ist. Doch eine mächtige Partei tut immer gut, den Anschein der Furchtsamkeit zu vermeiden. Sie muß hinstehen und das Unbequeme auf sich nehmen.

Wenn aber die Gegenseite damit droht, die Grundlagen der Verfassung zu verlassen? Die Spielerei mit einem Generalstreik ist von der SPD rasch zurückgewiesen worden. Der sogenannte Spontanstreik in Kassel hat doch wohl gelehrt, wie leicht sich solche Aktionen von den Feinden der Demokratie mißbrauchen ließen. Mehr als das: die Gewerkschaftseinheit würde in die Brüche gehen, wenn man sich mit einem Generalstreik gegen die Legitimität des Parlaments stellte. Die Opposition hätte dabei nur zu verlieren und nichts zu gewinnen. Das Gerede vom „nationalen Notstand" kann darüber nicht hinwegtäuschen. Verfassungsrechtlich gibt es diesen Tatbestand nicht; und wenn es ihn gäbe, so könnte er gewiß nicht von den Büros der Minderheitsparteien proklamiert werden. Die Situation ist viel zu heikel, als daß irgend jemand mit dem Gedanken an eine Spielart von Staatsstreich im Lande herumlaufen sollte. Das kann zu nichts Gutem führen; und mit leeren Gesten entwertet sich die Opposition selbst.

Das Grundgesetz und sein Geist müssen strikt respektiert werden. Die Sozialdemokraten haben darauf früher und mit Recht gepocht. Auch deshalb ist es kaum zu verstehen, daß Ollenhauer ein Plebiszit fordert und zu dessen Veranstaltung ein Gesetz einbringen will. Nicht nur, daß ein solches Gesetz nicht die geringste Aussicht auf Annahme im Bundestag hat. Es widerspricht allem, was die Sozialdemokraten bei der Beratung des Grundgesetzes gegen plebiszitäre Elemente in unseren Verfassungseinrichtungen vorgebracht haben. Wir wissen, es ist bitter für eine Oppositionspartei in ihrer vermeintlichen Ohnmacht, sich eines (scheinbaren) taktischen Vorteils wegen größerer Gesichtspunkte zu begeben. Aber es gibt ihr Format und schafft ihr moralische Autorität. Unbenommen bleibt der Opposition der Gang zum Verfassungsgerichtshof. Was dabei herauskäme, bliebe abzuwarten. Unbenommen bleibt ihr der Wahlkampf in Nordrhein-Westfalen, der scharf zu werden verspricht. Beide Seiten müssen dabei bedenken, daß Druck Gegendruck unvermeidlich auslöst, ja herausfordert.

März 1958

17. März, Montag

Die US-Marine startet erfolgreich ihren künstlichen Erdsatelliten »Vanguard 1«.

Zehn Tage nach der letzten Vertrauensabstimmung spricht die französische Nationalversammlung Ministerpräsident Félix Gaillard erneut das Vertrauen aus. Zugleich wird eine von der Regierung vorgeschlagene Verfassungsänderung gebilligt, die es dem Präsidenten erleichtert, im Falle eines Regierungssturzes das Parlament aufzulösen (→ 7.3./S. 52).

18. März, Dienstag

1500 junge Frauen aus den höheren Gesellschaftsschichten Großbritanniens werden Königin Elisabeth II. und ihrem Mann Prinz Philip als sog. Debütantinnen vorgestellt. Das im 18. Jahrhundert durch König Georg III. eingeführte Zeremoniell soll künftig nicht mehr durchgeführt werden, da es unzeitgemäß sei.

19. März, Mittwoch

Die Kommunalarbeiter in der Bundesrepublik und Berlin (West) befolgen einen Aufruf der Gewerkschaft Öffentliche Dienste, Transport und Verkehr (ÖTV) zu einem 24stündigen Warnstreik zur Unterstützung ihrer Lohnforderungen. → S. 51

In Straßburg konstituiert sich das Europäische Parlament, gemeinsames Organ von Montanunion, Europäischer Wirtschaftsgemeinschaft und Europäischer Atomgemeinschaft. → S. 53

In Kolumbien erhalten bei allgemeinen Parlamentswahlen die Liberalen unter Laureano Gomez 1,745 Millionen Stimmen, die Konservativen unter Führung von Guillermo Valencia 1,262 Millionen. → S. 53

Einen 2:0-Sieg erreicht die bundesdeutsche Fußballnationalmannschaft im Spiel gegen Spanien im Frankfurter Waldstadion.

20. März, Donnerstag

Im Iran wird die Erdölleitung zwischen der am Persischen Golf gelegenen Hafenstadt Abadan und der Hauptstadt Teheran eröffnet.

Das Oberlandesgericht Bamberg verwirft die Berufung einer Würzburger Firma und bestätigt damit ein Urteil des Landgerichts Würzburg, wonach weder Likör noch »irgendeine andere Flüssigkeit« in sog. Bocksbeutel abgefüllt in den Handel gebracht werden darf. Die Bocksbeutelflasche sei allein dem Frankenwein vorbehalten.

21. März, Freitag

Bei den Wahlen zum nordirischen Parlament gewinnen die Unionisten (Konservative) 37 Sitze, die Ulster-Labour Party vier, die Nationalisten sieben Mandate und die übrigen Parteien insgesamt vier Sitze. → S. 52

22. März, Sonnabend

Auf einer Kundgebung in Suhl kündigt DDR-Ministerpräsident Otto Grotewohl Gegenmaßnahmen der Warschauer-Pakt-Staaten für den Fall an, daß die Bundeswehr mit Atomwaffen ausgerüstet wird (→ 25.3./S. 50).

Der Oberkommandierende der syrischen Armee, General Afif Bizri, erklärt seinen Rücktritt. Durch die Berufung des Generals im August 1957 wurde eine Wende zu einer panarabischen Politik in Syrien eingeleitet.

23. März, Sonntag

Bei allgemeinen Wahlen in Jugoslawien erhalten die Kandidaten des Sozialistischen Bundes der Werktätigen 96,7% der Stimmen.

98% der 3863 Wahlberechtigten beteiligen sich an den allgemeinen Wahlen in Liechtenstein; dabei erhält die bisherige Regierungspartei, die Progressive Bürgerpartei, neun Sitze, die Patriotische Unionspartei sechs Mandate. In Liechtenstein gibt es kein Frauenwahlrecht.

Der saudi-arabische König Saud Ibn Abd Al Asis ernennt seinen Bruder, Prinz Faisal Ibn Abd Al Asis Ibn Saud zum Ministerpräsidenten und Außenminister. → S. 53

In der Sowjetunion endet eine mehrtägige nukleare Versuchsserie.

Im Wiener Praterstadion schlägt Österreich die Mannschaft Italiens in einem Fußball-Länderspiel 3:2.

24. März, Montag

In Kopenhagen unterzeichnen Bundesverkehrsminister Hans-Christoph Seebohm und der dänische Minister für öffentliche Arbeiten, Kai Lindberg, ein Protokoll über die sog. Vogelfluglinie, die über die Insel Fehmarn laufende kürzeste Verbindung zwischen der Bundesrepublik und Skandinavien.

Der US-amerikanische Rock-'n'-Roll-Sänger Elvis Presley tritt in die Armee ein, um den Wehrdienst abzuleisten. → S. 60

25. März, Dienstag

Nach sechstägiger Debatte stimmt die Mehrheit des Bundestags einer von den Regierungsparteien CDU/CSU und DP eingebrachten Entschließung zur Ausrüstung der Bundeswehr mit Atomwaffen zu. → S. 50

In Chicago gewinnt der farbige US-Amerikaner »Sugar« Ray Robinson zum fünften Mal die Mittelgewichts-Weltmeisterschaft der Profiboxer. → S. 63

26. März, Mittwoch

Die US-Armee startet erfolgreich ihren Erdsatelliten »Explorer 3«.

In einem Interview mit der mexikanischen Zeitung »Excelsior« bietet der sowjetische Parteisekretär Nikita S. Chruschtschow den Staaten Lateinamerikas die »selbstlose Hilfe« seines Landes durch die nicht an politische Bedingungen geknüpfte Lieferung von Gütern und Rohstoffen an (→ 4.1./S. 15).

Bei den Wahlen zu den elf niederländischen Provinzialräten müssen die Sozialistische und die beiden protestantischen Parteien Verluste hinnehmen. Stärkste Partei wird die Katholische Volkspartei mit 190 der insgesamt 571 Sitze, gefolgt von der Sozialistischen Partei mit 178 Mandaten.

Mit sieben »Oscars« wird in Los Angeles-Hollywood der Film »Die Brücke am Kwai« ausgezeichnet; die Preise als beste Hauptdarsteller erhalten Alec Guinness (»Die Brücke am Kwai«) und Joanne Woodward (»Eva mit den drei Gesichtern«). → S. 61

Wenige Tage nach der Rückkehr von einer zweijährigen Weltreise besucht der britische Luftwaffenoffizier Peter Townsend Prinzessin Margaret, die Schwester der britischen Königin Elisabeth II. → S. 60

27. März, Donnerstag

Die SPD-Bundestagsfraktion fordert die Bildung einer neuen Regierung, die sich von der atomaren Bewaffnung der Bundeswehr abwendet (→ 25.3./S. 50).

Nach dem Rücktritt von Ministerpräsident Nikolai A. Bulganin übernimmt der sowjetische Parteiführer Nikita S. Chruschtschow auch das Amt des Ministerpräsidenten. → S. 52

Die britische Königin Elisabeth II. und ihr Mann, Prinz Philip, beenden einen dreitägigen Staatsbesuch in den Niederlanden. → S. 60

28. März, Freitag

Vor dem britischen Unterhaus erklärt Generalzahlmeister Reginald Maudling, daß ein Scheitern der gegenwärtigen Verhandlungen über die Errichtung einer europäischen Freihandelszone eine Tragödie für den Kontinent bedeuten würde (→ 17.11./S. 183).

In einer Note an die US-Regierung protestiert die Sowjetunion gegen die geplanten Atomwaffenversuche auf den zum Treuhandgebiet der Vereinten Nationen gehörenden Marshall-Inseln.

Das Lünerseekraftwerk, das größte Kraftwerk Österreichs und das größte Hochdruck – Pumpenspeicherkraftwerk der Welt, nimmt seinen Betrieb auf.

29. März, Sonnabend

Auf dem zweitägigen FDP-Bundesparteitag in Düsseldorf werden Reinhold Maier als Vorsitzender der Partei und Erich Mende als sein Stellvertreter wiedergewählt. → S. 51

In Zürich wird das Theaterstück »Herr Biedermann und die Brandstifter« des Schweizers Max Frisch uraufgeführt. → S. 62

30. März, Sonntag

Während der nach dreitägiger Dauer abgeschlossenen Deutsch-Englischen Gespräche in Königswinter vertritt der britische Luftmarschall Sir John Slessor die Ansicht, daß eine Neutralisierung Deutschlands keineswegs das Ende der Nordatlantikpakt-Organisation (NATO) bedeuten würde.

Die Österreichische Luftfahrtgesellschaft AUA eröffnet mit der Route Wien-London ihren Flugbetrieb. → S. 55

31. März, Montag

Zum Abschluß der fünftägigen Sitzung des Obersten Sowjet gibt der sowjetische Außenminister Andrei A. Gromyko bekannt, »daß die Sowjetunion einseitig als ersten Schritt die Versuche mit allen nuklearen Waffen einstellt«. → S. 51

Pierre Frieden (Christlich-Sozialistische Partei) wird Nachfolger des am 26. März zurückgetretenen luxemburgischen Ministerpräsidenten Joseph Bech.

Bei den Parlamentswahlen in Kanada erzielt die konservative Regierungspartei unter Ministerpräsident John G. Diefenbaker einen überraschend großen Erfolg. Sie erhält 209 (bisher 113) der 265 Parlamentssitze. → S. 52

Die Zahl der Arbeitslosen in der Bundesrepublik liegt Ende März bei 1,1 Millionen (5,7%). Damit hat die Zahl gegenüber dem Februar um 216 000 abgenommen, liegt aber um fast 400 000 über dem Wert im März 1957.

Von der Kommandobrücke der »Berta Epple« aus weiht Bundespräsident Theodor Heuss den Stuttgarter Neckarhafen ein, durch den eine schiffbare Verbindung der Stadt zum Meer geschaffen wird. → S. 55

Gestorben:

1. Rom: Giacomo Balla (*18.7.1871, Turin), italienischer Maler.

1. Bremen: Friedrich Forster (eigentl. Waldfried Burggraf, *11.8.1895, Bremen), deutscher Dramatiker.

21. München: Gottfried Kölwel (*16.10.1889, Beratzhausen bei Regensburg), deutscher Schriftsteller.

21. Zuni Mountains/New Mexico: Mike Todd (*22.6.1907, Minneapolis), US-amerikanischer Theater- und Filmproduzent.

23. Champaign/Illinois: Florian Witold Znaniecki (*15.1.1882, Świątniki Górne), US-amerikanischer Soziologe polnischer Herkunft.

Geboren:

14. Monte Carlo: Albert Alexander Louis Pierre, Prinz von Monaco.

Das Wetter im Monat März

Station	Mittlere Lufttemperatur (°C)	Niederschlag (mm)	Sonnenscheindauer (Std.)
Aachen	– (5,5)	79* (49)	135 (125)
Berlin	0,5 (3,9)	61* (31)	92 (151)
Bremen	– (4,0)	73* (42)	104 (117)
München	– (3,3)	108* (46)	153 (142)
Wien	0,5 (4,9)	73 (42)	127 (–)
Zürich	0,9 (4,2)	48 (69)	128 (149)

() Langjähriger Mittelwert für diesen Monat
* Durchschnitt März/April
– Wert nicht ermittelt

Märzausgabe der Kulturzeitschrift »Das Schönste« über den russischen Maler und Graphiker Marc Chagall

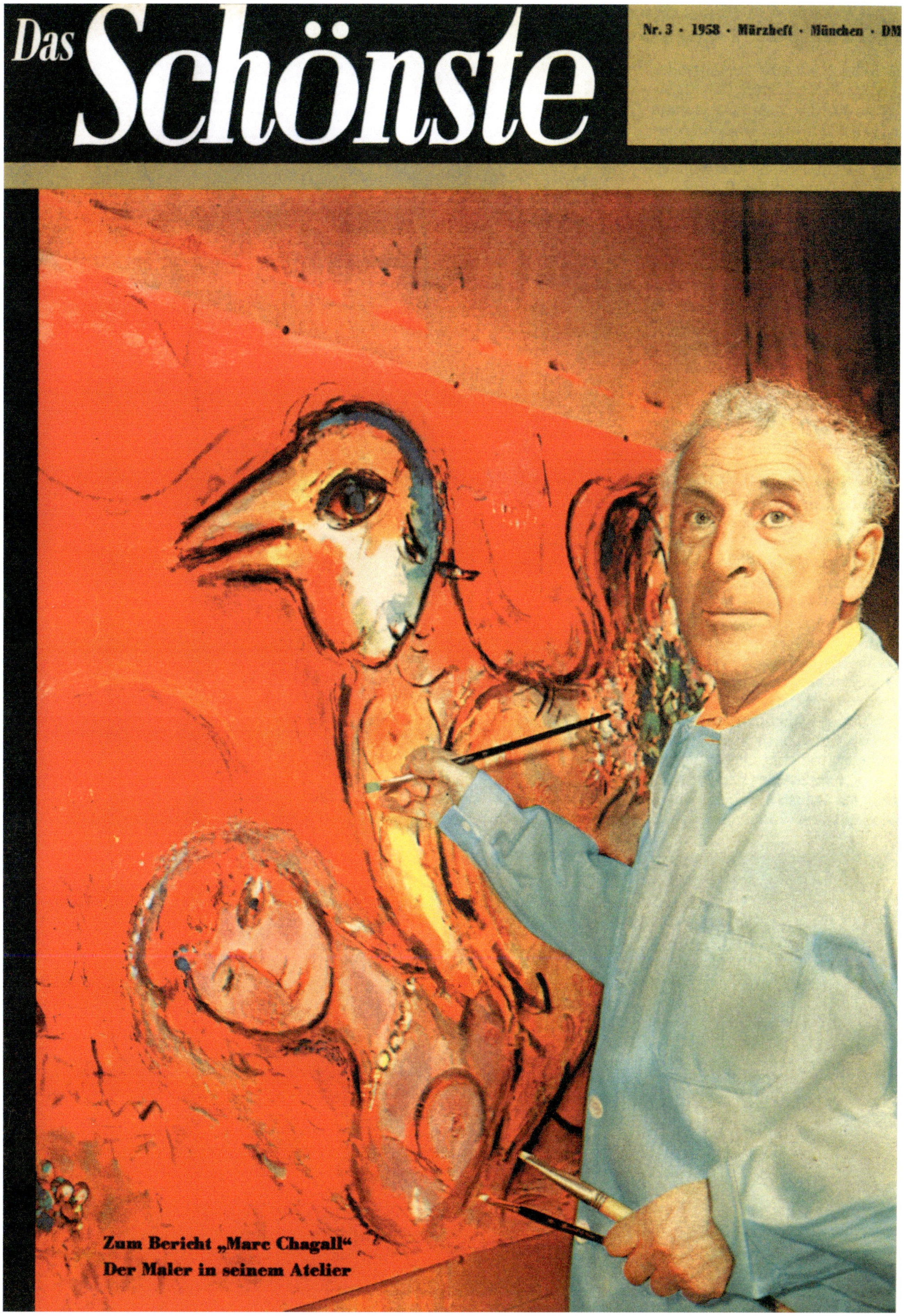

Heftiger Protest gegen Atom-Beschluß des Bundestages

25. März. Nach einer viertägigen leidenschaftlich geführten Debatte billigt der deutsche Bundestag in Bonn mit den Stimmen der Regierungsparteien CDU/CSU und DP einen Antrag zur Ausrüstung der Bundeswehr mit Atomwaffen.

In der verabschiedeten Entschließung wird die Bundesregierung aufgefordert, auf ein internationales Abkommen zur Begrenzung und Verminderung atomarer wie konventioneller Waffen hinzuwirken. Bis zu dessen Abschluß soll jedoch die Bundeswehr mit modernsten – also atomaren – Waffen ausgestattet werden. Zugleich verlangt der Bundestag eine Lösung der deutschen Frage und lehnt entschieden einen Friedensvertrag für zwei deutsche Staaten ab. Bundestagspräsident Eugen Gerstenmaier (CDU) faßt die Ansicht der Parlamentsmehrheit so zusammen: »Ob die Bundeswehr atomar gerüstet wird oder ob sie bis auf einen Bundesgrenzschutz abgerüstet wird, entscheidet Moskau.«

Gegen die Aufrüstungspläne der Regierung macht sich sowohl in der parlamentarischen Opposition wie in breiten Bevölkerungskreisen Widerstand bemerkbar. Am 7. März haben sich in Frankfurt am Main führende Oppositionspolitiker, evangelische Theologen, Gewerkschaftsführer, Schriftsteller und Professoren zum Arbeitsausschuß »Kampf dem Atomtod« zusammengeschlossen. Dieser veröffentlicht am 10. März eine erste Erklärung, in der es u. a. heißt: »Das deutsche Volk diesseits und jenseits der Zonengrenze ist im Falle eines Krieges zwischen Ost und West dem sicheren Atomtod ausgeliefert. Einen Schutz dagegen gibt es nicht. Beteiligung am atomaren Wettrüsten und die Bereitstellung deutschen Gebietes für Abschußbasen von Atomwaffen können diese Bedrohung nur erhöhen. Ziel einer deutschen Politik muß deshalb die Entspannung zwischen Ost und West sein.«

Plakat des Komitees gegen Atomrüstung gegen bundesdeutsche Atomwaffen

Daß die Bevölkerung zum überwiegenden Teil die Thesen des Ausschusses unterstützt, zeigt eine Umfrage des EMNID-Instituts, Bielefeld, vom Februar 1958. Darin sprachen sich 83% der Befragten gegen die Errichtung von Atomraketen-Abschußbasen in der Bundesrepublik aus, 79% waren gegen die Errichtung von Abschußbasen für jede Art von Raketenwaffen.

In vielen Betrieben der Bundesrepublik formiert sich der Protest gegen die Atombewaffnung in Schweigemärschen, Arbeitsniederlegungen und Kundgebungen. So marschiert am Tag nach dem Ende der Bundestagsdebatte die Hälfte der rund 1000 Beschäftigten der Kasseler Hanomag-Henschelwerke während der Arbeitszeit in einer spontanen Demonstration mit der Parole »Kampf dem Atomtod« durch die Stadt. Am 28. März treten rund 10 000 Arbeiter der Volkswagen-Werke Braunschweig und Wolfsburg in den Streik, am 9. April streiken etwa 20 000 Arbeiter in Bremerhaven.

Im April kommt es in zahlreichen Großstädten der Bundesrepublik zu Protestveranstaltungen mit Hunderttausenden von Teilnehmern (→ 7.4./S. 72). Ebenso stehen die diesjährigen Maikundgebungen im Zeichen des »Kampf dem Atomtod« (→ 1.5./S. 89).

Viel diskutiert wird der Generalstreik als Mittel zur Verhinderung der atomaren Rüstung. Im April stellt das Institut für Demoskopie, Allensbach, in einer Repräsentativumfrage fest, daß 52% der Bundesbürger einen solchen Streik für legitim halten; 31% der Befragten sprechen sich dagegen aus. Der Arbeitsausschuß »Kampf dem Atomtod« strebt jedoch zunächst eine Volksbefragung zur Atomrüstung an (→ 30.7./S. 119).

US-Raketen vom Typ »Matador«, die auch atomar bestückt werden können, in einer US-Basis in der Bundesrepublik

Strauß: »UdSSR will Endkampf mit den USA«

20. März. *Vor dem Bundestag begründet Bundesverteidigungsminister Franz Josef Strauß (CSU) die Notwendigkeit von Atomwaffen für die Bundeswehr u. a. folgendermaßen:»Wenn ich frage, was denn die Aufgabe der Bundeswehr ist, dann kann ich nur antworten, daß die Bundeswehr sich nicht aus dem Zusammenhang des Bündnissystems herauslösen läßt, wenn die Aufgabe der Verhinderung des dritten Weltkriegs, des Stopps des Weltkommunismus in seinem Vormarsch und der Schaffung einer Verhandlungsbasis erfüllt werden soll. ... Ich könnte Ihnen einmal ein detailliertes Bild nicht der politischen, aber der militärischen Entwicklung auf der anderen Seite geben. Danach besteht kein Zweifel, daß sich die Sowjetunion die Mittel für eine offensive Strategie verschaffen will, daß sie sich durch den Bau ihrer Fernluftwaffe, durch den Bau ihrer interkontinentalen Rakete und ihre propagandistische Ausnutzung, durch den Bau ihrer U-Boot- Waffe und die Einrichtung ihrer U-Boote eine Bewaffnung schaffen will, um damit nach Ausschaltung des amerikanischen Bündnissystems den Endkampf mit den USA zu wagen.« (Foto: Franz Josef Strauß [r.] am Rednerpult des deutschen Bundestages, dahinter [v. r.] Kanzler Konrad Adenauer und die Minister Ludwig Erhard, Heinrich von Brentano und Fritz Schäffer).*

Wiederholtunfälle mit Atombomben

11. März. Bei einem Übungsflug wirft ein Bomber der US-amerikanischen Luftwaffe vom Typ B-47 versehentlich über der Ortschaft Mars Bluff/South Carolina eine ungeschärfte Atombombe ab. Beim Aufschlag detoniert die Sprengladung; sechs Personen werden verletzt und mehrere Gebäude beschädigt.
Das Verteidigungsministerium erklärt dazu, die Gefahr einer Atomexplosion sei gar nicht, die einer atomaren Verseuchung »nur entfernt« gegeben. Der Unfall ist bereits der 13. seit 1950. Bei einem Zwischenfall am 31. Januar 1958 kam es zur Verseuchung durch Alphastrahlen, die Bevölkerung wurde evakuiert.

Sowjets verzichten auf Kernwaffentests

31. März. Der Oberste Sowjet billigt einstimmig den Vorschlag von Außenminister Andrei A. Gromyko, die Sowjetunion solle sofort und einseitig alle Kernwaffenversuche einstellen. Ziel der Maßnahme ist es, zwischen den drei Atommächten Großbritannien, Sowjetunion und USA ein Abkommen über das bedingungslose Verbot aller Atom- und Wasserstoffwaffen, die Einstellung deren Produktion und die Vernichtung der Bestände zu erreichen.
In den Vereinigten Staaten wird der Teststopp der Sowjets als Propagandamanöver abgetan, die USA müßten ihre Versuche fortsetzen, um die UdSSR einzuholen.

FDP uneins über Volksvotum

29. März. Die Frage nach wirksamen Maßnahmen gegen die vom Bundestag am → 25. März (S. 50) beschlossene Atom-Bewaffnung der Bundeswehr steht im Mittelpunkt des FDP-Parteitags in Düsseldorf, der nach zweitägiger Dauer endet. Einig sind sich die Delegierten in der Ablehnung der Atombewaffnung im geteilten Deutschland; ebenso wird aber auch der Haltung zugestimmt, daß politische Entscheidungen im Parlament ausgetragen werden und nicht in einem politischen Massenstreik fallen sollten.
In der Frage einer Volksbefragung über die Atombewaffnung (→ 30.7./S. 119) scheiden sich jedoch die Geister. Während der wiedergewählte FDP-Parteivorsitzende Reinhold Maier dieses Mittel als politisch bedenklich bezeichnet, befürworten Teile der FDP um den Fraktionsvorsitzenden Erich Mende eine solche Möglichkeit mehr oder weniger offen.

Reinhold Maier

Warnstreik der Kommunalarbeiter

19. März. Im gesamten Bundesgebiet und in Berlin (West) treten rund 250 000 Arbeiter der kommunalen Verkehrs- und Versorgungsbetriebe in einen 24stündigen Warnstreik, um ihren Forderungen bei den laufenden Tarifverhandlungen Nachdruck zu verleihen.
Die Gewerkschaft Öffentliche Dienste, Transport und Verkehr (ÖTV), nach deren Angaben der Streikaufruf »restlos befolgt« wird, stellt bei den Verhandlungen mit den kommunalen Arbeitgebern die Forderung, die Ecklöhne der Arbeiter gerechter den Einkommen der Beamten anzupassen. Am 21. März einigen sich beide Seiten darauf, daß die Stundenlöhne der Arbeiter um 14 Pfennig angehoben werden.

Scharfe Kontrollen für Messebesucher

6. März. Ein »eisiges Klima« herrscht nach Angaben von Besuchern der diesjährigen Leipziger Frühjahrsmesse gegenüber Gästen aus der Bundesrepublik und anderen westeuropäischen Staaten. Einige Großfirmen beschließen aufgrund der Erfahrungen, die Industrieausstellung vorläufig nicht mehr zu besuchen.
Klagen gibt es auch über besonders strenge Kontrollen an den DDR-Grenzen, wobei auf die Einhaltung von Waren- und Devisenvorschriften peinlich genau geachtet wird. Es wird vermutet, daß die DDR so ihre Währungspolitik stützen und ihre Bürger daran hindern will, größere DM-Beträge, die sie von Besuchern erhalten haben, zu horten.

Chruschtschow erhält Stalins Machtfülle

27. März. Der Oberste Sowjet ernennt Parteichef Nikita S. Chruschtschow an Stelle des bisherigen Amtsinhabers Nikolai A. Bulganin zum Ministerpräsidenten. Damit vereinigt der 63jährige wie sein 1953 verstorbener Vorgänger Josef W. Stalin Staats- und Parteimacht der Sowjetunion auf sich.

Der abgesetzte Bulganin, der seit 1955 Ministerpräsident und von 1947 bis 1949 sowie von 1952 bis 1955 Verteidigungsminister war, wird Präsident der Staatsbank. Dieses Amt hatte er bereits von 1938 bis 1941 inne. Mit der Ablösung von seinem Ministerpräsidentenposten verliert er auch seinen Sitz im Politbüro.

Als Neuerung im Zusammenhang mit der Regierungsumbildung gilt, daß Bulganin bei seiner Entmachtung versetzt, aber nicht verhaftet wird, wie dies bislang in der sowjetischen Geschichte der Fall war.

Parteichef Nikita S. Chruschtschow wird auch Ministerpräsident

Im Westen wird die sowjetische Abkehr vom Prinzip der kollektiven Führung als Versuch gewertet, bei den anstehenden Aufgaben, vor allem künftigen Abrüstungsgesprächen, mit einem mächtigen Führer aufwarten zu können. Über die Gründe der Regierungsumbildung wird dagegen in der UdSSR keine Stellungnahme abgegeben. Es wird jedoch betont, daß die Ernennung Chruschtschows zum Ministerpräsidenten keine Rückkehr zum Personenkult Stalins bedeute.

Stationen auf Chruschtschows Weg zum mächtigsten Mann der UdSSR

Nikita S. Chruschtschow, geboren am 17. April 1894 in Kalinowka (Gouvernement Kursk), war beim Tod von Staats- und Parteichef Josef W. Stalin am 5. März 1953 Erster Parteisekretär von Moskau und Sekretär des Zentralkomitees. Er war zunächst nicht an der neuen Führungsgruppe aus Lawrenti P. Berija, Georgi M. Malenkow und Wjatscheslaw M. Molotow beteiligt.

Nach dem Sturz des schon in der Stalinära eingesetzten Chefs des Polizei-, Sicherheits- und Nachrichtendienstes, Berija, am 9. Juli 1953 rückte er jedoch in die Führungstroi-ka auf und übernahm Malenkows Posten als Parteiführer. Dieser besetzte das Amt des Ministerpräsidenten, aus dem er 1955 von Nikolai A. Bulganin verdrängt wurde. Molotow blieb bis 1956 Außenminister und wurde dann von Dimitri T. Schepilow abgelöst.

1957 gelang es Chruschtschow, seine Macht bedeutend auszubauen und mögliche Rivalen im Kampf um die Führung auszuschalten: Im Februar wurde Schepilow aus seinem Amt entfernt und durch Andrei A. Gromyko ersetzt. Im Sommer wurde die oppositionelle Gruppe von Malenkow, Molotow und dem stellvertretenden Ministerpräsidenten Lasar M. Kaganowitsch aus den Führungsorganen der Kommunistischen Partei entfernt. Die drei hatten sich ebenso wie Schepilow gegen die Entstalinisierungskampagnen, die angestrebte Annäherung an den Westen und wirtschaftliche Reformvorhaben gewandt.

Im Oktober 1957 wurde auch Verteidigungsminister Georgi K. Schukow, der als »Sieger von Berlin« 1945 die deutsche Kapitulation entgegengenommen hatte und in der Bevölkerung sehr populär war, abgelöst und durch Chruschtschows Parteigänger Rodion J. Malinowski ersetzt. Mit Bulganin hat Chruschtschow nun auch den letzten Konkurrenten um die Macht aus den Führungsgremien verdrängt.

Georgi M. Malenkow wurde im Sommer 1957 auf Betreiben Chruschtschows aus seinem Amt entfernt; offiziell wurde der Ausschluß mit dem Versagen der Agrarpolitik Malenkows begründet

Wjatscheslaw M. Molotow mußte zugleich mit Malenkow seine Position in den Führungsorganen der Kommunistischen Partei der Sowjetunion räumen; ihm wurde vorgeworfen, er sei konservativ

Dimitri T. Schepilow, erst seit 1956 als Nachfolger Molotows Außenminister der UdSSR und zuvor Herausgeber der Parteizeitung »Prawda«, wurde im Februar 1957 durch Andrei A. Gromyko abgelöst

Lasar M. Kaganowitsch, der schon vor dem Tod von Parteiführer und Ministerpräsident Josef W. Stalin dem sowjetischen Führungszirkel angehörte, mußte 1957 mit Malenkow und Molotow abtreten

Georgi K. Schukow, der »Sieger von Berlin«, wurde nach dem Sturz der Molotowgruppe ins Präsidium des Zentralkomitees berufen, wenige Monate später aber als Verteidigungsminister abgesetzt

Nikolai A. Bulganin, der 1953 Malenkow im Amt des Ministerpräsidenten abgelöst hatte, muß nun ebenfalls den Hut nehmen, seinen Posten übernimmt Parteichef Ni-kita S. Chruschtschow

Gaillard schlägt Mittelmeerpakt vor

7. März. Mit überraschend großer Mehrheit – 286 gegen 148 Stimmen bei 115 Enthaltungen – spricht die französische Nationalversammlung Ministerpräsident Félix Gaillard das Vertrauen aus.

Gebilligt wird damit der Plan, innerhalb des Militäretats erheblich größere Mittel für die Truppen in Algerien zur Verfügung zu stellen, so daß dort die Anwesenheit von 375 000 französischen Soldaten sichergestellt ist. Außerdem heißen die Abgeordneten Gaillards Vorschlag gut, eine Einheit zwischen Frankreich, Marokko und Tunesien sowie Algerien zu schaffen (→ 8.2./S. 38; 13.5./S. 86).

Erdrutschsieg für Kanadas Regierung

31. März. Einen triumphalen Erfolg kann die konservative Regierungspartei unter Ministerpräsident John G. Diefenbaker bei den Wahlen zum kanadischen Unterhaus für sich verbuchen: Sie erhält 209 der 265 Parlamentssitze (bisher 113 von 268). Die Liberalen sind mit 47 (106) Abgeordneten vertreten, die Kooperative Commonwealth-Föderation entsendet 8 (25) Mandatsträger. Außerdem wird ein Parteiloser gewählt. Bei den Wahlen im Juni 1957 hatten die Konservativen überraschend die seit 22 Jahren regierenden Liberalen geschlagen. Weil die Regierungsmehrheit sich als zu gering erwies, wurden Neuwahlen angesetzt.

Unionisten-Sieg in Nordirland sicher

21. März. Einen erwartungsgemäß hohen Sieg erringen die konservativen Unionisten bei den Wahlen zum nordirischen Parlament. Sie entsenden künftig 37 der 52 Abgeordneten. Allerdings müssen sie vier ihrer bisherigen Sitze an die Ulster-Labour Party abgeben, die im letzten Parlament nicht vertreten war. Die Nationalisten erhalten sieben Mandate, die übrigen vier entfallen auf verschiedene Parteien.

Die konservative Regierungspartei konnte schon vor Wahlbeginn mit dem Erfolg rechnen, weil in über der Hälfte der Wahlbezirke nur ihre Kandidaten aufgestellt wurden.

Die 142 Abgeordneten des Europäischen Parlaments bei der Eröffnungssitzung der neugeschaffenen Institution

Schuman Präsident des Europaparlaments

19. März. In Straßburg tritt das Europäische Parlament, gemeinsames Organ der Europäischen Gemeinschaft für Kohle und Stahl (EGKS, Montanunion), der Europäischen Wirtschaftsgemeinschaft (EWG) und der Europäischen Atomgemeinschaft (EURATOM), zu seiner konstituierenden Sitzung zusammen.

Die 142 Abgeordneten wählen einstimmig per Akklamation den 72jährigen Franzosen Robert Schuman, der seit Ende des Zweiten Weltkriegs wesentlich an einer europäischen Einigung mitarbeitete, zu ihrem ersten Präsidenten.

Die Befugnisse der Europa-Abgeordneten bleiben weit hinter denen nationaler Parlamentarier zurück. Die Europa-Versammlung hat keine gesetzgebenden, sondern lediglich beratende und kontrollierende Funktionen. Im EWG-Vertrag sind folgende Aufgaben vorgesehen:

▷ Erörterung des jährlichen Gesamtberichts, den die EWG-Kommission vorlegt

▷ Mißtrauensvotum mit der Mehrheit der Stimmen gegen die Mitglieder der Kommission. Diese müssen daraufhin ihr Amt geschlossen niederlegen

▷ Änderungsvorschläge zu den Haushaltsentwürfen, die der Ministerrat vorlegt

▷ Beratende Mitsprache bei bestimmten Regelungen, die von Rat und Kommission für die Durchführung der grundlegenden Vertragsbestimmungen getroffen werden

Parlamentspräsident R. Schuman

Uneinigkeit herrscht vorläufig noch über den Standort des Europäischen Parlaments. Dieser soll nur solange in Straßburg bleiben, bis Übereinstimmung über die Benennung einer europäischen Hauptstadt erreicht wird (→ 23.6./S. 101).

Vorläufer des Europäischen Parlaments war die Versammlung der EGKS, die nun in der neuen Institution aufgeht. Die Montanunion, von den jetzigen EWG-Staaten auf der Grundlage des Vertrags vom 18. April 1951 gebildet, hat die Schaffung eines gemeinsamen europäischen Marktes für Kohle und Stahl zum Ziel. Ihr oberstes Organ ist die Hohe Behörde, ein aus neun Mitgliedern bestehendes souveränes Verwaltungsgremium.

142 Parlamentarier beraten über Europa

Das Europäische Parlament setzt sich aus 142 Abgeordneten zusammen, die nach einem von jedem der sechs Mitgliedstaaten der Europäischen Wirtschaftsgemeinschaft (EWG) festgelegten Verfahren von den jeweiligen Landesparlamenten aus ihren Reihen ernannt werden. Dabei entsenden die Bundesrepublik Deutschland, Frankreich und Italien je 36 Abgeordnete, Belgien und die Niederlande je 14 und Luxemburg sechs Parlamentarier.

Über die Plazierung im Sitzungssaal beschließt das Parlament in seiner konstituierenden Sitzung, diese nach Fraktionen vorzunehmen. Es entfallen auf die Christlichen Demokraten 67, auf die Sozialisten 38 und auf die Liberalen 37 Sitze.

Im Vertrag über die EWG vom 25. März 1957 ist festgelegt, daß die Europäische Abgeordnetenkammer Entwürfe ausarbeiten soll, um die direkte Wahl in allen Mitgliedstaaten zu ermöglichen. Der Ministerrat der Gemeinschaft legt die Bestimmungen fest, die von den Mitgliedstaaten anerkannt werden müssen.

Prinz Faisal betritt politische Bühne

23. März. König Saud Ibn Abd Al Asis von Saudi-Arabien ernennt seinen Bruder, Emir Faisal Ibn Abd Al Asis Ibn Saud, zum Außenminister und Ministerpräsidenten des Landes. Er erhält damit alle Vollmachten zur Gestaltung der Innen- und Außenpolitik sowie der Finanzpolitik des Staates und die Autorität über die Streitkräfte.

Nach Angaben von Radio Mekka hat der König auf Druck seiner Familie gehandelt. Im Westen wird die Einsetzung Faisals als Schritt zu einer Annäherung an Ägypten interpretiert, da Faisal engere Bindungen an die Vereinigte Arabische Republik wünscht (→ 1.2./S. 36).

Sitzverteilung vor Wahlen festgelegt

19. März. Bei allgemeinen Parlamentswahlen in Kolumbien, das seit Mai 1957 von einer Militärjunta regiert wird, erzielen die Liberalen unter Führung von Laureano Gomez 1,745 Millionen Stimmen, die Konservativen unter Guillermo Valencia 1,262 Millionen Stimmen.

Beide Parteien haben sich schon vor der Wahl darauf geeinigt, unabhängig vom Ergebnis die 148 Sitze des Abgeordnetenhauses und die 80 Senatssitze gleichmäßig unter sich aufzuteilen und das Land gemeinsam zu regieren. Diesem Verfahren hatte bei einer Volksabstimmung am 1. Dezember 1957 die Mehrheit der Wähler zugestimmt. Es soll zwölf Jahre Bestand haben.

Weniger Lenkung in Polens Wirtschaft

4. März. Das Plenum der Polnischen Arbeiterpartei (PAP) beschließt Maßnahmen zur Belebung der Wirtschaft, die vor allem darauf abzielen, die staatliche Lenkung zugunsten größerer Eigenständigkeit der einzelnen Betriebe abzubauen.

Um den Schwächen der Wirtschaft – vor allem unzulängliche Produktivität und mangelnde Arbeitsdisziplin – abzuhelfen, sollen überzählige Arbeitskräfte entlassen, das Lohnniveau verändert, die fachliche Ausbildung verbessert und die Auszahlungen der Krankengelder genauer kontrolliert werden.

Im gut geheizten US-amerikanischen Forschungslager am Südpol treffen die Gruppen von Fuchs und Hillary aufeinander

Sechster Kontinent erstmals durchquert

2. März. Mit der Ankunft am Stützpunkt »Scott Base« am McMurdo-Sund beendet eine britische Expedition unter Leitung von Vivian Ernest Fuchs die erste Durchquerung der Antarktis. Die Mannschaft war am 24. November 1957 am Weddelmeer aufgebrochen und legte einen Marsch von 3360 km zurück.

Nach ihrem Eintreffen am Südpol wurde die Fuchs-Expedition von einer Forschungsgruppe des neuseeländischen Mount-Everest-Erstbesteigers Sir Edmund Hillary begleitet, der auf der Route vom Pol zur »Scott Base« Vorratslager anlegte.

Das Unternehmen gilt als eine der letzten großen Entdeckungsreisen, die zu Fuß bewältigt werden. Gefeiert werden vor allem Mut und Durchhaltevermögen der Crew, die auf dem ersten Teil des Weges mit beträchtlichen Schwierigkeiten zu kämpfen hatte. Wissenschaftlich bringt die Durchquerung dagegen kaum neue Erkenntnisse. Seismographische Messungen während des Marsches haben jedoch ergeben, daß unter diesem Teil der Antarktis eine zusammenhängende Landmasse besteht, deren Oberfläche noch über dem Meeresspiegel liegt. Die britische Königin Elisabeth II. beglückwünscht Fuchs bei seiner Ankunft telegrafisch und verleiht ihm wenig später einen Adelstitel.

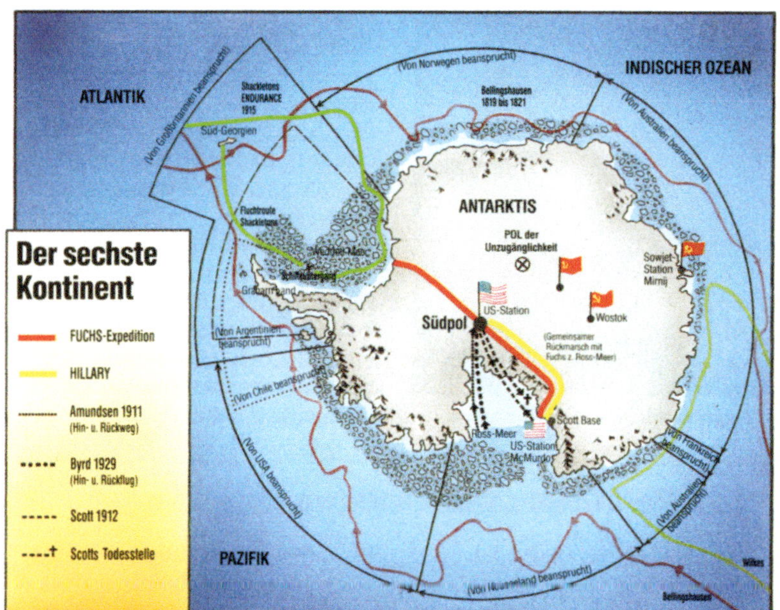

◁◁ *Der Neuseeländer Sir Edmund Hillary; er trifft die Fuchs-Expedition am Südpol*

◁ *Der Brite Vivian Ernest Fuchs leitet die Forschungsgruppe, die als erste zu Fuß die Antarktis durchquert*

Die Eroberung der Antarktis

1772/73: Der britische Entdekker James Cook umschifft auf seiner zweiten Forschungsreise die Polarzone, ohne die Antarktis zu sichten. Er überquert dabei zweimal den südlichen Polarkreis und dringt bis auf etwa 70°10' südliche Breite vor.

1819-1821: Im Auftrag Zar Alexander I. wiederholt der Deutsch-Russe Fabian Gottlieb von Bellinghausen Cooks Antarktisumrundung in höheren Breiten. Er dringt nicht durch das Treibeis bis zur kontinentalen Gletscherbarriere vor.

1839-1843: Etwa gleichzeitig versuchen Südpolarexpeditionen unter Leitung des Briten Sir James Clark Ross, des US-amerikanischen Marineleutnants Charles Wilkes und des Franzosen Jules Sébastien César Dumont d'Urville das Geheimnis der Antarktis zu ergründen. Sie bringen die Gewißheit mit, daß der sechste Kontinent existiert.

1901-1905: Fünf große Expeditionen betreiben in Randzonen der Antarktis Forschungen.

1907-1909: Der Brite Ernest H. Shackleton unternimmt den ersten Vorstoß auf den Südpol.

14.12.1911: Eine Expedition unter Leitung des Norwegers Roald Amundsen erreicht als erste den Südpol. Einen Monat später gelangt ein britisches Team unter Robert Falcon Scott zum Pol. Auf dem Rückweg kommen die Forscher im Schneesturm ums Leben.

1914/15: Shackleton versucht, sich mit dem Eisbrecher »Endurance« durch das Treibeis des Weddel-Meeres der antarktischen Nordwestküste zu nähern. Das Schiff wird jedoch vom Eis zerquetscht, die Mannschaft kann sich retten.

28./29.11.1929: Der US-amerikanische Marineoffizier Richard E. Byrd überfliegt als erster Mensch den Südpol.

Nach 1945: Seit Ende des Zweiten Weltkriegs haben die USA und die Sowjetunion feste Forschungsstationen in der Antarktis errichtet. Über die Aufteilung des Gebietes, das von mehreren Ländern beansprucht wird, gibt es noch keine Einigung.

Bischof: Zivilehe ist Leben im »Konkubinat«

1. März. Wegen Verleumdung verurteilt eine Strafkammer in Florenz den Bischof von Prato, Pietro Fiordelli, zu einer Geldbuße in Höhe von umgerechnet 268 DM. Der Geistliche hatte ein nur zivilrechtlich getrautes Ehepaar öffentlich als »Sünder im Konkubinat« bezeichnet.

Dem Urteil wird in Italien insofern große Bedeutung beigemessen, als festgestellt wurde, daß Geistliche nicht nur grundsätzlich der weltlichen Gerichtsbarkeit unterliegen, sondern daß sie bei ihrer Amtsausübung die bürgerlich-rechtlichen Vorschriften für den Persönlichkeitsschutz des einzelnen zu respektieren haben.

Von Seiten der Kirche ruft das Urteil empörte Reaktionen hervor. Der Erzbischof von Bologna ordnet für seine Diözese einen Trauermonat an. Papst Pius XII. sagt wegen »des Schmerzes, der Unbill und Gewalt, die in Italien der Kirche mit ihrem heiligen Kollegium der Kardinäle, ihrem Episkopat der Geistlichkeit und den katholischen Gläubigen angetan wurde«, die Feierlichkeiten zu seinem 19. Krönungsjubiläum am 12. März ab.

Das Urteil von Prato spaltet die italienische Öffentlichkeit in zwei Lager: Während die einen sich erfreut zeigen, daß der kirchlichen Autorität Grenzen gesetzt werden, vergleichen die anderen den Spruch mit der Unterdrückung der Kirche in den Ostblockstaaten.

Pietro Fiordelli, Bischof der italienischen Stadt Prato, wird wegen Verleumdung zu Geldbuße verurteilt

Der Kaufmann Mauro Bellandi und seine Braut Loriana Nunziati bei der Heirat auf dem Standesamt von Prato

Capri liegt unter einer Schneedecke

13. März. Zu zahlreichen Verkehrsstörungen und der Isolierung vieler süditalienischer Dörfer führt ein winterlicher Kälteeinbruch auf der Apenninen-Halbinsel. In Neapel wird dichter Schneefall registriert, und auch auf der Insel Capri liegt erstmals seit 80 Jahren wieder eine geschlossene Schneedecke.

Auch in anderen europäischen Ländern gibt es nach einer vorübergehenden relativ warmen Periode erneut Schnee und Frost, der einige bereits nach dem Norden aufgebrochene Zugvögel überrascht.

In der Bundesrepublik ist der März 1958 einer der kältesten Märzmonate seit Beginn der amtlichen Wetterstatistik vor 100 Jahren. So steigt das Thermometer in der zweiten Monatshälfte auch im Flachland am Tag kaum über 0° an.

Erst Ende März wird die ungewöhnlich kalte Witterung im südlichen Bundesgebiet durch frühlingshafte Temperaturen abgelöst.

Stuttgart erhält Anbindung ans Meer

31. März. In Stuttgart weiht Bundespräsident Theodor Heuss feierlich den jüngsten deutschen Binnenhafen ein. Die baden-württembergische Landeshauptstadt ist damit dank der bis zum Hafen reichenden Neckarkanalisierung auch für größere Schiffe von Rhein und Nordsee aus erreichbar geworden.

Begonnen hat die Kanalisierung im Jahr 1921; 1935 war die erste Etappe – Heilbronn – erreicht. Über Stuttgart hinaus soll die Wasserstraße nun noch bis Plochingen weitergeführt werden. Der Neckarkanal ist bei einer Tiefe von 2,70 m für Schiffe bis zu einer Tragfähigkeit von 1200 t zu benutzen. Da auf dem angestauten Gewässer nur geringe Geschwindigkeiten zulässig sind, braucht ein Schiff für die 189 km von Mannheim flußaufwärts zum Stuttgarter Neckarhafen etwa drei Tage.

Die Stadt hat in das Unternehmen insgesamt 33,7 Millionen DM investiert, die sich innerhalb von 13 Jahren amortisiert haben sollen. 1957 wurden auf dem Neckar 7,5 Millionen t Fracht verschifft. Bei Beginn der Kanalisation war lediglich mit 2,5 Millionen t Fracht jährlich gerechnet worden.

Eine »Vickers Viscount« der österreichischen Fluggesellschaft AUA vor dem Start zum ersten Linienflug vom Flugplatz Wien-Schwechat nach London

AUA startet Linienverkehr

30. März. Die Austrian Airlines – Österreichische Luftverkehrs-A.G. (AUA), die im vergangenen Jahr durch Zusammenlegung der Air Austria mit den Austrian Airways entstanden ist, nimmt ihren regelmäßigen Flugverkehr auf.

Der erste Linienflug – gestartet auf dem Flugplatz Wien-Schwechat – führt nach London; vom 28. Juni an will die Gesellschaft außerdem einen regelmäßigen Flugdienst von Wien nach Rom einrichten. Auf den Routen setzt die AUA viermotorige Propellermaschinen vom Typ »Vickers Viscount« ein. Die Flugzeuge, die bei der britischen Vickers Ltd., dem größten Stahl-, Waffen-, Waggon-, Schiffs- und Flugzeugbaukonzern des Landes, hergestellt werden, kommen auch bei anderen Luftfahrtgesellschaften zum Einsatz.

Seit Frühjahr 1957 hat die Aero-Transport – Flugbetriebsgesellschaft ATF einen Probeflugbetrieb innerhalb Österreichs aufgenommen.

Weniger Risiko für Hiag-Volksaktionäre

11. März. In Österreich beginnt die fünftägige Zeichnungsfrist für die Volksaktien an dem chemischen Betrieb Österreichische Hiag-Werke A.G., der als ehemaliges deutsches Eigentum in den Besitz der Republik Österreich übergegangen ist.

28% des Aktienkapitals, das für sieben Millionen Schilling (rund 1,14 Millionen DM) an den bisherigen öffentlichen Verwalter Herbert Mayerhoffer verkauft wurde, werden nun in Form von Volksaktien ausgegeben.

Es ist das zweite derartige Experiment in Österreich, nachdem 1957 Stimmrechtslose Vorzugs-Volksaktien an den verstaatlichten Großbanken zum Verkauf angeboten wurden. Die Hiag-Anteile weisen demgegenüber einige Sonderregelungen auf, die den Aktionären nicht nur garantierten Gewinn sichern, sondern ihnen auch das Risiko weitgehend nehmen.

In österreichischen Bankerkreisen am heftigsten umstritten ist die Ausnahmeklausel, daß die Hiag-Aktien in den ersten drei Jahren nach Emission jederzeit vom Hauptaktionär zum Ausgabekurs zurückgekauft werden müssen.

Ärmellose Sommerkleider zum Selbstschneidern – l. im Hemdblusenstil, r. mit plissiertem Oberteil

Tageskleid aus winterblauem Valora-Jersey, einem beliebten knitterfreien Material

Tanzkleid aus weichem gold-orange-farbenem Ottoman aus Acetat, Baumwolle und Lurex

Drei Beispiele für die Hutmode des Jahres 1958: Im Sommer sind kleine mit Blumen bedruckte oder garnierte Hüte aktuell, dazu Ton-in-Ton-Ketten und Reifen

Badeanzug mit großem Blumenmuster in blau, seegrün und schwarz aus Latex-Satin; ein über die Hüften gezogenes Rockteil soll anmutig wirken

Après-Ski-Kleid aus Baumwollflanell mit weißem Webpelz am Kragen

Zwei Strandanzüge aus marineblauem Popeline und blau-rot-gelb gestreiftem Denim, die sich miteinander und mit anderen Kleidungsstücken kombinieren lassen

Zum Selbernähen: einfach geschnittene Kleider

Ensemble für einen Nachmittagsbesuch im favorisierten Schwarz (Paris)

Mantelkleid aus granitgrauer Wolle im Trapezstil Saint-Laurent

Azurblauer Mantel aus Wollstoff mit rundem Kragen (Saint-Laurent)

Faltenrock-Kostüm mit typischem Dior-Mieder und kurzer Jacke

Mode 1958:

Trapez-Linie und Empire-Stil

Mit Spannung wird zu Beginn des Jahres 1958 die Präsentation der Frühjahrskollektion aus dem Hause Dior erwartet. Entworfen hat sie der 21jährige Couturier Yves Saint-Laurent, der nach dem Tod des Firmengründers Christian Dior 1957 die Leitung des Pariser Modehauses übernommen hatte.

Saint-Laurent wartet auf seiner ersten Modenschau mit der sog. Trapez-Linie auf: Kleider und Mäntel sind gerade von den schmalen Schultern bis zum weiten Saum hin geschnitten, Oberteil und Taille bleiben unbetont. Die Modelle sind kniekurz. Zu den einfach geschnittenen Kleidern werden große auffällige Hüte angeboten.

Schon im Herbst, als die übrigen Modehäuser sich der Idee des kurzen Rockes angeschlossen haben, läßt Saint-Laurent die Säume wieder weiter unten enden, durchschnittlich 36 cm über dem Boden. Renner der Pariser Herbstsaison ist der sog. Empire-Stil, der sich vor allem durch die hoch angesetzte Taille auszeichnet. Die Röcke sind im Gegensatz zu ihrem Vorbild vom Anfang des 19. Jahrhunderts jedoch nicht bodenlang, sondern reichen zumeist nur bis zum Knie.

Obwohl die Designer weiterhin Saison für Saison nicht nur neue Mode, sondern auch neue Linien und Stile entwerfen, sinkt die Zahl der Frauen, die bereit sind, zweimal jährlich eine komplette Ausstattung zu erwerben. Unterstützt von zahlreichen Modezeitschriften, kommt es dem Gros der Frauen in erster Linie darauf an, stets passend angezogen zu sein. Neben der modischen Kleidung gehören viele Accessoires wie Handschuhe und Hut unbedingt zum Bild der eleganten Dame. In den Zeitschriften finden sich für die Auswahl detaillierte Anweisungen, die nicht auslassen zu erwähnen, daß während der Mittagsruhe ein zitronengelber Hausmantel mit orangefarbenen Hausschuhen getragen werden sollte.

Im Alltag dominieren nach wie vor Hemdblusenkleider, die in Stil und Farbe dem Anlaß und dem Alter der Trägerin angepaßt sind, sowie Röcke mit einfach geschnittenen Blusen, die als ideale Kleidung für im Büro arbeitende Frauen gelten. 1958 wird zudem der legere Blousonstil wieder entdeckt.

Die Herrenmode bietet Ende der 50er Jahre wenig Neues. Bevorzugt werden nach wie vor Anzüge, die allerdings inzwischen eine figurbetontere Form aufweisen als zu Beginn des Jahrzehnts. Dazu werden weiße Hemden, zumeist aus pflegeleichten Kunststoffasern, und dezente Krawatten getragen.

Die neue Mode für die Ballsaison 1958: l. Abendkleid aus roter Duchesse mit smaragdgrüner Stola, r. Chiffonballkleid mit Straß- und Perlenbesatz

Schah-Ehe scheitert an Kinderlosigkeit

14. März. In einem Kommuniqué gibt ein Sprecher des Hofes in Teheran die Auflösung der 1951 geschlossenen Ehe des iranischen Kaiserpaares bekannt. Schah Mohammad Resa Pahlawi und Kaiserin Soraya trennen sich, weil ihre Verbindung kinderlos geblieben ist.

Gerüchte über eine Auflösung der Ehe – sie kann nach islamischem Recht durch einseitige Willenserklärung des Mannes vollzogen werden – gab es schon seit 1954. Zuletzt wurde darüber gemunkelt, Soraya habe sich geweigert, einer zweiten Eheschließung ihres Mannes zuzustimmen. Durch eine Nebenfrau hätte möglicherweise die Thronfolge durch einen männlichen Erben gesichert werden können, ohne daß Sorayas Ehe mit dem Schah hätte beendet werden müssen.

Wenige Tage nach Vollzug der Trennung geht der Schah in seiner Neujahrsansprache an das iranische Volk auf den Vorgang ein. Er sagt u. a.: »Ich habe mich Euretwegen von meiner geliebten Gemahlin, meiner ehrlichen Freundin und Geliebten getrennt. Der Beschluß zu einem derartigen Schritt war schwierig und schmerzlich. Aber ich habe ihn getan, um die Zukunft der Nation und der konstitutionellen Monarchie zu sichern. Als ich den Thron bestieg, habe ich beschlossen, mich selbst zu vergessen und persönliche Neigungen im Interesse des Landes beiseite zu lassen.«

Der 1919 geborene Mohammad Resa Pahlawi ist der zweite seiner Dynastie. Er kam 1941 auf den Pfauenthron, nachdem die Alliierten seinen Vater, Resa Pahlawi, zur Abdankung gezwungen hatten. Im Jahr 1933 ging er noch als Kronprinz seine erste Ehe mit Prinzessin Fawzia, der Schwester des späteren Königs Faruk von Ägypten, ein. Aus dieser Verbindung stammt eine Tochter, Schahnaz. Fawzia kehrte 1946 nach Ägypten zurück, die Scheidung erfolgte 1949.

Die Ehe mit der 1932 geborenen Soraya, Tochter des jetzigen iranischen Botschafters in der Bundesrepublik und einer Deutschen, sorgte seit Jahren für Stoff in den Klatschspalten internationaler Gazetten. Das Paar klagte vor allem über die Berichte bundesdeutscher Zeitschriften, die keinen ihrer Schritte unbeobachtet ließen (→ 18.7./S. 119).

V. l.: Soraya, ihre Mutter, Baron Dieter von Malsen

Keine Ruhe vor den Fotografen: Soraya in einem Café

Von der Regenbogenpresse immer wieder gern gezeigt: Soraya (r.: Mit ihrem Mann [M.] beim Wintersport in St. Moritz)

Das iranische Kaiserpaar bei Bundeskanzler Konrad Adenauer (Bild l.): Soraya mit ihrer Mutter, Fürstin Esfandjari (r.)

Der Schah von Iran, Mohammad Resa Pahlawi, und seine Frau Soraya in winterlicher Idylle

Nach der Scheidung dort, wo man gesehen wird: Soraya (l.)

Soraya (r.) mit neuem Begleiter

In den iranischen Basaren hängt weiterhin das Bild Sorayas als Kaiserin

Soraya auf einem Ball in Godesberg

Auch nach ihrer Scheidung von Mohammad Resa Pahlawi, dem Schah von Iran, füllt die Exkaiserin weiterhin die Titel- und Innenseiten der Zeitschriften

Herzlicher Empfang für die britische Königin Elisabeth II. und Prinz Philip in den Niederlanden

27. März. *Die britische Königin Elisabeth II. und ihr Mann, Prinz Philip, beenden einen zweitägigen Staatsbesuch in den Niederlanden, den ersten offiziellen Besuch der britischen Krone beim niederländischen Königshaus.*
Das Paar wurde bei seiner Ankunft mit der königlichen Yacht »Britannia« im Amsterdamer Hafen Het IJ von der 20jährigen Kronprinzessin Beatrix begrüßt, die an Stelle ihres erkrankten Vaters, Prinz Bernhard, Gastgeberpflichten übernommen hat. An Land wurde die Queen von Königin Juliana und der niederländischen Regierung feierlich in Empfang genommen.
Beim anschließenden Einzug in die mit Blumen und Fahnen festlich geschmückte Stadt Amsterdam bereitete die niederländische Bevölkerung den gekrönten Häuptern einen wahren Triumphzug.
Die einzigen regierenden Königinnen Europas sind beide mit Deutschstämmigen verheiratet: Juliana ehelichte 1937 Bernhard von Lippe-Biesterfeld; Elisabeth heiratete zehn Jahre später Philip Mountbatten, Sohn des Prinzen Andreas von Griechenland und der Prinzessin Alice von Battenberg (Foto l.: Königin Juliana [l.] begrüßt Königin Elisabeth II..; Foto M.: Elisabeth II. und Juliana [r.] auf dem Weg vom Galadiner zum Festkonzert; Foto r.: der britische Prinzgemahl Philip und die niederländische Kronprinzessin Beatrix)

Elvis Presley tritt Militärdienst an

24. März. Ohne »Entenschwanz« und Koteletten, sondern mit GI-Kurzhaarschnitt tritt der US-amerikanische Rock-'n'-Roll-Sänger und Filmschauspieler Elvis Presley seinen Wehrdienst bei der Armee an. Der Star hat sich für den Dienstantritt entschieden, um in der amerikanischen Öffentlichkeit vom Image des moralischen Ärgernisses loszukommen.
Der Soldat mit der Nummer US 53 310 761 soll zur Freude seiner bundesdeutschen Fans nach einer kurzen Grundausbildung in der Bundesrepublik stationiert werden (→ 1.10./S. 172).
Im Januar 1956 hatte Presley, der sich zuvor meist mit Gelegenheitsjobs über Wasser hielt, mit der Platte »Heartbreak Hotel« den Durchbruch auf dem Schallplattenmarkt geschafft. Im November desselben Jahres hatte sein erster Film »Love me tender« Premiere.

Die »Unmoral« der Françoise Sagan

13. März. In Paris heiratet die 22jährige französische Schriftstellerin Françoise Sagan den um 21 Jahre älteren Verleger Guy Schoeller. Der Pfarrer ihrer Heimatgemeinde hatte es wegen der in ihren Romanen vertretenen »Unmoral« abgelehnt, die Trauung vorzunehmen.
Françoise Sagan machte 1954 mit ihrem Erstlingsroman »Bonjour tristesse« von sich reden, der nicht nur in Frankreich und international Millionenauflagen erzielte, sondern auch mit dem angesehenen französischen Kritikerpreis ausgezeichnet wurde. Fast ungeteiltes Lob heimste die damals 18jährige Schriftstellerin für ihren Sprachstil ein.
Auf um so heftigere Kritik stieß dagegen das Thema ihres Romans, die »kleine Intrige« einer 17jährigen, die das Liebesleben ihres Vaters dahingehend beeinflußt, daß sie ihren eigenen Lebensstil nicht zu verändern braucht. Der Sagan wird vorgeworfen, sie verherrliche in zynischer Weise die Unmoral. Dennoch wurden auch ihre folgenden Romane – »...ein gewisses Lächeln« (1956) und »In einem Monat, in einem Jahr« (1957) zu Bestsellern.

Françoise Sagan, französische Erfolgsautorin, gilt als »unmoralisch«

Townsends Besuch bei Margaret Rose

26. März. Nur wenige Stunden nach seiner Rückkehr von einer zweijährigen Weltumrundung per Auto besucht der britische Jagdfliegerhauptmann Peter Townsend Prinzessin Margaret Rose, die jüngere Schwester von Königin Elisabeth II., und deren Mutter, Lady Elisabeth.
Nach der Begegnung erklärt Townsend, daß er nicht zu den Bewerbern um die Hand der Prinzessin gehöre. Dennoch soll das Treffen bei Hof Mißfallen ausgelöst haben.
Die Romanze Margarets mit Townsend hatte seit dem Sommer 1953 große Anteilnahme in der Öffentlichkeit ausgelöst. Nach Ansicht des Hofes und der anglikanischen Kirche konnte eine Ehe zwischen beiden jedoch nicht zustande kommen, weil Townsend geschieden war. Am 31. Oktober 1955 erklärte die Prinzessin schließlich öffentlich, daß sie auf eine Heirat mit Townsend verzichten werde.

»Stahlnetz« zeigt reale Kriminalfälle

14. März. Im Deutschen Fernsehen ist die erste Folge der Kriminalserie »Stahlnetz« zu sehen, in der Regisseur Jürgen Roland anhand authentischer Fälle dem Fernsehpublikum die Arbeit der Kriminalpolizei vorführt.

Jürgen Roland

In der ersten Sendung wird ein Mord gezeigt, der sich im November 1957 in einer Gaststätte in der Nähe von Karlsruhe ereignete. Hier wurden bei einem Streit zwei Gäste niedergeschossen, von denen einer an seinen Verletzungen starb. Der Täter, der vier Wochen später gefaßt werden konnte, wartet noch auf seine Gerichtsverhandlung.

Das Konzept seiner Serie hat Roland von der US-amerikanischen Kriminalsendung »Dragnet« übernommen, in der einmal wöchentlich, ausgestrahlt von der Fernsehgesellschaft NBC, Fälle rekonstruiert werden, die von der Polizei in Los Angeles bearbeitet werden.

Anders als sein Vorbild soll »Stahlnetz« jedoch an unterschiedlichen Schauplätzen innerhalb der Bundesrepublik gedreht werden, so daß auch in jeder Folge ein anderer Kriminalbeamter im Mittelpunkt steht. Übernommen hat Roland dagegen das musikalische »Dragnet«-Motiv, das jede Sendung einleitet.

Szene aus einer »Stahlnetz«-Folge: Kriminalbeamte bei Ermittlungen

Die Brücke über den Kwai stellt für den britischen Oberst Nicholson, der sich in japanischer Gefangenschaft befindet, sein Lebenswerk dar (Szenenfoto)

William Holden als Seemann Shears mit Krankenschwester (Ann Sears)

Nicholson (A. Guinness; l.), Bewacher (S. Hayakawa)

Szenenfoto aus »Die Brücke am Kwai« (r. Alec Guinness)

»Die Brücke am Kwai« füllt die Kinokassen

26. März. In Los Angeles-Hollywood wird der 1957 gedrehte britische Spielfilm »Die Brücke am Kwai« mit sieben »Oscars«, den höchsten US-amerikanischen Filmpreisen, ausgezeichnet.

Der Streifen wird »bester Film des Jahres« und erhält außerdem Auszeichnungen für die beste Regie (David Lean), den besten Hauptdarsteller (Alec Guinness), die beste Musik (Malcolm Arnold), das beste Drehbuch nach einer literarischen Vorlage (Pierre Boulle und Carl Foreman), die beste Bildgestaltung (Jack Hildyard) und den besten Schnitt (Peter Taylor).

Zentralfigur des Films ist der britische Kolonialoberst Nicholson (dargestellt von Alec Guinness), der 1942 mit seinem Regiment in Singapur kapituliert und in ein japanisches Kriegsgefangenenlager gebracht wird. Mehr in der Idee, die Disziplin seiner Truppe zu halten, als unter Zwang, übernimmt Nicholson die Leitung für den Bau einer Brücke über den Fluß Kwai. Das Bauwerk wird für ihn mehr

Nicholsons Brücke über den Kwai

und mehr zu einem Lebenswerk, mit dem er den Japanern europäischen Perfektionismus unter Beweis stellen will.

Währenddessen kämpft sich ein alliierter Kommandotrupp zum Lager vor, um die Brücke zu sprengen. Im Bestreben, sein Werk zu erhalten, sieht sich Nicholson im Kampf plötzlich seinen eigenen Landsleuten gegenüber. Abweichend von der Romanvorlage erkennt der Oberst im Film im letzten Moment den Widersinn seiner Tat und wirft sich sterbend auf den Zündhebel, wodurch die Brücke mitsamt einem darüberfahrenden Zug in die Luft fliegt.

Der Film entwickelt sich im fernsehgewohnten Amerika wie in Europa zu einem Kassenerfolg, für den die Menschen vor den Kinos Schlange stehen. In aller Munde ist außerdem die Filmmelodie, der »River-Kwai-Marsch«.

»Akkord in Rot und Blau« (Gemälde von Ernst W. Nay) *»Ohne Titel« (von Heinz Mack, Museum Krefeld)*

Malerei 1958:

Neuer Realismus gegen »Pinselschwenker«

Auch am Ende der 50er Jahre wird die abstrakte Malerei in Europa noch weitgehend vom Tachismus, in den USA als Action Painting bezeichnet, bestimmt. Diese Kunstform stellt mehr den Schaffensprozeß als das fertiggestellte Werk in den Vordergrund. Die Bilder entstehen spontan nach den Eingebungen des Künstlers und der Beschaffenheit des Materials.

Aufsehen erregt in der Bundesrepublik 1958 u. a. der Pariser Maler Georges Mathieu, einer der Begründer des Tachismus. Bei einer Schau in Düsseldorf vor geladenen Gästen bringt er innerhalb von 70 Minuten sein Gemälde »Entführung Heinrichs IV. durch Erzbischof Anno aus der Kaiserpfalz zu Kaiserswerth (1062)« auf eine 8 m² große Leinwand. Bei seinem Schöpfungsakt, bei dem er Pinsel und Farben im Wert von 800 DM verbraucht, trägt der Maler ein schneeweißes Renndreß. Nach fast übereinstimmender Ansicht der Kritik hat sich der Tachismus auf diese Weise selbst ad absurdum geführt.

Angeführt von dem Schweizer Jean Tinguely, macht sich in Europa allmählich eine Gegenbewegung gegen die »Pinselschwenker« breit, der Nouveau Réalisme (Neuer Realismus). Sein Anliegen besteht nicht länger in der Abbildung der Wirklichkeit, sondern in der Präsentation der Realität; der schöpferische Akt des Künstlers ist nicht mehr die Gestaltung, sondern die Auswahl seiner Objekte.

Tinguely baut sog. Méta-Matics, automatische Malmaschinen, die den spontanen künstlerischen Prozeß ironisieren, und andere motorisierte Objekte. Demgegenüber bemüht sich der französische Maler Yves Klein, der zu Beginn der 50er Jahre mit der von ihm begründeten monochromen Malerei hervortrat, um neue Kunsttechniken und -materialien, um so den Betrachter für neue Gefühlserfahrungen zu sensibilisieren. Er entwickelt u. a. die Technik der Anthropometrien, bei der er Frauen, die mit Farbe bestrichen werden, mit ihrem Körper auf einer Leinwand Abdrücke machen läßt.

Bundesdeutsche Vertreter des Nouveau Réalisme sind u. a. Otto Piene und Heinz Mack, die sich 1957 zur Künstlergruppe Zero zusammengeschlossen haben und in deren Objektkunst Licht, Bewegung und Materialstrukturen von Bedeutung sind. Unter dem Titel »Wege zum Paradies« beschreibt Piene seine Kunstauffassung u. a. so: »Ich träume von einer besseren Welt. Sollte ich von einer schlechteren träumen? ...Wir haben es bisher dem Krieg überlassen, ein naives Lichtballett für den Nachthimmel zu ersinnen... Wann ist unsere Freiheit so stark, daß wir den Himmel zwecklos erobern, durch das All gleiten, das große Spiel in Licht und Raum leben, ohne getrieben zu sein von Furcht und Mißtrauen? Warum schicken wir nicht unter Einsatz aller menschlichen Klugheit... alle Atombomben der Welt zum Vergnügen in die Luft, ein grandioses Schauspiel der menschlichen Erfindungsgabe zum Lobe der menschlichen Freiheit?«

In der Bevölkerung stoßen die neuen künstlerischen Richtungen – soweit sie wahrgenommen werden – auf immer heftigere Ablehnung. Es überwiegt vielmehr das Interesse an gegenständlicher Malerei, insbesondere der vom Beginn des 20. Jahrhunderts. So stehen im Frühsommer in Paris die Menschen Schlange, um eine Ausstellung des italienischen Maler Amedeo Modigliani (1884-1920) zu sehen; in der Bundesrepublik zählen Präsentationen von expressionistischen Werken zu den meistbesuchten Ausstellungen.

Zürcher Premiere des »Biedermann«

29. März. Am Zürcher Schauspielhaus haben zwei Einakter von Max Frisch – »Herr Biedermann und die Brandstifter« sowie »Die große Wut des Philipp Hotz« – Premiere.

Die Kritik lobt vor allem das erste der beiden Stücke, den »Biedermann«. Titelheld ist der Haarwasserfabrikant Jakob Biedermann (in der Uraufführung dargestellt von Gustav Knuth), der, aus Angst vor einer Blamage und um sein soziales Gewissen zu beruhigen, zwei Brandstifter, die er als vermeintliche Landstreicher bei sich aufgenommen hat, mit Lebensmitteln versorgt und ihnen schließlich sogar Material für ihre Anschläge liefert.

Vor sich selbst entschuldigt Biedermann sein Verhalten damit, daß Brandstifter ihre Vorbereitungen niemals öffentlich träfen und seine beiden Gäste demzufolge keine Brandstifter sein könnten. Vor dem Gang zur Polizei scheut er zurück, weil er befürchtet, jemand wolle seinen Scherz mit ihm treiben. Indem er die Augen vor dem Offensichtlichen verschließt, macht sich Jakob Biedermann mitschuldig.

Hacks' Stück vom »gerechten« König

5. März. An den Kammerspielen des Deutschen Theaters in Berlin (Ost) wird »Der Müller von Sanssouci – Ein bürgerliches Lustspiel« von Peter Hacks uraufgeführt.

Ausgangspunkt des Stückes ist eine Anekdote, nach der Preußenkönig Friedrich II. einem Müller den Betrieb seiner Mühle untersagte, weil ihn deren Geklapper störe. Dank seiner aufrechten Haltung und unter Berufung auf das für alle geltende Recht erreichte der Müller die Rücknahme des Beschlusses.

Hacks deutet die Legende von der Gerechtigkeit des preußischen Herrschers um: Der König wittert in dem Vorkommnis eine Chance, die Bevölkerung von seinen Kriegsplänen abzulenken. Er befiehlt, der sich devot verhaltende Müller möge öffentlich gegen die Stillegung protestieren, so daß der König dann Gerechtigkeit walten lassen kann. Kaum hat der Müller die Betriebserlaubnis wieder, wird sein Geselle zum Kriegsdienst eingezogen, die Mühle steht abermals still.

»Box-Opa« Robinson erneut Weltmeister

25. März. Der 37jährige »Sugar« Ray Robinson wird zum fünften Mal Weltmeister der Profiboxer im Mittelgewicht (bis 75 kg Kampfgewicht). Er besiegt in Chicago Titelverteidiger Carmen Basilio über 15 Runden nach Punkten. Basilio hatte Robinson am 23. September 1957 in New York ebenfalls durch einen Punktsieg den Titel abgenommen.

Der am 3. Mai 1920 in Detroit als Walker Smith geborene Robinson, 1946 bereits Weltmeister im Weltergewicht, wechselte 1950 ins Mittelgewicht. Am 14. Februar 1951 schlug er in Chicago Titelhalter Jake La Motta durch Abbruch in der 13. Runde, verlor dann aber am 10. Juli 1951 in London gegen den Briten Randolph Turpin nach Punkten.

Im Rückkampf am 12. September 1951 holte er sich den Titel durch K. o. in der 10. Runde zurück. 1952 hängte er die Boxhandschuhe für zwei Jahre an den Nagel, nachdem er im Kampf um den Halbschwergewichtstitel Joey Maxim am 25. Juni 1952 in New York unterlegen war. Am 9. Dezember 1955 war Robinson durch einen K. o. in der 2. Runde über Carl »Bobo« Olson wieder Mittelgewichtsweltmeister. 1957 boxte er dreimal um den Titel: Am 2. Januar verlor er in New York nach Punkten gegen Gene Fullmer, im Rückkampf am 1. Mai schlug er diesen in der 5. Runde K. o., am 23. September unterlag er Carmen Basilio.

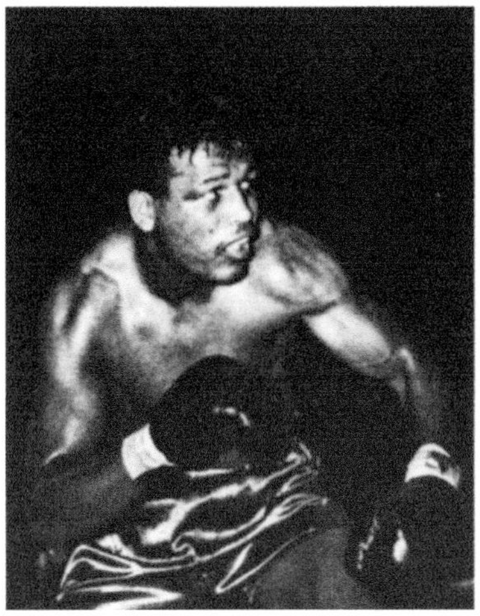

»Sugar« Ray Robinson, Boxweltmeister der Profis im Mittelgewicht

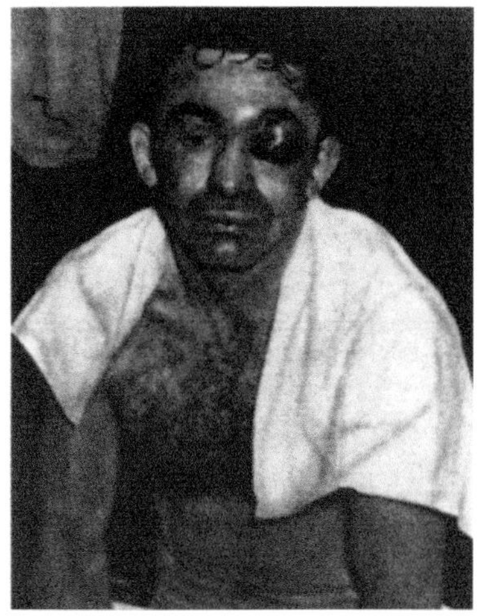

Carmen Basilio nach dem Kampf gegen den neuen Weltmeister

Ski-Star Karl Schranz gewinnt zum zweiten Mal das Kandahar-Rennen

9. März. *Die Kombinationssieger bei den 23. internationalen Arlberg-Kandahar-Skirennen in St. Anton kommen aus Österreich: Bei den Damen siegt Josefine »Putzi« Frandl (Abb. l.), die den Slalom gewinnt und in der Abfahrt Fünfte wird, bei den Herren ist Karl Schranz (Foto r.) nicht zu schlagen, der sowohl im Slalom als auch in der über eine Distanz von 3600 m führenden Abfahrt unangefochten vorne liegt und sich damit auf seinem »Hausberg« mit der Idealnote 0 den Sieg in der alpinen Kombination sichert. Auf dem zweiten Platz folgt sein Landsmann Hias Leitner. In Abwesenheit des dreifachen Olympiasiegers Anton »Toni« Sailer, der nach den alpinen Ski-Weltmeisterschaften in Badgastein (→ 9.2./S. 45) erklärt hat, zumindest für eine Weile keine Rennen mehr fahren zu wollen, und sich vorwiegend seiner neuen Karriere als Filmschauspieler widmet, hat der am 18. November 1938 in St. Anton geborene Karl Schranz wenig Mühe, seinen Kandahar-Sieg von 1957 zu wiederholen.*

16. Eishockeytitel für Kanadas Team

10. März. Vor 11 000 Zuschauern, darunter Norwegens König Olaf V., sichert sich Kanada mit einem 4:2 (0:1, 1:0, 3:1) über das Team der Sowjetunion zum 16. Mal seit dem Jahr 1924 den Titel eines Eishockeyweltmeisters.

Kanada – repräsentiert durch die Mannschaft der Witby Dunlops – hat mit einem Torverhältnis von 82:6 alle sieben Spiele gewonnen. Schweden, das im Vorjahr in Abwesenheit Kanadas und der USA in Moskau den Titel holte, belegt im Endklassement hinter der Sowjetunion Platz drei. Den Fair-Play-Cup gewinnt mit nur 34 Strafminuten der WM-Vierte Tschechoslowakei.

EV Füssen bleibt weiter siegreich

1. März. Der EV Füssen sichert sich durch ein 7:3, (1:2, 5:1, 1:0) über den EC Bad Tölz vor 6000 Zuschauern in eigener Halle zum sechsten Mal in Folge den Titel eines Deutschen Eishockeymeisters. Den zweiten Platz hinter dem Titelträger (17:3 Punkte) belegt in der Schlußtabelle der SC Riessersee (13:5).

Zu den herausragenden Spielern des EV Füssen zählen die Nationalspieler Markus Egen und Xaver Unsinn. Insgesamt ist es bereits der siebente Meistertitel für Füssen, das 1949 erstmals bestes bundesdeutsches Eishockeyteam wurde.

Ost-West-TV-Brücke zur Handball-WM

8. März. Vor 6400 Zuschauern in der Werner-Seelenbinder-Halle in Berlin (Ost) verteidigt Schweden seinen 1954 im eigenen Land gewonnenen Weltmeistertitel im Hallenhandball mit 22:12 über die CSSR. Bei der Fernsehdirektübertragung der Endspiele kommt erstmals eine »Ost-West-Brücke« zwischen der DDR und der Bundesrepublik zustande.

Die gesamtdeutsche Mannschaft – ihr Antreten geht auf einen Beschluß der Internationalen Handball-Föderation zurück – schlägt im Spiel um den dritten Platz Dänemark 16:13. Erfolgreichster Torschütze des zehntägigen Turniers ist Rudi Hirsch von Dynamo Berlin (Ost) mit 22 Toren.

April 1958

Mo	Di	Mi	Do	Fr	Sa	So
	1	2	3	4	5	6
7	8	9	10	11	12	13
14	15	16	17	18	19	20
21	22	23	24	25	26	27
28	29	30				

1. April, Dienstag

In Reaktion auf die sowjetische Ankündigung über die Einstellung von Kernwaffenversuchen vom → 31. März (S. 51) erklärt US-Außenminister John Foster Dulles, sein Land wolle Versuche zur Entwicklung einer »sauberen« Atomwaffe fortsetzen. – Großbritanniens Premierminister Harold Macmillan betont in einer Stellungnahme, der Westen sei bereit, im Rahmen eines Abrüstungsabkommens auch die Kernwaffenversuche bei ausreichender Kontrolle einzustellen.

Der kubanische Rebellenführer Fidel Castro sagt der Regierung des Diktators Fulgenico Batista y Zaldívar »den totalen Krieg« an. Ein Aufstandsversuch wird jedoch von Regierungstruppen niedergeschlagen (→ 25.2./S. 37; 5.11./S. 181).

Die Ministerpräsidenten von Bayern, Hessen, Niedersachsen und Schleswig-Holstein fordern von der Bundesregierung Maßnahmen zur wirtschaftlichen Stärkung der Zonenrandgebiete. → S. 73

Einen Aufruf an alle Deutschen, durch politische Massenstreiks sich der Ausrüstung der Bundeswehr mit Atomwaffen entgegenzustellen, veröffentlicht das Präsidium des Nationalrats der Nationalen Front der DDR (→ 7.4./S. 72).

Das Deutsche Fernsehen beginnt mit einem neuen Programmschema, das für jeden Wochentag spezifische Sendungen vorsieht (→ S. 81).

Nach Angaben der Filmhersteller ist im ersten Quartal 1958 die Nachfrage nach Diapositivfilmen um 60 bis 70% gegenüber dem vergleichbaren Vorjahreszeitraum gestiegen. → S. 79

Im Indischen Ozean gerät das Auswandererschiff »Skaubryn«, das am 14. März in Bremerhaven mit 1100 Passagieren, darunter 795 Deutschen, an Bord nach Australien ausgelaufen ist, in Brand. Wie durch ein Wunder können alle Schiffbrüchigen durch einen britischen Tanker gerettet werden. → S. 79

2. April, Mittwoch

Truppen der indonesischen Zentralregierung landen auf der Insel Celebes, um die dortige Aufstandsbewegung zu bekämpfen. → S.74

Im Prager Armeestadion unterliegt die bundesdeutsche Fußballnationalmannschaft dem Team der Tschechoslowakei mit 2:3 Toren.

3. April, Donnerstag

Auf einer Pressekonferenz in Paris tritt General Lauris Norstad, Oberbefehlshaber der Nordatlantikpakt-Truppen in Europa, für die Fortführung der Kernwaffenversuche der Westmächte ein, damit eine größere Skala militärischer Mittel zur Verfügung stehe (→ 7.4./S. 72).

US-Präsident Dwight D. Eisenhower schlägt dem Kongreß in Washington eine Reorganisation der militärischen Kommandostruktur vor, die insbesondere die Position des Verteidigungsministers stärken soll, um künftig Rangeleien zwischen den drei verschiedenen Wehrmachtsteilen zu unterbinden.

Die UN-Kommission für die Rechtsstellung der Frau beendet ihre am 17. März begonnene Sitzungsperiode. → S. 79

In Hamburg wird der Spielfilm »Nasser Asphalt« in der Regie von Frank Wisbar uraufgeführt. Darsteller sind u. a. Horst Buchholz, Martin Held, Gert Fröbe und Inge Meysel.

4. April, Karfreitag

Der sowjetische Parteichef Nikita S. Chruschtschow erklärt sich bereit, den Atomteststopp der UdSSR durch eine internationale Kontrollkommission überwachen zu lassen (→ 31.3./S. 51).

Rückwirkend zum 1. Januar 1958 erwirbt der Autohersteller Daimler Benz eine »qualifizierte Mehrheit« – später wird bekannt, daß es sich um 85% handelt – der Gesellschaftsanteile an der Auto-Union Ingolstadt/Düsseldorf. → S. 79

5. April, Sonnabend

Hugh Gaitskell, Führer der britischen Labour-Opposition, legt einen Fünfpunktevorschlag für eine neutrale Zone in Mitteleuropa vor (→ 14.2./S. 38).

Auf dem Wiener Kahlenberg wird der zweite Sender des Österreichischen Fernsehens in Betrieb genommen.

Aus dem 104. Ruderrennen der britischen Universitäten Cambridge und Oxford auf der Themse zwischen Putney und Mortlake geht die Mannschaft von Cambridge zum 58. Mal als Sieger hervor. Wegen des anhaltenden Regens gibt es in diesem Jahr nur wenige Zuschauer.

6. April, Ostersonntag

In seiner Osterbotschaft ruft Papst Pius XII. die Menschheit auf, mit aller Kraft die Wiederherstellung eines gerechten Friedens anzustreben.

Dominic Mintoff, Premierminister der britischen Kronkolonie Malta, kündigt an, daß die Mittelmeerinsel ihre Unabhängigkeit fordern werde, falls London nicht eine finanzielle Unterstützung gewähre (→ 21.4./S. 75).

7. April, Ostermontag

Über 1000 Teilnehmer hat der erste sog. Ostermarsch, der von London bis vor die Tore der britischen Atomforschungsstadt Aldermaston führt. Die Demonstranten fordern die Ächtung aller Atomwaffen. → S. 72

8. April, Dienstag

In den Länderparlamenten der Bundesrepublik beginnen die Auseinandersetzungen über die Anträge auf Volksbefragung über die Atomrüstung der Bundeswehr (→ 7.4./S. 72; 30.7./S. 119).

9. April, Mittwoch

Der österreichische Bundeskanzler Julius Raab sagt in einem Interview mit Bezug auf Südtirol, das italienische Volk sei leider »von einem ungeheuerlichen Nationalgefühl erfüllt«, und verlangt zugleich die strikte Einhaltung der völkerrechtlichen Verpflichtungen des Abkommens über Südtirol. → S. 75

Beim Deutschen Chirurgentag in München wird erstmals in der Bundesrepublik eine Herzlungenmaschine präsentiert. → S. 78

10. April, Donnerstag

Zum Abschluß eines neuntägigen Besuchs des rumänischen Ministerpräsidenten Chivu Stoica in der Volksrepublik China fordern beide Seiten u. a. die Einstellung der Kernwaffenversuche durch Großbritannien und die USA, die Ersetzung der Militärblöcke durch kollektive Sicherheitssysteme sowie die Auflösung militärischer Stützpunkte außerhalb der eigenen Grenzen.

11. April, Freitag

Der Lohnkonflikt in der nordrhein-westfälischen Stahlindustrie wird beigelegt und so ein Streik der rund 160 000 organisierten Stahlarbeiter verhindert. Der tarifliche Ecklohn wird nun rückwirkend zum 1. Februar um 8 bzw. 10 Pfennig erhöht (die Gewerkschaften hatten etwa das Doppelte gefordert), die Wochenarbeitszeit soll vom 1. Januar 1959 an von 45 auf 44 Stunden verkürzt werden.

12. April, Sonnabend

Das Bundesverteidigungsministerium dementiert Pressemeldungen über eine angebliche Beteiligung der Bundesrepublik an der französischen Atomwaffenproduktion. Auch eine bundesdeutsche Atomwaffenproduktion stehe nicht zur Debatte.

Heinrich Rau, stellvertretender DDR-Ministerpräsident, führt in Belgrad Gespräche mit der jugoslawischen Regierung. Darin wird festgestellt, daß große Möglichkeiten bestünden, die Beziehungen zwischen beiden Staaten beträchtlich zu erweitern (→ 27.5./S. 88).

630 Millionen DM sollen nach Auskunft des Bundesbauministeriums in diesem Jahr für den sozialen Wohnungsbau zur Verfügung stehen. → S. 73

13. April, Sonntag

Der Berliner Landesparteitag der SPD beschließt, den Arbeitsausschuß »Kampf dem Atomtod« in Berlin (West) zu unterstützen. Zugleich distanziert sich die Partei von der »in der gleichen Angelegenheit betriebenen kommunistischen Propaganda« (→ 7.4./S. 72).

Im Théâtre de Poche in Paris wird das mystische Drama in einem Akt »Gebet« von Fernando Arrabal uraufgeführt.

14. April, Montag

Die Bundesregierung erklärt, daß »die Verwirklichung der Absicht parlamentarischer Fraktionen, Volksbefragungen zur Atomfrage zu veranlassen, gegen das Grundgesetz verstößt« (→ 7.4./S. 72; 30.7./S. 119).

Die Oper »Titus Feuerfuchs« von Heinrich Sutermeister nach der Posse von Johann Nepomuk Nestroy wird am Stadttheater Basel uraufgeführt. → S. 80

In deutscher Sprache findet die Uraufführung des Stückes »Mörder ohne Bezahlung« des absurden Dramatikers Eugene Ionesco am Landestheater Darmstadt statt. → S. 80

15. April, Dienstag

Die seit dem 6. November 1957 amtierende französische Regierung des Radikalsozialisten Félix Gaillard wird wegen des französisch-tunesischen Konflikts gestürzt. → S. 75

Der britische Schatzkanzler Derick Heathcoat-Amory legt den Haushaltsplan 1958/59 vor, der Gesamtausgaben in Höhe von 5,075 Milliarden Pfund (rund 60,4 Milliarden DM) vorsieht. Davon entfallen allein 1,418 Milliarden Pfund (rund 16,9 Milliarden DM) auf Militärausgaben.

Einen Verzicht auf Kriegshandlungen und eine Regelung der Streitigkeiten durch Verhandlungen schlägt der pakistanische Premier Malik Firoz Khan Noon der indischen Regierung vor. Im Konflikt beider Staaten geht es um die Zugehörigkeit Kaschmirs. → S. 74

16. April, Mittwoch

Bei den Parlamentswahlen in der Südafrikanischen Union, bei denen nur die rund 1,6 Millionen weißen Einwohner wahlberechtigt sind, erzielt die Nationale Front von Ministerpräsident Johannes Strijdom 103 (bisher 94) Parlamentssitze. Die oppositionelle United Party erhält 53 Mandate (bisher 57), die Labour Party verliert alle fünf Sitze (→ 18.9./S. 153).

Nach dem Rücktritt der von der Istiklal-Partei gestellten Minister, an deren politischem Kurs Kritik geübt wurde, löst der marokkanische König Muhammad V. die Regierung auf.

Im Pariser Prinzenparkstadion trennen sich die Fußballnationalmannschaften Frankreichs und der Schweiz vor 40 000 Zuschauern 0:0.

17. April, Donnerstag

Der belgische König Baudouin eröffnet in Brüssel feierlich die Weltausstellung (bis 19.10.). → S. 68

Zum Abschluß einer dreitägigen Konferenz der NATO-Verteidigungsminister in Paris erklären die Teilnehmer, die Verteidigungsstrategie des Nordatlantikpakts müsse auf einer starken Abwehrkraft beruhen, zu der sowohl ein Verteidigungsschild mit konventionellen und atomaren Waffen als auch die mit Atomwaffen ausgerüstete Vergeltungsmacht gehöre (→ 7.4./S. 72).

Das Nachrichtenmagazin »Der Spiegel« aus Hamburg widmet seine Ausgabe vom 9. April 1958 der Weltausstellung in Brüssel

DER SPIEGEL
12. JAHRGANG • NR. 15
9. APRIL 1958 • 1 DM
ERSCHEINT MITTWOCHS
VERLAGSORT HAMBURG
JAHRMARKT DES ATOMZEITALTERS
Weltausstellungs-Schirmherr Baudouin I. (siehe „Ausstellungen")

April 1958

18. April, Freitag

Eine Volksbefragung zur atomaren Bewaffnung der Bundeswehr auf Bundesebene, wie sie der Arbeitsausschuß »Kampf dem Atomtod« anstrebt, lehnt der Bundesvorstand der FDP ab (→ 29.3./S. 51; 7.4./S. 72; 30.7./ S. 119).

Die sowjetische Regierung protestiert gegen Alarmflüge von mit Atom- und Wasserstoffwaffen ausgerüsteten US-amerikanischen Bombern im Bereich der Arktis und verlangt wegen dieser Vorgänge die Einberufung des UN-Sicherheitsrats (→ 21.4./S. 75).

Wegen einer Abstimmungsniederlage im Reichstag – es geht um die Erhöhung der Brotpreise – erklärt die finnische Regierung von Ministerpräsident Rainer von Fieandt ihren Rücktritt. Am 26. April wird ein Übergangskabinett unter Ministerpräsident Reino Kuuskoski gebildet, das bis zu den Wahlen im Juli die Geschäfte führen soll (→ 4.12./S. 196).

19. April, Sonnabend

Bundeskanzler Konrad Adenauer (CDU) beendet einen viertägigen Staatsbesuch in Großbritannien, in dessen Verlauf er auch von Königin Elisabeth II. empfangen wurde. Während des Besuchs wurde ein deutsch-britisches Kulturabkommen unterzeichnet.

In Bielefeld, Bremen, Dortmund, Essen, Hamburg, Kiel, Mannheim und München finden Massenkundgebungen des Arbeitsausschusses »Kampf dem Atomtod« gegen die Ausrüstung der Bundeswehr mit Kernwaffen statt, an denen sich insgesamt rund 200 000 Menschen beteiligen (→ 7.4./S. 72).

Josip Broz Tito wird von der Bundesvolksversammlung einstimmig zum dritten Mal für weitere vier Jahre zum jugoslawischen Staatspräsidenten und zum Vorsitzenden des Bundesexekutivrats gewählt.

Ehemalige jüdische Häftlinge der nationalsozialistischen Konzentrationslager aus 16 Staaten gedenken in Warschau des 15. Jahrestags des Aufstandes im Warschauer Ghetto, der im Sommer 1943 endgültig niedergeschlagen wurde. Am 21. April folgt eine Gedenkfeier im ehemaligen Konzentrationslager Treblinka in Polen, in dem während der nationalsozialistischen Diktatur in Deutschland 300 000 Juden vergast wurden.

20. April, Sonntag

Frankreichs Staatspräsident René Coty beauftragt den ehemaligen französischen Ministerpräsidenten Georges Bidault mit der Regierungsbildung. Dieser gibt den Auftrag jedoch am 22. April zurück, weil seine eigene Partei, die christlich-soziale MRP, ihm die Unterstützung versagt hat (→ 15.4./S. 75).

21. April, Montag

Maltas Premierminister Dominic Mintoff erklärt aus Protest über die mangelnde finanzielle Unterstützung der Kronkolonie durch Großbritannien seinen Rücktritt. → S.75

Der UN-Sicherheitsrat in New York debattiert über die Aufklärungsflüge der USA über der Arktis. → S. 75

Das Zentralkomitee der KPdSU beschließt die Einführung des Sieben- bzw. Sechsstundentags in verschiedenen Zweigen der Schwerindustrie.

Laut Umfrage des Demoskopischen Instituts Allensbach würde jeder zehnte Bundesbürger gerne auswandern. 1950 hatte noch jeder vierte diesen Wunsch. → S. 79

Der 72jährige US-amerikanische Dichter Ezra Pound wird aus einer Nervenheilanstalt entlassen, in die er 1946 eingewiesen worden war. Pound, der sich im Zweiten Weltkrieg in den Dienst des faschistischen Regimes in Italien gestellt hatte, entging auf diese Weise einem Hochverratsprozeß. → S. 80

22. April, Dienstag

Prinzessin Margaret von Großbritannien eröffnet in Port of Spain (Trinidad) in Vertretung von Königin Elisabeth II. das erste Parlament der Westindischen Föderation. → S. 74

Zum Abschluß einer einwöchigen Konferenz in Accra (Ghana) verpflichten sich die acht unabhängigen afrikanischen Staaten zur gegenseitigen Sicherung ihrer Souveränität, zur Beseitigung jeder Rassendiskriminierung und zur Zusammenarbeit bei ihrer wirtschaftlichen Entwicklung. → S. 74

Im Yale University Theatre in New Haven (USA) wird »Spiel um Job« von Archibald MacLeish uraufgeführt. Die deutschsprachige Uraufführung findet am 28. Juli im Rahmen der Salzburger Festspiele statt (→ 26.7./S. 127).

23. April, Mittwoch

Der NATO-Generalsekretär Paul-Henri Spaak spricht sich nach zweitägigen Verhandlungen mit der Bundesregierung in Bonn dafür aus, die Mitgliedsstaaten des Nordatlantikpakts allgemein mit den modernsten Waffen auszurüsten. Eine Sonderstellung für die Bundesrepublik könne es nicht geben (→ 7.4./S. 72).

Nach Angaben des norwegischen Außenministers Harvard Lange besitzt seine Regierung Informationen, daß in der DDR, in Polen und in der Tschechoslowakei Abschußrampen für Mittelstreckenraketen errichtet worden seien. Die drei angesprochenen Staaten und die Sowjetunion erklären die Mitteilung für »frei erfunden«.

Das Nürnberger Schwurgericht spricht den 59jährigen ehemaligen kommandierenden General des 13. SS-Armeekorps, Max Simon, und fünf seiner Offiziere von der Anklage des Mordes und der Rechtsbeugung frei, weil sie formaljuristisch richtig gehandelt hätten. → S. 79

24. April, Donnerstag

Großbritannien und die Bundesrepublik schließen ein Abkommen über Unterstützungszahlungen für die britische Rheinarmee; die Bundesrepublik soll in den kommenden drei Jahren hierfür rund 108,5 Millionen Pfund (etwa 1,291 Milliarden DM) bezahlen.

25. April, Freitag

In Bonn werden ein deutsch-sowjetisches Handelsabkommen sowie ein Konsularvertrag unterzeichnet. → S. 73

Weil sie sich mit ihrem Gesetzentwurf über die künftige Regelung der Altersversorgung im Parlament nicht durchsetzen kann, tritt die schwedische Regierung unter Tage Erlander zurück. Am 27. April löst König Gustav VI. Adolf die Zweite Kammer des Reichstags auf und schreibt Neuwahlen für den 1. Juni aus.

26. April, Sonnabend

Während des Parteitages des Bundes der Kommunisten in Jugoslawien, der ein neues Parteiprogramm beschlossen hat und der nun nach fünftägiger Dauer in Ljubljana zu Ende geht, hebt Staatspräsident Josip Tito u. a. die Verbesserung der Beziehungen seines Landes zur Sowjetunion hervor (→ 27.5./S. 88).

In einer Rede in Kiew erhebt der sowjetische Parteiführer Nikita S. Chruschtschow schwere Vorwürfe gegen den früheren Ministerpräsidenten Georgi M. Malenkow, der 1957 als »Parteifeind« aller Ämter enthoben wurde. Er wird von Chruschtschow als Alleinverantwortlicher für die Unzulänglichkeiten in der sowjetischen Landwirtschaft bezeichnet (→ 26.2./S. 38; 27.3./S. 52).

Österreichs Bundeskanzler Julius Raab übergibt die erste Etappe der Autobahn Salzburg-Wien, das 23,5 km lange Teilstück Salzburg-Mondsee, dem Verkehr.

27. April, Sonntag

Unter Aufsicht der Vereinten Nationen finden die ersten allgemeinen Wahlen in Togo statt, das als Mandatsgebiet der UNO unter französischer Verwaltung steht. Von den 46 Sitzen der Gesetzgebenden Versammlung fallen 28 auf die Partei Comité d'Unité Togolaise, die für die Unabhängigkeit des Landes bzw. für den Anschluß an das 1957 selbständig gewordene Ghana eintritt.

Die indonesische Zentralregierung meldet die Einnahme von Solok, dem militärischen Hauptquartier der Aufständischen auf Sumatra (→ 2.4./S. 74).

28. April, Montag

Der Erste Stellvertretende Ministerpräsident der UdSSR, Anastas I. Mikojan, beendet seinen viertägigen Besuch in der Bundesrepublik (→ 25.4./S. 73).

Die USA beginnen mit einer neuen auf 30 Versuche angelegten Atomtestreihe auf der Pazifikinsel Eniwetok. – Auch Großbritannien startet einen neuen Kernwaffenversuch: Über der Weihnachtsinsel, die ebenfalls im Pazifik liegt, wird ein britischer Atomsprengkörper in großer Höhe zur Explosion gebracht (→ 31.3./S. 51; 7.4./S. 72).

Im norwegischen Rundfunk wird der erste Teil einer dreiteiligen Vortragsreihe Albert Schweitzers über Atomgefahren verlesen. → S. 72

Zum Abschluß der UN-Seerechtskonferenz in Genf, die am 24. Februar begonnen hat, können sich die Teilnehmer nicht über die Breite der Territorialgewässer einigen. → S. 75

Harold Pinters Dreiakter »Die Geburtstagsfeier« kommt im Arts Theatre in Cambridge zur Uraufführung.

29. April, Dienstag

Ägypten unterzeichnet in Rom ein Abkommen mit der Sueskanalgesellschaft über die Entschädigung für die Aktienbesitzer an dem 1956 verstaatlichten Sueskanal. → S. 75

König Idris II. von Libyen läßt sich von seiner Frau Alia scheiden, weil sie dem Land keinen männlichen Thronerben geschenkt hat. Das Paar lebte nach der Eheschließung 1954 nur ein Jahr zusammen.

30. April, Mittwoch

In Berlin geht nach fünftägiger Dauer die Gesamtdeutsche Synode der Evangelischen Kirche von Deutschland (EKD) zu Ende. → S. 73

Bei einem viertägigen Treffen von Vertretern der marokkanischen Istiklal-Partei, der Neo-Destur-Partei Tunesiens und der algerischen Nationalen Befreiungsfront in Tanger wird in einer »Resolution über den Unabhängigkeitskrieg Algeriens« dem Land die »totale Unterstützung« Tunesiens und Marokkos zugesichert.

Um über eine halbe Million sinkt die Arbeitslosigkeit im April in der Bundesrepublik. Wie im April 1957 sind knapp 590 000 Menschen arbeitslos, dies entspricht einer Quote von 3%.

Gestorben:

4. Cannes: Jens Ferdinand Willumsen (*7.9.1863, Kopenhagen), dänischer Maler und Bildhauer.

6. Prag: Vítězslav Nezval (*26.5.1900, Biskupovice bei Trebitsch), tschechischer Dichter.

6. Freiburg im Breisgau: Reinhold Schneider (*13.5.1903, Baden-Baden), deutscher Schriftsteller.

18. Paris: Maurice Gustave Gamelin (*20.9.1872, Paris), französischer General.

25. Berkeley (Kalifornien): Richard Goldschmidt (*12.4.1878, Frankfurt am Main), US-amerikanischer Zoologe deutscher Herkunft.

Das Wetter im Monat April

Station	Mittlere Lufttemperatur (°C)	Niederschlag (mm)	Sonnenscheindauer (Std.)
Aachen	– (8,8)	79* (63)	162 (178)
Berlin	5,9 (8,3)	61* (41)	124 (193)
Bremen	– (8,2)	72* (50)	155 (185)
München	– (8,0)	108* (59)	145 (173)
Wien	7,9 (9,6)	25 (54)	151 (–)
Zürich	5,7 (8,0)	112 (88)	139 (173)

() Langjähriger Mittelwert für diesen Monat
– Wert nicht ermittelt

Die Paraphierung von Konsular-, Repatriierungs- und Wirtschaftsverträgen zwischen der UdSSR und der Bundesrepublik ist für den »Tagesspiegel« aus Berlin (West) vom 9. April 1958 die Titelmeldung

DER TAGESSPIEGEL

UNABHÄNGIGE BERLINER MORGENZEITUNG

RERUM COGNOSCERE CAUSAS

Nr. 3825 / 14. JAHRGANG | BERLIN, MITTWOCH, 9. APRIL 1958 | 20 PFENNIG auswärts 25 Pfennig

Unsere Meinung:

Das zweite Moskauer Abkommen

skt. Mit den deutsch-sowjetischen Abmachungen, die am Dienstag in Moskau paraphiert wurden und demnächst in Bonn unterzeichnet werden sollen, kann die Bundesrepublik zufrieden sein. Bonner Regierungskreise bezeichnen sie als ein faires Kompromiß. Beiden Seiten sind nicht alle Wünsche erfüllt worden. Die Sowjetunion hätte es gern gesehen, wenn sich das langfristige Handelsabkommen auf fünf Jahre erstreckt hätte. Eine längere Laufzeit hätte ihre Planungen erleichtert. Die deutschen Unterhändler wollten sich aber nicht so weit festlegen. Gerade bei einem so delikaten und vielfach belasteten Verhältnis wie dem deutsch-sowjetischen läßt sich schwer von vornherein übersehen, welchen Schwankungen es im Laufe der nächsten Jahre unterworfen sein wird. Mit der Dreijahresfrist ist die deutsche Seite den Sowjets ohnehin schon weiter entgegengekommen, als ursprünglich vorgesehen war. Die den Waren- und Zahlungsverkehr betreffenden Abmachungen sind kein klassischer Handelsvertrag, wie er beispielsweise zwischen der Bundesrepublik und den Vereinigten Staaten besteht. Ein solcher Vertrag, der die offizielle Bezeichnung „Handels- und Freundschaftsvertrag" trägt, ist nur zwischen einem wiedervereinigten Deutschland und der Sowjetunion denkbar. Für freundschaftliche Beziehungen zu Moskau, durch dessen Schuld Deutschland noch immer geteilt ist, ist die Zeit noch nicht reif. Aber korrekte Beziehungen zwischen der Bundesrepublik und der Sowjetunion können, wenn sie geschickt genutzt werden, der Wiedervereinigung dienen. Von dieser Erkenntnis hat sich auch Bundeskanzler Adenauer leiten lassen, als er entgegen den Bedenken mancher seiner Berater 1955 der Aufnahme diplomatischer Beziehungen zustimmte. Die jetzt getroffenen Vereinbarungen über ein Handels- und Konsularabkommen bedeuten gewissermaßen die Ausführung des Entschlusses von 1955, der zunächst nur die formale Verbindung herstellte. Genau wie damals ermöglichen die Abmachungen mit den Sowjets Tausenden von Deutschen, die in der Sowjetunion zurückgehalten wurden, die Heimkehr. Vor zweieinhalb Jahren waren es die Kriegsgefangenen, jetzt sind es deutsche Staatsangehörige, die als Zivilpersonen im Kriege oder nach dem Kriege den Sowjets in die Hände fielen. Der Stichtag ist der 22. Juni 1941, der Tag des deutschen Angriffs auf die Sowjetunion. Wer zu diesem Zeitpunkt bereits die deutsche Staatsangehörigkeit besaß, kann auf jeden Fall zurückkehren. Zu diesem Personenkreis gehören unter anderem Ostpreußen und Memelländer. Die sogenannten Vertragsumsiedler, das heißt die Volksdeutschen sowjetischer Staatsangehörigkeit, die auf Grund der Abmachungen zwischen Hitler und Stalin in das Reichsgebiet umgesiedelt werden sollten, können nur dann ausreisen, wenn sich die sowjetischen Behörden zur Anwendung der sogenannten Wohlwollensklausel bereitfinden. Hier haben die deutschen Unterhändler Konzessionen an den russischen Standpunkt machen müssen, wonach ein sowjetischer Staatsbürger nicht gleichzeitig eine andere Staatsbürgerschaft haben kann. Am hartnäckigsten blieben die Sowjets in der Frage der Verwaltungsumsiedler. Das sind jene Volksdeutschen, die in den von deutschen Truppen besetzten sowjetischen Gebieten wohnten und während des Krieges durch Verwaltungsakt die deutsche Staatsangehörigkeit erhielten. Allenfalls unter dem Stichwort „Familienzusammenführung" kann diesen Leuten geholfen werden. Wir können nur hoffen, daß die Sowjets nun, da ihr Prestige gewahrt ist, sich zu einer menschlichen Regelung der einzelnen Fälle bereit finden werden.

Tunesisches Fragezeichen

J. B. Langwierige Verhandlungen sind zuweilen geeignet, die Dramatik einer Situation zu verhüllen. Manchmal ist dies sogar der einzige Verhandlungszweck. In Wahrheit verbirgt sich natürlich gerade dahinter die Furcht vor dem offenen Ausbruch der Spannungen und den dann nicht mehr kalkulierbaren Folgen. Alles dies trifft im Augenblick auf die „guten Dienste" zu, die die amerikanische und englische Politik leistet, um Frankreich und Tunesien zu einer Beilegung ihres Konflikts zu veranlassen. Wenn trotz wochenlangen Bemühens bis zur Stunde noch kein greifbares Ergebnis zu sehen ist, so offensichtlich deshalb, weil sowohl die französische Regierung als auch der tunesische Staatschef Habib Bourguiba sich in ihren Entschlüssen nicht frei fühlen. Als die französische Luftwaffe als Repressalie gegen die ständige Unterstützung der algerischen Aufständischen durch Tunesien ein tunesisches Grenzdorf angriff, als Bourguiba daraufhin den Rückzug der noch in Tunesien stehenden symbolischen französischen Armeeeinheiten und die Aufgabe des Kriegshafens Biserta durch Frankreich forderte, ereignete sich ja nicht nur einer jener Zwischenfälle, die man nach dem Abwägen aller Umstände unter sorgfältigem Interessenausgleich hätte beilegen können. Hier stießen zwei unvereinbare Prinzipien aufeinander. Frankreich wollte demonstrieren, daß es das Algerienproblem als eine isolierte, nur Frankreich selbst angehende Frage betrachte. Für Bourguiba aber ist die Solidarität mit den Aufständischen nur ein Mittel, seine Hände im Spiel zu behalten, damit eine internationale Lösung des Algerienproblems in seinem Sinne möglich wird. Das gleiche zeigt sich nun bei Lösungsversuchen. Frankreich fordert als Voraussetzung jeder friedlichen Einigung mit Tunesien die wenigstens neutrale Kontrolle tunesischer Flugplätze, von denen aus die algerischen Aufständischen mit Nachschub versorgt werden und die vollständige Sperrung der tunesisch-algerischen Grenze. Das würde natürlich Bourguiba jedes direkten Mittels berauben, auf die Algerienfrage Einfluß zu nehmen. Die Hauptsache aber: Bourguiba fühlt sich, abgesehen von dem, was er will, einfach nicht stark genug, diese französischen Bedingungen ohne weiteres hinzunehmen und dadurch gewissermaßen die nordafrikanische Solidarität mit den algerischen Aufständischen zu verleugnen. Auf der anderen Seite hat natürlich Frankreich kein Vertrauen in die tunesische Neutralität, und selbst, wenn es einen kühnen Schritt vor hätte, ist das Pariser Kabinett Gaillard innenpolitisch dabei schwer gehemmt. Gaillard hat sich zwar bis zu den gegenwärtigen französischen Parlamentsferien am Ruder halten können. Er bekam also eine Frist, unpopuläre Entschlüsse zu fassen. Aber anders als die üblichen Minderheitskabinette in Frankreich ist Gaillards von den Sozialisten bis zu den Rechtsunabhängigen reichendes Koalitionskabinett nicht nur durch das Parlament, sondern auch durch den Zerfall von innen bedroht. Wieder einmal zeigt sich, und zwar auf beiden Seiten, daß derjenige es schwer hat, außenpolitische Kompromisse einzugehen, der gezwungen ist, Kompromisse täglich im Inneren zu machen.

Deutsch-sowjetische Verträge in Moskau paraphiert

Kompromiß in der Repatriierungsfrage erzielt

Moskau/Bonn (dpa/UP). **Die deutsch-sowjetischen Wirtschafts-, Repatriierungs- und Konsularverhandlungen sind am Dienstag nach einer Dauer von achteinhalb Monaten in Moskau befriedigend beendet worden. Die Delegationsleiter, der deutsche Sonderbotschafter Lahr, sowie der stellvertretende sowjetische Außenminister Semjonow und der stellvertretende sowjetische Außenhandelsminister Kumykin, paraphierten die entsprechenden Abkommen, die voraussichtlich im Mai in Bonn von Außenminister von Brentano und einem sowjetischen Regierungsmitglied unterzeichnet werden. Es wird erwartet, daß zu dieser Zeremonie entweder Außenminister Gromyko oder der Erste Stellvertretende Ministerpräsident Mikojan in die Bundesrepublik kommen wird.**

Die paraphierten Dokumente sind: Ein dreijähriges Handelsabkommen, ein Abkommen über allgemeine Probleme des Handels und der Schiffahrt, ein Protokoll über den Warenverkehr im Jahre 1958 und ein Konsularvertrag. Die Vereinbarungen über die Rückführung der noch in Rußland lebenden Deutschen wurden nicht schriftlich, sondern durch den Austausch von mündlichen Erklärungen getroffen.

Bundespressechef von Eckardt hat das Ergebnis der Verhandlungen am Dienstag als „ein Element der Entspannung" bezeichnet.

In den mündlichen Erklärungen über die Repatriierung bekennen sich Moskau und Bonn zum Grundsatz der Zusammenführung von Familien, die durch den letzten Krieg auseinandergerisseen wurden. Beide Seiten behalten sich jedoch vor, entsprechend ihrer Gesetzgebung zu verfahren.

Die Sowjetunion erklärt sich bereit, Anträge auf Repatriierung positiv zu entscheiden, wenn sie von Deutschen gestellt werden, die am 21. Juni 1941, dem Vortage des

Der Wortlaut der Vereinbarungen auf Seite 6

Kriegsausbruchs zwischen Deutschland und Rußland, die deutsche Staatsangehörigkeit besessen haben. Ausgenommen davon sind Nichtdeutsche, die nach 1918 in das Memelland einwanderten und 1939 die deutsche Staatsangehörigkeit erwarben, sowie Volksdeutsche, die zwischen 1939 und 1941 aus der Sowjetunion nach Deutschland umgesiedelt worden sind.

Für sie gilt nur die sowjetische Grundsatzerklärung, nach der sich Moskau zur Familienzusammenführung bekennt und bereit erklärt, Anträge dieser Personen gemäß der sowjetischen Gesetzgebung wohlwollend zu prüfen.

Ein Bonner Sprecher lehnte es am Dienstag ab, voraussichtliche Zahlen für die erwartete Repatriierung zu nennen. Er sagte, es sei gewährleistet, daß sich alle Antragsteller frei an die deutsche Botschaft in Moskau wenden könnten.

Das Abkommen über den Warenverkehr besagt, daß er von Jahr zu Jahr erheblich zunehmen und 1960 einen Wert von rund 1,26 Milliarden DM erreichen soll. Der Gesamtwert der Warenlieferungen in den drei Jahren 1958 bis 1960 soll rund 3,15 Milliarden DM betragen.

Für die Abwicklung des Abkommens wird die Sowjetunion in Köln eine Handelsvertretung einrichten.

Der Konsularvertrag regelt in erster Linie die Amtsbefugnisse der Konsularabteilungen der beiden Botschaften. An die Einrichtung von Konsulaten ist erst später gedacht.

Vorschlag Eisenhowers an Chruschtschow:

Verzicht auf Kernwaffenproduktion

Einseitiger Versuchsstopp nicht genug — Sowjets sollen internationaler Kontrolle zustimmen

Washington (UP). **Präsident Eisenhower forderte die Sowjetunion am Dienstag auf, statt auf Kernwaffenversuche zu verzichten, gemeinsam mit den Vereinigten Staaten die Produktion von Kernwaffen einzustellen und spaltbares Material nur für friedliche Zwecke zu verwenden. Sowohl Eisenhower wie auch Außenminister Dulles lehnten jedoch den sowjetischen Vorschlag ab, keine Kernwaffenversuche mehr zu unternehmen.**

Eisenhower geht in seinem Schreiben, das am Dienstag in Moskau übergeben wurde, bereits auf die sowjetische Note vom Karfreitag ein, mit der Chruschtschow den einseitigen sowjetischen Verzicht auf weitere Atomwaffenversuche in das internationale Gespräch brachte und neue Versuche für den Fall androhte, daß sich die USA und Großbritannien dem sowjetischen Vorgehen nicht anschlössen. Eisenhower bemerkt dazu: „Es erscheint seltsam, daß die Sowjetunion, die gerade eine Serie von Versuchen beispielloser Intensität beendet hat, jetzt in kräftigen Schlagzeilen erklärt, sie werde keine Versuche mehr anstellen, aber in Kleinschrift hinzufügt, daß sie wieder Versuche unternehmen werde, wenn die Vereinigten Staaten ihre schon seit langem angekündigten und nun bevorstehenden Versuche anstellten."

Der amerikanische Präsident erinnerte Chruschtschow an die verschiedenen amerikanischen Vorschläge zur Verminderung der Bedrohung durch Kernwaffen und erklärte: „Der Schwerpunkt des Kernwaffenproblems liegt nicht in der reinen Erprobung der Waffen, sondern in den Waffen selbst." Eisenhower forderte Chruschtschow auf, er möge nach seiner Ernennung zum Ministerpräsidenten der Sowjetunion die Haltung der sowjetischen Regierung prüfen und seinen (Eisenhowers) Vorschlag annehmen, „daß spaltbares Material künftig nur noch für friedliche Zwecke hergestellt werden darf". Eisenhower fügte hinzu, falls die Sowjetunion nicht bereit sei, diesen Vorschlag anzunehmen, gebe es noch andere wichtige Vorschläge, durch die die Sowjetunion die Sache des Friedens fördern könne. Eisenhower erinnerte Chruschtschow ferner an die amerikanischen und britischen Vorschläge vom März 1957, bevorstehende Kernwaffenversuche rechtzeitig anzukündigen und stellte fest, daß die Sowjetunion stets bemüht gewesen sei, ihre Versuche geheim zu halten. Solange sich die Sowjetunion weigere, das Konzept eines international überwachten Programms zur Beendigung der Herstellung von Atomwaffen anzunehmen, müßten die USA auch künftig die Verteidigungsmöglichkeiten der Kernenergie entwickeln. Es verstehe sich dabei von selbst, daß die amerikanischen Experimente so vor sich gingen, daß sie der menschlichen Gesundheit keinen Schaden zufügen könnten.

Eisenhower unterstrich in seiner Antwortnote den Zusammenhang zwischen der Beendigung der Versuchsexplosionen, der internationalen Abrüstung und ihrer Kontrolle. „Wenn es zu einem Abkommen über die Begrenzung oder die Beendigung der Versuchsexplosionen kommt — und die Vereinigten Staaten hoffen und glauben, daß dies zwangsläufig geschehen wird als Teil eines umfassenden Abrüstungsabkommens —, müssen Pläne für eine internationale Kontrolle sogleich wirksam sein."

Dulles: Weitere US-Atomversuche möglich

Außenminister Dulles kündigte am Dienstag in seiner allwöchentlichen Pressekonferenz an, daß die USA gezwungen sein könnten, auch nach Beendigung der bevorstehenden Serie von Versuchsexplosionen im Pazifik die Atombomben-Experimente fortzusetzen. Dulles sagte, die USA hofften, bei der in wenigen Tagen beginnenden Versuchsserie ausreichende Informationen zu erhalten, die eine Einstellung aller weiteren Experimente rechtfertigten. Die USA würden jedoch glücklich sein, wenn sie dieses Ziel schon jetzt erreichten. Er glaube jedoch nicht daran. Nach seiner Auffassung würde man bei der Frühjahrs-Versuchsserie nicht alle Informationen erhalten, die man benötige.

Dulles teilte mit, daß eine amerikanische Studiengruppe unter Leitung des wissenschaftlichen Beraters des Präsidenten, Dr. Killian, einen Bericht darüber vorbereitet habe, welche Schritte erforderlich seien, um ein wirksames Abkommen über die Beendigung der Atomversuche zu erzielen. In diesem Bericht heiße es, daß es keine vollständige Sicherheit zur Feststellung aller Kernwaffenversuche gebe. Er halte es daher für erforderlich, sagte Dulles, daß zahlreiche Inspektionsstationen in der Sowjetunion und den USA errichtet würden.

Neue Briefoffensive Chruschtschows

Moskau (dpa). Der sowjetische Ministerpräsident Chruschtschow hatte zu Ostern an zahlreiche NATO-Staaten und andere westliche Länder Botschaften zur Einstellung der Atomversuche gerichtet. Er teilte diesen Ländern, darunter der Bundesrepublik Deutschland, den Beschluß seiner Regierung mit, die Versuche mit allen Atom- und Wasserstoffwaffen in der Sowjetunion vom 31. März an einseitig einzustellen. Gleichzeitig forderte Chruschtschow die USA und Großbritannien auf, sich dem sowjetischen Schritt anzuschließen. Wenn die anderen Atommächte dem sowjetischen Beispiel nicht folgen sollten, so bekräftigte Chruschtschow, müßte sich die Sowjetunion im Interesse ihrer Sicherheit Handlungsfreiheit vorbehalten.

Der Brief an Bundeskanzler Adenauer wird vorerst nicht veröffentlicht werden. Wie ein Regierungssprecher am Dienstag in Bonn sagte, ist zwischen beiden Regierungen vereinbart worden, den Inhalt des Schreibens, das am Sonnabend vor Ostern im Auswärtigen Amt in Bonn überreicht wurde, vorläufig nicht zu veröffentlichen.

Kämpfe auf Kuba gehen weiter

Havanna (UP). Die Kämpfe zwischen Regierungstruppen und Aufständischen auf Kuba haben sich in den Ostertagen verschärft. In der Provinz Oriente, in der die Rebellen den gesamten Eisenbahnverkehr zum Stillstand gebracht haben, ist es erneut zu mehreren Gefechten gekommen.

Neuer Weinskandal im Rheingau

Wiesbaden (dpa). Im Rheingau ist ein neuer Weinskandal aufgedeckt worden. Gegen zwei Brüder, die 22 und 25 Jahre alten Weinküfer und Weinhändler Hans und Paul Petry aus Rüdesheim, ist Anklage wegen umfangreicher Weinverfälschungen erhoben worden. Wie Oberstaatsanwalt Rahn am Dienstag in Wiesbaden mitteilte, sollen die Beschuldigten in der Zeit vom Herbst 1956 bis zum Frühjahr 1957 aus vergorenen französischen und Tiroler Traubensäften unter Zusatz von Haustrunk sowie von Wein- und Milchsäure 40 000 bis 50 000 Liter verfälschten Weins hergestellt und verkauft haben. Um ihre Erzeugnisse besser absetzen zu können, gaben sie ihnen Namen bester Rüdesheimer Weinlagen.

Rüstungskonferenz in Rom

Rom (dpa). Die Verteidigungsminister der Bundesrepublik, Frankreichs und Italiens, Strauß, Chaban-Delmas und Taviani, trafen am Dienstag in Rom zu einer Konferenz über Probleme der Rüstungszusammenarbeit zusammen. Zwischen den drei Ländern besteht ein Abkommen über die Koordinierung der rüstungstechnischen Forschung, Entwicklung und Produktion. Der Konferenz liegt keine feste Tagesordnung zugrunde. Den Ankündigungen zufolge gelten die Besprechungen in erster Linie dem Stand der Arbeiten der militärisch-technischen Kommissionen und der Zusammenarbeit mit Großbritannien.

Der britische Verteidigungsminister Sandys hat bei seinen Besuchen in Rom und Bonn das Interesse Großbritanniens an einem Beitritt zu dem deutsch-französisch-italienischen Rüstungsdreieck zum Ausdruck gebracht.

Hartes Ringen zur Abwendung des Streiks

Verhandlungen mit der IG Metall bis in die Nacht — Arbeitgeber machten neues Angebot

Düsseldorf (UP/dpa). **Bis in die späten Abendstunden des Dienstag bemühten sich die Tarifpartner der eisenschaffenden Industrie von Nordrhein-Westfalen sowie Vertreter der Landesregierung, durch Verhandlungen den für heute früh ausgerufenen Streik der 180 000 Stahlarbeiter abzuwenden. Während Arbeitsminister Hemsath die Vertreter der IG Metall und des Arbeitgeberverbandes der Eisen- und Stahlindustrie empfing, tagten im Düsseldorfer Landtag am Nachmittag und Abend die 120 Mitglieder der Großen Tarifkommission der IG Metall sowie der Hauptvorstand der Metallarbeiter-Gewerkschaft. Auch der Vorstand des Arbeitgeberverbandes Eisen und Stahl war zusammengetreten, um bei einem erfolgreichen Verlauf der Vermittlungsbemühungen von Arbeitsminister Hemsath sofort eine Entscheidung fällen zu können.**

In einer Verhandlungspause erklärte Hemsath am späten Dienstagabend, es habe sich noch keine Einigungsformel abgezeichnet. Die Ansichten stünden hart gegeneinander. Etwa um 22 Uhr wurde von den Arbeitgebern der Stahlindustrie den Gewerkschaftsvertretern ein Kompromißvorschlag unterbreitet, der auf der Basis von 8 und 10 Pfennig aufgebaut ist wie der abgelehnte Kompromißvorschlag Minister Hemsaths. Die Gewerkschaftsvertreter verließen das Ministerium und fuhren zum Landtag, wo sie dem Hauptvorstand der IG Metall und der Großen Tarifkommission Bericht erstatteten. Diese Gremien sollen über den neuen Kompromißvorschlag entscheiden.

Angesichts des drohenden Streiks ließ die Bundesregierung gestern mitteilen, daß sie bereit sei, sich in den Tarifkonflikt einzuschalten, falls die letzten Verhandlungen in Düsseldorf fehlschlagen sollten. Bundespressechef von Eckardt erklärte, die Bundesregierung werde jedoch keine Schritte unternehmen, solange die Tarifpartner noch in direkten Verhandlungen miteinander stünden.

Inzwischen hat die zentrale Streikleitung der IG Metall entschieden, daß der Streik in der eisenschaffenden Industrie in drei Etappen geführt werden soll. Zum offiziellen Streikbeginn heute morgen um sechs Uhr sollen zunächst acht große Werke, in denen 65 000 Arbeiter beschäftigt sind, bestreikt werden. Am Freitag sollen 43 000 Arbeiter in sieben Werken die Arbeit niederlegen. In den übrigen 33 Werken der eisenschaffenden Industrie Nordrhein-Westfalens soll der Streik am kommenden Montag beginnen.

In einem Rundschreiben hat die Gewerkschaftsleitung gestern die als Streikposten vorgesehenen Mitglieder der IG. Metall ermahnt, Arbeitswillige nicht am Betreten der Werke zu hindern und Verständnis für die Arbeit der Polizei zu zeigen. Es müsse unter allen Umständen der Eindruck in der Öffentlichkeit erhalten bleiben, daß die IG. Metall in ihrem Streik eine gerechte Sache vertrete.

Auch der Arbeitgeberverband der Eisen- und Stahlindustrie von Nordrhein-Westfalen hat sich angesichts des drohenden Streiks mit einem Appell an die Belegschaften der Werke gewandt und sie aufgefordert, dem Streik ihre Mitwirkung zu versagen. Die Arbeitgeber erklärten, daß die Verantwortung für den Streik und seine Folgen allein die IG Metall treffe. „Wir wollen den Streik nicht. Unsere Werkstore bleiben morgen geöffnet", heißt es in dem Appell der Arbeitgeber.

Brentano in Madrid

Deutsch-spanisches Abkommen unterzeichnet

Madrid (UP). Bundesaußenminister von Brentano unterzeichnete am Dienstag in Madrid ein deutsch-spanisches Abkommen über die Rückgabe des nach dem Kriege in Spanien beschlagnahmten deutschen Eigentums und die Wiederherstellung industrieller Schutzrechte. Für Spanien unterzeichnete Außenminister Castiella. Anschließend wurde ein gemeinsames Communiqué herausgegeben, in dem es heißt, daß mit dem Abkommen „eine neue Phase der deutsch-spanischen Beziehungen innerhalb der traditionellen Bande der Freundschaft" beginne, die die beiden Länder immer vereint hätten. Dem spanischen Außenminister wurde das Großkreuz des Verdienstordens der Bundesrepublik verliehen.

Brentano war am Sonntag zu einem offiziellen Besuch in Madrid eingetroffen, nachdem er sich vorher vier Tage privat in Südspanien aufgehalten hatte. Am Montag war er mit dem Großkreuz des Ordens Isabellas der Katholischen ausgezeichnet worden.

Sechs Verkehrstote

Tsp. **Berlin. Sechs Opfer forderte der Verkehrstod während der Ostertage in West-Berlin. Dadurch stieg die Zahl der Verkehrstoten des Monats auf elf und die des Jahres auf 57. Unter den Toten befinden sich die vier Opfer des Hermsdorfer Bus-Unglücks.**

HEUTE — GESTERN — MORGEN

WARSCHAU. Marschall Woroschilow, der Vorsitzende des Präsidiums des Obersten Sowjets, wird in der zweiten Hälfte des April Polen besuchen. (dpa)

NEW YORK. Der UNO-Generalsekretär Hammarskjöld ist nach seinen Gesprächen in Moskau, London und Genf nach New York zurückgekehrt. (UP)

BELGRAD. Der stellvertretende jugoslawische Ministerpräsident Vukmanovic-Tempo ist aus der Regierung ausgeschieden und zum Präsidenten des jugoslawischen Gewerkschaftsbundes gewählt worden. (dpa)

KASSEL. Über das Deutschlandtreffen der Pommern, das zu Pfingsten in Kassel stattfinden soll, hat Bundeskanzler Adenauer die Schirmherrschaft übernommen. (dpa)

DJAKARTA. Der indonesische Außenminister Subandrio hat gestern den Willen seiner Regierung zur Neutralität unterstrichen und erklärt, Indonesien habe bis jetzt noch keine Waffen aus Ländern des Ostblocks gekauft. (UP)

Brüsseler Weltausstellung – Jahrmarkt des Atomzeitalters

17. April. Der belgische König Baudouin erklärt die Weltausstellung in Brüssel, die erste derartige Veranstaltung nach dem Ende des Zweiten Weltkriegs, für eröffnet. Unter dem Motto »Bilanz der Welt – für eine menschlichere Welt« sind bis zum 19. Oktober die Exponate von 53 Staaten, acht internationalen Organisationen sowie etlichen Privatfirmen zu sehen.
Zentrale Themen der internationalen Schau sind Kerntechnik und Raumfahrt. Letzteres wird vor allem im Pavillon der Sowjetunion deutlich, die ihren Vorsprung in der Weltraumtechnologie in den Mittelpunkt stellt. Zu sehen ist neben einer Nachbildung des »Sputnik 1«, des ersten am 4. Oktober 1957 erfolgreich gestarteten Erdsatelliten, ein durchsichtiges Plexiglas-Modell einer Mondrakete. Daneben nimmt in der sowjetischen Ausstellungshalle die Schwerindustrie den gewichtigsten Platz ein.
Bei den US-Amerikanern dominieren dagegen elektronische Geräte. So werden sechs automatische Wahlzählmaschinen und andere Elektronenrechner gezeigt. Zu den größten Publikumsattraktionen zählt neben dem Farbfernsehen das erste elektronische Geschichtsbuch »Ramac«, das in zehn Sprachen für jede gewünschte Jahreszahl seit dem Jahr 4 v. Chr. zwei oder drei der wichtigsten Ereignisse nennt. Zu sehen ist außerdem das Modell eines Atomreaktors.
Mittelpunkt und Sinnbild der Ausstellung, dem »Jahrmarkt des Atomzeitalters«, ist die 150 milliardenfache Vergrößerung eines Alpha-Eisenkristalls, das Atomium. 110 m ragt die Konstruktion – neun zweistöckige mit hochglänzender Aluminium-Legierung verkleidete Kugeln, verbunden durch Stahlrohre mit einem Durchmesser von 3 m – in den Himmel. In fünf Kugeln sind Ausstellungen von Firmen untergebracht, die oberste beherbergt ein Restaurant. Besucher werden mit einem Fahrstuhl im Mittelmast und auf Rolltreppen innerhalb der Stahlrohre befördert.
Herausragend ist außerdem der von dem Schweizer Architekten Le Corbusier entworfene Pavillon der niederländischen Elektrofirma Philips. In der zeltartigen Konstruktion erwartet den Besucher ein »elektronisches Gedicht« von zehn Minuten Dauer – ein Zusammenspiel von Ton, Licht und Farben.
Wenngleich die Aussteller betonen, bei aller präsentierten Technik stehe der Mensch weiterhin im Mittelpunkt, werden angesichts des in Brüssel stolz hergezeigten »Fortschritts« auch Zweifel daran laut, ob es noch darum gehe, die Technik in den Dienst des Menschen zu stellen.

Expositionen der modernen Welt

19. Jahrhundert Jahr	Ort	20. Jahrhundert Jahr	Ort
1851	London	1904	Saint Louis
1855	Paris	1905	Lüttich
1862	London	1906	Mailand
1867	Paris	1909	Amsterdam
1873	Wien	1910	Brüssel
1876	Philadelphia	1911	Turin
1878	Paris	1913	Gent
1879	Sidney	1915	San Francisco
1880	Melbourne	1923	Göteborg
1883	Amsterdam	1924	London
1885	Antwerpen	1926	Philadelphia
1888	Barcelona	1929	Barcelona
1889	Paris	1933	Chicago
1893	Chicago	1935	Brüssel
1897	Brüssel	1937	Paris
1900	Paris	1939	New York
		1958	Brüssel

Eingangshalle zur Brüsseler Weltausstellung, die sich vorwiegend den Themen Kerntechnik und Raumfahrt widmet

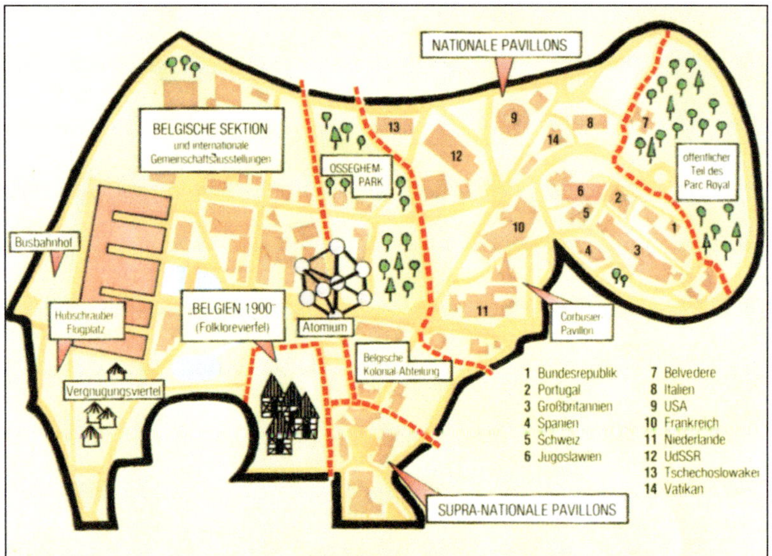

Das Ausstellungsgelände – eine »Kuh«

Das rund zwei km² große Gelände der Weltausstellung in Brüssel ist nach dem Grundriß einer surrealistisch anmutenden Kuh angelegt. Außer den nationalen und supranationalen Pavillons beherbergt es einen Hubschrauberlandeplatz und einen Busbahnhof, das Vergnügungsviertel sowie das Folkloreviertel »Brüssel 1900«. In das Ausstellungsgelände integriert sind der Osseghem-Park sowie durch eine 400 m lange und 15 m hohe Laufbrükke in der Hals-Partie der »Kuh« mit dem Gelände verbunden, der öffentliche Teil des Parc Royal (Abbildung: Lageplan der Brüsseler Weltausstellung).

Das Atomium, Symbol des Glaubens an den technischen Fortschritt auf der Weltausstellung in Brüssel ▷

JVC
JVC
JVC

Das Areal der Brüsseler Weltausstellung mit den Pavillons der Staaten

Der belgische König Baudouin I. (M.) bei der feierlichen Eröffnung der Weltausstellung, die nun schon zum vierten Mal in Brüssel stattfindet

Kontrast zwischen 19. und 20. Jahrhundert: Hinter alten Häusern erhebt sich das noch im Bau befindliche 110 m hohe Atomium, Zentrum der »Expo 1958«

Schwebe-Bauweise bestimmt Pavillons

17. April. Nicht nur die Exponate, sondern auch und gerade die Pavillons der Brüsseler Weltausstellung finden breites Interesse. Viele der Ausstellungsbauten sind nicht ausschließlich zweckgerichtet anhand einfacher geometrischer Figuren konstruiert, sondern vermitteln Spannung und Leichtigkeit.

Äußerlich einer riesigen Libelle aus Stahl ähnlich überdacht der französische Pavillon mit einer hyperbolisch geschwungenen Konstruktion eine Grundfläche von 12 000 m². Das Gewicht des Baus – entworfen von dem französischen Architekten Guillaume Gillet – lastet zu 90 % auf einem einzigen Punkt.

Besonders augenfällig sind außerdem der Philips-Bau des Schweizer Architekten Le Corbusier, ein dreigeteiltes »Zelt« aus Schalenbeton, ein britischer Pavillon in Form von drei achteckigen, spitz zulaufenden Betonhöckern oder die Kirche mit sattelförmigem Dach auf dem Gelände des Vatikan.

Attraktion bei den Hallen der Bundesrepublik (die rechteckigen verglasten Bauten stehen im Kontrast zur verbreiteten »Schwebe-Architektur«) ist ein 60 m langer Brükkensteg, der mit drei Seilpaaren an einem 50 m hohen spitz zulaufenden Stahlpylon im archimedischen Punkt aufgehängt ist. Die »einhüftige« Konstruktion ist ein brückenbautechnisches Novum.

Die Weltraumkapsel »Sputnik 2« im sowjetischen Ausstellungspavillon

Mensch als Roboter: nachdenklich Stimmendes aus der Vatikanhalle

Modell des von den Architekten Egon Eiermann und Sepp Ruf entworfenen bundesdeutschen Pavillons für die Weltausstellung 1958 in Brüssel

Mit seinen rechteckigen, verglasten Bauten steht der bundesdeutsche Pavillon für die Weltausstellung im Kontrast zur verbreiteten »Schwebe-Architektur«

Eingang des französischen Pavillons in Brüssel; wie ein Gerüst gestaltet ist die tragende Außenkonstruktion der Ausstellungshalle

In Holzbohlen eingebrannte Umrisse Deutschlands: Auf der »Expo 1958« in Brüssel geht es nicht nur um Technik

Der Philips-Pavillon des französisch-schweizerischen Architekten Le Corbusier (eigentl. Charles-Édouard Jeanneret-Gris); das dreigeteilte »Zelt« aus Schalenbeton fällt besonders ins Auge

Protest gegen Atombewaffnung ohne Erfolg

7. April. Über 1000 Teilnehmer hat der erste Ostermarsch gegen die nukleare Aufrüstung, der von London zu der rund 80 km entfernt liegenden Atomforschungsanlage Aldermaston führt. Trotz winterlichen Wetters – es sind die kältesten Osterfeiertage in Großbritannien seit der Jahrhundertwende – begleiten die Einwohner der an der Route gelegenen Ortschaften die Marschierer einen Teil des Weges und versorgen sie mit Lebensmitteln, Decken und Regenschirmen.

Am 8. April überreichen die Demonstranten in London bei den Botschaften der USA und der UdSSR Entschließungen, in denen sie dazu auffordern, Versuche, Herstellung und Lagerung von Atomwaffen mit sofortiger Wirkung einzustellen.

Auch in anderen Teilen Europas formiert sich im April ein breiter Widerstand gegen die Nuklearwaffen. Am 19. April folgen zehntausende Bundesbürger dem Aufruf des Arbeitsausschusses »Kampf dem Atomtod« zu Massenkundgebungen; allein in Hamburg werden etwa 100 000 Teilnehmer gezählt.

Vom 8. April an beginnen die SPD-Fraktionen in den Landtagen, teilweise von der FDP unterstützt, Anträge auf die Durchführung einer Volksbefragung zur atomaren Bewaffnung der Bundeswehr einzubringen. Eine Mehrheit finden die Gesetzentwürfe am 10. April in der Frankfurter Stadtverordnetenversammlung, am 8. Mai in der Hamburger und der Bremer Bürgerschaft sowie in einigen weiteren hessischen Gemeinden. Die Bundesregierung steht jedoch auf dem Standpunkt, daß eine landesweite Volksbefragung nicht zulässig sei, weil die Verteidigungspolitik ausschließlich in die Zuständigkeit des Bundes falle, und ruft das Bundesverfassungsgericht an, um diese Frage klären zu lassen (→ 30.7./S. 119).

Prominente und weniger bekannte Bürger gegen Atomrüstung (l: Erich Kästner; 3. v. l.: Hildegard Brücher [FDP])

Eine Massenkundgebung auf dem Trafalgar Square in London ist Ausgangspunkt für den ersten Ostermarsch gegen die nukleare Aufrüstung

Die DDR versucht die Massenbewegung in der Bundesrepublik propagandistisch auszunutzen und veröffentlicht wiederholt Aufrufe an die Bundesbürger, mit politischen Streiks die Atomrüstung zu verhindern. Der Philosoph Ernst Bloch veröffentlicht am 20. April in der SED-Parteizeitung »Neues Deutschland« eine Erklärung, in der er die Atomrüstung für die Bundeswehr verurteilt und sich nachdrücklich zur DDR bekennt.

Auf der anderen Seite setzen die Befürworter der Atomrüstung ihren Kurs unbeirrt fort: Am 23. April spricht sich NATO-Generalsekretär Paul-Henri Spaak in Bonn dafür aus, daß alle Mitgliedsstaaten des westlichen Militärpakts – auch die Bundesrepublik – mit den modernsten, den atomaren, Waffen ausgerüstet werden. Die USA beginnen am 28. April ungeachtet des sowjetischen Teststopps (→ 31.3./S. 51) eine neue Atomversuchsserie im Pazifik (→ 25.3./S. 50).

»Atomkrieg heißt Massenselbstmord«

28. April. In einer vom norwegischen Rundfunk verbreiteten dreiteiligen Vortragsreihe warnt der Arzt und Theologe Albert Schweitzer, Friedensnobelpreisträger von 1952, vor den Gefahren der Atomwaffen und setzt sich für die Einstellung der Kernwaffenversuche ein. Er sagt u. a.:

»Die Gefahr der Radioaktivität wird den Völkern immer bewußter, und die neue hoch gepriesene sogenannte ›saubere‹ Wasserstoffbombe ist nur relativ ›sauber‹, so ›sauber‹ wie die Bombe von Hiroschima.

Die sogenannte ›saubere‹ Wasserstoffbombe ist nur für das Schaufenster bestimmt und nicht für den Gebrauch; denn das amerikanische Kriegsministerium erklärte erst kürzlich, die Verwüstung ganzer Gegenden sei zur neuen Offensivwaffe geworden. Die ›saubere‹ Bombe soll die Menschen glauben machen, daß ... kein echtes Argument gegen die Fortsetzung der Versuche spricht. ...

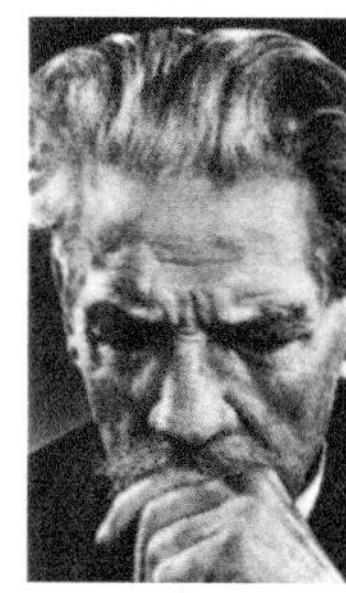

A. Schweitzer

Wenn von nuklearen Waffen gesprochen wird, kann keine Nation zu ihrem Gegner sagen, ›nun müssen die Waffen entscheiden‹ – sondern: ›wir werden jetzt gemeinsam durch gegenseitige Vernichtung Selbstmord begehen‹. ...

Die Radioaktivität arbeitet in uns Tag und Nacht – jahrelang. Das Strontium 90 in unseren Knochen verursacht meist tödliche Blutkrankheiten. Die schlimmen Konsequenzen machen sich nach Generationen bemerkbar, wenn eine immer mehr zunehmende Anzahl von geistig und körperlich verunstalteten Kindern geboren wird. ...

Es ist wichtig, sich zu vergegenwärtigen, daß selbst ohne neue Versuche die Gefahren in den kommenden Jahren wachsen. Der sofortige Verzicht wird die geeignete Atmosphäre für Verhandlungen über das Verbot des Gebrauchs von Kernwaffen schaffen.«

Erstmals Verträge Bundesrepublik-UdSSR

25. April. Der Erste Stellvertretende sowjetische Ministerpräsident Anastas I. Mikojan und Bundesaußenminister Heinrich von Brentano (CDU) unterzeichnen in Bonn vier deutsch-sowjetische Vereinbarungen, die Handels- und Wirtschaftsbeziehungen, Regelungen der konsularischen Angelegenheiten sowie die Frage der Repatriierung deutscher Staatsbürger aus der Sowjetunion zum Gegenstand haben.

Der Handelsvertrag sieht einen zunächst auf drei Jahre befristeten Warenaustausch mit einem Gesamtwert von 3,15 Milliarden DM vor. Bis 1960 soll sich das Handelsvolumen gegenüber 1957 nahezu verdoppelt haben. Die Bundesrepublik wird überwiegend industrielle Fertigprodukte sowie Maschinen exportieren und erhält dafür vorwiegend Rohstoffe für die deutsche Industrieproduktion.

Das Konsularabkommen, das erste, das die Sowjetunion seit dem Zweiten Weltkrieg mit einem westlichen Staat abschließt, regelt den Schutz der Staatsangehörigen beider Länder und die Rechte der Konsularabteilungen in den Botschaften.

Lange umstritten war die Repatriierungsvereinbarung, da die Sowjetunion den Ausreisewunsch ihrer deutschstämmigen Bürger bislang bestritten hat. Nun sollen alle Sowjetbürger, die am 21. Juni 1941 die deutsche Staatsangehörigkeit besaßen (dies sind rund 84 000 Menschen) auf Wunsch in die Bundesrepublik ausreisen dürfen.

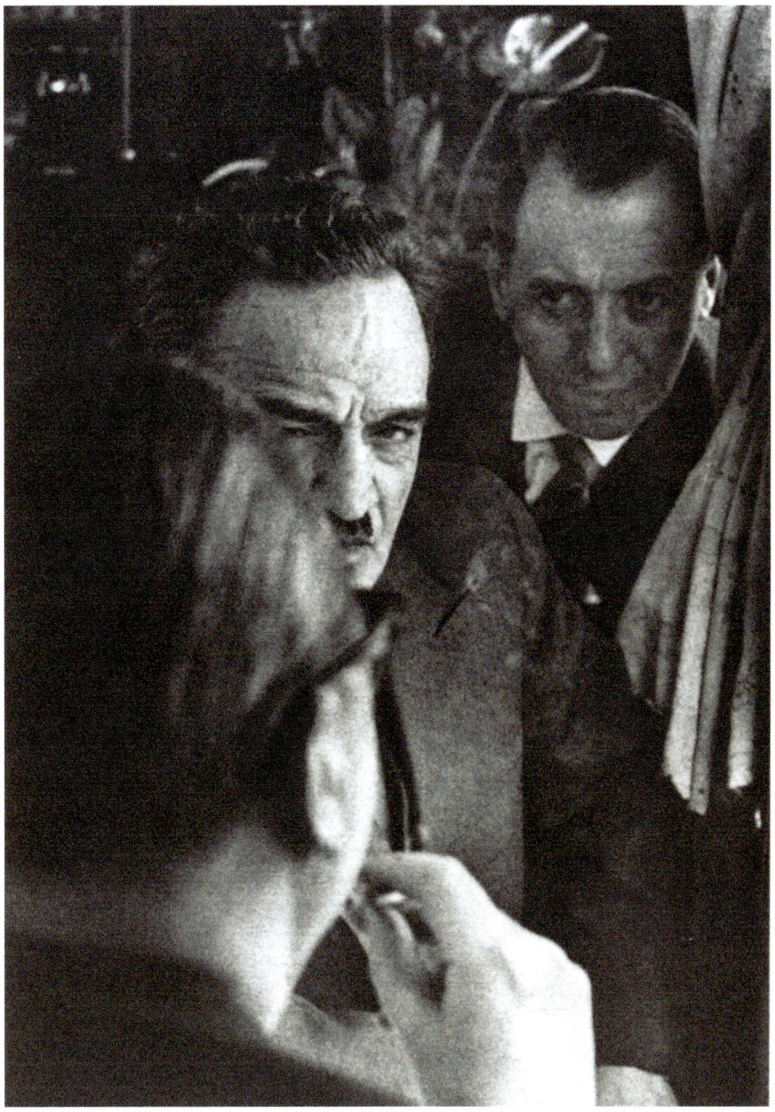

Anastas I. Mikojan (M. halb verdeckt), Erster Stellvertretender Ministerpräsident der UdSSR, mit Bundesminister Heinrich von Brentano (l. von hinten)

Eigenheim hat Vorrang vor Mietwohnungen

12. April. 630 Millionen DM stehen nach Angaben des Bundesministeriums für Wohnungsbau 1958 für die Errichtung von Sozialwohnungen zur Verfügung. Insgesamt werden im laufenden Jahr 520 495 Wohnungen fertiggestellt, die Zahl der seit 1949 errichteten Neubauten erhöht sich auf 4,83 Millionen.

51,7% der Neubauwohnungen 1958 sind Sozialwohnungen. Hierfür müssen durchschnittlich Mieten von 1,38 DM pro m^2 bezahlt werden. Dies entspricht 9,2% des Netto-Einkommens eines Arbeitnehmers mit mittlerem Verdienst.

Trotz der großen Baukonjunktur fehlen 13 Jahre nach Kriegsende in der Bundesrepublik immer noch rund 1,3 Millionen Wohnungen. Da sich die Situation jedoch gegenüber dem Beginn des Jahrzehnts deutlich gebessert hat, setzt die Bundesregierung nun verstärkt auf die Förderung privaten Hauseigentums. So heißt es bereits in dem 1956 verabschiedeten Wohnungsbaugesetz, der Neubau von Familienheimen habe Vorrang vor dem anderer Wohnungen.

Allerdings müssen die Hauseigentümer bei den Baukosten auch weiter tief in die Tasche greifen. Während für eine Wohnung 1958 durchschnittlich 23 000 DM aufgewendet werden, belaufen sich die Ausgaben für ein Einfamilienhaus auf etwa 75 000 DM.

Intensive Bautätigkeit auch in der DDR, hier ein Wohnblock in Dresden

Zonenrandgebiete brauchen Förderung

1. April. Maßnahmen zur Förderung der wirtschaftlichen Entwicklung in den Zonenrandgebieten fordern die Ministerpräsidenten von Bayern, Hessen, Niedersachsen und Schleswig-Holstein in einer gemeinsamen Denkschrift.

Als vordringlich werden die Ertragssteigerung in der Landwirtschaft, die Ansiedlung von Industriebetrieben, Hilfen zur Modernisierung und Rationalisierung der Betriebe, der Ausbau des Fremdenverkehrs und die nachhaltige Verbesserung der Infrastruktur bezeichnet. Immer mehr Arbeitskräfte wanderten aus den Gebieten an der DDR-Grenze ab, zugleich betrug aber die Arbeitslosenquote im März 1958 dort 8,3 % gegenüber nur 3,7 % im Bundesdurchschnitt.

Die Stärkung der Grenzgebiete sei ein wesentlicher Beitrag zur Wiedervereinigung Deutschlands, weil nur dann die Bevölkerung ihre Beziehungen zu DDR-Bewohnern aufrechterhalten könnte.

Gesamtdeutsche Synode in Berlin

30. April. In Berlin endet die fünftägige Synode der Evangelischen Kirche in Deutschland (EKD), der 28 evangelischen Kirchen in der Bundesrepublik und der DDR unter Leitung des EKD-Ratsvorsitzenden, Bischof Otto Dibelius. Neben Beschlüssen zu Fragen von Unterricht und Erziehung sowie über den Militärseelsorgevertrag mit der Bonner Regierung, diskutierten die Delegierten vor allem über die Atombewaffnung.

Otto Dibelius

Grundsätzliche Einigung wird über einen Appell an die Politiker erzielt, alles zu tun, um eine Abrüstung der atomaren und konventionellen Waffen zu erreichen. Strittig bleibt jedoch die Frage, ob es für Christen notfalls Möglichkeiten gebe, einen Atomkrieg zu führen, oder ob diese Waffen den Krieg in einem Maße verändert hätten, daß er nicht mehr als »gerechter Krieg« gelten könne.

Fallschirmtruppen der Zentralregierung in Jakarta durchkämmen den Dschungel Sumatras nach Rebellen

Sukarnos Armee gegen Rebellen erfolgreich

2. April. Truppen der indonesischen Zentralregierung landen auf der Insel Celebes, um dort Aufstände niederzukämpfen. Ebenfalls mit militärischen Mitteln geht sie gegen die Rebellen auf Sumatra vor, die am → 15. Februar (S. 37) eine Gegenregierung gebildet haben.

Staatspräsident Achmed Sukarno
Achmed Sukarno, geboren 1901, war maßgeblicher Führer der indonesischen Unabhängigkeitsbewegung. Mit der Proklamation der Republik Indonesien 1945, die 1949 auch von der ehemaligen Kolonialmacht Niederlande anerkannt wurde, übernahm er das Amt des Staatspräsidenten. Seither verfolgt er, z. T. gegen erhebliche Widerstände, sein Ziel, den föderalistischen Inselstaat in einen zentralistisch geführten Einheitsstaat umzuwandeln. Nach regionalen Aufständen 1956 führte er eine »gelenkte Demokratie« ein. Hierfür nahm er u. a. das Recht in Anspruch, statt gewählter Repräsentanten nach eigenem Gutdünken Vertreter gesellschaftlich relevanter Gruppen in den Nationalrat zu entsenden.

Verhaftete Rebellen der am 15. Februar gebildeten Gegenregierung

Während der Kämpfe, die sich bis in den Mai hinziehen, können die Soldaten der Zentralregierung Erfolge erzielen; die Rebellen geben ihren Widerstand schließlich auf und bieten Gespräche über die Beendigung der Konflikte an.
Eigentlicher Streitpunkt zwischen der Regierung von Staatspräsident Achmed Sukarno, die in der Hauptstadt Jakarta auf Java residiert, und den Rebellen auf den übrigen Inseln ist die Frage nach einer zentralistischen oder föderalistischen Regierungsform. Die militärischen Gouverneure der einzelnen Inseln wollen ihre Macht uneingeschränkt behalten, während Sukarno die Volksgruppen in einem Einheitsstaat zusammenfassen will.
Hinzu kommt, daß Java als die bevölkerungsreichste, aber an Industrie und Bodenschätzen ärmste Insel Indonesiens von den übrigen Landesteilen Unterstützung erhalten muß. Die Regierung in Jakarta wickelt überdies selbst den gewinnträchtigen Export ab, während die Erzeuger kaum von den Devisen profitieren.
Der innerindonesische Konflikt wird auch zu einem Streitpunkt zwischen der Sowjetunion und den USA, da beide Seiten sich gegenseitig vorwerfen, Achmed Sukarno bzw. die Rebellen militärisch zu unterstützen (→ 3.12./S. 198).

Friedliche Lösung der Kaschmirfrage

15. April. Als Schritt zur Lösung des zwischen Indien und Pakistan bestehenden Konflikts um Kaschmir schlägt der pakistanische Premierminister Malik Firoz Khan Noon vor, eine gemeinsame Erklärung über den Verzicht auf weitere Kriegshandlungen abzugeben. Statt dessen sollten die Streitigkeiten durch Verhandlungen oder Vermittlung beigelegt werden.
Kaschmir wird seit der Teilung der britischen Kronkolonie Indien in die Indische Union und Pakistan im Jahr 1947 von beiden Staaten teilweise beansprucht; der Grenz verlauf ist strittig (→ 8.1./S. 15).

Erstes Parlament für Westindien

22. April. In Port of Spain (Trinidad) eröffnet die britische Prinzessin Margaret mit einer in Vertretung von Königin Elisabeth II. gehaltenen Thronrede das erste Parlament der Westindischen Föderation. Zum ersten Premierminister wurde am 18. April der Führer der Federal Labour Party, Sir Grantley Adams (Barbados), gewählt.
Die Westindische Föderation ist ein Anfang des Jahres ins Leben gerufener Zusammenschluß der meisten westindischen Kolonien Großbritanniens. Ihr gehören Barbados, Trinidad und Tobago, Jamaika sowie die Windward und Leeward Islands (ohne die Virgin Islands) an.

Zusammenarbeit der Staaten Afrikas

22. April. In der ghanesischen Hauptstadt Accra endet eine einwöchige Konferenz der acht unabhängigen Staaten Afrikas, auf der sie sich zur Sicherung ihrer Souveränität, zur Beseitigung jeder Rassendiskriminierung sowie zur Zusammenarbeit bei der wirtschaftlichen Entwicklung verpflichten.
Die Teilnehmerstaaten – neben Ghana, Liberia, Äthiopien, der Vereinigten Arabischen Republik, Libyen, Tunesien, Marokko und Sudan ist auch die algerische Befreiungsfront mit einem Beobachter vertreten – fordern in einer Resolution außerdem Frankreich auf, seine Truppen aus Algerien abzuziehen.

Sowjetunion: USA gefährden den Frieden

21. April. In New York erörtert der UN-Sicherheitsrat einen Resolutionsantrag der Sowjetunion, in dem die USA aufgefordert werden, Operationen ihrer Militärflugzeuge über der Arktis in Richtung auf sowjetische Grenzen einzustellen. Die Flüge erfolgen aufgrund des amerikanischen Frühwarnsystems immer dann, wenn nicht identifizierte Objekte eine festgelegte Alarmlinie im Polarkreis überschreiten.
Der sowjetische Delegierte im Sicherheitsrat begründet die Beschwerde gegen die Vereinigten Staaten damit, daß die mit Atom- und Wasserstoffbomben bewaffneten Flugzeuge die Sicherheit anderer Staaten gefährdeten und eine Demonstration militärischer Macht darstellten. Wenn die Militärflugzeuge nicht rechtzeitig zurückbeordert würden, könne leicht versehentlich ein Krieg ausgelöst werden. Der US-Delegierte Henry Cabot Lodge, zugleich Vorsitzender des Sicherheitsrates, bezeichnet die Operationen dagegen als unabdingbares Erfordernis legitimer Selbstverteidigung. Das Frühwarnsystem könne nur durch eine gemeinsame Luftinspektionszone der Sowjetunion und der USA ersetzt werden. Verhandlungen darüber seien aber an der UdSSR gescheitert.
Am 29. April tritt der Sicherheitsrat erneut in der Frage der Arktisflüge zusammen. Dabei wird die sowjetische Resolution ebenso wie ein Antrag der USA zur Schaffung einer Inspektionszone abgelehnt.

Einer der mit Atomwaffen bestückten US-Bomber, die beim vermeintlichen Anflug feindlicher Raketen über die Arktis Kurs auf die UdSSR nehmen

Im Bau befindliches US-Frühwarnsystem am Polarkreis: Die noch zu montierenden riesigen Radarspiegel können Objekte in 5000 km Entfernung ausmachen

Entschädigung für Sueskanal-Eigner

29. April. In Rom wird ein Abkommen zwischen der Regierung der Vereinigten Arabischen Republik (VAR) und der Sueskanalgesellschaft über die Entschädigung für die Verstaatlichung der Wasserstraße geschlossen. Die ehemaligen Sueskanal-Aktionäre erhalten 28,3 Millionen ägyptische Pfund (rund 322 Millionen DM) und treten dafür ihre Guthaben in Ägypten und im Ausland an die VAR ab.
Die Schiffsverbindung zwischen Europa und Asien, die den zeitraubenden Umweg um den afrikanischen Kontinent erspart, wurde am 26. Juli 1956 nach Konflikten mit den drei Westmächten verstaatlicht.

Österreichs Kritik an Südtirol-Politik

9. April. Der österreichische Bundeskanzler Julius Raab äußert in einem Interview Zweifel und Kritik an der italienischen Südtirol-Politik. Er sagt u. a., das italienische Volk sei von einem ungeheuren Nationalgefühl erfüllt, das sich auf das österreichisch-italienische Verhältnis belastend auswirke.
Am 11. April bezeichnet Italien Raabs Äußerungen als unverständlich. In dem Streit geht es um den südlichen Teil Tirols, der 1919 Italien zugesprochen wurde. 1946 wurde zwischen Österreich und Italien kulturelle und administrative Autonomie für die deutschsprachigen Südtiroler vereinbart.

Keine Einigung über Hoheitsgewässer

28. April. In Genf endet die Internationale Seerechtskonferenz der Vereinten Nationen, an der seit dem 24. Februar 86 Staaten teilgenommen haben. Trotz Einigung in zahlreichen technischen und rechtlichen Fragen kann die Konferenz das wichtigste Problem – die Ausdehnung der jeweiligen Territorialgewässer – nicht lösen.
Während die USA, Großbritannien und die Bundesrepublik voraussichtlich weiterhin eine Drei-Meilen-Zone (1 Seemeile = 1852 m) anerkennen werden, beanspruchen viele Staaten Hoheitsgewässer von zwölf bis zu 200 Seemeilen entlang ihrer Küstengewässer (→ 1.9./S. 153).

Gaillard stürzt über Tunesien-Konflikt

15. April. Nach einer Amtszeit von fünf Monaten und zehn Tagen wird die französische Regierung unter Ministerpräsident Félix Gaillard, die 23. seit Kriegsende, gestürzt. Die Abgeordneten der Nationalversammlung stimmen mit Mehrheit gegen den auf Ausgleich bedachten Kompromiß zur Lösung des französischtunesischen Konflikts (→ 8.2./S. 38). Damit entziehen die Rechtsparteien dem 38jährigen Radikalsozialisten Gaillard ihre Unterstützung.
Die meisten der seit Ausbruch des Algerienkrieges 1954 zurückgetretenen Regierungen stolperten über den Konflikt mit der nordafrikanischen Kolonie oder damit zusammenhängende Probleme wie die durch hohe Militärausgaben angespannte Wirtschaftslage. Weil sich auch jetzt keine Lösung abzeichnet, fällt es Staatspräsident René Coty schwer, einen Nachfolger für Gaillard zu finden (→ 13.5./S. 86).

Streit um britische Zahlungen an Malta

21. April. Aus Protest gegen die Kürzung der britischen Unterstützung für die Kronkolonie Malta um rund 17% tritt der Ministerpräsident der Mittelmeerinsel, der seit dem Jahr 1955 regierende Dominic Mintoff, von seinem Amt zurück.
Weitere Kritikpunkte Mintoffs sind:
▷ Malta soll künftig jeden Ausgabeposten von der britischen Regierung genehmigen lassen
▷ London weigert sich, der maltesischen Regierung hinreichende Zusicherungen zu geben, um die Insel vor Arbeitslosigkeit zu bewahren, wenn – wie geplant – einige der dortigen britischen Docks geschlossen werden

Im Streit zwischen Malta und seiner Kolonialmacht geht es darüber hinaus um Pläne zur Integration der Insel ins Mutterland. Diese 1956 von Mintoff vorgeschlagene Lösung wurde in London zwar befürwortet, der Zeitpunkt hierfür jedoch offengelassen. Im Dezember 1957 nahm die maltesische Legislativversammlung den Vorschlag an, auf Unabhängigkeit zu dringen, sofern die Briten keine Garantien gegen die Arbeitslosigkeit abgeben sollten.
Für Großbritannien ist Malta ein wichtiger Flottenstützpunkt.

Der elfstöckige Tower des internationalen Flughafens von Idlewild, New York, ragt über der Eingangshalle empor

Im Hamburger Stadtteil Hohnerkamp ist eine Wohnanlage entstanden, in der durch Grünanlagen und Teiche Naturnähe und Wohnqualität hergestellt werden sollen

Ansicht eines Einfamilienhauses in Frankfurt am Main: Großzügige Verglasung des Wohnraums sorgt für optimalen Lichteinfall und öffnet den Blick in den Garten

Akzent im Mailänder Stadtbild: 127 m hoher Wolkenkratzer mit 31 Etagen

Architektur 1958:

Stahl-Glas-Konstruktionen

Die architektonische Entwicklung in der Bundesrepublik wie in einigen anderen Staaten Europas ist auch 1958 noch von der kriegsbedingten Notwendigkeit bestimmt, dringend benötigten Wohnraum in möglichst kurzer Zeit fertigzustellen. Vor allem Mietwohnungsblocks werden deshalb in erster Linie unter funktionalen Gesichtspunkten gebaut. Neue Bauweisen, wie sie u. a. auf der Internationalen Bauausstellung 1957 in Berlin (West) präsentiert wurden, bleiben die Ausnahme.

Da einerseits die Kernstädte immer dichter besiedelt sind, ländliche Ausweichgebiete aber nur über eine schlechte Infrastruktur verfügen, gehen die Stadtplaner dazu über, Trabantenstädte am Rande von Ballungsgebieten zu errichten. So wurde 1957 der Grundstein für die Neue Vahr in Bremen gelegt, die im Zeilenbau entsteht.

Mehr Individualität können dagegen Eigenheimbesitzer beweisen, sofern sie die höheren Baukosten aufbringen. Bevorzugte Materialien sind hier Stahl und Beton mit möglichst umfangreichen Fensterpartien, die den Innenräumen Helligkeit und Weite geben.

Stahl, Beton und Glas sind auch Hauptbaustoffe bei den Büro- und Verwaltungsgebäuden, nach denen mit Anwachsen der Dienstleistungsbereiche in der Wirtschaft eine immer größere Nachfrage besteht. Die hohen schlanken Gebäude beherbergen vorzugsweise Großraumbüros mit versetzbaren Wänden, die den Raum je nach Bedarf unterteilen können. In diesem Stil ist z. B. das 1958 fertiggestellte Verwaltungsgebäude der italienischen Firma Pirelli in Mailand gebaut, das von der Architektengruppe Giovanni Ponti, Arturo Danussi, Antonio Fornaroli, Edigio Dell'Orto, Alberto Rosselli, Giuseppe Valtolina und Pier Luigi Nervi entworfen wurde.

Ebenfalls diesem Baustil entsprechen die zahlreichen öffentlichen Gebäude (u. a. der Oberste Gerichtshof, der Präsidentenpalast und die Kongreßgebäude), die der Architekt Oscar Niemeyer für die geplante neue Hauptstadt Brasiliens – Brasilia – 1958 entwirft.

Gebäude, die vom international vorherrschenden Stil abweichen, entwerfen vor allem die skandinavischen Baumeister, darunter der Finne Alvar Aalto, der neben zahlreichen Bauten in Helsinki und

Einfamilienhaus, dessen Obergeschoß durch Pfeiler abgestützt wird

Gartenlaube auf einer Ausstellung von Wochenendhäusern in Berlin

anderen Städten seiner Heimat auch außerhalb Finnlands Projekte entwirft. 1958 liefert er u. a. Pläne für ein Wohnhochhaus im Bremer Neubaugebiet Neue Vahr und für das Wolfsburger Kulturzentrum.

Einen Namen macht sich auch der Schwede Sven Markelius, der zwar kaum noch mit eigenen Entwürfen in Erscheinung tritt, als Leiter des Stockholmer Stadtplanungsamtes jedoch großen Einfluß ausübt.

Herz-Lungen-Maschine erlaubt Eingriff am offenen Herzen

9. April. Auf der Eröffnungsveranstaltung der 75. Tagung der Deutschen Gesellschaft für Chirurgie in München wird erstmals in der Bundesrepublik eine Herz-Lungen-Maschine vorgeführt, wie sie in den Vereinigten Staaten bereits seit Jahren bei Herzoperationen eingesetzt wird. Das Gerät ermöglicht es, das menschliche Herz vorübergehend stillzulegen und das Blut durch Apparaturen mit Sauerstoff zu versorgen, um Eingriffe am Herzen wesentlich zu erleichtern. Bei dem Verfahren werden vom und zum Herzen führende Arterien und Venen abgeklemmt, geöffnet und über Kunststoffschläuche an die Herz-Lungen-Maschine angeschlossen, die mindestens eine Stunde lang die Funktionen dieser beiden Organe übernehmen kann. Das Herz wird für die Dauer des Eingriffs durch die herzmuskellähmende Substanz Kaliumzitrat stillgelegt, so daß am bewegungslosen und blutleeren Organ operiert werden kann.

Ärzteteam bei der Operation am stillgelegten Herzen eines Mädchens mit angeborenem Herzfehler

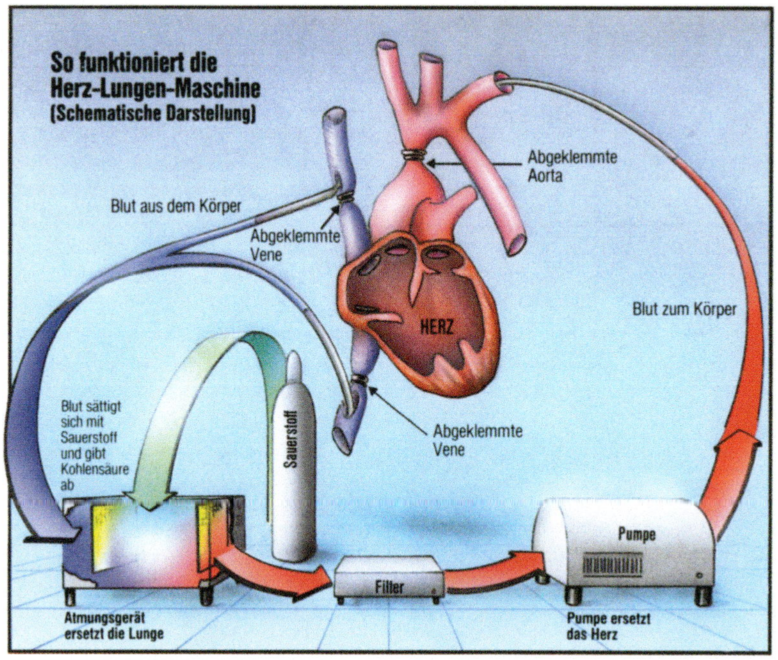

Die Sauerstoffanreicherung des Blutes außerhalb des Körpers muß an die natürlichen Bedingungen angepaßt werden. Das sauerstoffhaltige Blut darf bei der Rückführung in den Körper nicht schäumen, um tödliche Luftembolien zu verhindern. Damit keine Thrombosen entstehen, darf es nicht gerinnen oder Klümpchen bilden. Druck, Temperatur und Geschwindigkeit des künstlichen Kreislaufs müssen denen des natürlichen Systems entsprechen. Erforderlich sind außerdem drei bis vier Liter verträglichen Spenderbluts, da für den Umweg über das »künstliche Herz« das körpereigene Blut nicht ausreicht.

Um die Funktionen der Maschine sowie die Körperreaktionen des Patienten zu überwachen, sind 16 bis 18 Personen, darunter mindestens zwölf ausgebildete Ärzte erforderlich. Herkömmliche Maschinen können zudem nur jeden vierten Tag eingesetzt werden, da ihre Reinigung rund drei Tage in Anspruch nimmt. Die Kosten des Geräts liegen bei etwa 220 000 DM.

In den Vereinigten Staaten sind jedoch bereits Geräte entwickelt worden, die wegen ihrer geringen Kosten (rund 400-500 DM) nach einmaligem Gebrauch weggeworfen werden können.

Eingesetzt wird die Herz-Lungen-Maschine bei Operationen, die eine Öffnung des Herzens erforderlich machen. Bislang konnten derartige Eingriffe ohne direkte Sicht des Operateurs durch den ins linke Herzohr (ein sackartiges Seitenteil der Vorkammer) eingeführten Zeigefinger vorgenommen werden.

Operationen am offenen Herzen wurden seit 1951 außerdem durch extreme Unterkühlung des Körpers, bei der die Organe wesentlich unempfindlicher gegen Sauerstoffmangel sind, ermöglicht. Das Herz konnte so etwa acht Minuten lang stillgelegt werden.

In der Bundesrepublik erhält die neuerrichtete Chirurgische Klinik in Düsseldorf als erste wenige Wochen nach dem Münchner Ärztekongreß eine Herz-Lungen-Maschine; durch Spenden des Deutschen Gewerkschaftsbundes (DGB) und der Bundesarbeitsgemeinschaft des Einzelhandels kann kurz darauf eine zweite angeschafft werden.

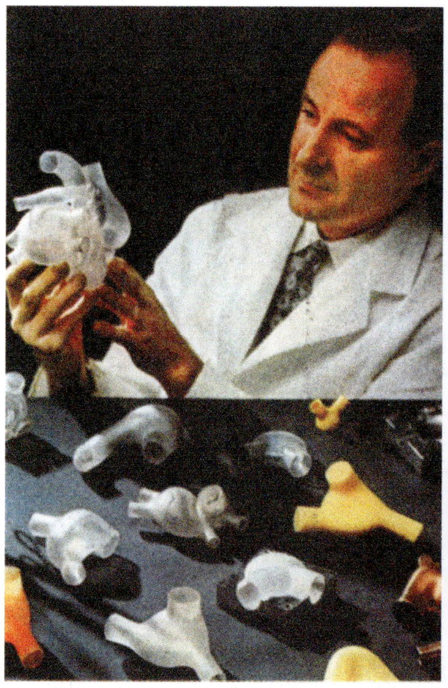

An der Universität von Illinois werden Patienten künstliche Gefäße (u.) an Schwachstellen der Aorta eingesetzt

Die Ärzte in der Bundesrepublik sehen sich durch die Einführung der neuen Technik neben medizinischen, technischen und juristischen Problemen auch neuen ethischen Fragen gegenüber. In München beantwortet ein Heidelberger Mediziner seine hypothetische Frage nach der Hybris moderner Medizin – »Hat ein Arzt überhaupt das Recht, das schlagende Herz eines Mitmenschen anzuhalten?« – mit der Bemerkung, daß der Erfolg eines solchen Eingriffs jeden Einwand zum Verstummen bringe.

Gleichstellung der Frauen gefordert

3. April. Die UN-Kommission für die Rechtsstellung der Frau beendet ihre am 17. März begonnene Sitzungsperiode. Die Delegierten beschließen u. a. Resolutionen über die volle Herstellung der politischen Rechte der Frauen in allen Ländern sowie die tarifliche und wirtschaftliche Gleichstellung der Frauen.
Aufgrund der hier gemachten Vorschläge wird UN-Generalsekretär Dag Hammarskjöld im August aufgefordert, Empfehlungen für ein Heiratsmindestalter, die freie Zustimmung beider Teile zur Eheschließung und die obligatorische Registrierung von Heiraten zu geben.

Keine Strafe für moralische Schuld

23. April. Mit Freisprüchen endet das Verfahren gegen den 59jährigen ehemaligen kommandierenden General des 13. SS-Armeekorps, Max Simon, und fünf seiner Offiziere vor dem Nürnberger Schwurgericht. Bei dem Prozeß ging es um drei Todesurteile, die von den Angeklagten als Mitglieder eines Standgerichts im April 1945 ausgesprochen und sofort vollstreckt wurden.
In der Urteilsbegründung heißt es, formaljuristisch hätten die SS-Männer richtig gehandelt; ihre moralische Schuld könne das Gericht nicht strafrechtlich verfolgen. In dem Verfahren war das Gericht fast ausschließlich auf die Aussagen der Angeklagten angewiesen.

Brand gefährdet 1100 Auswanderer

1. April. 1100 Menschen kommen knapp mit dem Leben davon, als das norwegische Auswandererschiff »Skaubryn« auf dem Weg von Bremerhaven nach Australien mitten im Indischen Ozean in Brand gerät. Passagiere und Besatzung können sich in Rettungsbooten in Sicherheit bringen und werden wenig später von einem britischen Frachter aufgenommen.
An Bord der »Skaubryn« befinden sich als Passagiere 785 Deutsche sowie 150 Malteser und 65 Skandinavier. Das 9786-t-Schiff fuhr die jetzige Route mit Auswanderern schon seit dem Jahr 1951.

Daimler erwirbt Auto-Union

4. April. Rückwirkend zum 1. Januar erwirbt die Stuttgarter Automobilfirma Daimler Benz 85% der Aktien an der seit 1949 in Ingolstadt und Düsseldorf ansässigen Auto-Union. Beide Unternehmen haben zusammen rund 75 000 Beschäftigte und einen Jahresumsatz von etwa 2,2 Milliarden DM. Die Maßnahme wird damit begründet, daß die Position der Firmen auf dem gemeinsamen europäischen Markt gestärkt werden solle.

Signet der Auto-Union, die von Daimler gekauft wird

Die Auto-Union, 1932 in Chemnitz (heute: Karl-Marx-Stadt) durch den Zusammenschluß der Automobilbauer Horch, Audi, DKW und Wanderer entstanden, konnte sich bis 1938 einen Marktanteil im Deutschen Reich von 22% sichern und exportierte ihre Wagen in 67 Länder.

Die Bundesbürger bleiben im Lande

21. April. Immer mehr Bundesbürger wollen ihr Land nicht für immer verlassen. Dies ist das Ergebnis einer Umfrage des Demoskopischen Instituts, Allensbach, über die Auswanderwünsche der Bevölkerung.
Während 1950 noch jeder vierte Befragte auswandern wollte, äußert nun nur noch jeder zehnte diesen Wunsch. Junge Menschen würden dabei eher noch ihre Heimat verlassen: Von ihnen erklärten sich 21% als prinzipiell auswanderwillig. In Großbritannien hat dagegen der Wunsch nach einem neuen Heimatland in den letzten Jahren kontinuierlich zugenommen.

Das Fotografieren wird zu einem Lieblingshobby der Bundesbürger

1. April. *Sprunghaft angestiegen ist das Interesse der Bundesbürger am Fotografieren mit Farbfilmen. Nach Angaben der Hersteller ist insbesondere die Nachfrage nach Diapositivfilmen im ersten Quartal 1958 um 60% bis 70% gewachsen; da das Angebot bei weitem nicht ausreicht, sind die Einzelhändler teilweise zu Rationierungen des Farbfilmmaterials übergegangen. Der Anteil der Farbfilme am gesamten Filmumsatz liegt derzeit bei etwa 40%. Die Industrie in der Bundesrepublik rechnet damit, daß spätestens in drei Jahren 50% erreicht sein werden.*

Allgemein entwickelt sich das Fotografieren zu einem der Lieblingshobbys der Bundesbürger, wenngleich zum Umgang mit den Apparaten einige Kenntnisse nötig sind. Auf Filme gebannt werden nicht nur Familie und Urlaubserinnerungen, vielmehr nimmt mancher Enthusiast an Fotosafaris teil, die vornehmlich in Afrika veranstaltet werden. Ob allerdings die Aufnahmen wirklich gelingen und nicht nur Erinnerungswert haben (Abb. oben), hängt weniger von einer teuren Ausrüstung ab (Abb. unten l.) als vielmehr vom Geschick des Fotografen (Abb. unten r.).

Ionesco-Premiere in deutscher Sprache

14. April. In Darmstadt wird das französisch geschriebene jüngste Stück des rumänischen Dramatikers Eugène Ionesco – »Mörder ohne Bezahlung« – in deutscher Übersetzung uraufgeführt.

Eugène Ionesco

Mit dem dreiaktigen Theaterstück wendet sich Ionesco von seinen früheren absurden Kammerspielen ab; er stellt das Individuum nicht mehr nur im familiären Rahmen, sondern in einer umfassenderen gesellschaftlichen Umwelt dar. Der Held des Dramas, Bérenger, flieht in die Sonnenstadt, Inbegriff alles Guten und Reinen, muß aber erkennen, daß alle Bewohner einen Mörder decken. Im großen Schlußmonolog steht Bérenger selbst dem Mörder gegenüber und versucht, ihn mit bürgerlicher Ideologie zur Rückkehr in die Gesellschaft zu veranlassen, kapituliert aber letztlich.

Nestroy-Posse auf der Opernbühne

14. April. Heinrich Sutermeisters Oper »Titus Feuerfuchs oder: Liebe, Tücke und Perücke« nach dem Lustspiel »Der Talisman« von Johann Nepomuk Nestroy ist erstmals am Baseler Staatstheaterzusehen.

H Sutermeister

Absicht des Komponisten ist es, »eine deutliche Parodie der gedankenlos übernommenen, heute aber überlebten Opernformen, besonders deren himmelschreiender deutscher Übersetzungen« auf die Bühne zu bringen. Dies zeigt sich durch Textzitate und -parodien aus deutschen Übersetzungen italienischer und französischer Opern sowie in musikalischen Entlehnungen aus Opern des 19. Jahrhunderts.
Die Handlung lehnt sich eng an Nestroys Posse um einen Rothaarigen an, der dank seiner Haarfarbe vom Pech verfolgt wird und sich mit Perücken zu helfen versucht.

Pound nach zwölf Jahren frei

21. April. Nach zwölfjährigem Aufenthalt im Washingtoner St. Elizabeths Hospital – einer psychiatrischen Anstalt für Strafgefangene – wird der US-amerikanische Dichter Ezra Pound auf freien Fuß gesetzt. Kurz nach seiner Entlassung reist der 72jährige nach Europa und läßt sich in Meran nieder.
Pound drohte nach Kriegsende ein Verfahren wegen Landesverrats; nachdem Ärzte jedoch seine Zurechnungsfähigkeit in Frage gestellt hatten, wurde er in die Klinik verbracht. Anlaß für die Anklage war das Verhalten des seit 1924 im italienischen Rapallo lebenden Pound während des Zweiten Weltkriegs. Über Rundfunk ergriff er nach dem Kriegseintritt der USA für das faschistische Regime in Italien und gegen seine Landsleute, die er zur Kapitulation aufforderte, Partei. Pound nannte u. a. den US-Präsidenten Franklin D. Roosevelt einen »geistig verkrüppelten Verbrecher, der Amerika illegal in den Krieg gestürzt hat«, bezichtigte ihn krimineller Handlungen und zog seinen Geisteszustand in Frage. Zugleich bezeichnete Pound das faschistische Italien als den »freiesten Staat des Abendlandes«. Hauptkritikpunkt Pounds, der auch in seinen Werken immer wieder deutlich wird, ist das US-amerikanische Bankensystem.

Der US-amerikanische Dichter Ezra Pound kehrt wenige Wochen nach seiner Entlassung nach Italien zurück

Otto Höpfner (l.) ist der Wirt der »Äppelwoi«-Schenke »Zum Blauen Bock« in der gleichnamigen Unterhaltungsserie des Deutschen Fernsehens

Fury, Namensgeber einer TV-Serie, mit seinem Herrn (B. Diamond)

R. Lembke unterhält die Zuschauer mit dem »Heiteren Beruferaten«

Neu im Fernsehprogramm 1958: Der Sportreporter Heinz Maegerlein (M.) mit der Quizsendung »Hätten Sie's gewußt« vom Bayerischen Fernsehen

Fernsehen 1958:

»Pantoffelkino« kann in Jahresfrist Zuschauerzahl verdoppeln

Auch 1958 erlebt das Deutsche Fernsehen – sechs Jahre nach Programmstart – eine erhebliche Steigerung des Zuschauerinteresses. Im Laufe des Jahres wächst die Zahl der Fernsehteilnehmer von 1,2 Millionen auf 2,1 Millionen an. Durchschnittlich werden täglich Sendungen mit einer Gesamtlänge von vier Stunden und sechs Minuten ausgestrahlt, davon entfallen zwei Stunden und 22 Minuten auf das Abendprogramm, knapp 50 Minuten auf das Nachmittagsprogramm und die restliche Sendezeit auf Sonderveranstaltungen (Sportübertragungen, Bundestagsdebatten u. a.). Hinzu kommen täglich etwa halbstündige Regionalprogramme sowie bei einigen Sendern werktags ein Werbeprogramm.

Innerhalb des Abendprogramms halten sich Übertragungen von Theateraufführungen und Unterhaltungssendungen mit je etwa 14% der Sendezeit die Waage. Je etwa 11% des Programms werden mit Dokumentar- und Informationssendungen bzw. Sportberichten bestritten. Ebenfalls ungefähr gleichauf mit rund 8% der Sendeminuten liegen Tagesschau, Wochenspiegel und andere Nachrichtensendungen bzw. Eurovisionsprogramme aus dem Ausland.

Um die Abendsendungen besser aufeinander abzustimmen, wird ab 1. Januar 1958 ein Koordinator des Deutschen Fernsehens eingesetzt. Er legt ein vom 1. April an gültiges Programmschema vor, nach dem die einzelnen TV-Anstalten – Norddeutscher und Westdeutscher Rundfunk, die zusammen 46% der Sendezeit bestreiten, Bayerischer Rundfunk (18%), Hessischer Rundfunk, Südwestfunk, Süddeutscher Rundfunk, Sender Freies Berlin (je 9%) – ihre Programmanteile ausrichten sollen. Durch mangelnde Koordination sind bislang häufig eintönige Sendefolgen entstanden. So werden im Januar innerhalb von acht Tagen vier Theaterstücke im Fernsehen gezeigt.

Zugleich mit der neuen Programmstruktur soll der Anteil der Unterhaltung im Deutschen Fernsehen entsprechend den Zuschauerwünschen weiter erhöht werden. Hauptträger dieser Sparte sind Quiz-Sendungen und sog. Bunte Abende, bei denen eine Reihe von Künstlern jeweils kurze Darbietungen zum besten geben.

Gestaltung des Abendprogramms

Tag	Woche A	Woche B
Montag	Information	Information
Dienstag	Unterhaltung	Fernsehspiel
Mittwoch	Information	Unterhaltung
Donnerstag	Fernsehspiel	Fernsehspiel
Freitag	Information	Information
Sonnabend	Leichtes Fernsehspiel	Unterhaltung
Sonntag	Fernsehspiel	Unterhaltung

(gültig ab 1.4.1958)

Daneben bemühen sich die Anstalten jedoch auch um neue Formen der Unterhaltungssendungen wie Show, Revue, Ballett oder Operettenquerschnitte. Besonderen Anklang finden u. a. die 1957 ins Programm genommene Caterina-Valente-Show und Otto Höpfner als Wirt in der Äppelwoi-Kneipe »Der Blaue Bock«. Furore macht außerdem die vom Süddeutschen Rundfunk ausgestrahlte Charleston-Show »Fräulein, pardon...!« mit Helen Vita.

Neben bewährten Quizsendungen – Robert Lembkes »Heiteres Beruferaten« u. a. – kommen 1958 auch neue Titel ins Programm, darunter »Hätten Sie's gewußt?« mit dem Sportreporter Heinz Maegerlein und »Sieben auf einen Streich« mit Hans-Joachim Kulenkampff, neben Peter Frankenfeld unbestrittener Star im Unterhaltungsprogramm des Deutschen Fernsehens (→ 11.10./S. 173). Auch Frankenfeld hat 1958 eine neue Sendung: Er stellt unter dem Titel »Toi, toi, toi« Nachwuchskünstler vor, darunter Peter Beil und das Medium-Terzett.

Weiterhin im Deutschen Fernsehen zu sehen ist die erfolgreiche Familienserie um die Familie Schoelermann, hinzu kommen u. a. die in den USA angekaufte Serie »Vater ist der Beste« und – im Kinderprogramm – Geschichten um den Hengst »Fury«. Nach US-amerikanischem Vorbild dreht Regisseur Jürgen Roland die Krimiserie »Stahlnetz«, in der tatsächliche Kriminalfälle rekonstruiert werden (→ S. 10.3./S. 61).

Neben der Unterhaltung spielen Inszenierungen von Theater- und Opernaufführungen eine bedeutende Rolle im Deutschen Fernsehen. Zugleich bemühen sich die Sendeanstalten um eine Verstärkung der Gattung Fernsehspiel, die zumeist mit ausländischen Inszenierungen bestückt ist, da in der Bundesrepublik aufs Fernsehen spezialisierte Autoren noch fehlen.

Die meisten Fernsehsendungen werden nach wie vor live ausgestrahlt; lediglich der WDR wendet 1958 in seinem Regionalprogramm versuchsweise das Ampex-Aufzeichnungsverfahren an; der Südwestfunk sendet die Ampex-Aufzeichnung »Vincent van Gogh« im Abendprogramm.

Erstmals ist 1958 im Deutschen Fernsehen ein Spielfilm – die italienische Produktion »Freunde fürs Leben« – zu sehen, noch bevor er in den Kinos anläuft. Am Rückgang ihrer Zuschauerzahlen bekommen die Lichtspielhäuser die wachsende Popularität des »Pantoffelkinos« deutlich zu spüren.

Eine der ältesten Sendereihen des Deutschen Fernsehens 1958 zum 75. Mal: »Familie Schölermann« – v. l.: Jockeli (Harald Martens), Vater (Willy Krüger), Heinz (Charles Brauer), Eva (Margit Cargill), Mutter (Lotte Rausch)

Mai 1958

Mo	Di	Mi	Do	Fr	Sa	So
			1	2	3	4
5	6	7	8	9	10	11
12	13	14	15	16	17	18
19	20	21	22	23	24	25
26	27	28	29	30	31	

1. Mai, Maifeiertag

Die Auseinandersetzung um die Atomrüstung der Bundeswehr ist Hauptthema der diesjährigen Kundgebungen zum Internationalen Tag der Arbeit. → S. 89

In Albanien wird die Lebensmittelrationierung aufgehoben.

2. Mai, Freitag

Bei den Wahlen zu der um 30 Sitze auf 233 Abgeordnete erweiterten Nationalversammlung in Südkorea erhalten die Liberalen 125 Sitze (bisher 133), 81 entfallen auf die Demokratische Partei, die bisher 46 Abgeordnete entsandte. Die übrigen 27 Sitze gehen an kleinere Parteien.

Die jemenitische Regierung protestiert bei UN-Generalsekretär Dag Hammarskjöld gegen den Aufmarsch britischer Truppen in dem zum Protektoratsgebiet der Kronkolonie Aden gehörigen Sultanat Lahidsch.

3. Mai, Sonnabend

Die Erhebung einer Wasserstraßengebühr für alle Schiffe, die nicht in der DDR beheimatet sind, beschließt der DDR-Ministerrat. → S. 89

Vor 10 000 Zuschauern in der Dortmunder Westfalenhalle verteidigt der Deutsche Mittelgewichtsmeister im Profiboxen, der Berliner Gustav (»Bubi«) Scholz, seinen Titel gegen Herausforderer Max Resch aus Stuttgart durch K. o. in der vierten Runde. → S. 95

4. Mai, Sonntag

Aus den Präsidentschaftswahlen in Kolumbien, den ersten allgemeinen Wahlen seit zehn Jahren, geht der Kandidat der Nationalen Front, Alberto Lleras Camargo, mit 85% der abgegebenen Stimmen als Sieger hervor. Während des Wahlkampfs kam es zu blutigen Auseinandersetzungen in dem bislang von einer Militärjunta regierten Land.

In einer Note an die polnische Regierung lehnt die US-Regierung den Rapackiplan einer atomwaffenfreien Zone in Mitteleuropa ab und schlägt statt dessen die Schaffung einer Inspektionszone vor, die sich von Großbritannien bis zum südlichen Ural erstrecken soll (→ 14.2./S. 38).

Durch ein 2:0 über Manchester United gewinnt die Fußballelf der Bolton Wanderers im Londoner Wembley-Stadion den englischen Fußballpokal. → S. 94

5. Mai, Montag

Die Regierung unter Ministerpräsident Nuri As Said gewinnt bei den Wahlen im Irak 140 der 145 Sitze in der Abgeordnetenkammer. Da für 125 Mandate nur jeweils ein Kandidat aufgestellt worden war, hatte die Opposition zum Wahlboykott aufgerufen.

Wie die indonesische Zentralregierung meldet, haben ihre Truppen Bukittinggi, die Hauptstadt der Aufständischen auf Sumatra, besetzt (→ 2.4./S. 74).

Die »Pekinger Volkszeitung«, Organ der chinesischen KP, kritisiert in scharfer Form den Parteitag der jugoslawischen Kommunisten im April (→ 27.5./S. 88)

6. Mai, Dienstag

Britische Flugzeuge im Sultanat Lahidsch reagieren auf eine Beschießung von jemenitischem Gebiet aus durch einen Angriff auf jemenitische Grenzbefestigungen in der Nähe von Katala.

Die libanesische Regierung beschließt, weitere Wirtschaftshilfe der Vereinigten Staaten abzulehnen, sofern diese an Bedingungen geknüpft ist.

Stereoschallplatten gehören zu den aufsehenerregendsten Neuheiten auf der diesjährigen Hannovermesse, die nach zehntägiger Dauer zu Ende geht. Trotz abgeschwächter Konjunktur ist die Mehrzahl der Aussteller mit dem Messeverlauf zufrieden. → S. 91

7. Mai, Mittwoch

In einem Schreiben an UN-Generalsekretär Dag Hammarskjöld erklärt die britische Regierung, der Luftangriff auf jemenitische Grenzbefestigungen am 6. Mai sei in Ausübung des Rechts auf Selbstverteidigung erfolgt. Zugleich protestieren die Briten gegen die Beschießung ihrer Flugzeuge von jemenitischem Gebiet aus.

Ohne Gegenstimmen billigt der Bundestag in Bonn eine Diätenerhöhung. → S. 89

Die italienische Regierung entzieht den deutschen Charterfluggesellschaften, die seit 1957 Italien anfliegen, teilweise die Landeerlaubnis. → S. 90

8. Mai, Donnerstag

US-Außenminister John Foster Dulles erneuert anläßlich eines Besuchs in Berlin (West) die US-amerikanischen Garantien für die geteilte Stadt. → S. 89

Der mit der Regierungsbildung beauftragte frühere französische Ministerpräsident René Pleven gibt seinen Auftrag zurück. Staatspräsident René Coty beauftragt daraufhin Pierre Pflimlin mit der Bildung einer Regierung (→ 13.5./S. 86).

Der marokkanische König Muhammad V. kündigt in einer Rundfunkrede an, er werde durch eine Reihe von Gesetzen die Umwandlung Marokkos in eine konstitutionelle Monarchie ermöglichen, um das Volk stärker als bisher an der Macht zu beteiligen. Am gleichen Tag ernennt er den bisherigen Außenminister und Anführer der Istiklal-Partei, Ahmed Balafrej, zum Ministerpräsidenten.

9. Mai, Freitag

Im Anschluß an die Beisetzung eines ermordeten Oppositionspolitikers kommt es im Libanon zu Demonstrationen gegen die Regierung und den Staatspräsidenten Kamil Schamun. → S. 88

Nach der Volksrepublik China kritisiert auch die Sowjetunion in scharfer Form das im April verabschiedete Parteiprogramm der jugoslawischen Kommunisten. Die jugoslawische Zeitschrift »Kommunist« wirft ihrerseits den Chinesen vor, sie wollten eine konstruktive Klarstellung der Probleme verhindern, denen der zeitgenössische Sozialismus gegenüberstehe (→ 27.5./S. 88).

10. Mai, Sonnabend

Der türkische Staatspräsident Celâl Bayar beendet einen viertägigen Staatsbesuch in der Bundesrepublik und Berlin (West). Auf einem Empfang in Bonn werden von beiden Seiten die dauerhafte deutsch-türkische Freundschaft, die Gemeinsamkeit der Sicherheitsinteressen beider Länder im Nordatlantikpakt und die Notwendigkeit der Wiedervereinigung Deutschlands hervorgehoben.

Durch ein Remis im 23. Spiel sichert sich Herausforderer Michail Botwinnik (UdSSR) den Gewinn der Schachweltmeisterschaft gegen Titelverteidiger Wassili Smyslow. Die fünfte Schachweltmeisterschaft hatte am 4. März in Moskau begonnen. → S. 95

11. Mai, Sonntag

Bei den Wahlen zur griechischen Abgeordnetenkammer erreicht die Nationale Radikale Union 41,2% der abgegebenen Stimmen bzw. 173 der 300 Parlamentssitze. Am 17. Mai tritt die neue Regierung, die von Ministerpräsident Konstandinos Karamanlis geführt wird, ihr Amt an.

Im Münchner Haus der Kunst schließt eine Ausstellung mit Gemälden, Aquarellen und Zeichnungen sowie graphischen Blättern von Oskar Kokoschka, die am 13. März eröffnet wurde. → S. 93

12. Mai, Montag

Die Bundesregierung beantragt beim Bundesverfassungsgericht in Karlsruhe eine Einstweilige Verfügung zur Aussetzung der geplanten Volksbefragung in Hamburg über die atomare Bewaffnung der Bundeswehr (→ 30.7./S. 119).

13. Mai, Dienstag

Unter Führung des Generals Jacques Massu putscht die französische Armee in Algier gegen die Zentralregierung in Paris. → S. 86

Der seit dem 1. Mai amtierende argentinische Präsident Arturo Frondizi verfügt eine 60%ige Lohnerhöhung für alle Angestellten und Arbeiter, um drohenden sozialen Unruhen vorzubeugen. → S. 88

»Im Interesse des Preises« kauft die Bundesregierung überschüssige Butter und läßt sie einlagern. → S. 90

14. Mai, Mittwoch

Mit 274 gegen 129 Stimmen bei 137 Enthaltungen stimmt die französische Nationalversammlung für die Einsetzung der Regierung Pierre Pflimlin (→ 13.5./S. 86).

Das US-amerikanische Repräsentantenhaus verabschiedet das Auslandshilfegesetz 1958/59, das Zahlungen in Höhe von 3,6 Milliarden US-Dollar (rund 15 Milliarden DM) vorsieht. Dies sind etwa 300 Millionen US-Dollar (etwa 1,25 Milliarden DM) weniger als Präsident Dwight D. Eisenhower gefordert hatte (→ 4.1./S. 15).

Das Europäische Parlament tritt in Straßburg zu seiner ersten ordentlichen Sitzungsperiode zusammen (→ 19.3./S. 53).

Auf einem außerordentlichen Parteitag in Wien verabschiedet die SPÖ ein neues Parteiprogramm, das ihr den Weg zur Massenpartei öffnet. → S. 90

15. Mai, Christi Himmelfahrt

US-Vizepräsident Richard M. Nixon kehrt von einer dreiwöchigen Goodwillreise durch sieben südamerikanische Staaten zurück, in deren Verlauf er sich heftigen Protesten und tätlichen Angriffen gegenübersah. → S. 88

Auf einer Pressekonferenz in Paris erklärt sich der französische General Charles de Gaulle bereit, die Macht im Staat zu übernehmen, wie dies u. a. von den putschenden Militärs in Algier gutgeheißen wird (→ 13.5./S. 86).

Die Sowjetunion startet den Erdsatelliten »Sputnik 3«, den mit 1327 kg bislang schwersten künstlichen Himmelskörper.

Zum Abschluß eines am 29. April begonnenen Staatsbesuches des Präsidenten der Vereinigten Arabischen Republik, Gamal Abd el Nasser, in der Sowjetunion wird eine gemeinsame Erklärung veröffentlicht, in der beide Seiten u. a. für die friedliche Koexistenz, das Verbot von Kernwaffen sowie den Abschluß von Nichtangriffsverträgen eintreten.

Robert Schuman, Präsident des Europäischen Parlaments, erhält in Aachen den Karlspreis für besondere Verdienste um die europäische Einigung.

Nach dreieinhalbjähriger Bauzeit wird in Basel ein sog. Autosilo, ein Parkhaus mit kleiner Grundfläche, fertiggestellt. → S. 91

16. Mai, Freitag

In Paris veröffentlichen die Sozialistische und die Kommunistische Partei sowie die drei Gewerkschaftsverbände Aufrufe, in denen sie zur Verteidigung der Republik aufrufen (→ 13.5./S. 86).

Die libanesische Regierung beschuldigt die Vereinigte Arabische Republik, bewaffnete Gruppen ins Land geschleust und so Unruhen ausgelöst zu haben (→ 9.5./S. 88; 31.7./S. 117).

Nach Besprechungen mit König Husain von Jordanien beauftragt der irakische König Faisal II. den bisherigen Ministerpräsidenten des Irak, Nuri As Said, mit der Regierungsbildung für die aus beiden Staaten bestehende Arabische Föderation (→ 1.2./S. 36).

In Tokio endet nach drei Tagen die 54. Session des Internationalen Olympischen Komitees. → S. 94

Das Ende der IV. Republik in Frankreich wählt die Hamburger Wochenzeitung »Die Zeit« als Aufmacher für den 29. Mai 1958

A. E. Johann:
Südafrika — gegen den Strom

Rudolf Walter Leonhardt:
Die schöne Dame von London

E. Robert Singer:
Handelspolitik als Motor des Anti-Amerikanismus

C. F. von Weizsäckers dritter Atom-Bericht (Seite 3)

DIE ZEIT
WOCHENZEITUNG FÜR POLITIK · WIRTSCHAFT · HANDEL UND KULTUR

München feiert Geburtstag
(Bildbericht auf Seite 18 und 19)

Nr. 22 / 13. Jahrgang | Hamburg, den 29. Mai 1958 | Preis 60 Pfennig

Das Ende der Vierten Republik

De Gaulle: Kolumbus-Ei aus Colombey? / Von Armin Mohler

Paris, Ende Mai

Die Vierte Republik geht ein, und zwar an Ideenlosigkeit. Seit der Nacht des *Pronunciamento* von Algier, in der sich die Regierung Pflimlin so gut gehalten hatte, wartete man vergeblich auf irgendwelche Taten oder auch nur symbolische Gesten, mit denen sie sich Autorität schaffen könnte. Die legale Regierung ließ sich zwar die ausgedehntesten Vollmachten geben, die eine Regierung der Vierten Republik je besessen hat, aber sie macht keinen Gebrauch von ihnen. Das einzige, was sie aktiv in die Hand nahm, war eine Verfassungsreform mit dem Ziele einer Stärkung der Legislative. Man hoffte also auf Institutionen in einem Augenblick, in dem es darauf ankam, ganz konkret für die Republik einzutreten.

Mendès-France suchte die Regierung daran zu erinnern, daß sie nicht nur *legal*, sondern auch *legitim* sei. Wenn sie entschieden für ihr Recht eintrete, so neige sich die Waagschale auf ihre Seite. Aber mit diesem Glauben schien Mendès ziemlich allein zu stehen. Ministerpräsident *Pflimlin* verurteilte die aufständischen Generäle nicht, sondern suchte sie durch Überredung und Langmut, also mit Hilfe elastischer Methoden wieder ins Lager der Legitimität zurück zu locken. Das aber ließ in fataler Weise den Eindruck entstehen, die Republik sei ihrer Sache nicht sicher, und so konnte der Funke auf Korsika überspringen. In Korsika hat die Regierung dann auch energisch zu reagieren versucht, aber es zeigte sich, wie sehr das Zögern die Autorität bereits zersetzt hatte: die auf die Insel geschickten Einheiten der Bürgerkriegstruppe CRS, normalerweise die Hauptstütze der Republik, sollen dort, nach englischen, in der zensierten französischen Presse nicht erschienenen Berichten, mit dem Ruf: Es lebe de Gaulle sofort zu den Aufständischen übergegangen sein.

Am Rubikon

Damit war die Partie für die Regierung verspielt. Die Proklamation von de Gaulle, daß er im Begriff sei, auf normale Weise eine neue Regierung zu bilden, und vor allem die darin bereits im Tone eines Staatschefs ausgesprochene Mißbilligung jeder Störung der Ordnung, von welcher Seite auch immer, ließ eine unmittelbar bevorstehende Übergabe der Macht an den General erwarten. Vor allem auch deshalb, weil der von den Kommunisten ausgerufene Generalstreik sich als fast völliger Mißerfolg erwiesen hatte. *Das Frankreich diesseits des Mittelmeeres scheint sich mehrheitlich, wenn auch ohne besondere Begeisterung, mit einer Regierung de Gaulle abgefunden zu haben.* Das Sicherheitsbedürfnis treibt die Franzosen in die Arme des Generals: de Gaulle allein scheint ihnen in der Lage zu sein, das Mutterland mit den unruhigen Algierfranzosen und Korsen wieder zusammenzuführen und so den Bürgerkrieg zu verhindern.

Aber der Elsässer Pflimlin erwies sich nun wieder als ebenso energisch wie in der Nacht des *Pronunciamento* von Algier. Zwar hatte er de Gaulle insgeheim getroffen, die Unterredung scheint bei ihm jedoch nicht den Eindruck hinterlassen zu haben, es sei seine patriotische Pflicht, die Macht in die Hände des Generals zu legen. Darin bestärkte ihn die Versteifung, welche der korsische Aufstand (für den ja nicht die Nöte der algerischen Bevölkerung als Entschuldigung angeführt werden können) hervorgerufen hat. Die Sozialisten haben sich mit einer Entschiedenheit gegen de Gaulle gewandt, die des Generals einstimmige Berufung durch die nicht-extremistischen Parteien ausschließt.

Um vor der Geschichte nicht als Liquidator der Republik dazustehen, hat sich darum Pflimlin in der Nacht vom Dienstag auf den Mittwoch anläßlich der von ihm angestrebten Verfassungsreform von der Kammer stürzen lassen. Da er rein zahlenmäßig mit 408 von insgesamt 595 Stimmen (die Rechte und die Poujadisten stimmten gegen ihn) die für eine Verfassungsänderung notwendige Zweidrittel-Mehrheit erhielt, konnte dies nur gelingen, weil er zuvor versichert hatte, er werde die 150 kommunistischen Stimmen nicht annehmen. Es handelt sich also um einen eindeutigen Fall von „Selbstmord" oder, wie andere sagen mögen, um die Flucht aus der Verantwortung. Der Staatspräsident hat allerdings die Demission nicht angenommen, solange er den neuen Regierungschef nicht gefunden hat. Mit anderen Worten: Frankreich hat zwar nicht *de jure*, aber *de facto* seine Regierungskrise. Und man hat Mühe, sich einen anderen Ausweg vorzustellen als den einer legalen Machtübergabe an de Gaulle.

Nicht einzureihen

Viele Persönlichkeiten – wenig Programm

Die Sozialdemokraten wollen aus dem Trott der bürokratischen Routine heraus

Hat die SPD sich in Stuttgart radikalisiert? Oder hat sie sich reformiert? Ist sie nach links abgerutscht oder hat sie sich nach rechts durchgemausert? Es scheint charakteristisch für den Parteitag, wie verschieden die Antworten auf diese Fragen je nach Blickpunkt und Brille des Betrachters ausfallen. Der eine sieht erschüttert die deutsche Sozialdemokratie auf der schiefen Ebene, die von der hohen demokratischen Ausgangsposition in die Niederungen eines verantwortungslosen Extremismus führt. Der andere registriert hoffnungsvoll Anzeichen jener inneren Erneuerung, die sie in Stand setzen sollte, sich wirksamer, selbstbewußter, aussichtsreicher jedem politischen Wettbewerb zu stellen, der das Wesen der Demokratie ausmacht.

Natürlich mischt sich diesen widerstreitenden Deutungen viel Zweckpessimismus und Zweckoptimismus bei. Die Gegner der SPD haben ein begreifliches Interesse daran, die Partei nun erst recht *rot in rot* zu malen: das Thema der „Radikalisierung", vom Bundeskanzler in Jülich in kräftigsten Tönen angeschlagen, ehe noch der Parteitag zu Ende war, gibt eine vielversprechende Fanfare für die bevorstehenden Landtagswahlkämpfe ab. Und umgekehrt: in der SPD muß Interesse daran bestehen, den Wähler mit der Zuversicht zu erfüllen, daß in der großen Linkspartei ein neuer Geist Einzug gehalten habe, damit sie einem größeren Kreise attraktiver erscheine als bisher.

Angriff an der Jugoslawien-Front

Aber das ist keineswegs die ganze Wahrheit. Auch wenn man die gewollten und gezielten taktischen Interpretationen abzieht, bleibt genug des Widersprüchlichen übrig. Das Ergebnis des Stuttgarter Parteitages läßt sich eben *der Sache nach* nicht auf einen einfachen Nenner bringen. Wer den Verlauf des Kongresses aus der Nähe miterlebte, der konnte deutlich das verwirrende Spiel von Strömungen und Gegenströmungen verfolgen, den oft erstaunlich raschen Umschlag der Atmosphäre, das *Nebeneinander und Ineinander des Unvereinbaren*. Ein Parteitag wird eben auch von Impulsen beherrscht, die sich nicht ohne weiteres den Gesetzen einer strengen politischen Logik einfügen. Je nach den Eindrücken des Augenblicks läßt so eine Versammlung sich nach dieser oder jener Richtung biegen: wo sie einen entschlossenen Willen spürt, da läßt sie sich willig mitreißen, einmal auf diese und ein andermal auf jene Seite.

Das trat in Stuttgart so besonders zutage, weil dort ein Impuls die Delegierten besonders bewegte: das *Bedürfnis nach Führung*. Der Wunsch, endlich aus dem Trott der bürokratischen Routine herauszukommen, eine „Linke" und „Rechte", „Radikale" und „Gemäßigte". Er inspirierte jenen Aufstand gegen den „Apparat", der in der leidenschaftlich geführten Organisationsdebatte ausbrach, mit einer schweren Niederlage des bisherigen Parteivorstandes endete. Und dem schließlich bei den Vorstandswahlen so alte Funktionäre wie *Fritz Heine* und *Herta Gotthelf* weichen mußten, weil man des Regiments der betriebsamen Mittelmäßigkeiten einfach müde war.

Das Bedürfnis nach Führung

Nicht um „Tendenzen" ging es dabei in erster Linie, sondern um Persönlichkeiten. Wer dem Parteitag den Eindruck vermitteln konnte, er habe einen Weg zu weisen, konnte der Zustimmung sicher sein — daß diese Wege gar nicht alle in dieselbe Richtung wiesen, störte die Delegierten nur wenig. Sie schauten mehr darauf, wer einer sei, als was er vertrete. Eine begreifliche Reaktion, die aber zu seltsamen und nicht leicht unter einen Hut zu bringenden Ergebnissen führte.

Der kämpferische Elan, das unbändige, von heißer politischer Phantasie befeuerte Temperament eines *Herbert Wehner* kam sicherlich in ganz besonderem Maße diesem Bedürfnis nach Führung entgegen. Die sozialistischen Kader hatten diesen aus dem kommunistischen Lager kommenden Mann jahrelang mit Mißtrauen beobachtet. Kluges Kalkül mußte sie vollends davor warnen, den „Bürgerschreck" Wehner mit einem der höchsten Parteiämter zu betrauen und damit den gegnerischen Attacken ein bequemes Ziel zu bieten. Aber diese Bedenken traten in den Hintergrund; nur in der relativ niedrigeren Stimmenzahl Wehners gegenüber *Ollenhauer* und *Waldemar von Knoeringen* fanden sie einen vorsichtigen Ausdruck. Was die Delegierten mitriß, war das Gefühl, hier einen Vollblut-Politiker an die Spitze zu stellen, dem sie die Kraft zutrauten, den längst zum Selbstzweck erstarrten Apparat wieder in Schwung zu bringen und aufs neue dem Dienst einer politischen *Idee* zu verpflichten. *Kraft und Leidenschaft, die sie in ihm spürten, wogen mehr als rechnerische Taktik.*

Aber wenn damit ein Mann der „Linken" in die oberste Spitze der Partei gelangte (oder besser: einer, den die Öffentlichkeit und selbst ein Teil des Parteivolkes — zu Recht oder zu Unrecht — dieser „Linken" zurechnet), so hat andererseits auch ein so typischer Vertreter des „rechten" Flügels wie *Heinrich Deist* einen persönlichen Triumph zu verzeichnen. Er ist nicht nur glanzvoll in den Parteivorstand gewählt worden, in den auch ein staatsmännischer Kopf wie *Willy Brandt* erstmals Einzug hielt, sondern er hat auch sein zuerst so kühl aufgenommenes, sehr „revisionistisches" Wirtschaftsprogramm ohne Abstriche durchgesetzt. Wie ihm das gelang, war bezeichnend für die Stimmung des Parteitags: nicht etwa dadurch, daß er sich zu billigen Kompromissen mit seinen Widersachern verstand, sondern im Gegenteil dank einer brillanten Replik, in der er mutig — und des Ausgangs keineswegs gewiß — den radikalen Stier auf die Hörner nahm, ohne auch nur ein Tüpfelchen von dem abzulassen, was er als richtig erkannt hatte.

Genauso wird man auch die Wahl *Gustav Heinemanns* in den Parteivorstand, die nun wieder einem ganz anderen Typus galt, in allererster Linie als Verbeugung vor der Persönlichkeit deuten müssen: daß ein Partei-Neuling nach knapp einjähriger Mitgliedschaft schon in das Führungsgremium aufsteigt, wäre früher in der SPD fast undenkbar gewesen, zeigt freilich auch das Bestreben, die Tore weit aufzumachen und auch Leuten eine Chance zu geben, die nicht die traditionelle Ochsentour über Zahlabend und Unterbezirksvorstand gegangen sind; auch *Adolf Arndt*, der heute mit der größten Stimmenzahl die Gewählten anführt, ist ja seiner Herkunft nach ein Außenseiter aus „bürgerlichen" Gefilden.

Hier meldet sich unverkennbar ein Streben in die Weite an, heraus aus dem Gefängnis eines verkümmerten Vulgärmarxismus, eine durchaus reale Bereitschaft, den Parteizaun ja nicht zu eng zu ziehen. Wer Ohren hatte zu hören, der konnte auch aus manchem Wort, das zu den Kirchen — vor allem natürlich zum Protestantismus — gesprochen wurde, mehr herauslesen als bloß taktisch gemeinte Angebote.

Mehr als je zuvor ringt die Partei heute auch um einen geistigen Standort, der diesseits des 19. Jahrhunderts liegt — auch wenn die Versuchung immer wieder an sie herantritt, es doch bei den bequemen eingelernten Formeln zu belassen. Daß dabei die konventionellen Begriffe oft ins Wanken geraten, daß selbst im engeren Bereiche der „eigentlichen" Politik die Worte „links" und „rechts" bloße Hilfsinstrumente von zweifelhaftem Gehalt werden — auch das gehört dazu (und wird etwa in jedem Interview deutlich, in dem sich der „linke" Wehner geradezu emphatisch mit der ökonomischen Konzeption des „rechten" Deist identifizierte).

So ist am Stuttgarter Parteitag manches in Bewegung gekommen. Und wo Bewegung ist, da ist auch Widerspruch: nur im Starren, ein für allemal Geformten gehen die Rechenexempel glatt und ohne Rest auf. Niemand, der diese Tage miterlebte, kann bestreiten, daß die SPD sich da um ein Erkleckliches lebendiger erwies als bei früheren Kongressen, die wie am Schnürchen abliefen und rundere, ausgefeiltere, innerlich enger zusammenhängende Ergebnisse lieferten. Stuttgart hat einen Gärungsprozeß sichtbar gemacht, der nicht einfach abgestoppt werden konnte: was Wunder, daß in einem Augenblick, da dieser Prozeß noch munter im Gange ist, viel Unausgegorenes schäumte?

Vitalität steckt in der SPD

Das aber bedeutet zugleich, daß der Parteitag mehr Fragen aufwerfen als klare Antworten geben konnte. Die SPD strebt aus dem Sumpf des bloßen Opportunismus heraus, aber sie weiß noch nicht recht, nach welcher Seite sie sich wenden soll. Wenn sie sich einmal — in ihrer Außen- und Wehrpolitik etwa — an die dürren Grasbüschel eines quasi-revolutionären Utopismus klammert, so scheint sie dann wieder (wirtschaftspolitisch) einen Halt beim festeren Stamm eines reformerischen Realismus zu suchen.

Sich hier zum Richter aufzuwerfen, schiene uns pharisäisch. Die Vitalität, die die Partei beweist, verspricht manches. Die Abneigung gegen den schalen Kompromiß, die sich vom ersten Tage an in Stuttgart so kräftig manifestierte, gibt auch dann Anlaß zur Hoffnung, wenn sie sich in ungeklärten Widersprüchen äußert.

Das eine allerdings ist klar: solange sich die SPD nicht eindeutig entschieden hat, welchen Kurs sie denn nun wirklich einschlagen will, kann sie auch nicht damit rechnen, die Außenstehenden in solcher Zahl zu sich heranzuziehen, daß sie aus der Rolle der ewigen Opposition herauskommt. *Dem Ziel jeder ernsthaften Opposition, einmal Regierung zu werden und nicht nur zu kritisieren, sondern zu gestalten — dieser Aufgabe ist sie auf ihrem jüngsten Parteitag trotz allem reformerischen Elan nicht wirklich näher gekommen.* Sie hat sich nicht nur eine breitere, sondern ohne Zweifel (unbeschadet der Wiederwahl Ollenhauers) auch eine qualifiziertere und wahrscheinlich eine arbeitsfähigere Führung gegeben. Aber eine Marschroute vorzuzeichnen, die nicht ins Ungewisse führt und auf der ihr auch die Massen eines Tages folgen können, das ist ihr noch nicht gelungen.

Fritz René Allemann

Karlsruhe hat gesprochen

-n Karlsruhe, im Mai

Das Bundesverfassungsgericht hat durch seinen Zweiten Senat einen vorläufigen Spruch in der Kontroverse um die Volksbefragung gefällt und gemäß dem Wunsche der Bundesregierung durch Einstweilige Anordnung die Volksbefragung ausgesetzt, die der Hamburger Senat auf den 8. Juni anberaumt hatte. Das bedeutet praktisch, daß nach dem Willen des Gerichts das Volk weder in einzelnen Bundesländern noch in den Gemeinden amtlich zur Urne gerufen werden soll, um sein Votum für oder gegen die Atombewaffnung der Bundeswehr abzugeben, *bevor Karlsruhe den Rechtsstreit über die Zulässigkeit solcher Plebiszite in der Sache entschieden hat.* Die Einstweilige Anordnung sagt also nichts darüber aus, ob die Volksbefragung wirklich, wie das die Bundesregierung behauptet, verfassungswidrig sei, oder ob das umstrittene Hamburger Gesetz sich in den Grenzen des Grundgesetzes halte.

Der Vorentscheid präjudiziert also das endgültige Urteil keineswegs. Er macht sich nur die These zu eigen, die Staatssekretär Ritter von *Lex* und die Staatsrechtler *Professor Schüle* (Tübingen) und *Professor Scheuner* (Bonn) als Rechtsvertreter der Bundesregierung in der Verhandlung vom Dienstag aufgestellt hatten. Sie hatten gelten gemacht, es sei ein Unding, in einem langwierigen Verfahren die Rechtsmäßigkeit oder Rechtswidrigkeit von Volksbefragungen zu klären, mittlerweile aber diese rechtlich umstrittenen Volksbefragungen abrollen zu lassen, bevor noch diese Klärung erfolgt ist.

Ein Gericht, das seine Aufgabe ernst nahm — eine so wichtige und offene verfassungsrechtliche Frage zu entscheiden und damit eine mögliche Lücke im Grundgesetz zu schließen — konnte sich schwerlich damit abfinden, seinem endgültigen Urteil schließlich nur noch den Charakter einer akademischen Nachschrift zu längst vollzogenen Ereignissen aufprägen zu lassen. Es hat oft gezeigt, welches Gewicht es seiner eigenen Autorität beimißt. Mit der Einstweiligen Anordnung sorgt das Gericht dafür, daß diese Autorität auch in dem gegenwärtig schwebenden Verfahren *praktisch* und nicht nur *theoretisch* wirksam werden kann und daß nicht im Laufe des Rechtsstreits dessen Gegenstand gewissermaßen abhanden kommt.

Als Rechtsvertreter Hamburgs hatte *Professor Zweigert* — der selber einige Jahre lang die rote Robe des Verfassungsrichters getragen hat — in einem sehr scharfsinnigen Plädoyer versucht, die Einstweilige Anordung als unnötig und widerrechtlich zu erweisen. Seine Argumentation stützte sich darauf, daß die Hamburger Volksbefragung, selbst wenn sie vor dem Erlaß des endgültigen Gerichtsurteils durchgeführt würde, jedenfalls keine „schweren Nachteile" für das ‚gemeine Wohl' mit sich bringen würde, da sie ja keinerlei Rechtsfolgen nach sich ziehe und die möglichen politischen Konsequenzen sich der juristischen Entscheidung entzögen. Er wies darauf hin, wie sehr auch die Wahlen in der Bundesrepublik mehr und mehr den Charakter von Sachplebisziten annähmen: Niemand könnte der Hamburger Bürgerschaft verwehren, durch Selbstauflösung (wie sie die Hamburger Verfassung ausdrücklich zuläßt), einen neuen Wahlkampf im Zeichen der Atomkontroverse zu entfesseln, ohne daß die Bundesregierung sie deshalb der Kompetenzüberschreitung anklagen könnte, auf die Bonn zu einem guten Teil sein Vorgehen gegen die Volksbefragung abstellt.

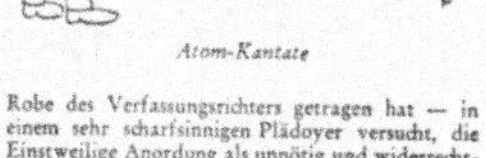

Atom-Kantate

Das Gericht ist dieser Argumentation mindestens in der gegenwärtigen Phase des Verfahrens nicht gefolgt.

Konzil im Kreml

Noch ist das Konzil der roten Kardinäle in *Moskau* nicht beendet. Doch zwei Ergebnisse — eines wirtschaftlicher, das andere ideologischer Art — zeichneten sich Mitte dieser Woche schon ab.

Mit der Ankündigung, daß nun ein *gemeinsamer Ostblockmarkt* geschaffen werden soll, hat *Chruschtschow* einen weiteren Schritt auf dem Wege zu seinem Fernziel getan, die Vereinigten Staaten wirtschaftlich zu überrunden. Die Schwierigkeiten einer Wirtschaftsintegration hinter dem eisernen Vorhang sind indes noch immer groß — Chruschtschow selbst hat sich im vorigen Monat in Ungarn über den mangelnden Willen der Satellitenländer zu wirksamer Zusammenarbeit bitterlich beklagt. Überdies hängt das unterentwickelte China, das aufs neue umfangreiche sowjetische Wirtschaftshilfe erhalten soll, den industrialisierten Staaten des Ostblocks als hemmender Klotz am Bein. Aber anscheinend sind die Sowjets entschlossen, diesen Schwierigkeiten jetzt zu Leibe zu rücken.

Nicht minder bedeutsam ist das andere Ergebnis des Kreml-Konzils: Offenbar soll die ideologische Attacke gegen Tito wieder abgeblasen werden. Anders ist jedenfalls das herzliche Glückwunschtelegramm nicht zu erklären, das Chruschtschow am Sonntag an den jugoslawischen Staatschef richtete, der seinen 66. Geburtstag feierte. Freilich muß das Ende des Moskauer Konklaves abgewartet werden, ehe diese Auslegung bestätigt werden kann.

ts.

Mai 1958

17. Mai, Sonnabend

In Frankreich wird für drei Monate der Notstand ausgerufen (→ 13.5./S. 86).

Die Vereinigten Staaten gewähren Jordanien über die bereits zugesicherten 32,5 Millionen US-Dollar (etwa 136 Millionen DM) hinaus eine zusätzliche Finanzhilfe in Höhe von 7,5 Millionen US-Dollar (rund 31,5 Millionen DM).

Zum Abschluß der elften Filmfestspiele in Cannes, die am 2. Mai begonnen haben, wird der sowjetische Spielfilm »Wenn die Kraniche ziehen« von Michail Kalatosow mit der »Goldenen Palme« ausgezeichnet. → S. 93

18. Mai Sonntag

Nach Mitteilung der hessischen Staatskanzlei in Wiesbaden haben in drei Gemeinden des Landes Volksbefragungen stattgefunden, in denen sich jeweils 91% bis 94% der Wähler gegen die atomare Bewaffnung der Bundeswehr aussprachen(→ 30.7./S. 119).

Vor 81 000 Zuschauern in Hannover gewinnt die Fußballmannschaft von Schalke 04 mit 3:0 über den Hamburger SV die Deutsche Fußballmeisterschaft. → S. 94

19. Mai, Montag

Zahlreiche Todesopfer fordert in der libanesischen Hauptstadt Beirut ein Feuergefecht zwischen Regierungstruppen und Oppositionellen (→ 9.5./S. 88).

Die marokkanische Regierung fordert den Abzug der in Ostmarokko nahe der algerischen Grenze stationierten französischen Truppen.

In Bonn wird die Friedrich-Naumann-Stiftung gegründet.

20. Mai, Dienstag

Die französische Nationalversammlung erneuert mit großer Mehrheit die Sondervollmachten der Regierung für Algerien. Der frühere Ministerpräsident Pierre Mendès-France fordert die Regierung auf, »der Arroganz und Angriffslust der Aufrührer von Algier nicht länger geduldig zuzusehen« (→ 13.5./S. 86).

21. Mai, Mittwoch

Der österreichische Bundeskanzler Julius Raab beendet einen viertägigen Aufenthalt in den USA, in dessen Verlauf er inoffizielle Gespräche mit Regierungsmitgliedern führte.

Der österreichische Nationalrat verabschiedet ein Preistreibereigesetz, das es der Preis-Lohn-Kommission aus Vertretern der Sozialpartner und der Regierung ermöglicht, einen »üblichen« Preis verbindlich festzusetzen. → S. 90

22. Mai, Donnerstag

Die Bundesregierung erhebt vor dem Verfassungsgericht in Karlsruhe Klage gegen das Land Hessen wegen Verletzung der Bundestreue, weil Hessen sich geweigert hat, gegen die geplante Durchführung von Volksbefragungen zur atomaren Bewaffnung der Bundeswehr in hessischen Städten einzuschreiten (→ 30.7./S. 119).

Bei den Wahlen zum japanischen Reichstag erreichen die regierenden Liberaldemokraten erneut die absolute Mehrheit. Am 12. Juni wird Ministerpräsident Nobosuke Kischi in seinem Amt bestätigt.

Das Bundesatomministerium bildet eine aus 15 Experten bestehende Reaktorsicherheitskommission.

23. Mai, Freitag

In Stuttgart endet der Bundesparteitag der SPD, der am 19. Mai begonnen hat und in dessen Verlauf Erich Ollenhauer in seinem Amt als Parteivorsitzender bestätigt wurde. → S. 89

In Algier wird ein Zentraler Wohlfahrtsausschuß für Algerien und die Sahara gebildet, zu dessen Präsidenten General Jacques Massu und Sid Cara gewählt werden (→ 13.5./S. 86).

In Belgrad und Warschau wird bekanntgegeben, daß der für Anfang Juni angekündigte Besuch des jugoslawischen Staatspräsidenten Josip Tito in Polen auf unbestimmte Zeit verschoben wird (→ 27.5./S. 88).

Der Parteitag der Kommunistischen Partei der Volksrepublik China billigt einstimmig die vom Zentralkomitee nach Vorschlägen Mao Tse-tungs ausgearbeitete »Generallinie« für den Aufbau des Sozialismus. Diese sieht die richtige Lösung der Widersprüche im Volk, gleichzeitige Entwicklung von Landwirtschaft und Industrie mit Vorrang der Schwerindustrie, Festigung des sozialistischen Eigentums sowie die Diktatur des Proletariats vor (→ 29.8./S. 134).

24. Mai, Sonnabend

Der Putsch französischer Militärs in Algerien führt auch auf Korsika zum Umsturz: Demonstranten unter Führung des aus Algier kommenden Parlamentsabgeordneten Pascal Arrighi besetzen in Ajaccio die Präfektur und bilden einen Wohlfahrtsausschuß (→ 13.5./S. 86).

25. Mai, Pfingstsonntag

Bei den Wahlen zur italienischen Abgeordnetenkammer und dem Senat erreichen die Christlichen Demokraten die Mehrheit und können ihre bisherige Mandatszahl noch vergrößern. Die Kommunisten müssen in der Abgeordnetenkammer leichte Verluste hinnehmen, bleiben aber zweitstärkste Fraktion. Am → 2. Juli (S. 118) bildet der Christdemokrat Amintore Fanfani in Koalition mit den Sozialdemokraten eine neue Regierung für Italien.

Den Ausnahmezustand für Tunesien verkündet Staatspräsident Habib Burgiba, nachdem es in den Tagen zuvor zu Gefechten zwischen tunesischen und französischen Truppen gekommen ist (→ 8.2./S. 38).

In einer Rundfunkansprache bezeichnet Frankreichs Ministerpräsident Pierre Pflimlin den Wohlfahrtsausschuß auf Korsika als illegal und erklärt, auch das Mutterland sei vom Bürgerkrieg bedroht (→ 13.5./S. 86).

26. Mai, Pfingstmontag

Beim Versuch, einen Zwischenfall zwischen jordanischen und israelischen Truppen am Scopusberg bei Jerusalem zu schlichten, wird George A. Flint, Vorsitzender der israelisch-jordanischen Waffenstillstandskommission, getötet.

Die US-amerikanische Nachrichtenagenturen United Press Association (UP) und der International News Service (INS) fusionieren zur United Press International (UPI). → S. 90

27. Mai, Dienstag

Das Bundesverfassungsgericht in Karlsruhe untersagt per Einstweiliger Verfügung die Durchführung einer Volksbefragung zur Atombewaffnung der Bundeswehr im Bundesland Hamburg bis zur Sachentscheidung des Gerichts (→ 30.7./S. 119).

Der französische General Charles de Gaulle gibt bekannt, er habe »das reguläre Verfahren für die Bildung einer republikanischen Regierung« eingeleitet. Er warnt vor jeder Störung der öffentlichen Ordnung und spricht den militärischen Führern in Algier sein Vertrauen aus (→ 13.5./S. 86).

Die Sowjetunion kündigt die Sperrung der im Wirtschaftsabkommen von 1956 zugesagten Kredite an Jugoslawien für fünf Jahre an. → S. 88

Auf Ceylon (heute Sri Lanka) wird nach fünftägigen Unruhen zwischen Singalesen und Tamilen der Ausnahmezustand verhängt.

Im Royal Theatre in Stratford wird das zweiaktige Schauspiel »A Taste of Honey« (»Bitterer Honig«) von Shelag Delaney uraufgeführt.

Der Internationale Leichtathletikverband (IAAF) verbietet die Benutzung des »Katapultschuhs« für Hochspringer. → S. 94

28. Mai, Mittwoch

Die DDR-Volkskammer beschließt die Abschaffung der Lebensmittelkarten. → S. 89

Die französische Regierung unter Ministerpräsident Pierre Pflimlin tritt zurück. – In Paris findet eine Großkundgebung gegen die Machtübernahme General Charles de Gaulles statt (→ 13.5./S. 86).

29. Mai, Donnerstag

Der französische Staatspräsident René Coty beruft General Charles de Gaulle zum Ministerpräsidenten (→ 13.5./S. 86; 4.6./S. 101).

Die tunesische Regierung übermittelt dem UN-Sicherheitsrat eine Beschwerde, in der Frankreich beschuldigt wird, das tunesisch-französische Truppenstationierungsabkommen gebrochen zu haben (→ 8.2./S. 38).

Im NDR und im Bayerischen Rundfunk ist die Erstsendung des Hörspiels »Der gute Gott von Manhattan« von Ingeborg Bachmann zu hören. → S. 93

In Brüssel gewinnt Vorjahressieger Real Madrid mit 3:2 nach Verlängerung über AC Mailand den Fußballeuropapokal der Landesmeister. → S. 94

30. Mai, Freitag

Bundesverteidigungsminister Franz Josef Strauß (CSU) bezeichnet das auf dem SPD-Bundesparteitag verabschiedete Wehrprogramm als gleichbedeutend mit einem Ausscheiden der Bundesrepublik aus dem westlichen Militärblock NATO (→ 23.5./S. 89).

Der finnische Staatspräsident Urho Kekkonen beendet einen neuntägigen Staatsbesuch in der Sowjetunion. Beide Länder sprechen sich für die Einstellung aller Kernwaffenversuche und die Schaffung einer atomwaffenfreien Zone aus.

Als offenen Bruch bestehender Abkommen bezeichnet die jugoslawische Regierung die sowjetische Kreditsperre vom → 27. Mai (S. 88).

Im Rahmen eines Bartók-Festes in Basel wird das Violinkonzert Nr. 1 des ungarischen Komponisten Béla Bartók uraufgeführt. Das zweisätzige Werk ist bereits 1907/08 entstanden. → S. 93

31. Mai, Sonnabend

Auf dem Bundesparteitag des Gesamtdeutschen Blocks/Bund der Heimatvertriebenen und Entrechteten (GB/BHE) in Bad Hersfeld wird Frank Seiboth als Nachfolger des nicht mehr kandidierenden Fritz von Kessel zum neuen Parteivorsitzenden gewählt. → S. 89

Im Mai geht die Arbeitslosenzahl in der Bundesrepublik weiter zurück: Sie liegt nun mit 470 000 (entsprechend 2,4%) um 120 000 unter der Zahl im April und um 15 400 unter dem Vorjahresstand.

Gestorben:

2. Heidelberg: Alfred Weber (*30.7.1868, Erfurt), deutscher Nationalökonom und Soziologe.

5. Richmond/Virginia: James Branch Cabell (*14.4.1879, Richmond), US-amerikanischer Schriftsteller.

17. Göppingen: Hugo Häring (*22.5.1882, Biberach an der Riß), deutscher Architekt.

29. San Juan/Puerto Rico: Juan Ramón Jiménez (*24.12.1881, Moguer/Prov. Huelva), spanischer Dichter.

Das Wetter im Monat Mai

Station	Mittlere Lufttemperatur (°C)	Niederschlag (mm)	Sonnenscheindauer (Std.)
Aachen	– (12,8)	105 (67)	176 (205)
Berlin	14,5 (13,7)	93 (46)	191 (239)
Bremen	– (12,8)	64 (56)	180 (231)
München	– (12,5)	84 (103)	227 (217)
Wien	18,1 (14,6)	18 (71)	260 (–)
Zürich	14,7 (12,5)	104 (107)	213 (207)

() Langjähriger Mittelwert für diesen Monat
– Wert nicht ermittelt

Reminiszenz an die beiden berühmten deutschen Sprach- und Literaturwissenschaftler des 19. Jahrhunderts: Wilhelm (l.) und Jacob Grimm auf der Titelseite der in Kassel erscheinenden »Neuen Schau« vom Mai 1958

Putschisten in Algier verlangen die Rückkehr von de Gaulle

13. Mai. In Algier putschen französische Truppen unter der Führung des Fallschirmjägergenerals Jacques Massu gegen die Regierung in Paris. Die Putschisten bilden einen Wohlfahrtsausschuß für die zivile und militärische Führung und fordern Frankreichs Staatspräsident René Coty auf, für »die Bildung einer Regierung des öffentlichen Heils in Paris« zu sorgen, »die einzig und allein fähig ist, Algerien als einen Teil Frankreichs zu erhalten«.

Dem Umsturz unmittelbar vorausgegangen sind Demonstrationen französischer Siedler in Algerien, die gegen die Berufung von Pierre Pflimlin zum neuen Ministerpräsidenten protestieren. Nach ihrer Ansicht leitet der Regierungschef durch seine Bereitschaft, mit den Aufständischen in Algerien zu verhandeln, die Preisgabe der Kolonie ein.

Die Putschisten, denen sich auch der Oberbefehlshaber der französischen Streitkräfte in Algerien, General Raoul Salan, angeschlossen hat, richten am 14. Mai an General Charles de Gaulle die Bitte, sein seit 1953 andauerndes öffentliches Schweigen zu brechen und selbst eine Regierung zu bilden. Am selben Tag ruft die Regierung in Paris für drei Monate den Notstand aus.

Am 24. Mai dehnt sich der Umsturz auch auf Korsika aus, wo unter Leitung des Abgeordneten Pascal Arrighi ebenfalls ein Wohlfahrtsausschuß gebildet wird.

Schon vor der jetzigen Eskalation hat es wegen der Situation in Algerien seit November 1954, dem Ausbruch der Kämpfe zwischen französischer Armee und der Algerischen Befreiungsfront, die für die Souveränität der Kolonie eintritt, Krisen und ständige Regierungswechsel in Paris gegeben. Meinungsverschiedenheiten und Unsicherheit herrschen vor allem darüber, welcher Status der Kolonie einzuräumen sei. Deshalb wird einerseits die Armee zu unnachgiebigem Verhalten gegenüber den Freiheitskämpfern ermutigt, andererseits werden der Militäretat und die Zahl der in Nordafrika stationierten Soldaten immer wieder verringert, um die angespannte Haushaltslage zu entlasten. Zugleich zeigten sich die Regierungen häufig zu Verhandlungen mit den Aufständischen über eine Rechteausweitung für die moslemische Bevölkerung und die Gewährung von Autonomierechten bereit. Dieses Verhalten führte zu zusätzlicher Verunsicherung der Armee und Vorbehalten bei den weißen Siedlern in Algerien, die um ihre Privilegien fürchten.

Am 29. Mai beugt sich Staatspräsident Coty schließlich dem Willen der Putschisten und beauftragt de Gaulle, der seine Bereitschaft unter gewissen Bedingungen erklärt hat, mit der Regierungsbildung. Die Maßnahme wird in Algerien überschwenglich gefeiert, in Frankreich äußern jedoch viele Gruppen Vorbehalte, weil sie ein übergroßes Machtstreben de Gaulles befürchten.

Der neue Ministerpräsident, der am 1. Juni von der Nationalversammlung bestätigt wird, läßt sich mit umfangreichen Sondervollmachten ausstatten und entläßt das Parlament für ein halbes Jahr (→ 4.6./S. 101; 28.9./S. 150; 21.12./S. 194).

Der Anführer der Putschisten, der Fallschirmjägergeneral Jacques Massu und der frühere französische Algerienminister Robert Lacoste (r.)

Instrument der Terrorherrschaft

In der Französischen Revolution war der Wohlfahrtsausschuß (französisch: Comité de salut public) die eigentliche Regierungsbehörde des Nationalkonvents. Er wurde am 6. April 1793 geschaffen. Obwohl formell dem Konvent verantwortlich wurde der Wohlfahrtsausschuß unter Führung von Maximilien de Robespierre, ein Instrument für Terror und Schreckensherrschaft.

In Algier fordern Demonstranten den Rücktritt Pierre Pflimlins und die Ernennung de Gaulles zum Ministerpräsidenten

»Ich werde ganze Vollmachten verlangen«

In seiner Regierungserklärung vor der französischen Nationalversammlung führt Ministerpräsident Charles de Gaulle am 1. Juni u. a. aus:

»Die Degradierung des Staates beschleunigt sich. Die Einheit Frankreichs ist unmittelbar bedroht. Algerien ist einem Sturm der Prüfungen und Erschütterungen ausgesetzt. Korsika unterliegt einer fiebernden Seuche. Im Mutterland verstärken einander entgegengesetzte Tendenzen ihre Leidenschaften und ihre Aktionen. Die Armee hat sich lange Zeit in würdigen und verdienstvollen Aufgaben erprobt. Sie ist aber über den Mangel an Vollmachten aufgebracht. Unsere internationale Position ist bis in das Mark unserer Allianzen erschüttert. Das ist die Lage des Landes. In diesem Zeitpunkt, da sich so viele Chancen in so vieler Hinsicht Frankreich bieten, ist dieses Land von einer Zerstückelung und vielleicht von einem Bürgerkrieg bedroht. Das sind die Bedingungen, unter denen ich mich angetragen habe, es nochmals zu versuchen, den Staat, die Republik, das Land, zum Heil zu führen ... Für die Erfüllung dieser Pflicht bedarf es der Mittel.
Wenn Sie die Regierung investieren wollen, so wird sie sofort vorschlagen, mir diese Mittel zu verleihen. Sie wird von Ihnen ganze Vollmachten verlangen, um in der Lage zu sein, unter Bedingungen der Wirksamkeit, der Raschheit und der Verantwortlichkeit zu handeln, welche die Umstände erfordern ... Es hätte aber keinen Sinn, einen verhängnisvollen Zustand gut oder schlecht provisorisch zu heilen, wenn man sich nicht entschließen würde, mit der tiefen Ursache unserer Prüfungen ernstlich Schluß zu machen. Diese Ursache ... besteht in der Konfusion und auch in der Unzulänglichkeit der Gewalten. Die Regierung, die ich aufgrund Ihres Vertrauens bilden werde, wird sich ohne Verzögerung mit einem Reformprojekt für den Artikel 90 der Verfassung befassen und zwar derart, daß die Nationalversammlung der Regierung das Mandat verleiht, die unumgänglich notwendigen Verfassungsänderungen auszuarbeiten und dem Land im Wege einer Volksabstimmung vorzuschlagen (→ 28.9./S. 150) ... Die allgemeinen Wahlen sind die Quelle aller Gewalt. Die Exekutiv- und die Legislativgewalt müssen derart wirksam getrennt werden, daß die Regierung und das Parlament jeder für seinen Teil und unter seiner Verantwortung die Gesamtheit seiner Funktionen auf sich nimmt. Die Regierung muß gegenüber dem Parlament verantwortlich sein.

Die feierliche Gelegenheit, die Beziehungen der Republik Frankreich mit den Völkern, die ihr assoziiert sind, zu organisieren, wird dem Land durch die gleiche Verfassungsreform geboten werden ... Durch dieses doppelte Mandat, das ihr durch die Nationalversammlung übertragen wird, wird die Regierung in der Lage sein, die ungeheure Aufgabe zu erfüllen, die ihr damit gestellt wird ...
Sodann ist es notwendig, daß das Parlament diese Gesetzesentwürfe beschließt, die ihm vorgelegt werden, und zwar ohne Verzögerung, da die Ereignisse uns keine Zeit lassen. Sobald diese Beschlußfassung erfolgt ist, wird sich das Parlament [für ein halbes Jahr] in Ferien begeben. ...«

De Gaulle – »Retter Frankreichs«
Der am 22. November 1890 in Lille geborene Charles de Gaule war nach seiner Ausbildung an der Militärakademie Saint-Cyr seit 1937 Stabsoffizier. Am 18. Juni 1940 rief er über Rundfunk seine Landsleute zur Fortführung des Krieges gegen die Deutschen auf, nachdem die französische Armee vor den Truppen des Deutschen Reiches kapituliert hatte. De Gaulle wurde im Juni 1943 Chef der französischen Exilregierung, die er im Juni 1944 zur Provisorischen Regierung der Französischen Republik erklärte. 1945/46 wurde de Gaulle als Ministerpräsident bestätigt und zum provisorischen Staatsoberhaupt gewählt. 1953 zog er sich aus dem politischen Leben zurück, nachdem er seit 1947 vergeblich versucht hatte, mit seiner Partei, der RPF, eine breite Basis in der Bevölkerung zu finden.

◁ *General Charles de Gaulle gilt vielen Franzosen als Retter, der die Staatskrise lösen kann*

Steinwürfe und Demonstrationen gegen Vizepräsident Nixon auf seiner Südamerika-Reise

15. Mai. *Der US-amerikanische Vizepräsident Richard M. Nixon kehrt von einer dreiwöchigen Reise durch sieben lateinamerikanische Staaten zurück. Ziel der Reise war es, die Staaten im südlichen Teil Amerikas politisch stärker an den großen Nachbarn im Norden zu binden.*
Viele der südamerikanischen Länder haben ihre Handelsbeziehungen zur Sowjetunion verstärkt, nachdem aufgrund der Wirtschaftsrezession in den USA (→ 30.6./S. 102) ihre Exportchancen in dieses Land beträchtlich gemindert wurden. Die durch das Handelsdefizit entstandene Not weiter Bevölkerungskreise wird nun den Vereinigten Staaten von Amerika angelastet. Diese Vorbehalte bekam auch Nixon zu spüren. Beim Besuch der San Marco-Universität in der peruanischen Hauptstadt Lima wurde er mit Steinen beworfen; in Caracas (Venezuela) mußte er nach Angriffen auf seinen Wagen in der US-amerikanischen Botschaft Zuflucht suchen. US-Präsident Dwight D. Eisenhower ließ nach den Vorfällen in Caracas Fallschirmjäger und Marine-Füsiliere zu Karibik-Stützpunkten entsenden (Foto l.: Nixon [l.] beim Besuch einer Textilfabrik in Uruguay; Foto M.: Nach dem Zwischenfall in der San Marco-Universität in Lima gibt sich Nixon weiter verständigungsbereit; Foto r.: Kopfballversuch Nixons beim Besuch einer Schule in Ecuador).

Unruhen im Libanon vorläufig beendet

9. Mai. Nach der Ermordung eines oppositionellen Zeitungsherausgebers kommt es in der libanesischen Hafenstadt Tripolis zu Demonstrationen, die in den folgenden Tagen schwere Unruhen auch in der Hauptstadt Beirut nach sich ziehen.
Die Oppositionsparteien fordern den Rücktritt des prowestlich eingestellten Staatspräsidenten Kamil Schamun und rufen zum Generalstreik auf, der am 12. Mai auch weitgehend eingehalten wird.
Schamun, selber Christ, ist es seit seinem Amtsantritt im Jahr 1952 nicht gelungen, einen Ausgleich zwischen der moslemischen Bevölkerung (etwa 48% der Einwohner) und den Christen (etwa 52%) herbeizuführen. Dennoch bemüht Schamun sich nun darum, die Verfassung dahingehend zu ändern, daß er für eine dritte Amtsperiode wiedergewählt werden kann.
Bei den Kämpfen gegen die Aufständischen setzt die libanesische Regierung Panzer und Düsenjäger gegen die Aufständischen ein, deren Widerstand am 16. Mai zusammenbricht (→ 31.7/S. 117).

Ideologie-Streit mit UdSSR

27. Mai. Die Sowjetunion beschließt die Aussetzung eines 1956 vereinbarten Kreditabkommens mit Jugoslawien für fünf Jahre. Anlaß für die Maßnahme sind ideologische Konflikte zwischen beiden Ländern. Bei der Auseinandersetzung geht es um einen Programmentwurf, den die Kommunistische Liga Jugoslawiens auf ihrem Kongreß vom 22. bis 26. April in Ljublana verabschiedete. Darin wurde u. a. am Sozialismus in der UdSSR, insbesondere an der Ära von Staats- und Parteiführer Josef W. Stalin (1922-53) Kritik geübt und der eigenständige Weg Jugoslawiens betont.
Die Kommunistischen Parteien der Volksrepublik China und der UdSSR bezeichneten das Programm Anfang Mai als »antimarxistisch-leninistisches, durch und durch revisionistisches Programm«, das den »reaktionären bürgerlichen Nationalismus an die Stelle des revolutionären proletarischen Internationalismus« setze.

Sowjetführer Nikolai Bulganin, Nikita Chruschtschow, Anastas Mikojan 1955 bei Josip Broz Tito (v. l.)

Lohnerhöhung soll für Ruhe sorgen

13. Mai. Mit einer allgemeinen Lohnerhöhung um 60% gegenüber dem Stand vom 1. Februar 1956 für die Arbeiter und Angestellten der privaten und staatlichen Industrieunternehmen versucht der argentinische Staatspräsident Arturo Frondizi den drohenden Unruhen zuvorzukommen.
Schon Anfang Mai hat die Regierung einen vorübergehenden Stop für Importlizenzen verhängt, um die negative Handelsbilanz des Landes aufzubessern. Am 22. Mai erklärt der Präsident, die Zahl der Einfuhrgenehmigungen übersteige die Möglichkeiten des Landes um das Doppelte, und verhängt vorläufig eine totale Importsperre. Zugleich werden als erste Maßnahme gegen die Inflation die Fahrpreise der Staatsbahnen um 20% gesenkt.
Neben Versuchen zur Verbesserung der Wirtschaftslage bemüht sich Frondizi auch, die politische Situation zu entschärfen. So tritt am 23. Mai ein Amnestiegesetz für alle politischen, militärischen und im Verlauf von Arbeitskonflikten verübten Vergehen in Kraft.

Atomrüstung Thema der Maikundgebung

1. Mai. Die Kundgebungen des Deutschen Gewerkschaftsbundes (DGB) zum Internationalen Tag der Arbeit stehen in fast allen Städten der Bundesrepublik im Zeichen der Auseinandersetzung um die atomare Bewaffnung der Bundeswehr (→ 25.3./S. 50; 7.4./S. 72).
Scharfe Worte findet der Vorsitzende der Industriegewerkschaft Metall, Otto Brenner, vor mehr als 100 000 Demonstrationsteilnehmern in Hamburg. Er droht mit Warnstreiks der Gewerkschaften gegen die Atombewaffnung und setzt sich für eine Volksbefragung in dieser Sache sowie die Ausschöpfung aller legalen außerparlamentarischen Mittel ein, um die Bundeswehr von Atomwaffen freizuhalten und ein allgemeines Abrüstungsabkommen zu erzielen.
Bundeskanzler Konrad Adenauer (CDU) bezeichnet in einer Rundfunkansprache zum 1. Mai die Bereitstellung von Atomwaffen als einzigen Weg zu einer umfassenden Abrüstung.

Höhere Bezüge für Bonner Abgeordnete

7. Mai. Ohne Gegenstimmen bei zwei Enthaltungen beschließt der Bundestag in Bonn eine Diätenerhöhung für seine Abgeordneten. Jeder Parlamentarier erhält künftig eine Aufwandsentschädigung in Höhe von 1100 DM monatlich, die nicht versteuert werden muß.
Ebenfalls steuerfrei sind die Tageskosten-Pauschale in Höhe von 500 DM, die Bürounkosten-Pauschale von 600 DM sowie eine Reisekosten-Pauschale, die je nach Entfernung zwischen Bonn und dem Wohnort des Abgeordneten bis zu 1000 DM betragen kann.
Gar nicht erst zur Abstimmung vorgelegt wird dagegen ein Gesetzentwurf über eine Altersversorgung für Abgeordnete, nachdem im Parlament selbst starke Zweifel an einer solchen Pensionsregelung aufgekommen sind, weil rund 85% der Bundestagsabgeordneten unabhängig von ihrem jetzigen Status über eine wirtschaftlich gesicherte Existenz einschließlich der Alterssicherung verfügen.

Seiboth wird neuer BHE-Vorsitzender

31. Mai. Auf seinem Bundesparteitag in Bad Hersfeld wählt der Gesamtdeutsche Block/Bund der Heimatvertriebenen und Entrechteten (GB/BHE) den bisherigen stellvertretenden Vorsitzenden Frank Seiboth als Nachfolger des nicht mehr kandidierenden Friedrich von Kessel zu seinem Vorsitzenden.
Nachdem der GB/BHE bei den Bundestagswahlen 1957 nicht mehr den Einzug ins Parlament geschafft hat, erklärt der scheidende Vorsitzende, seine Partei müsse nun gemeinsam mit FDP und Deutscher Partei eine »Dritte Kraft« bilden.
Der BHE, gegründet 1950 in Kiel als Interessenvertretung der rund zwölf Millionen Heimatvertriebenen, wurde bei den Landtagswahlen in Schleswig-Holstein 1950 mit 23,4% der Stimmen zweitstärkste Fraktion. 1952 wurde der Name GB/BHE angenommen. Die Partei ist vor allem in Fragen der gesamtdeutschen Politik aktiv und lehnt jegliche Erklärung zum Verzicht auf die ehemaligen deutschen Ostgebiete ab.

Berlin-Garantie

8. Mai. *Bei einem Kurzbesuch in Berlin (West) erneuert US-Außenminister John Foster Dulles (Foto) die 1954 von den drei Westmächten auf einer Konferenz in London abgegebene Garantie für Berlin und gibt zugleich seiner Hoffnung auf die deutsche Wiedervereinigung Ausdruck.*

DDR erhebt Gebühr für Schiffstransit

3. Mai. Der Ministerrat der DDR beschließt die Einführung einer Wasserstraßenbenutzungsgebühr für alle Schiffe, die nicht in der DDR beheimatet sind. Der vor allem betroffenen Interzonenschiffahrt zwischen dem Bundesgebiet und Berlin (West) entstehen dadurch Mehrkosten von mindestens 30 Millionen DM jährlich.
Begründet wird die Maßnahme damit, daß die DDR als Folge der im Bau befindlichen Staustufe in der Elbe bei Geesthacht zusätzliche Sicherungen gegen die Überschwemmung elbnaher Gebiete errichten müsse. Die Gebührenerhebung gebe den »Spaltern und Kriegspolitikern in Bonn eine Lektion«, daß jeder Versuch, die DDR zu schädigen, zurückgewiesen werde und auf seine Urheber zurückfalle.
Die Bundesregierung nennt die Maßnahme am 5. Mai einen politischen Willkürakt, der gegen die Viermächtevereinbarungen über den Interzonenverkehr verstoße. Sie erklärt sich jedoch schließlich bereit, die geforderten Transitgebühren zu übernehmen.

Herbert Wehner rückt in die SPD-Spitze auf

23. Mai. *Nach sechstägiger Dauer endet der SPD-Bundesparteitag in Stuttgart. Die Delegierten haben den Parteivorsitzenden Erich Ollenhauer (M.) mit 319 von 380 Stimmen in seinem Amt bestätigt.*
Zu stellvertretenden Parteivorsitzenden wurden der SPD-Fraktionsvorsitzende im bayerischen Landtag, Waldemar Freiherr von Knoeringen (l.), und der Bundestagsabgeordnete Herbert Wehner (r.) gewählt, der als Vertreter einer neuen Linie innerhalb der Partei gilt. Sein Anliegen ist es, die SPD von einer dogmatischen Klassen- in eine linke Volkspartei umzuwandeln.
Hauptthemen des Parteitags sind die Atomrüstung in der Bundeswehr (→ 25.3./S. 50) und eine mögliche Volksabstimmung über diese Frage (→ 30.7./S. 119) sowie die Wiedervereinigung Deutschlands.

DDR künftig ohne Lebensmittelkarten

28. Mai. In der DDR werden die Lebensmittelmarken abgeschafft; lediglich die Grundnahrungsmittel Zucker, Fleisch und Fett bleiben weiterhin bewirtschaftet.
Damit wird auch das doppelte Preissystem beseitigt, das bislang für teilrationierte Lebensmittel galt: Sie waren auf Karten zu staatlich gestützten niedrigen Preisen erhältlich, im freien Handel jedoch sehr teuer. Nun gelten einheitliche Preise, die über dem Niveau der bisherigen Lebensmittelkarten, aber weit unter den teils überhöhten Preisen für nicht rationierte Waren liegen.
Gleichzeitig erhalten Familien mit geringem Einkommen Teuerungszuschläge von rund 10% monatlich; diese zusätzlichen Staatsausgaben sollen durch Abzüge bei Besserverdienenden finanziert werden.
Obwohl die Behörden nun verkünden, die DDR sei auf dem besten Wege, den Lebensstandard der Bundesrepublik zu überflügeln, müssen DDR-Bewohner immer noch rund ein Drittel mehr für den Inhalt eines Standard-»Warenkorbs« bezahlen als die Bundesbürger.

Staatliche Unterstützung für Butterberg

13. Mai. Bundeslandwirtschaftsminister Heinrich Lübke (CDU) leitet Maßnahmen zur Stützung des Butterpreises ein, der in jüngster Zeit durch billigere Importware unter Druck geraten ist.

Auf sein Geheiß kauft die Einfuhr- und Vorratsstelle für Fette in Frankfurt am Main Butter zum Preis von 600 DM je 100 kg zur Einlagerung auf. Die Butternotierungen im Großhandel liegen bei 585 DM bis 595 DM je 100 kg. Nachdem von Januar bis April Butterüberschüsse von rund 12 500 t angefallen sind, wird für Mai mit einem Überhang von rund 7000 t gerechnet.

Ausgelöst wurde die Überschußproduktion durch die staatlichen Subventionen für die Milchwirtschaft; seit dem Sommer 1957 erhalten die Bauern im Rahmen des Grünen Plans (→ 27.2./S. 40) je Liter Milch eine Unterstützung von vier Pfennig. Die auf diesen Anreiz hin zusätzlich produzierte Milch wurde großenteils zu Butter verarbeitet: Im Dezember 1957 brachten die Landwirte rund 25% mehr Butter auf den Markt als im Vergleichsmonat 1956, im ersten Quartal 1958 steigerte sich die Mehrproduktion auf 31%.

Während die Verbraucher angesichts dieser Ergebnisse auf eine beträchtliche Preissenkung hofften, bemühten sich die Bauernverbände mit Hilfe der Hamburger Milch-, Fett- und Eierkontor GmbH, die Überschüsse einlagert, die am Markt befindliche Ware knapp zu halten.

Dem Versuch der Bundesbürger, sich im benachbarten Ausland mit Butter einzudecken, die dort z. T. um 65% billiger ist, schob Bundesfinanzminister Franz Etzel (CDU) am 1. April einen Riegel vor. Reisende aus Dänemark dürfen nun statt bislang 5 kg nur noch 1 kg Butter über die Grenze bringen. Die Beschränkung wird im Mai auch auf die übrigen Grenzen ausgedehnt.

Wegen der Einfuhrbeschränkungen bilden sich an den Grenzen Schlangen

Zum Einkauf in die Niederlande

Die Bewohner der Grenzgebiete zwischen der Bundesrepublik und den Niederlanden nutzen verstärkt die niedrigeren Lebensmittelpreise im Nachbarland zu Einkaufsfahrten für Nahrungsmittel des täglichen Bedarfs. Ein Preisvergleich bei Standardwaren zeigt folgendes Bild:

Ware	Preis Gulden	Preis DM
5 kg Butter	17,50	36,–
1,5 kg Margarine	2,28	3,96
1 Dose Erbsen und Möhren	–,80	1,50
1 Dose Bohnen	–,55	1,50
1 Dose Erbsen	–,95	1,80
1 Dose Kirschen	1,–	1,50
0,5 kg Kaffee	5,40	10,–
1 Dose Corned Beef	1,48	1,80
1 Dose Rindfleisch	1,39	1,85
1 Dose Gulasch	1,10	1,80
	32,55	61,71

SPÖ auf dem Weg zur Massenpartei

14. Mai. Auf einem außerordentlichen Parteitag in Wien verabschieden die 600 Delegierten einstimmig ein neues SPÖ-Programm. Es soll die Öffnung der Partei für breitere Wählerschichten ermöglichen. Benedikt Kautsky, einer der wesentlichen Mitgestalter der neuen Leitlinien, erklärt, es habe ein Programm entstehen sollen, »das sowohl ein Marxist wie ein Nichtmarxist, ein Atheist wie ein religiöser Sozialist voll und ganz unterschreiben kann«. Zielsetzung der SPÖ unter ihrem Vorsitzenden Bruno Pittermann ist nun die Errichtung einer neuen, klassenlosen Gesellschaft und eines sozialistischen Humanismus. Die Sozialisierungsforderungen werden durch das Eintreten für eine »gerechtere Eigentumsordnung« ersetzt.

B. Kautsky

B. Pittermann

Österreich bremst Lohn-Preis-Spirale

21. Mai. Mit den Stimmen der ÖVP und der SPÖ, den Parteien der Regierungskoalition, verabschiedet der österreichische Nationalrat in Wien eine Gesetzesnovelle gegen die Preistreiberei.

Damit wird die im vergangenen Jahr eingesetzte Paritätische Preis-Lohn-Kommission ermächtigt, einstimmig einen »üblichen« Preis für eine Ware festzusetzen und gegen solche Verkäufer vorzugehen, die das festgelegte Limit erheblich überschreiten. Auf diese Weise sollen Preissteigerungen, die wiederum Lohnerhöhungen nach sich ziehen und damit möglicherweise eine inflationäre Entwicklung einleiten könnten, vermieden werden.

Die oppositionelle FPÖ lehnt das Gesetz ab, weil sie in der Gesetzeslösung die Gefahr einer amtlichen Preisfestsetzung sieht.

Rom verbietet Charterflüge

7. Mai. Auf Drängen der staatlichen Fluggesellschaft Alitalia lehnt die italienische Regierung deutsche Touristik-Charterflüge nach Italien ab und zieht die bereits erteilte Lande-Erlaubnis für deutsche Chartermaschinen auf den Flugplätzen von Mailand, Rom, Neapel und dem sizilianischen Catania zurück.

Die offizielle Begründung für die Maßnahme: Alitalia biete ausreichende Kapazitäten für den Reiseflugverkehr, so daß zusätzliche Maschinen nicht erforderlich seien. Bundesdeutsche Urlauber haben jedoch in jüngster Zeit verstärkt die Charterflüge genutzt, bei denen z. T. für einen 10%igen Aufschlag auf den Linienflugpreis zusätzlich zum Hin- und Rückflug ein 14tägiger Aufenthalt in einem Ferienappartement angeboten wird.

Wenige Tage nach dem Verbot genehmigt die Regierung in Rom jedoch für Mai wieder die Landung der Chartermaschinen auf den Touristikflughäfen. Viele Hotelbesitzer haben protestiert, weil sie durch das Ausbleiben der deutschen Gäste Verdienstausfälle befürchten.

Touristen besteigen auf Mailands Flugplatz eine Alitalia-Maschine

US-Presseagenturen fusionieren zu UPI

26. Mai. Durch den Zusammenschluß von zwei der drei großen US-amerikanischen Nachrichtenagenturen entsteht die Agentur United Press International (UPI).

Die beiden nun fusionierenden Agenturen – die 1907 gegründete United Press Association des Scipps-Howard-Konzerns und der International News Service einschließlich des International News Picture-Service des Hearst-Konzerns (gegründet 1909) – konnten sich bislang gegen die konkurrierende Associated Press, die über 7000 Zeitungen und Radiostationen beliefert, nicht durchsetzen.

Die neugegründete Nachrichtenagentur UPI steht unter der Leitung des bisherigen United-Press-Präsidenten Frank Bartholomew; Vizepräsident ist der ehemalige Direktor des News Service, Kingsbury Smith.

Im Basler Autosilo parkt ein elektronischer Rechner Wagen automatisch auf kleinstem Raum

15. Mai. *Das erste automatische »Autosilo« Europas wird nach dreieinhalbjähriger Bauzeit in Basel eröffnet. Das Parkhaus, in dem die Autos von einer Einfahrtbox aus per Aufzug an ihren Abstellplatz befördert werden, benötigt nur etwa 40% des Baugrunds, der für eine konventionelle Rampengarage erforderlich ist. Das Silo in Basel mit Platz für 374 Wagen hat 15,5 Millionen Schweizer Franken (etwa 15,27 Millionen DM) gekostet. Wie schon in den US-amerikanischen Großstädten ist auch in den europäischen Ballungsräumen mit zunehmender Verkehrsdichte Parken zu einem Problem geworden, dem die Stadtväter mit dem Ausbau des öffentlichen Nahverkehrs, einem Fahrverbot in den Innenstädten und dem Bau von Parkhäusern beizukommen versuchen. Den Komfort des Baseler Autosilos konnte bislang keine Garage in Europa bieten. (Bilder v. l.: Ein- und Ausfahrt des Autosilos im Erdgeschoß eines siebenstöckigen Hotelbaus; Einfahrtbox; Blick aus dem Aufzug in eine Parkbox; Fahrschaft der drei Lifttürme).*

Klangkonserven wirken dank Stereo live

6. Mai. Zu den größten Attraktionen der diesjährigen Hannovermesse, die nach zehntägiger Dauer zu Ende geht, zählen die Stereo-Musiktruhen, die von der Firma Grundig vorgestellt werden.
Dank der neuen Aufnahmetechnik erleben die Zuhörer die vorgeführten Klangkonserven – u. a. »Eine Minute vor Neujahr auf dem Times Square in New York« und die Geräusche eines vorbeifahrenden Eisenbahnzuges –, als ob sie sich am Aufnahmeort befänden.
Experten sagen der Stereotechnik einen ebensolchen Erfolg voraus wie der vor zehn Jahren eingeführten Langspielplatte, die zuvor gängige Schellackplatten fast völlig vom Markt verdrängt hat (→ S. 108).
Bislang gibt es jedoch in der Bundesrepublik ebenso wie in den USA, wo das System entwickelt wurde, Stereoschallplatten und entsprechende Abspielgeräte noch nicht zu kaufen. Mehrere Schallplattenfirmen sind aber schon dazu übergegangen, ihre Musikaufnahmen in Stereo aufzuzeichnen. Die erste Stereosendung im Hörfunk wird am → 26. Dezember (S. 201) ausgestrahlt.

◁ Musiktruhe mit Radio, Plattenspieler und Tonbandgerät, bei der per Knopfdruck von Stereobetrieb auf Mono umgeschaltet werden kann
▽ Stereo-Musiktruhe, deren kreisrunde Lautsprecher an der Wand angebracht sind

Stereo imitiert das menschliche Gehör

Tonträger, die im stereophonischen Aufnahmeverfahren produziert werden, vermitteln dem Zuhörer ein räumliches Klangbild, das weitgehend mit dem des Originals übereinstimmt. Aufnahmetechnisch sind hierfür zwei Mikrophone erforderlich, die den menschlichen Ohren entsprechend unterschiedliche Eindrücke des Gesamtklangs wahrnehmen.
Die Aufnahmen müssen in zwei Tonspuren aufgezeichnet und über zwei Lautsprecher ausgestrahlt werden. Die Schallwellen nimmt der Hörer zwar gleichzeitig wahr, jedoch treten dem Original entsprechende Intensitäts- und Laufzeitunterschiede auf, so daß ein räumlicher Klangeindruck entsteht.
Nach anfänglichen Schwierigkeiten ist die Konstruktion eines neuen Tonkopfes an Schallplattenspielern gelungen, der zwei Tonspuren aus einer Plattenrille abtasten, die Eindrücke dann jedoch wieder trennen kann.

Theater 1958:

Film- und Fernsehkonkurrenz führt zur künstlerischen Krise

Die Theater in der Bundesrepublik Deutschland befinden sich trotz gesicherter Finanzierung, regen Publikumsinteresses und abwechslungsreicher Spielpläne in einer künstlerischen Krise.

Dies wird zum einen auf das Fehlen einer Theaterhauptstadt, deren Funktion vor dem Zweiten Weltkrieg Berlin innehatte, zum anderen auf die wachsende Konkurrenz von Funk, Film und Fernsehen zurückgeführt. Diese Medien wirken sich auf das Theater vor allem dahingehend aus, daß Ensembles auseinandergerissen werden bzw. gar nicht erst entstehen können, weil die Schauspieler wechselnden Verpflichtungen nachgehen. Aber auch Regisseure, technisches Personal und nicht zuletzt Autoren sind neben ihren Engagements an den Bühnen auch bei den anderen Medien beschäftigt, so daß eine kontinuierliche Arbeit kaum gewährleistet werden kann.

Besonders deutlich wird dieses Dilemma in der Saison 1958/59 an den Münchner Kammerspielen, die Hans Schweikart als Intendant leitet. Hier werden für acht Premieren insgesamt zwölf Regisseure sowie ein Schauspielerensemble von fast 90 Personen verpflichtet.

Demgegenüber verfügt das Schloßpark-Theater in Berlin (West), das seit 1951 von Boleslaw Barlog geleitet wird, über ein kleines, aber vergleichsweise festes Ensemble u. a. mit Martin Held, Carl Raddatz, Eva-Katharina Schultz und Marianne Hoppe. Der Spielplan ist stark literarisch geprägt, nach Barlogs Ansicht der beste Weg für das Theater, um sich neben den eher unterhaltenden Medien Film und Fernsehen behaupten zu können.

Zu den bedeutendsten Theaterproduktionen 1958 zählt Gustaf Gründgens' Inszenierung des »Faust II« von Johann Wolfgang von Goethe am Deutschen Schauspielhaus in Hamburg, die im Mai Premiere hat. In dem sehr aufwendigen und deshalb nur selten aufgeführten Stück spielen Will Quadflieg (Faust), Gründgens (Mephisto), Antje Weisgerber (Helena) u. a. An der insgesamt wie Gründgens' »Faust I« von 1957 sehr gelobten Inszenierung wird von der Kritik jedoch die mangelhafte Besetzung kleinerer Rollen vermerkt, wiederum ein Beweis für das Fehlen eines wirklichen Ensembles.

Meistgespielte Stücke an deutschsprachigen Bühnen in der Saison 1957/58

deutschsprachig	*fremdsprachig*
in der Bundesrepublik	
Karl Wittlinger: »Kennen Sie die Milchstraße« (422 Aufführungen an 22 Bühnen)	Frances Goodrich/Albert Hackett: »Das Tagebuch der Anne Frank« (665 Aufführungen an 31 Bühnen)
in der DDR	
Herbert Pfeifer: »Laternenfest« (554 Aufführungen an 22 Bühnen)	Frances Goodrich/Albert Hackett: »Das Tagebuch der Anne Frank« (610 Aufführungen an 22 Bühnen)
in Österreich	
Manfred Hausmann: »Der Fischbecker Wandteppich« (135 Aufführungen an 2 Bühnen)	Frances Goodrich/Albert Hackett: »Das Tagebuch der Anne Frank« (101 Aufführungen an 5 Bühnen)
in der Schweiz	
Friedrich von Schiller: »Don Carlos« (47 Aufführungen an 4 Bühnen)	Somerset Maugham/Sauvajon: »Bezaubernde Julia« (105 Aufführungen an 2 Bühnen)

Um den Autorennachwuchs zu fördern, geht das Nationaltheater Mannheim 1958 neue Wege. Das seit 1957 in einem Neubau untergebrachte Haus, auf dessen Spielplan traditionell viele klassische Stücke zu finden sind, schreibt einen Dramatikerwettbewerb aus. Unter 438 Skizzen, Entwürfen und fertigen Stücken von 374 Autoren wird Johannes Mario Simmels »Der Schulfreund« der Preis zuerkannt; das Stück, das in einer ersten Fassung schon von Barlog angenommen worden war, wird in der Saison 1958/59 in Mannheim uraufgeführt. Weitere literarische Talente treten bei dem Wettbewerb jedoch nicht zutage.

Weiterhin dem modernen, teilweise experimentellen Theater verbunden bleibt das Hessische Landestheater Darmstadt, das von Gustav Rudolf Sellner geleitet wird. Hier findet 1958 u. a. die Uraufführung eines Werkes des absurden Dramatikers Eugène Ionesco in deutscher Übersetzung statt (→ 14.4./S. 80), dessen Stücke auch zuvor schon oft ihre deutsche Premiere in Darmstadt hatten. Daneben sind hier unkonventionelle Klassikeraufführungen zu sehen.

Die Generation der »zornigen jungen Männer« (nach dem gleichnamigen Stück des britischen Dramatikers John Osborne) vertritt der 32jährige Dietrich Haugk, Intendant des Württembergischen Staatstheaters Stuttgart. Hier finden – mit wechselndem Erfolg – viele Uraufführungen und deutsche Erstaufführungen zeigenössischer Stücke statt.

Insgesamt gibt es in der Bundesrepublik Deutschland 121 subventionierte Bühnen, die jährlich rund 160 Millionen DM an Unterstützung erhalten und selbst etwa 80 Millionen DM einspielen.

»Faust II«-Inszenierung von Gustaf Gründgens in Hamburg: Faust (Will Quadflieg), Helena (Antje Weisgerber)

Gerd Seid (Don Carlos), Doris Schade (Königin) in einer Aufführung von Schillers »Don Carlos« in Darmstadt

Der 69jährige Autor Curt Goetz (r.) mit seiner Frau, der Schauspielerin Valerie von Martens, in einer Inszenierung seines Stückes »Miniaturen«

Boleslaw Barlog, Intendant des Schloßpark-Theaters in Berlin

Gustaf Gründgens leitet das Deutsche Schauspielhaus in Hamburg

V. l.: Anthony Perkins, Hugh Griffith, Jo van Fleet in einer Broadway-Inszenierung des Stücks »Schau heimwärts, Engel« nach dem Roman von Wolfe

Cannes-Preis an Sowjet-Film

17. Mai. Zum Abschluß der elften Internationalen Filmfestspiele in Cannes – sie haben am 2. Mai begonnen – wird der sowjetische Spielfilm »Wenn die Kraniche ziehen« von Michail Kalatosow mit der »Goldenen Palme« ausgezeichnet. Besonderes Lob erhält die Hauptdarstellerin Tatjana Somojlowna.
Einen Sonderpreis spricht die Jury, in der auch der deutsche Regisseur Helmut Käutner vertreten ist, dem französischen Film »Mon Oncle« zu, dessen Autor, Regisseur und Hauptdarsteller, Jacques Tati, das »moderne Leben« parodiert.
Offizielle Filmbeiträge der Bundesrepublik waren »Das Wirtshaus im Spessart« von Kurt Hoffmann sowie der Kulturfilm »C12 H22 O11 – auf den Spuren des Lebens«, der den zweiten Preis in der Kategorie Kultur- und Dokumentarfilm erhält.

Die italienische Filmschauspielerin Sophia Loren hält sich während der Filmfestspiele 1958 in Cannes auf

Bachmanns »Guter Gott« im Hörfunk

29. Mai. Ingeborg Bachmanns Hörspiel »Der gute Gott von Manhattan« wird im Norddeutschen und im Bayerischen Rundfunk erstmals ausgestrahlt.
Für das Stück – es handelt von den Gegensätzen zwischen Konventionen und angepaßten Verhaltensweisen auf der einen, der Zügellosigkeit und Selbstvergessenheit der Liebe auf der anderen Seite – wird die österreichische Autorin 1958 mit dem Hörspielpreis der Kriegsblinden ausgezeichnet.

Bartók-Konzert hat in Basel Premiere

30. Mai. Im Rahmen eines Béla-Bartók-Festivals der Stadt Basel wird ein bisher unbekanntes zweisätziges Violinkonzert des 1945 im Alter von 64 Jahren verstorbenen Komponisten uraufgeführt, das in den Jahren 1907/08 entstanden ist.
Bei der Premiere spielt das Basler Kammerorchester unter Leitung von Paul Sacher, der für Veröffentlichung und Uraufführung des Stückes gesorgt hat; den Solopart übernimmt der Geiger Hans-Heinz Schneeberger.

Kokoschkas Werk ist in München zu sehen

11. Mai. Im Münchner Haus der Kunst schließt eine Ausstellung mit Werken des Malers und Graphikers Oskar Kokoschka ihre Pforten. Seit dem 13. März waren 152 Gemälde, 289 Aquarelle und Zeichnungen sowie 86 graphische Blätter des Künstlers zu sehen.
Der Österreicher Kokoschka machte zuerst 1910 durch sein expressionistisches Drama »Mörder, Hoffnung der Frauen« auf sich aufmerksam; zur gleichen Zeit begann er, psychologisch-visionäre Gemälde zu schaffen. Während der nationalsozialistischen Herrschaft war sein Werk als »entartet« verfemt.

Kokoschka gibt bei der Ausstellungseröffnung in München eine Einführung in sein künstlerisches Schaffen

Geschwächte United verliert Cupfinale

4. Mai. Vor 100 000 Besuchern im Londoner Wembley-Stadion gewinnt die Fußballmannschaft Bolton Wanderers zum vierten Mal den englischen Pokal durch ein 2:0 über Manchester United. Das Team aus Manchester ging geschwächt in diese Begegnung: Sieben Spieler aus der Stammformation waren beim Flugzeugabsturz in München am → 6. Februar (S. 34) ums Leben gekommen.

Einer der Überlebenden des Unglücks, der Mittelstürmer Bobby Charlton, ist bester Spieler bei United; überragender Akteur bei den Wanderers ist der zweifache Torschütze Nat Lofthouse.

Nat Lofthouse, englischer Nationalspieler und zweifacher Torschütze für die Bolton Wanderers, mit dem Pokal

Endgültiges Aus für den »Katapultschuh«

27. Mai. Die Internationale Leichtathletikföderation IAAF verbietet auf einer Tagung in London endgültig den »Katapultschuh« für Hochspringer. Bei diesem Schuh ist die Sohle im Vergleich zu normalen Sportschuhen um bis zu 3 cm dikker. Mit dem Verbot wird zugleich der Hochsprung-Weltrekord des Sowjetrussen Juri Stepanow, der am 12. Juli 1957 mit Hilfe des »Katapultschuhs« in Leningrad eine Höhe von 2,16 m erreichte, für ungültig erklärt. Offiziell anerkannte Weltbestmarke bleiben die 2,15 m des farbigen US-Amerikaners Charles Dumas, die er am 29. Juni 1956 in Los Angeles übersprang.

Brundage fordert Friedensaktionen

16. Mai. Nur 27 von 63 Mitgliedern nehmen an der 54. Session des Internationalen Olympischen Komitees (IOC) in Tokio teil, die nach dreitägiger Dauer zu Ende geht.

In einer Grundsatzrede hat IOC-Präsident Avery Brundage während der Tagung noch einmal vier wichtige Bestandteile der olympischen Bewegung genannt: Er erinnerte an die leibeserzieherische Aufgabe, an die Beachtung der Fair-play-Regeln, an die Notwendigkeit von Friedensaktionen und an die Hinwendung zu den Schönen Künsten.

In der strittigen Frage um den Amateurstatus der Olympiateilnehmer behielt er seinen Standpunkt bei: »Nur ein Amateur ist wirklich frei und unabhängig. Er muß nicht wie der Professional gewinnen.«

Wegen der schwachen Besetzung der IOC-Sitzung verzichtet Brundage auf bedeutsame Tagungsordnungspunkte, läßt jedoch am letzten Tag noch einmal über die Frage abstimmen, ob Bobfahren als olympische Disziplin bei den Winterspielen eingeführt werden soll. Die anwesenden Delegierten bestätigen die Negativ-Entscheidung von 1957 mit 22 zu fünf Stimmen.

Schalke 04 wird Deutscher Fußballmeister

18. Mai. Im Hannoveraner Niedersachsenstadion wird vor 81 000 Zuschauern der FC Schalke 04 durch ein 3:0 (2:0) über den Hamburger SV Deutscher Fußballmeister.

Es ist der siebte Titelgewinn der Schalker »Knappen«, die damit den bisherigen Rekord des 1. FC Nürnberg einstellen.

Bei regnerischem Wetter haben die Schalker den besseren Start: In der 5. Minute köpft Berni Klodt nach einer Flanke von Mittelstürmer Günther Siebert das 1:0. Mehrere gefährliche Situationen vor dem von Horst Schnoor gehüteten Hamburger Tor folgen und in der 29. Minute ist es erneut Klodt, der Schalke 2:0 in Führung bringt.

Nach Wiederanpfiff scheint der HSV aufholen zu können. Angetrieben vom linken Läufer Jürgen Werner kommen die Hamburger wiederholt gefährlich vor das Schalker Tor, ohne jedoch Schlußmann Manfred Orzessek ernsthaft zu gefährden. Nationalmittelstürmer Uwe Seeler kann sich nur selten von seinem Bewacher, Schalkes Mittelläufer Otto Laszig, lösen. Auch die Hereinnahme von Josef Posipal in den HSV-Angriff – für ihn spielt Erwin Piechowiak Mittelläufer – kann das Blatt nicht wenden.

Die endgültige Entscheidung in dem von Schiedsrichter Albert Dusch (Kaiserslautern) souverän geleiteten Spiel fällt in der 80. Minute, als Manfred Kreuz nach einer Flanke von Klodt den Ball unhaltbar ins Hamburger Tor schießt.

Über 200 000 Fans bereiten dem Deutschen Fußballmeister Schalke 04 nach dessen Rückkehr vom Finalspiel einen begeisterten Empfang in Gelsenkirchen

Berni Klodt, Schalker Mannschaftskapitän und zweifacher Torschütze im Endspiel um die Deutsche Fußballmeisterschaft, präsentiert stolz die Meisterschale

Real verteidigt den Europapokal

29. Mai. Zum dritten Mal in Folge gewinnt Real Madrid den Fußball-Europapokal der Landesmeister. Im Finale vor 70 000 Zuschauern im Brüsseler Heysel-Stadion benötigen die Spanier allerdings die Verlängerung, um Italiens Meister AC Mailand 3:2 (2:2, 0:0) zu besiegen.

Das entscheidende Tor erzielt in der 108. Minute der schnelle Linksaußen Francisco Gento für Real, nachdem die Italiener im Verlauf der vorangegangenen 90 Minuten zweimal in Führung gegangen sind. Die Mannschaft aus Mailand, die auf dem Weg ins Finale u. a. Borussia Dortmund (1:1, 4:1) bezwang, erweist sich als schwerer Gegner.

Auf Seiten Reals zählen neben Gento zwei Südamerikaner zu den auffälligsten Akteuren im Endspiel: Regisseur Alfredo di Stefano, ein Argentinier, der seit 1953 in Madrid spielt, und Abwehrchef José Santamaria, der 1957 aus Uruguay in die spanische Hauptstadt kam.

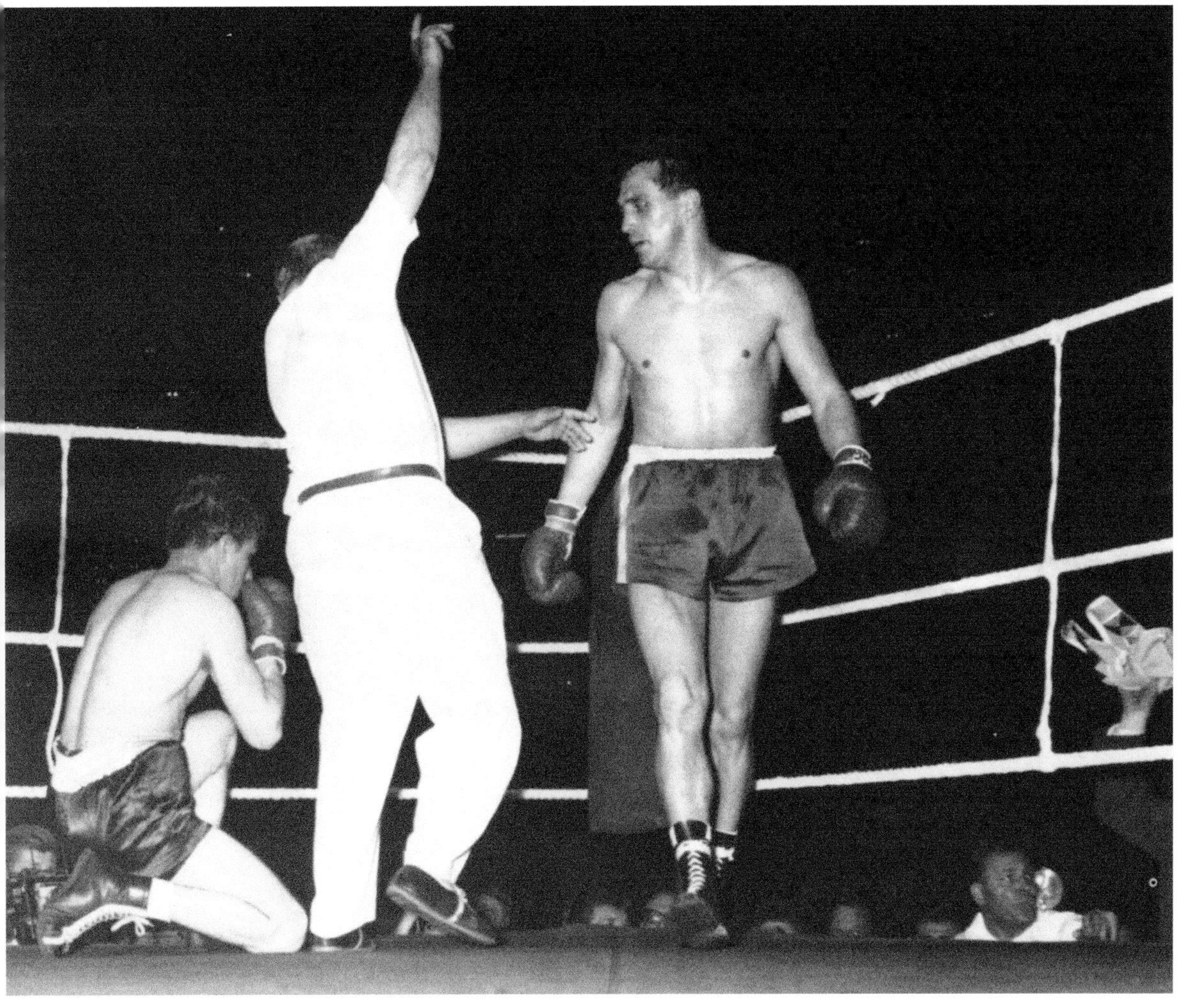

Während Ringrichter Max Pippow (M.) Max Resch (l.) anzählt, wirft Reschs Betreuer das Handtuch (r. »Bubi« Scholz)

Scholz Meister durch ein K.o. gegen Resch

3. Mai. Durch K.o. in der vierten Runde verteidigt der Berliner Gustav (»Bubi«) Scholz souverän den Titel eines Deutschen Meisters der Berufsboxer im Mittelgewicht in der Dortmunder Westfalenhalle gegen den Herausforderer Max Resch aus Stuttgart.
Der Berliner gewann seinen Titel am 29. Juni 1957 in Berlin (West) durch K.o. in der dritten Runde gegen den Kölner Peter Müller.
Vor 10 000 Zuschauern diktiert Scholz von der ersten Sekunde an den Kampf, ist flexibler und seinem Gegner auch taktisch eine Klasse voraus. Resch, der sich nur auf seine Schlagkraft verläßt und unter Vernachlässigung der Deckung ungestüm angreift, geht im Verlauf des kurzen Kampfes zehn Mal zu Boden, ehe sein Manager das Handtuch zum Zeichen der Aufgabe in den Ring wirft.
Mit seinem überlegenen Sieg zeigt Scholz, daß er den Schock der Punktniederlage gegen den Franzosen Charles Humez im Kampf um die Europameisterschaft am 10. März in Paris – seine erste Niederlage in 69 Kämpfen – überwunden hat(→4.10./S. 175).

Botwinnik holt sich den Schach-Titel zurück

10. Mai. Durch ein Unentschieden in der 23. und vorletzten Partie holt sich in Moskau der 47jährige Sowjetrusse Michail Botwinnik mit 12,5 gegen 10,5 Punkten den Titel eines Schachweltmeisters zurück, den er 1957 an seinen Landsmann Wassili Smyslow verlor.
Im Verlauf des über neun Wochen dauernden Meisterschaftskampfes hat Botwinnik schon klar geführt, aber der zehn Jahre jüngere Smyslow, der im Vorjahr überraschend den seit 1948 amtierenden Weltmeister Botwinnik entthronte, konnte sich immer wieder heranarbeiten.
Eine Vorentscheidung brachte die 18. Partie des wie 1957 vom Schweden Gedeon Stahlberg geleiteten Wettkampfs. Im Verlauf des fast zehn Stunden dauernden Aufeinandertreffens hatten beide Schachgroßmeister die Möglichkeit zum Sieg, übersahen jedoch jeweils die aussichtsreichen Varianten. Im Endspiel war Smyslow im Vorteil, wurde jedoch von Botwinnik überlistet.
Die entscheidende 23. Partie wird beim 40. Zug abgebrochen, als Smyslow dem besser postierten Botwinnik Remis anbietet. Damit hat sich zum zweiten Mal in der Geschichte der Schachweltmeisterschaften ein entthronter Weltmeister den Titel zurückgeholt. Als erstem war dies dem Sowjetrussen Alexandr Aljochin gegen den Niederländer Max Euwe im Jahr 1937 gelungen.

Titelverteidiger Wassili Smyslow (l.) und Herausforderer Michail Botwinnik beim Kampf um den Schachweltmeistertitel im Moskauer Tschaikowski-Saal

Die Weltmeister des Schachspiels

1851: Adolf Anderssen (Deutsches Reich) in einem Kandidatenturnier
1858: Paul Morphy (USA): Anderssen 8:3
1866: Wilhelm Steinitz (Österreich/USA): Anderssen 8:6
1894: Emanuel Lasker (Deutsches Reich): Steinitz 12:7
1921: José Raúl Capablanca (Kuba): Lasker 9:5
1927: Alexandr Aljochin (UdSSR/Frankreich): Capablanca 18,5:15,5
1935: Max Euwe (Niederlande): Aljochin 15,5:14,5
1937: Aljochin: Euwe 15,5:9,5
1948: Michail Botwinnik (UdSSR) in einem Kandidatenturnier
1957: Wassili Smyslow (UdSSR): Botwinnik 12,5:9,5
1958: Michail Botwinnik: Smyslow 12,5:10,5
(Es sind jeweils die Jahre angegeben, in denen der Weltmeister wechselte.)

Juni 1958

Mo	Di	Mi	Do	Fr	Sa	So
						1
2	3	4	5	6	7	8
9	10	11	12	13	14	15
16	17	18	19	20	21	22
23	24	25	26	27	28	29
30						

1. Juni, Sonntag

Mit 329 gegen 224 Stimmen billigt die französische Nationalversammlung in Paris die Ernennung von General Charles de Gaulle zum Ministerpräsidenten (→ 13.5./S. 86).

Bei den Wahlen zum schwedischen Reichstag erreicht die bisherige Minderheitsregierung unter dem Sozialdemokraten Tage Erlander durch die Unterstützung der Kommunisten eine knappe Mehrheit im Parlament.

35 der 71 Sitze erhält die konservative Regierungspartei bei den Wahlen zur Legislativversammlung in Ecuador. Die Unabhängigen – sie unterstützen die Regierung – erhalten zehn Mandate. Die Opposition hat 26 Sitze inne.

Auf ihrem Kongreß in München fordert die Arbeitsgemeinschaft deutscher Lehrerverbände in einem Manifest eine grundlegende Reform für das Erziehungs- und Bildungswesen in der Bundesrepublik.

Stirling Moss (Großbritannien) und Jack Brabham (Australien) auf Aston-Martin gewinnen das 1000-km-Rennen auf dem Nürburgring in der Eifel vor dem britischen Gespann Mike Hawthorn und Peter Collins auf Ferrari.

2. Juni, Montag

In einer Erklärung zur Ernennung des französischen Ministerpräsidenten Charles de Gaulle kündigt die Bundesregierung an, sie werde alles tun, um die bisherige freundschaftliche Zusammenarbeit mit dem westlichen Nachbarland Frankreich fortzusetzen.

In Botschaften an den tunesischen Staatspräsidenten Habib Burgiba und den marokkanischen König Muhammad V. erklärt der französische Ministerpräsident Charles de Gaulle, die gegenwärtigen Schwierigkeiten in den Beziehungen Frankreichs zu den nordafrikanischen Ländern sollten baldmöglichst beseitigt werden (→ 8.2./S. 38).

3. Juni, Dienstag

In einem Schreiben an den US-amerikanischen Präsidenten Dwight D. Eisenhower schlägt der sowjetische Parteiführer und Ministerpräsident Nikita S. Chruschtschow die Aufnahme von Verhandlungen über einen amerikanisch-sowjetischen Handelsvertrag vor.

Nach einer Meldung der Zeitschrift »Die Volksarmee«, dem Organ der DDR-Truppe, ist es in der Sowjetunion gelungen, Hartbenzin herzustellen, das sich auf Antarktisstationen bereits bewährt haben soll.

4. Juni, Mittwoch

Der französische Ministerpräsident Charles de Gaulle bricht zu einer Reise nach Algerien auf. Er erklärt bei einer Ansprache in Algier, es werde von nun an nur noch Franzosen mit gleichen Rechten und Pflichten geben. → S. 101

Bei der Rückkehr von einem zehntägigen Aufenthalt in der Sowjetunion erklärt der Generaldirektor des Essener Krupp-Konzerns, Berthold Beitz, seine Firma habe in der UdSSR Abschlüsse über die Lieferung von Maschinen und Industrieausrüstungen in Höhe von 50 Millionen DM getätigt. → S. 104

5. Juni, Donnerstag

Léon Delbecque, stellvertretender Vorsitzender des Wohlfahrtsausschusses für Algerien und die Sahara erklärt in einer Rundfunkansprache, die Ausschüsse wollten die am → 13. Mai (S. 86) mit dem Putsch in Algier begonnene Revolution gegen die französische Regierung bis zur Vollendung fortsetzen.

6. Juni, Freitag

Der Rat der Arabischen Liga beendet eine mehrtägige Sitzung in der libyschen Hafenstadt Bengasi, auf der es nicht gelang, eine Einigung über die Beilegung des Konflikts zwischen dem Libanon und der Vereinigten Arabischen Republik zu erzielen (→ 31.7./S. 117).

Während seines Staatsbesuchs in den Vereinigten Staaten, der nach viertägiger Dauer endet, betont Bundespräsident Theodor Heuss, daß die Bundesrepublik zum Westen gehöre und es in diesem Punkt keine Neutralität geben könne. → S. 103

7. Juni, Sonnabend

DDR-Behörden lassen die Besatzung eines US-amerikanischen Militärhubschraubers festnehmen, der versehentlich auf dem Gebiet der DDR gelandet ist. Die DDR protestiert zugleich gegen die Verletzung ihres Luftraumes und macht die Freilassung der US-Soldaten von der Aufnahme von Regierungsverhandlungen abhängig (→ 19.7./S. 121).

Nach seiner Rückkehr aus Algerien ernennt der französische Ministerpräsident Charles de Gaulle den Oberbefehlshaber in Algerien, General Raoul Salan, der auch am Putsch vom → 13. Mai (S. 86) beteiligt war, zum Generaldelegierten in der französischen Kolonie Algerien.

In Nikosia kommt es bei einer Demonstration türkischer Zyprioten für eine Teilung der Insel zu blutigen Kämpfen mit Angehörigen der griechischen Bevölkerungsgruppe, bei denen vier Menschen getötet werden. Die britischen Kolonialherren verhängen daraufhin ein Ausgehverbot für die vier größten Städte auf der Mittelmeerinsel und erlassen am 12. Juni ein völliges Versammlungsverbot für die gesamte Insel (→ 19.6./S. 101).

Nach sechstägiger Dauer endet in Sofia der 7. Parteikongreß der bulgarischen Kommunistischen Partei. Der Kongreß billigt die Richtlinien für den dritten Fünfjahresplan (1958-1962), die eine Steigerung der Industrieproduktion um 60%, eine beschleunigte Entwicklung der Leicht- und Lebensmittelindustrie sowie die Verdoppelung der Elektrizitätserzeugung vorsehen.

In Diessen am Ammersee wird das erste SOS-Kinderdorf in der Bundesrepublik eingeweiht. → S. 106

8. Juni, Sonntag

Mit 76,4% der abgegebenen Stimmen wird der Kandidat der Regierung, Admiral Américo Tomás, zum neuen portugiesischen Präsidenten gewählt. Er tritt sein Amt am 9. August an. → S. 101

Auf dem Bundesparteitag der Deutschen Partei (DP) in Berlin (West), der am 6. Juni begonnen hat, wird der Parteivorsitzende Heinrich Hellwege, Ministerpräsident von Niedersachsen, in seinem Amt bestätigt.

Der Italiener Ercole Baldini gewinnt den Giro d'Italia, zu dem am 18. Mai 120 Radrennfahrer in Mailand gestartet waren. Der Krefelder Hans Junkermann belegt mit 16:54 min Rückstand auf den Sieger den 13. Platz (→ 18.6./S. 111).

9. Juni, Montag

Die Bundesregierung beantragt beim Bundesverfassungsgericht in Karlsruhe Einstweilige Verfügungen gegen die Länder Bremen und Hessen, um in diesen Ländern angesetzte Volksbefragungen zur atomaren Bewaffnung der Bundeswehr zu verschieben (→ 30.7./S. 119).

In seiner Thronrede zur Eröffnung des Parlaments in Athen fordert der griechische König Paul die Gewährung des Selbstbestimmungsrechts für die Bevölkerung Zyperns. – Am selben Tag ersucht die britische Regierung in London die Türkei, auf ihre Landsleute auf der Mittelmeerinsel beschwichtigend einzuwirken (→ 19.6./S. 101).

Auf der Generalversammlung der Industriegewerkschaft Bergbau in München, die noch bis zum 13. Juni dauert, fordert deren Vorsitzender Heinrich Gutermuth die Verstaatlichung des Kohlebergbaus. → S. 104

10. Juni, Dienstag

Der Zentrale Wohlfahrtsausschuß für Algerien und die Sahara fordert in einer Erklärung an den französischen Ministerpräsidenten Charles de Gaulle die Verschiebung der Gemeindewahlen in dem nordafrikanischen Land, die Aufhebung des Sonderstatus Algeriens sowie die Auflösung der politischen Parteien. – Am folgenden Tag weist de Gaulle die Erklärung in scharfer Form zurück.

Vor dem britischen Unterhaus befürwortet Verteidigungsminister Duncan Sandys ein umfassendes Abrüstungsabkommen. → S. 101

11. Juni, Mittwoch

Der neugewählte japanische Reichstag in Tokio bestätigt den bisherigen Ministerpräsidenten Nobosuke Kischi in seinem Amt.

Der österreichische Nationalrat ratifiziert den deutsch-österreichischen Vertrag zur Regelung vermögensrechtlicher Beziehungen vom 15. Juli 1957.

12. Juni, Donnerstag

In einer Einstweiligen Verfügung untersagt das Bundesverfassungsgericht dem Land Bremen die Durchführung einer Volksbefragung zur atomaren Aufrüstung der Bundeswehr (→ 30.7./S. 119).

Gemäß dem Beschluß des UN-Sicherheitsrats trifft eine erste Beobachtergruppe in Beirut ein, um eine mögliche Einmischung von außen in den innenpolitischen Konflikt im Libanon zu überprüfen (→ 31.7./S. 117).

Auf der Mitgliederversammlung der deutsch-niederländischen Handelskammer in Wiesbaden wird ein Gutachten vorgelegt, das die Verschmutzung des Rheins als an der Grenze des Erträglichen bezeichnet. → S. 104

13. Juni, Freitag

Mit den Stimmen der Regierungsparteien CDU/CSU und DP sowie der FDP lehnt der Bundestag einen Gesetzentwurf der SPD-Fraktion ab, der eine Volksbefragung über die atomare Aufrüstung der Bundeswehr im gesamten Bundesgebiet vorsah (→ 30.7./S. 119).

Die Türkei und Griechenland beschuldigen in Noten an den Sicherheitsrat der Vereinten Nationen das jeweils andere Land, für die Unruhen auf Zypern verantwortlich zu sein (→ 19.6./S. 101).

14. Juni, Sonnabend

Der DDR-Ministerrat beschließt Maßnahmen zur Förderung der Landwirtschaftlichen Produktionsgenossenschaften (LPG), die Einzelbauern zum Eintritt in die LPG bewegen sollen. → S. 106

Die Rüsselsheimer Opelwerke beginnen mit der Auslieferung einer neuen Modellreihe des »Kapitän«, der vorn und hinten mit Panoramascheiben ausgerüstet ist. → S. 107

Hunderttausende Münchner beteiligen sich an den offiziellen Feierlichkeiten zum 800jährigen Bestehen der Stadt (→ 13.6./S. 103).

In Venedig wird die 29. Kunstbiennale eröffnet, auf der noch bis Oktober neben moderner Kunst u. a. Werke von Gustav Klimt, Georges Braque und Marc Chagall zu sehen sind. → S. 108

Vor 20 000 Zuschauern gewinnt der FV Hombruch 09 durch ein 3:1 über den ASV Bergedorf in Dortmund die Deutsche Fußballamateur-Meisterschaft.

15. Juni, Sonntag

Die neue Kampagne der Ostblockstaaten gegen Jugoslawien (→ 27.5./S. 88) beruhe weniger auf ideologischen Differenzen als auf der Weigerung Jugoslawiens, in das »sozialistische Lager« einzutreten. Diese Ansicht äußert der jugoslawische Staatspräsident Josip Tito in einer Rede in Labin (Istrien).

Die Veränderung der Automobile seit der Jahrhundertwende zeigt die »ADAC-Motorwelt« aus München im Juni 1958 auf ihrer Titelseite

ADAC
Motorwelt
HEFT 6 JAHRGANG 11
MÜNCHEN JUNI 1958
OFFIZIELLES ORGAN DES ALLGEMEINEN DEUTSCHEN AUTOMOBIL-CLUB E.V.
UND DES AUTOMOBIL- UND TOURING-CLUB SAAR IM ADAC

Juni 1958

16. Juni, Montag

Der Regierende Bürgermeister von Berlin (West), Willy Brandt, fordert in einem Schreiben an den Magistrat in Berlin (Ost) die Freilassung Inhaftierter, die im Zusammenhang mit dem Volksaufstand am 17. Juni 1953 verurteilt wurden, sowie die Zusammenarbeit und einen unbeschränkten Verkehr zwischen beiden Teilen der Stadt (→ 18.6./S. 103).

Der Schweizer Bundesrat beschließt die Schaffung eines Landesverteidigungsrates als beratendes Organ des Bundesrats.

Die Vereinigten Staaten und Japan schließen ein Abkommen über die Zusammenarbeit bei der Nutzung der Atomenergie.

In Köln geht der erste deutsche Krankenhaustag zu Ende, der am 11. Juni gleichzeitig mit einer Krankenhausausstellung von 410 Firmen begonnen hat. Nach Angaben der Teilnehmer fehlen in den Krankenhäusern Investitionen in Höhe von vier Milliarden DM.

17. Juni, Tag der deutschen Einheit

Das ungarische Justizministerium gibt bekannt, daß die Führer des Volksaufstands von 1956 in einem Geheimprozeß verurteilt worden seien. Der frühere Ministerpräsident Imre Nagy, der ehemalige Verteidigungsminister General Pal Maleter sowie Miklos Gimes und Josef Szilagyi seien zum Tode verurteilt und bereits hingerichtet worden. – Die Nachricht löst außerhalb der Ostblockstaaten Empörung und Proteste aus. → S. 100

Tunesien und Frankreich einigen sich darauf, daß die französischen Truppen innerhalb von vier Monaten aus allen Stützpunkten in Tunesien außer der Hafenstadt Biserta abgezogen werden.

18. Juni, Mittwoch

Das Schreiben des Regierenden Bürgermeisters von Berlin (West), Willy Brandt (SPD), vom 16. Juni wird vom Magistrat in Berlin (Ost) zurückgewiesen. → S. 103

Das Zentralkomitee der sowjetischen Kommunistischen Partei beschließt die Aufhebung der Pflichtablieferungen von landwirtschaftlichen Produkten durch die Kolchosen. Arbeiten der Maschinen-Traktoren-Stationen sollen künftig nicht mehr durch Naturalien entlohnt werden (→ 26.2./S. 38).

Die Algerische Befreiungsfront FLN gibt bekannt, daß sie auch mit der neuen französischen Regierung unter Charles de Gaulle keine Kompromisse schließen wolle, sondern weiterhin für die Unabhängigkeit Algeriens kämpfen werde.

Die am 11. Juni begonnene Radrundfahrt Tour de Suisse endet in Zürich mit dem Gesamtsieg des Italieners Pasquale Fornara. Mit 7:06 min Rückstand wird der Krefelder Hans Junkermann Zweiter vor den Italienern Antonio Catalano und Nino Defilippis. → S. 111

19. Juni, Donnerstag

Nach Angaben von Bundesverteidigungsminister Franz Josef Strauß soll die Bundeswehr bis 1963 so umorganisiert werden, daß sie sowohl den Anforderungen eines atomaren wie eines konventionell geführten Krieges entspricht.

Im britischen Unterhaus legt Premierminister Harold Macmillan einen Plan zur Lösung der Zypernfrage vor. → S. 101

Die ARD-Anstalten beschließen, bis 1960 ein zweites Fernsehprogramm für die Bundesrepublik einzurichten.

20. Juni, Freitag

Der Bundestag verabschiedet eine Steuerreform, die u. a. die Möglichkeit des sog. Splitting für Ehegatten vorsieht. Nach den Worten von Finanzminister Franz Etzel (CDU) ist die neue Gesetzgebung, die zum 1. September gültig wird, mittelstands- und familienfreundlich. → S. 103

Als schwächstes Glied der großen demokratischen Gemeinschaft bezeichnet der brasilianische Präsident Juscelino Kubitschek de Oliveira die Staaten Lateinamerikas. → S. 102

21. Juni, Sonnabend

Der französische Franc wird um 20% abgewertet.

Der Ungarn-Ausschuß der Vereinten Nationen erörtert die Hinrichtung des ehemaligen ungarischen Ministerpräsidenten Imre Nagy (→ 7.6./S. 100).

UN-Generalsekretär Dag Hammarskjöld verhandelt mit den Regierungen Israels und Jordaniens, um eine Lösung im Konflikt um die israelische Enklave am Scopusberg bei Jerusalem herbeizuführen.

Auf einem Schönheitswettbewerb in Baden-Baden wird die 19jährige Hotelsekretärin Marlies Behrens aus München zur »Miss Germany 1958« gewählt. → S. 107

22. Juni, Sonntag

Zum Abschluß einer zweitägigen Konferenz verabschieden Politiker der Europäischen Wirtschaftsgemeinschaft (EWG) ein »Straßburger Manifest«, das den politischen Zusammenschluß der EWG-Staaten vorsieht. → S. 101

Wegen anhaltender Unruhen schiebt der Bundesrichter des US-Staates Arkansas, Harry J. Lemley, die Rassenintegration in der Schule von Little Rock für zweieinhalb Jahre auf. Die schwarzen Schüler waren ab September 1957 teils von Bundessoldaten zum Unterricht begleitet worden (→ 12.9./S. 152).

Sieger des Deutschen Galopp-Derbys in Hamburg-Horn wird Wilderer aus dem Gestüt Ravensberg mit Werner Gassmann im Sattel mit einer Kopflänge vor Ozean mit Jockei Hein Bollow und Agio unter Ferdinand Drechsler.

Olivier Gendebien (Belgien) und Phil Hill (USA) gewinnen auf Ferrari das 24-Stunden-Rennen von Le Mans.

Mit 1,80 stellt die Rumänin Jolanda Balas in Bukarest einen Weltrekord im Hochsprung auf. → S. 111

23. Juni, Montag

Der libanesische Ministerpräsident Sami as-Sulh erklärt in einem Interview, man könne nicht mehr von einer Infiltration sprechen, sondern Syrien und Ägypten führten offenen Krieg gegen sein Land (→ 31.7./S. 117).

Zum Abschluß eines am 4. Juni begonnenen Staatsbesuchs des nepalesischen Königs Mahendra in der UdSSR erklärt sich die Regierung der Sowjetunion zur technischen Hilfeleistung gegenüber dem Himalaja-Staat bereit.

Während einer vom 21. bis 27. Juni dauernden Sitzungsperiode stimmt das Europäische Parlament in Straßburg über die künftige Europa-Hauptstadt ab. → S. 101

24. Juni, Dienstag

Das Bundesverfassungsgericht in Karlsruhe erklärt die Steuerbegünstigungen für private Spenden an politische Parteien für grundgesetzwidrig. → S. 103

Auf Antrag der Bundesregierung erläßt das Bundesverfassungsgericht eine Einstweilige Verfügung, die es der hessischen Landesregierung untersagt, Volksbefragungen über die Aufrüstung der Bundeswehr mit Atomwaffen in den hessischen Gemeinden zuzulassen (→ 30.7./S. 119).

25. Juni, Mittwoch

Nachdem die belgische Koalitionsregierung aus Sozialisten und Liberalen bei den Parlamentswahlen am 1. Juni ihre Mehrheit verloren hat, bildet Gaston Eyskens eine Minderheitsregierung aus Mitgliedern der Christlich-Sozialen Partei, die über 104 der 212 Abgeordnetensitze in Brüssel verfügt.

26. Juni, Donnerstag

In der Schweizer Bürgergemeinde Riehen im Halbkanton Basel-Stadt wird den Frauen per Volksabstimmung das Stimmrecht eingeräumt. → S. 104

Das Direktorium der Weltbank verlängert die Amtszeit des Präsidenten Eugene R. Black bis zum 1. Mai 1963.

27. Juni, Freitag

In einer Rundfunkrede bezeichnet der französische Ministerpräsident Charles de Gaulle die Algerienfrage, die wirtschaftliche Lage des Landes und die Staatsreform als dringlichste Aufgaben seiner Regierung.

In der Bundesrepublik wird der Diskontsatz um 0,5% auf 3% gesenkt.

Die vom österreichischen Nationalrat verabschiedete Novelle zum Kartellgesetz legt fest, daß künftig als Kartell nicht nur vertragliche Bindungen gelten, sondern auch sog. Gentleman-Agreements, also informelle Absprachen zwischen Unternehmern.

28. Juni, Sonnabend

In einer Rede vor Danziger Werftarbeitern erkennt der polnische Parteiführer Wladyslaw Gomulka die führende Rolle der Sowjetunion und die Unantastbarkeit des »Sozialistischen Lagers« an.

In einer Feierstunde werden den ersten Bewohnern der neugegründeten Ortschaft Sennestadt bei Bielefeld ihre Wohnungen übergeben. → S. 106

Erfolgreichster Segler bei der Kieler Woche, die am 21. Juni eröffnet wurde, ist der Schwede Kurt Ribbhagen, der in der 5,5-m-Klasse sieben Tagessiege schaffte.

29. Juni, Sonntag

Im Endspiel um die Fußballweltmeisterschaft unterliegt Gastgeber Schweden in Stockholm der Mannschaft von Brasilien 2:5. Der mit 17 Jahren jüngste Teilnehmer, der Brasilianer Pele, erzielt zwei Treffer. → S.110

30. Juni, Montag

Der Senat der Vereinigten Staaten beschließt mit 64 gegen 20 Stimmen, das bisherige Territorium Alaska als 49. Staat in die Union aufzunehmen. → S. 102

In den USA erreicht die Zahl der Arbeitslosen mit rund 5,437 Millionen den höchsten Stand seit August 1941. → S. 102

Um knapp 70 000 auf rund 400 000 sinkt die Arbeitslosenquote in der Bundesrepublik; dies sind 2,1% der Erwerbstätigen. Im Vorjahr waren etwa 52 000 Bundesbürger mehr arbeitslos.

Nach Angaben der UN-Ernährungs- und Landwirtschaftsorganisation FAO ist die Landwirtschaftsproduktion im Wirtschaftsjahr 1957/58 erstmals seit dem Zweiten Weltkrieg rückläufig. → S. 106

Gestorben:

4. London: Mechthilde Fürstin Lichnowsky (*8.3.1879, Schloß Schönburg bei Griesbach im Rottal), deutsche Schriftstellerin.

7. Herdecke: Walter Freitag (*14.8.1889, Remscheid), deutscher Gewerkschafter.

16. **(?)** Budapest (?): Imre Nagy (*7.6.1896, Kaposvár), ungarischer Politiker (→ 17.6./S. 100).

20. Köln: Kurt Adler (*10.7.1902, Königshütte/Chorzow), deutscher Chemiker, Chemienobelpreisträger 1950.

29. Düsseldorf: Karl Arnold (*21.3.1901, Herrlishöfen bei Biberach an der Riß), deutscher Politiker.

30. Berlin: Walther Schreiber (*10.6.1884, Pustleben/Wipperdorf bei Nordhausen), deutscher Politiker und Jurist.

Das Wetter im Monat Juni

Station	Mittlere Lufttemperatur (°C)	Niederschlag (mm)	Sonnenscheindauer (Std.)
Aachen	– (15,9)	68 (77)	193 (200)
Berlin	15,5 (16,5)	75 (62)	190 (244)
Bremen	– (16,0)	78 (59)	169 (218)
München	– (15,8)	110 (121)	219 (201)
Wien	17,1 (17,6)	150 (68)	214 (–)
Zürich	15,3 (15,5)	207 (138)	227 (220)

() Langjähriger Mittelwert für diesen Monat
– Wert nicht ermittelt

Modernes Bild auf dem Titel der Juni-Ausgabe der Kölner Kunstzeitschrift »Magnum«

Weltweite Empörung über Nagys Verurteilung zum Tode

17. Juni. In Budapest und Moskau wird bekanntgegeben, daß der ehemalige ungarische Ministerpräsident Imre Nagy, Ex-Verteidigungsminister Pal Maleter sowie zwei weitere Führer des ungarischen Volksaufstandes vom Oktober/November 1956 zum Tode verurteilt und die Urteile bereits vollstreckt seien. Alle Angeklagten wurden der Verschwörung zum Sturz der Volksdemokratie für schuldig befunden.

Die Nachricht von der Hinrichtung löst weltweit Empörung aus. Zugleich werden Ungarn und die Sowjetunion beschuldigt, das Völkerrecht verletzt zu haben: Eine Gruppe von Aufständischen unter Führung von Nagy hatte nach der Niederschlagung des Aufstandes durch sowjetische Panzertruppen in der jugoslawischen Botschaft in Budapest Schutz gesucht. Auf die Zusicherung der ungarischen Behörden, daß ihnen im Zusammenhang mit dem Umsturz keine Strafverfolgung drohe, hatte die Gruppe um Nagy ihr Asyl verlassen.

Imre Nagy, von 1953 bis 1955 und 1956 ungarischer Ministerpräsident

General Pal Maleter führte Aufständische gegen sowjetische Truppen

Der Sonderausschuß der Vereinten Nationen zur Untersuchung des ungarischen Volksaufstandes, der 1957 in einer Resolution das Verhalten der Sowjetunion einhellig verurteilt hatte, bezeichnet die Hinrichtungen als »das letzte tragische Ereignis, bei welchem die Männer, die Symbole der Hoffnung einer Nation auf Befreiung von ausländischer Beherrschung darstellen, heimlich zu Tode gebracht worden« seien. Sie seien der Beweis, daß die Unterdrückung des ungarischen Volkes nicht aufgehört habe und die Terrorherrschaft andauere.

Mahnwache ungarischer Flüchtlinge am Gedenkkreuz für Imre Nagy und Pal Maleter auf Schweizer Limmatbrücke

Imre Nagy-Kämpfer für ein freies Ungarn

Imre Nagy, geboren 1896, wurde im Juli 1953 zum ersten Mal ungarischer Ministerpräsident. Er konnte sich mit seiner »weichen Linie« jedoch nicht gegen die Stalinisten um seinen Amtsvorgänger und Sekretär der Kommunistischen Partei, Mátyás Rákosi, durchsetzen und wurde 1955 aus allen Staats- und Parteiämtern entlassen. Zwar wurde Rákosi im Februar des Jahres 1956 abgelöst, mit Ernö Gerö folgte ihm jedoch ein dogmatischer Stalinist ins Amt des Parteiführers.

Nach Unruhen und Protestaktionen, denen Gerö starr und uneinsichtig begegnete, kam es im Oktober 1956 zum ungarischen Volksaufstand. Studenten forderten ultimativ den Abzug der sowjetischen, Truppen, die Abschaffung der Geheimpolizei, freie Wahlen, Pressefreiheit und weitere demokratische Rechte. Nach blutigen Zusammenstößen mit den Aufständischen unter Führung von General Pal Maleter zog sich die Rote Armee zunächst zurück. Nagy wurde zum Ministerpräsident ernannt, bildete ein Mehrparteienkabinett und verkündete den Austritt Ungarns aus dem Warschauer Pakt.

Daraufhin griffen sowjetische Panzerverbände ein, schlugen den Aufstand nieder und stützten die neue moskautreue Regierung unter Ministerpräsident János Kádár.

Opposition gegen Portugals Diktator

8. Juni. Bei den Präsidentschaftswahlen in Portugal setzt sich erwartungsgemäß der Kandidat der Regierung, Admiral Américo Tomás, mit 76,4% der abgegebenen Stimmen durch. Sein Gegenkandidat, der oppositionelle General Humberto Delgado erreicht mit 23,5% der Wählerstimmen jedoch einen Achtungserfolg. Die Wahlbeteiligung liegt bei 36%.

Américo Tomás

Während des Wahlkampfs kam es wiederholt zu Demonstrationen gegen das diktatorische Regime von Ministerpräsident António de Oliveira Salazar, der 1932 die Macht übernahm und mit der Verfassung von 1933 einen Staat ohne Parteien und Parlamentarismus schuf. Nach der Abstimmung läßt Salazar erklären, die nächsten Präsidentschaftswahlen würden voraussichtlich durch die Vereinigten Kammern des Regimes vorgenommen.

Als Europa-Zentrum liegt Brüssel vorn

23. Juni. Im Verlauf seiner siebentägigen Sitzungsperiode (21.6.–27.6.) stimmt das Europäische Parlament in Straßburg in zwei Wahlgängen über diejenigen Städte ab, die sich als Sitz der Institutionen für die Europäische Wirtschaftsgemeinschaft (EWG), die Europäische Atomgemeinschaft (EURATOM) und die Europäische Gemeinschaft für Kohle und Stahl (EGKS, Montanunion) bewerben. Nach einem Beschluß der Außenminister der EWG vom 7. Januar sollen die europäischen Institutionen vorläufig an wechselnden Orten tagen.

Interesse für die Funktion einer »Europa-Hauptstadt« haben Brüssel, Luxemburg, Mailand, Monza, Nizza, Paris, Straßburg, Stresa, Turin sowie das französische Departement Oise bekundet. Nach dem zweiten Wahlgang bleiben Brüssel (170 Stimmen), Straßburg (161) und Mailand (155) als mögliche Kandidaten übrig, die nun dem Ministerrat der Gemeinschaften als Wunsch des Parlaments vorgeschlagen werden. Die endgültige Entscheidung über den Ort fällen dann die Regierungen der Mitgliedsstaaten.

De Gaulle umjubelt

4. Juni. *Wenige Tage nach seinem Amtsantritt reist der französische Ministerpräsident Charles de Gaulle nach Algerien, wo ihn die Bevölkerung jubelnd begrüßt. De Gaulle will durch seinen Besuch die politische Lage nach dem Putsch vom* *→ 13. Mai (S. 86)* *entschärfen und die Möglichkeit zur Lösung der Krise signalisieren. De Gaulle appelliert an die algerischen Aufständischen und die französischen Kolonialtruppen, sich zu verständigen.*

Britischer Plan für Lösung auf Zypern

19. Juni. Großbritanniens Premierminister Harold Macmillan legt dem Unterhaus Pläne der Regierung für eine neue Zypernpolitik vor, die eine partnerschaftliche Lösung zwischen Großbritannien, Griechenland, der Türkei und den griechischen und türkischen Bevölkerungsgruppen in der Kronkolonie vorsehen.

Nach dem Vorschlag Macmillans sollen Außenpolitik, Verteidigung und innere Sicherheit Zyperns für weitere sieben Jahre in den Händen der britischen Regierung bleiben; die Bevölkerung soll allerdings kommunale Autonomie und eine Selbstverwaltung erhalten.

Am folgenden Tag lehnt der türkische Außenminister Fatin Zorlü den britischen Zypernplan ab und schlägt statt dessen eine Teilung der Insel vor.

Der griechische Ministerpräsident Konstandinos Karamanlis äußert am 21. Juni die Auffassung, die Türkei dürfe an einer Lösung der Zypernfrage nicht beteiligt werden, da sie im Vertrag von Lausanne 1923 auf die Souveränitätsrechte über die Mittelmeerinsel verzichtet habe (→ 13.2/S. 37; 15.8./S. 135).

Manifest für die politische Einheit Europas

22. Juni. Etwa 200 Persönlichkeiten des öffentlichen Lebens, darunter der Präsident des Europa-Parlaments, Robert Schuman, Bundesfinanzminister Franz Etzel und sein französischer Amtskollege Antoine Pinay, fordern in ihrem »Straßburger Manifest« den politischen Zusammenschluß der Mitgliedstaaten der Europäischen Wirtschaftsgemeinschaft. Die Erklärung hat folgenden Wortlaut:

»Wir, Europäer, die wir an einem für unsere gemeinsame Zukunft besonders ernsten Zeitpunkt am 22. Juni 1958 in Straßburg zusammenkamen, unserer Verantwortung gegenüber unseren Ländern und Europa bewußt, überzeugt davon, daß die Solidarität der freien Nationen mehr denn je ihr bester Schutz sowohl gegen die äußeren wie die inneren Gefahren ist, die ihre Grundfreiheiten bedrohen, und daß keine europäische Nation behaupten kann, sie sei fähig, selbst die Probleme, welcher Natur auch immer, zu lösen, verpflichten uns, den Aufbau eines Vereinten Europa durch eine vollständige Anwendung der Verträge der Montan-Union, des Gemeinsamen Marktes und der EURATOM [Europäische Atomgemeinschaft] sowie die Errichtung einer europäischen politischen Autorität zu erstreben.«

Robert Schuman, Präsident des Europa-Parlaments in Straßburg

Weltarmee soll die Abrüstung garantieren

10. Juni. Im Rahmen einer Abrüstungsdebatte im britischen Unterhaus schlägt Verteidigungsminister Duncan Sandys vor, statt der von Ost und West angestrebten stufenweisen Abrüstung ein umfassendes Abkommen zum Abbau der Kriegswaffen zu schließen, das auf den Prinzipien und Verpflichtungen der Charta der Vereinten Nationen basiert. Sandys führt zu seinem Plan u. a. aus:

»Wenn es sich als möglich erweisen sollte, Fortschritte in die Richtung auf eine stufenweise Abrüstung zu machen, sollte man vielleicht wieder an die Möglichkeit denken, nach gebührender Vorbereitung eine umfassende Abrüstung auf einmal zu erreichen.

Ich lege damit nicht formell einen neuen Plan vor, doch prüfe ich die Frage, was ein solches Vorgehen alles in sich schließen würde.

Der Ausgangspunkt wäre ein allgemeines Abkommen zur Verhinderung des Krieges, aufgrund dessen alle Nationen, die es angeht, ihre Streitkräfte dermaßen herabsetzen würden, daß sie keine Bedrohung für irgendein anderes Land mehr darstellen. Um dieses Abkommen durchzuführen, müßte eine Weltsicherheitsbehörde eingesetzt werden, die den Vereinten Nationen [in New York] unterstellt ist.

Dieser Behörde hätten ein internationales Rüstungsinspektorat und eine internationale Streitmacht zur Seite zu stehen. Die Polizeimacht müßte eine fraglose militärische Überlegenheit über die abgerüsteten Nationen besitzen. Sie müßte eine ansehnliche Stärke haben und mit wirksamen Waffen ausgerüstet sein. Es ist absolut wesentlich, daß die Weltsicherheitsbehörde, das Inspektorat und die Polizeitruppe geschaffen sein müssen, bevor die eigentliche Abrüstung begonnen hat, die dann in verhältnismäßig kurzer Zeit abgeschlossen sein könnte.

Dies mag alles reichlich idealistisch erscheinen, aber wenn wir nicht eine wirksame Weltbehörde schaffen, die sich mit diesem Problem befaßt, werden wir nirgends hinkommen.«

Mangelnde Nachfrage lähmt US-Wirtschaft

30. Juni. Mit 5,437 Millionen Beschäftigungssuchenden erreicht die Arbeitslosenzahl in den Vereinigten Staaten den höchsten Stand seit Juli 1941. Grund ist eine seit rund zehn Monaten anhaltende Rezession, die auch durch Konjunkturprogramme der Regierung bislang nicht aufgefangen werden konnte.

Besonders stark betroffen sind Stahlerzeugung, Hütten- und Walzwerke sowie die Investitionsgüterproduktion, aber auch die Automobilindustrie. In diesem Bereich wurden allein im Januar 1958 rund 26 % weniger Wagen produziert als im Vergleichsmonat des Vorjahres.

Als Ursache der Wirtschaftskrise bezeichnen Experten das Mißverhältnis zwischen Angebot und Nachfrage vor allem bei langfristigen Konsumgütern wie Autos, Haushaltsgeräten und Fernsehapparaten. Im Bereich der Konsumgüterindustrie werden etwa 30 % bis 40 % der Erzeugnisse für den gehobenen Bedarf hergestellt, so daß der Verzicht der Konsumenten auf nicht lebensnotwendige Waren hier zu empfindlichen Einbußen führen kann.

Die vorangegangenen US-amerikanischen Wirtschaftsflauten nach Ende des Zweiten Weltkriegs waren dagegen eher auf äußere Einflüsse zurückzuführen: 1948/49 drosselten die Unternehmer in Reaktion auf das Kriegsende und die damit verbundene Änderung der Wirtschaftssituation ihre Investitionen. 1953/54 wurden nach Beendigung des Koreakriegs die während der Krise gehorteten Vorräte freigesetzt, so daß die Nachfrage nach neuen Gütern erlahmte und die Industrie deshalb ihre Aufträge drosselte.

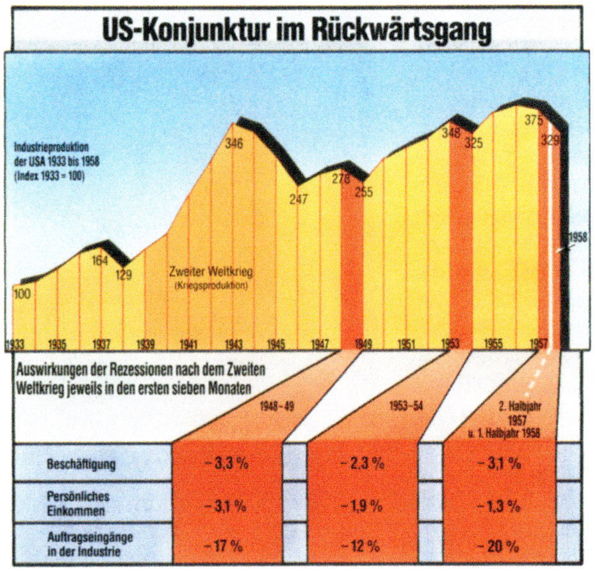

Die erneute, jetzige Flaute wird dagegen bereits mit der Weltwirtschaftskrise von 1929 verglichen, hat sie doch wegen der engen internationalen Verflechtungen der Wirtschaft Auswirkungen auf die Konjunktur anderer Staaten. Vor allem die Entwicklungsländer – viele sind von den Einnahmen aus Rohstofflieferungen an die USA abhängig – bleiben auf ihren Exportgütern sitzen (→ 15.5./S. 88). Die US-Regierung hofft jedoch, daß ab 1. Juli die Konjunktur wieder an Fahrt gewinnt. Ab dann sind für Raketenbau, Aufrüstung und Atomenergie zusätzliche öffentliche Ausgaben in Höhe von mehreren Milliarden US-Dollar vorgesehen.

Brasilien fordert Hilfe für Südamerika

20. Juni. In einer Rundfunkansprache nennt der brasilianische Präsident Juscelino Kubitschek de Oliveira Lateinamerika das schwächste Glied der großen demokratischen Gemeinschaft. Den Grund hierfür sieht er in der mangelnden Aufmerksamkeit der Vereinigten Staaten, die ihr Interesse nur den Staaten entgegenbrächten, in denen die Ost-West-Spannung deutlich zutage trete.

Um den Kontinent politisch zu stabilisieren, fordert Kubitschek ein wirtschaftliches und technisches Hilfsprogramm, den Schutz der Rohstoffpreise gegen zu starke Schwankungen sowie vermehrte Investitionen.

Wegen der starken Abhängigkeit der lateinamerikanischen Staaten vom Weltmarkt sind sie besonders von Konjunkturschwankungen in den Industrienationen betroffen. Hinzu kommen Bevölkerungsexplosion, niedriges Bildungsniveau und krasse soziale Unterschiede, die das Massenelend verschärfen und die politische Lage destabilisieren.

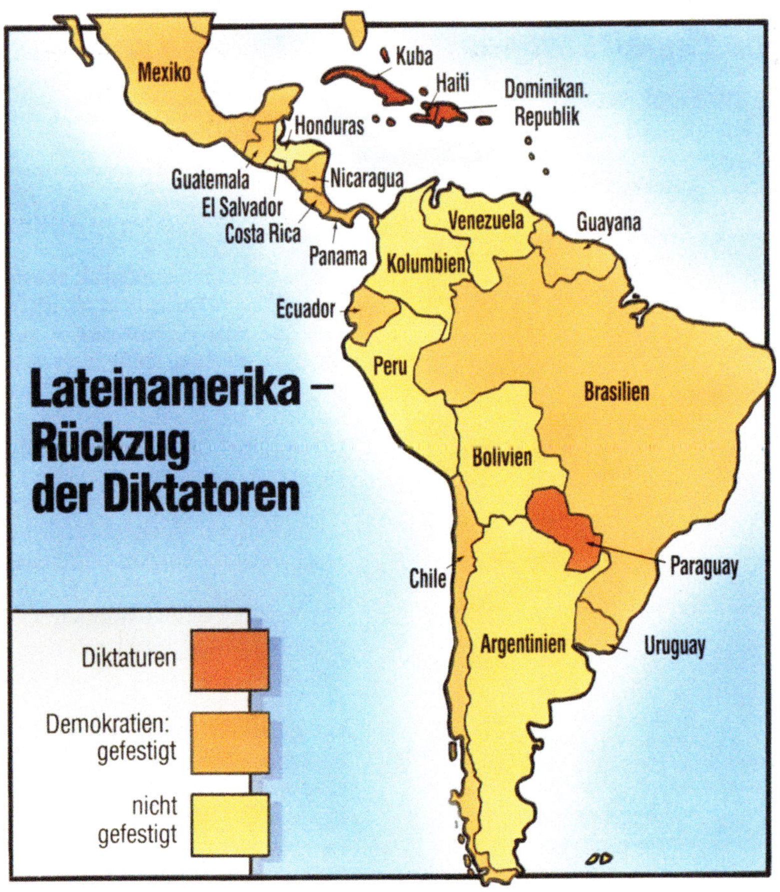

In Fairbanks, der Hauptstadt von Alaska, wird der »49. Stern« gehißt

Alaska wird zum 49. US-Bundesstaat

30. Juni. Der US-amerikanische Senat in Washington stimmt einem zuvor schon vom Repräsentantenhaus gebilligten Gesetz zu, das Alaska zum 49. Bundesstaat der Vereinigten Staaten macht.

Die USA hatten das rund 1,52 Millionen km² große Territorium mit Vertrag vom 30. März 1867 von Rußland für 7,2 Millionen US-Dollar gekauft; es wurde zunächst als Distrikt, ab 1912 als »Organisiertes Territorium« bezeichnet.

Der neue Bundesstaat – er ist mit 215 000 Einwohnern der bevölkerungsärmste der USA – machte bislang lediglich durch den kurzfristigen Goldrausch von Klondike im Jahr 1896 Geschichte.

Nach dem Ende des Zweiten Weltkriegs erkannten die US-Amerikaner jedoch auch seine Bedeutung als Luftwaffenstützpunkt. Die Bevölkerung von Alaska hatte sich schon 1946 in einer Volksabstimmung für die Umwandlung in einen Bundesstaat ausgesprochen.

Vereinigte Staaten von Amerika

1787: Delaware, New Jersey, Pennsylvania **1788:** Connecticut, Georgia, Maryland, Massachusetts, New Hampshire, New York, North Carolina, South Carolina, Virginia **1790:** Rhode Island **1791:** District of Columbia (Bundesdistrikt), Vermont **1792:** Kentucky **1796:** Tennessee **1803:** Ohio **1812:** Louisiana **1816:** Indiana **1817:** Mississippi **1818:** Illinois **1819:** Alabama **1820:** Maine **1821:** Missouri **1836:** Arkansas **1837:** Michigan **1845:** Florida, Texas **1846:** Iowa **1848:** Wisconsin **1850:** Kalifornien **1858:** Minnesota **1859:** Oregon **1861:** Kansas **1863:** West Virginia **1864:** Nevada **1867:** Nebraska **1876:** Colorado **1889:** Montana, North Dakota, South Dakota, Washington **1890:** Idaho, Wyoming **1896:** Utah **1907:** Oklahoma **1912:** Arizona, New Mexico

Ostberlin weist Brief zurück

18. Juni. Die Kanzlei des Magistrats in Berlin (Ost) schickt einen Brief des Regierenden Bürgermeisters von Berlin (West) als in Form und Inhalt ungehörig zurück. Brandt hat in seinem Schreiben vom 16. Juni neben technischen Fragen auch die Freilassung von politischen Gefangenen in der DDR angesprochen.

Willy Brandt

Die SED-Parteizeitung »Neues Deutschland« erklärt, der Brief sei bereits durch sein Datum – dem Vortag des 17. Juni, an dem 1953 ein Aufstand in der DDR blutig niedergeschlagen wurde –, die Adresse – »Verwaltung des Ostsektors von Berlin« – und die Tatsache, daß nicht Brandt selbst ihn unterzeichnet habe, eine Provokation.

Im einzelnen erhielt der Brief folgende Punkte:

- ▷ Freilassung der aufgrund der Ereignisse vom 17. Juni 1953 Inhaftierten oder Begnadigung der kranken politischen Häftlinge
- ▷ Erleichterung der Besuche von Westberlinern bei Verwandten in der DDR und von Ostberlinern in der Bundesrepublik
- ▷ Ersatz der Wasserstraßengebühr vom → 3. Mai (S. 89) durch eine Vereinbarung über etwa auftretende Schäden durch die Elbstaustufe bei Geesthacht sowie eine Globalabrechnung für die Autobahngebühren
- ▷ Benutzungserlaubnis für Westberliner Kleingärtner für ihre Grundstücke in Berlin (Ost)
- ▷ Erleichterungen für die Grenzgänger in der Stadt
- ▷ Rücknahme der Taschen- und Personenkontrollen an den Übergängen innerhalb Berlins
- ▷ Ungehinderter Vertrieb von Zeitschriften und Zeitungen
- ▷ Wiederherstellung des Telefonsowie des Straßenbahn- und Busverkehrs zwischen beiden Teilen der Stadt sowie gemeinsame Lösung städtebaulicher Probleme

Der Westberliner Senat hatte zugleich seine Bereitschaft bekundet, mit Beauftragten der Ostberliner Stadtverwaltung am 30. Juni über anstehende Fragen zu verhandeln.

Heuss besucht USA

6. Juni. *Bundespräsident Theodor Heuss (r., mit US-Präsident Dwight D. Eisenhower) beendet einen dreitägigen Staatsbesuch in den Vereinigten Staaten, in dessen Verlauf er auch in einer Rede vor dem Kongreß zur Frage der deutschen Wiedervereinigung Stellung genommen hat. Zuvor – vom 28. Mai bis zum 3. Juni – war Heuss zu einem Staatsbesuch in Kanada.*

2,1 Milliarden DM weniger Steuern

20. Juni. Gegen die Stimmen der Sozialdemokraten verabschiedet der Bundestag in Bonn eine Steuerreform, die u. a. für Ehegatten das sog. Splitting-System einführt.

Diese Neuerung, bei der die Einkommen von Ehegatten zunächst zusammengerechnet, dann halbiert, und der auf das halbe Einkommen entfallende Steuersatz verdoppelt werden, ist notwendig geworden, nachdem die alte Regelung 1957 für verfassungswidrig erklärt worden war. Bei dieser waren die Ehegatteneinkünfte zusammengerechnet und als ein Einkommen entsprechend hoch versteuert worden.

Nach der neuen Einkommensteuer-Tabelle müssen Ledige mit Jahreseinkünften von bis zu 8000 DM und Verheiratete mit bis zu 16 000 DM proportional 20% Steuern bezahlen; darüber hinausgehende Einkommen werden in Zukunft mit einem progressiven Tarif mit einem Spitzensteuersatz von 53 % (bisher 63,4%) versteuert.

Nach Angaben der Regierung werden die Steuerzahler durch die Reform – die zehnte seit 1948 – um rund 2,1 Milliarden DM entlastet.

Eine Million Münchner feiern 800. Geburtstag der Bayernmetropole

13. Juni. *Mit einem drei km langen Fackelzug durch die Innenstadt beginnen am Vorabend des 800. Geburtstages der Stadt in München die Jubiläumsfeierlichkeiten. 600 000 Menschen säumen die Straßen, um den festlichen Zug und die von ihm dargestellten bedeutenden Münchner Bauten zu bestaunen (Bild r.: Blumenkorso).*

Prunkvoll und gut besucht sind auch die zahlreichen Veranstaltungen am 14. Juni, dem Tag, an dem 800 Jahre zuvor Kaiser Friedrich Barbarossa die Urkunde über das Zoll- und Marktrecht Münchens unterzeichnete. Nachdem die Wittelsbacher knapp 100 Jahre später München zu ihrer Residenzstadt gewählt hatten, nahm das Gemeinwesen einen bedeutenden Aufschwung. Seit Dezember 1957 ist die bayerische Metropole eine Millionenstadt (Bild l.: Eröffnungsvorstellung im wiedererrichteten Cuvilliés-Theater anläßlich der 800-Jahr-Feier in München).

Spenden an Parteien sind nicht steuerfrei

24. Juni. Der Zweite Senat des Bundesverfassungsgerichts in Karlsruhe entscheidet, daß die 1954 vom Bundestag erlassenen gesetzlichen Bestimmungen über die steuerliche Absetzbarkeit von Spenden an politische Parteien den Gleichheitsgrundsatz verletzen.

Nach Auffassung des Gerichts werden durch das Gesetz »diejenigen Parteien, deren Programm und Tätigkeit kapitalkräftige Kreise ansprechen, stärker begünstigt«. Ferner wird festgestellt: »Da bei Spenden an politische Parteien der Bezieher eines großen Einkommens einen absolut und relativ höheren Betrag an Steuern erspart als der Bezieher eines kleinen Einkommens, wird die politische Meinung des ersten sozusagen prämiert.«

Das Urteil ergeht aufgrund eines Normenkontroll-Antrags des hessischen Ministerpräsidenten Georg-August Zinn (SPD), dessen Partei sich vor allem aus Mitgliedsbeiträgen finanziert.

Frauenwahlrecht in Basel

26. Juni. In der Bürgergemeinde Riehen im Schweizer Halbkanton Basel-Stadt sprechen sich die – männlichen – Wahlberechtigten mit Mehrheit für die Einführung des Frauenstimmrechts aus. Die etwa 900 Bewohnerinnen der Gemeinde sind die ersten Schweizerinnen, die wählen dürfen.

Die Männer der benachbarten Gemeinde Bettingen verwehren den Frauen am selben Tag die Wahlberechtigung; in der Basler Bürgergemeinde soll noch über diese Frage abgestimmt werden.

In der Vergangenheit hat es in der Schweiz – neben Liechtenstein der einzige europäische Staat ohne Frauenwahlrecht – wiederholt Initiativen gegeben, um die Bürgerinnen am politischen Schicksal des Landes zu beteiligen. Nachdem eine diesbezügliche bundesweite Abstimmung 1953 gescheitert war, hat der Schweizer Bundesrat im vergangenen Jahr in einer 134 Seiten umfassenden Druckschrift die Einführung des Frauenstimmrechts nachdrücklich befürwortet. Die Politiker vertraten u. a. die Ansicht, daß die Schweizer Frau den Anforderungen der Demokratie genügen könne, »ohne ihre Pflichten als Hausfrau und Mutter vernachlässigen zu müssen«.

Um die Verfassung der ältesten Demokratie Europas entsprechend zu ändern, ist eine Volksabstimmung notwendig.

IG Bergbau fordert Staats-Kohlezechen

9. Juni. Zu Beginn der sechsten Generalversammlung der Industriegewerkschaft Bergbau in München -sie dauert bis zum 13. Juni – legt deren Vorsitzender, Heinrich Gutermuth, einen Plan zur Verstaatlichung des Kohlebergbaus vor.

Anlaß für den Plan ist die schlechte wirtschaftliche Situation des gesamten Bergbaus. Die Zusammenfassung der Zechen unter einer Dachgesellschaft soll dagegen Standortnachteile ausgleichen und durch eine koordinierte Investitions-, Förder- und Absatzpolitik eine gleichmäßige Versorgung der Verbraucher und stabile Arbeitsplätze sichern (→ 6.8./S. 136).

Krupp vereinbart Handel mit UdSSR

4. Juni. Bei seiner Rückkehr von einer zehntägigen Reise in die Sowjetunion teilt der Generaldirektor des Essener Krupp-Konzerns, Berthold Beitz, mit, daß während seiner Verhandlungen Abschlüsse in Höhe von 50 Millionen DM zwischen seiner Firma und sowjetischen Organisationen getätigt worden sind.

Krupp will der UdSSR Maschinen zur Kunstfasererzeugung liefern; mit einer Reihe weiterer Geschäftsabschlüsse, insbesondere für die Ausrüstung von Zementwerken, wird gerechnet. Verstärkte Kontakte wurden durch das deutsch-sowjetische Handelsabkommen vom → 25. April (S. 73) möglich.

Rhein soll sauberer werden

12. Juni. Eine Gefährdung der niederländischen Trinkwasserversorgung durch die industrielle Verschmutzung des Rheins diagnostizieren niederländische Experten in einem Gutachten, das auf der Mitgliederversammlung der deutsch-niederländischen Handelskammer in Wiesbaden vorgelegt wird.

Laut Gutachten haben die Werte an Chloriden, Phenolen und Kochsalz sowie der Sauerstoffmangel, den der Rhein an der deutsch-niederländischen Grenze aufweist, bereits vor vier Jahren die Grenze des Erträglichen erreicht. Seither sei die wirtschaftliche Tätigkeit im Rheinland noch einmal um 15 % gewachsen.

Zur Sanierung des Stroms, für die etwa 15 Jahre veranschlagt werden, schlagen die Gutachter einen Koordinierung der Wassergesetzgebung und der Reinhaltungsmaßnahmen sowie die Anlage von Wasserreservoirs zur Verbesserung der Rheinwasserführung vor. Angeregt wird außerdem die Bildung eines »Lastenausgleichs« aller Anliegerstaaten. Dies könnte durch einen Wasserzins geschehen, der zur Finanzierung von Wasserschutzprojekten dient. Maßnahmen seien in jedem Fall dringend erforderlich, da es für die Rheinanlieger eine Lebensfrage sei, das Wasser vor weiterer Verunreinigung zu schützen.

Apparatur der Universität Kalifornien (USA) zur Analyse von Virusstrukturen: Die medizinische Technik wird immer komplizierter und teurer

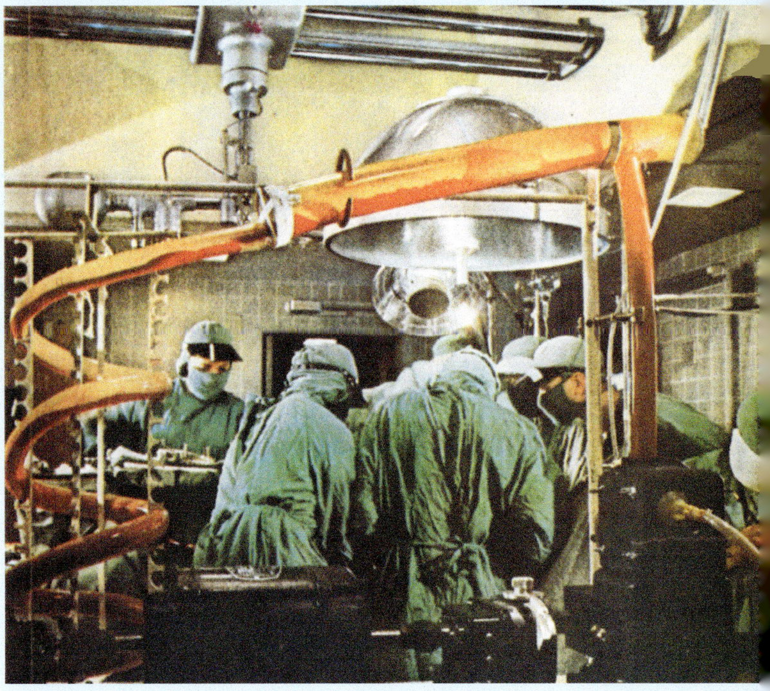

Chirurgischer Eingriff am Herzen in modernem Operationssaal: Eine Vielzahl von Geräten, wie z. B. die Herz-Lungen-Maschine, ist dafür nötig

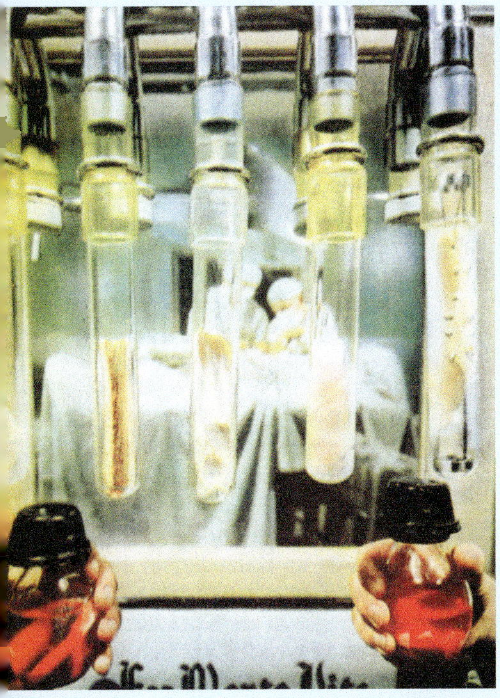

Röhrchen mit Proben von Knorpel, Knochen und Arterien in einer US-Zell- und Gewebebank

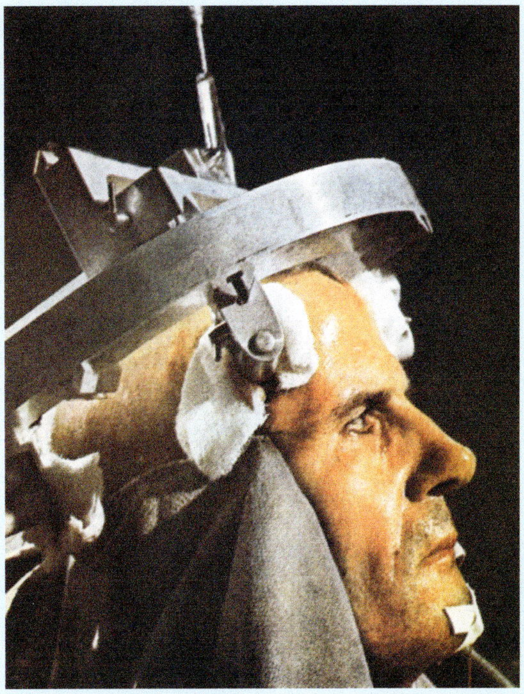

Vorrichtung zur Messung von Gehirnströmen, mit der US-Forscher »abnorme« Zellen entdecken wollen

Experiment zum Lernverhalten von Ratten: Hoffnung auf für den Menschen nützliche Erkenntnisse

Gesundheit 1958:

Kapazitäts- und Ausstattungsmängel in den Krankenhäusern

Mangel und Unzulänglichkeit kennzeichnen die stationäre medizinische Versorgung der Bundesbürger auch noch im Jahr 1958. Nach wie vor sind nach Kriegsende nicht genügend neue Kliniken gebaut worden; der unzerstörte Bestand ist z. T. erheblich veraltet. Insgesamt gibt es am 31. Dezember 1958 in der Bundesrepublik 3440 Krankenhäuser, rund zwei Drittel davon – 2086 – gehören privaten oder freien gemeinnützigen Trägern.
Laut einer Erhebung des Bundesinnenministeriums unter 526 kommunalen, privaten und freigemeinnützigen Krankenanstalten sind rund 23% der Kliniken räumlich veraltet, etwa 38% verfügen nicht über eigene Operationsräume, rund 13% haben keine Röntgeneinrichtung und 28% kein Laboratorium. Über einen Krankenaufzug verfügt nur knapp die Hälfte der Krankenhäuser, über eine vollwertige Infektionsabteilung lediglich 18%.
Hinzu kommt, daß wegen des Raummangels Patienten oftmals in Teeküchen, Badezimmern, Büroräumen oder auf den Stationsfluren untergebracht werden müssen.
Mangels finanzieller Möglichkeiten der öffentlichen und privaten Träger ist das Krankenhauspersonal in der Regel erheblich unterbezahlt, der Personalmangel zwingt darüber hinaus häufig zu Überstunden.
Die Versorgung der Bevölkerung mit Ärzten und Zahnärzten hat sich 1958 gegenüber dem Vorjahr leicht gebessert: Insgesamt kommen auf 100 000 Einwohner 136,3 Ärzte (1957:136,2), davon arbeiten 85,3 in freier Praxis, 38,9 im Krankenhaus und die übrigen in der Verwaltung. Auf 100 000 Einwohner stehen außerdem 57,7 Zahnärzte, davon 56,2 in freier Praxis, zur Verfügung. Die höchste Arztdichte weisen die Stadtstaaten Berlin (West) und Hamburg mit 210,3 bzw. 200,9 auf 100 000 Einwohnern auf, Schlußlicht ist das Saarland mit einer Quote von 108,1 Ärzten.
Neue medizinische Behandlungsmethoden aber auch eine andere Lebensweise der Menschen führen zu einer Veränderung der Todesursachen: So sind seit der Entdeckung der Antibiotika Infektionskrankheiten – vor allem die gefürchtete Tuberkulose – deutlich zurückgegangen; dagegen nehmen Herz-Kreislauf-Erkrankungen aufgrund falscher Ernährung und Mangel an Bewegung immer mehr zu. Ein etwas geringerer Anstieg ist bei Tumorkrankheiten zu verzeichnen. Rückläufig sind die Zahlen der Erkrankungen an Kinderlähmung, nachdem im vergangenen Jahr Massenimpfungen gegen die Krankheit eingeführt wurden.

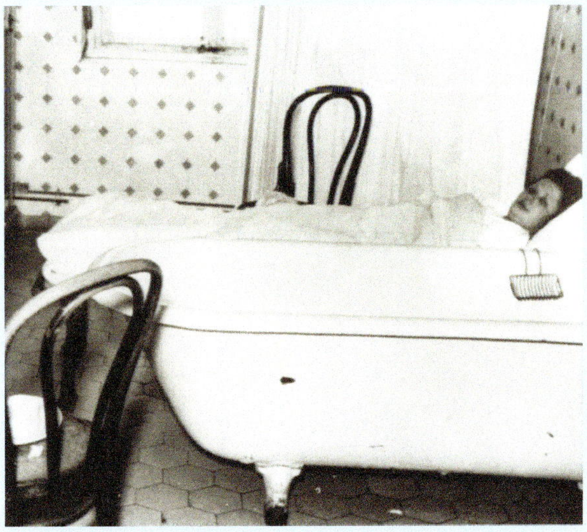

Raumnot in überfüllten Krankenhäusern: Patienten werden vereinzelt sogar in Badezimmern untergebracht

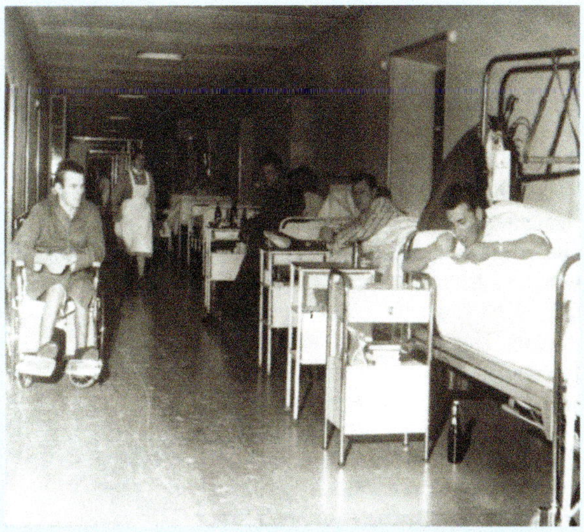

Krankenbetten auf dem Flur einer Klinik: Ein anderer Platz ist in dem überbelegten Hospital nicht mehr frei

Sennestadt – die »Stadt aus der Retorte«

28. Juni. Mit einer Feierstunde werden die ersten Bürger von Sennestadt in ihren Häusern begrüßt. Die von Hans Bernhard Reichow konzipierte »Stadt aus der Retorte«, seit 1957 im Bau, entsteht vor den Toren Bielefelds.

Anlaß für die Errichtung einer neuen Stadt in der Bielefeld umgebenden Landschaft, der Senne, war die zunehmende Bevölkerungsdichte im Landkreis, die etwa das Zweieinhalbfache des bundesdeutschen Durchschnittswerts erreichte. Daraufhin wurde 1954 ein Wettbewerb ausgeschrieben, um ein eigenständiges Gemeinwesen mit umfassender Infrastruktur und eigenen Industrieansiedlungen zu errichten.

Auf dem 350 ha großen Gelände werden nun Wohnhäuser für etwa 12 000 Personen gebaut; hinzu kommen Verwaltungshochhäuser, vier Grundschulen und ein Gymnasium, Kirchen, ein Sportstadion, eine Freilichtbühne, eine Stadthalle, ein künstlicher Stausee. Kindergärten und Spielplätze. Die Bewerbungen für Handwerk, Industrie und Dienstleistungen in der neuen Stadt übersteigen den Bedarf bei weitem; ein Zeichen für die Attraktivität der Anlage.

Erstmalig in der Bundesrepublik ist auch die neue Form der Industrieansiedlung: In der Peripherie der Stadt soll auf 10 500 m² ein »Industriehof« entstehen, dessen Werk- und Büroräume kleinen und mittleren Betrieben in Erbpacht zur Verfügung stehen.

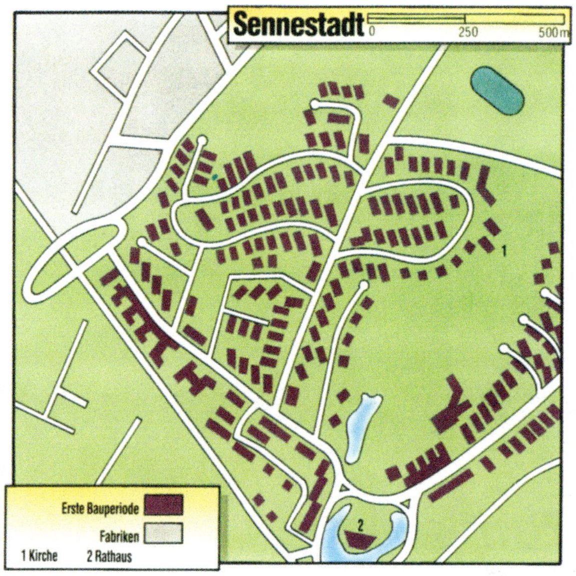

Stadtplan des auf dem Reißbrett entworfenen Ortes Sennestadt bei Bielefeld, dessen Straßen kreuzungsfrei verlaufen und nur durch Einmündungen ineinander übergehen; Sennestadt ist als ein in sich geschlossenes Gemeinwesen als neue Heimat für etwa 12 000 Menschen geplant

»SOS-Kinderdorf« bietet Waisen eine Familie

7. Juni. Im oberbayerischen Diessen am Ammersee wird das erste SOS-Kinderdorf der Bundesrepublik eröffnet. Es soll etwa 150 elternlosen Kindern eine neue Heimat geben.

Die Kinder unterschiedlicher Altersstufen werden in Gruppen zu jeweils neun von einer Kinderdorfmutter, einer unverheirateten Frau mit pädagogischer Ausbildung, betreut. Insgesamt sollen in Diessen 17 Häuser mit je einer familienähnlichen Gemeinschaft entstehen.

Jede Mutter ist selbst für ihre Haushaltsführung verantwortlich: Sie erhält monatlich pro Gruppenmitglied einen Betrag von 63 DM für Verpflegung, Heizung und Strom. Das Geld wird von dem Wohltätigkeitsverein SOS-Kinderdorf zur Verfügung gestellt, dem rund 40 000 Mitglieder angehören. Das Diessener Kinderdorf soll zunächst interkonfessionell geführt werden, später jedoch nur noch für katholische Kinder offenstehen. In einer zweiten Kindersiedlung in Sulzburg bei Badenweiler, mit deren Bau in diesem Jahr begonnen wird, sollen dann evangelische Kinder untergebracht werden.

Das Konzept der SOS-Kinderdörfer stammt von dem Österreicher Hermann Gmeiner, der 1949 den Wohltätigkeitsverein ins Leben rief. Das erste Kinderdorf wurde am 15. April 1951 in Imst (Tirol) seiner Bestimmung übergeben. Seither wurden vier Dörfer in Österreich, zwei in Frankreich und eins in Südtirol errichtet.

Hermann Gmeiner (M.) legt den Grundstein für ein neues Haus im ersten SOS-Kinderdorf der Bundesrepublik, das in Diessen am Ammersee errichtet wird; 150 Waisenkinder sollen hier – in Gruppen zu je neun, die von einer Kinderdorfmutter betreut werden – in insgesamt 17 Häusern ein neues Zuhause finden

Weniger Nahrung – mehr Menschen

30. Juni. Nach Angaben der Ernährungs- und Landwirtschaftsorganisation der Vereinten Nationen (FAO) ist im gerade abgelaufenen Wirtschaftsjahr 1957/58 die weltweite Erzeugung landwirtschaftlicher Produkte erstmals seit Ende des Zweiten Weltkriegs leicht rückläufig, während die Weltbevölkerung weiter angewachsen ist.

Der Produktionsindex (1948/49 = 100) ging von 120 im Jahr 1956/57 auf 119 in 1957/58 zurück, pro Kopf der Bevölkerung sank der Index sogar von 109 auf 107.

Der Handel mit Agrarerzeugnissen nahm im Kalenderjahr 1957 mit einer Zuwachsrate von 3% deutlich weniger zu als in den beiden Vorjahren (jeweils 8%). Die Vorräte an landwirtschaftlichen Produkten blieben annähernd gleich.

Obwohl die Weltmarktpreise für Agrarerzeugnisse im vergangenen Wirtschaftsjahr leicht anstiegen, konnten die Erzeugerländer für ihre Erlöse weniger industrielle Fertigprodukte kaufen, deren Preise stärker nach oben kletterten.

Stärkere Förderung für DDR-Kolchosen

14. Juni. Der Ministerrat der DDR beschließt Maßnahmen zur Förderung der Landwirtschaftlichen Produktionsgenossenschaften (LPG). Geplant sind u. a. staatliche Hilfen und Schuldenerlasse für die vielen noch immer unrentabel arbeitenden Kolchosen.

Ziel der Maßnahmen ist die beschleunigte Sozialisierung der Landwirtschaft, die bis zum Ende des zweiten Fünfjahresplans 1960 vollständig erreicht werden soll. Bis zu diesem Zeitpunkt sollen die LPG die Hektarerträge und die Rentabilität der jetzt noch bestehenden privaten Landwirtschaftsbetriebe zumindest erreicht haben.

Um für die Gemeinwirtschaften genügend Personal verfügbar zu haben, ist eine Werbekampagne unter dem Motto »Industriearbeiter aufs Land« geplant, wodurch bis 1960 etwa 20 000 zusätzliche Arbeitskräfte gewonnen werden sollen. Ende 1957 bestanden in der DDR 7787 LPG mit rund 268 000 Mitgliedern und einer bewirtschafteten Fläche von knapp 1,85 Millionen ha.

Panoramascheiben geben dem Opel »Kapitän« ein neues Gesicht

14. Juni. *Die Rüsselsheimer Adam Opel AG stellt eine neue Modellreihe des Opel »Kapitän« vor. Die neu gestaltete Karosserie des »Kapitän« ist nun vorn und hinten mit Panoramascheiben ausgerüstet.*
Die Karosserie wirkt dank der stärker geneigten Scheiben und der aufgesetzten, durchgezogenen Zierleiste langgestreckter als das Vorgängermodell. Neu ist außerdem die Form der kombinierten Brems-Schluß-Blinkleuchten an den geradlinig verlaufenden Kotflügeln. Der 80 PS starke Wagen kostet in der Normalausführung 10 250 DM, als Luxusmodell 11 000 DM (im Bild: Werbung der Opel AG für das neue »Kapitän«-Modell).

Heimliche Hochzeit einer Königsenkelin

20. Juni. Die 22jährige Prinzessin Allessandra Torlonia, Enkelin des vorläufig letzten spanischen Königs Alfons XIII. und Angehörige einer der reichsten Familien Italiens, heiratet gegen den Willen ihrer Eltern den 32 Jahre alten verwitweten Clemente Lequio, Sohn eines italienischen Diplomaten. Die Trauungszeremonie findet am frühen Morgen bei Kerzenschein in der römischen Kirche S. Nicolas statt.
Die heimliche Heirat erregt vor allem deshalb internationales Aufsehen, weil Allessandra lange Zeit als mögliche Braut des nach wie vor unverheirateten belgischen Königs Baudouin gegolten hatte.

»Miss Germany 1958«: Marlies Behrens, Hotelsekretärin aus München

Marlies Behrens – Miss Germany 1958

21. Juni. In Baden-Baden wird die 19jährige Hotelsekretärin Marlies Behrens aus München zur »Miss Germany 1958« gewählt. Zweite in der Schönheitskonkurrenz wird die 20jährige Dagmar Herner, eine Kontoristin aus Düsseldorf.
Die strahlende Siegerin nimmt ihre Krone von der »Miss Germany 1957«, der Hamburgerin Gerti Daub, in Empfang. Mit dem Gewinn der bundesdeutschen Ausscheidung qualifiziert sich Marlies Behrens für die internationale Konkurrenz um den Titel »Miss Universum«, über den am 26. Juli in Long Beach/Kalifornien entschieden wird.

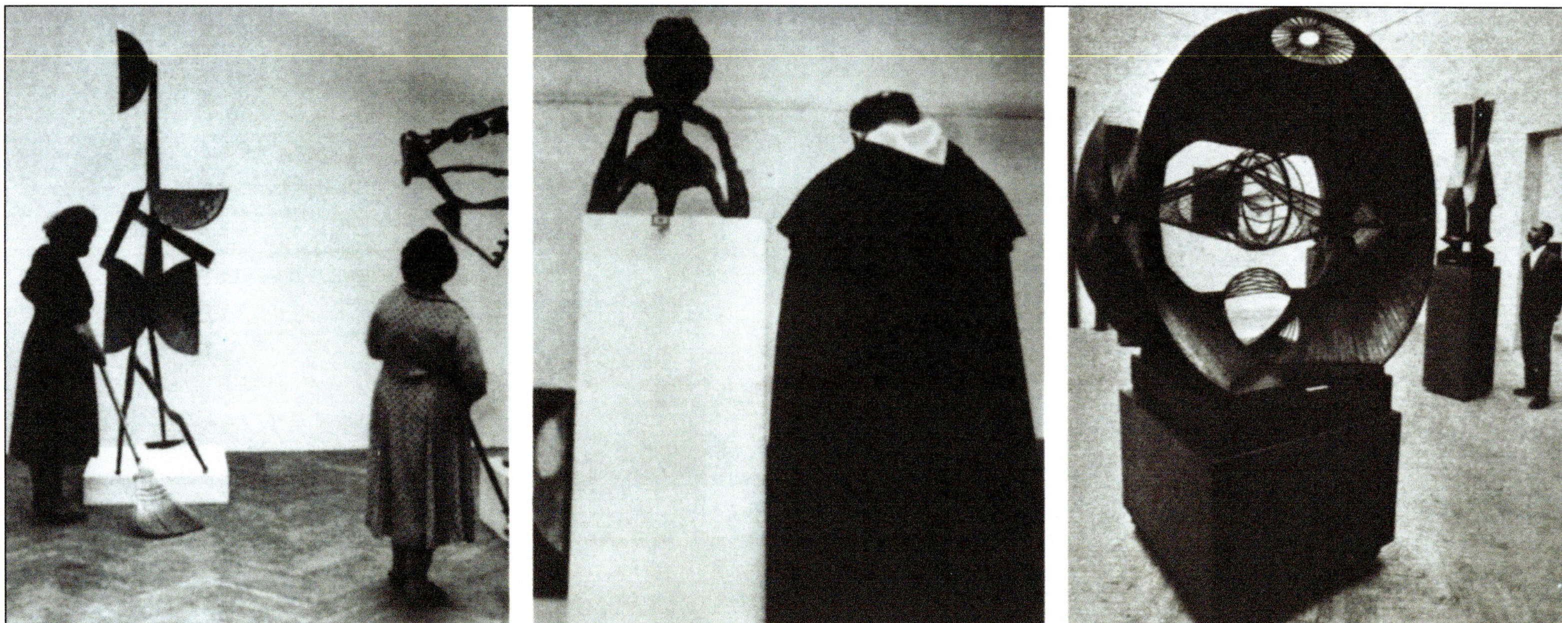

Publikum und Kritik empören sich übermoderne Kunstwerke auf der Biennale in Venedig

14. Juni. *In Venedig beginnt die 29. Biennale der Kunst, bei der bis zum 19. Oktober rund 5000 Exponate aus 36 Ländern zu sehen sind. Italiens Staatspräsident Giovanni Gronchi eröffnet die vor allem wegen der dort verliehenen Preise vielbeachtete Kunstausstellung, nachdem er in einer Prunkgaleere über den Canal Grande zum Ausstellungsgelände – den vom französischen Kaiser Napoleon Bonaparte errichteten »giardini« – gelangt ist.*
Im Mittelpunkt der Biennale steht die moderne – abstrakte – Kunst, die jedoch von Publikum und Kritik z. T. heftig angegriffen wird. So berichtet beispielsweise die bundesdeutsche Illustrierte »stern« unter dem Titel »Blech und Bluff und Jutesäcke« über die Ausstellung und stellt sehr provozierend die Behauptung auf, der moderne Kunstbetrieb werde diktatorisch geleitet und habe so nahtlos die zur Zeit der Nationalsozialisten entstandene Einheitskunst abgelöst. Interesse und Aufmerksamkeit gilt vor allem dem französischen Maler und Bildhauer Antoine Pevsner, dessen Lebenswerk im Pavillon Frankreichs zu sehen ist, sowie den Werken Wassily Kandinskys aus der Zeit, als er der Künstlervereinigung »Blauer Reiter« angehörte.
Unverständnis ruft dagegen in Kunstkreisen die Verleihung des bedeutenden Staatspreises für Malerei an den Italiener Oswaldo Licini hervor, der keinen erkennbaren eigenen Stil entwickelt hat (Foto l.: Metallplastiken des US-amerikanischen Bildhauers David Smith; Foto M.: Frauenbüste des Florentiners Raffaelo Salimbeni; Foto r.: Plastik »Befreiter Geist« des in Paris lebenden russischen Künstlers Antoine Pevsner).

Kunststoff setzt sich gegen Schellack durch

In zahlreichen Warenhäusern der Bundesrepublik werden Schellackplatten, die bis vor kurzem noch für vier DM angeboten wurden, zum Verkaufspreis von einer DM gehandelt. Mit dieser Maßnahme versuchen die Produktionsfirmen, ihr Überangebot an den 78er-Platten (sie drehen sich mit 78 Umdrehungen pro Minute auf dem Schallplattenteller) noch im Markt unterzubringen, bevor die Nachfrage vollkommen erlahmt.
Eine Alternative zu den Schallplatten aus Schellack und Schiefermehl war zwar bereits 1948 vorgestellt worden; die neuen Kunststoff Scheiben konnten sich jedoch zunächst nicht am bundesdeutschen Markt durchsetzen, da die vorhandenen Plattenspieler zumeist nicht auf diesen Plattentyp eingestellt waren.
Noch 1956 wurden rund 18 Millionen Schellackplatten in der Bundesrepublik hergestellt, dagegen nur 13 Millionen der Kunststoffscheiben. Als sich 1957 überraschend ein Umschwung beim Käuferinteresse zeigte, hatte die Schallplattenindustrie bereits acht Millionen Schellackplatten produziert, von denen nun wenigstens noch ein Teil verkauft werden soll.

Etikett einer Schellackplatte mit dem Walzer »Liebesschmerz« (um 1913)

»Püppchen Liese«; 2. Seite »Mensch Sei Helle, Bleib Junggeselle!«

Label des »Kometenwalzers« aus der Revue »Hurra, wir leben noch«

Hammer-Anschlag auf Raffael-Gemälde

14. Juni. Im Mailänder Museum Brera wird Raffaels Gemälde »Vermählung Mariens« aus dem Jahr 1504 durch Hammerschläge beschädigt. Der Täter, von der Öffentlichkeit als »Bilderstürmer von Mailand« bezeichnet, will mit seinem Anschlag offenbar Aufmerksamkeit erregen.
In der italienischen Presse wird nach der Tat die Frage diskutiert, ob die Verbalangriffe der Avantgardisten und Futuristen in der modernen Kunst gegen die alten Meister nicht erst das Hammerattentat begünstigt und also mitverschuldet hätten.
Hier wird vielfach schon die bloße Existenz der abstrakten Kunst als ein Angriff auf die bedeutenden Maler der italienischen Renaissance aufgefaßt (→ S. 62).
Während der Attentäter in eine psychiatrische Klinik eingeliefert wird, hängt Raffaels Bild nach seiner Restauration schon vier Tage später wieder an seinem Platz.

Bildungswesen 1958:

Technische Probleme behindern umfassende Schulreform

Vor allem im Bereich der schulischen Bildung gibt es Ende der 50er Jahre in der Bundesrepublik noch deutliche Mängel. Zum einen fehlen Schulgebäude und Klassenräume, so daß die Kinder teilweise in Vormittags- und Nachmittagsschichten unterrichtet werden, oder die Schulstunden in völlig unzureichenden Räumen stattfinden. Andererseits herrscht Lehrermangel, der dazu führt, daß durchschnittlich 34 Schüler in einer Klasse sitzen. Die Statistik wird noch dadurch aufgebessert, daß auch Privatschulen mit 29 Schülern pro Klasse eingerechnet sind. Besonders gravierend ist die Situation in Bremen und Hessen mit je 37 Schülern pro Klasse.

Obwohl sich die Situation seit Beginn der 50er Jahre bereits deutlich gebessert hat – 1950 betrug die durchschnittliche Klassenstärke 42 Kinder – fordert die Arbeitsgemeinschaft deutscher Lehrerverbände auf ihrer Tagung Anfang Juni die Festsetzung einer Höchstgrenze bei 30 Schülern pro Klasse; anderenfalls sei ein menschlicher Kontakt zwischen Lehrer und Schülern unmöglich.

Sorgen macht der Arbeitsgemeinschaft auch der fehlende Lehrernachwuchs; viele junge Menschen würden durch geringe Gehälter abgeschreckt und fürchteten überdies das Negativimage der Lehrer in der Öffentlichkeit. Das Problem wird sich voraussichtlich noch durch den großen Überhang älterer Lehrer verschärfen. So erreicht etwa ein Viertel der knapp 200 000 Lehrkräfte in der Bundesrepublik innerhalb der nächsten zehn Jahre die Pensionsgrenze. Demgegenüber legen im Sommersemester 1958 im Bundesgebiet – ohne Bayern, Saarland und Berlin (West) – nur 882 Studenten erfolgreich ihr Staatsexamen für das Lehramt ab.

Während im Schulsystem vor allem versucht wird, die technischen Probleme zu bewältigen, bleibt eine Bildungsreform aus. Der Unterricht orientiert sich nach wie vor weitgehend an den Lehrplänen von 1938, die so gut wie möglich von nationalsozialistischem Gedankengut befreit wurden. Erschwert wird die Neuorientierung auch durch die Bekenntnisschulen, die in Nordrhein-Westfalen, Bayern und Rheinland-Pfalz die Regelform sind, jedoch auch in den meisten anderen Bundesländern als hauptsächliche Schulform bestehen. Diese Aufsplitterung, mancherorts auch noch in nach Geschlechtern getrennte Schulen, behindert eine Modernisierung und bedeutet für viele Schüler einen unverhältnismäßig langen Schulweg.

Eine gewisse Neuorientierung gibt es lediglich in Bremen und Hamburg, wo gesamtschulähnliche Schulformen angeboten werden und die Grundschulzeit von vier auf sechs Jahre verlängert wurde.

Weiter ansteigend ist im Jahr 1958 die Zahl der Studenten an den 19 Universitäten, acht Technischen, 17 Philosophisch-Theologischen und sechs sonstigen wissenschaftlichen Hochschulen sowie an den 14 Hochschulen für Musik, den neun Hochschulen für bildende Künste im Bundesgebiet und Berlin (West) und an der Kölner Sporthochschule. Im Sommersemester 1958 sind insgesamt 186 210 Studenten immatrikuliert, darunter 38 744 Frauen. Einen überdurchschnittlich hohen Frauenanteil gibt es an den medizinischen und geisteswissenschaftlichen Fakultäten; verschwindend gering ist der Anteil der weiblichen Studierenden bei Theologie, Landwirtschaft und technischen Fachrichtungen.

An den Universitäten ist ein Hochschullehrer durchschnittlich für 20 Studenten zuständig; allerdings sind von den 8786 Dozenten lediglich 2009 ordentliche Professoren, dagegen gibt es 1294 außerplanmäßige Professoren und 663 bereits emeritierte Dozenten, die ihren Lehrbetrieb weiterhin fortsetzen.

Dieser Rektor unterrichtet, obwohl er 1956 pensioniert werden sollte

Für viele Schüler nur alte Schulmöbel wie diese »Folterbank«

»Schlüsselkind«, dessen Eltern beide einer ganztägigen Arbeit nachgehen

Bundesinnenminister G. Schröder

Schichtunterricht in der Schule: Die einen kommen, die anderen gehen

Brasilien wird in Schweden überlegen Fußballweltmeister

29. Juni. Im Stockholmer Rasunda-Stadion schlägt im Endspiel der sechsten Fußballweltmeisterschaft Brasilien das Team von Gastgeber Schweden 5:2 (2:1) und holt sich damit erstmals den Titel eines Fußballweltmeisters. Das Spiel um den dritten Platz gewann am Vortag die Elf Frankreichs in Göteborg 6:3 (3:1) gegen Titelverteidiger Bundesrepublik Deutschland.

Vor 50 000 Zuschauern geht Schweden, das im Halbfinale am → 24. Juni (S. 110) in Göteborg die bundesdeutsche Elf 3:1 (1:1) geschlagen hatte, überraschend in der vierten Minute durch den beim AC Mailand spielenden Nils Liedholm in Führung. Doch die Antwort der durch ihren Spielwitz und ihre überlegene Technik begeisternden Brasilianer läßt nicht lange auf sich warten: Halbstürmer Vava, der wie die meisten seiner Teamgefährten unter einem »Künstlernamen« antritt, gleicht in der neunten Minute auf Flanke des überragenden Rechtsaußen Garrincha aus und bringt in der 31. Minute sein Team in Führung.

Schon zu diesem Zeitpunkt besteht über den zukünftigen Weltmeister kaum noch ein Zweifel, zu überlegen sind die Spieler aus Südamerika. Nach der Pause erhöht Zagalo auf 3:1, dann schießt der erst 17jährige Pele das 4:1 und nach dem Anschlußtreffer der Schweden auch das 5:2. Als nach dem Schlußpfiff die überglücklichen Brasilianer mit der Fahne des Gastgebers eine Ehrenrunde laufen, sparen die schwedischen Zuschauer nicht am Beifall. Überraschend für die anderen Mannschaften ist die brasilianische Taktik: Sie spielen nicht im traditionellen WM-System mit drei Sturmspitzen, einer Abwehrkette aus Mittelläufer und zwei Verteidigern und dem »magischen Viereck« mit zwei Läufern und zwei Halbstürmern im Mittelfeld, sondern sie formieren ihre Elf in einem 4-2-4-System: Vor Torwart Gilmar steht im Endspiel eine Vierer-Abwehrkette mit Bellini, Orlando und den Brüdern Djalma und Nilton Santos, als Mittelfeld-Duo agieren Zito und Didi, die Sturmreihe bilden Garrincha, Vava, Pelé und Zagalo.

Fußballweltmeister 1930 bis 1958
1930: Uruguay 4:2 (1:2) gegen Argentinien in Montevideo
1934: Italien 2:1 (0:0,1:1) n. V. gegen die Tschechoslowakei in Rom
1938: Italien 4:2 (3:1) gegen Ungarn in Paris
1950: Uruguay in der Finalrunde mit 5:1 Punkten vor Brasilien (4:2) und Schweden (2:4) in Uruguay
1954: Bundesrepublik Deutschland 3:2 (2:2) gegen Ungarn in Bern
1958: Brasilien 5:2 (2:1) gegen Schweden in Stockholm

Mit dem Erfolg Brasiliens hat erstmals in der Geschichte der Fußballweltmeisterschaften eine Mannschaft den Titel geholt, die nicht von dem Kontinent stammt, wo das Turnier ausgetragen wurde.

Auch sonst gab es in Schweden eine Weltmeisterschaft der Superlative: Mit 13 Toren in sechs Spielen stellt der Franzose Just Fontaine (Stade Reims) einen neuen Rekord auf. Die bisherige Höchstmarke wurde von dem Ungarn Sandor Kocsis gehalten, der beim Turnier 1954 in der Schweiz in fünf Begegnungen elf Tore schoß. Der 1933 in Marrakesch geborene Fontaine kam erst durch den Ausfall von Nationalstürmer Raymond Bliar in die »equipe tricolore« und schoß bereits im ersten Spiel am 8. Juni in Norrköping beim 7:3 gegen Paraguay drei Tore. Im Spiel um den dritten Platz am 28. Juni in Göteborg gegen die Bundesrepublik bezwang er Ersatztorhüter Heinz Kwiatkowski (Borussia Dortmund) gleich viermal.

Erstmals waren bei der Endrunde vier Nationalmannschaften von den Britischen Inseln vertreten: England, Schottland, Nordirland und Wales, das als eigentlich schon ausgeschiedener Gruppenzweiter der Qualifikationsrunde durch ein Entscheidungsspiel doch noch unter die letzten 16 kam (→ 5.2./S. 45).

Keine der britischen Mannschaften erreichte die Endrunde: Schottland und das durch den Unfalltod mehrerer Nationalspieler am → 6. Februar (S. 34) in München geschwächte England schieden bereits in der Vorrunde aus, Wales und Nordirland, das mit Harry Gregg den besten Torhüter des Turniers stellte, scheiterten im Viertelfinale an Brasilien bzw. Frankreich.

Von den früheren Weltmeistern kam nur die bundesdeutsche Elf unter die letzten Vier: Für die zweifachen Titelträger Italien und Uruguay waren bereits die Qualifikationsrunden die Endstation.

Weitere Ergebnisse siehe Anhang Sport.

Szene aus dem Spiel um den dritten Platz, das die deutsche Elf 3:6 gegen Frankreich verliert (2. v. r. Schäfer)

Zagalo (eigentl. Mario Jorge Lobo; l.) erzielt das 3:1 für Brasilien im Endspiel gegen Schweden (M.: Pelé)

Schweden siegt im Göteborger Hexenkessel

24. Juni. Im Ullevi-Stadion von Göteborg unterliegt die Elf des Titelverteidigers Bundesrepublik Deutschland im Halbfinale der Fußballweltmeisterschaft der Mannschaft aus Schweden 1:3 (1:1).

Vor 52 000 Zuschauern, die begeistert ihre Mannschaft anfeuern und deren »Heja Sverige«-Sprechchöre von »Einpeitschern« dirigiert werden, die – mit Megaphonen und Nationalflaggen ausgerüstet – im Innenraum des Stadions stehen, verläuft die Partie für die bundesdeutsche Mannschaft zunächst verheißungsvoll: Nachdem die ersten Angriffe der mit fünf in Italien spielenden Profis antretenden Schweden abgewehrt werden können, trifft in der 24. Minute der Kölner Hans Schäfer zum 1:0. In der 34. Minute kann Lennart Skoglund für Schweden ausgleichen.

Nach der Pause wird das Spiel härter. Trauriger Höhepunkt der vom ungarischen Schiedsrichter Istvan Zsolt geleiteten Partie ist in der 59. Minute ein Revanchefoul des Düsseldorfers Erich Juskowiak an Kurt Hamrin, für das der bundesdeutsche Verteidiger vom Platz gestellt wird. Die Chancen der dezimierten bundesdeutschen Mannschaft, in der Linksaußen Hans Cieslarczyk (SV Solingen) in die Deckung zurückgenommen wird, sinken weiter, als in der 75. Minute der Kaiserslauterer Fritz Walter in seinem 61. Länderspiel schwer gefoult wird und den Rest des Spiels nur noch humpelnd absolvieren kann.

Die Entscheidung fällt erst kurz vor Schluß: In der 80 Minute trifft Gunnar Gren zum 2:1, in der 87. Minute schießt Hamrin das 3:1.

Als Folge des »Hexenkessels von Göteborg« werden in den kommenden Wochen, angeheizt durch die Presse, Schweden in der Bundesrepublik vielfach beschimpft und teils auch tätlich angegriffen.

Pelé – ein neuer Stern am Fußballhimmel

Die Fußballweltmeisterschaft in Schweden (→ 29.6./S. 110) wird für den erst 17jährigen Edson Arantes do Nascimento, der sich Pelé nennt, zum Beginn einer internationalen Karriere. Mit sechs Treffern ist er der erfolgreichste Torschütze der Brasilianer. – Pelé wurde am 21. Oktober 1940 als vierter Sohn eines wenig erfolgreichen Fußballers in Tres Caracoes geboren. Nach kurzer Schulzeit mußte er als Schuhputzer zum Lebensunterhalt der Familie beitragen. Als 15jährigen verpflichtete ihn der Proficlub FC Santos. Ein Jahr später trug er bereits das brasilianische Nationaltrikot und schoß sein erstes Länderspieltor beim 2:1 über den alten Rivalen Argentinien am 7. Juli 1957. Die »Frankfurter Allgemeine Zeitung« schreibt in ihrer Endspielkritik: »Der 17 Jahre alte Pelé, ein Junge, groß, aufgeschossen, mit einem Gefühl für den Ball wie Rastelli, begeisterte durch zwei Tore, wie man sie nur selten erlebt.« (Abb.: Der vor Freude über den Titelgewinn weinende Pelé umringt von Betreuern).

Erfolg für Hans Junkermann

18. Juni. In Zürich geht die 22. Tour de Suisse mit dem Erfolg des Vorjahressiegers Pasquale Fornara (Italien) zu Ende, der damit zum vierten Mal die Schweiz-Radrundfahrt gewinnt. Hinter ihm folgt mit 7:06 min Rückstand der bundesdeutsche Radprofi Hans Junkermann als Zweiter in der Gesamtwertung vor dem Italiener Antonio Catalano.
Junkermanns Abschneiden bei diesem Rundstreckenrennen, das am 11. Juni gestartet wurde und über acht Etappen mit insgesamt 1516 km führte, ist die beste Plazierung eines deutschen Fahrers bei der seit dem Jahr 1933 ausgetragenen Tour de Suisse überhaupt.
Bei dem am 8. Juni in Mailand beendeten 41. Giro d'Italia belegte der aus Krefeld stammende Junkermann bereits einen beachtlichen 13. Platz.

Hans Junkermann aus Krefeld, glücklicher Zweiter der Tour de Suisse

Sieger der über 3341 km führenden Italien-Rundfahrt wurde der Italiener Ercole Baldini.

Erste Frau überspringt 1,80 m

Die rumänische Leichtathletin Jolanda Balas überspringt als erste Frau die Höhe von 1,80 m und setzt damit ihre seit 1956 anhaltende Rekordserie fort

22. Juni. Im rumänischen Cluj überspringt die Rumänin Jolanda Balas als erste Frau die Höhe von 1,80 m und verbessert damit ihren eigenen, gerade 15 Tage alten Hochsprung-Weltrekord um 2 cm.
Am 14. Juli 1956 hatte die Rumänin in Bukarest mit 1,75 m ihren ersten Weltrekord aufgestellt und die damalige Bestmarke der Britin Thelma Hopkins um 1 cm überboten. In der Folgezeit nahmen ihr die US-Amerikanerin Mildred MacDaniel (1,76 m am 1.12.1956 bei den Olympischen Spielen in Melbourne) und die Chinesin Tschen Feng-yung (1,77 m am 17.11.1957) den Hochsprungrekord wieder ab.
Vor den Weltrekordsprüngen der 1936 in Temesvar geborenen Balas, die bei den Olympischen Spielen 1956 mit 1,67 m nur den fünften Platz belegte, waren die Bestmarken lange stabil: So wurden die 1,71 m der Niederländerin Fanny Blankers-Koen von 1943 erst acht Jahre später von der Britin Sheila Llerwill mit 1,72 m überboten.

Juli 1958

Mo	Di	Mi	Do	Fr	Sa	So
	1	2	3	4	5	6
7	8	9	10	11	12	13
14	15	16	17	18	19	20
21	22	23	24	25	26	27
28	29	30	31			

1. Juli, Dienstag

In Genf beginnt die »Konferenz von Experten zum Studium der Möglichkeiten der Aufdeckung von Verletzungen eines möglichen Abkommens über die Einstellung nuklearer Versuche«, an der Vertreter der USA, Großbritanniens, Frankreichs, Kanadas, der UdSSR, Polens, Rumäniens und der Tschechoslowakei teilnehmen (→ 21.8./S. 135).

Nach Angaben von US-Außenminister John Foster Dulles wollen die Vereinigten Staaten nur im äußersten Notfall im Libanon eingreifen, falls die Bemühungen der Vereinten Nationen um eine Lösung des innenpolitischen Konflikts scheitern sollten (→ 14.7./S. 116).

In der Bundesrepublik tritt das 1957 verabschiedete Gesetz über die Gleichberechtigung von Mann und Frau auf dem Gebiet des bürgerlichen Rechts in Kraft. → S. 120

2. Juli, Mittwoch

Der Bundestag beschließt einstimmig, die Bildung eines Vier-Mächte-Gremiums zur Lösung der deutschen Frage zu beantragen (→ 4.9./S. 153).

Amintore Fanfani von den Christlichen Demokraten wird neuer italienischer Ministerpräsident nach den Neuwahlen vom 25. Mai. In seinem Kabinett sind auch die Sozialdemokraten mit vier Ministern vertreten. → S. 118

Vor einer Gruppe US-amerikanischer Touristen bricht ein Wachsoldat der berittenen britischen Garde eine uralte Tradition seiner Truppe – er spricht die Passanten an. → S. 125

3. Juli, Donnerstag

Zum Abschluß einer zweiten dreitägigen Reise durch Algerien kündigt der seit dem 1. Juni amtierende französische Ministerpräsident Charles de Gaulle umfangreiche finanzielle Hilfen für die wirtschaftliche Entwicklung des Landes an (→ 13.5./S. 86; 4.6./S. 101).

Der ehemalige SS-Hauptscharführer und Arrestverwalter des Konzentrationslagers Buchenwald, Gerhard Martin Sommer, wird wegen Mordes in 25 Fällen zu lebenslanger Zuchthausstrafe und zur Aberkennung der bürgerlichen Ehrenrechte auf Lebenszeit verurteilt. Gerhard Martin Sommer wurde nachgewiesen, daß er mindestens 25 KZ-Häftlinge durch Injektionen getötet hat.

Fritz Thiedemann aus Elmshorn wird auf Meteor Europameister der Springreiter beim Championat in Aachen vor dem Italiener Piero d'Inzeo auf The Rock und Titelverteidiger Hans Günter Winkler auf Halla. → S. 129

4. Juli, Freitag

Mit den Stimmen der Regierungsparteien CDU/CSU und DP verabschiedet der Bundestag den Haushalt 1958 mit einem Gesamtvolumen von 36,8 Milliarden DM. → S.119

Die UN-Beobachtertruppe im Libanon erklärt in einem ersten Bericht, daß sie keine Infiltration von Ausländern und keinerlei Waffenschmuggel habe feststellen können. Der libanesische Staatspräsident Kamil Schamun bezeichnet die Stellungnahme als »tief enttäuschend« und wirft den UN-Beobachtern Untätigkeit vor (→ 31.7./S. 117).

Das Parlament von Formosa (Taiwan) billigt die Ernennung Tschen Tschengs zum Ministerpräsidenten.

5. Juli, Sonnabend

Zum Abschluß ihrer viertägigen Sitzung in Paris erklärt die Versammlung der Westeuropäischen Union (WEU), der vom polnischen Außenminister Adam Rapacki vorgeschlagene Plan einer atomwaffenfreien Zone in Mitteleuropa stelle eine tödliche Gefahr für den Westen dar (→ 14.2./S. 38).

Das Internationale Tennisturnier in Wimbledon, das am 23. Juni begonnen hat, endet mit einem Zweisatzsieg der Vorjahressiegerin Althea Gibson (USA) über die Britin Angela Mortimer. Bei den Herren setzt sich der Australier Ashley Cooper in vier Sätzen gegen seinen Landsmann Neale Fraser durch. → S. 129

6. Juli, Sonntag

Bei den Landtagswahlen in Nordrhein-Westfalen erzielt die CDU mit 104 von 200 Parlamentssitzen die absolute Mehrheit. → S. 119

Einen großen Wahlerfolg kann die mexikanische Regierungspartei, die Revolutionäre Institutionelle Partei, bei den Präsidenten- und Kongreßwahlen erringen. Ihr Kandidat Adolfo Lopez Mateos erhält 6,7 Millionen Stimmen, für den Kandidaten der oppositionellen Nationalen Aktion, Luis Hector Alvarez, stimmen 0,7 Millionen Mexikaner.

Die Stimmbürger der Schweiz billigen in einer Volksabstimmung zwei neue Verfassungsartikel, den Filmartikel und den Straßenbauartikel.

7. Juli, Montag

Bei den finnischen Reichstagswahlen, die am Sonntag und Montag abgehalten werden, kann die Kommunistische Partei 50 (bisher 43) der 200 Sitze erreichen und wird damit stärkste Fraktion; am 29. August bilden die Sozialdemokraten und die Agrarpartei, die über je 48 Mandate verfügen, gemeinsam mit der Sammlungspartei (29 Sitze) sowie der finnischen (8) und der schwedischen Volkspartei (14) eine Koalitionsregierung unter dem Sozialdemokraten Karl August Fagerholm (→ 4.12./S. 196).

Mit Wirkung zum 1. Januar 1959 verzichtet die UdSSR auf die Zahlung der Stationierungskosten für ihre in der DDR befindlichen Truppen.

In der DDR werden die Preise für Milch, Quark, verschiedene Käsesorten sowie Schweinefleisch herabgesetzt, was nach amtlichen Angaben die Kaufkraft der Bevölkerung um jährlich 400 Millionen Mark steigert (→ 28.5./S. 89).

Im Belgrade Theatre in Coventry wird das Drama »Hühnersuppe mit Graupen« des sozialkritischen Autors Arnold Wesker uraufgeführt.

8. Juli, Dienstag

Der ehemalige französische Ministerpräsident Georges Bidault gibt die Gründung einer neuen Partei, der Christlich-Demokratischen Bewegung Frankreichs, bekannt. Ihre Ziele sind der Zusammenschluß Europas, die Verteidigung Algeriens und die Weiterführung der Aufgabe Frankreichs in seinen überseeischen Besitzungen.

Die Internationalen Filmfestspiele in Berlin (West), die am 27. Juni begonnen haben, gehen zu Ende. → S. 125

9. Juli, Mittwoch

Dem ehemaligen Arzt des Konzentrationslagers Buchenwald, Hans Eisele, der per Haftbefehl gesucht wird, gelingt die Flucht ins Ausland. → S. 121

Die US-amerikanische Luftwaffe schießt eine »Thor-Vanguard«-Rakete mit einer Maus an Bord ins Weltall. Die Raketenspitze kehrt nach amerikanischen Angaben am folgenden Tag unversehrt zur Erde zurück, kann jedoch nicht aufgefunden werden.

10. Juli, Donnerstag

Die Nationalversammlung von Kambodscha billigt einstimmig die Einsetzung von Prinz Norodom Sihanuk als Ministerpräsident. → S. 118

In seiner letzten Sitzung vor den Parlamentsferien billigt der österreichische Nationalrat in Wien u. a. ein Ladenschlußgesetz, das einen allgemeinen Geschäftsschluß für 18 Uhr bzw. 18.30 Uhr für die Lebensmittelgeschäfte sowie die Einhaltung eines freien Nachmittags pro Woche festlegt.

11. Juli, Freitag

Der Schweizer Bundesrat entscheidet sich grundsätzlich für die Ausrüstung der Armee mit Atomwaffen. → S. 124

Ausgezeichnet werden zwei am Putsch vom → 13. Mai (S. 86) in Algier beteiligte französische Generäle: Brigadegeneral Jacques Massu wird zum Divisionsgeneral befördert; General Raoul Salan wird mit der Militärmedaille geehrt.

12. Juli, Sonnabend

Die EWG-Landwirtschaftsminister beenden eine zehntägige Konferenz im italienischen Stresa, auf der Grundlagen für eine gemeinsame Agrarpolitik festgelegt werden. → S. 118

13. Juli, Sonntag

Zwischen Ägypten und der Sueskanalgesellschaft wird ein Entschädigungsabkommen unterzeichnet (→ 29.4./S. 75).

Das Deutsche Derby in Hamburg, das am 9. Juli begonnen hat, gewinnt der Springreiter Fritz Thiedemann (Elmshorn) auf Finale; mit seinem Pferd Meteor sichert er sich außerdem den dritten Platz. Den zweiten Platz belegt überraschend der Sowjetrusse Eduard Schabailow auf Boston (→ 3.7./S. 129).

14. Juli, Montag

Nach einem militärischen Staatsstreich wird in Bagdad die Republik Irak ausgerufen. König Faisal II., Kronprinz Abd Allah und der Ministerpräsident der Arabischen Föderation von Irak und Jordanien, Nuri As Said, werden getötet. → S. 116

Wegen anhaltender Unruhen verhängt der britische Gouverneur von Zypern, Sir Hugh Foot, für 48 Stunden den Ausnahmezustand (→ 15.8./S. 135).

Der algerische Rebellenführer Mohammed Bellounis wird von Franzosen erschossen. → S. 118

15. Juli, Dienstag

Auf Ersuchen des libanesischen Präsidenten Kamil Schamun landen 5000 Mann einer US-amerikanischen Marineeinheit südlich von Beirut, um gemäß der Eisenhower-Doktrin von 1957 für Ruhe und Ordnung zu sorgen (→ 14.7./S. 116; 31.7./S. 117).

Der Irak tritt aus der Arabischen Föderation mit Jordanien aus, die am 14. Februar geschlossen wurde. – Am selben Tag erkennt die Vereinigte Arabische Republik als erster Staat die Republik Irak an (→ 14.7./S. 116).

Die Südafrikanische Union wird wieder Vollmitglied der Vereinten Nationen (UN), nachdem das Land im November 1956 seine Mitwirkung in der Weltorganisation aus Protest gegen die Behandlung der Rassenfrage durch die UN fast vollständig eingestellt hat.

16. Juli, Mittwoch

Die Sowjetunion und die Volksrepublik China protestieren gegen die US-amerikanische Intervention im Libanon am → 14. Juli (S. 116) und fordern den sofortigen Truppenrückzug. Der indische Premierminister Jawaharlal Nehru erklärt zur Lage im Nahen Osten, daß die Einmischung Außenstehender im Libanon die Gefahr der völligen Vernichtung der Menschheit in sich berge.

Zum Abschluß des fünften SED-Parteitags, der am 10. Juli in Berlin (Ost) begonnen hat, wird der Übergang zur »Vollendung des Sozialismus« verkündet und der Beschluß gefaßt, den Lebensstandard der Bundesrepublik bis 1961 zu überflügeln. → S. 121

US-amerikanische Flugzeuge überfliegen Westösterreich und verletzen damit die Neutralität des Landes. Die österreichische Regierung in Wien protestiert am 17. Juli gegen die Verletzung des Luftraums; am 21. Juli schließt sich die Sowjetunion dem Protest an.

An erster Stelle in der »Frankfurter Allgemeinen« vom 16. Juli 1958: Die Landung US-amerikanischer Truppen im Libanon

Frankfurter Allgemeine

ZEITUNG FÜR DEUTSCHLAND

S-Ausgabe / Mittwoch, 16. Juli 1958 — Herausgegeben von Hans Baumgarten, Erich Dombrowski, Karl Korn, Erich Welter — Preis: 30 Pfennig / Nr. 161

Amerikanische Truppen landen im Libanon

Eisenhower: Bis zum Eingreifen der UN / Notfalls mehr Soldaten / Moskau fordert Zurückziehung

F. A. Z. **Washington, 15. Juli. Fünftausend amerikanische Marinesoldaten sind am Dienstag, dreißig Stunden nach dem Umsturz im Irak, im Libanon gelandet. Präsident Eisenhower begründete dies mit einem Ersuchen von Staatspräsident Schamun und mit der Notwendigkeit, amerikanische Bürger zu schützen. Im Sicherheitsrat forderte der sowjetische Delegierte sofortige Zurückziehung der Truppen. Der Rat vertagte sich jedoch ohne Beschluß.**

Eisenhower bezeichnete die Kämpfe im Libanon und den Umsturz im Irak als tragisch und erschütternd. Es sei offensichtlich, daß in dieser Situation mehr benötigt werde als die Gruppe von UN-Beobachtern im Libanon. Die

Truppen würden umgehend wieder zurückgezogen, falls der Weltsicherheitsrat, der anschließend auf Wunsch der amerikanischen Regierung zusammentrat, Beschlüsse fasse, „welche geeignet erscheinen, der neuen Lage zu begegnen“, die mit dem Sturz der irakischen Regierung durch ägyptenfreundliche Kräfte eingetreten sei. Entsprechende Maßnahmen der Vereinten Nationen würden von den Vereinigten Staaten unterstützt.

In der vom Weißen Haus herausgegebenen Erklärung stützt Eisenhower das amerikanische Eingreifen auf Artikel 51 der Charta der Vereinten Nationen, nach dem keinem Mitgliedstaat das „Recht individueller und kollektiver Selbstverteidigung“ beschnitten werden soll, bis der Sicherheitsrat die notwendigen Maßnahmen zur Wiederherstellung von Frieden und Sicherheit getroffen hat. Dem Sicherheitsrat liegt eine Beschwerde Libanons vom 22. Mai wegen Einmischung der Vereinigten Arabischen Republik in die eigenen inneren Wirren vor, welche die Vereinigten Staaten jetzt wieder aufgegriffen und zum Anlaß ihres Vorgehens genommen haben. Präsident Eisenhower erklärt dazu in der von seinem Pressechef Hagerty verlesenen Verlautbarung, er habe am Montagmorgen ein dringendes Ersuchen Präsident Schamuns und seines Kabinetts erhalten, ein Kontingent amerikanischer Truppen nach dem Libanon zu entsenden, um dort die Sicherheit wahren zu helfen und die Anteilnahme Amerikas an der Integrität und Unabhängigkeit Libanons zu bekunden.

In der Erklärung heißt es hierzu: „Präsident Schamun brachte zum Ausdruck, daß seines Erachtens eine unverzügliche Reaktion seitens der Vereinigten Staaten geboten sei, wenn die bisher schon von außen her bedrohte Unabhängigkeit Libanons gewahrt werden solle angesichts der ernsten Ereignisse, die sich gestern in Bagdad zutrugen und in deren Verlauf die rechtmäßige Regierung gewaltsam gestürzt und viele ihrer Mitglieder gemartert wurden.“

Die Vereinigten Staaten hätten als Antwort darauf die erbetenen Truppen nach Libanon entsandt, damit sie die etwa 2500 dort befindlichen amerikanischen Bürger schützten und ihre Anwesenheit der libanesischen Regierung Rückhalt verliehe, die libanesische Souveränität und Unabhängigkeit zu verteidigen. Die Entsendung der Truppen geschehe nicht als kriegerische Handlung. Sie sollten nur die Anteilnahme Amerikas an der Unabhängigkeit und Unversehrtheit Libanons bekunden, welche Amerika als in ihrem Interesse und dem des Weltfriedens liegend erachte. Die gleiche Anteilnahme würde Amerika auch in Form wirtschaftlichen Beistandes bezeigen.

• Präsident Eisenhower hat am Dienstagabend in einer Botschaft an den Kongreß mitgeteilt, daß außer den bereits gelandeten fünftausend Soldaten nach Bedarf noch weitere Truppen nach dem Libanon entsandt würden. Er erkenne durchaus die ernsten Konsequenzen der amerikanischen Intervention im Libanon, doch sei es ein überlegter und nüchterner Schluß, daß diese Aktion trotz der Risiken zur Wahrung der Prinzipien notwendig gewesen sei, auf denen der Frieden beruhe. Die Ereignisse im Libanon stellten eine „indirekte Aggression von außen“ dar. Die Vereinigte Arabische Republik versuche, die Regierung des Libanon gewaltsam zu stürzen und sie durch ein ihr genehmes Regime zu ersetzen.

Washington alarmiert Atlantik- und Pazifikflotte

Die ersten zweitausend amerikanischen Marinesoldaten, die Vorhut für weitere dreitausend, sind am Dienstagmittag kurz nach 14 Uhr im Libanon gelandet. Die Landung erfolgte in der Chalde-Bucht, acht Kilometer südlich von Beirut, in der Nähe des Flughafens der libanesischen Hauptstadt. Tausend Marinesoldaten setzten sich sofort in Richtung Flughafen in Marsch, während der Rest der amerikanischen Truppen auf Beirut vorrückt.

Während die amerikanischen Truppen landeten, riegelte die libanesische Armee das Hafengebiet von Beirut ab. Gleichzeitig rückten libanesische Truppenverstärkungen in das Stadtzentrum von Beirut ein. Die amerikanischen Marinesoldaten gingen mit Hilfe von vierzig kleineren Landungsbooten an Land, während eine Landungsflotte von sieben großen Schiffen eine Seemeile vor der Küste lag.

Die amerikanische Atlantikflotte ist am Dienstag in Alarmbereitschaft versetzt worden. Ueber die Besatzungen wurde eine Urlaubsperre verhängt, alle Urlauber wurden auf die Schiffe zurückbeordert. Im „Kommuniqué Nummer eins“ der Atlantikflotte wurde mitgeteilt, daß die Alarmbereitschaft auf „Vierstundenbasis“ verhängt sei. Die Marinetruppen der Flotte wurden angewiesen, die Luft- und Landeinsatzgruppen für alle notwendig werdenden Aufgaben vorzubereiten, die U-Boot-Abwehreinheiten wurden angewiesen, ihre Verteidigungsbereitschaften zu verstärken. Der Alarm gilt auch für die Zweite Flotte, die sich gegenwärtig im Ostatlantik befindet.

Die amerikanische Atlantikflotte umfaßt gegenwärtig, wie in dem Kommuniqué mitgeteilt wurde, rund fünfhundert Schiffe und 150 Flugzeugstaffeln. Sie versorgt die Schiffe und Soldaten der Sechsten US-Flotte im Mittelmeer.

Die gesamte Pazifikflotte ist am Dienstagabend in Alarmbereitschaft gesetzt worden. Gleichzeitig wurde bekanntgegeben, daß alle Einheiten der Flotte sich „für ausgedehnte Operationen bereit gemacht“ haben.

Die Westmächte hatten in der Nacht zum Dienstag bereits zahlreiche militärische Vorbereitungen getroffen. Kriegsschiffe der Sechsten amerikanischen Flotte im Mittelmeer verließen ihre Häfen mit unbekanntem Ziel. Die britische Mittelmeerflotte wurde in Alarmzustand versetzt. Amerikanische Transportflugzeuge wurden von den Vereinigten Staaten nach Europa verlegt. Aus Neapel liefen am Dienstagmorgen 15 amerikanische Kriegsschiffe aus. Unter ihnen sind der Flugzeugträger „Wasp“, zwei Zerstörer und mehrere Begleitschiffe. Aus Genua liefen in den frühen Morgenstunden drei amerikanische Zerstörer aus. Aus französischen Mittelmeerhäfen gingen elf Kriegsschiffe der amerikanischen Flotte in See, unter ihnen der Kreuzer „Desmoines“.

Zugleich wurde auf Malta die britische **Mittelmeerflotte in Alarmzustand versetzt. Alle britischen Kriegsschiffe wurden angewiesen, sich bereit zu halten, um innerhalb von 24 Stunden auslaufen zu können.**

Das amerikanische Verteidigungsministerium hat die Verlegung einer unbekannten Zahl von Transportflugzeugen der amerikanischen Luftwaffe nach Europa bekanntgegeben. Ueber den Zweck dieser Verlegungen wurde nichts mitgeteilt. Eine ähnliche Maßnahme wurde schon einmal im Mai getroffen, als Amerika dreißig Globemaster-Transportmaschinen für einen eventuellen Einsatz während der Libanon-Krise bereitstellte. Der Luftwaffenstützpunkt Donaldson in Südkarolina an der amerikanischen Atlantik-Küste wurde einsatzbereit gemacht. In unregelmäßigen Abständen verlassen Flugzeuge den Stützpunkt. Auf den amerikanischen Flugplätzen in Deutschland waren in den frühen Morgenstunden noch keine amerikanischen Transportmaschinen gelandet. (Fortsetzung Seite 4.)

Ein Funktionär

Me. Der Führung der SED der Sowjetzone war die gegenwärtige Heerschau der Partei in Ost-Berlin gerade recht, um ihre alten Rechnungen mit Fritz Selbmann zu begleichen. Seit Jahren hatte der 58jährige kommunistische Industriespezialist immer wieder durchblicken lassen, daß er mehr als nur eine linientreue Gesinnung für nötig hält, um ein führender Wirtschaftsfunktionär zu sein. Er war einmal so weit gegangen, die Träger höchster Parteiwürden schlicht als „Idioten“ zu bezeichnen, die ihre bornierte Unkenntnis der Lenkungsmethoden einer planwirtschaftlichen Industrie sogar noch für eine Tugend halten wollten.

In dieser nie revidierten Meinung liegen die Gründe für die latente Spannung zwischen ihm und der Parteispitze, die seit 1950 fast in jedem Jahr irgendwann einmal offenbar wurde und die gewöhnlich zu dem Vorwurf der Ueberheblichkeit führte. Seine mehr oder weniger intime Kenntnis der gerade aktuellen Affäre Schirdewan, die ihm jetzt vorgehalten wird, ist für seinen „Fall“ nur von sekundärer Bedeutung. Sie ist die willkommene Handhabe gegen ihn. Mit Grund hat der Sekretär des Zentralkomitees Verner Fritz Selbmann vorgeworfen, er habe in seinem Reuebekenntnis vor dem Parteitag nicht von den „tiefsten Ursachen“ seines „falschen Verhaltens“ gesprochen.

Hätte Selbmann etwa sagen sollen, daß er es wirklich meist besser gewußt habe, sooft es um die sachlichen Fragen des industriellen Aufbaues gegangen war? Hätte er erklären sollen, daß er trotz einer Parteizugehörigkeit von fast vier Jahrzehnten sich eine völlig andere Vorstellung von der Aufgabe eines Funktionärs bewahrt habe? Für ihn war die Funktion stets das Amt, in dem er versuchte, etwas funktionieren zu lassen, sei es der Schwermaschinenbau oder die Sicherung des stetigen Materialzuflusses für die Industrie. Die ihn jetzt in die Zange nehmen, sehen in ihrer Funktion dagegen meist nur die Quelle ihrer Macht.

Wenn Selbmann jetzt seiner Würden in Partei und Regierung fürs erste verlustig geht, wird niemand überrascht sein. Erstaunlich wäre nur, wenn die SED-Führung wirklich auf seinen fachmännischen Rat endgültig verzichtete. Dann müßte sie einen anderen für gerade die schwierigsten Aufgaben in ihrer Wirtschaft finden. So ist er wohl trotz allem kein völlig erledigter Mann.

Von Bagdad nach Beirut

Von Nikolas Benckiser

Es scheint im Lichte dessen, was in der Nacht vom Sonntag zum Montag in Bagdad begann, beinahe wie eine Grausamkeit gegenüber verantwortlichen Politikern, die Geschichte des Paktes zu rekapitulieren, der mit dem Namen dieser Stadt bezeichnet wird: so sehr haben die Ereignisse denen recht gegeben, die den Pakt von Anfang an, und immer wieder, kritisiert haben. Will man ihn nun „funktionieren“ lassen? Das scheint die Landung amerikanischer Truppen im Libanon anzudeuten. Der Libanon, in dem seit Monaten **der Bürgerkrieg** schwelt, **gehört nicht zum** Bagdadpakt. Aber die amerikanische Politik **scheint nun zu denken, man habe im Libanon** schon zu lange zugewartet, und derartige Zeichen der Schwäche müßten auch Aufrührer wie die von Bagdad ermutigen, ebenso wie jene, die sich von außen einmischen. Es ist indessen wohl so, daß die Stunde nicht nur für das harte Auftreten von heute, sondern für die Grundlinie der bisherigen Nahostpolitik schon lange vorbei war. Diese Geschehnisse und die schwere Sorge, die sie bereiten müssen, sind wenig geeignet, die Kritik an der bisherigen Politik des Westens im Vorderen Orient zu dämpfen, und insbesondere die am Bagdadpakt, als einem ihrer hauptsächlichen Instrumente. Auf Umwegen und in einer Verkettung von Fehlern und Unglück hat der Weg vom Bagdad des Paktes zum Beirut der Intervention geführt.

Ein seltsames Gebilde, dieser Pakt. Er ist ein Regionalpakt im Sinne von Artikel 51 der Satzung der Vereinten Nationen, ursprünglich (am 24. Februar 1955) nur von der Türkei und dem Irak unterzeichnet, im Herbst des gleichen Jahres schlossen sich Pakistan (das schon seit dem Vorjahr zweiseitig mit der Türkei verbündet war) und der Irak an. Damit war ein „westlich“ orientierter Querriegel von den Dardanellen bis zum Himalaja im Süden der Sowjetunion entstanden. Vorher aber schon, im April 1955, war Großbritannien dieser regionalen Sicherheitsorganisation beigetreten, obwohl es nicht zu der Region gehörte, für die erhöhte Sicherheit — nicht mittels unmittelbarer Beistandspflicht, aber durch Zusammenarbeit in Verteidigungsfragen — gewährleistet werden sollte. Das Gerüst der vier großen mohammedanischen Staaten sollte nach den Vorstellungen Londons, indem es zur Stabilität in diesem Bereich beitrug, auch der Sicherung der englischen Positionen an den Rändern der arabischen Halbinsel dienen. Das damals von England protegierte jordanische Königreich wäre, wie es der Logik entsprochen hätte, dem Pakt beigetreten, hätten nicht innere Widerstände dort das verhindert. Diese warfen schon ein deutliches Licht auf die Fragwürdigkeit des Paktes, der dann in der Sueskrise eine schwere Erschütterung durchmachte.

Die strukturellen Merkwürdigkeiten des Bagdadpaktes sind aber damit noch nicht erschöpft. Die Vereinigten Staaten von Amerika gehören ihm nicht an, sind aber mit ihm „assoziiert“ und sind in dieser Assoziierung eigentlich die Hauptperson. Ihre Vertreter sitzen in Komitees, deren Bezeichnungen (Wirtschaftskomitee, Anti-Subversionskomitee, Militärkomitee) erkennen lassen, daß von ihnen der wesentliche Inhalt des Paktes erfaßt wird. Das Erscheinen des amerikanischen Staatssekretärs Dulles erst gibt einer Tagung des Bagdadpaktes — wie der in Ankara im ersten Monat dieses Jahres — Glanz und Bedeutung. Die wirtschaftliche und militärische Macht Amerikas ist, man muß schon sagen, war, das Lebenselixier und das Element des Zusammenhaltes im Bagdadpakt, nicht zuletzt dank dem Dollar.

Als er entstand, schien der Bagdadpakt das fehlende Bindeglied zwischen der Nato und dem Südostasienpakt (Seato) zu sein, mit dem er verklammert war durch die Mitgliedschaft Pakistans an beiden Systemen (in Symmetrie zu jener der Türkei an Bagdadpakt und Atlantikpakt), ebenso wie Großbritanniens. Die Idee der Sicherungen durch ein System einander ergänzender, miteinander verschachtelter Pakte stand in ihrem Zenit. Man nahm ihrem Prinzip zuliebe die Schönheitsfehler der unvollkommenen Konstruktion des Bagdadpaktes mit in Kauf. Diese Unvollkommenheit ist geblieben und gerade von Amerika erhalten worden. Die amerikanische Politik ist gegenüber dem zeitweiligen Drängen der mohammedanischen Mitgliedstaaten auf ein stärkeres Engagement kühl geblieben. Dulles' erstmaliges persönliches Erscheinen auf der **Konferenz im Januar 1958 war mehr ein Pflaster für das, was sein Land den Partnern nicht bieten konnte, als ein Schritt zu engerer** Teilnahme. Denn was auch an Kritik der amerikanischen Nahost-Politik gesagt werden kann — sie hat selbst die Grenzen, die dem Bagdadpakt und dem, was er repräsentiert, gezogen sein mußten, nicht ganz übersehen. Darin liegt heute eine Hoffnung. Worauf sie ursprünglich ausgegangen war, war ein viel breiterer Zusammenschluß der arabischen Welt gegen die Gefahr gewesen, zur russisch-sowjetischen Einflußzone zu werden. Der von Dulles geforderte Zusammenschluß der Staaten des „nördlichen Riegels“ war selbst nur als ein Ersatz gedacht. Er war zugleich von der Hoffnung begleitet worden, er könne einen Schwerpunkt bilden und Anziehungskraft gewinnen. Man hoffte noch weitere Länder zu sammeln und mit diesem arabisch bestimmten Bund gegnerische Strömungen zu neutralisieren. Ja, er sollte sich geradezu als eine einigende Kraft in der arabischen Welt erweisen.

Er ist statt dessen eine trennende Kraft geworden. Kairo wurde das Gegenzentrum. Moskau seinerseits tat alles, um den Bagdadpakt ausschließlich als Verlängerung des Natopaktes, als Mittel amerikanisch-britischer Machtpolitik erscheinen zu lassen und so die westliche Politik in der arabischen Welt, die im Grunde keine anderen Ziele hatte als die Unabhängigkeit der arabischen Staaten, um so besser bekämpfen zu können. So haben die Amerikaner auf Straffung wie Erweiterung verzichten müssen, ohne doch das Instrument des Paktes ganz aufgeben zu wollen oder zu können. Sie haben sich die Türe zu den Nahost-Ländern, die den Bagdadpakt ablehnen, offenhalten wollen. Dabei waren ihre sonstigen Mittel freilich — wie die Eisenhower-Doktrin — auch nicht immer glücklich.

Der Stoß, der nach vielen vorangegangenen Erschütterungen das Gebälk zum Einsturz brachte, ist vom Inneren des Systems ausgegangen, von dem im Zusammenhang der arabischen Welt wichtigsten und zugleich am zuverlässigsten erscheinenden Lande, dem Irak. Die Frage, ob und inwieweit eine Einmischung von außen den Umsturz in Bagdad bestimmt hat, mag in der nächsten Zeit in den Diskussionen der UN eine große Rolle spielen. Sie muß verblassen vor der Tatsache, daß sich nun, wie auch die augenblicklichen Wirren ausgehen, wohl endgültig erwiesen hat, daß eine solide politische Struktur im Nahen Osten auf den Grundlagen des Bagdadpaktes nicht zu erreichen ist. Der Drang zum arabischen Zusammenschluß hat sich mit der ägyptisch-syrischen Union manifestiert, für die ein Staat nicht nur seine Souveränität, sondern auch mit seiner Selbständigkeit verbundene wirtschaftliche Vorteile drangab. Kann man sich noch eine Politik vorstellen, die die von Kairo ausstrahlende Kraft nicht voll in ihre Rechnung einstellt? Liegt in dieser Kraft selbst nicht die beste und von einer klugen Politik zu pflegende Chance dafür, daß die arabische Welt — entgegen ihrem eigenen Interesse — in den Herrschaftsbereich der sowjetischen Welt gerät?

Dokumente der Zeit

Wir veröffentlichen heute auf Seite 6 Auszüge aus dem Wortlaut der Verträge zu den Pakten im Nahen Osten.

Staub – Abgase – Abwässer

Bundesinnenminister Schröder über die Aufgaben des Bundesgesundheitsrates

EIGENER BERICHT DER FRANKFURTER ALLGEMEINEN ZEITUNG

schö. **Bonn,** 15. Juli. Bundesinnenminister Dr. Schröder, Vorsitzender des Bundesgesundheitsrates, hat den 79 Mitgliedern dieses Gremiums am Dienstag auf einer konstituierenden Sitzung im Bundeshaus in Bonn die Aufgaben umrissen, die dem Bundesgesundheitsrat in der zweiten Sitzungsperiode gestellt werden. Schröder sagte, es fehle noch eine rechtliche Regelung für die Unterbringung von Geisteskranken, Rauschgift- und Alkoholsüchtigen in Heil- und Pflegeanstalten. Ihm liege viel an einer gesundheitspolitischen Stellungnahme zu dieser Frage. Auf dem Gebiet der allgemeinen Hygiene sei das Problem der Luftverunreinigung besonders dringlich geworden. „Durch die zunehmende Industrialisierung und Motorisierung hat die Luftverunreinigung durch Staub und Abgase einen solchen Grad angenommen, daß erhebliche Besorgnisse begründet sind.“

Durch Bundestagsbeschluß sei die Bundesregierung um einen umfassenden Bericht über die Verunreinigung der Luft durch Industriebetriebe und aus anderen Ursachen ersucht worden. Der Bundesgesundheitsrat müsse sich mit diesen Fragen beschäftigen, „damit wir solide Unterlagen für eine objektive Beurteilung der Einwirkungen der Luftverunreinigung auf den Gesundheitszustand unserer Bevölkerung bekommen“.

Die Behandlung der Abwässer sei durch die Entwicklung der Industrie und durch die Zusammenballung der Menschen auf engem Raum besonders schwierig und kostspielig geworden. Eine weitere wichtige Frage sei die Vitaminierung von Lebensmitteln. Das Fehlen dieser lebensnotwendigen Ergänzungsstoffe in der Nahrung könne Mangelkrankheiten hervorrufen. Auch mit dieser Frage müsse sich der Bundesgesundheitsrat befassen.

Schröder umriß dann die besonderen Aufgaben, die dem Bundesgesundheitsrat, der durch Beschluß der Bundesregierung unter Mitwirkung der Landesregierungen berufen worden ist, gestellt sind. Dieses Gremium habe die Bundesregierung in Fragen der öffentlichen Gesundheitspflege, insbesondere zur Vorbereitung der Gesundheitsgesetzgebung, zu beraten. Der Bundesgesundheitsrat sei auch berechtigt, von sich aus mit Anregungen an die Bundesregierung heranzutreten. Die Arbeit des Bundesgesundheitsrats vollziehe sich vor allem in den ständigen Ausschüssen für 1. Gesundheitswesen im allgemeinen, 2. Seuchenbekämpfung und Hygiene, 3. Gesundheitsfürsorge, 4. Lebensmittelüberwachung, 5. Arzneimittelversorgung, 6. Veterinärwesen und 7. Medizinalstatistik.

Schröder hofft, daß das Lebensmittelgesetz noch in diesem Herbst verabschiedet wird. Der Entwurf des Arzneimittelgesetzes, an dem seit Jahren gearbeitet wird, werde wahrscheinlich noch in diesem Monat vom Bundeskabinett verabschiedet. Das Gesetz werde die Grundlage für eine Reihe von Rechtsverordnungen sein. In diesem Zusammenhang wies Dr. Schröder auf die Notwendigkeit hin, die Werbung für Arzneimittel neu zu regeln.

Siroky wendet sich an Bonn

EIGENER BERICHT

schw. **Bonn,** 15. Juli. Der sowjetische Geschäftsträger in Bonn, Gesandter Orlow, stellte dem Bundeskanzler ein Schreiben des tschechoslowakischen Ministerpräsidenten Siroky zu, in dem die Aufnahme diplomatischer Beziehungen und der Austausch von Botschaftern zwischen der Bundesrepublik und der Tschechoslowakei vorgeschlagen wird. In dem Schreiben werden Verhandlungen über dieses Angebot in Bonn oder Prag oder an irgendeinem anderen beliebigen Ort angeregt. Der sozialdemokratische Abgeordnete Wehner forderte, der Außenpolitische Ausschuß des Bundestages soll zu dem Schreiben Sirokys gehört werden, bevor es beantwortet wird. In Kreisen der Union wurde geäußert, wenn die Beziehungen zu osteuropäischen Staaten erörtert werden sollten, stände jedenfalls das Thema Polen im Vordergrund.

Mit Selbmann unzufrieden

EIGENER BERICHT

ckn. **Berlin,** 15. Juli. Der stellvertretende Ministerpräsident der Zone Selbmann, der am Montag vor dem Parteitag der Sozialistischen Einheitspartei (SED) Fehler eingestanden hatte, mußte sich am Dienstag vom Sekretär des Zentralkomitees, Verner, sagen lassen, daß die Selbstkritik unzureichend und an den Vorwürfen vorbeigegangen sei. Verner äußerte den Verdacht, daß zwischen Selbmann und dem gemaßregelten Funktionär Schirdewan weitergehende Verbindungen bestanden hätten, als er selbst zugegeben habe. Die Partei sei aber bereit, ihm zu helfen, eine richtige Parteiposition zu finden, aber: „Selbmann muß abrüsten, vollständig abrüsten“. Selbmann habe unterlassen, über die tiefsten Ursachen seines falschen Verhaltens zu sprechen. (Siehe auch Seite 3.)

Steinhoff Fraktionsvorsitzender

Düsseldorf, 15. Juli (dpa). Der amtierende nordrhein-westfälische Ministerpräsident, Fritz Steinhoff, ist am Dienstag in Düsseldorf auf der ersten Fraktionssitzung der SPD nach der Landtagswahl einstimmig zum Fraktionsvorsitzenden gewählt worden. Zum stellvertretenden Fraktionsvorsitzenden wurden Emil Groß, Landtagsvizepräsident Alfred Dobbert und der Kölner Oberbürgermeister Theo Burauen gewählt.

Gegen die Briefwahl

EIGENER BERICHT

we. **München,** 15. Juli. Der Verfassungsausschuß des Bayerischen Landtags hat am Dienstag mit elf Stimmen der Sozialdemokraten, der Bayernpartei und des BHE gegen zehn Stimmen der Union und der Freien Demokraten beschlossen, die Briefwahl in Bayern nicht einzuführen. Mit diesem Beschluß ist aber das letzte Wort über die Briefwahl noch nicht gesprochen, denn es ist nicht ausgeschlossen, daß der BHE bei der Abstimmung im Plenum wieder abschwenkt.

Kein Prozeß gegen Julia Rajk

Budapest, 15. Juli (AP). Ein Sprecher des ungarischen Außenministeriums hat jetzt Berichte zurückgewiesen, nach denen gegen die Witwe des vor einigen Jahren hingerichteten und kurz vor Ausbruch des ungarischen Volksaufstandes rehabilitierten kommunistischen Parteiführers Rajk ein Gerichtsverfahren stattgefunden habe.

Deutsches Militärflugzeug abgestürzt

München, 15. Juli (dpa). In der Nähe von Bischofswiesen bei Berchtesgaden ist am Dienstagnachmittag ein Transportflugzeug der deutschen Luftwaffe abgestürzt. Sechs Besatzungsmitglieder sind ums Leben gekommen. Die Maschine vom französischen Typ „Noratlas“ war in Memmingen stationiert.

Juli 1958

17. Juli, Donnerstag

Auf ein Hilfegesuch König Husains hin landen britische Fallschirmjägertruppen in Jordanien. → S. 117

Zu einem Blitzbesuch trifft der Präsident der Vereinigten Arabischen Republik (VAR), Gamal Abd el Nasser, in Moskau ein, wo er mit Ministerpräsident Nikita S. Chruschtschow »die zur Erhaltung des Friedens notwendigen Maßnahmen« erörtert.

In München gibt das Moskauer Bolschoi-Ballett sein erstes Gastspiel in der Bundesrepublik. → S. 128

In Zürich wird die zweite Saffa – die Schweizerische Ausstellung für Frauenarbeit – eröffnet. Sie dauert bis zum 15. September.

18. Juli, Freitag

Der UN-Sicherheitsrat stimmt über drei Resolutionsentwürfe zur Lage im Nahen Osten ab, von denen jedoch keiner angenommen wird (→ 14.7./S. 116).

Zur britischen Intervention in Jordanien erklärt die sowjetische Regierung, die Aktion habe die Zerschlagung der arabischen Befreiungsbewegungen und die Wiedereinrichtung der Kolonialherrschaft zum Ziel (→ 17.7./S. 117).

In einer Rede in Damaskus feiert der Präsident der Vereinigten Arabischen Republik, Gamal Abd el Nasser, den Umsturz im Irak als einen Sieg des arabischen Volkes (→ 14.7./S. 116).

Der Bundesrat in Bonn lehnt einen Gesetzentwurf über den Ehrenschutz für ausländische Staatsoberhäupter – die sog. Lex Soraya – einstimmig ab. → S. 119

19. Juli, Sonnabend

Die Besatzung eines US-Hubschraubers, die seit ihrer Notlandung auf dem Gebiet der DDR am 7. Juni festgehalten wurde, ist wieder auf freiem Fuß. → S. 121

Der britische Außenminister Selwyn Lloyd, der sich seit dem 16. Juli in den USA aufhält, teilt mit, daß Großbritannien und die Vereinigten Staaten übereingekommen seien, nicht im Irak militärisch zu intervenieren (→ 14.7./S. 116).

Die Vereinigte Arabische Republik und der Irak schließen einen Vertrag, der gegenseitigen militärischen Beistand und eine enge politische, wirtschaftliche und kulturelle Zusammenarbeit vorsieht (→ 14.7./S. 116).

20. Juli, Sonntag

Die Vereinigten Staaten von Amerika gewähren Jordanien eine Wirtschaftshilfe in Höhe von 12,5 Millionen US-Dollar (rund 52,4 Millionen DM).

In Recklinghausen gehen die am 14. Juni eröffneten Ruhrfestspiele zu Ende. Beim Publikum besonderen Anklang fand die diesjährige Festspielinszenierung von William Shakespeares »Der Sturm« in der Regie von Gustav Rudolf Sellner. → S. 128

Der Luxemburger Charly Gaul gewinnt die 45. Tour die France, zu der am 26. Juni in Brüssel 120 Radrennfahrer gestartet sind, von denen nun 78 das Pariser Prinzenparkstadion erreichen. → S. 129

Bei den Deutschen Leichtathletikmeisterschaften in Hannover laufen Armin Hary (Bayer Leverkusen), Manfred Germar (ASV Köln) und Heinz Fütterer (Karlsruher SC) mit 10,2 sec über 100 m Jahresweltbestzeit. → S. 128

21. Juli, Montag

Franz Meyers (CDU) wird zum nordrhein-westfälischen Ministerpräsidenten gewählt (→ 6.7./S. 119).

Zwischen der DDR-Regierung und der evangelischen Kirche wird ein Stillhalteabkommen geschlossen. → S. 121

Das Passagierschiff »Hanseatic«, das für 20 Millionen DM umgebaut wurde und nun 1250 Passagieren Platz bietet, bricht von Hamburg zu seiner Jungfernfahrt nach New York auf. → S. 125

22. Juli, Dienstag

Im UN-Sicherheitsrat wird ein japanischer Resolutionsentwurf abgelehnt, der vorschlägt, der UN-Generalsekretär solle mit der Lösung der Krise im Nahen Osten beauftragt werden (→ 14.7./S. 116).

Israel und am 19. Juli bereits Saudi-Arabien ersuchen die USA und Großbritannien, Militärflugzeuge nicht mehr über ihr Gebiet fliegen zu lassen.

23. Juli, Mittwoch

Die Bundesregierung drückt ihr Verständnis für die US-amerikanische und britische Intervention im Nahen Osten aus(→ 14.7./S. 116).

Mit der Oper »Lohengrin« werden die diesjährigen Richard-Wagner-Festspiele in Bayreuth eröffnet, die bis zum 25. August dauern. → S. 126

24. Juli, Donnerstag

Zum Abschluß eines viertägigen Staatsbesuchs in der Sowjetunion gibt der österreichische Bundeskanzler Julius Raab bekannt, daß die Reduzierung der von Österreich als Reparation zu liefernden Ölmengen um 50% und die Intensivierung der Wirtschaftsbeziehungen vereinbart worden seien. → S. 118

Frauen werden zum ersten Mal Mitglieder des britischen Oberhauses, nachdem durch ein 1957 erlassenes Gesetz verdiente Männer und Frauen auf Lebenszeit zu Peers ernannt werden können.

25. Juli, Freitag

In einem Abkommen wird vereinbart, daß der italienische Staatskonzern ENI das Recht zur Erdölsuche und -ausbeute im südlichen Marokko erhält.

Nach vierwöchiger Treibjagd wird die Berberlöwin »Cora« in 2200 m Höhe auf der Zugspitze von bundesdeutschen und österreichischen Grenzsoldaten eingekreist und erschossen. → S. 125

Das Moskauer Gebietsgericht verurteilt den langjährigen Mittelstürmer der sowjetischen Fußballnationalmannschaft, Eduard Strelzow, zu zwölf Jahren Freiheitsentzug. Er hatte kurz vor der Fußballweltmeisterschaft in Schweden (→ 29.6./S. 110) unter Alkoholeinfluß eine Frau vergewaltigt. → S. 128

26. Juli, Sonnabend

Der neue irakische Ministerpräsident Abd Al Karim Kasim erklärt vor der Presse, der Irak werde mit allen Staaten freundschaftliche Beziehungen unterhalten. Die Ölförderung werde im Interesse seines Landes und der ganzen Welt weitergehen (→ 14.7./S. 116).

Die letzten sowjetischen Truppen aus Rumänien werden abgezogen.

Die Beobachtertruppe der Vereinten Nationen nimmt ihre Tätigkeit im Libanon wieder auf.

Bundespräsident Theodor Heuss begnadigt den ehemaligen Verfassungsschutzpräsidenten Otto John, der am 22. Dezember 1956 wegen Landesverrat zu vier Jahren Zuchthaus verurteilt wurde. John hatte sich im Juli 1954 in die DDR abgesetzt, war aber im Dezember 1955 zurückgekehrt. → S. 121

Königin Elisabeth II. von Großbritannien ernennt den britischen Thronfolger, den neunjährigen Prinz Charles, zum Prinzen von Wales.

Mit einer Aufführung des »Don Carlos« von Giuseppe Verdi (Inszenierung Gustaf Gründgens, musikalische Leitung Herbert von Karajan, Bühnenbild Caspar Neher) werden in der Felsenreitschule die Salzburger Festspiele eröffnet (bis zum 31. 8.). → S. 127

In Long Beach/Kalifornien wird die 19jährige Kolumbianerin Lux Marina Zuloaga zur »Miss Universum« gekürt.

27. Juli, Sonntag

Der Irak erhält eine provisorische Verfassung, die den Staat als Republik sowie als einen Teil der Arabischen Nation festlegt (→ 14.7./S. 116).

Nach einwöchiger Dauer geht in München das 21. Deutsche Turnfest zu Ende, an dem 40 000 Turner aus über 4000 Vereinen teilgenommen haben. → S. 128

Der 15jährige Schüler Lutz Springer aus Gevelsberg gewinnt vor 25 000 Zuschauern in Duisburg das Deutsche Seifenkistenderby.

28. Juli, Montag

US-Verteidigungsminister Neil McElroy erklärt, man müsse zwischen sauberen, normalen und »gesalzenen« Atombomben unterscheiden je nach der Art ihrer radioaktiven Strahlung. → S. 124

Mit dem mehrsprachigen Hinweis »preisgünstiger St.-Pauli-Betrieb« will der Hamburger Bürgerverein St. Pauli künftig gastronomische Betriebe auszeichnen, die von einem achtköpfigen Gremium als preiswürdig befunden wurden. → S. 125

29. Juli, Dienstag

In London beginnt eine zweitägige Konferenz der Bagdadpakt-Staaten mit Ausnahme des Irak, auf der die US-amerikanische und britische Intervention im Nahen Osten gebilligt wird (→ 14.7./S. 116).

Die Vereinigten Staaten errichten die National Aeronautics and Space Administration (NASA). → S. 124

30. Juli, Mittwoch

Das Bundesverfassungsgericht erklärt die von Hamburg und Bremen geplanten Volksbefragungen über die atomare Bewaffnung der Bundeswehr für verfassungswidrig. → S. 119

Das Presse- und Informationsamt der Bundesregierung wird eigenständige Bundesbehörde.

31. Juli, Donnerstag

Zum neuen Präsidenten des Libanon wählt das Parlament mit großer Mehrheit den Generalstabschef der Armee, Generalmajor Fuad Schihab. → S. 117

Mit rund 356 000 Erwerbslosen (entsprechend 1,8%) erreicht die Arbeitslosigkeit in der Bundesrepublik den tiefsten Stand seit zehn Jahren.

Gestorben:

1. Weybridge/Großbritannien: Rudolf von Laban (eigentl. Rudolf Laban von Varalya, *15.12.1879, Preßburg), ungarischer Choreograph und Tanzpädagoge.

13. Ravensburg: Karl Erb (*13.7.1877, Ravensburg), deutscher Sänger.

14. Düsseldorf: Emil Barth (*6.7.1900, Haan bei Düsseldorf), deutscher Schriftsteller.

14. Bagdad: Faisal II. (*2.5.1935, Bagdad), irakischer König. → S. 116

18. Paris: Henri Farman (*26.5.1874, Paris), französischer Flugpionier und Flugzeugkonstrukteur.

22. Leningrad: Michail M. Soschtschenko (*10.8.1895 Petersburg/Leningrad), russisch-sowjetischer Schriftsteller.

Geboren:

25. Unterschwarzach/Odenwald: Karlheinz Förster, bundesdeutscher Fußballspieler.

30. Bexleyheath/Großbritannien: Kate Bush, britische Popsängerin.

30. London: Daley Thompson, britischer Leichtathlet (Zehnkämpfer).

Das Wetter im Monat Juli

Station	Mittlere Lufttemperatur (°C)	Niederschlag (mm)	Sonnenscheindauer (Std.)
Aachen	– (17,5)	127 (75)	202 (190)
Berlin	18,3 (18,3)	75 (70)	260 (242)
Bremen	– (17,4)	125 (92)	201 (207)
München	– (17,5)	105 (137)	247 (226)
Wien	20,1 (19,5)	50 (84)	274 (–)
Zürich	17,9 (17,2)	136 (139)	225 (238)

() Langjähriger Mittelwert für diesen Monat
– Wert nicht ermittelt

Juli-Titelseite des US-Magazins »Esquire«

Krise in Nahost bringt die Welt an den Rand eines Krieges

14. Juli. In Bagdad stürzen Armeeangehörige die Monarchie und rufen die Republik Irak aus. König Faisal II., sein Onkel, Kronprinz Abd Allah, und Ministerpräsident Nuri As Said werden getötet.

Die neuen Machthaber im Irak, die im Laufe des Juli von vielen arabischen Staaten und dem Ostblock und im August von den meisten westlichen Ländern anerkannt werden, verkünden, daß sie brüderliche Beziehungen zu den übrigen arabischen Staaten unterhalten wollen. Bestehende Verträge sollen, sofern sie dem Land von Nutzen sind, eingehalten werden, ebenso wie die Charta der Vereinten Nationen. Der neue irakische Ministerpräsident Abd Al Karim Kasim erklärt am 22. Juli außerdem, sein Land wolle die vereinbarten Öllieferungen fortsetzen und freundschaftliche Beziehungen zum Westen aufbauen.

Nach dem Umsturz im Irak, der letztendlich durch die Weigerung irakischer Offiziere ausgelöst wurde, Truppen ins benachbarte und durch den Föderationsvertrag vom 14. Februar (→ 1.2./S. 36) an Irak gebundene Jordanien zu beordern, wächst in den westlich orientierten Nachbarländern Libanon und Jordanien die Furcht vor arabisch-nationalistischen Aufständen. Nach Ansicht der Regierungen hat der Zusammenschluß von Ägypten und Syrien zur Vereinigten Arabischen Republik am → 1. Februar (S. 36) den bestehenden Oppositionsgruppen weiteren Auftrieb gegeben.

Die Bewohner eines Armenviertels von Bagdad feiern den Sturz der irakischen Monarchie und die Ausrufung der Republik durch Abd Al Karim Kasim

Auf Ersuchen des libanesischen Staatspräsidenten Kamil Schamun landen daraufhin am 15. Juli Soldaten der US-Marine an der Küste Libanons; am → 17. Juli (S. 117) entsendet Großbritannien Fallschirmjäger nach Jordanien.

Das Eingreifen der Briten und US-Amerikaner ruft scharfe Proteste der Sowjetunion hervor, aber auch andere Staaten, darunter Indien, bezeichnen die Intervention ausländischer Truppen im Nahen Osten als falsches Mittel zur Lösung der Krise.

Brigadegeneral Abd Al Karim Kasim wird Chef der neuen Regierung im Irak

Am 19. Juli schlägt der sowjetische Ministerpräsident Nikita S. Chruschtschow vor, auf einer sofortigen Gipfelkonferenz den Konflikt sowie Lösungsmöglichkeiten zu erörtern. Die drei Westmächte vertreten demgegenüber jedoch die Auffassung, daß der Sicherheitsrat der Vereinten Nationen den geeigneten Rahmen für solche Gespräche darstelle. Am 18. Juli sind in diesem Gremium die vorgelegten Anträge gescheitert, weil sie nicht die erforderliche Mehrheit fanden bzw. ein ständiges Mitglied sein Veto einlegte (→ 22.8./S. 135).

Während sich die Lage im Nahen Osten durch den Truppeneinmarsch noch verschärft hat, hoffen die Libanesen nach der Wahl von General Fuad Schihab am → 31. Juli (S. 117) zum Staatspräsidenten nun auf eine Politik, die innere Unruhen befriedet und die nationale Einheit wiederherstellt (→ 29.10./S. 167).

Das Ende der Haschimidenherrschaft im Irak

14. Juli. Beim Sturz der Monarchie im Irak wird der 23jährige König Faisal II. getötet. Der Herrscher kam 1953 als Nachfolger seines Vaters Ghasi auf den Thron; er stand weiter unter dem Einfluß seines Onkels Abd Allah, der seit 1939 die Regentschaft führte.

Faisal II., König des Irak (1956)

Der irakische Kronprinz Abd Allah

Wie sein Vetter Husain von Jordanien, mit dem er am 14. Februar 1958 die arabische Föderation gründete (→ 1.2./S. 36) gehörte Faisal der Dynastie der Haschimiden an. Sein Großvater, Faisal I., wurde 1921 zum ersten König von Irak eingesetzt; ihm gelang es, durch eine eng an britischen Interessen orientierte Politik, 1932 die Anerkennung der Unabhängigkeit und die Beendigung des britischen Mandats durchzusetzen.

Zwar gab es während des Zweiten Weltkriegs im Irak einen Versuch, die Bindungen an Großbritannien zu zerbrechen, dieser wurde jedoch durch Truppen der ehemaligen Mandatsmacht unterbunden.

US-Soldaten bei der Landung an der libanesischen Küste; sie kommen auf Wunsch von Staatspräsident Schamun

Libanon hofft auf Frieden im Land

31. Juli. Der Oberbefehlshaber der libanesischen Armee, Generalmajor Fuad Schihab, wird vom Parlament mit der erforderlichen Zweidrittelmehrheit zum neuen Staatspräsidenten des Landes gewählt. Die Wahl erfolgt gegen den Widerstand von Ministerpräsident Sami as-Sulh, aber mit der Unterstützung der oppositionellen Nationalen Front, der Schihab zuvor Zugeständnisse gemacht hat.

Schihab – er tritt sein Amt am 23. September an – löst den seit 1952 amtierenden Präsidenten Kamil Schamun ab, der sich in den letzten Wochen immer stärker dem Widerstand derjenigen Gruppen gegenübersah, die für eine arabisch orientierte Politik Libanons eintreten (→ 9.5./S. 88). Auf Schamuns Behauptung hin, die Vereinigte Arabische Republik (VAR) infiltriere sein Land und versorge die Aufständischen mit Waffen, hat der UN-Sicherheitsrat im Juni eine Beobachtertruppe in den Libanon entsandt, um die Anschuldigungen zu prüfen. Obwohl die UNO-Beauftragten keinerlei Beweise für Infiltration und Waffenschmuggel in nennenswertem Umfang feststellen konnte, bat Schamun die drei Westmächte nach dem Umsturz im Irak am → 14. Juli (S. 116) um die Entsendung von Truppen, um die libanesisch-syrische Grenze sperren zu können. Die Vereinigten Staaten entsprachen diesem Wunsch am 15. Juli.

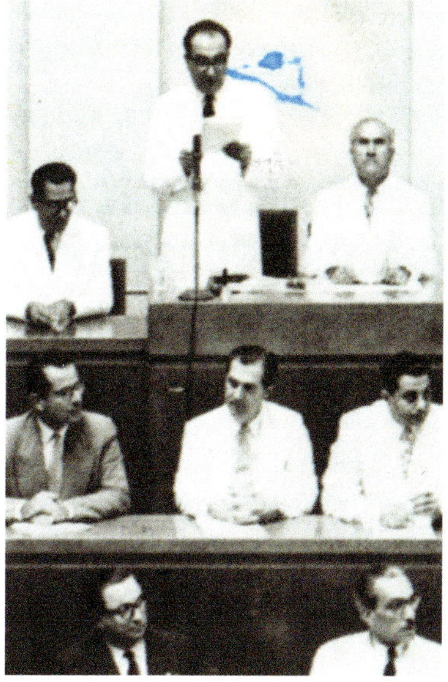

Der libanesische Präsident Fuad Schihab (stehend) im Parlament

Jordanien bittet um britische Truppen

17. Juli. Mit der Landung britischer Fallschirmjägertruppen in Jordanien leistet Großbritannien einem seiner ehemaligen Mandatsgebiete im Nahen Osten Waffenhilfe. Der jordanische König Husain, auf dessen Bitten hin die Truppen entsandt werden, hofft auf diese Weise, einen Staatsstreich wie im Nachbarland Irak, dem sein Vetter, König Faisal II., zum Opfer fiel, zu verhindern (→ 14.7./S. 116).

Das seit 1948 nominell unabhängige Land mit geringen landwirtschaftlichen Nutzflächen und fehlendem Zugang zum Meer ist auf umfangreiche britische Wirtschaftshilfe angewiesen; auch im militärischen Bereich ist der Einfluß der ehemaligen Mandatsmacht stark spürbar.

Der 22jährige König sah sich 1956 nach inneren Unruhen und der Stärkung der für mehr arabischen Einfluß und gegen die Briten kämpf enden Opposition zu Zugeständnissen gezwungen; jedoch konnte er 1957 die linksneutrale Regierung entmachten und zu seinem alten prowestlichen Kurs zurückkehren.

»Hercules«-Transporter der US-Luftwaffe auf dem Flugplatz Adana, Südtürkei; innerhalb kurzer Zeit sind die Krisengebiete im Nahen Osten erreichbar

Sihanuk regiert wieder in Kambodscha

10. Juli. Die Nationalversammlung von Kambodscha billigt einstimmig die Berufung von Prinz Norodom Sihanuk zum Ministerpräsidenten. Das Parlament hat ihn zuvor aufgefordert, wegen der schwierigen Lage, die durch Grenzzwischenfälle mit Südvietnam entstanden ist, die Macht zu übernehmen.

Prinz Norodom Sihanuk, geboren 1922, bestieg 1941 den Thron des Königreichs Kambodscha; er dankte jedoch 1955 zugunsten seines Vaters Norodom Suramarit ab und gründete die Volkssozialistische Partei (Sangkum), nach deren Wahlerfolg er im Oktober 1955 das Amt des Ministerpräsidenten übernahm, das er nun nach Unterbrechungen erneut innehat.

Prinz Norodom Sihanuk dankte 1955 ab, um politisch aktiv zu werden

Kambodscha, seit 1887 ein Teil des französischen Protektorats Indochina, wurde 1945 von Sihanuk für unabhängig erklärt. Erst auf der Indochinakonferenz 1954 wurde dem Land auch international die volle staatliche Souveränität und territoriale Integrität zugesprochen.

1956 kam es zu ersten Auseinandersetzungen mit Südvietnam und auch Thailand, die eine Wirtschaftsblokkade gegen Kambodscha errichteten und den bewaffneten Widerstand der rechtsgerichteten Khmer-Issarak-Bewegung gegen die Regierung unterstützten. Zuvor hatte Sihanuk sich geweigert, dem südostasiatischen Militärpakt SEATO beizutreten, weil er außenpolitisch streng neutral bleiben wollte, zugleich aber Wirtschaftshilfe von der Volksrepublik China angenommen.

Österreich zahlt weniger Reparation

24. Juli. Zum Abschluß des dreitägigen Staatsbesuches einer österreichischen Regierungsdelegation unter Leitung von Bundeskanzler Julius Raab in Moskau vereinbaren beide Seiten eine Reduzierung der österreichischen Reparationsleistungen an die Sowjetunion.

Die noch ausstehenden Erdöllieferungen an die UdSSR – sieben Millionen t – sollen um die Hälfte gekürzt werden. Die verbleibende Menge kann außerdem sogar teilweise durch die Lieferung von Fertigwaren ersetzt werden. Darüber hinaus sollen die Wirtschaftsbeziehungen zwischen beiden Ländern insgesamt intensiviert sowie die Rückführung von Staatsangehörigen des jeweils anderen Landes in ihre Heimat ermöglicht werden.

Julius Raab

Weitere Gesprächsthemen in Moskau sind die Lage im Nahen Osten (→ 14.7./S. 116), die Entspannungspolitik sowie die Bedeutung der Neutralität und Unabhängigkeit Österreichs. Diese bezeichnet der sowjetische Ministerpräsident und Parteiführer Nikita S. Chruschtschow als »eine große Kraft bei der Erhaltung des Friedens«.

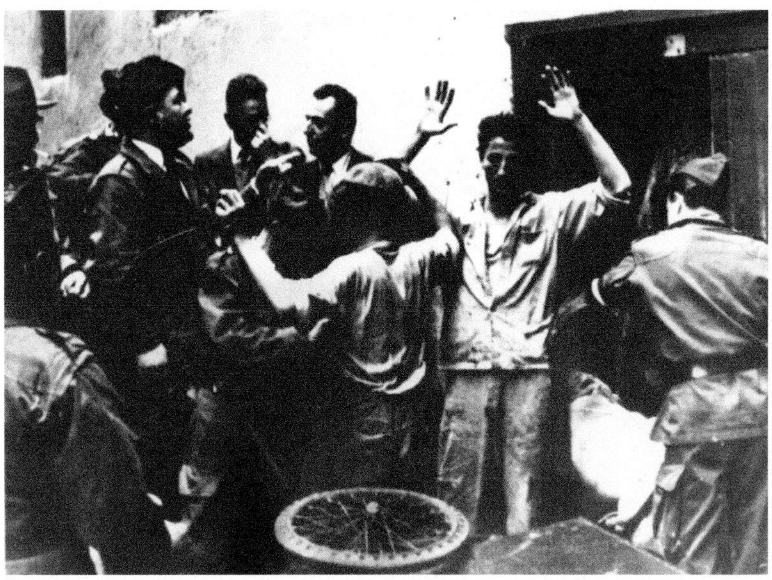

Französische Soldaten nehmen algerische Rebellen gefangen, die für die Unabhängigkeit ihres Landes von der Kolonialmacht Frankreich kämpfen

Überläufer Bellounis getötet

14. Juli. Der algerische Rebellenführer Mohammed Bellounis, der bis zum Mai auf Seiten der Franzosen kämpfte, wird von französischen Soldaten erschossen. Seine Leiche wird drei Tage lang zur Abschrekkung auf allen Marktplätzen in seinem ehemaligen Herrschaftsgebiet zur Schau gestellt.

Ende Mai 1957 hatte Bellounis, der bis Anfang des Jahres mit der Nationalen Befreiungsfront gegen die Kolonialherren kämpfte, Kontakt zu französischen Truppen aufgenommen. Als Folge davon wurden alle männlichen Einwohner des Dorfes Melouza, die zu den Anhängern Bellounis zählten, ermordet. Dieser brach daraufhin mit den Aufständischen und schloß einen Bündnisvertrag mit den Franzosen, den er jedoch bald dazu nutzte, eine persönliche Gewaltherrschaft zu errichten und das ihm zugewiesene Operationsgebiet am Nordrand der Sahara auszubeuten und zu terrorisieren.

Nach dem Militärputsch in Algier am → 13. Mai (S. 86) erklärte Bellounis wiederum, für die Unabhängigkeit Algeriens von Frankreich einzutreten, und nahm Kontakt zur Befreiungsfront auf.

A. Fanfani bildet in Rom eine Koalitionsregierung mit den Sozialisten

Fanfani Italiens Ministerpräsident

2. Juli. In Rom bildet der Führer der Christlichen Demokraten (DC), Amintore Fanfani, mit den Sozialdemokraten eine Koalitionsregierung, die im Senat über eine Mehrheit von 155 der 246 Sitze, im Abgeordnetenhaus jedoch lediglich über 286 der 596 Mandate verfügt.

Die bisherige Regierung unter dem Christdemokraten Adone Zoli ist nach der Parlamentswahl vom 25. Mai zurückgetreten. Das neue Kabinett wird als eines des linken Zentrums charakterisiert.

Fanfani ist seit 1948 Parlamentsabgeordneter; 1954 war er schon einmal Ministerpräsident, zuvor hatte er verschiedene Ministerposten inne.

EWG will keine Agrarsubventionen

12. Juli. Im italienischen Stresa endet nach neuntägiger Dauer eine Landwirtschaftskonferenz der Europäischen Wirtschaftsgemeinschaft (EWG), auf der Richtlinien für eine gemeinsame Agrarpolitik festgelegt wurden.

Wesentliche Punkte sind u. a. die Erhaltung der bäuerlichen Familienbetriebe, Produktivitätssteigerungen, die durch entsprechende Preispolitik jedoch nicht zu Überproduktion führen sollen, das Gleichgewicht zwischen Angebot und Nachfrage sowie der Abbau aller Subventionen.

Volksbefragung über Atomwaffen verboten

30. Juli. Für grundgesetzwidrig erklärt der Zweite Senat des Bundesverfassungsgerichts in Karlsruhe die von den Bundesländern Hamburg und Bremen beschlossenen Gesetze über eine Volksbefragung zur atomaren Ausrüstung der Bundeswehr. Das Gericht begründet die Entscheidung damit, daß es sich bei der Verteidigungspolitik um eine ausschließliche Angelegenheit der entsprechenden Bundesorgane handele, wobei die Länder auch nicht durch politischen Druck versuchen dürften, die Bundesregierung zu einer Änderung ihrer Sachentscheidung zu zwingen.

Ausgangspunkt des Streites zwischen der Bundesregierung einerseits und Hamburg und Bremen andererseits ist der Beschluß des Bundestags vom → 25. März (S. 50), die Bundeswehr mit Atomwaffen auszurüsten, falls es nicht zu einer allgemeinen Abrüstungsvereinbarung kommt. Am 8. Mai beschlossen die Bürgerschaften in Hamburg und Bremen Gesetze über die Durchführung einer Volksbefragung zur Atombewaffnung, die zur Orientierung der Landesvertreter im Bundesrat dienen sollte. In einigen anderen Bundesländern wie auch am 12. Juni im Bundestag in Bonn fanden entsprechende Gesetzentwürfe keine Mehrheit.

Zugleich mit der Entscheidung gegen Bremen und Hamburg stellt das Verfassungsgericht fest, das Land Hessen habe die Bundestreue verletzt, weil es Entscheidungen einzelner Gemeinden für eine Volksbefragung nicht ausgesetzt habe.

Teilnehmer an einer Protestkundgebung gegen die geplante atomare Bewaffnung der Bundeswehr am 17. April 1958 vor dem Hamburger Rathaus

Breite Ablehnung der »Lex Soraya«

18. Juli. Einstimmig lehnt der Bundesrat eine von Außenminister Heinrich von Brentano (CDU) angeregte Gesetzesvorlage über den Ehrenschutz ausländischer Staatsoberhäupter, die sog. Lex Soraya, ab.

Der Entwurf sieht Geld- und Gefängnisstrafen für Journalisten vor, die herabwürdigende Behauptungen über das Privatleben ausländischer Staatsoberhäupter verbreiten, wenn eine solche Verbreitung die auswärtigen Beziehungen der Bundesrepublik stören würde, gleichgültig, ob die Behauptungen der Wahrheit entsprechen oder nicht.

Die von Journalisten, Verlegern und Politikern aller Parteien als Einschränkung der Pressefreiheit bezeichneten Bestimmungen sind aus Anlaß iranischer Beschwerden über die Berichte der bundesdeutschen Illustriertenpresse über das Privatleben des persischen Kaiserpaares entworfen worden (→ 14.3./S. 58). Die Iraner hatten mit einer Beeinträchtigung der Beziehungen zwischen beiden Ländern gedroht.

Rüstungsetat größter Posten

4. Juli. Gegen die Stimmen der Oppositionsparteien SPD und FDP verabschiedet der Bundestag in Bonn den Haushalt für das Rechnungsjahr 1958/59. Erstmals in der Geschichte der Bundesrepublik Deutschland ist der Verteidigungsetat mit 10 Milliarden DM größter Posten im 36,8 Milliarden DM umfassenden Gesamthaushalt.

Die Mehrausgaben für die Rüstung – gegenüber 1957 gibt es ein Plus von 2,2 Milliarden DM – werden z. T. durch den Wegfall von Stationierungskosten für ausländische Streitkräfte im Bundesgebiet ausgeglichen. Jedoch wurden auch Posten – u. a. der Etat für Arbeit und Soziales, die sozialen Kriegsfolgeleistungen und der Wohnungsbauplan – um bis zu 10% gekürzt.

Um rund ein Viertel aufgestockt wird dagegen der Haushalt des Landwirtschaftsministeriums, nachdem infolge des Grünen Plans die Agrarsubventionen deutlich erhöht wurden.

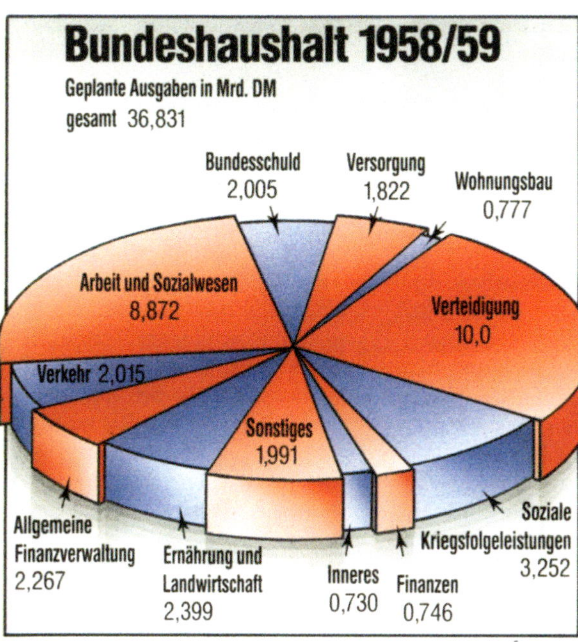

F. Meyers (CDU), der neue Ministerpräsident von Nordrhein-Westfalen

Fritz Steinhoff (SPD) tritt nach der Wahlniederlage zurück

CDU regiert in Düsseldorf

6. Juli. Bei den Landtagswahlen in Nordrhein-Westfalen erreicht die CDU mit 50,5% der Stimmen (1954: 41,3%) die absolute Mehrheit. Zwar kann die bisherige Regierungspartei SPD mit 39,2% (1954: 34,5%) ebenfalls Gewinne verbuchen, jedoch ihre Koalitionspartner FDP und Zentrum verlieren so stark, daß eine Neuauflage des Regierungsbündnisses nicht möglich ist.

Am 21. Juli wählt der Landtag in Düsseldorf den CDU-Abgeordneten Franz Meyers zum neuen Ministerpräsidenten. Er löst den seit 1956 regierenden Fritz Steinhoff (SPD) ab. Meyers kündigt an, seine Regierung werde die Politik von Bundeskanzler Konrad Adenauer (CDU) im Bundesrat unterstützen, dabei aber die Interessen des Landes über die »Bundestreue« stellen.

Die Frauenzeitschrift »Constanze« klärt ihre Leserinnen in der Ausgabe vom 25. Juni 1958 über ihre neuen Rechte auf

Mehr Rechte für Frauen in Ehe und Familie

1. Juli. In der Bundesrepublik Deutschland tritt das im Juni vergangenen Jahres vom Bundestag verabschiedete Gleichberechtigungsgesetz in Kraft. Es dient als rechtliche Grundlage für die in Artikel 3 des Grundgesetzes geforderte Gleichberechtigung von Mann und Frau insbesondere in Ehe und Familie.

Obwohl auch das neue Recht weiterhin eine traditionelle Rollenverteilung vorsieht – der Frau werden die Aufgaben in Haushalt und Kindererziehung zugewiesen, dem Mann der wirtschaftliche Unterhalt der Familie –, erhalten mit dem neuen Gesetz die Frauen mehr Rechte. So gilt im Fall einer Ehetrennung nun die Zugewinngemeinschaft, bei der jedem Ehepartner die Hälfte des während der Ehe erwirtschafteten Vermögens zusteht. Darüber hinaus erhalten die Frauen das Recht, ihr in die Ehe eingebrachtes Vermögen selbst zu verwalten und darüber zu verfügen.

Ohne ausdrückliche Zustimmung ihres Mannes dürfen Frauen künftig einer Arbeit nachgehen, allerdings mit der Einschränkung, daß diese ihre Pflichten in der Familie nicht beeinträchtigen darf.

In anderen Bereichen ist dagegen die Vorherrschaft des Mannes weiter festgeschrieben. In Erziehungsfragen steht ihm ein sog. Stichentscheid zu, sofern zwischen den Eltern keine Einigung erzielt werden kann. Außerdem ist er der ausschließliche Vertreter der gemeinsamen Kinder gegenüber Dritten. Die Verfassungsmäßigkeit dieser Bestimmungen wird allerdings bezweifelt.

Trotz des eindeutigen Auftrages des Grundgesetzes, der vom Verfassungsgericht als Rechtsnorm bezeichnet wurde, gab es auch über die von nun an geltenden Regelungen heftige Auseinandersetzungen im Parlament. Hauptargumente gegen eine Liberalisierung der Gesetzgebung gegenüber den Frauen waren die Behauptung, mit mehr Rechten ausgestattete Ehefrauen und Mütter brächten die Familie in Gefahr, und die Auffassung, die Gleichberechtigung der Frau verstieße gegen die »natürliche Ordnung«.

Emmeline Pankhurst (1858-1928) gehörte zu den sog. Suffragetten, die in Großbritannien für die Einführung des Frauenwahlrechts kämpften

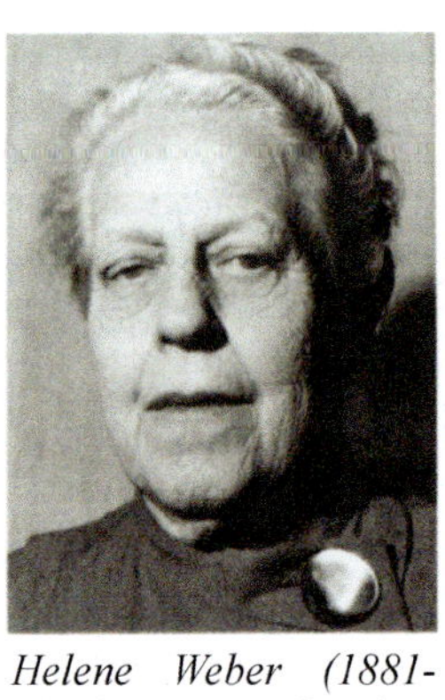

Helene Weber (1881-1962) setzte sich schon in der Weimarer Republik für die Frauen ein und war seit 1949 Bundestagsabgeordnete

Louise Schroeder (1887-1957) war 1947/48 an Stelle Ernst Reuters amtierende Oberbürgermeisterin von Berlin und saß seit 1949 im Bundestag

Der lange Weg zur Gleichberechtigung

1918: Nach dem Ende der Monarchie im Deutschen Reich erhalten alle Frauen über 20 Jahre das Wahlrecht.

31.7.1919: Die Weimarer Reichsverfassung wird verabschiedet. In Artikel 109 Absatz 2 ist festgelegt: »Männer und Frauen haben die gleichen staatsbürgerlichen Rechte und Pflichten.«

3.12.1948: Der Hauptausschuß des Parlamentarischen Rates in Bonn lehnt in erster Lesung einen Verfassungsartikel ab, der die völlige Gleichberechtigung von Mann und Frau vorsieht. Daraufhin kommt es zu Protesten zahlreicher Frauenverbände.

24.5.1949: Das Grundgesetz für die Bundesrepublik Deutschland tritt in Kraft. In Artikel 3 Absatz 2 heißt es: »Männer und Frauen sind gleichberechtigt.«

31.3.1953: Mit Ablauf der in der Verfassung festgesetzten Frist für die Angleichung geltenden Rechts an die Bestimmungen des Grundgesetzes hat der Bundestag noch kein Gleichberechtigungsgesetz verabschiedet. In diesem Bereich entsteht ein »gesetzloser Zustand«.

18.12.1953: Das Bundesverfassungsgericht stellt fest, daß der Gleichberechtigungsgrundsatz der Verfassung als »echte Rechtsnorm« anzusehen sei, und fordert die Gerichte auf, bis zur Verabschiedung entsprechender Gesetze mit ihren Mitteln das entstandene Rechtsvakuum auszufüllen.

21.6.1957: Der Bundestag verabschiedet ein Gleichberechtigungsgesetz. Es sieht nach wie vor die traditionelle Rollenverteilung zwischen Mann und Frau als Norm vor, räumt den Frauen jedoch u. a. das Recht ein, über ihr eigenes Vermögen zu verfügen, einer Arbeit nachzugehen, sofern dies mit ihren Pflichten in der Familie zu vereinbaren ist, und enthält nicht mehr das Alleinentscheidungsrecht des Mannes in Angelegenheiten der Familie. Vorrang wird dem Mann jedoch noch in Erziehungsfragen eingeräumt.

DDR will bis 1961 Wohlstand wie im Westen

16. Juli. In Berlin (Ost) geht nach einwöchiger Dauer der 5. Parteitag der SED zu Ende, auf dem der Übergang zur »Vollendung des Sozialismus« verkündet sowie beschlossen wird, den Lebensstandard der Bundesrepublik bis 1961 einzuholen und womöglich zu übertreffen.

Über die »ökonomische Hauptaufgabe« der DDR sagt Parteiführer Walter Ulbricht u. a.: »Die Volkswirtschaft der DDR ist innerhalb weniger Jahre so zu entwickeln, daß die Überlegenheit der sozialistischen Gesellschaftsordnung der DDR gegenüber der Herrschaft der imperialistischen Kräfte im Bonner Staat eindeutig bewiesen wird und infolgedessen der Prokopf verbrauch unserer werktätigen Bevölkerung mit allen wichtigen Lebensmitteln und Konsumgütern den Prokopfverbrauch der Gesamtbevölkerung in Westdeutschland erreicht und übertrifft.« Zu lösen sei diese Aufgabe bis zum Jahr 1961.

Neben der Steigerung des eigenen Lebensstandards soll durch den wirtschaftlichen Aufschwung auch ein propagandistischer Effekt erzielt werden. Dazu führt Ulbricht aus: »Die SPD- und DGB-Mitglieder sollen sich in der DDR selbst überzeugen, wie der Sozialismus in Wirklichkeit aufgebaut wird. ... Dabei ist das Tempo unserer Entwicklung eine Lebensfrage für das deutsche Volk, weil bis 1961 der deutsche Imperialismus die atomare Ausrüstung der westdeutschen NATO-Armee abschließen will. Das wird alle inneren Widersprüche in Westdeutschland verschärfen, während die Rolle der DDR als Bastion des Friedens und des wachsenden Wohlstandes des Volkes immer sichtbarer hervortritt. Wir brauchen ein hohes Tempo unserer Entwicklung, damit der Ostwind in Westdeutschland stärker spürbar wird.«

Vorgesehen ist, die Industrieproduktion bis 1965 gegenüber dem Stand von 1957 zu verdoppeln, die Energieerzeugung beträchtlich zu steigern sowie Landwirtschaft und Handwerk durch den Ausbau des Genossenschaftswesens produktiver zu gestalten (→ 14.6./S. 106.)

Um die gesteckten Ziele zu erreichen, soll das Bildungssystem neu gestaltet und ein engerer Zusammenhang zwischen Unterricht und Produktion hergestellt werden.

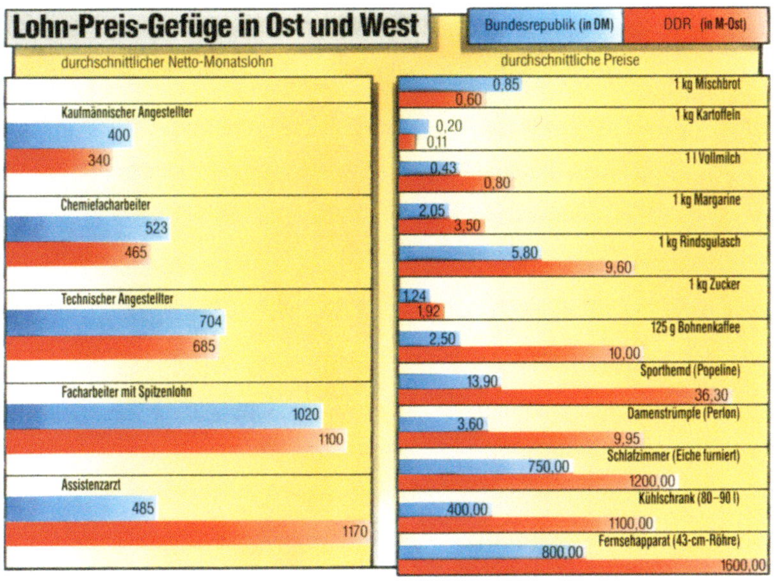

Otto John, nach Verurteilung wegen angeblicher Spionage nun begnadigt

Das Rätsel um John bleibt ungeklärt

26. Juli. Bundespräsident Theodor Heuss begnadigt den wegen landesverräterischer Konspiration zu vier Jahren Haft verurteilten ehemaligen Verfassungsschutzpräsidenten Otto John. Der Rest der am 22. Dezember 1956 verhängten Strafe wird zur Bewährung ausgesetzt.

John hatte sich am 20. Juli 1954 in die DDR abgesetzt und von dort in einer Rundfunkansprache erklärt, daß er freiwillig übergewechselt sei und hoffe, damit zu einer Wiedervereinigung Deutschlands beitragen zu können. Die Bonner Regierung versuchte zunächst, den Fall zu verharmlosen, mußte dann jedoch eingestehen, »eine Schlappe im Kalten Krieg« erlitten zu haben. Durch das ungeschickte Verhalten einzelner Regierungsmitglieder wuchs sich der Fall John schließlich zum bislang größten innenpolitischen Skandal der Nachkriegszeit aus.

Theodor Heuss

Für erneute Verwirrung sorgte dann John mit seiner Rückkehr in den Westen am 13. Dezember 1955. Obwohl er nun behauptete, betäubt und verschleppt worden zu sein, wurde ihm wegen der »Anknüpfung landesverräterischer Beziehungen« der Prozeß gemacht.

DDR-Führung sagt Glaubensfreiheit zu

21. Juli. Nach mehrmaligen Gesprächen zwischen der DDR-Regierung und Vertretern der evangelischen Kirchen in der DDR einigen sich beide Seiten, »störende Faktoren in den Beziehungen« zu beseitigen.

Im Namen der Regierung bekennt sich Ministerpräsident Otto Grotewohl ausdrücklich zu Artikel 41 der Verfassung, der die Glaubensfreiheit sowie die ungestörte Religionsausübung garantiert. Dieses Zugeständnis wird als Erfolg gewertet, nachdem in jüngster Zeit verstärkt auf Christen in der DDR Druck ausgeübt wurde und Kirchenaustritte erzwungen worden sein sollen.

Die Kirchen ihrerseits versichern ihre Loyalität gegenüber dem Staat, lehnen insbesondere den 1957 geschlossenen Militärseelsorgevertrag in der Bundesrepublik ab und versichern, daß dieser für die DDR keine Gültigkeit habe.

US-Helikoptercrew nach 6 Wochen frei

19. Juli. Überraschend werden neun Besatzungsmitglieder eines US-amerikanischen Hubschraubers freigelassen, die am 7. Juni auf dem Gebiet der DDR notgelandet sind und seither dort festgehalten wurden.

Die DDR-Regierung bestand zunächst darauf, Verhandlungen über die Freilassung der Hubschraubercrew nur mit der US-Regierung zu führen. Solche Gespräche wären einer Anerkennung der DDR-Souveränität gleichgekommen, die von den USA verweigert wird.

Die jetzt erzielte Übereinkunft geht auf Verhandlungen der Rot-Kreuz-Gesellschaften beider Länder zurück. Während die USA die Meinung vertreten, daß so politische Wirkungen ausgeschlossen seien, erklärt das DDR-Presseamt, die Vereinigten Staaten seien nicht umhin gekommen, die Existenz der Ostberliner Regierung anzuerkennen.

KZ-Arzt Hans Eisele flieht nach Ägypten

9. Juli. In der Bundesrepublik wird bekannt, daß der ehemalige Lagerarzt des Konzentrationslagers Buchenwald, Hans Eisele, vor der Justiz nach Ägypten geflohen ist und dort um Asyl nachsuchen will.

Eisele hat Ende Juni im Prozeß gegen den ehemaligen Arrestverwalter von Buchenwald, Gerhard Martin Sommer, als Zeuge ausgesagt und ist dabei selbst beschuldigt worden, im KZ Verbrechen begangen zu haben. Die Staatsanwaltschaft erließ am 28. Juni Haftbefehl gegen Eisele; dieser befand sich zu dem Zeitpunkt aber bereits auf der Flucht.

Wie sich später herausstellt, ist Eisele offenbar von einem Münchner Staatsanwalt gewarnt worden. Dieser wird seines Amtes enthoben und vor Gericht gestellt. Auf ein Auslieferungsersuchen der Bundesrepublik für Eisele zeigen die ägyptischen Behörden keine Reaktion.

Urlaub uns Freizeit 1958:

Für Erholung bleibt wenig Zeit und Geld

Bei einer durchschnittlichen bezahlten Wochenarbeitszeit von 45,7 Stunden (Industriearbeiter) und einem Jahresurlaub von zwölf bis 21 Tagen (ohne gesetzliche Feiertage) ist das Freizeitangebot der arbeitenden Bevölkerung in der Bundesrepublik auch im Jahr 1958 noch begrenzt. Für etwa die Hälfte der Berufstätigen ist außerdem der freie Sonnabend nicht die Regel.

Urlaubstage der Europäer in 1958

Land	bezahlte Urlaubstage pro Jahr einschließlich gesetzlicher Feiertage
Bundesrepublik	22-31[1]
Belgien	22
Dänemark	27,5
Frankreich	22-25
Großbritannien	18-19
Irland	18
Italien	29
Luxemburg	18-28
Niederlande	19-22

[1] davon zehn gesetzliche Feiertage, die bundesweit gelten

Für aufwendige Freizeitunternehmungen und kostspielige Reisen fehlt vielen noch das Geld. So ermittelt eine Studie des Instituts für Demoskopie in Allensbach 1958, daß nur 36% der Befragten in ihrem Leben eine Urlaubsreise unternommen haben. Von ihnen war über die Hälfte mit der Bahn unterwegs, 26% benutzten das Auto, 7% Motorroller oder -rad und 2% das Fahrrad. 12% entschieden sich für eine Pauschalreise mit dem Bus. Die Flugtouristen, die es nach Mallorca, Teneriffa, die griechischen Inseln oder Ägypten zieht, fallen demgegenüber kaum ins Gewicht.

Während die Ziele der Urlaubsfahrten zumeist im Inland oder im benachbarten Ausland liegen, träumen viele von einer Reise nach Italien: 1958 fahren bereits 10% aller Urlauber auf die Apenninenhalbinsel.

Liebstes Domizil der Bundesbürger während ihrer Ferienwochen ist – weil preisgünstig – das Zelt oder auch der eigenen Wohnwagen. Für Komfort sollen die in jedem Jahr aufwendiger gestalteten Hauszelte sorgen, die auch im Urlaub das Gefühl der eigenen vier Wände vermitteln.

Ein Urlaubsvergnügen, das sich 1958 nur wenige bundesdeutsche Touristen leisten können: Basarbesuch in Tunesien

Urlaub von der Stange

Bei Reisen im Inland werden Pauschalarrangements immer beliebter: Überschrift aus der »Münchner Illustrierte«

Ausflug ins Grüne: Für viele, die sich eine teure Urlaubsreise nicht leisten können, ein beliebter Ersatz

Den bundesdeutschen Touristen steht der Sinn nach Italien, auch wenn es nur zum Campingurlaub reicht

Erholung während einer Kreuzfahrt an Deck eines großen Luxusliners

Brandungspaddeln vor der Küste Australiens: Dieser Freizeitspaß findet bei den Bewohnern des fünften Kontinents immer größeres Interesse

Sommer, Sonne, Meer: Das suchen vor allem junge Touristen im Urlaub

Das Alte Land vor den Toren Hamburgs lockt jedes Frühjahr Tausende von Besucher an

Berchtesgaden in Oberbayern: Für Wander- und Naturfreunde ein besonders lohnendes Urlaubsziel

Erholung in abgeschiedener Stille auf dem Gipfel des Dreisesselberges, 35 km nordöstlich von Passau

NASA soll die US-Raumfahrt vorantreiben

29. Juli. In den Vereinigten Staaten wird die zivile Luft- und Raumfahrtbehörde NASA (National Aeronautics and Space Administration) mit Sitz in Washington begründet, die für alle nichtmilitärischen Raumfahrtprojekte der USA verantwortlich ist.

Das von Präsident Dwight D. Eisenhower vorgeschlagene und von beiden Häusern des Kongresses mit großer Mehrheit gebilligte Amt erhält im ersten Jahr 500 Millionen US-Dollar (rund 1,1 Milliarden DM), das Fünffache der Summe, die Eisenhower beantragt hatte.

Sitz der neugegründeten US-Luft- und Raumfahrtbehörde NASA im Dolly-Madison-House in Washington

Neben dem Leiter und einer 17köpfigen Führungskommission werden in der Behörde 260 Wissenschaftler und Ingenieure z. T. mit beträchtlichen Gehältern beschäftigt.

Die großzügige personelle und finanzielle Ausstattung der NASA ist noch eine der Nachwirkungen des »Sputnik-Schocks«: Nachdem die Sowjetunion am 4. Oktober 1957 als erste erfolgreich einen Satelliten in die Erdumlaufbahn gebracht hatte, wurde die bis dahin unangefochtene Führungsrolle der USA auf wissenschaftlich-technischem Gebiet über Nacht in Frage gestellt. Viele US-Amerikaner führten den nicht für möglich gehaltenen Vorsprung der Sowjets auf dem Gebiet der Weltraumfahrt darauf zurück, daß in der Sowjetunion intensiver geforscht und die vorhandenen Mittel stärker auf das Raketenprojekt konzentriert worden seien.

Mit der Einrichtung der NASA sollen nun auch in den Vereinigten Staaten der Kompetenzenstreit zwischen den einzelnen Armeeteilen beendet und alle Kräfte in der neuen Behörde konzentriert werden, um so den immer noch bestehenden Rückstand aufzuholen. (→ 31.1./S. 12; 17.8./S. 138; 19.12./S. 201).

»Bis 1970 landen Menschen auf dem Mond«

Die US-amerikanische Zeitschrift »Fortune« veröffentlicht in einer ihrer Dezember-Ausgaben eine Prognose über die Zukunftsaussichten der Raumfahrt innerhalb des nächsten Jahrzehnts.

Im einzelnen werden innerhalb der nächsten zehn Jahre nach Ansicht der Zeitschrift folgende wissenschaftlich-technischen Entwicklungen eintreten:

Anfang der 60er Jahre: Raketentriebwerke mit einer Antriebskraft von mehreren Millionen kg; unbemannte Raketenfahrten zum Mond, zum Mars und zur Venus; Flugzeuge und Schiffe mit atomarem Antrieb; die Möglichkeit, das Geschlecht von Kindern vorherzubestimmen.

Mitte der 60er Jahre: Tiefenbohrungen bis in die Grenzschicht zwischen Erdkruste und Erdinnerem; Gasturbinen-Lkw; Entsendung und Rückkehr eines bemannten Satelliten ins All; Erforschung der äußersten erreichbaren Grenze des Weltalls durch Radioteleskope; Einführung radioaktiv bestrahlter Lebensmittel.

Ende der 60er Jahre: Bemannte Raumschiffe; Fernmeldesatelliten; experimentelle direkte Umwandlung von Atomenergie in Elektrizität; bedeutende Fortschritte in der Behandlung von Arterienverkalkung, Krebs und Geisteskrankheiten; genau kontrollierte Mutation bei Tieren und Pflanzen.

Darüber hinaus hält das Magazin folgende weitergehende wissenschaftliche und technische Fortschritte für möglich: Eroberung des Mondes; Post- und auch Frachtbeförderung durch Raketen; Atomexplosionen für friedliche und damit praktische Zwecke; Heilung der Krebserkrankungen; genaue Wettervorhersagen für einen Zeitraum von drei Monaten; Frischwassergewinnung aus Seewasser zu akzeptablen Kosten; Elektronenrechner mit dem menschlichen Gehirn ähnlichen Fähigkeiten; künstliche Herstellung von lebenden Zellen.

Bild des deutschstämmigen Raketenspezialisten Wernher von Braun aus dem US-Magazin »Time«

Neil McElroy, Verteidigungsminister der Vereinigten Staaten von Amerika

USA für Atomwaffen ohne Radioaktivität

28. Juli. US-Verteidigungsminister Neil McElroy erläutert in einem Brief an das Atomenergiekomitee des Kongresses, daß man zwischen »normalen« und »gesalzenen« Atomwaffen unterscheiden müsse.

Die Differenzen ergeben sich demnach aus den Vorkehrungen, die getroffen werden, um die bei einer Explosion auftretende Radioaktivität zu begrenzen oder noch zu erhöhen.

In den USA gibt es seit geraumer Zeit Bestrebungen, sog. saubere Atombomben zu entwickeln, die angeblich neben ihrer Explosionswirkung kaum Schäden durch radioaktive Strahlung anrichten.

Nuklearwaffen für Schweizer Armee?

11. Juli. Für eine Ausrüstung der Schweizer Armee mit Atomwaffen spricht sich der Bundesrat in Bern aus. Er begründet seine Meinung damit, daß die Schweiz nur dann ihre Neutralität wahren könne, wenn diese durch modernste und besonders wirkungsvolle Waffen verteidigt werde.

Zunächst wird nun das Militärdepartement damit beauftragt, die Möglichkeiten einer atomaren Bewaffnung zu prüfen.

Die Schweizer Regierung betont zugleich, daß sie trotz ihrer Entscheidung weiterhin alle Abrüstungsbestrebungen insbesondere für Nuklearwaffen begrüßen werde.

Glück bei Löwenjagd auf der Zugspitze

25. Juli. Nach vierwöchiger Treibjagd erschießen bundesdeutsche und österreichische Grenzsoldaten in 2200 m Höhe auf der Zugspitze die Berberlöwin »Cora«. Alle Versuche, das Tier lebend zu fangen, sind zuvor gescheitert.
»Cora«, eine Enkelin des berühmten Filmlöwen aus dem Signet der US-amerikanischen Filmgesellschaft Metro-Goldwyn-Mayer (MGM), war ihrem Besitzer, einem Stuttgarter Wanderfotografen, am Ufer des Eibsees entkommen und hatte seither für Aufregung in diesem Teil des bayerischen Hochgebirges gesorgt. Zuvor leistete die Berberlöwin als Fotoobjekt gute Dienste.

Britischer Gardekavallerist

Britischer Soldat bricht Schweigen

2. Juli. Mit uralten Traditionen bricht ein Angehöriger der berittenen britischen Garde, der im Regierungsviertel Whitehall Posten steht. Entgegen der Vorschrift, im Dienst eisernes Schweigen zu bewahren, mischt sich der Soldat in die Erläuterungen eines Fremdenführers ein. Als dieser einer Gruppe US-amerikanischer Touristen erklärt, die Wachtposten könnten sich und ihre Pferde eine Stunde lang absolut unbeweglich halten, fährt der Soldat dazwischen: »Sie sind ein Lügner!« In London wird der Vorgang als »entsetzlich« und nie dagewesen bezeichnet. Das Kriegsministerium kündigt eine Untersuchung an.

Passagierdampfer »Hanseatic« nimmt den Liniendienst nach USA auf

21. Juli. *Die »Hanseatic« (Foto), der erste deutsche Passagierdampfer, der nach Kriegsende wieder von Hamburg aus einen regelmäßigen Liniendienst in die Vereinigten Staaten von Amerika aufnimmt, bricht von Hamburg aus zu seiner Jungfernfahrt nach New York auf.*
Der Dampfer, die 1930 gebaute »Empress of Scotland«, ist seit Januar in der Hamburger Howaldtswerft für rund 20 Millionen DM renoviert und umgebaut worden. Er bietet statt bisher 700 nun in nur noch etwa 400 Kabinen 1250 Fahrgästen Platz, denen auch umfangreiche Unterhaltungsmöglichkeiten zur Verfügung stehen.
Die Reise kostet in der Hochsaison 925 DM bis 1100 DM in der Touristenklasse und zwischen 1400 DM und 2700 DM in der ersten Klasse. Dafür bringt der Dampfer mit seinen 34 000 PS starken Turbinen die Passagiere innerhalb von acht Tagen von Cuxhaven nach New York.

Viele Ehrungen für Film von Siodmak

8. Juli. Zum Abschluß der Internationalen Filmfestspiele von Berlin (West) – die Berlinale hat am 27. Juni begonnen – werden in der Kongreßhalle die Goldenen und Silbernen Bären verliehen.
Preisträger der Auszeichnung in Gold sind Ingmar Bergman für seinen Schwarz-Weiß-Film »Am Ende des Tages«, der Farb-Dokumentarfilm »Penis Abenteuer« von Walt Disney sowie der italienische Kurzfilm »Olivenernte in Kalabrien«.
Am zweiten Tag der Berlinale sind die deutschen Filmpreise verliehen worden. Die meisten Ehrungen erhielt dabei der 1957 gedrehte Kriminalfilm »Nachts, wenn der Teufel kam«, der zum »besten abendfüllenden Spielfilm« gewählt wurde. Zugleich erhielten Regisseur Robert Siodmak, Drehbuchautor Werner J. Lüddecke, Hauptdarsteller Hannes Messemer und Kameramann Georg Krause für ihren Bereich das Filmband in Gold. Die gleiche Auszeichnung ging an Mario Adorf als bester Nachwuchsschauspieler, an Annemarie Düringer als beste weibliche und an Werner Peters als beste männliche Nebenrolle.

Aktion »Preiswertes St. Pauli«

28. Juli. Ein Rettungsring mit Michel und Anker soll künftig Besuchern des Hamburger Vergnügungsviertels St. Pauli signalisieren, daß sie sich vor einem »preisgünstigen« Lokal befinden.
Um der »sündigen Meile« rund um die Reeperbahn das Nepp-Image zu nehmen, hat ein Hamburger Bürgerverein ein Plakat entworfen, das nur solchen gastronomischen Betrieben zur Verfügung gestellt wird, deren Speisekarte von einer achtköpfigen Kommission für preiswürdig befunden wurde.
Wucherpreise haben in der letzten Zeit St. Pauli vor allem bei Matrosen in Verruf gebracht. In den geprüften Lokalen soll es jedoch künftig möglich sein, bei einer Runde von vier Flaschen Bier und vier Cognac mit weniger als 50 DM auszukommen.
Um auch den Einheimischen ihr altes Vergnügungsviertel wieder schmackhaft zu machen, sollen die Hamburger zweimal jährlich in allen Lokalen zu einheitlichen Eintrittsund Getränkepreisen Einlaß finden.

Blick in eine Gaststätte im Hamburger Vergnügungsviertel rund um die Reeperbahn im Stadtteil St. Pauli

Musik 1958:

Die Klassiker bestimmen das Konzert- und Operngeschehen

Nach einem an Uraufführungen reichen Opernjahr 1957 bewegt sich der europäische Konzert- und Musiktheater-Betrieb 1958 wieder stärker in gewohnten – klassischen – Bahnen. An beachteten Opernuraufführungen werden in diesem Jahr lediglich die Tragische Oper »Mord in der Kathedrale« des italienischen Klassizisten Ildebrando Pizzetti am 1. März in Mailand sowie das parodistische Bühnenwerk »Titus Feuerfuchs« des Schweizers Heinrich Sutermeister geboten, dessen Premiere am → 14. April (S. 80) in Basel zu sehen ist.

Einen Schwerpunkt der neueren Musik bietet darüber hinaus die Woche »Musiktheater im 20. Jahrhundert« in Düsseldorf, deren Auftakt eine Neugestaltung von Ernst Křeneks in ihrer Erstfassung 1938 in Prag uraufgeführten Zwölfton-Oper »Karl V.« bildet.

In den meisten Opernhäusern begeistern jedoch die Bühnenwerke des ausgehenden 19. Jahrhunderts das Publikum. Hier werden schon kleinste Verstöße gegen die konventionelle Aufführungspraxis – etwa die Besetzung der Titelrolle in Georges Bizets Oper »Carmen« (Uraufführung 1875 in Paris) mit der farbigen Sängerin Vera Little an der Deutschen Oper Berlin (West) – mit Pfiffen und Buh-Ruf en bedacht.

In der nicht-bühnengebundenen ernsten Musik, die ebenfalls von den Klassikern und den gemäßigt Modernen dominiert wird, hat dagegen auch die Avantgarde gewisse Erfolge. Bei den Darmstädter Ferienkursen, einem 1946 begründeten Festival für neue Musik, stößt der US-Amerikaner John Cage mit seiner »Zufallsmusik« auf beträchtliches Interesse und kann damit zur in Europa vorherrschenden seriellen Musik einen Gegenpol setzen.

In der sog. experimentellen Musik Cages wird bewußt auf Traditionen wie formale Vorgaben und persönliche Elemente verzichtet, Töne werden durch Geräusche ersetzt.

Meistgespielte Komponisten 1958

Komponist (Lebensdaten)	Zahl der Aufführungen in der Saison 1957/58
Ludwig van Beethoven (1770-1827)	129
Wolf gang Amadeus Mozart (1756-1791)	79
Johannes Brahms (1833-1897)	63
Richard Wagner (1813-1883)	33
Pjotr I. Tschaikowski (1840-1893)	32
Richard Strauss (1864-1949)	30
Franz Schubert (1797-1828)	29
Joseph Haydn (1732-1809)	28
Maurice Ravel (1875-1937)	26
Antonín Dvořák (1841-1904)	25
Igor Strawinski (1882-1971)	25
Johann Sebastian Bach (1685-1750)	20

Ergebnis einer Umfrage der kulturellen Monatszeitschrift »Das Schönste« unter acht bedeutenden europäischen Orchestern

Die musikalischen Aktionen, oft mit anderen Künsten verwoben, leben von Spontaneität und Phantasiereichtum: Es entstehen durch den Zufall geprägte, nicht in sich geschlossene Kunstwerke. Die Leistung des Komponisten besteht dabei in Anregungen etwa in Form von Grafiken und Zeichnungen, die an Stelle des Notenbildes treten.

Ebenfalls mit neuen Klangwelten experimentiert der Kölner Karlheinz Stockhausen, der seit 1953 im Studio für elektronische Musik beim Westdeutschen Rundfunk tätig ist. Er veröffentlicht 1958 u. a. sein »Klavierstück XI«, für das auf einem 0,5 m^2 großen Notenblatt 19 verschieden lange Gruppen aufgezeichnet sind, die der Spieler nach Belieben in ihrer Reihenfolge vertauschen kann.

Ebenfalls 1958 kommt Stockhausens »Gruppen für 3 Orchester« zur Uraufführung. Hierfür werden drei in gleicher Besetzung spielende Orchester mit je einem Dirigenten in einem Raum aufgestellt. Vorgegebene Tongruppen sollen so von einem Klangkörper an den anderen weitergegeben werden und sich kontrapunktieren.

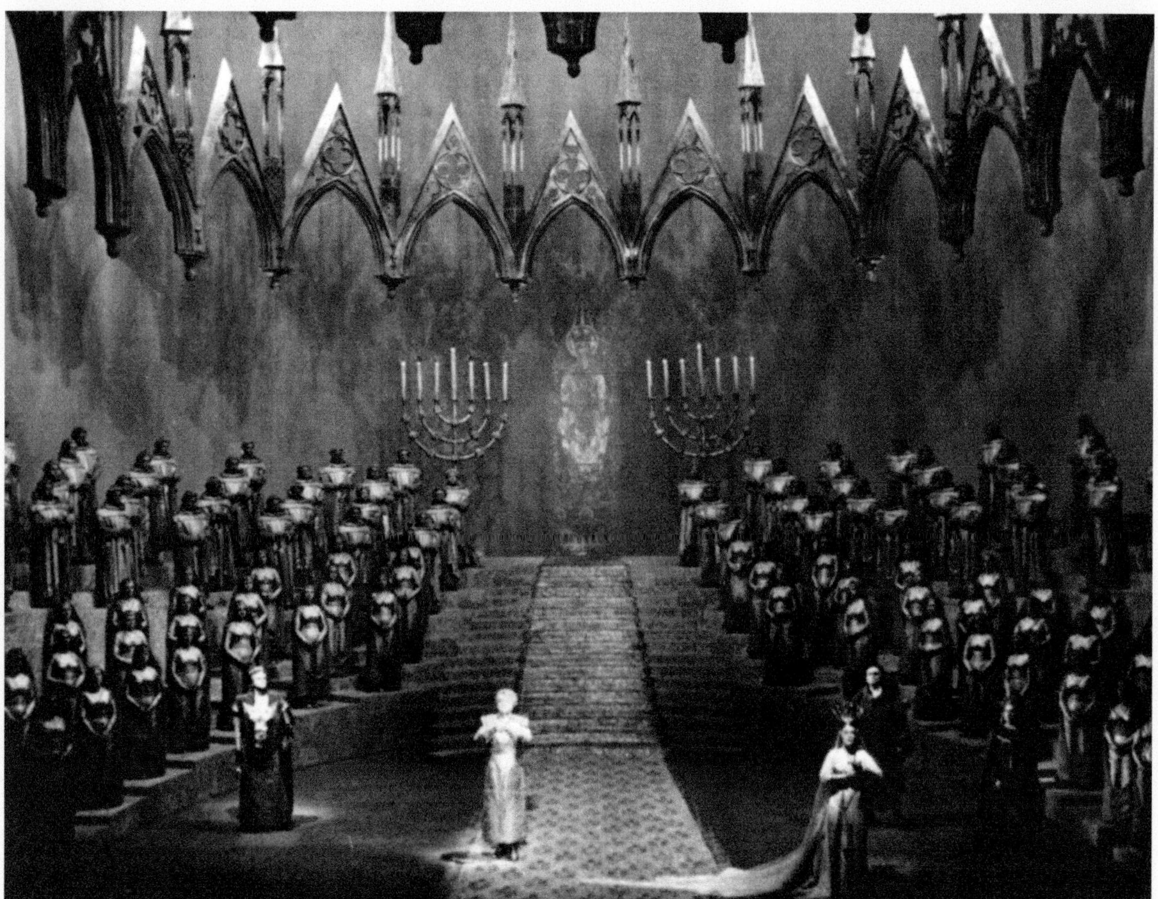

Szene aus dem zweiten Akt des »Lohengrin«, der einzigen Neuinszenierung der Bayreuther Festspiele von 1958

»Entrümpelung« bei Wagner-Festspielen

23. Juli. Mit der Aufführung von Richard Wagners romantischer Oper »Lohengrin« beginnen die diesjährigen Bayreuther Festspiele (bis 25.8.). Inszenierung und Bühnenbild der Premiere stammen von Wieland Wagner, die musikalische Leitung hat André Cluytens.

Trotz der glanzvollen Atmosphäre am Eröffnungstag können weder Interpretation – Wagner deutet das Werk seines Großvaters in ein Mysterienspiel um – noch musikalische Leistung völlig überzeugen.

Auch die weiteren sieben Inszenierungen des Bayreuther Festspielsommers sind vorwiegend vom sog. Neubayreuther Stil der Wagner-Enkel Wieland und Wolfgang mit Stichworten wie »Entrümpelung«, »Modernisierung« und »Provokation« geprägt. Am konventionellsten bleibt die Aufführung von »Tristan und Isolde« unter der musikalischen Leitung von Wolfgang Sawallisch und dem »Bayreuther Traumpaar« Birgit Nilsson und Wolf gang Windgassen in den Titelrollen.

Will Quadflieg und Hilde Mikulicz in der »Jedermann«-Aufführung während der Salzburger Festspiele

Hans Christian Blech und Antje Weisgerber in »Spiel um Job« (Salzburger Festspiele, deutsche Erstaufführung, 28.7.)

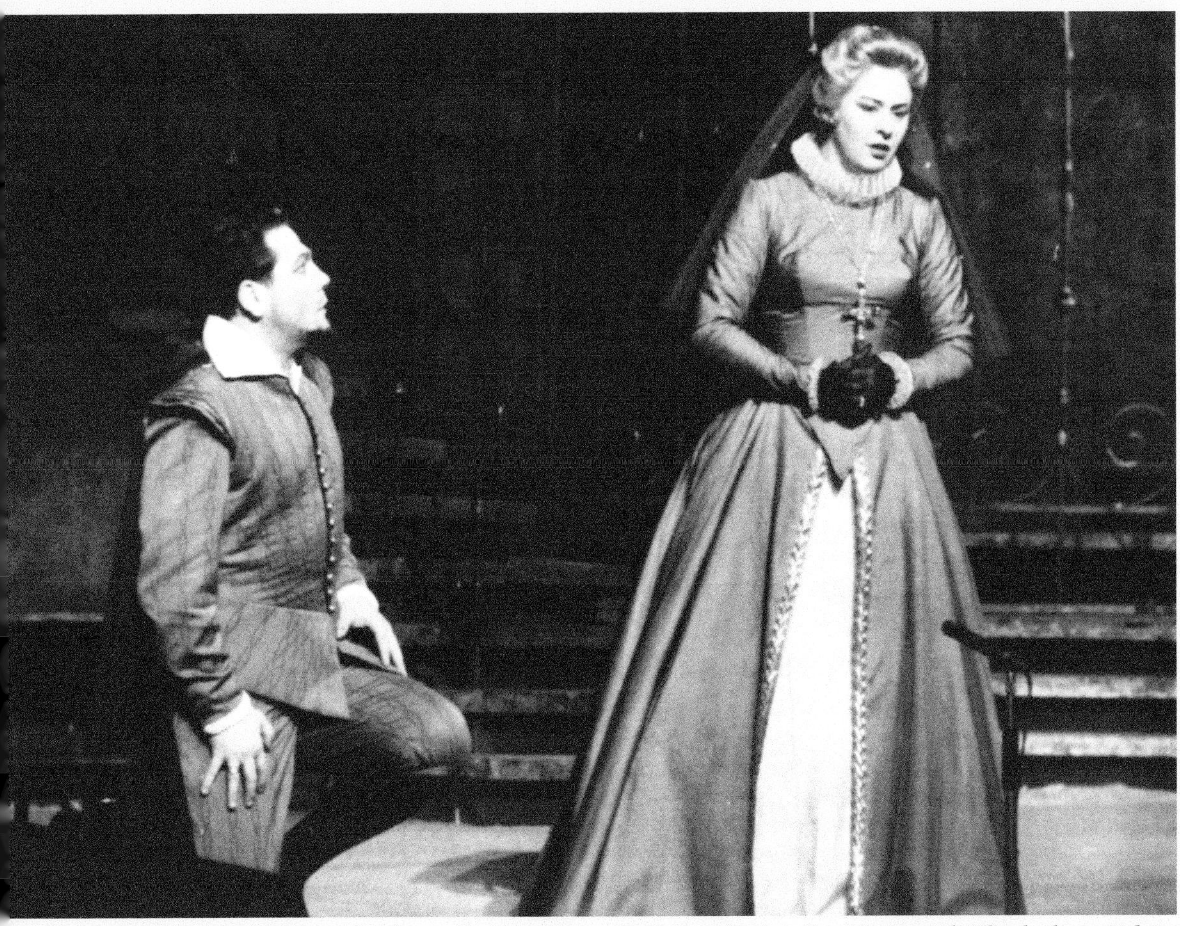

Giuseppe Verdis »Don Carlos« in Salzburg: Eugenio Fernandi als Don Carlos, Sena Jurinac als Elisabeth von Valois

»Don Carlos« in Salzburg gefeiert

26. Juli. Mit einer umjubelten Inszenierung der Oper »Don Carlos« von Giuseppe Verdi werden die diesjährigen Salzburger Festspiele eröffnet, in deren Verlauf bis zum 31. August weitere Opern, Konzerte und Sprechtheateraufführungen zu sehen sind.

In der von Caspar Neher bühnenbildnerisch gestalteten Felsenreitschule können die Zuschauer eine durch den Theaterregisseur Gustaf Gründgens psychologisch ausgefeilte Aufführung verfolgen, bei der sängerische Aspekte nicht zu kurz kommen. Herbert von Karajan am Dirigentenpult der Wiener Philharmoniker gelingt es, Sänger und Orchester genau aufeinander abzustimmen und so ein sehr differenziertes Klangbild entstehen zu lassen. Die Premierengäste – wie immer befindet sich unter ihnen viel Prominenz – würdigen die Inszenierung mit minutenlangem Applaus.

Leichte Enttäuschung macht sich dagegen bei der zweiten musikalischen Festspielinszenierung in Salzburg breit. Die 1933 entstandene Oper »Arabella« von Richard Strauss nach dem Text von Hugo von Hofmannsthal leidet unter der mangelnden Qualität der Sänger, die unter der musikalischen Leitung von Joseph Keilberth nicht überzeugen können. Wohltuend hebt sich einzig Dietrich Fischer-Dieskau (Mandryka) ab, der das übrige Ensemble völlig dominiert.

Die europäische Erstaufführung der Oper »Vanessa« von Samuel Barber nach dem Text von Gian-Carlo Menotti ist als dritte Neuinszenierung bei den Salzburger Festspielen zu sehen. Der Komponist, der eine vitalistische, dabei klassizistisch geglättete »amerikanische Musik« vertritt, bringt mit dem Werk seinen Bühnenerstling heraus.

Das Stück, eine im Jahr 1905 in einem skandinavischen Land sich abspielende Dreiecksgeschichte zwischen Vanessa, ihrem nach 20 Jahren heimgekehrten Mann Anatol und ihrer Nichte Erika, wird in Salzburg vom Textautor inszeniert; die musikalische Leitung hat der griechisch-US-amerikanische Dirigent Dimitri Mitropoulos.

Begeisterung über Shakespeares »Sturm«

20. Juli. »Der Sturm«, Märchenkomödie von William Shakespeare, ist die vielbeachtete und -gelobte Festspielinszenierung der diesjährigen Ruhrfestspiele in Recklinghausen, die am 14. Juni begonnen haben und nun zu Ende gehen.

Unter der Regie von Gustav Rudolf Sellner bekommt das Drama packende Aktualität: Die Konfrontation zweier Welten, der Natur und der »Kunst«, der Eingeborenen und der schiffbrüchig an Land gekommenen Unterdrücker, aus der William Shakespeare den Weg einer beide Seiten verbindenden Menschlichkeit auf weist, zeigt sich nicht nur als märchenhaftes Spiel, sondern auch als eine beständige Fragestellung der Gegenwart.

Neben Bernhard Minetti als Prospero überzeugt vor allem Helmuth Gmelin als Gonzalo, der allerdings wegen einer Erkrankung im Verlauf der Festspiele durch Robert Lossen ersetzt wird.

Die Inszenierung, die in der letzten Woche nicht nur jeden Abend, sondern auch in Matineen zu sehen ist, lockt auch viel jugendliches Publikum ins Festspielhaus.

Weniger Erfolg haben dagegen die übrigen Aufführungen in Recklinghausen, darunter Jean-Paul Sartres »Die schmutzigen Hände« in der Interpretation des Wiener Volkstheaters und die Irrenhaus-Farce »Tumult im Narrenhaus« von Lope Félix de Vega Carpio, mit der das Bayerische Staatsschauspiel zu Gast ist.

Bum Krüger als Stephano (l.) und Max Mairich als Trinculo in Sellners Inszenierung von Shakespeares »Der Sturm« beiden Ruhrfestspielen in Recklinghausen

Moskauer Bolschoi-Ballett gastiert erstmals in der Bundesrepublik

17. Juli. *Mit viertelstündigem tosendem Beifall bedenkt das Publikum im Münchner Deutschen Theater den Auftritt des Moskauer Bolschoi-Balletts, das zum ersten Mal in der Bundesrepublik zu Gast ist.*

Besonders umjubelt werden die Primaballerina Galina Ulanowa, die in »Gisèlle« nach der Musik von Adolphe Adam die Titelrolle tanzt, sowie ihr Partner Alexander Radunski. Die 49jährige Ulanowa verteidigt mühelos ihren Ruf als »erste Ballerina der Welt«.

Nicht die tänzerische Leistung, sondern die Programmauswahl werden dagegen an den beiden weiteren Gastspielabenden in München bemängelt. Hier sind neben einem größeren Werk jeweils nur kleinere Stücke zu sehen, die den Tänzern zwar Gelegenheit zu technischer Brillanz geben, aber nur von geringem künstlerischem Wert sind. (Foto: Primaballerina Galina Ulanowa [2. v. l.] beim Morgentraining im Münchner Deutschen Theater; vorn der Ballettmeister des Bolschoi, Assaf Messerer.)

Freude am Turnen trotz Regenwetters

27. Juli. Mit einer Ansprache von Bundespräsident Theodor Heuss vor rund 120 000 Menschen auf der Festwiese vor der Bavaria geht das 21. Deutsche Turnfest in München zu Ende.

Mehr als 40 000 Turner und Turnerinnen aus über 4000 Vereinen waren zu der von widrigem Wetter begleiteten achttägigen Veranstaltung angereist. Im Rahmen einer Feierstunde auf dem Königsplatz wurden die ältesten deutschen Turnvereine – die Hamburger Turnerschaft von 1816, der Mainzer Turnverein von 1817, die Turnerschaft Riemann Eutin von 1821 und der Offenbacher Turnverein von 1824 – geehrt.

Sportidol Strelzow muß hinter Gitter

25. Juli. Das Moskauer Bezirksgericht verurteilt den 21jährigen Mittelstürmer von Torpedo Moskau, Eduard Strelzow, der sieben Mal in der sowjetischen Fußballnationalmannschaft zum Einsatz kam und ein populäres Sportidol ist, zu zwölf Jahren Gefängnis.

Strelzow, der schon mehrfach wegen Alkohol-Eskapaden mit der Polizei in Konflikt gekommen ist, wird für schuldig befunden, kurz vor Beginn der Fußballweltmeisterschaft in Schweden (→ 29.6./S. 110) unter Alkoholeinfluß eine Frau vergewaltigt zu haben.

Deutsche Sprinter in Rekordlaune

20. Juli. Am dritten und letzten Tag der 58. Deutschen Leichtathletikmeisterschaften im Niedersachsenstadion in Hannover laufen vor über 50 000 Zuschauern die Sprinter Manfred Germar (Köln), Heinz Fütterer (Karlsruhe) und Armin Hary (Leverkusen) mit jeweils 10,2 sec Jahresweltbestzeit über 100 m.

Germar und Martin Lauer (Köln) gehören zu den herausragenden Sportlern in Hannover: Neben den 100 m gewinnt Germar auch die 200 m (20,9 sec), Lauer siegt über 110 m Hürden (Einstellung des Europarekords in 13,7 sec) und 200 m Hürden (Jahresweltbestzeit 23,4 sec). In den Wettbewerben wurden 22 Mal die Leistungen von 1957 verbessert.

Zweifacher Erfolg für Althea Gibson

5. Juli. Erfolgreichste Teilnehmerin bei den 72. All-England-Tennis-Meisterschaften in Wimbledon ist die farbige US-Amerikanerin Althea Gibson: Im Einzel wiederholt sie ihren Vorjahreserfolg mit 8:6, 6:2 gegen die Britin Angela Mortimer, im Doppel siegt sie mit Maria Esther Bueno (Brasilien) 6:3, 7:5 gegen Margaret Du Pont/Margaret Varner (USA). Im Mixed scheitern Gibson und ihr dänischer Partner Kurt Nielsen an den Australiern Bob Howe/Lorraine Coghlan 3:6, 11:13. Im Herreneinzel siegt Ashley Cooper (Australien) durch 3:6, 6:4, 6:4, 13:11 über seinen Landsmann Neale Fraser; im Doppel unterliegen die Australier den Schweden Sven Davidson/Ulf Schmidt 4:6, 4:6, 6:8.

Althea Gibson

Charly Gaul siegt bei Tour de France

20. Juli. Mit einem Vorsprung von 3:10 min auf den Italiener Vito Favero wird der Luxemburger Charly Gaul Sieger der 45. Tour de France. Mit weiteren 31 sec Rückstand kommt der französische Radrennfahrer Raphael Géminiani nach 24 Etappen und 4319 km als Drittplazierter im Pariser Prinzenparkstadion ins Ziel.

Der 25jährige Gaul hat sich auf der vorletzten Etappe – einem Zeitfahren über 71 km von Besançon nach Dijon – den entscheidenden Vorsprung gegenüber Favero verschafft, der lange Zeit das Gelbe Trikot des im Gesamtklassement führenden Fahrers getragen hat. Vorjahressieger Jacques Anquetil (Frankreich) ist nach der 22. Etappe wegen einer Lungenthrombose ausgeschieden. Auch weitere 41 der insgesamt 120 am 26. Juni in Brüssel gestarteten Fahrer gaben das Rennen vorzeitig auf.

Charly Gaul

Fritz Thiedemann auf seinem Holsteiner Meteor, mit dem er 1951 zum ersten Mal das Deutsche Springderby gewann

Triumph für Fritz Thiedemann auf Meteor

3. Juli. Mit dem Gewinn der Springreiter-Europameisterschaft in Aachen kann der Elmshorner Fritz Thiedemann seinen bisher größten Erfolg als Einzelreiter verbuchen.

Das Europachampionat wird in vier Springen entschieden. Vor dem letzten Durchgang, einem Springen in zwei Umläufen, ist der Vorsprung des führenden Thiedemann auf Meteor vor dem Italiener Piero d'Inzeo auf The Rock auf 0,2 Punkte zusammengeschmolzen.

Trotz zwölf Fehlerpunkten kann Thiedemann den Sieg vor seinem bundesdeutschen Rivalen Hans Günter Winkler auf Halla für sich verbuchen, da er in beiden Umläufen der Zeitschnellste ist. D'Inzeo, Olympiadritter von 1956, belegt in der letzten Prüfung Platz fünf und wird im Endklassement mit 98,3 Punkten hinter Thiedemann (106 Punkte) Zweiter.

Zehn Tage nach seinem Triumph in Aachen ist Fritz Thiedemann auch beim 30. Deutschen Springderby auf der Anlage in Hamburg-Klein-Flott-beck erfolgreich: Mit dem Pferd Finale erreicht er den Siegertitel, mit Meteor landet er außerdem auf dem dritten Platz.

Beim Springderby, das Thiedemann nach 1950, 1951 – damals zum ersten Mal auf dem 1944 geborenen Holsteiner Meteor – und 1954 zum vierten Mal gewinnt, sichert er sich den Sieg im Stechen mit null Fehlern und 57,1 sec vor dem Sowjetrussen Eduard Schabailow auf Boston, der den Parcour ebenfalls fehlerlos, aber in 64,8 sec absolviert.

Der 1918 in Weddinghusen bei Heide geborene Thiedemann gehört seit Beginn der 50er Jahre zu den besten Reitern Europas. Er gewann Mannschafts-Gold bei den Olympischen Reiterspielen in Stockholm 1956 und holte – jeweils auf Meteor – die olympische Bronzemedaille im Einzel-Jagdspringen 1952 in Helsinki. Eine zweite Bronzemedaille gewann er dort mit der Dressur-Mannschaft.

Thiedemann war auf Diamant Vizeweltmeister der Springreiter 1953 in Paris und Dritter 1956 in Aachen mit Meteor. Als erster Deutscher gewann er 1954 in London auf Meteor den King George V.-Cup.

August 1958

Mo	Di	Mi	Do	Fr	Sa	So
				1	2	3
5	5	6	7	8	9	10
12	12	13	14	15	16	17
19	19	20	21	22	23	24
26	26	27	28	29	30	31

1. August, Freitag

Tschechoslowakische Soldaten überschreiten bei Treppenstein die Grenze zur Bundesrepublik und führen auf der Suche nach einem Deserteur Vernehmungen und Haussuchungen durch.

Die sowjetische Regierung beschuldigt Italien und Israel, ihr Territorium bzw. ihren Luftraum für militärische Transporte nach Libanon und Jordanien bereitgestellt zu haben.

Zum Abschluß seiner am 1. Juli begonnenen Tagung empfiehlt der Wirtschafts- und Sozialrat der Vereinten Nationen die Bereitstellung nationaler Nahrungsmittelreserven. Damit könnten Notstandssituationen weitgehend ausgeschlossen, übermäßige Preiserhöhungen verhindert und die Wirtschaft der Entwicklungsländer gefördert werden.

Bei schweren Unwettern in weiten Teilen Deutschlands kommen mehrere Menschen ums Leben; die Landwirtschaft erleidet Verluste in Millionenhöhe.

2. August, Sonnabend

Der seit dem → 2. Juli (S. 118) amtierende italienische Ministerpräsident Amintore Fanfani trifft zu einem zweitägigen Besuch in Bonn ein, in dessen Verlauf u. a. die weltpolitische Lage erörtert wird.

Die Regierung der Vereinigten Staaten erkennt die neue Regierung des Irak an (→ 14.7./S. 116).

3. August, Sonntag

Der sowjetische Ministerpräsident Nikita S. Chruschtschow und der Präsident der Volksrepublik China, Mao Tse-tung, beenden eine zunächst geheimgehaltene viertägige Konferenz in Peking. In einem Schlußkommunique verurteilen beide Seiten das Eingreifen der Briten und der US-Amerikaner im Nahen Osten (→ 14.7./S. 116) und erneuern den »Revisionismus«-Vorwurf gegenüber Jugoslawien (→ 27.5./S. 88).

Zum Abschluß eines zweitägigen Besuchs in Bagdad erklärt der US-amerikanische Sonderbotschafter Robert Murphy, er sei davon überzeugt, daß die neue irakische Regierung eine unabhängige Politik betreiben und sich an keinen Machtblock anschließen wolle.

4. August, Montag

Zum Waffenstillstand ruft die griechische Untergrundbewegung auf Zypern EOKA auf; Am folgenden Tag schließt sich die türkische Untergrundbewegung TMT dem Aufruf an (→ 15.8./S. 135).

Eine österreichische Himalaja-Expedition unter Leitung von Heinrich Reiss erreicht den 7400 m hohen Gipfel des Berges Haramosh.

5. August, Dienstag

Das US-amerikanische Atom-U-Boot »Nautilus« erreicht nach der Unterquerung des Nordpols die grönländische Küste. → S. 139

6. August, Mittwoch

Die vom UN-Sicherheitsrat entsandte Beobachtertruppe im Libanon teilt mit, daß ihre Arbeit von bewaffneten Banden behindert würde, die auch auf Beobachterfahrzeuge geschossen hätten.

Um ein weiteres Anwachsen der Kohlenhalden in der Bundesrepublik zu verhindern, sollen Interessen und Programme der verschiedenen Energieträger besser aufeinander abgestimmt werden. Darauf einigen sich die Bundesregierung und Vertreter des Bergbaus bei einem Treffen in Bonn. → S. 136

Eine Speisekammer haben nach Ermittlungen des Bundesernährungsministeriums in Bonn 42% der bundesdeutschen Haushalte.

7. August, Donnerstag

Der Sicherheitsrat der Vereinten Nationen beschließt die Einberufung einer Sondersitzung der UN-Vollversammlung zur Erörterung der Lage im Nahen Osten (→ 22.8./S. 135).

Erfolgreich verläuft der erste Weltraumraketenversuch Großbritanniens, zu dem im australischen Woomera eine einstufige Rakete vom Typ »Black Knight« gestartet wird.

8. August, Freitag

DDR-Volkspolizisten dringen bei der Suche nach einem Flüchtling in die Exklave Steinstücken in Berlin (West) ein. → S. 137

In New York beginnt die Sondertagung der UN-Vollversammlung: Generalsekretär Dag Hammarskjöld schlägt zur Regelung der Krise im Nahen Osten eine gemeinsame Erklärung der arabischen Staaten vor, die u. a. die gegenseitige Nichteinmischung in die inneren Angelegenheiten und ein System der wirtschaftlichen Kooperation dieser Länder festlegen soll (→ 22.8./S. 135).

9. August, Sonnabend

Die Nationale Befreiungsfront Algeriens FLN sagt in einer Erklärung an die Bevölkerung der französischen Regierung unter Charles de Gaulle den Kampf an.

Wirtschaftshilfe in Höhe von 3,83 Milliarden US-Dollar (rund 16 Milliarden DM) wollen die Vereinigten Staaten unverzüglich der jordanischen Regierung zur Verfügung stellen.

Als keinesfalls mit der Neutralitätspolitik vereinbar bezeichnet die sowjetische Nachrichtenagentur TASS den Beschluß des Schweizer Bundesrates vom → 11. Juli (S. 124), die Armee mit Atomwaffen auszurüsten.

10. August, Sonntag

Das größte Wasserkraftwerk der Welt bei Kuibyschew in der UdSSR – es hat eine Gesamtkapazität von 2,1 Milliarden kW – weiht der sowjetische Ministerpräsident Nikita S. Chruschtschow ein.

11. August, Montag

Der britische Premierminister Harold Macmillan führt auf Zypern Gespräche mit dem Gouverneur Sir Hugh Foot, nachdem er zuvor schon mit den Regierungen in Athen und Ankara über eine Lösung der Zypernfrage verhandelt hat (→ 15.8./S. 135).

In einem sog. China-Memorandum erläutern die Vereinigten Staaten ihre Politik gegenüber der Volksrepublik China dahingehend, daß eine Anerkennung durch die USA als bedeutsamer Sieg der chinesischen Kommunisten und möglicherweise als Schwäche des Westens interpretiert würde. → S. 134

12. August, Dienstag

Die ersten 1800 US-amerikanischen Soldaten werden aus dem Libanon abgezogen (→ 29.10./S. 176).

Am Schlußtag der 52. Internationalen deutschen Tennismeisterschaften am Hamburger Rothenbaum gewinnt der Schwede Sven Davidson das Herrenfinale mit 5:7, 6:4, 0:6, 9:7, 6:3 gegen den Belgier Jacques Brichant. Den Damentitel holte sich am Vortag die Australierin Lorraine Coghlan mit einem Zwei-Satz-Sieg über die Britin Shirley Bloomer.

13. August, Mittwoch

US-Präsident Dwight D. Eisenhower legt der UN-Vollversammlung einen Sechspunkteplan zur Lösung der Nahostkrise vor, der u. a. die sofortige Aufstellung einer internationalen Streitmacht, einen Wirtschaftshilfeplan sowie Garantien für die Sicherheit Libanons und Jordaniens vorsieht (→ 22.8./S. 135).

In Bonn wird der deutsch-belgische Ausgleichsplan unterzeichnet, durch den der Grenzverlauf neu geregelt wird und der den Austausch kleinerer Geländestreifen vorsieht.

14. August, Donnerstag

Laut Bericht der UN-Beobachter im Libanon hat sich die Lage seit der Präsidentenwahl am → 31. Juli (S. 117) beträchtlich beruhigt.

Nach Ansicht des indischen Ministerpräsidenten Jawaharlal Nehru ist eine Lösung der Probleme im Nahen Osten ohne vorherigen Abzug aller fremden Truppen unmöglich.

Beim Absturz einer »Super-Constellation« der niederländischen Fluglinie KLM über dem Atlantik kommen alle 99 Insassen ums Leben. → S. 143

15. August, Freitag

Der britische Premierminister Harold Macmillan veröffentlicht einen neuen Zypernplan. → S. 135

Die Mitgliedsstaaten des westlichen Militärblocks NATO und Japan reduzieren die Embargolisten für den Handel mit kommunistisch regierten Staaten. So unterliegen u. a. Flugzeuge für Zivilzwecke, fast alle Werkzeugmaschinen sowie Schiffe mit bis zu 20 Knoten Geschwindigkeit keiner Ausfuhrgenehmigung mehr. → S. 134

Phui Sananikone löst Prinz Suvanna Phuma in seinem Amt als laotischer Ministerpräsident ab.

16. August, Sonnabend

Zwei ungarische Emigranten dringen aus Protest gegen die politischen Zustände in Ungarn in die Botschaft ihres Heimatlandes in Bern ein und liefern sich dort ein Feuergefecht mit dem Gesandtschaftspersonal, ergeben sich jedoch schließlich der herbeigeholten Polizei.

17. August, Sonntag

Die Vereinigten Staaten scheitern mit ihrem ersten Versuch, eine Mondrakete zu starten. → S. 138

Der 78. Deutsche Katholikentag, der seit dem 13. August in beiden Teilen Berlins getagt hat, geht mit einer Grußbotschaft von Papst Pius XII. zu Ende. → S. 136

18. August, Montag

Der saudi-arabische Ministerpräsident Prinz Faisal, Bruder von König Saud, beendet einen viertägigen Besuch in Kairo, der laut Schlußdokument die Differenzen zwischen Saudi-Arabien und der Vereinigten Arabischen Republik bereinigen konnte. Beide Seiten sprechen sich für einen Abzug der britischen und US-amerikanischen Truppen aus dem Nahen Osten aus.

In Los Angeles verteidigt der Schwergewichtsweltmeister der Profiboxer, der farbige US-Amerikaner Floyd Patterson, seinen Titel gegen Herausforderer Roy Harris aus Texas, der in der zwölften Runde schwer angeschlagen aufgibt. → S. 145

19. August, Dienstag

Jugoslawien ersucht die drei Westmächte um Kredite in Höhe von 300 Millionen US-Dollar (rund 1,26 Milliarden DM), um nach der Aussetzung der sowjetischen Kredite sein Industrialisierungsprogramm weiterhin finanzieren zu können. – Am 23. August storniert die UdSSR auch ihre vertraglich vereinbarten Weizenlieferungen an Jugoslawien (→ 27.5./S. 88).

In Groton im US-Bundesstaat Connecticut läuft das bislang größte U-Boot der Welt, die 59 001 große »Triton« vom Stapel, die durch zwei Atomreaktoren angetrieben wird. → S. 138

20. August, Mittwoch

Bei einem schweren Unwetter im Ossolatal wird der Simplonpaß auf der italienischen Seite auf einer Länge von 150 m verschüttet. Der Eisenbahnverkehr wird dadurch für drei Wochen lahmgelegt, die Paßstraße kann nach zehn Tagen wieder provisorisch benutzt werden.

Der Stern
Heft 31 • 11. Jahrgang • 2. August 1958 • Verlagsort Hambur
50 PF
Bei Anruf - Krieg!
Die packendsten Bilder
vom Brandherd Nahost
In Hamburg
wird die Nacht nicht lang

Titelseite des Hamburger Magazins »Der Stern« vom 2. August 1958 zum Nachtleben in St. Pauli

August 1958

Bei der siebten Weltmeisterschaft der Friseure, um die seit dem 16. August Figaros aus aller Herren Länder kämpfen, gewinnt der Österreicher Hans Kammerer den Titel im Damenfach; der Franzose Andre Gaillard wird Weltmeister der Herrenfriseure. → S. 143

21. August, Donnerstag

In Genf geht die Expertenkonferenz für die Kontrolle von Nuklearversuchen zu Ende, die am 1. Juli begonnen hat. Das Ergebnis – ein ausgearbeitetes Kontrollsystem – wird als Erfolg gewertet. → S. 135

Zehn Tage vor der 400-Jahr-Feier der Universität Jena flieht deren Rektor, Josef Hämel, in die Bundesrepublik.

22. August, Freitag

Einstimmig nimmt die Vollversammlung der Vereinten Nationen in New York einen von zehn arabischen Staaten eingebrachten Plan für den Nahen Osten an. → S. 135

US-Präsident Dwight D. Eisenhower kündigt an, sein Land sei aufgrund der in Genf erzielten Ergebnisse bereit, Kernwaffenversuche für zunächst ein Jahr einzustellen, sobald eine Konferenz über die kontrollierte Einstellung aller Atomwaffenversuche zusammengetreten ist (→ 21.8./S. 135).

Den Ärzten in der DDR wird die Teilnahme an wissenschaftlichen Kongressen im westlichen Ausland untersagt, nachdem viele ihrer Kollegen diese Gelegenheiten zur Flucht genutzt haben und in der DDR akuter Ärztemangel herrscht. → S. 137

23. August, Sonnabend

Küstenbatterien der Volksrepublik China beginnen mit der Beschießung der Quemoy-Inseln, die ihrer Küste vorgelagert sind, jedoch zu Formosa (Taiwan) gehören. Gleichzeitig kommt es zu Gefechten zwischen leichten Seestreitkräften beider Seiten. → S. 134

Auf der Hamburger Werft Blohm & Voss läuft die »Goren Fock«, das erste Segelschulschiff der Bundesmarine, vom Stapel. → S. 139

24. August, Sonntag

In Kapstadt stirbt der amtierende Ministerpräsident der Südafrikanischen Union, Johannes G. Strijdom. Sein Nachfolger wird am 2. September Hendrik Frensch Verwoerd (→ 18.9./S. 153).

In Stockholm gehen die Leichtathletik-Europameisterschaften zu Ende, die am 19. August durch Prinz Bertil von Schweden eröffnet wurden. → S. 145

25. August, Montag

Die 7. US-Flotte, die im Gebiet von Formosa (Taiwan) operiert, und andere im Fernen Osten stationierte Einheiten der Vereinigten Staaten werden wegen des Angriffs der Volksrepublik China auf Quemoy in Alarmbereitschaft versetzt (→ 23.8./S. 134).

Algerische Nationalisten stecken in vielen Teilen Frankreichs Erdöl- und Munitionslager in Brand, um ihrer Forderung nach der Souveränität ihres Heimatlandes Nachdruck zu verleihen. → S. 135

In der englischen Stadt Nottingham kommt es zu einer dreistündigen Straßenschlacht zwischen 200 weißen und farbigen Einwohnern. → S. 135

In den Vereinigten Staaten wird ein Gesetz verabschiedet, nach dem Präsidenten nach ihrem Ausscheiden aus dem Amt eine Pension erhalten.

Zum Ende einer mehrwöchigen Konferenz veröffentlichen die anglikanischen Bischöfe ein Rundschreiben, in dem u. a. eine Geburtenkontrolle unter gewissen Umständen gebilligt wird. → S. 143

26. August, Dienstag

In Dakar (Französisch-Westafrika; heute Senegal) kommt es während einer Ansprache des französischen Ministerpräsidenten Charles de Gaulle zu Demonstrationen für die Unabhängigkeit des Landes und die afrikanische Einheit. De Gaulle, der seit dem 20. August die französischen Besitzungen in Afrika bereist, stellt wie zuvor in Conakry (Französisch-Westafrika; heute Guinea) fest, die Bevölkerung könne sich durch ein Nein bei der Volksabstimmung über die neue französische Verfassung für die Souveränität entscheiden (→ 28.9./S. 150).

Die ersten »großen« Goggomobil-Modelle, »T 600« mit 20 PS und »T 700« mit 30 PS, laufen im niederbayerischen Dingolfing vom Band. Bis Anfang Oktober soll die Produktion auf 100 Stück pro Tag gesteigert werden.

27. August, Mittwoch

Auf einer Konferenz in Nyborg in Dänemark verabschiedet der Weltkirchenrat eine Resolution, in der die Atommächte zu verstärkten Bemühungen um eine Einstellung der Kernwaffenversuche aufgerufen werden. Der Rat will außerdem zum geeigneten Zeitpunkt eine Delegation nach Zypern entsenden.

Zwischen der Europäischen Atomgemeinschaft EURATOM und den USA tritt ein Abkommen über Lieferung von Kernbrennstoffen und technischen Ausrüstungen sowie über technische und wissenschaftliche Zusammenarbeit in Kraft (→ 8.11./S. 183).

Zwei Hunde, die an Bord einer sowjetischen Rakete rund 450 km weit ins All geschossen wurden, kehren unversehrt zur Erde zurück (→ 17.8./S. 138).

Auf einer Pressekonferenz in Washington erklärt US-Präsident Dwight D. Eisenhower, er glaube nicht, daß irgendein Land einen Überraschungsangriff auf die USA wagen würde. Auch wenn ein solcher Angriff Erfolg habe, sei die Niederlage des Angreifers gewiß.

Wegen des anhaltend schlechten Wetters erklärt die Landwirtschaftskammer von Schleswig-Holstein den Generalnotstand für die Ernte. Damit ist es ohne Formalitäten möglich, Bundeswehrsoldaten, Bundesgrenzschutz und Bereitschaftspolizei als Erntehelfer einzusetzen. Am 29. August erklärt auch Nordhessen den Erntenotstand.

28. August, Donnerstag

Der zypriotische Erzbischof Makarios III. ruft seine Landsleute dazu auf, »unter allen Opfern« den britischen Zypernplan vom → 15. August (S. 135) zu bekämpfen. Er verlangt außerdem eine wirksame Intervention der Vereinten Nationen zur Lösung der Zypernfrage.

In Berlin (West) läuft der Film »Das Mädchen Rosemarie« von Rolf Thiele mit Nadja Tiller in der Titelrolle an. Er befaßt sich mit dem Schicksal der 1957 in Frankfurt am Main ermordeten Prostituierten Rosemarie Nitribitt. → S. 143

Der australische Mittelstreckenläufer James Herbert Elliot stellt in Göteborg mit 3:36,0 min einen Weltrekord über 1500 m auf. → S. 144

29. August, Freitag

Zum Abschluß seiner Afrikareise erklärt der französische Ministerpräsident Charles de Gaulle in Algier, mit einem Ja bei der Volksabstimmung über die Verfassung könnten die Algerier sich dafür entscheiden, »vollwertige Franzosen« zu werden (→ 25.8./S. 135).

Die Volksrepublik China fordert die Besatzung der Insel Quemoy zur Kapitulation oder zum Aufstand gegen die Regierung von Formosa (Taiwan) auf. Die Landung chinesischer Truppen auf den zu Formosa gehörenden Inseln stehe unmittelbar bevor (→ 23.8./S. 134).

Der Sozialist Karl-August Fagerholm wird neuer finnischer Ministerpräsident (→ 4.12./S. 196).

Das Zentralkomitee der Kommunistischen Partei Chinas beschließt, die Landwirtschaftlichen Produktionsgemeinschaften in sog. Volkskommunen zusammenzuschließen. → S. 134

Im Prozeß gegen Angehörige des Einsatzkommandos Tilsit der SS verhängt das Schwurgericht Nürnberg gegen alle zehn Angeklagten Zuchthausstrafen zwischen drei und 15 Jahren. Sie wurden der gemeinschaftlichen Beihilfe zum gemeinschaftlichen Mord in mehreren 1000 Fällen für schuldig befunden. → S. 136

Die bundesdeutsche 4 × 100-m-Staffel mit Manfred Steinbach, Martin Lauer, Heinz Fütterer und Manfred Germar egalisiert in Köln mit der Zeit von 39,5 sec den Weltrekord der US-amerikanischen Olympiastaffel von 1956. → S. 144

30. August, Sonnabend

Die Sowjetregierung erklärt ihre Zustimmung zu der von den Vereinigten Staaten und Großbritannien am 22. August vorgeschlagenen Einberufung einer Konferenz über den Atomteststop nach Genf (→ 17.12./S. 197).

Im oberschlesischen Zabrze (Hindenburg) kommen bei einem Grubenunglück 72 Bergleute ums Leben.

Im französischen Reims wird der Magdeburger Gustav Adolf (»Täve«) Schur Radweltmeister der Amateure im Straßenfahren. Den Profiweltmeistertitel sichert sich am 31. August der Italiener Ercole Baldini, der diesjährige Sieger des Giro d'Italia. → S. 145

Am letzten Tag der Baden-Badener Rennwoche gewinnt die französische Stute Duschka mit Adolphe Cucu im Sattel den mit 100 000 DM dotierten »Großen Preis von Baden« vor Aletsch.

31. August, Sonntag

Nach Angaben der niederländischen Regierung sind seit Dezember 1957 etwa 39 000 Niederländer aus Indonesien in ihr Heimatland zurückgekehrt. Nur noch etwa 6500 niederländische Staatsangehörige leben weiterhin in der ehemaligen Kolonie (→ 3.12./S. 198).

Um etwa 23 500 auf 332 600 ist die Arbeitslosigkeit in der Bundesrepublik im August gegenüber dem Vormonat zurückgegangen. Damit beträgt die Arbeitslosenquote 1,7%.

In der Frankfurter Paulskirche wird dem Wissenschaftler Carl Friedrich von Weizsäcker der Goethepreis der Stadt Frankfurt am Main verliehen. Die Auszeichnung wird alle drei Jahre vergeben.

In den Wiener Sofiensälen endet ein mehrtägiger Magierkongreß, an dem 560 Zauberer aus 27 Ländern teilgenommen haben. → S. 143

Gestorben:

5. Basel: Alfred Heinrich Pellegrini (*10.1.1881, Basel), schweizerischer Maler.

11. Venedig: Georg Munk (eigentl. Paula Buber, geb. Winkler, *14.6.1877, München), deutsche Schriftstellerin.

12. Montoire-sur-le-Loir: André Bauchant (*24.4.1873, Château-Renault/Indre-et-Loire), französischer Maler.

14. Paris: Frédéric Joliot-Curie (*19.3.1900, Paris), französischer Physiker, Chemienobelpreisträger 1935.

22. Bellême: Roger Martin du Gard (*23.3.1881, Neuilly-sur-Seine), französischer Schriftsteller.

25. Berlin: Leo Blech (→ 22.4.1871, Aachen), deutscher Dirigent und Komponist.

27. Palo Alto/Kalifornien: Ernest Orlando Lawrence (*8.8.1901, Canton/South-Dakota), US-amerikanischer Physiker, Nobelpreisträger 1939.

Das Wetter im Monat August

Station	Mittlere Lufttemperatur (°C)	Niederschlag (mm)	Sonnenscheindauer (Std.)
Aachen	– (17,2)	76 (82)	171 (188)
Berlin	17,5 (17,2)	126 (68)	232 (212)
Bremen	– (17,1)	118 (79)	182 (182)
München	– (16,6)	73 (96)	229 (211)
Wien	19,3 (18,6)	99 (68)	247 (–)
Zürich	17,8 (16,6)	191 (132)	239 (219)

() Langjähriger Mittelwert für diesen Monat
– Wert nicht ermittelt

Mit ihrem Titelfoto stimmt die Münchner Illustrierte »Quick« vom 16. August die Bundesbürger auf den Sommerurlaub ein

Quick
Notruf aus Haiti:
Der 251. Mord
Männer, Frauen und Motoren:
Die Wahrheit über Caracciola
Kriminalrat des Teufels:
Der Unhold mit den Seidenstrümpfen
Hochsommer im Süden
Bald für alle:
365 Tage Urlaub
Zwei Wochen, drei Wochen Ferien irgendwo im Süden, so war es bisher ...
Ein zeitgemäßer soziologischer Bericht
NR. 33
QUICK
MÜNCHEN, 16. AUGUST 1958
JAHRGANG 11
50 PF.

Mao wagt den »Großen Sprung nach vorn«

29. August. Im Zentralkomitee der Kommunistischen Partei der Volksrepublik China kann sich Parteiführer Mao Tse-tung mit seinem Konzept des »Großen Sprungs nach vorn« durchsetzen.

Das Entwicklungsprogramm hat drei Ziele:

▷ Eine allgemeine lebhafte Wirtschaftsentwicklung soll es China ermöglichen, innerhalb kürzester Zeit ökonomisch und technologisch unabhängig zu werden, um mit den Industrieländern konkurrieren zu können

▷ Die Volksrepublik China soll als erstes Land den Sozialismus überwinden und in den Kommunismus eintreten; damit kann sie der Sowjetunion die Führungsrolle im sozialistischen Lager streitig machen

▷ Das Land koppelt sich wirtschaftlich und politisch von der Sowjetunion ab

Um den »Großen Sprung nach vorn« verwirklichen zu können, soll vor allem die Schwerindustrie gefördert werden. Vorgesehen ist ein Wachstum der Industrieproduktion von jährlich 45% im Zeitraum von 1958 bis 1968. Die Landwirtschaft soll in dieser Zeit pro Jahr 20% mehr produzieren.

Um die Zuwachsraten in der Industrie erreichen zu können, soll die Agrarwirtschaft umstrukturiert werden, so daß sie keine staatlichen Hilfen mehr benötigt, sondern zum Investitionsvolumen der Industrie beiträgt und zusätzlich die Produkte der Schwerindustrie abnimmt.

Die Landwirtschaftlichen Produktionsgenossenschaften werden deshalb seit April in sog. Volkskommunen umgewandelt, denen es aufgrund der großen Einwohnerzahl möglich ist, größere Infrastrukturmaßnahmen wie Bewässerungsanlagen oder Verkehrswege sowie Kleinindustriebetriebe aufzubauen. Nach der Verwirklichung dieser Pläne, die – so die chinesische Propaganda – »einige Jahre harte Arbeit erfordert«, sollen für die Bauern dann »zehntausend Jahre Glück« folgen.

Kohleabbau mit Hilfe von Wasserdruck: Durch den verstärkten Einsatz von Maschinen soll die Arbeitsproduktivität im Reich der Mitte gesteigert werden

Mao Tse-tung (l.) und der sowjetische Parteichef Nikita Chruschtschow

USA verweigern die Anerkennung Chinas

11. August. Das US-Außenministerium veröffentlicht ein Memorandum, in dem allen ausländischen Vertretungen der USA noch einmal die ablehnende Haltung gegenüber einer Anerkennung der Volksrepublik China begründet wird.

Die Amerikaner werfen den Chinesen vor, Expansionsbestrebungen zu haben, die sich zunächst auf den Fernen Osten, dann aber auf die ganze Welt erstrecken. Zum anderen seien die Länder in Fernost besonders anfällig für einen kommunistischen Vorstoß. Diese Haltung würde noch unterstützt, wenn die Vereinigten Staaten von Amerika die Volksrepublik China diplomatisch anerkennen.

Weniger Schranken im Ost-West-Handel

15. August. Das britische Handelsministerium gibt bekannt, daß die Staaten des nordatlantischen Militärpakts NATO (außer Island) sowie Japan das strategische Handelsembargo gegenüber kommunistisch regierten Ländern erheblich reduziert haben. Lediglich die Vereinigten Staaten von Amerika wollen wie bisher ihre vollständige Handelssperre gegenüber der Volksrepublik China aufrechterhalten.

Schon im vergangenen Jahr waren viele westeuropäische Staaten dem britischen Vorstoß gefolgt und hatten die Embargoliste für Lieferungen nach China den weit geringeren Beschränkungen für den übrigen Ost-West-Handel angepaßt.

VR China greift Taiwan-Insel an

23. August. Küstenbatterien der Volksrepublik China beginnen mit der Beschießung von Quemoy, einer ihrer Küste vorgelagerten Insel, die von Formosa (Taiwan) besetzt und zu einer Festung ausgebaut ist. Auf weiteren Inseln kommt es zu Gefechten und Landungsversuchen der Volksrepublik.

Am 28. August werden die Streitkräfte auf Quemoy zur Kapitulation aufgefordert. Radio Peking erklärt, die Volksrepublik China wolle Formosa und die Küsteninseln befreien. Die US-Regierung versetzt am 25. August ihre im Fernen Osten operierende Flotte in Alarmbereitschaft; die Truppen greifen jedoch nicht in den Konflikt ein (→ 4.9./S. 152).

Bestimmungen der Kommune »Sputnik«

Das Statut der ersten Volkskommune »Sputnik« in der Volksrepublik China, die am 29. April 1958 auf der Grundlage von 29 landwirtschaftlichen Produktionsgenossenschaften (LPG) mit 9369 Haushalten und ca. 41 000 Personen gegründet wurde, umfaßt folgende Regelungen (Auszug):

»Die Volkskommune ist eine gesellschaftliche Basisorganisation, in der sich das werktätige Volk unter der Führung der kommunistischen Partei und der Volksregierung freiwillig zusammengetan hat. Ihre Aufgabe ist es, die gesamte industrielle und landwirtschaftliche Produktion, den Handel, Kultur und Erziehung sowie die politischen Angelegenheiten innerhalb dieses Kommunebereiches zu verwalten ...

Auf der Basis der grundsätzlich schon erfolgten Kollektivierung der Produktionsmittel muß das LPG-Mitglied beim Eintritt in die Kommune sein gesamtes Privatland abgeben. Ebenso gehen Haus und Grund, Nutztiere, Bäume und sonstige Produktionsmittel in Kommunebesitz über. Doch kann eine kleine Zahl von Haustieren und Nutzgeflügel noch im Privatbesitz verbleiben...

Die Grundlage für die Errichtung des Lohnsystems und des Systems der Nahrungsmittelversorgung ist, daß sich alle Kommunemitglieder, ›jeder nach seinen Fähigkeiten‹, einsetzen. Jedes Kommunemitglied muß die folgenden Grundsätze der Arbeitsdisziplin freiwillig einhalten: 1. aktiv an der Arbeit teilnehmen, 2. das Eigentum der Kommune schützen, 3. die Arbeitskraft gewährleisten, 4. Direktiven und Versetzungen befolgen, 5. von sich aus mit anderen zusammenarbeiten...

Die Kommune soll öffentliche Kantinen organisieren, Kinderkrippen und Nähteams, um die Frauen von der Hausarbeit zu befreien...

Die Kommune praktiziert eine demokratische Verwaltung... Man soll die Massen dazu veranlassen, mit Hilfe von Wandzeitungen Kritik und Selbstkritik zu üben sowie Lob und Empfehlungen zu äußern, damit alle Arten von Schwächen ... laufend beseitigt werden können.«

Weiße Jugendliche in London provozieren Schlägereien mit Farbigen

Weiße Briten gegen farbige Einwanderer

25. August. In der mittelenglischen Stadt Nottingham kommt es zu einer dreistündigen Straßenschlacht zwischen weißen und farbigen Bewohnern.

Teile der weißen Bevölkerung werfen den Farbigen – seit 1945 sind etwa 190 000 Einwanderer aus dem Commonwealth und den Kolonien nach Großbritannien gekommen, wo sie weniger als 1% der Bevölkerung stellen – vor, ohne zu arbeiten, soziale Vergünstigungen auszunutzen, den Weißen Wohnraum wegzunehmen und Verbrechen vor allem auf sexuellem Gebiet zu begehen.

Experten einig über Atomtestkontrolle

21. August. In Genf wird eine Expertenkonferenz über die Kontrolle von Atomwaffenversuchen abgeschlossen, die seit dem 1. Juli tagte. Die Fachleute aus acht Ländern haben ein System ausgearbeitet, das mit Hilfe von Boden-, Wasser- und Luftstationen sowie einer internationalen Beobachtergruppe nukleare Explosionen identifizieren und damit ein mögliches Abkommen über die Einstellung aller Atomwaffenversuche kontrollieren soll.

Die Atommächte USA und Großbritannien schlagen nun vor, zum 31. Oktober gemeinsam mit der Sowjetunion eine Dreierkonferenz über einen Atomteststopp nach Genf einzuberufen (→ 17.12./S. 197).

Plan zur Nahost-Krisenlösung

22. August. Die Vollversammlung der Vereinten Nationen in New York billigt einstimmig einen von zehn arabischen Staaten eingebrachten Plan zur Lösung der Nahostkrise, der den baldigen Abzug der US-amerikanischen und britischen Truppen sowie wirtschaftliche Hilfen für die Region vorsieht.

Wegen der Entwicklung im Nahen Osten (→ 14.7./S. 116) ist die UN-Vollversammlung am 8. August zu einer Sondersitzung zusammengetreten. Vier Tage später haben die Vereinigten Staaten ein Marinebataillon mit 1800 Soldaten aus dem Libanon abgezogen.

Auf ihrer Sitzung diskutierte die Vollversammlung mehrere Lösungsvorschläge, darunter am 13. August ein von US-Präsident Dwight D. Eisenhower vorgetragenes Programm. Dieses sieht die Schaffung einer ständigen UN-Friedenstruppe und deren Stationierung im Krisengebiet vor. Darüber hinaus solle eine arabische Entwicklungsbehörde eingerichtet werden, um der Region wirksame Hilfe leisten zu können.

Der nun in New York verabschiedete Entwurf betont dagegen stärker die nationalen arabischen Interessen und fordert ausdrücklich die Respektierung der territorialen Integrität und Souveränität der arabischen Staaten (→ 29.10./S. 167).

US-Präsident Dwight D. Eisenhower schickte Soldaten in den Nahen Osten

Zyprioten fordern Selbstbestimmung

15. August. Angesichts der wachsenden Spannungen auf der Insel Zypern gibt die britische Regierung Änderungen ihres Plans vom → 19. Juni (S. 101) über die Zukunft der Kronkolonie bekannt. Demnach sollen der griechischen und türkischen Regierung keine Mitspracherechte eingeräumt werden; angestrebt sind Institutionen, um die Einheit der Insel zu wahren und eine Partnerschaft zwischen griechischen und türkischen Zyprioten zu erleichtern. Am 16. August lehnt Zyperns Erzbischof Makarios III., zugleich Führer der griechischen Befreiungsgruppe gegen die britischen Kolonialherren, die neue Fassung des Plans ab, und betont die Entschlossenheit der Inselbewohner, für ihr Selbstbestimmungsrecht und ihre Unabhängigkeit zu kämpfen.

Makarios III.

Algerische Brandanschläge in Frankreich

25. August. In mehreren französischen Großstädten werden durch Sabotageakte algerischer Nationalisten große Treibstofflager gesprengt bzw. in Brand gesteckt. Insgesamt werden dabei rund 15 Millionen l Treibstoff – der Zweitagesbedarf Frankreichs – vernichtet.

Die Algerische Nationale Befreiungsfront erklärt am 26. August, die Anschläge seien eine an die französische Öffentlichkeit gerichtete Botschaft, daß Algerien unabhängig werden wolle. Weitere Angriffe würden folgen, um das Militär- und Wirtschaftspotential zu schwächen, die Zivilbevölkerung solle jedoch geschont werden.

Die französischen Behörden reagieren mit einer Reihe von Gegenmaßnahmen auf die Sabotageakte: So bittet das Innenministerium erstmals seit 1947 um militärische Hilfe im Inland, um wichtige Anlagen zu schützen. In Marseille werden die Ermittlungen der Militärgerichtsbarkeit übertragen, so daß Attentäter möglicherweise zum Tode verurteilt werden können.

Ministerpräsident Charles de Gaulle bemüht sich unterdessen auf einer Reise durch die afrikanischen Besitzungen Frankreichs vom 20. bis 29. August, die dortige Bevölkerung für die Annahme der neuen Verfassung zu gewinnen (→ 28. 9./S. 150). Am 29. August verspricht er in einer Rundfunkansprache, die Algerier könnten durch ein Ja zur Konstitution »vollwertige Franzosen« werden und mit umfangreichen wirtschaftlichen Hilfen rechnen.

Von algerischen Nationalisten zur Explosion gebrachter Ölbunker in der französischen Hafenstadt Marseille; die Algerier kämpfen so für ihre Unabhängigkeit

Haftstrafen gegen zehn »kalte Henker«

29. August. Am 60. Verhandlungstag und nach neuntägiger Beratungsdauer verkündet das Ulmer Schwurgericht die Urteile im Prozeß gegen zehn Angehörige des SS-Einsatzkommandos Tilsit. Die Angeklagten erhalten wegen Beihilfe zum Mord in mehreren 1000 Fällen Haftstrafen zwischen drei und 15 Jahren. Das Einsatzkommando hatte im Juni 1941 auf Befehl der nationalsozialistischen Machthaber mit der systematischen »Liquidation« der »potentiellen Gegner« in einem 25 km breiten Streifen entlang der litauischen Grenze begonnen. Bis zum September 1941 wurden durch Massenerschießungen in dem Gebiet über 5000 Menschen hingerichtet.

Die Angeklagten, die sich während des Prozesses in Ulm immer wieder auf den »Befehlsnotstand« berufen haben, veranstalteten mit den Geldmitteln ihrer Opfer Festessen und ließen sich während der Exekutionen fotografieren. »Das Bild, das uns diese Männer zeigt,« so der Vorsitzende des Gerichts, »ist das Bild des kalten Henkers«.

Pius XII. mahnt zur Einheit

17. August. Mit einer Schlußkundgebung vor rund 160 000 Menschen im Westberliner Olympiastadion endet der 78. Deutsche Katholikentag, der am 13. August unter dem Leitwort »Unsere Sorge der Mensch – Unser Heil der Herr« in der Corpus-Christi-Kirche in Berlin (Ost) feierlich eröffnet wurde.

Messe im Berliner Olympiastadion zum Abschluß des Katholikentages

An der Veranstaltung unter dem Präsidium von Anton Roesen haben über 100 000 Gläubige sowie mehr als 30 Kardinäle und Bischöfe aus der Bundesrepublik und der DDR teilgenommen.

In einer Rundfunkansprache, die er in deutscher Sprache verliest, beschwört Papst Pius XII. die Einheit der Christen in Ost und West in einer den Glauben bedrohenden Welt. Er nennt die Stadt Berlin das »Wahrzeichen eines auseinandergerissenen Volkes«, in dem die Teilnehmer des Katholikentags das Einssein in den letzten Überzeugungen empfunden hätten.

Zum ersten Mal wurde auf der Kirchenveranstaltung das Verfahren öffentlicher Forums-Gespräche erprobt, bei denen in den Messehallen sowie in zwei Kirchen in Berlin (Ost) Glaubensfragen erörtert wurden. Insbesondere baten Katholiken aus der DDR um Verhaltensregeln in Konflikten zwischen religiösen Überzeugungen und staatlichen Vorschriften (→ 21.7./S. 121).

Unterstützung für Steinkohlebergbau

6. August. *Mit der Versicherung, daß die einheimische Steinkohle auch in Zukunft ein wesentlicher Faktor der bundesdeutschen Wirtschaft sei, dessen Existenz nicht durch zufällige Konjunkturschwankungen gefährdet werden dürfe, endet ein dreistündiges Gespräch zwischen Bundeskanzler Konrad Adenauer (CDU) sowie Vertretern der Bergbaugewerkschaft und der Unternehmensverbände Ruhr, Aachen und Saar.*

Anlaß für die Zusammenkunft ist die seit Jahresbeginn schlechte Absatzsituation der bundesdeutschen Steinkohle durch die wachsende Konkurrenz vor allem durch das Erdöl. Allein auf den Zechen des Ruhrgebiets haben sich seither Haldenbestände (Foto) in Höhe von rund 9,5 Millionen t angesammelt.

Die Bundesregierung sichert nun zu, Interessen und Programme der verschiedenen Energieträger aufeinander abzustimmen und auf eine gleichmäßige Beschäftigung hinzuwirken.

Ärztemangel in DDR durch Medizinerflucht

22. August. Ärzten aus der DDR soll erst nach einer »Änderung der politischen Lage« in der Bundesrepublik und der Verwirklichung einer Konföderation zwischen beiden deutschen Staaten die Teilnahme an wissenschaftlichen Kongressen in der Bundesrepublik erlaubt werden. – Dies teilt Politbüro-Mitglied Hermann Axen in einer Diskussion mit Cottbuser Ärzten mit.

Grund für die Maßnahme, die den politischen Druck auf die Mediziner weiter verschärft, ist die Flucht vieler Ärzte aus der DDR in die Bundesrepublik: Allein in den ersten sieben Monaten des Jahres sind 636 von ihnen in den Westen übergesiedelt. In manchen Krankenhäusern verfügen ganze Stationen über kein medizinisches Personal mehr, aber auch die ambulante medizinische Betreuung der Bevölkerung hat sich z. T. besorgniserregend verschlechtert.

Politischer Druck ist bei den meisten das Motiv zur Flucht. So sollen die Ärzte zu einer ideologischen Anpassung an das System gezwungen werden. Zugleich bleibt ihnen häufig die Möglichkeit verwehrt, selbständig eine Praxis zu eröffnen. Statt dessen werden Polikliniken eingerichtet; die dort angestellten Ärzte stehen in staatlichen Diensten. Akademikerkindern stehen nicht genügend Studienplätze zur Verfügung, weil in der DDR bevorzugt Kinder aus Arbeiter- und Bauernfamilien für eine höhere Schul- und Universitätsausbildung berücksichtigt werden.

Neben dem Reiseverbot in den Westen versucht die DDR-Führung auch mit anderen Maßnahmen, die Intelligenzflucht aufzuhalten. So werden die geflüchteten Ärzte als »Verräter an den Patienten« bezeichnet, um die Empörung der Bevölkerung zu schüren. In Einwohnerversammlungen wird auf die Folgen der »Republikflucht« aufmerksam gemacht, die seit Dezember 1957 ebenso wie der Aufruf oder die Beihilfe dazu unter Strafe steht.

Insgesamt haben sich seit Beginn des Jahres über 130 000 Menschen aus der DDR in den Westen abgesetzt, davon in der letzten Augustwoche 6079. Dies ist die größte Flüchtlingszahl seit den Wochen nach dem Arbeiteraufstand in der DDR am 17. Juni 1953.

Mit dem Durchschreiten des Brandenburger Tores in Berlin haben diese Flüchtlinge aus der DDR ihre alte Heimat hinter sich gelassen, auf die sie noch einmal wehmütig zurückschauen; seit Jahresbeginn haben sich über 130 000 DDR-Bürgerin den Westen abgesetzt, allein in der letzten Augustwoche sind es 6079; die DDR trifft vor allem die Flucht von Arbeitnehmern mit qualifizierter Ausbildung, die es u. a. wegen der besseren Verdienstmöglichkeiten in den Westen zieht

Volkspolizei dringt in Westberlin ein

8. August. Rund 800 Volkspolizisten der DDR umstellen die Exklave Steinstücken in Berlin (West) und dringen auf der Suche nach einem Flüchtling in das Gebiet ein. Nach kurzer Suche wird ein Mann verhaftet, der nach Darstellung der Volkspolizei wegen Fahrerflucht gesucht wird. Im Westen wird vermutet, daß es sich bei dem Flüchtling um einen Polizei-Offizier handelt.

Der US-amerikanische Stadtkommandant von Berlin protestiert bei der UdSSR gegen das Eindringen in den US-Sektor Berlins. Diese teilt jedoch am 12. August mit, daß Aktionen der Volkspolizei in die Zuständigkeit der DDR fallen.

Überall an den Grenzen zwischen den Westsektoren und dem Ostsektor Berlins sind bewaffnete Volkspolizisten zur Kontrolle der Passanten eingesetzt

»Eine skrupellose Abwerbeaktion«

Um die große Fluchtbewegung von Medizinern in den Westen aufzuhalten, verläßt die DDR-Führung im September ihre bisherige harte Linie und gesteht den Ärzten in einem Kommunique des Politbüros folgende Rechte zu (Auszug):

»Im Rahmen der psychologischen Kriegsvorbereitung sind die skrupellosen imperialistischen Politiker... bestrebt, die Ärzte für die NATO einzuspannen. Durch Abwerbung und Organisierung der Republikflucht wollen sie Ärzte zur Mißachtung der ethischen Pflichten verleiten, die gesundheitliche Betreuung der Bevölkerung der DDR stören und die medizinische Intelligenz von der aktiven Mitarbeit am Wohl des Volkes abhalten. ...

Das Politbüro der SED anerkennt die aufopferungsvolle Arbeit von Tausenden von Ärzten, Mitarbeitern des Gesundheitswesens und Vertretern der medizinischen Wissenschaft der DDR ...

Die Entsendung von Ärzten zu wissenschaftlichen Kongressen und wissenschaftlich wertvollen Veranstaltungen im Ausland und in Westdeutschland muß gewährleistet sein. ...

Das Politbüro weist darauf hin, daß die Ausübung des Arztberufes und der wissenschaftlichen Tätigkeit in der DDR von den fachlichen Fähigkeiten und Kenntnissen abhängt und keiner weltanschaulichen Verpflichtung für den historischen Materialismus unterliegt. ...

Das Politbüro vertritt den Standpunkt, daß genügend Plätze für die Aufnahme von Kindern der Ärzte und anderer Kreise der Intelligenz an Oberschulen und Universitäten vorhanden sind und beauftragt die Genossen im Ministerium für Volksbildung und Sekretariat für Hoch- und Fachschulwesen, bisher zurückgestellte Bewerber zum Studium zuzulassen.

Zur Klärung der Frage nach der Perspektive der selbständigen Praxen hält es das Politbüro für notwendig, darauf hinzuweisen, daß Ärzte, Zahnärzte und Apotheker ihre selbständigen Praxen bzw. Apotheken ohne Beschränkung weiterführen können. ...«

Erste Mondrakete der USA explodiert

17. August. 77 sec nach dem Start vom US-Raumfahrtzentrum in Cape Canaveral/Florida explodiert in einer Höhe von 20 000 m eine über 25 m lange »Thor-Able«-Rakete, die bis zum Mond fliegen sollte.

Die Endstufe des Geschosses enthielt einen 38,5 kg schweren Satelliten, der den Mond umkreisen und mit Hilfe einer Infrarotkamera Bilder von der erdabgewandten Seite des Himmelskörpers machen sollte. Mit dem nun gescheiterten Start einer Mondrakete haben die USA erneut den Versuch unternommen, den Vorsprung der Sowjetunion auf dem Gebiet der Raumfahrttechnik aufzuholen (→ 31.1./S. 12).

Auch die Sowjets, deren mögliche Mißerfolge nicht an die Öffentlichkeit dringen, arbeiten nach im Westen vorliegenden Berichten fieberhaft an einem Mondfahrtprojekt. Vorläufig können sie am 27. August einen weiteren Erfolg bei der Untersuchung von Raumfahrtbedingungen an Tieren verbuchen: Eine 1690 kg schwere Raumkapsel mit zwei Hunden an Bord, die rund 450 km hoch ins All geschossen wird, kann unbeschädigt geborgen werden.

Start der US-amerikanischen »Thor-Able«-Rakete, die einen 38,5 kg schweren Satelliten zum Mond transportieren soll, jedoch nach kurzer Zeit explodiert

Der Satellit, der den Mond umrunden und dessen Rückseite fotografieren soll, wird auf die Raketenendstufe montiert

»Elektronengehirn mit Atomantrieb«

19. August. Unter dem Beifall von 32 000 Zuschauern läuft in Groton/Connecticut das achte US-amerikanische Atom-Unterseeboot vom Stapel. Die »Triton« wird nach ihrer Fertigstellung in etwa einem Jahr mit 5900 t Wasserverdrängung das größte Unterwasserfahrzeug der Welt sein.

Das von zwei Atomreaktoren angetriebene U-Boot soll mit einer Uranladung eine Strecke von 176 000 km zurücklegen können; welche maximale Geschwindigkeit es dabei erreicht, wird von den Militärs bislang geheimgehalten.

Die »Triton« soll Radargeräte an Bord nehmen und damit als Frühwarnsystem für einen möglichen Angriff auf die Küsten der USA dienen. Im Gegensatz dazu werden die übrigen Atom-U-Boote zur Abwehr feindlicher Unterwasserfahrzeuge oder – voraussichtlich ab 1960 – als schwimmende Abschußrampen für ferngelenkte Raketen dienen.

Die rund 109 Millionen US-Dollar (etwa 480 Millionen DM) teure »Triton« soll als »atomar angetriebenes unsichtbares Elektronengehirn«, den Feind ausfindig machen.

Vormenschen-Fund in Braunkohlengrube

August. Ein nahezu vollständiges Oreopithecus-Skelett wird in einer Braunkohlengrube in der italienischen Provinz Grosseto (Toscana) gefunden. Obwohl seine Stellung in der Entwicklungsgeschichte des Menschen ungeklärt ist, messen Forscher dem Fund große Bedeutung zu. Erste Knochenfunde des Oreopithecus gab es bereits 1872. Aus diesen und weiteren Entdeckungen wurde geschlossen, daß dieses zehn Millionen Jahre alte Lebewesen zwar zu den Vorläufern des Menschen gehört, seine Nachkommen jedoch ausgestorben sind. Die Gestalt des Oreopithecus läßt den Schluß zu, daß sich die Trennung zwischen den heutigen Menschen und den Menschenaffen bereits vor zehn Millionen Jahren vollzogen hat.

Die weitere Erforschung des Skeletts in Italien ist allerdings durch Einspruch der katholischen Kirche gefährdet, die paläanthropologische Forschungen teilweise für mit der Glaubenslehre unvereinbar hält.

Das US-amerikanische U-Boot »Nautilus« hat nach einer fast fünftägigen Tauchfahrt und einer Strecke von über 3300 km das Nordpolpackeis unterquert

U-Boot »Nautilus« unter dem Packeis

5. August. Nach 3385 km unter Wasser beendet das US-amerikanische Atom-U-Boot »Nautilus« die erste Unterquerung des Nordpolpackeises.

Die »Nautilus« ist am 23. Juli in Honolulu auf Hawaii gestartet und begann die Tauchfahrt am 1. August. US-Präsident Dwight D. Eisenhower bezeichnet die Fahrt als eine Pioniertat zur Einrichtung einer Unterwasserroute zwischen der westlichen und der östlichen Hemisphäre.

Das US-amerikanische atomgetriebene U-Boot »Nautilus« im Hafen von New York vor der berühmten Skyline der Stadt

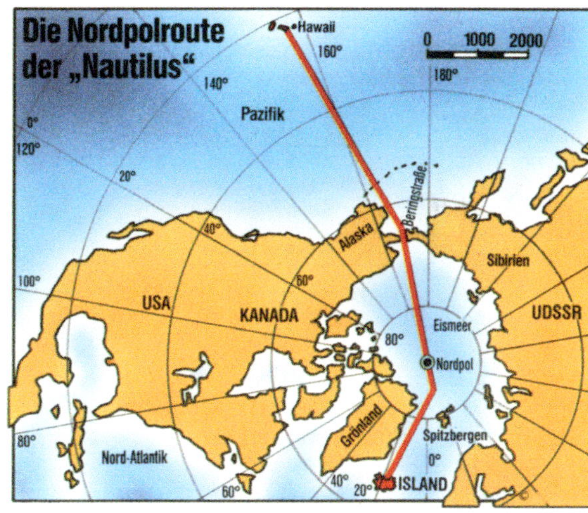

Das erste Schulschiff der Bundesmarine, die »Gorch Fock«, benannt nach dem Pseudonym des Seefahrtdichters H. Kinau

Segler »Gorch Fock« läuft vom Stapel

23. August. Auf der Hamburger Werft Blohm & Voss läuft das erste Segelschulschiff der Bundesmarine, die Dreimastbark »Gorch Fock«, vom Stapel.

Nach dem Untergang der »Pamir« im September 1957 (→ 20.1./ S. 21) wurde bei der Konstruktion die Sinksicherheit besonders berücksichtigt. Als Gegengewicht zu den 45 m hohen Masten sind 363 t Ballast im tiefsten Teil des Kiels fest verankert. Dadurch soll sich das 81 m lange Schiff auch dann wieder aufrichten können, wenn die Mastspitzen das Wasser berühren. Besonderer Wert wurde auch auf andere Sicherheitseinrichtungen gelegt: Die »Gorch Fock« verfügt über zwei Radaranlagen, modernste meteorologische und funktechnische Geräte, Rettungsinseln und eine automatische Feuerlöschanlage.

Der Segler für 270 Mann Besatzung, dessen Bau über sechs Millionen DM kostet, soll im April 1959 erstmals auf große Fahrt gehen.

Essen und Trinken 1958:

Höherer Lebensstandard läßt »Wohlstandsbauch« wachsen

Nach den Entbehrungen der Kriegs- und Nachkriegsjahre legen viele Bundesbürger in den Wirtschaftswunderzeiten der 50er Jahre wieder Wert darauf, sich beim Essen »etwas leisten« zu können. »Sattmacher« wie Kartoffeln und Getreideprodukte nehmen daher einen immer geringeren Stellenwert auf dem Speisezettel ein; statt dessen wachsen die Fleischportionen ebenso wie der Konsum von Fett und Eiern.

Mehr Fett, weniger Kohlehydrate

Nährwertgehalt der verbrauchten Lebensmittel je Einwohner und Tag	1935/38	1950/51	1957/58
Kalorien	3047	2867	2961
Eiweiß (in g)	85,5	77,4	79,9
darunter tierisch	43,2	36,8	45,4
Reinfett (in g)	111,0	102,4	123,8
Kohlenhydrate (in g)	435,4	418,5	385,0

Abbildung aus einer Werbeanzeige für holländischen Käse: Kleine Leckerbissen für die Gartenparty

Wachsender Wohlstand: Der Konsum von Genußmitteln – so auch von erleseneren Alkoholika – nimmt zu

Zubereitet werden die Mahlzeiten vorzugsweise in üppigen Portionen nach »deutscher Hausfrauenart«. Einflüsse aus anderen Ländern sind dagegen noch kaum zu spüren. Einzig beim Obst haben sich durch Importe die Verzehrgewohnheiten verändert. Während Südfrüchte Anfang des Jahrzehnts nur etwa 16% des verbrauchten Obstes ausmachten, sind es nun fast 40%.

Der gesteigerte Lebensstandard macht sich außerdem bei den Genußmitteln bemerkbar. So raucht 1958 im Durchschnitt jeder Bundesbürger 1135 Zigaretten, 1955 waren es noch 871. Auch der Pro-Kopf-Verbrauch von Bier ist innerhalb von drei Jahren um 20 l auf 85,24 l angestiegen; der Kaffeekonsum liegt mit 2,39 kg je Bundesbürger fast viermal so hoch wie 1950.

Trotz der gehaltvolleren Ernährungsweise sind die Ausgaben für Nahrungs- und Genußmittel dank verhältnismäßig langsam steigender Agrarpreise und kräftiger Einkommenszuwächse zurückgegangen. Gab 1950 ein Vier-Personen-Arbeitnehmerhaushalt noch durchschnittlich 52,2% des vorhandenen Budgets für Lebensmittel aus, sind es 1958 nur noch 46,1%.

Gegen die weitverbreitete Ansicht, daß dicke Menschen nicht nur Selbstsicherheit und Wohlstand ausstrahlen, sondern auch ausgewogen ernährt und gesund sind, setzt sich gegen Ende der 50er Jahre allmählich die Erkenntnis durch, daß die fett- und eiweißreiche Kost auch Erkrankungen zur Folge haben kann. Gewarnt wird vor den »Wohlstandskrankheiten« – ernährungsbedingten Herz- und Kreislauferkrankungen –, die nicht selten zum Tod führen.

Den Frauen macht dagegen das dank üppiger Lebensweise immer größer werdende Mißverhältnis zwischen dem von Filmschauspielerinnen repräsentierten Schönheitsideal und dem eigenen Aussehen zu schaffen.

Auch Bundesminister Franz Josef Strauß (CSU; l.) mag deftige Kost

Schätzen einen guten Tropfen (v. l.): Kanzler Konrad Adenauer, Bundesfinanzminister Franz Etzel und Bundeswirtschaftsminister Ludwig Erhard

Läßt sich eine Münchner Brezel munden: Regisseur Alfred Hitchcock

Um hier Abhilfe zu schaffen bietet die pharmazeutische Industrie vielfältige Schlankheitsrezepte an, die aber nur selten auf eine Änderung der Ernährungsgewohnheiten abzielen, sondern vielmehr mit Medikamenten den Appetit zügeln sollen.

Neue Ernährungsgewohnheiten

Nahrungsmittel	Verbrauch in kg je Einwohner und Jahr 1935/38	1950/51	1957/58
Getreideerzeugnisse (in Mehlwert)	110,5	99,9	89,5
Reis poliert	2,5	2,1	1,4
Hülsenfrüchte	2,3	1,7	1,5
Kartoffeln	176,0	186,0	150,0
Zucker	25,5	27,7	28,0
Gemüse	51,9	49,9	48,9
Frischobst	36,3	40,7	28,8
Südfrüchte	5,7	7,8	18,8
Trockenobst	1,7	1,9	2,5
Rindfleisch (ohne Fett)	14,8	11,4	16,0
Kalbfleisch	3,2	1,9	1,8
Schweinefleisch (ohne Fett)	29,2	19,4	28,8
Fleisch insgesamt	52,8	37,0	52,6
Vollmilch	126,0	111,2	114,8
Käse	3,5	3,9	4,3
Butter	8,1	6,4	7,4
Pflanzliche Öle und Fette, tierische Öle	8,0	10,3	13,3
Fette insgesamt	21,0	21,4	25,2
Eier	7,4	7,5	11,6
Fisch (Frischgewicht)	11,8	11,9	12,1

Aufgeschreckt wird die bundesdeutsche Öffentlichkeit 1958 außerdem durch einen Lebensmittelskandal: Durch den Zusatz des hochgiftigen Natriumnitrit haben Metzger versucht, Fleisch- und Wurstwaren längere Zeit ein frisches Aussehen zu verleihen (→ 14.1./S. 21). Das vom Bundestag am → 6. November (S. 185) verabschiedete neue Lebensmittelgesetz soll der großzügigen Anwendung von Zusatzstoffen in der Nahrung nun jedoch einen Riegel vorschieben.

Von Nahrungsnot zum Überfluß

Was sich 1948 – also zehn Jahre zuvor – kaum jemand vorstellen konnte, ist nun Wirklichkeit: Die Nahrungsmittelnot der Nachkriegsjahre hat einem Überfluß Platz gemacht, der allerdings auch Probleme mit sich bringt.
Vielerorts erhielten die Deutschen 1948 weniger als 900 Kalorien pro Tag, obwohl Ernährungswissenschaftler erst bei 2400 Kalorien den Tagesbedarf für einen arbeitenden Menschen gedeckt sehen. Vor allem seit der Mitte der 50er Jahre kompensierten die Bundesbürger ihren Nachholbedarf in einer regelrechten »Freßwelle«, deren Folgen sich 1958 in Übergewichtigkeit und Herz-Kreislauf-Erkrankungen zeigen. Stand zunächst das Bedürfnis nach einer ausreichenden Nahrungsmenge im Vordergrund, kommt nun der Wunsch nach ausgewählten und hochwertigen Lebensmitteln hinzu. Essen soll wieder zum kulinarischen Erlebnis werden, wenigstens bei denen, die es sich leisten können. Aber auch die weniger gut Betuchten gönnen sich hin und wieder den Besuch eines renommierten Speiserestaurants.

◁ *Mit Lebensmitteln gefüllter Kühlschrank: Die Not der Nachkriegsjahre ist vorbei*

In der ersten Klasse eines Lufthansa-Jets: Kulinarische Genüsse und Drinks muß man selbst auf einem Flug nicht entbehren

Milchbar an der deutschen Nordseeküste: Während der Urlaubszeit sind die beliebten Restaurationsbetriebe, in denen auch Eis serviert wird, fast immer gut besucht

Hula-Hoop jetzt auch in Europa

Das Hula-Hoop-Fieber breitet sich nach den USA auch in Europa aus. Alle Altersstufen verlangen nach dem Kunststoffreifen.

In den USA werden in sechs Monaten 20 Millionen Hula-Hoop-Reifen zum Preis von je 1,98 US-Dollar (rund 4,30 DM) verkauft.

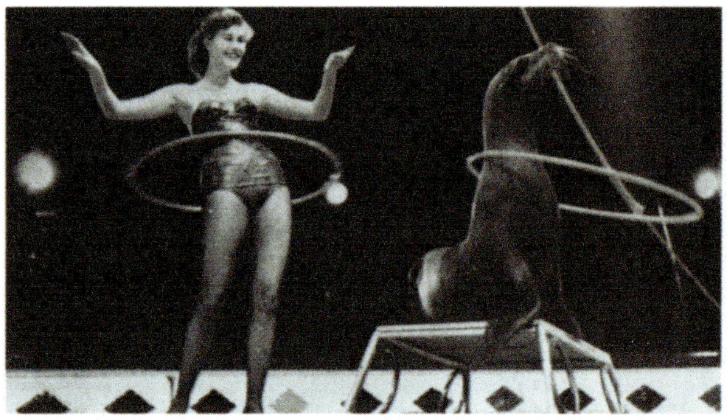

FSK-Kürzungen für Thieles Nitribitt-Film

28. August. In Berlin (West) wird – mit zwei von der Freiwilligen Filmselbstkontrolle (FSK) auferlegten Änderungen – der Film »Das Mädchen Rosemarie« in der Regie von Rolf Thiele mit Nadja Tiller in der Titelrolle uraufgeführt.

Der Film, dessen Drehbuch Erich Kuby schrieb, schildert das Schicksal der Frankfurter Prostituierten Rosemarie Nitribitt, die am 1. November 1957 in ihrer Wohnung ermordet aufgefunden wurde. Da die Nitribitt offensichtlich angesehene Persönlichkeiten aus Politik und Wirtschaft zu ihrem Kundenkreis zählte und sich auf diese »unmoralische« Weise ein beträchtliches Vermögen verdient hatte, löste der Mordfall einen Skandal aus.

Auch bei den Dreharbeiten zum Film stieß Thiele vielfach auf Widerstand von Firmen und Personen, die nicht mit der Affäre in Verbindung gebracht werden wollten.

Die Auflagen der FSK beziehen sich zum einen auf den Vorspann des Streifens, in dem nach Ansicht der Kontrolleure deutlicher zum Ausdruck kommen mußte, daß der Fall Nitribitt eine Ausnahme darstellt.

Zum anderen wurde eine Szene untersagt, in der vor einer Wochenschauaufnahme mit einer Marschkolonne der Bundeswehr zwei Bänkelsänger den Refrain »Wir haben den Kanal noch lange nicht voll« schmetterten. Sie diente nach Auffassung der FSK der Herabwürdigung verfassungsmäßiger und rechtsstaatlicher Grundsätze.

Nadja Tiller spielt die Rolle der Prostituierten Rosemarie Nitribitt in dem Film »Das Mädchen Rosemarie« von Rolf Thiele; r. Peter van Eyck als Fribert

Anglikaner für Familienplanung

25. August. Zum Abschluß ihrer mehrwöchigen neunten Lambeth-Konferenz veröffentlichen die anglikanischen Bischöfe ein Rundschreiben, in dem u. a. eine Geburtenkontrolle unter bestimmten Bedingungen gutgeheißen wird.

Die Bischöfe erklären darin, daß in gewissen Ländern die Geburtenkontrolle zu einer Notwendigkeit geworden sei, weil das übergroße Bevölkerungswachstum zu einer Bedrohung für die dort lebenden Menschen werde. Eine Familienplanung könne hier verhindern, daß Kinder geboren werden, die wahrscheinlich verhungern müßten.

Zugleich betonen die Geistlichen, daß nach ihrer Auffassung der Zweck einer christlichen Ehe nicht allein in der Zeugung von Kindern bestehe. Vielmehr sei in diesen Bund auch die körperliche Liebesbeziehung zwischen den Eheleuten einbezogen. Insofern sei auch hier eine Familienplanung berechtigt.

99 Todesopfer bei Flugzeugabsturz

14. August. Aus ungeklärter Ursache stürzt eine viermotorige Maschine vom Typ »Super-Constellation« der niederländischen Fluggesellschaft KLM vor Irland ins Meer. Keiner der 91 Passagiere und acht Besatzungsmitglieder überlebt.

Das Flugzeug ist kurz vor dem Unglück von Shannon (Irland) aus nach Gander auf Neufundland gestartet. Wenige Minuten später brach der Funkkontakt zu der Maschine ab, obwohl sich vier Funkgeräte an Bord befanden.

Nach Angaben von Experten hätte das Flugzeug auch den nächsten Flugplatz erreichen müssen, wenn zwei der Motoren ausgefallen wären. Offensichtlich hat jedoch der Kapitän nicht einmal den Versuch einer Notlandung unternommen.

Schon am 6. September 1954 kamen beim Absturz einer »Super-Constellation« auf dem Flug von Shannon nach New York kurz nach dem Start 56 Menschen ums Leben.

Auch an dem bislang schwersten Unglück der zivilen Luftfahrt, dem Zusammenstoß zweier Flugzeuge über dem Grand Canyon (USA) am 1. Juli 1956 mit 128 Toten, war eine Maschine dieses Typs beteiligt.

Wettkampf um den Meistertitel der Figaros

20. August. *Im Wettstreit um die gelungenste Frisur gewinnt der Österreicher Hans Kammerer bei der siebten Weltmeisterschaft der Friseure in Köln den Titel im Damenfach; bei den Herren siegt André Gaillard (Frankreich). Als Modetrend zeichnet sich in Köln das kurze, sanft gewellte Haar ab. Für Mutige wird im Herbst und Winter als letzter Schrei die »Jolie Joséphine« offeriert, bei der die Haare in verschiedenen Schattierungen eingefärbt werden. Auch sonst ist Haarefärben Trumpf: Dank der Künste der Chemie kann sich nun jede Frau in eine der bevorzugten Blondinen in den unterschiedlichsten Schattierungen von »Amethystpastell« bis »Lichtmattblond« verwandeln, wenn auch die künstliche Haarfarbe vielfach immer noch als »unschicklich« gilt. Umstritten ist außerdem, ob die chemischen Substanzen die Haare schädigen können (im Bild: Nicht bei der Friseur-WM vertreten ist der spanische Maler Salvador Dalí mit seiner Frisur »See-Igel«).*

Meinungsaustausch der Magier in Wien

31. August. Die 560 besten Zauberer aus 27 Nationen beenden in den Wiener Sofiensälen ihren mehrtägigen Fachkongreß. Begleitet wird das Treffen von dem Wettbewerb um den Großen Preis der Magischen Kunst sowie einer »Zaubermesse«.

Bei diesen beiden Teilen der Veranstaltung, die vor allem von den jungen Wienern mit großem Interesse verfolgt wird, ist Laienpublikum streng verboten, offenbaren sich doch hier die Hilfsmittel und Tricks der Zauberkunst. Neben Utensilien für kleinere Kunststücke – Trickkarten, lebendig wirkende Kaninchen und Tauben, deren Gliedmaßen beweglich sind, Blumen, die ihre Farbe wechseln können u. a. – sind auf der Magierausstellung auch Hilfsmittel zu sehen, bei denen Elektrizität, Magnetismus oder Kurzwellen in den Dienst der Zauberkunst gestellt werden.

Daß die Illusionskünstler aber nicht nur mit Althergebrachtem beeindrucken, sondern sich auf der Höhe der Zeit befinden, zeigen Ausstellungsstücke wie der magische »Sputnik« (benannt nach dem ersten sowjetischen Erdsatelliten) oder Atomkugeln.

Deutsche Sprintstaffel läuft Weltrekord

29. August. Beim Kölner Abendsportfest im Müngersdorf er Stadion egalisiert die bundesdeutsche 4 × 100-m-Staffel in 39,5 sec den 1956 von einer US-amerikanischen Staffel aufgestellten Weltrekord.
Die Sprintstaffel läuft ihre Bestzeit auf der Kölner 500 m-Bahn in der Besetzung Manfred Steinbach (Wolfsburg), Martin Lauer (Köln), Heinz Fütterer (Karlsruhe) und Manfred Germar (Köln). Sie tritt erstmals in dieser Zusammensetzung an, da der Startläufer Walter Mahlendorf (Hannover) und der Leverkusener Armin Hary in Köln fehlen. Mit ihrem Rekordlauf bestätigen die bundesdeutschen Sprinter ihre im Laufe des Jahres gelaufenen Einzelzeiten, darunter die 10,2 sec von Germar, Fütterer und Hary über 100 m bei den Deutschen Leichtathletik-Meisterschaften (→ 20.7./S. 128).
Als erster offizieller Weltrekord über 4 × 100 m gelten die 42,3 sec der deutschen Staffel (Otto Röhr, Max Herrmann, Erwin Kern, Richard Rau) bei den Olympischen Spielen in Stockholm 1912.

Die bundesdeutsche 4 × 100-m-Sprintstaffel nach ihrem Weltrekord in Köln (v. l.: Manfred Germar, Heinz Fütterer, Martin Lauer, Manfred Steinbach)

Die Bestmarke von 39,8 sec der US-amerikanischen Olympiastaffel von Berlin 1936 (Jesse Owens, Ralph Metcalfe, Foy Draper, Frank Wykoff) hatte 20 Jahre Bestand, dann liefen am 1. Dezember 1956 bei den Olympischen Spielen in Melbourne die US-Sprinter Ira Murchison, Leamon King, Thane Baker und Robert Morrow die 4 × 100 m in 39,5 sec.

Zwei Bestzeiten für »Herb« Elliot

28. August. Bei einem Abendsportfest in Göteborg läuft der Australier James Herbert (»Herb«) Elliot mit 3:36,0 min Weltrekord über 1500 m. Am 6. August hat er in Dublin mit einer Zeit von 3:54,5 min eine neue Bestzeit über eine englische Meile (1,609 km) aufgestellt. Bei diesem Rennen hatten fünf Läufer die »Traumgrenze« von 4 min unterboten, die bis zum 6. Mai 1954, als der Brite Roger Bannister die Meile in 3:59,4 min lief, Gültigkeit hatte.
Das Rennen in Göteborg ist das schnellste 1500 m-Rennen in der bisherigen Geschichte der Leichtathletik: Neben dem Weltrekord werden auch sechs Landesrekorde gebrochen. Dabei besiegt Elliot auch den Tschechoslowaken Stanislav Jungwirth, der am 12. Juli 1957 in Stara Boleslav mit 3:38,1 min Weltbestzeit gelaufen war.
Mit 3 sec Rückstand wird Jungwirth von dem 20jährigen Australier deklassiert, der nach seinem Rekordlauf von 35 000 Zuschauern begeistert gefeiert wird.

Durch Qual in der Einöde zu Weltrekorden auf Mittelstrecken

James Herbert (»Herb«) Elliot, der australische Weltrekordler über die Meile und über 1500 m, verdankt seine Bestzeiten vor allem der intensiven Vorbereitung durch seinen 62jährigen Trainer Percy Cerutty, der vor den Toren Melbournes das Portsea Camp betreibt. Unter Ceruttys Anleitung wurde Elliot, der noch 1957 die 1500 m in 3:45,0 min gelaufen war und damit 7 sec langsamer war als der Weltrekordler Stanislav Jungwirth aus der Tschechoslowakei (3:38,1 min am 12.7.1957) innerhalb eines Jahres zum Weltklasseathleten.
Die Methoden, derer sich Cerutty bei seiner Trainingsarbeit bedient, werden von anderen Leichtathletikexperten als antiquiert abgetan. Während die meisten Trainer ihren Schützlingen einprägen, absolute Lockerheit der Gelenke sei die wichtigste Voraussetzung für Höchstleistungen, vertritt Cerutty die gegenteilige Ansicht: Nur dann, wenn der Läufer die Arme anspannt, die Finger schließt und die Daumen möglichst fest zusammenpreßt, könne der Krafteinsatz und damit das Tempo bis zur optimalen Leistung gesteigert werden. Cerutty läßt seine Schützlinge die Dünen hinauflaufen, Holz hacken und in der Brandung schwimmen. Zu seinen Erfolgsrezepten gehört eine vegetarische Verpflegung und der Appell an menschliche Urinstinkte: Er lehrt, beim Laufen aggressiv, widerstandsfähig und kämpferisch zu sein.
Ähnlich ungewöhnlich wie Ceruttys Trainingsmethoden sind Elliots Lauf Vorbereitungen: Vier Stunden vor seinem australischen Rekord über 1000 m in 2:21,6 min schwamm er eine Stunde in der Brandung des Südpazifik; vor einem anderen Lauf stand er zehn Minuten unter der Dusche.

Herb Elliot im Ziel nach dem 1500-m-Weltrekordlauf

Herb Elliot (r.) und sein Konkurrent Arne Hammarsland

Gustav Adolf (»Täve«) Schur, Straßenweltmeister der Radamateure

»Täve« Schur wird Straßenweltmeister

30. August. Bei den Straßenweltmeisterschaften der Radamateure in Reims siegt der 27 Jahre alte Magdeburger Gustav Adolf (»Täve«) Schur nach 177,9 km im Spurt vor dem Belgier Valere Paulissen. Bei den Berufsfahrern gewinnt der im Jahr 1956 ins Profilager gewechselte Italiener Ercole Baldini.

Schur, viermal Sportler des Jahres in der DDR, gewann dreimal die Straßenmeisterschaft und Rundfahrt der DDR. Bei den Olympischen Spielen 1956 in Melbourne kam er im Einzel-Straßenrennen zeitgleich mit dem Silbermedaillengewinner auf Platz fünf.

Erfolgreiches Team aus der Sowjetunion

24. August. Nach sechstägiger Dauer gehen in Stockholm die Europameisterschaften der Leichtathleten zu Ende. Mit 35 Medaillen, davon elfmal Gold, schneidet die Mannschaft der UdSSR am erfolgreichsten ab. Die gesamtdeutsche Auswahl erringt 21 Medaillen, darunter sechsmal Gold.

Erfolgreichster Athlet ist der Pole Zdyslaw Krzyszkowiak, Sieger über 5000 m und 10 000 m. Zu den Siegern aus der Bundesrepublik gehören die Sprinter Armin Hary (100 m in 10,3 sec), Manfred Germar (200 m in 21,0 sec), Martin Lauer (110 m Hürden in 13,7 sec) und die 4 × 100 m-Staffel (40,2 sec).

Patterson behält den Schwergewichtstitel

18. August. Durch einen Sieg über den Texaner Roy Harris in Los Angeles bleibt der farbige US-Amerikaner Floyd Patterson Weltmeister der Berufsboxer im Schwergewicht. In der zwölften Runde des auf 15 Runden angesetzten Titelkampfs muß der bis dahin ungeschlagene Harris nach zahlreichen schweren Treffern aus dem Ring genommen werden.

Bis dahin hat sich der Weltmeister seinem Herausforderer als eindeutig überlegen erwiesen. Harris ist es nicht gelungen, die schwache Stelle des Titelhalters – sein »Glaskinn« – zu treffen und Patterson damit in Verlegenheit zu bringen.

Titelkämpfe von Floyd Patterson
30.11.1956: Sieg durch K.o. in der fünften Runde gegen Archie Moore in Chicago
29.7.1957: K.o.-Sieg in der zehnten Runde gegen »Hurricane« Tommy Jackson in New York
22.8.1957: K.o.-Sieg in der sechsten Runde gegen T. Peter Rademacher in Seattle
18. 8.1958: Sieg durch K.o. in der zwölften Runde gegen Roy Harris in Los Angeles

Der 1935 in Waco (North Carolina) geborene Patterson hatte sich schon im Amateurlager einen Namen als überaus beweglicher, technisch guter und taktisch versierter Boxer gemacht. Mit 16 Jahren gewann er den höchsten Titel für Amateurboxer in den Vereinigten Staaten, die Golden Gloves; als 17jähriger holte er bei den Olympischen Spielen in Helsinki 1952 die Goldmedaille im Mittelgewicht (bis 75 kg).

Bei seinem Wechsel ins Profilager mußte der von Manager Gus D'Amato betreute Patterson zunächst an Gewicht zulegen, da in den USA nur die oberen Gewichtsklassen – vor allem das Schwergewicht, die Klasse ab 81 kg – auf großes Zuschauerinteresse stoßen und somit hohe Gagen versprechen. Patterson erhielt seine Chance, nachdem der Schwergewichtsweltmeister der Jahre 1952 bis 1956, der in 49 Profikämpfen unbesiegte Rocky Marciano, am 27. April 1956 seinen Rücktritt vom Boxsport erklärt hatte.

Nachdem er sich in Ausscheidungskämpfen durchgesetzt hatte, schlug er am 30. November 1956 im Titelkampf in Chicago den um 20 Jahre älteren Archie Moore. Zum Zeitpunkt des Kampfs war Patterson 21 Jahre alt und wurde somit als jüngster Boxer in der bisherigen Geschichte der Boxweltmeisterschaften zum Titelhalter aller Klassen.

Nach seiner erster Titelverteidigung gegen »Hurricane« Tommy Jackson stellte er sich Peter Rademacher, dem Olympiasieger von 1956, bei dessen Profidebüt und schlug ihn – nachdem er anfänglich durch einen Schlag auf sein »Glaskinn« auf die Bretter gezwungen worden war – in der sechsten Runde K.o.

Patterson, der bis zum Kampf mit Harris von 34 Profikämpfen nur einen – gegen den ehemaligen Halbschwergewichts-Weltmeister Joey Maxim – nach Punkten verlor und 22 vorzeitig entscheiden konnte, boxt möglichst rationell und ist zunächst bemüht, selbst keine Treffer einzustecken. Er sucht nicht die Offensive, sondern wartet auf seine Chance, die er dann dank seiner Schlagstärke auszunutzen versteht.

Seine Kritiker werfen Patterson vor, schlagstarken Boxern wie dem Kubaner Nino Valdes aus dem Weg zu gehen.

△ Floyd Patterson (M.), Schwergewichtsweltmeister der Profiboxer, nach der erfolgreichen Titelverteidigung umringt von begeisterten Betreuern und Anhängern; der technisch versierte Boxer hat damit erneut seine Kritiker widerlegt, die ihm vorwerfen, er wirke im Ring wie ein ängstlicher Hase; Patterson boxt jedoch nicht ohne Grund so defensiv: er ist durch sein »Glaskinn« leicht verwundbar

◁ Der 23jährige farbige US-Amerikaner Floyd Patterson verteidigt durch einen K.o.-Sieg über Herausforderer Roy Harris den Titel eines Boxweltmeisters aller Klassen; Patterson, der seit 1956 amtiert, hat bislang von 34 Kämpfen seit seinem Wechsel ins Profilager lediglich einen nach Punkten verloren.

September 1958

Mo	Di	Mi	Do	Fr	Sa	So
1	2	3	4	5	6	7
8	9	10	11	12	13	14
15	16	17	18	19	20	21
22	23	24	25	26	27	28
29	30					

1. September, Montag

Island protestiert gegen die Tätigkeit britischer Fischkutter und begleitender Marineeinheiten in der von Island beanspruchten ausschließlichen Fischereizone von zwölf Seemeilen. → S. 153

Nach einer Erklärung des japanischen Außenministers Aichiro Fudschijama lehnt sein Land jede direkte und indirekte Beteiligung am Formosa-Konflikt ab (→ 4.9./S. 152).

2. September, Dienstag

Die erste Fernsehstation der Volksrepublik China nimmt in der Hauptstadt Peking ihren Betrieb auf.

In Hannover stellt die Arbeitsgemeinschaft »Die moderne Küche« auf ihrer ersten Tagung fest, daß bundesdeutsche Hausfrauen in viel zu geringem Umfang über moderne Kücheneinrichtungen und -geräte verfügen.

3. September, Mittwoch

Der Bundesvorstand der SPD beschließt, die Kampagne gegen die Atomrüstung der Bundeswehr fortzusetzen und weiterhin den Ausschuß »Kampf dem Atomtod« zu unterstützen (→ 25.3./S. 50).

Der Unionsrat der Vereinigten Arabischen Staaten, das Parlament des von Syrien, Ägypten und dem Jemen gebildeten Staatenbunds tritt zu einer ersten Sitzung in Kairo zusammen (→ 1.2./S. 36).

4. September, Donnerstag

Der Regierende Bürgermeister von Berlin (West), Willy Brandt, berichtet vor dem Abgeordnetenhaus über die stetig wachsende Zahl der Flüchtlinge aus der DDR und appelliert zugleich an die DDR-Bewohner, »so lange zu bleiben, wie es geht«(→ 22.8./S. 137).

Die Volksrepublik China erweitert ihre Territorialgewässer auf zwölf Seemeilen, so daß die Küsteninseln, die zu Formosa (Taiwan) gehören, zu Inseln der chinesischen Binnengewässer erklärt werden können. → S. 152

Mit 386 000 Stimmen wird der Kandidat der Konservativen und Liberalen, Jorge Alessandri, zum chilenischen Präsidenten gewählt. Sein Gegenkandidat, der Sozialist Salvador Allende, erhält 354 000 Stimmen.

In Erklärungen an die vier Siegermächte und die Bundesrepublik schlägt die DDR-Regierung die Bildung einer Viermächtekommission und einer Kommission beider deutscher Staaten für Verhandlungen über einen Friedensvertrag vor. → S. 153

Die Bundesregierung stoppt die Vergabe von Einfuhrgenehmigungen für feste Brennstoffe aus Ländern außerhalb der Montanunion, um die Situation des inländischen Kohlebergbaus zu verbessern (→ 6.8./S. 136).

5. September, Freitag

Der frühere sowjetische Ministerpräsident Nikolai A. Bulganin, der am → 27. März (S. 52) entmachtet wurde, wird nun auch seiner Funktionen als Präsidiumsmitglied des Zentralkomitees der Kommunistischen Partei enthoben.

Insgesamt 33 Atom-U-Boote will die US-amerikanische Marine in Dienst stellen; davon sind acht bereits vom Stapel gelaufen, 13 weitere sind im Bau, der Bau der übrigen zwölf ist genehmigt worden (→ 19.8./S. 138).

6. September, Sonnabend

Tunesien und Marokko treten der Arabischen Liga als ordentliche Mitglieder bei. → S. 153

Wegen zu starkem Gefälle der Bahn wird der Weltrekordlauf des bundesdeutschen Sprinters Armin Hary in Friedrichshafen – 100 m in 10,0 sec – nicht anerkannt. → S. 159

7. September, Sonntag

Für eine friedliche Eingliederung der zu Formosa gehörenden Inseln Quemoy und Matsu in die Volksrepublik China spricht sich der indische Ministerpräsident Jawaharlal Nehru aus. Am selben Tag wird bekanntgegeben, daß Einheiten der US-amerikanischen Flotte zum Geleitschutz für die Versorgung Quemoys eingesetzt werden (→ 4.9./S. 152).

Der Sultan von Oman tritt die im Westen Pakistans in der Nähe der iranischen Grenze gelegene Enklave Gwadar an Pakistan ab.

Zum Abschluß der 19. Internationalen Filmfestspiele in Venedig, die am 24. August begonnen hatten, erhält der japanische Spielfilm »Der Rikschamann« den »Goldenen Löwen von San Marco«. Für die besten schauspielerischen Leistungen werden Sophia Loren (für ihre Rolle in »Die schwarze Orchidee«) und Alec Guinness (»Des Pudels Kern«) ausgezeichnet.

8. September, Montag

In Wien wird das österreichisch-polnische Kohleabkommen unterzeichnet, das bis Ende 1963 polnische Kohlelieferungen mit einem Umfang von 2,3 Millionen t vorsieht. Hiermit soll in den nächsten fünf Jahren der Kohlebedarf der österreichischen Eisenbahn zu 80 bis 90% gedeckt werden.

Die Vereinigten Staaten beenden ihre diesjährige Atomtestserie im Pazifik, die am 28. April begonnen hat. – Ab 15. September sollen in der Wüste von Nevada noch einmal zehn Kernwaffenversuche durchgeführt werden.

9. September, Dienstag

Mehr als zwei Monate nach dem entsprechenden Beschluß des Bundestages in Bonn übermittelt die Bundesregierung den vier Siegermächten eine Erklärung darüber, daß die Errichtung eines Viermächte-Gremiums auf Botschafterebene gewünscht wird, das Vorschläge zur Lösung der deutschen Frage erarbeiten soll (→ 4.9./S. 153).

Mit einer Einstweiligen Verfügung endet der sog. Münchner Semmelkrieg. Sieger ist der Bäckermeister Alfred Krone, der seit Anfang des Jahres seine Brötchen für sechs statt der sonst üblichen sieben Pfennige verkauft und deshalb mit der Konkurrenz in Konflikt geriet. → S. 155

10. September, Mittwoch

Zur Teilnahme an einer Konferenz über die Einstellung von Kernwaffenversuchen erklären sich Großbritannien und die Vereinigten Staaten von Amerika bereit. Nach britischen Vorstellungen sollte die Konferenz am 31. Oktober in Genf beginnen (→ 17.12./S. 197).

Indien und Pakistan einigen sich nach zweitägigen Verhandlungen auf eine Regelung der meisten umstrittenen Grenzfragen um Ostpakistan sowie den Austausch von Enklaven.

Wirtschaftshilfe in Höhe von 303 Millionen US-Dollar (etwa 1,27 Milliarden DM) wollen die Vereinigten Staaten von Amerika im laufenden Haushaltsjahr Indien gewähren.

11. September, Donnerstag

Für eine von allen Parteien gemeinsam erarbeitete Außenpolitik der Bundesregierung spricht sich der FDP-Vorsitzende Reinhold Maier aus.

Eine Düsenverkehrsmaschine vom Typ Boeing 707 fliegt die Strecke London – New York in 7:29 h und unterbietet damit den bisherigen Rekord um fast zwei Stunden (→ 4.10./S. 170).

12. September, Freitag

Das britische Außenministerium erklärt, daß Großbritannien keinerlei Verpflichtungen habe, an der Seite der USA im Quemoy-Konflikt militärisch zu intervenieren (→ 4.9./S. 152).

Das oberste Bundesgericht der Vereinigten Staaten ordnet einstimmig die sofortige Einführung der gesetzlich vorgeschriebenen Rassenintegration im Bundesstaat Arkansas an. → S. 152

13. September, Sonnabend

US-Präsident Dwight D. Eisenhower appelliert an den sowjetischen Parteichef Nikita S. Chruschtschow, er möge seinen Einfluß auf die Volksrepublik China geltend machen, damit diese ihre militärischen Operationen einstelle und den Konflikt mit Formosa (Taiwan) friedlich beizulegen versuche (→ 4.9./S. 152).

In Genf endet die zweite Internationale Konferenz der Vereinten Nationen zur friedlichen Verwendung der Kernenergie, an der seit dem 1. September rund 5000 Delegierte aus 66 Ländern teilgenommen haben. → S. 154

14. September, Sonntag

Nach heftigen Debatten beschließen die Sozialistische und die Radikalsozialistische Partei, die Annahme des Regierungsentwurfs für eine neue französische Verfassung zu empfehlen (→ 28.9./S. 150).

In Anwesenheit von DDR-Ministerpräsident Otto Grotewohl und SED-Parteichef Walter Ulbricht wird beim ehemaligen Konzentrationslager Buchenwald in der Nähe Weimars eine Gedenkstätte eröffnet. → S. 154

17 Tote und 94 Verletzte fordert ein Unfall der Zahnradbahn auf dem Drachenfels bei Bonn. Die Lokomotive der 75 Jahre alten Bahn springt aus den Schienen. → S. 155

15. September, Montag

Bei einem Staatsbesuch in Frankreich trifft Bundeskanzler Konrad Adenauer erstmals mit dem neuen französischen Ministerpräsidenten Charles de Gaulle zusammen. → S. 151

In Warschau beginnen Besprechungen zwischen den Botschaftern der Vereinigten Staaten und der Volksrepublik China über die Regelung der gegenseitigen Beziehungen und die Lösung des Konflikts um die Küsteninseln Quemoy und Matsu (→ 4.9./S. 152).

In der französischen Hauptstadt Paris entgeht der französische Informationsminister Jacques Soustelle leicht verletzt einem Attentat algerischer Nationalisten.

Die Sowjetunion erklärt ihre Bereitschaft zu Expertengesprächen über die Verhinderung von Überraschungsangriffen und schlägt vor, die Besprechungen am 10. November mit Vertretern aus Großbritannien, Frankreich, Belgien, Polen, der Tschechoslowakei und Rumänien beginnen zu lassen.

16. September, Dienstag

Um die weitere Abwanderung von Ärzten aus der DDR zu verhindern, beschließt das Politbüro der SED, daß wissenschaftliche Forschung und Lehre sowie die Tätigkeit des Arztes im allgemeinen eine intensivere Förderung erfahren sollen (→ 22.8./S. 137).

In New York wird die 13. ordentliche Vollversammlung der Vereinten Nationen eröffnet, die den libanesischen Außenminister, Charles Malik, zu ihrem Präsidenten wählt.

Nach Angaben der Deutschen Bundesbahn hat sich die Anzahl der mit Dampflokomotiven zurückgelegten »Triebfahrzeugkilometer« seit 1950 von 90% auf 67,4% verringert.

17. September, Mittwoch

Die japanische Regierung erklärt, sie werde von nun an die Flagge der Volksrepublik China schützen. Japan betreibe keine »Zwei-China-Politik«, setze sich nicht für die Unabhängigkeit Formosas (Taiwans) ein und werde keiner gegen die Volksrepublik China gerichteten süd-ostasiatischen Organisation beitreten (→ 4.9./S. 152).

Der Münchner »Simplicissimus« vom 6. September 1958 mit einer Karikatur zum wirtschaftlichen Hintergrund des US-amerikanischen Militäreinsatzes im Nahen Osten

SIMPLICISSIMUS

Jahrgang 1958 Nummer 36 — Herausgegeben von Olaf Iversen — München, den 6. September 1958

Öl ist ein besonderer Saft

Zeichnung: Manfred Oesterle

„Immer noch 70 Prozent Blut!"

September 1958

18. September, Donnerstag

Durch die Akkreditierung eines türkischen Vertreters beim britischen Gouverneur von Zypern wird der 1923 geschlossene Vertrag von Lausanne verletzt, in dem die Türkei auf alle Souveränitätsrechte über Zypern verzichtet. Diese Ansicht vertritt die griechische Regierung in einem Brief an die Unterzeichnerstaaten des Lausanner Vertrags.

Der Bundesminister für gesamtdeutsche Fragen, Ernst Lemmer (CDU), hält die Hinzuziehung von Vertretern der DDR-Regierung bei Beratungen eines Viermächte-Gremiums für möglich und spricht sich für direkte technische Verhandlungen mit den DDR-Behörden aus. Die Bundesregierung hat bislang alle direkten Verhandlungen mit Berlin (Ost) abgelehnt (→ 4.9./S. 153).

Der am 2. September gewählte Premierminister der Südafrikanischen Union, Hendrik Frensch Verwoerd, erklärt vor dem Parlament, seine Regierung strebe die Umwandlung des Staates von einem Dominium des Commonwealth in eine Republik an. → S. 153

19. September, Freitag

In Kairo wird die Bildung einer provisorischen Regierung der Algerischen Republik mit Ferhat Abbas an der Spitze bekannt gegeben. → S. 151

Auf einer Luftwaffenbasis nahe der britischen Stadt Norfolk trifft die erste US-amerikanische Mittelstreckenrakete vom Typ »Thor« ein, die in Europa stationiert werden soll.

Eine aus 117 Personen bestehende Jury wählt in Brüssel die »zwölf besten Filme aller Zeiten«. → S. 158

Erstmals seit 25 Jahren gibt der spanische Cellist Pablo Casals wieder auf deutschem Boden ein Konzert: Im Bonner Beethovenhaus spielt er drei Cellosonaten Ludwig van Beethovens. → S. 158

20. September, Sonnabend

Der libanesische Ministerpräsident Sami as-Sulh erklärt seinen Rücktritt und flieht in die Türkei. Sein Nachfolger wird am 24. September der bisherige Führer der Aufständischen in Tripoli, Raschid Karami (→ 31.7./S. 117).

21. September Sonntag

In Kiel geht der CDU-Bundesparteitag nach viertägiger Dauer zu Ende. → S. 153

Der Verband der Ärzte Deutschlands (Hartmann-Bund) lehnt auf seiner Jahrestagung in Baden-Baden eine Beteiligung der Patienten an den Krankheitskosten ab. → S. 155

Im Wiener Volkstheater wird 150 Jahre nach seiner Entstehung Franz Grillparzers Drama »Blanka von Kastilien« uraufgeführt.

Bei einem Länderkampf der Leichtathleten in Augsburg besiegt die bundesdeutsche Mannschaft die Sowjetunion überraschend mit 115:105 Punkten. → S. 159

22. September, Montag

Bulgarien beschuldigt die jugoslawischen Behörden, die bulgarisch fühlende Bevölkerung in Makedonien zu benachteiligen und zu verfolgen. Dies werde zu einer Massenauswanderung nach Bulgarien führen.

Im Deutschen Fernsehen wird erstmals mit Hilfe eines Phantombildes nach einem Verbrecher gefahndet, der wegen versuchten Raubmordes gesucht wird. Ein erster »sicherer« Hinweis erweist sich jedoch als falsch.

23. September, Dienstag

In seiner Antrittsrede kündigt der neue libanesische Staatspräsident Fuad Schihab die Verbesserung der Beziehungen zu den arabischen Nachbarstaaten und Vorbereitungen für den baldigen Abzug der US-amerikanischen Truppen an (→ 31.7./S. 117; 29.10./S. 167).

Die UN-Vollversammlung in New York lehnt einen Antrag Indiens ab, die Frage der Vertretung der Volksrepublik China in dem Gremium auf die Tagesordnung zu setzen.

In Venedig dirigiert Igor Strawinski die Uraufführung seines oratorischen Werks »Threni«, das er im Auftrag des Norddeutschen Rundfunks geschrieben hat. Die deutsche Erstaufführung ist am 13. Oktober in Hamburg.

Der bereits 1940 entstandene Film »Der große Diktator« von Charlie Chaplin – eine Parodie auf den »Führer« Adolf Hitler – ist erstmals in der Bundesrepublik zu sehen. → S. 158

Auf der Vigorellibahn in Mailand verbessert der französische Radrennfahrer Roger Rivière den Stundenweltrekord auf 47,346 km. Die bisherige Bestmarke, von Riviere vor einem Jahr aufgestellt, lag bei 46,923 km.

24. September, Mittwoch

Im Zuge der Umbildung der DDR-Regierung in Berlin (Ost) werden acht Ministerien, die für verschiedene Wirtschaftsbereiche zuständig waren, aufgelöst und der Staatlichen Planungskommission unterstellt. Gleichzeitig wird der Stellvertretende Ministerpräsident Franz Selbmann seines Amtes enthoben.

In einem Fußball-Länderspiel in Kopenhagen trennen sich die Nationalmannschaften der Bundesrepublik und Dänemarks 1:1.

25. September, Donnerstag

US-Außenminister John Foster Dulles erklärt, die Bedeutung der Küsteninseln Quemoy und Matsu für Formosa (Taiwan) sei vergleichbar mit der Berlins für den Westen (→ 4.9./S. 152).

26. September, Freitag

In Moskau unterzeichnen Vertreter Österreichs und der Sowjetunion ein Abkommen, das die Lieferung von 0,5 Millionen t sowjetischen Erdöls jährlich an Österreich in der Zeit von 1959 bis 1965 vorsieht.

27. September, Sonnabend

In einer Ansprache vor der Atlantic Treaty Association in Boston weist US-Außenminister John Foster Dulles darauf hin, daß die Vereinigten Staaten von der Nordatlantikpakt-Organisation keine militärische Hilfe im Fernen Osten erwarten (→ 4.9./S. 152).

In der Vereinigten Arabischen Republik wird eine Bodenreform für den syrischen Landesteil beschlossen: Gegen Entschädigung wird der Grundbesitz von über 80 ha bei bewässerten und 300 ha bei unbewässerten Grundstücken enteignet.

In einer durch Gouverneur Orval E. Faubus organisierten Abstimmung spricht sich die Bevölkerung von Little Rock im US-Bundesstaat Arkansas gegen die vom obersten Bundesgericht angeordnete Rassenintegration an der örtlichen Highschool aus (→ 12.9./S. 152).

Nach längeren Auseinandersetzungen innerhalb der Regierung tritt der birmesische Premierminister U Nu von seinem Amt zurück und überträgt seine Vollmachten bis zur Abhaltung neuer Wahlen an General Ne Win, den Oberbefehlshaber der Armee. Dieser übernimmt das Amt formell am 28. Oktober.

Die Quadriga, die während der Reparatur von Kriegsschäden vom Brandenburger Tor entfernt wurde, wird wieder montiert. → S. 154

615 Todesopfer fordert ein Taifun über Japan; mehr als eine halbe Million Menschen werden obdachlos.

28. September, Sonntag

Bei der Volksabstimmung in Frankreich sprechen sich 79,25% der Wähler für die Annahme der neuen Verfassung aus. → S. 150

Ferhat Abbas, seit dem → 19. September (S. 151) Ministerpräsident der algerischen Exilregierung, erklärt sich zu Verhandlungen mit Frankreich bereit, wenn das Recht Algeriens auf Unabhängigkeit und Souveränität anerkannt werde.

Bei den Landtagswahlen in Schleswig-Holstein erreicht die CDU 44,4% der Stimmen bzw. 33 Landtagssitze (bisher 25), die SPD 35,9% bzw. 26 Sitze (25), der GB/BHE 6,9% (5 Sitze; bisher 10), die FDP 5,4% bzw. 3 Sitze (5). Der Südschleswigsche Wählerverband, der bislang einen Vertreter entsandte, ist im neuen Landtag nicht mehr vertreten.

Der Philosoph Karl Jaspers wird in der Frankfurter Paulskirche mit dem Friedenspreis des Deutschen Buchhandels ausgezeichnet. → S. 159

29. September, Montag

Generalissimus Chiang Kai-shek erklärt in einer Pressekonferenz, die taiwanischen Truppen würden auch ohne US-amerikanische Hilfe die Küsteninseln Quemoy und Matsu verteidigen und Vergeltungsschläge gegen die Volksrepublik China führen (→ 4.9./S. 152).

Die Sowjetunion nimmt ihre am → 31. März (S. 51) eingestellten Atomwaffenversuche wieder auf. Die US-Regierung stellt daraufhin fest, daß es sich bei der Einstellung in erster Linie um ein Propagandamanöver gehandelt habe.

30. September, Dienstag

In Noten an die Bundesregierung machen sich die drei Westmächte den Bonner Vorschlag eines Viermächte-Gremiums zur Lösung der deutschen Frage zu eigen und lehnen den DDR-Vorschlag über die Bildung einer zusätzlichen Kommission beider deutschen Staaten ab (→ 4.9./S. 153).

UN-Generalsekretär Dag Hammarskjöld, der Anfang September in mehreren Staaten des Nahen Ostens Gespräche zur Lösung der Krise geführt hat, berichtet, daß sich in der jordanischen Hauptstadt Amman ein Vertreter des Generalsekretärs mit Verbindungsstellen in Beirut und Damaskus niederlassen werde. → S. 152

In Frankreich treten drei Verordnungen in Kraft, mit deren Hilfe die Anschläge algerischer Nationalisten in Frankreich verhindert werden sollen (→ 25.8./ .S. 135).

Ein Bodenreformgesetz, das den Großgrundbesitz im Irak einschränkt, wird in Bagdad erlassen.

Im September sind rund 327 560 Bundesbürger arbeitslos, dies entspricht einer Erwerbslosenquote von 1,7%, der niedrigsten seit zehn Jahren. → S. 154

In Frankfurt geht die Internationale Buchmesse zu Ende (seit 25.9.), auf der rund 7300 Verlage aus 25 Ländern ihre Veröffentlichungen präsentiert haben (→ 28.9./S. 158).

Gestorben:

11. Dresden: Hans Grundig (*19.2.1901, Dresden), deutscher Maler.

16. Berlin: Marcus Behmer (*1.10.1879, Weimar), deutscher Zeichner und Graphiker.

18. Tegernsee: Olaf Gulbransson (*26.5.1873, Christiania/Oslo), norwegischer Maler und Zeichner. → S. 159

25. New York: John Broadus Watson (*9.1.1878, Greenville/South Carolina), US-amerikanischer Psychologe.

27. Karl-Marx-Stadt: Albert Soergel (*15.6.1880, Chemnitz/Karl-Marx-Stadt), deutscher Literarhistoriker.

28. Moskau: Wassili N. Bakschejew (*24.12.1882, Moskau), russisch-sowjetischer Maler.

Das Wetter im Monat September

Station	Mittlere Lufttemperatur (°C)	Niederschlag (mm)	Sonnenscheindauer (Std.)
Aachen	– (14,5)	124* (68)	167 (160)
Berlin	14,7 (13,8)	122* (46)	204 (194)
Bremen	– (14,0)	114*(60)	167 (164)
München	– (13,4)	145*(84)	202 (176)
Wien	15,6 (15,0)	24 (56)	193 (–)
Zürich	15,5 (13,5)	91 (101)	180 (166)

() Langjähriger Mittelwert für diesen Monat
* Durchschnitt September/Oktober
– Wert nicht ermittelt

Die 1945 im Konzentrationslager Bergen-Belsen umgekommene Jüdin Anne Frank auf der Titelseite des US-Magazins »Life« vom 15. September 1958: Gedenken an ein Opfer des Nationalsozialismus

Französische Bürger stimmen für de Gaulles V. Republik

28. September. Bei der Volksabstimmung über die neue französische Verfassung sprechen sich in Frankreich 79,25% der Wähler für die Annahme aus. In Algerien und den überseeischen Besitzungen votieren zwischen 75% und 99% für die Verfassung. Lediglich Guinea stimmt mit 97% der Wählerstimmen gegen den Entwurf und für eine sofortige Unabhängigkeit (→ 2.10./S. 167).

Die Macht liegt beim Präsidenten
Die Verfassung der V. französischen Republik stattet den Staatspräsidenten, das von Charles de Gaulle angestrebte Amt, mit großer Machtfülle aus. Er bestimmt das politische Geschick des Landes, während das Parlament nur noch eingeschränkte Rechte hat. Der Staatspräsident ernennt den Ministerpräsidenten und hat damit quasi die Kontrolle über die Regierung. Er kann das Parlament auflösen, einen Volksentscheid herbeiführen und verfügt – in Ausnahmesituationen – aufgrund Artikel 16 der französischen Verfassung über nahezu uneingeschränkte Vollmachten.

In den französischen Kolonien ist die Zustimmung zur Verfassung mit der Frage gekoppelt, ob das jeweilige Land weiter unter der Herrschaft Frankreichs bleiben will. Kritiker haben zuvor angemerkt, daß die Kolonien diese Entscheidungsfreiheit aufgrund ihrer wirtschaftlichen Abhängigkeit vom Mutterland nicht wahrnehmen könnten. Algerien, das nach dem Statut vom → 31. Januar (S. 14) ein Bestandteil Frankreichs ist, konnte mit der Verfassungsabstimmung lediglich dafür votieren, die Bevölkerung zu vollwertigen französischen Bürgern zu machen. Im Vorfeld der Volksabstimmung ist es zu heftigen Debatten zwischen Befürwortern und Gegnern, darunter der frühere Ministerpräsident Pierre Mendes-France, gekommen. Während Ministerpräsident Charles de Gaulle, der Initiator der Verfassungsrevision, die neue Konstitution als einzigen Ausweg aus der Krise hinstellte, gaben die Kritiker zu bedenken, daß die Verfassung dem Staatspräsidenten zu viel Macht einräume, die für diktatorische Zwecke ausgenützt werden könne (→ 13.5./S. 86; 21.12./S. 194).

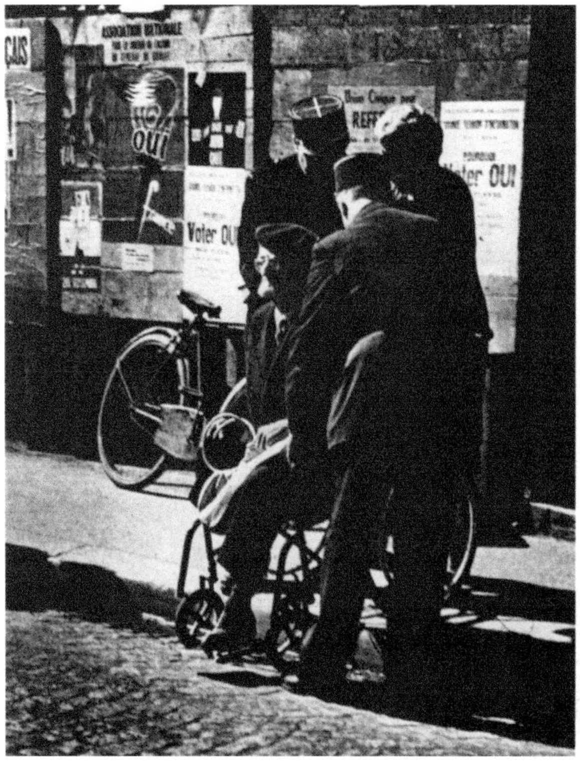

Pariser Polizisten bringen einen Kriegsversehrten zur Wahl

Kriegsveteranen demonstrieren für die neue Verfassung

»Gott ist bescheidener als General de Gaulle«

Jean-Paul Sartre, französischer Philosoph, Dramatiker und Romancier, attackiert in einem Aufsatz den Verfassungsentwurf für die V. Republik Frankreichs. Er vertritt die Auffassung, daß der Weg des künftigen Staatspräsidenten Charles de Gaulle für das Volk in Reaktion und Unmündigkeit enden müsse (Auszüge):

»Man sagt uns, daß wir abstimmen werden. Das ist eine Lüge. Zerreißen wir doch das Gewebe großer Worte, das ein Verbrechen verdeckt: Der 28. September wird nicht ein Tag der Wahl, sondern ein Tag der Gewalt sein ...
Weder das Schweigen einer Presse, die sich, bevor es ihr abverlangt wurde, dienstbar gemacht hat, noch die verlaufige Bonhommie der Offiziellen oder das höfliche Herumreden der Diplomaten kann uns vergessen machen, daß der General de Gaulle durch die Obersten von Algier an die Macht gekommen ist [→ 13.5./S. 86] ...
Alle Volksabstimmungen der Welt können nicht verhindern, daß ein Gewaltstreich Aufruhr ist und bleibt. Das Faß stinkt nach Hering: Das gaullistische Regime wird bis an sein Ende in allen seinen Äußerungen nach Willkür und Gewalt stinken, die sein Ursprung sind ...
Es heißt, nur Odysseus habe die Kraft gehabt, seinen Bogen zu spannen. Ebenso besitzt General de Gaulle als einziger auf der Welt den notwendigen Stolz, die Rolle eines von der Vorsehung bestimmten Präsidenten zu übernehmen. Ich glaube nicht an Gott, aber wenn ich bei diesem Plebiszit zwischen IHM und dem gegenwärtigen Anwärter zu wählen hätte, würde ich eher für Gott stimmen: Er ist bescheidener. Er verlangt unsere ganze Liebe und unseren unendlichen Respekt; aber ich habe mir von den Priestern sagen lassen, daß er uns wiederliebt und daß er die Freiheit des Elendsten immerdar achtet.
Unser künftiger Monarch verlangt auch, daß man ihn achte, doch fürchte ich sehr, daß er uns *nicht* achtet. Mit einem Wort, Gott braucht die Menschen: aber der General de Gaulle braucht die Franzosen nicht...
Der Volksversammlung steht ein reaktionärer Senat zur Seite. Das Recht, selbst und aus ihrer Mitte die Minister zu wählen, wird ihr vorenthalten. Man verweigert ihr -wenigstens nahezu – das Recht, die ihr aufgezwungene Regierung zu stürzen. Die Sitzungsperioden werden verkürzt, man behält sich das Recht vor, die Volksvertretung aufzulösen oder unter schlecht verhehlten Vorwänden in die Ferien zu schicken ...«

Der Philosoph und Schriftsteller Sartre greift de Gaulle scharf an

Die Vorgänger der fünften Republik

I. Republik (1792-1804): Drei Jahre nach der Französischen Revolution erklärte der Nationalkonvent die Monarchie für abgesetzt und proklamierte die Republik. Die zunächst gültige Verfassung von 1791 verwirklichte die Prinzipien von Volkssouveränität und Gewaltenteilung, sah jedoch ein an Vermögen und Bildung gebundenes Zensuswahlrecht vor. 1804 ging die Regierungsgewalt auf einen erblichen Kaiser – Napoleon Bonaparte – über, der 1799 in einem Staatsstreich die Macht an sich gerissen hatte.
II. Republik (1848-1851): Wie in vielen anderen europäischen Staaten kam es in Frankreich zu Aufständen, die zur Ausrufung der Republik führten. Die neue Verfassung nannte Familie, Arbeit, Eigentum und öffentliche Ordnung als Grundlagen. Als direkt vom Volk gewählter Staatspräsident trat Louis Napoleon Bonaparte an die Spitze der Exekutive. Dieser beendete jedoch mit seinem Staatsstreich von 1851 die Republik und ließ sich im Jahr darauf als Napoleon III. zum Kaiser krönen.
III. Republik (1871-1940): Nachdem Napoleon III. im Deutsch-Französischen Krieg nach der Niederlage bei Sedan in deutsche Gefangenschaft geraten war, kam es in Paris zu einem Arbeiteraufstand, der die Ausrufung der Republik zur Folge hatte. Die Verfassung von 1875 führte das allgemeine Wahlrecht für Männer ein und enthielt das Prinzip der Gewaltenteilung. Die politische Linie bestimmte der auf sieben Jahre von der Nationalversammlung gewählte Präsident. Die III. Republik endete 1940 nach dem Einmarsch der Deutschen und der Teilbesetzung Frankreichs.
IV. Republik (1947-1958): Die Verfassung sah ein Zweikammer-System vor, von dessen Vertrauen die Exekutive (Ministerpräsident und Regierung) abhängig waren; der Präsident hatte keine politische Entscheidungsgewalt. Andauernde Regierungskrisen brachten die Republik zum Scheitern.

Frankreichs neuer Ministerpräsident de Gaulle (r.) begrüßt Bundeskanzler Adenauer vor seinem Amtssitz

Adenauer bei Frankreichs starkem Mann

15. September. Bundeskanzler Konrad Adenauer (CDU) beendet einen zweitägigen Besuch bei dem französischen Ministerpräsidenten Charles de Gaulle in dessen Wohnort Colombey-les-deux-Églises.
Beide Seiten betonen nach dem Treffen, die Zusammenkunft sei offen und herzlich verlaufen und deshalb von besonderem Nutzen gewesen. Die frühere Gegnerschaft zwischen beiden Ländern müsse ein für allemal überwunden sein. Die Zusammenarbeit zwischen Frankreich und der Bundesrepublik könne nun die Grundlage jedes konstruktiven Aufbaus in Europa sein und das westliche Militärbündnis NATO stärken.
Trotz der positiven Äußerungen der Gesprächsteilnehmer wird in Pressekommentaren angemerkt, daß de Gaulle es erneut abgelehnt habe, konkrete Schritte auf dem Weg zu einem politisch geeinten Europa zu unternehmen. Adenauer hoffe dagegen auf ein Europa ohne Grenzen, das supranational regiert werde.
Die Tageszeitung »Die Welt« wirft dem Bundeskanzler vor, frühere Versicherungen, wonach die Europäische Wirtschaftsgemeinschaft (EWG) nur ein Mittel zum Zweck – der Schaffung des geeinten Europas – sei, nicht einhalten zu können. Es wird darüber hinaus bezweifelt, daß sich mit Frankreich gemeinsam eine europäische Wirtschafts- und Währungspolitik verwirklichen lasse, weil das Land weiterhin allem Anschein nach auf einem nationalen Alleingang bestehe. De Gaulle habe erneut deutlich gemacht, daß Frankreich keine politische Integration der EWG-Staaten anstrebe.

Der 59jährige Ferhat Abbas wird in Kairo zum Ministerpräsidenten der algerischen Exilregierung ernannt

Exilregierung für Algerien

19. September. Die Führer der algerischen Befreiungsfront geben die Bildung einer Freien Algerischen Regierung mit Sitz in der ägyptischen Hauptstadt Kairo bekannt.
Ministerpräsident der Exilregierung ist der 1899 in Algerien geborene Ferhat Abbas, der mit einer Europäerin verheiratet ist. Abbas war zunächst Anhänger einer Assimilierung der Algerier an Frankreich, trat aber seit 1943 offen für die Unabhängigkeit seines Landes ein und unternahm zuletzt im Auftrag der algerischen Befreiungsfront Propagandareisen ins Ausland.
In ihrer ersten offiziellen Erklärung teilt die algerische Exilregierung mit, daß sie sich als im Kriegszustand mit Frankreich befindlich ansehe.
Von französischer Seite wird erklärt, es gebe keinen Präzedenzfall für eine Exilregierung in Friedenszeiten. Sie sei keinesfalls Wahrer irgendeiner algerischen Souveränität. Zugleich wird der Freien Algerischen Regierung vorgeworfen, ihre einzige Handhabe seien Terror und Mord; alle anderen Staaten werden davor gewarnt, die Regierung anzuerkennen. Wörtlich heißt es: »Frankreich hätte auch Gründe, den normalen und ausgeglichenen Charakter von Regierungen in Zweifel zu ziehen, die eine solche Anerkennung vornehmen« (→ 25.8./S. 135).

Quemoy-Krise ruft Weltmächte auf den Plan

4. September. Die Volksrepublik China erweitert ihre Territorialgewässer einseitig von drei auf zwölf Seemeilen (1 Seemeile = 1,852 km) und unterstreicht damit ihre Ansprüche auf die küstennahen Inseln Quemoy, Matsu u. a., die zu Formosa (Taiwan) gehören.

Zugleich geben die Chinesen bekannt, daß sie Formosa als von US-amerikanischen Streitkräften besetzt betrachten und dies als Eingriff in die territoriale Integrität der Volksrepublik ansehen. Formosa und weitere Inseln sollen zu gegebener Zeit zurückerobert werden.

Formosa wechselte im Laufe seiner Geschichte mehrfach seine Staatenzugehörigkeit. Nach dem Ende des Zweiten Weltkriegs sprachen die Alliierten die seinerzeit japanische Insel China zu.

Nach der Proklamation der Volksrepublik China am 1. Oktober 1949 floh Chiang Kai-shek, Präsident der chinesischen Nationalregierung auf dem Festland, nach Formosa und rief dort am 1. März 1950 die Republik China aus. Ihm gelang es, durch ein Bündnis mit den USA militärische, politische und wirtschaftliche Unterstützung zu finden; Chiang Kai-shek erhob außerdem den Anspruch, für ganz China zu sprechen, und wurde auf Druck der Vereinigten Staaten in der UNO auch in dieser Funktion anerkannt.

Der nun entstandene Konflikt, der mit der Beschießung der küstennahen Inseln durch die Volksrepublik seit dem → 23. August (S. 134) begonnen hat, alarmiert auch die Großmächte. Die USA, durch das bilaterale Verteidigungsabkommen von 1954 an Formosa gebunden, das sie als Stützpunkt gegen die Ausbreitung des Kommunismus im Fernen Osten betrachten, versuchen zunächst durch die Demonstration militärischer Stärke, die Chinesen zum Rückzug zu bewegen.

Die Sowjetunion ihrerseits gibt bekannt, daß sie im Falle eines Angriffs auf die Volksrepublik diesen als gegen sich selbst gerichtet betrachten würde. Eine Unterstützung bei der Eroberung von Quemoy und Matsu lehnt die UdSSR dagegen ab. Am 15. September beginnen in Warschau geheime Botschafter-Verhandlungen zwischen den USA und der Volksrepublik China, die auf friedlichem Wege zu einer Lösung für die küstennahen Inselgruppen führen sollen.

US-Außenminister John Foster Dulles kündigt am 30. September an, sein Land wolle Formosa im Falle einer Feuereinstellung zum Rückzug von den küstennahen Inseln veranlassen (→ 6.10./S. 167).

Aus einer durch Sandsäcke abgeschirmten Geschützstellung auf Quemoy feuern taiwanische Soldaten auf die Angreifer aus der Volksrepublik China

Die Zivilbevölkerung aus zerstörten Orten auf der Insel Quemoy wird in Amphibientanks am Strand untergebracht

Angehörige einer 20 Mann starken US-Einheit, die Formosa militärisch berät, beim Besteigen eines Landungsbootes

Nahostdelegierte als Friedensgaranten

30. September. Vor der Vollversammlung der Vereinten Nationen in New York legt UN-Generalsekretär Dag Hammarskjöld einen Bericht über die Lage im Nahen Osten vor, wie es in der Resolution vom → 22. August (S. 135) vorgesehen ist. Er kündigt an, daß künftig zwei UN-Delegierte ernannt werden, die Frieden und Sicherheit im Nahen Osten gewährleisten sollen. Einer von ihnen wird in der jordanischen Hauptstadt Amman ein Büro mit Außenstellen in Beirut (Libanon) und Damaskus (Syrien; Vereinigte Arabische Republik) einrichten, der andere soll von New York aus bei Bedarf in die Region reisen.

Hammarskjöld

Nach Hammarskjölds Bericht haben sich die USA und Großbritannien bedingt damit einverstanden erklärt, ihre Truppen aus dem Nahen Osten abzuziehen (→ 14.7./S. 116; 29.10./S. 167).

US-Gericht fordert Rassenintegration

12. September. Im Streit um die Rassenintegration an den Schulen der Vereinigten Staaten spricht sich der Oberste Bundesgerichtshof einstimmig dafür aus, daß die Eingliederung der Farbigen nicht vorübergehend ausgesetzt werden dürfe.

Obwohl der Gerichtshof bereits 1954 festgestellt hat, daß die Rassentrennung an öffentlichen Schulen gegen die Verfassung der USA verstößt, wurde im September 1957 schwarzen Schülern in der Stadt Little Rock/Arkansas der Zugang zur örtlichen Highschool verwehrt. Erst eine Armee-Eskorte verhalf den Schülern zu ihrem Recht.

Das Distriktgericht von Little Rock hat am 20. Juni auf Ersuchen der Schulbehörde den Beginn der Rassenintegration auf 1960 verschoben; ebenso wurde der Gouverneur von Arkansas, Orval E. Faubus, am 27. August ermächtigt, jede Schule zu schließen, an der die Integration farbiger Schüler zwangsweise durchgeführt werden solle.

Wege zur Wiedervereinigung diskutiert

4. September. In einer Regierungserklärung schlägt der Ministerrat der DDR die Bildung einer Viermächtekommission für Verhandlungen über einen Friedensvertrag mit Deutschland vor.

Als Verhandlungspartner sollte den vier Mächten eine Kommission aus Vertretern beider deutscher Staaten gegenüberstehen, deren Funktion zugleich darin liegen könne, die Wiedervereinigung Deutschlands voranzutreiben.

Die DDR lehnt damit einen einstimmigen Beschluß des Bundestags in Bonn vom 2. Juli ab, in dem ein Viermächtegremium zur Lösung der deutschen Frage gefordert wurde. Nach Ansicht der DDR würde hierdurch dem deutschen Volk eine fremde Entscheidung über seine Staats- und Gesellschaftsform aufgezwungen.

Die Bundesregierung weigert sich ebenso wie die USA und Großbritannien, ein Schreiben der DDR-Führung mit dem Vorschlag der Friedensverhandlungen zu beantworten. Statt dessen entspricht sie am 9. September dem Auftrag des Bundestages und übermittelt den Vertretern der vier Mächte eine Note, in der zur Bildung eines Viermächte-Gremiums zur Wiederherstellung der deutschen Einheit aufgefordert wird.

Ernst Lemmer (CDU), Bundesminister für gesamtdeutsche Fragen

Walter Ulbricht, Erster Sekretär des Zentralkomitees der SED

Die Sowjetunion lehnt erwartungsgemäß den bundesdeutschen Vorschlag ab und befürwortet die von der DDR favorisierte Lösung.

Am 18. September legt der Bundesminister für gesamtdeutsche Fragen, Ernst Lemmer (CDU), dar, daß der DDR-Note insofern Beachtung geschenkt werden müsse, als der vorgeschlagene Friedensvertrag nur in Zusammenhang mit der Wiedervereinigung zustande kommen könne. Lemmer schlägt vor, direkte Verhandlungen mit den Ostberliner Behörden aufzunehmen, ohne die DDR-Regierung anzuerkennen.

Konrad Adenauer erneut Chef der CDU

21. September. In Kiel geht nach viertägiger Dauer der achte Bundesparteitag der CDU zu Ende, in dessen Verlauf Bundeskanzler Konrad Adenauer per Akklamation erneut zum Vorsitzenden gewählt wurde.

Neben dem sog. Kieler Manifest, das die Einigung Europas und die Wiedervereinigung Deutschlands in den Mittelpunkt stellt, verabschiedet der Parteitag ein Arbeitsprogramm, das die kommunalpolitische Einbindung der Partei stärken soll.

In dem Papier werden u. a. Reformen für die Krankenversicherung (→ 21.9./S. 155), für das im vergangenen Jahr erlassene Rentengesetz und die Unfallversicherung gefordert. In der Agrarpolitik sollen die Förderungsmaßnahmen weiter ausgebaut werden, um die Landwirtschaft innerhalb der Europäischen Wirtschaftsgemeinschaft (EWG) wettbewerbsfähig zu machen (→ 27.2./S. 40; 12.7./S. 118).

Im Wohnungsbau sollen die Errichtung von Eigenheimen besonders gefördert und die Zwangsbewirtschaftung durch die Einführung eines sozialen Mietrechts abgeschafft werden (→ 12.4./S. 73).

Arabische Liga mit zehn Mitgliedern

6. September. Die nordafrikanischen Staaten Tunesien und Marokko beschließen ihren Beitritt als Vollmitglied zur Arabischen Liga. Delegierte beider Länder nehmen am 11. Oktober erstmals an einer Ratssitzung in Kairo teil.

Die Arabische Liga, 1945 von sieben Nahoststaaten begründet, ist ein Zusammenschluß zur außenpolitischen Zusammenarbeit und zur friedlichen Lösung von Konflikten zwischen arabischen Staaten, deren Souveränität dabei nicht angetastet werden darf.

Zu den Gründerstaaten Ägypten (seit → 1.2.1958/S. 36 gemeinsam mit Syrien Vereinigte Arabische Republik), Saudi-Arabien, Syrien, Jordanien, Irak, Libanon und Jemen kamen 1953 Libyen und im Jahr 1956 der Sudan hinzu.

Oberstes Organ des Zusammenschlusses, der 1950 durch den Vertrag über gemeinsame Verteidigung und wirtschaftliche Zusammenarbeit ergänzt wurde, ist der Rat der Arabischen Liga, der mindestens zweimal jährlich zusammentritt.

Habib Burgiba, Staatschef Tunesiens, das der Arabischen Liga beitritt

Auseinandersetzungen zwischen den Anhängern einer panarabisch-nationalistischen Politik und Vertretern eines westlichen Kurses haben die Arbeit der Liga in jüngster Zeit erschwert (→ 14.7./S. 116).

Keine Hoffnung auf Rechte für Schwarze

18. September. Der als Nachfolger des am 24. August gestorbenen Johannes G. Strijdom zum Premierminister der südafrikanischen Union gewählte Hendrik Frensch Verwoerd, der als einer der kompromißlosesten Anhänger der Apartheidpolitik gilt, gibt vor dem Parlament in Kapstadt die Ziele seiner Regierung bekannt.

Der neue Premier erklärt, die Union, ein Dominium innerhalb des britischen Commonwealth, werde immer auf der Seite des Westens in der Auseinandersetzung mit dem Kommunismus stehen und das »Bollwerk der weißen Zivilisation in Afrika« bleiben. Die Apartheidpolitik werde beibehalten, weil sonst die »Gefahr« einer sozialen und politischen Integration der schwarzen Bevölkerungsmehrheit entstehe.

Zu einer Regierungsbeteiligung der Schwarzen sagt Verwoerd, er sei nicht undemokratisch, vertrete aber die Überzeugung, daß die herrschen sollten, die auch wählen.

Streit um Fischfang im Nordatlantik

1. September. Der Beschluß der isländischen Regierung, die Zone der ausschließlichen Fischereirechte von bisher drei auf zwölf Seemeilen (eine Seemeile = 1,852 km) zu erweitern, tritt in Kraft. Island begründet den Schritt mit der extremen wirtschaftlichen Abhängigkeit des Landes vom Fischfang.

Am folgenden Tag kommt es zu einem ersten Konflikt zwischen einem britischen Fischkutter, der unter dem Schutz einer Fregatte in der Zwölf-Meilen-Zone fischt, und einem isländischen Kanonenboot.

Obwohl die Briten am 6. September ihr Fischfanggebiet um 120 Seemeilen nach Norden verlegen, gibt es im Laufe des Septembers noch Zusammenstöße zwischen britischen und isländischen Schiffen.

Island hat vergeblich auf eine Einigung in der Frage der Fischfangzone auf der UN-Seerechtskonferenz in Genf gehofft (→ 28.4./S. 75), sich dann jedoch für eine eigenständige Lösung entschieden.

Die Quadriga – ohne Eisernes Kreuz und Preußenadler – wieder auf dem Brandenburger Tor

27. September. *Nach Reparaturarbeiten am Brandenburger Tor in Berlin wird die im Jahr 1794 nach einem Modell des Bildhauers Johann Gottfried Schadow entstandene Quadriga – ein Viergespann mit der Siegesgöttin – wieder an ihrem alten Platz auf dem Tor montiert.*

Bei der Restauration der Statuengruppe wurden auf Anweisung der Ostberliner Behörden das Eiserne Kreuz und der preußische Adler entfernt, so daß die Viktoria an ihrem Stab nur noch einen Eichenkranz führt.

Beim Richtfest, das nach der Installierung der Quadriga von den Arbeitern gefeiert wird, ist das Standbild mit roten Bändern geschmückt. Der Sockel soll noch mit einer zusätzlichen Betonschicht verstärkt werden, danach wird das Brandenburger Tor wieder für den Autoverkehr zwischen den beiden Teilen Berlins freigegeben. Das klassizistische Bauwerk, eine Nachbildung der Propyläen der Athener Akropolis, entstand nach den Plänen des Baumeisters Carl Gotthard Langhans und wurde 1791 vollendet. Der französische Kaiser Napoleon I. ließ die Quadriga nach der Eroberung Berlins im Jahr 1806 nach Paris transportieren, erst nach dem siegreichen Ende der Befreiungskriege kehrte sie 1814 an ihren angestammten Platz zurück (Foto l.: Die in einer Westberliner Kupferschmiede wiederhergestellte Siegesgöttin wird nach Berlin [Ost] transportiert; Foto r.: Das dritte der vier Pferde des Quadrigagespanns wird mit einem Kran in die Gruppe eingefügt).

Arbeitslosenquote nur noch bei 1,7%

30. September. In der Bundesrepublik sinkt die Zahl der Arbeitslosen im September auf den tiefsten Stand seit der Währungsreform im Jahr 1948. Sie liegt jetzt bei 1,7% der Beschäftigten.

Zwar verhindern Absatzkrisen im Steinkohlebergbau (→ 6.8./S. 136), in der Eisen- und Stahlindustrie sowie in der Textilbranche in diesen Bereichen Neueinstellungen, dafür gibt es eine anhaltend hohe Nachfrage nach Arbeitskräften im Baugewerbe. Auch Unternehmen der Konsumgüterindustrie haben im September neue Arbeiter eingestellt, um ihre Produktionszahlen für das Weihnachtsgeschäft zu erhöhen.

Im Gegensatz zu der erfreulichen Beschäftigungssituation im Bundesgebiet liegt die Arbeitslosenquote in Berlin (West) noch immer bei 6,5%. Dies liegt vor allem an der großen Zahl von DDR-Flüchtlingen.

Um hier Abhilfe zu schaffen, sollen den Arbeitslosen Umschulungsmaßnahmen und die Vermittlung ins Bundesgebiet angeboten sowie westdeutsche Unternehmer zur Errichtung von Zweigwerken in Berlin (West) veranlaßt werden.

Mahnmal am KZ Buchenwald

14. September. Auf dem Ettersberg bei Weimar, dem Standort des ehemaligen Konzentrationslagers Buchenwald, wird eine Mahn- und Gedenkstätte eingerichtet. In das Lager wurden zwischen 1937 und 1945 rund 240 000 Menschen aus 32 Nationen von den Nationalsozialisten verschleppt; von ihnen fanden vermutlich 56 500 den Tod.

Etwa 70 000 Menschen versammeln sich zur Einweihung des Mahnmals in Buchenwald. Unter den Sprechern heben SED-Sekretär Walter Ulbricht und DDR-Ministerpräsident Otto Grotewohl besonders die Rolle der sowjetischen Armee bei der Befreiung Deutschlands vom Faschismus hervor. Der österreichische Delegierte erinnert daran, daß sich die Widerstandskämpfer über nationale, religiöse und ideologische Grenzen hinweg gemeinsam für die Menschenrechte eingesetzt haben.

Häftlinge in einer Baracke des Konzentrationslagers Buchenwald im Jahr 1945

Pläne zum Ausbau der Atomenergie

13. September. In Genf endet die am 1. September begonnene zweite UN-Konferenz über die friedliche Nutzung der Atomenergie.

Derzeit sind weltweit 13 Atomreaktoren in Betrieb, davon acht in den USA, einer in Großbritannien sowie je einer in Frankreich und der Sowjetunion. Zusammen beträgt ihre Nettoelektrizitätserzeugung rund 200 000 kW. Weitere Kraftwerke sind im Bau oder in Planung, so daß Experten damit rechnen, daß sich die Stromerzeugung aus Atomenergie bis 1970 auf über 15 Millionen kW erhöht haben wird.

Erfolglos blieben Versuche, Energie aus einer kontrollierten Kernfusion zu gewinnen, was als wesentlich kostengünstiger gilt als das Verfahren der Kernspaltung (→ 24.1./S. 26).

Auf der Konferenz in Genf werden weitere Anwendungsgebiete der Atomenergie – u. a. Antrieb von Schiffen, Beheizung von Wohnraum, Konservierung von Nahrungsmitteln – erörtert. Die Delegierten weisen auf die Notwendigkeit internationaler Abkommen hin, um mögliche Schäden durch radioaktive Verseuchung zu regeln.

Ärzte gegen Patienten-Selbstbeteiligung

21. September. Zum Abschluß der Jahreshauptversammlung des Verbands der Ärzte Deutschlands (Hartmann-Bund) in Baden-Baden erläutert Staatssekretär Wilhelm Claussen vom Bundesministerium für Arbeit und Soziales seine Pläne für eine Sanierung der Krankenkassen, die in erster Linie eine Beteiligung der Patienten an den Krankenkosten vorsehen.
Die gesetzlichen Krankenversicherer sind insbesondere im Jahr 1957 in Finanznöte geraten, so daß einige nur noch mit Hilfe von Darlehen ihren Verpflichtungen nachkommen können. Neben allgemeinen Preissteigerungen sind das 1957 in Kraft getretene Lohnfortzahlungsgesetz, das Arbeiter den Angestellten im Krankheitsfall gleichstellt, sowie eine Grippewelle auslösende Faktoren für die Kostenexplosion bei der Krankenversicherung gewesen.
Auch Beitragserhöhungen – im Bundesdurchschnitt müssen 8,5% des Bruttolohns als Krankenkassenbeitrag gezahlt werden, bis Ende 1956 waren es 5% bis 6% – konnten das Defizit nicht auffangen.
Claussen vertritt nun die Ansicht, das jetzige Sozialversicherungssystem habe dazu geführt, daß die Verantwortung gegenüber der eigenen Gesundheit schwinde und schon wegen Bagatellbeschwerden die Dienste der Medizin in Anspruch genommen würden. Teilweise würden die Leistungen der Kassen – durch »Krankfeiern« – mißbraucht.

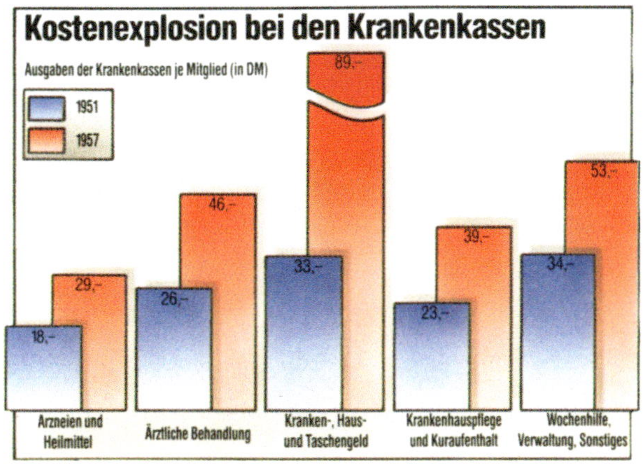

Gegen Claussens Pläne, eine gestaffelte Gebühr zwischen 0,75 und 1,50 DM für die Inanspruchnahme eines Arztes sowie eine Beteiligung von bis zu 3 DM bei verordneten Medikamenten einzuführen, wenden sich jedoch die Ärzte. Sie schlagen statt dessen vor, die soziale Krankenversicherung nur für einen bestimmten Personenkreis mit einem Einkommen von bis zu 660 DM monatlich zuzulassen. Derzeit können Höherverdienende sich freiwillig weiterversichern, ihr Beitragssatz entspricht Einkünften von 660 DM. Die Ärzte befürchten, die Selbstbeteiligung könne das Verhältnis zu den Patienten trüben und ökonomische Fragen in den Vordergrund rücken.

Drachenfelsbahn: Unfall mit 17 Toten

14. September. 17 Menschen kommen ums Leben, als die Zahnradbahn auf den Drachenfels bei Bonn außer Kontrolle gerät, aus den Schienen springt und die Böschung hinunterstürzt. 94 weitere Passagiere werden z. T. schwer verletzt.
Unfallursache ist technisches Versagen der 30 Jahre alten Lokomotive. Die Bahn hat in 75 Jahren auf der Drachenfelsstrecke mit bis zu 20% Gefälle rund zwölf Millionen Menschen befördert.

Lokomotive und Waggons der verunglückten Drachenfels-Zahnradbahn

Vorortzug stürzt in die Newark Bay

15. September. Ein Nahverkehrszug fährt kurz hinter dem Bahnhof Elisabeth Port im US-Bundesstaat New Jersey durch eine hochgezogene Brücke und stürzt in die Newark Bay. Über 30 Menschen kommen bei dem Unglück ums Leben. Der Zug hat vor dem Absturz drei Haltesignale überfahren. Während zwei Waggons sofort ins Wasser fallen, bleibt ein dritter an der Brücke hängen und stürzt erst ab, nachdem die Passagiere geborgen sind.

Bergung eines Waggons des bei Elisabeth Port (USA) verunglückten Zuges

Münchner Lebensmittelgeschäft mit Krohes Sechs-Pfennig-Brötchen

Semmelkrieg endet mit Friedensschluß

9. September. Mit einer Einstweiligen Verfügung gegen die Gegner des Münchner Bäckermeisters Alfred Krohe endet vorläufig der sog. Semmelkrieg in der bayerischen Landeshauptstadt.
Anlaß für die heftigen Auseinandersetzungen, die schließlich vor dem Kadi endeten, war die Preisgestaltung Krohes: Er verkaufte seit März 1958 seine Brötchen für sechs Pfennig das Stück, während die Backwaren bei der Konkurrenz für sieben Pfennig zu haben waren.
Daraufhin wurde Krohe mit Kampfansagen der übrigen Bäcker, aber auch mit Denunziationen, die wiederholte Betriebsprüfungen zur Folge hatten, anonymen Drohbriefen und Bespitzelungen schikaniert. Schließlich erschien nach Darstellung Krohes Anfang August ein Privatdetektiv in seiner Firma, der offenbar nach Betriebsgeheimnissen habe forschen sollen. Dieser Mann soll auch von seiner Absicht gesprochen haben, die Öfen in Krohes Betrieb in die Luft zu sprengen, um so die Bäckerei zu vernichten.
Da vor Gericht ein Vergleich nicht zustande gekommen ist, wird nun den Obermeistern der Bäckerinnungen München und Dachau, dem Geschäftsführer der Münchner Innung sowie einem Dachauer Bäkker bei Androhung einer Geldstrafe in unbegrenzter Höhe oder sechs Monaten Haft verboten, Krohes Angestellte mit der Behauptung abzuwerben, seine berufliche Existenz sei gefährdet, oder die Namen von Krohes Lieferanten zu erkunden.

Straßen und Verkehr 1958:

Flugzeug überflügelt Schiff

Im Reiseverkehr bahnt sich 1958 ein Umschwung an, nachdem im Transatlantikverkehr erstmals mehr Passagiere das Flugzeug als das Schiff benutzen. Rund 1,2 Millionen Menschen fliegen auf dem Weg von Europa nach Amerika und zurück, dies sind 17,5% mehr als im Jahr zuvor. Mit dem Schiff legen rund 959 000 Personen die Strecke zurück, 7,5% weniger als 1957. Vor zehn Jahren wurden noch 637 000 Schiffs- und 240 000 Flugpassagiere über den Atlantik registriert.

Problematisch bleibt die Situation der Bundesbahn jedoch wegen des weiter bestehenden Defizits, das 1958 dank der Preiserhöhungen (→ 1.2./S. 40) zwar von 409 Millionen DM in 1957 auf 270 Millionen DM reduziert werden kann, das aber dennoch die anstehenden Umstrukturierungen erschwert. So sind von den 31 046 Bahnkilometern lediglich 3200 für elektrischen Betrieb ausgelegt. Entsprechend sind 8731 der 10 104 Lokomotiven der Deutschen Bundesbahn mit Dampf betrieben, 840 werden durch Elektrizität und 533 mit Dieselkraftstoff angetrieben.

Öffentlicher Personenverkehr im Jahr 1958: Omnibusse im Aufwind

Verkehrsmittel	1936 Mio.	1936 %	1956 Mio.	1956 %	1958 Mio.	1958 %
			Beförderte Personen			
Eisenbahn	749	29,6	1457	20,8	1363	20,0
Straßenbahn	1605	63,5	3471	49,5	3195	46,8
Buslinien						
Ortsverkehr	92	3,6	833	11,9	958	14,0
Überlandverkehr	83	3,2	1252	17,8	1312	19,2
Flugzeug	–	–	3	0,0	3	0,0
Gesamt	2529		7016		6831	
			Geleistete Personenkilometer			
Eisenbahn	23 585	74,0	38 811	53,9	38 742	53,7
Straßenbahn	7200	22,6	16 760	23,3	15 440	21,4
Buslinien						
Ortsverkehr	400	1,2	3250	4,5	3830	5,3
Überlandverkehr	700	2,2	12 380	17,2	13 060	18,1
Flugzeug	–	–	816	1,1	1080	1,5
Gesamt	31 885		72 017		72 152	

Während beide Verkehrsmittel preislich etwa gleichauf liegen – in der Hochsaison kostet eine Schiffspassage in der Touristenklasse zwischen 203 und 255 US-Dollar (rund 445 bzw. 560 DM), ein Flug in der neueingeführten billigeren Economy-Class 290 US-Dollar (etwa 635 DM) –, ist das Flugzeug zeitlich weit überlegen. Dieser Vorteil wird noch durch die Einführung von Düsenmaschinen im Transatlantikpassagierverkehr ausgebaut. Das erste Düsenflugzeug im Linienverkehr, eine »Comet IV« der britischen Fluggesellschaft BOAC, die am → 14. Oktober (S. 170) von New York aus zu ihrem ersten regulären Flug nach London startet, benötigt statt bisher 15 nur sechs Stunden.

Auch in der Bundesrepublik macht sich der Wandel zugunsten neuer Verkehrsmittel stärker bemerkbar. Schienenfahrzeuge werden in steigendem Maß durch Omnibusse ergänzt und abgelöst.

Allerdings bleibt die Eisenbahn noch immer das dominierende Transportmittel für Güter, aber auch im Reiseverkehr.

Mit zunehmendem Wohlstand leisten sich die Bundesbürger nun immer häufiger ein eigenes Auto. Mit 2,8 Millionen Pkw im Bundesgebiet am 1. Juli 1958 hat sich die Zahl innerhalb von vier Jahren mehr als verdoppelt.

Die als Folge des hohen Verkehrsaufkommens in die Höhe geschnellten Unfallzahlen gehen, was die Unfälle mit Personenschaden betrifft, dank der 1957 eingeführten Geschwindigkeitsbegrenzung in geschlossenen Ortschaften auf 50 km/h zurück. 1958 werden 11 927 Menschen im Straßenverkehr getötet (1957: 12 687), 358 044 tragen Verletzungen davon (1957: 360 421). Dabei erhöht sich die Gesamtzahl der Unfälle von 644 326 im Vorjahr auf 715 453.

Von den Verkehrsteilnehmern sind die Fußgänger die am meisten gefährdeten: Von ihnen kommen bei Unfällen 3629 ums Leben; 2997 der Getöteten sind Kraftradfahrer, 2370 Insassen von Pkw.

450 m lange vierspurige Autobahnbrücke über das Oos-Tal bei Baden-Baden, ein Teilstück der im Bau befindlichen Autobahn Karlsruhe-Freiburg

Unfall mit Todesfolge an einem ungesicherten Bahnübergang in Bergheim-Kenten: Hier starben schon vorher fünf Menschen

Werbewirksam weist die Deutsche Bundesbahn vor dem Drachenfels bei Königswinter auf die Elektrifizierung der Rheinstrecke hin

△ Heckansicht eines neuentwickelten Passagierflugzeugs: Die »Caravelle« der Sud-Aviation-Werke in Toulouse, das erste europäische Mittelstrecken-Düsenflugzeug, bietet seinen Gästen besonderen Komfort; die beiden Rolls-Royce-Strahltriebwerke sind hinter dem Fahrgastraum am Heck des Jets angebracht und damit von den Passagieren nur noch als leises Summen zu hören; der ausklappbare Einstieg am Heck macht die Maschine von fahrbaren Gangways unabhängig; 14 Millionen DM kostet die Neukonstruktion, die eine Reisegeschwindigkeit von 800 km/h erreicht

◁ Feierliche Freigabe der Bundesbahnstrecke Mainz-Frankfurt am Main für den elektrischen Fahrbetrieb am 15. Dezember 1958; Vom Bahnhof Mainz-Bischofsheim startet der erste elektrisch betriebene fahrplanmäßige Personenzug in Richtung Mainmetropole; E-Loks können jetzt von Italien bis ins Ruhrgebiet fahren

Pablo Casals spielt im Beethovenhaus

19. September. Vor etwa 100 Menschen gibt der spanische, im Exil in Frankreich lebende Cellist Pablo Casals im Bonner Beethovenhaus ein Konzert – das erste auf deutschem Boden seit 1933.

Der 81jährige Casals spielt drei Cellosonaten von Ludwig van Beethoven, bei einem weiteren Konzert am folgenden Abend führt er zusammen mit dem ungarisch-französischen Geiger Sándor Végh und dem polnischen Pianisten Mieczyslaw Horszowski drei Trios des in Bonn geborenen Komponisten auf. Das nur für wenige zugängliche Ereignis findet breites Interesse.

Pablo Casals vor der Büste L. van Beethovens in dessen Geburtshaus

Der spanische Cellist Pablo Casals bei seinem Auftritt im Bonner Beethovenhaus, dem ersten auf deutschem Boden seit gut einem Vierteljahrhundert

Chaplins Persiflage auf den Faschismus

23. September. 18 Jahre nach der Uraufführung ist in der Bundesrepublik Charlie Chaplins Film »Der große Diktator« zu sehen, der den deutschen Führer und Reichskanzler Adolf Hitler karikiert.

Der in den Jahren 1938 bis 1940 entstandene Film ist C. Chaplins am meisten umstrittenes Werk. Sein Ziel – den Faschismus zu entlarven und lächerlich zu machen und ihn so zu besiegen – hat der Regisseur und Hauptdarsteller nach Meinung vieler Kritiker nicht erreicht. Die Schlußszene nutzt Chaplin, um in der Rolle eines jüdischen Friseurs – dem Gegenspieler des ebenfalls von Chaplin dargestellten Diktators Hynkel – in einer mehrere Minuten langen Rede für Toleranz, Menschlichkeit, Frieden und individuelle Freiheit zu plädieren und damit auch seine persönliche Botschaft an das Publikum zu richten.

Charlie Chaplin

»Panzerkreuzer Potemkin« ist der beste Film aller Zeiten

19. September. Im Rahmen der Brüsseler Weltausstellung (→ 17.4./S. 68) wählt eine 117köpfige Jury die »zwölf besten Filme aller Zeiten« in folgender Rangfolge:

1. Bronenosez Potjomkin (Panzerkreuzer Potemkin), UdSSR 1925, Regie Sergei Eisenstein. Film über die Revolutionswirren von 1905. Die Matrosen des Panzerkreuzers meutern, die Bevölkerung von Odessa solidarisiert sich mit ihnen.

2. The gold rush (Goldrausch), USA 1925, Regie Charles Chaplin. Film über das Goldgräberfieber Ende des 19. Jahrhunderts. Charlie wird nach vielen Wirren zum Millionär und findet die Frau seines Lebens.

3. Ladri di biciclette (Fahrraddiebe), Italien 1948, Regie Vittorio De Sica. Weil ihm das Fahrrad gestohlen wurde, das er für seine Arbeit benötigt, wird Antonio Ricci selbst zum Dieb.

4. La passion de Jeanne d'Arc (Johanna von Orléans), Frankreich 1928, Regie Carl Th. Dreyer. Historisch genaue Schilderung von Verhör, Verurteilung und Feuertod der Jeanne d'Arc mit eindrucksvollen Großaufnahmen der Personen.

5. La grande illusion (Die große Illusion), Frankreich 1937, Regie Jean Renoir. Film über Begegnungen zwischen Franzosen und Deutschen während des Kriegs, der zur Verständigung aufruft, aber auch zeigt, daß Klassengrenzen den Menschen mehr einschränken als Ländergrenzen.

Szene: »Panzerkreuzer Potemkin«

6. Greed (Gier nach Geld), USA 1923, Regie Erich von Stroheim. Der Regisseur zeigt die Macht des Geldes an den drei Hauptpersonen, die sich aus Geldgier wandeln und pervertiert werden.

7. Intolerance (Intoleranz), USA 1916, Regie David Wark Griffith. In vier Episoden werden Beispiele für die verheerenden Folgen der Intoleranz dargestellt. Der Film war vor allem wegen seiner Montagetechnik richtungsweisend.

8. Mat (Die Mutter), UdSSR 1926, Regie Wsewolod Pudowkin. Film nach dem Roman von Maxim Gorki. Weil ihr Sohn bei einem Streik erschossen wird, schließt sich seine Mutter der Arbeiterbewegung an.

9. Citizen Kane, USA 1940, Regie Orson Welles. Facettenreiches Porträt eines US-amerikanischen Verlegers, der zwar mutig gegen Korruption und Lüge kämpft, aber auch die Versuchung der Macht erlebt.

10. Semlja (Erde), UdSSR 1930, Regie Alexander Dowschenko. Kraft- und poesievoller Film über den Kreislauf des Werdens und Vergehens am Beispiel einer Familie in einer Landwirtschaftskooperative.

11. Der letzte Mann, Deutschland 1924, Regie Friedrich Wilhelm Murnau. Film über den Abstieg eines Hotelportiers zum Toilettenwärter, der Spott und Demütigung bis zur physischen und psychischen Zerstörung erfährt; dank einer Erbschaft gibt es ein Happy-End.

12. Das Kabinett des Dr. Caligari, Deutschland 1919/20, Regie Robert Wiene. Expressionistischer Stummfilm über den Schausteller Dr. Caligari, der seinen hypnotisierten Gehilfen zu Morden veranlaßt.

Friedenspreis geht an Karl Jaspers

28. September. Im Rahmen der Internationalen Frankfurter Buchmesse (25.9.–30.9.) wird der Philosoph Karl Jaspers in der Paulskirche mit dem Friedenspreis des Deutschen Buchhandels ausgezeichnet.

Der 75jährige, der als Hauptvertreter der Existenzphilosophie gilt, begründete mit seiner »Allgemeinen Psychopathologie« von 1913 eine hermeneutisch-wissenschaftliche Psychopathologie.

Karl Jaspers

Auf der Buchmesse sind die Erzeugnisse von rund 7500 Verlagen aus 25 Ländern zu sehen. Die Aussteller zeigen sich mit dem diesjährigen Messeverlauf – sowohl beim Lizenzgeschäft wie beim Buchumsatz – sehr zufrieden. Besonders groß ist die Nachfrage nach Neuerscheinungen, ältere Titel werden kaum noch geordert. Großes Interesse gilt außerdem Büchern mit anspruchsvoller Ausstattung und Taschenbuchreihen.

Karikaturist des »Simplicissimus«

18. September. In Tegernsee stirbt 85jährig der norwegische Maler und Zeichner Olaf Gulbransson, der vor allem durch seine Karikaturen in der Zeitschrift »Simplicissimus« bekannt wurde.

Gulbransson

Olaf Gulbransson besuchte in seiner Heimat die Kunst- und Handwerksschule und begann schon früh für Tageszeitungen und Zeitschriften zu zeichnen. Mit 19 Jahren kam er nach Deutschland und ließ sich in München nieder, wo er bald fest für den »Simplicissimus« arbeitete. 1929 wurde er Professor an der Münchner Kunstakademie.

In seinen Karikaturen, Zeichnungen und Buchillustrationen nahm er treffsicher und ironisch aktuelle Zeiterscheinungen aufs Korn.

Der Kölner Martin Lauer hat sich bei seinem Siegeslauf über 110 m Hürden bereits von den übrigen Teilnehmern abgesetzt

Leichtathletik-Triumph über Sowjetunion

21. September. Mit einer Sensation endet der zweitägige Leichtathletik-Länderkampf Bundesrepublik Deutschland gegen die Sowjetunion in Augsburg: Das Team des Deutschen Leichtathletik-Verbandes besiegt die Gäste aus der UdSSR mit 115:105 Punkten.

Zu den herausragenden Athleten in der bundesdeutschen Mannschaft gehört Ludwig Müller (Wesel), der über 5000 m und über 10 000 m die sowjetischen Langstreckler schlagen kann. Beide Läufe entscheidet der von den Zuschauern im Rosenaustadion begeistert gefeierte Müller mit seinem starken Endspurt.

Ausschlaggebend für den Erfolg der deutschen Mannschaft ist jedoch die Überlegenheit auf den Mittel- und Kurzstrecken: Doppelsiege für Armin Hary und Manfred Germar über 100 m und 200 m, Siege von Carl Kaufmann über 400 m, von Martin Lauer über 110 m Hürden und über 800 m durch Paul Schmidt. Auch in den Staffeln über 4 × 100 m und 4 × 400 m sind die bundesdeutschen Läufer nicht zu schlagen. Allerdings kommt es bei der Besetzung der Sprintstaffel zu einem Eklat: Hary, der Europameister über 100 m (→ 24.8./S. 145), weigert sich, als Startläufer anzutreten und in der Kurve zu laufen, weil – so die Begründung – dies seiner Beinmuskulatur schaden könne.

In den technischen Wettbewerben ist die Dominanz der sowjetischen Sportler dagegen nur durch den Kugelstoßer Hermann Lingnau aus Hannover zu durchbrechen, der mit einer Weite von 17,30 m den Wettbewerb gewinnt.

Zu den Ausfällen im sowjetischen Team gehört der Hochspringer Juri Stepanow, der seinen Weltrekord von 2,16 m vor allem dem »Katapultschuh« verdankte (→ 27.5./S. 94) und der in Augsburg mit 1,93 m abgeschlagen Letzter wird.

Armin Harys 10,0 sec über 100 m werden nicht als Weltrekord anerkannt; hier besiegt Hary (l.) den zweiten deutschen Sprinterstar, Manfred Germar (r.)

Erster 10,0-Lauf nicht anerkannt

6. September. In Friedrichshafen läuft der bundesdeutsche Sprinter Armin Hary die 100 m in 10,0 sec und verbessert damit den seit 1956 von drei US-Läufern gehaltenen Weltrekord um 0,1 sec. Harys Lauf kann jedoch nicht als neue Bestmarke anerkannt werden.

Harys Zeit wird von sechs Zeitnehmern gestoppt, von den drei offiziellen Uhren zeigen zwei eine Zeit von 10,0 sec, die dritte 9,9 sec.

Ausschlaggebend für die Nichtanerkennung als Rekordlauf wird die Tatsache, daß die Bahn mit 100,2 m zwar die erforderliche Länge aufweist, aber mit einem Gefalle von 11 cm das zulässige Maß überschreitet.

Oktober 1958

Mo	Di	Mi	Do	Fr	Sa	So
		1	2	3	4	5
6	7	8	9	10	11	12
13	14	15	16	17	18	19
20	21	22	23	24	25	26
27	28	29	30	31		

1. Oktober, Mittwoch

Auf seiner ersten Sitzung nach der Sommerpause, die in Berlin (West) abgehalten wird, protestiert der Bundestag in einem Appell an die Weltöffentlichkeit »gegen die fortdauernde Verletzung der Gesetze der Menschlichkeit« in der DDR.

In Frankreich gründet Ministerpräsident Charles de Gaulle die Union pour la Nouvelle République (UNR) als Staatspartei.

Aus Protest gegen das Inkrafttreten des britischen Zypernplans tritt die griechische Bevölkerung in einen 24stündigen Generalstreik (→ 15.8./S. 135).

Die Post wird in der Bundesrepublik künftig montags und sonnabends nur noch einmal zugestellt. → S. 170

Viele hundert Fans umjubeln in Bremerhaven den US-amerikanischen Rock-'n'-Roll-Star Elvis Presley, der als Wehrpflichtiger seinen Dienst in der Bundesrepublik ableistet. → S. 172

2. Oktober, Donnerstag

Die afrikanische Republik Guinea proklamiert ihre Unabhängigkeit von Frankreich, erster Ministerpräsident wird Sékou Touré. → S. 167

Der Bundestag in Bonn fordert die Regierung auf, die rasche Schaffung einer europäischen Freihandelszone herbeizuführen (→ 17.11./S. 183; 2.12./S. 197).

Heinz Rühmann spielt die Titelrolle in dem Film »Der Pauker«, der in den bundesdeutschen Kinos anläuft. Regie in dem Streifen führte Axel von Ambesser.

3. Oktober, Freitag

Bundeskanzler Konrad Adenauer (CDU) spricht sich für die allmähliche Herstellung von Beziehungen zu den Ostblockstaaten aus; dies könne zunächst durch die Einrichtung von Handelsmissionen geschehen.

In einer Rede im algerischen Constantine kündigt der französische Ministerpräsident Charles de Gaulle einen Fünf jahresplan für die nordafrikanische Kolonie an, um den Lebensstandard der Bevölkerung anzuheben (→ 19.9./S. 151).

4. Oktober, Sonnabend

Die Verfassung der V. französischen Republik tritt in Kraft (→ 28.9./S. 150).

Die Vereinigten Staaten wollen sich nicht »lediglich wegen der Verteidigung von Quemoy oder Matsu« in militärische Feindseligkeiten verwickeln lassen. Dies erklärt US-Präsident Dwight D. Eisenhower(→ 6.10./S. 167).

Nach Angaben von Bundesverteidigungsminister Franz Josef Strauß wird die Bundeswehr in diesem Jahr mit 172 000 Soldaten etwa die Hälfte ihrer Sollstärke erreichen. → S. 168

Als erste Fluggesellschaft nimmt die britische BOAC den regelmäßigen Transatlantikverkehr mit Düsenpassagiermaschinen auf. → S. 170

Durch K. o. in der vierten Runde über den Franzosen Charles Humez wird Lokalmatador Gustav (»Bubi«) Scholz vor 25 000 Zuschauern im Berliner Olympiastadion Mittelgewichtseuropameister der Profiboxer. → S. 175

5. Oktober, Sonntag

In Nürnberg geht das erste Bundestreffen der Stalingradkämpfer nach zweitägiger Dauer zu Ende. Die über 1000 ehemaligen Soldaten und Offiziere fordern die Sowjetunion auf, die Pflege deutscher Soldatengräber auf ihrem Gebiet zuzulassen.

Vor 72 000 Zuschauern in Wien schlägt die französische Fußballnationalelf in einem Länderspiel Österreich 2:1.

6. Oktober, Montag

Die Volksrepublik China legt eine siebentägige Feuerpause bei der Beschießung der taiwanischen Inseln Quemoy und Matsu ein. Sie verlangt dafür, daß die USA den nationalchinesischen Versorgungsschiffen keinen Geleitschutz mehr gewähren. → S. 167

Der sowjetische Ministerpräsident Nikita S. Chruschtschow versichert, daß die UdSSR ihre Bündnispflichten gegenüber der Volksrepublik China erfüllen werde; sie wolle sich aber nicht in einen Bürgerkrieg verwickeln lassen. → S. 167

7. Oktober, Dienstag

Die französische Regierung beschließt die Einführung des Mehrheitswahlrechts an Stelle der bisherigen Verhältniswahl (→ 30.11./S. 182).

In Brüssel konstituiert sich der Europäische Gerichtshof als Organ der Europäischen Gemeinschaft für Kohle und Stahl (EGKS), der Europäischen Wirtschaftsgemeinschaft (EWG) und der Europäischen Atomgemeinschaft (EURATOM). Sein Präsident wird der Niederländer Andreas Matthias Donner.

8. Oktober, Mittwoch

Nach Angaben des US-Außenministeriums werden amerikanische Kriegsschiffe nicht länger die taiwanischen Versorgungsboote nach Quemoy eskortieren (→ 6.10./S. 167).

Der pakistanische Präsident Iskander Mirza setzt die Verfassung außer Kraft, entläßt die Zentral- und die Provinzialregierungen und löst das Parlament auf. Zugleich werden alle politischen Parteien verboten und der Belagerungszustand ausgerufen. → S. 167

Die Berliner Festwochen, in deren Rahmen seit dem 21. September zahlreiche Konzerte, Theater- und Opernaufführungen sowie Ausstellungen stattfanden, gehen zu Ende. Aufmerksamkeit hat u. a. die Ausstellung »Max Reinhardt und seine Bühnenbilder« gefunden.

9. Oktober, Donnerstag

Papst Pius XII. stirbt im Alter von 82 Jahren in seiner Sommerresidenz Castel Gandolfo. → S. 164

Alle Angehörigen der Armee sollen sich aus den Wohlfahrtsausschüssen zurückziehen, fordert Frankreichs Ministerpräsident Charles de Gaulle in einem Schreiben an den Generaldelegierten in Algerien, General Raoul Salan. Am 14. Oktober kommen die Offiziere dieser Aufforderung nach (→ 13.5./S. 86).

Die Publikumslieblinge Gerrit Schulte (Niederlande)/Klaus Bugdahl (Bundesrepublik) gewinnen das Berliner Sechstagerennen im Sportpalast vor den Vorjahressiegern Emile Severeyns/Rik van Steenbergen aus Belgien.

10. Oktober, Freitag

Die SPD-Fraktion im Bonner Bundestag beantragt die Einrichtung eines Amtes für innerdeutsche Regelungen mit Sitz in Berlin (West).

Auf der Jahresversammlung der Weltbank und des Weltwährungsfonds in Neu-Delhi appelliert der indische Ministerpräsident Jawaharlal Nehru an alle Mitgliedsstaaten, die Entwicklungsländer zu unterstützen. Die Welt sei nicht in kommunistische und nichtkommunistische Länder geteilt, sondern in entwickelte und unterentwickelte.

11. Oktober, Sonnabend

Ferhat Abbas, Chef der algerischen Exilregierung, bietet Frankreich bedingungslos Verhandlungen über die Einstellung der Kämpfe in Algerien an.

Im Rat der Arabischen Liga gibt es heftige Auseinandersetzungen zwischen Tunesien und der Vereinigten Arabischen Republik (VAR), weil sich die VAR nach Ansicht Tunesiens in dessen innere Angelegenheiten einmischt. – Am 15. Oktober bricht Tunesien die diplomatischen Beziehungen zur VAR ab.

Ein Sonderabkommen über den Warenaustausch zwischen beiden deutschen Staaten schlägt DDR-Außenhandelsminister Heinrich Rau vor. Die Bundesregierung bezeichnet die Initiative am 25. Oktober als unrealistisch.

Zum zweiten Mal scheitert der Versuch der US-Luftwaffe, eine Rakete zum Mond zu schießen. Nach einem Drittel der Strecke verliert die Rakete an Geschwindigkeit und verglüht in der Atmosphäre. → S. 170

Im Deutschen Fernsehen ist die erste Folge der Unterhaltungssendung »Sieben auf einen Streich« mit Hans-Joachim Kulenkampff zu sehen. → S. 173

12. Oktober, Sonntag

Die Volksrepublik China verlängert die am → 6. Oktober (S. 167) begonnene Waffenruhe in der Straße von Formosa (Taiwan) um zwei Wochen.

13. Oktober, Montag

Das tschechische Außenministerium beschuldigt in einer Pressekonferenz die Bundesrepublik des Revanchismus.

14. Oktober, Dienstag

Der sowjetische Botschafter in Bonn, Andrei A. Smirnow, überreicht Bundeskanzler Konrad Adenauer eine Note seiner Regierung über die deutsch-sowjetischen Beziehungen. Bonn wird darin vorgeworfen, die Möglichkeiten zur Verbesserung der Beziehungen nicht zu nutzen, sondern bestehende Meinungsverschiedenheiten noch zu verstärken.

Aufgrund der neuen französischen Verfassung proklamiert der Kongreß der Provinzparlamente die Republik Madagaskar als Mitgliedstaat der Französischen Gemeinschaft (→ 28.9./S. 150).

15. Oktober, Mittwoch

Der Generaldelegierte in Algerien, Raoul Salan, verbietet den vom Wohlfahrtsausschuß als Protest gegen die Anordnungen von Ministerpräsident Charles de Gaulle ausgerufenen Generalstreik.

In einem Bericht an die UN-Vollversammlung erklärt Generalsekretär Dag Hammarskjöld, er halte gegenwärtig die Aufstellung einer ständigen internationalen UN-Polizeitruppe nicht für zweckmäßig.

220 000 britische Pfund (etwa 2,5 Millionen DM) erbringt bei einer Versteigerung im Londoner Auktionshaus Sothebys das Gemälde »Knabe mit der roten Weste« von Paul Cezanne. Dies ist der höchste Preis, der bislang auf einer Versteigerung für ein Bild gezahlt wurde.

16. Oktober, Donnerstag

Das außenpolitische Verhältnis Österreichs zu seinen Nachbarn wird nach Ansicht von Verteidigungsminister Ferdinand Graf um so besser sein, je stärker seine Landesverteidigung ist.

In einer Rede anläßlich der Parlamentseröffnung beschuldigt Tunesiens Staatspräsident Habib Burgiba die Vereinigte Arabische Republik, ein Werkzeug der Sowjetunion zu sein und zu versuchen, ihren Einfluß auf den ganzen arabischen Raum auszudehnen. Tunesien wolle aber keinen Kommunismus und bleibe auf der Seite der westlichen Welt.

17. Oktober, Freitag

Wegen anhaltender Unruhen auf Zypern erläßt die britische Regierung Ausnahmebestimmungen, die u. a. vorsehen, daß Soldaten sofort ihre Schußwaffe gebrauchen können, wenn sie auf verdächtige Personen stoßen (→ 15.8./S. 135).

Vor dem 12. Plenum des Zentralkomitees der Polnischen Vereinigten Arbeiterpartei erklärt deren Sekretär Wladyslaw Gomulka, daß von November 1957 bis Mai 1958 im Zuge einer Säuberung rund 15% der Parteimitglieder ausgeschlossen wurden. → S. 167

Titelseite des Magazins »Der Stern« aus Hamburg vom 25. Oktober 1958 zum Tod von Papst Pius XII

Oktober 1958

Direktorium und Bundestagsfraktion der Deutschen Partei (DP) beschließen, daß die Partei trotz des vielfachen Zusammenwirkens mit der CDU eigenständig bleiben solle. Es gelte, ein Zwei-Parteien-System zu verhindern, das starke Minderheiten unterdrücke.

In der Bundesrepublik ist erstmals die Ernest-Hemingway-Verfilmung »Der alte Mann und das Meer« zu sehen.

18. Oktober, Sonnabend

Der Rat der Arabischen Liga gewährt der algerischen Exilregierung eine finanzielle Hilfe in Höhe von 34,4 Millionen US-Dollar (rund 145 Millionen DM) zur Fortführung des Kampfes um die Unabhängigkeit Algeriens.

Der Ministerpräsident von Kamerun, Ahmadou Ahidjo, erklärt vor dem Parlament, daß er mit dem französischen Minister für überseeische Gebiete, Bernard Cornut-Gentille, ein Abkommen über die völlige innere Autonomie des Territoriums geschlossen habe.

19. Oktober, Sonntag

42 Millionen Besucher sahen die Weltausstellung in Brüssel seit der Eröffnung am → 17. April (S. 68). Die Schau geht nun mit einem Riesenfeuerwerk zu Ende.

Der zweite Platz hinter seinem Landsmann Stirling Moss beim letzten Lauf der Weltmeisterschaft, dem »Großen Preis von Marokko« in Casablanca, reicht dem Briten Mike Hawthorn zum Gewinn des diesjährigen Automobilweltmeistertitels. → S. 175

20. Oktober, Montag

Der Oberbefehlshaber der thailändischen Streitkräfte, Marschall Sarit Thanarat, setzt durch einen Staatsstreich die Regierung ab und verhängt das Kriegsrecht. → S. 167

Die Volksrepublik China nimmt die Beschießung der taiwanischen Inseln Quemoy und Matsu wieder auf, nachdem US-amerikanische Kriegsschiffe in die von China beanspruchte Zwölfmeilenzone eingedrungen sind (→ 6.10./S. 167).

Iran und die Türkei vereinbaren den Bau einer Erdöl-Pipeline von den iranischen Ölfeldern bis zum türkischen Mittelmeerhafen Mersin.

Bei der diesjährigen Ernte sind in der Bundesrepublik 13,07 Millionen t Getreide – ca. 400 000 t weniger als 1957 – eingebracht worden. Der Flächenertrag fiel um 0,4% geringer aus als im Vorjahr. → S. 170

21. Oktober, Dienstag

Jordanien will wieder mit der Vereinigten Arabischen Republik (VAR) diplomatische Beziehungen aufnehmen, wenn alle arabischen Staaten die Richtlinien der am → 21. August (S. 135) von der UN-Vollversammlung gebilligten Resolution einhalten. – Zwei Tage später bekundet auch der Libanon seinen Wunsch nach Aufnahme diplomatischer Beziehungen zur VAR (→ 29.10./S. 167).

In einer Rede vor etwa 1000 Lehrern in Leipzig bezeichnet DDR-Parteichef Walter Ulbricht die Einführung des sog. Polytechnischen Unterrichts als Kernfrage bei der Weiterentwicklung des Schulwesens, weil hierdurch der Widerspruch zwischen Theorie und Praxis, zwischen Schule und Leben gelöst worden sei.

22. Oktober, Mittwoch

Die Bundesregierung lehnt den Vorschlag der Sozialdemokraten, den Regierungssitz von Bonn nach Berlin zu verlegen, ab. → S. 168

Für die Bundesbeamten wird die 45-Stunden-Woche eingeführt, wobei sonnabends noch bis 13 Uhr gearbeitet werden muß. Für die Angestellten und Arbeiter des Bundes gilt die Arbeitszeitverkürzung schon seit dem 1. Oktober.

23. Oktober, Donnerstag

Bundespräsident Theodor Heuss beendet einen viertägigen Staatsbesuch in Großbritannien, bei dem er auch von Königin Elisabeth II. empfangen wurde. → S. 169

Frankreichs Ministerpräsident Charles de Gaulle kündigt an, daß sein Land neben den Vereinigten Staaten, der Sowjetunion und Großbritannien in Kürze Atommacht sein werde.

24. Oktober, Freitag

Der Oberbefehlshaber der pakistanischen Truppen, Mohammed Ayub Khan, wird zum Ministerpräsidenten ernannt. -Am 28. Oktober tritt Präsident Iskander Mirza zurück; Ayub Khan erklärt daraufhin die Abschaffung des Präsidentenamtes (→ 8.10./S. 167).

Nicht in den Wahlkampf einmischen will sich der französische Ministerpräsident Charles de Gaulle. Seine Unparteilichkeit verpflichte ihn dazu, darauf zu achten, daß sein Name nicht im Titel einer Partei oder von einem Kandidaten verwendet werde. Zugleich weist de Gaulle auf die beschränkte Rolle des Parlaments nach der neuen Verfassung hin (→ 28.9./S. 150; 30.10./S. 182).

Der Bürgermeister der Hansestadt Bremen, Wilhelm Kaisen, wird turnusgemäß als Nachfolger des Berliner Regierenden Bürgermeisters, Willy Brandt, zum Bundesratspräsidenten gewählt.

Bundesverteidigungsminister Franz Josef Strauß entscheidet, daß die Bundeswehr mit Jagdbombern vom Typ »Starfighter F 104« der US-amerikanischen Firma Lockheed ausgerüstet werden soll (→ 4.10./S. 168).

25. Oktober, Sonnabend

Die letzten US-Truppen verlassen den Libanon (→ 29.10./S. 167).

Seit dem 25. September sind rund 10 000 Personen aus Internierungslagern in Algerien freigelassen worden.

Die Volksrepublik China zieht ihre letzten Truppen aus Nordkorea ab.

26. Oktober, Sonntag

Die Schweizer Stimmbürger lehnen in einer Volksabstimmung die Einführung der 44-Stunden-Woche fast mit Zwei-Drittel-Mehrheit ab.

Die rechtsradikale Deutsche Reichspartei verabschiedet in München ihr Programm. → S. 168

Zu tumultartigen Szenen kommt es beim Auftritt des US-amerikanischen Rock-'n'-Roll-Sängers Bill Haley in Berlin (West). → S. 172

In Paris trennen sich die Mannschaften der Bundesrepublik und Frankreichs in einem Fußball-Länderspiel 2:2.

27. Oktober, Montag

Sieben der elf Staaten, die 1956 für ihre Bürger, die Opfer des nationalsozialistischen Regimes wurden, Schadenersatzansprüche an die Bundesrepublik gestellt haben, erinnern in Mahnnoten die Bundesregierung in Bonn an diese Ansprüche. → S. 169

Der Sozialbeirat der Bundesregierung tritt zurück, weil er sich mit seiner Meinung, die Renten könnten im laufenden Jahr um 6,1% erhöht werden, nicht durchsetzen konnte (→ 12.12./S. 202).

US-Präsident Dwight D. Eisenhower sagt Jugoslawien für die Zukunft wirtschaftliche und technische Hilfe zu, um es bei der Bewahrung seiner Unabhängigkeit »frei von jeder ausländischen Beherrschung« zu unterstützen.

Im Londoner Opernhaus Covent Garden wird das Ballett »Undine« mit der Musik des deutschen Komponisten Hans Werner Henze und der Choreographie von Frederic Ashton uraufgeführt.

28. Oktober, Dienstag

Zum neuen Papst wird der Patriarch von Venedig, Kardinal Angelo Giuseppe Roncalli, gewählt, der als Johannes XXIII. den Stuhl Petri besteigt. → S. 166

In Hamburg wird die Bundeswehrführungsakademie eröffnet (→ 4.10./S. 168).

»Das letzte Band«, Einakter des absurden irischen Dramatikers Samuel Beckett, wird im Londoner Royal Court Theatre uraufgeführt.

29. Oktober, Mittwoch

Die letzten britischen Truppen verlassen Jordanien. → S. 167

Das Scheichtum Kuwait wird Mitglied der Arabischen Liga (→ 6.9./S. 153).

Der sowjetische Schriftsteller Boris Pasternak verzichtet unter dem Druck der Behörden auf die Annahme des ihm wenige Tage zuvor zugesprochenen Literaturnobelpreises. → S. 175

In Tokio kritisiert Bundeswirtschaftsminister Ludwig Erhard die nach seiner Ansicht zu niedrigen Preise einiger für Westeuropa bestimmter japanischer Exportartikel. → S. 170

30. Oktober, Donnerstag

Die Vollversammlung der Vereinten Nationen in New York verurteilt mit großer Mehrheit in einer Resolution die Apartheidpolitik der südafrikanischen Regierung (→ 18.9./S. 153).

Die Sowjetunion lehnt den Vorschlag der Vereinigten Staaten und Großbritanniens ab, die Atomwaffenversuche für ein Jahr einzustellen. Beiden Mächten wird vorgeworfen, sie machten diesen Vorschlag erst, nachdem sie selbst die bislang größten Testserien durchgeführt hätten (→ 31.3./S. 51; 7.4./S. 72).

Vor einem Polizeikongreß in Stuttgart fordert Innenminister Gerhard Schröder (CDU) eine Notstandsgesetzgebung für die Bundesrepublik. → S. 168

31. Oktober, Freitag

In Genf beginnen die Gespräche der drei Atommächte über die Einstellung der Kernwaffenversuche unter internationaler Kontrolle (→ 17.12./S. 197).

Das Bundesarbeitsgericht erklärt den Metallarbeiterstreik in Schleswig-Holstein im Winter 1956/57, bei dem es in erster Linie um die Lohnfortzahlung im Krankheitsfall ging, für verfassungswidrig. Die IG Metall wird zu Schadenersatzzahlungen an die Arbeitgeber verurteilt. → S. 168

Saisonal bedingt ist die Arbeitslosigkeit in der Bundesrepublik im Oktober um knapp 30 000 auf 356 750 angestiegen; dies entspricht einer Erwerbslosenquote von 1,8%. Im Oktober 1957 waren rund 11 900 Bundesbürger mehr arbeitslos.

Gestorben:

9. Castel Gandolfo: Pius XII. (vorher Eugenio Pacelli, *2.3.1876, Rom), Papst seit 2. März 1939. → S. 164

11. Berlin (Ost): Johannes R[obert] Becher (*22.5.1891, München), deutscher Schriftsteller.

11. Amsterdam: Max (Jacob) Friedländer (*5.6.1867, Berlin), deutscher Kunsthistoriker.

11. Rueil-la-Gadelière/Eure-et-Loir: Maurice de Vlaminck (*4.4.1876, Paris), französischer Maler und Graphiker.

24. Cambridge: George Edward Moore (*4.11.1873, London), britischer Philosoph.

27. Hechendorf bei Murnau: Walter Reichsritter von Molo (*14.6.1880, Sternberg/Nordmähren), deutscher Schriftsteller.

Das Wetter im Monat Oktober

Station	Mittlere Lufttemperatur (°C)	Niederschlag (mm)	Sonnenscheindauer (Std.)
Aachen	– (10,0)	124* (64)	115 (123)
Berlin	10,4 (8,8)	122* (58)	102 (123)
Bremen	– (9,4)	114* (47)	87 (104)
München	– (7,9)	145* (62)	81 (130)
Wien	10,7 (9,6)	66 (57)	86 (–)
Zürich	8,3 (8,4)	118 (80)	72 (108)

() Langjähriger Mittelwert für diesen Monat
* Durchschnitt September/Oktober
– Wert nicht ermittelt

Titel der Oktober-Ausgabe der Essener Fachzeitschrift »der architekt«

der architekt 10

1958

MONATSZEITSCHRIFT „DER ARCHITEKT“ · HERAUSGEBER:

BUND DEUTSCHER ARCHITEKTEN BDA · VULKAN-VERLAG

ESSEN · REDAKTION: FRANKFURT AM MAIN · VII. JAHRGANG ·

BERICHTE ÜBER ALLE GEBIETE DER ARCHITEKTUR UND DES

BAUWESENS · RECHT + STEUER · BUNDESNACHRICHTEN BDA ·

WETTBEWERBE · VERLAGSORT ESSEN · OKTOBER 1958 ·

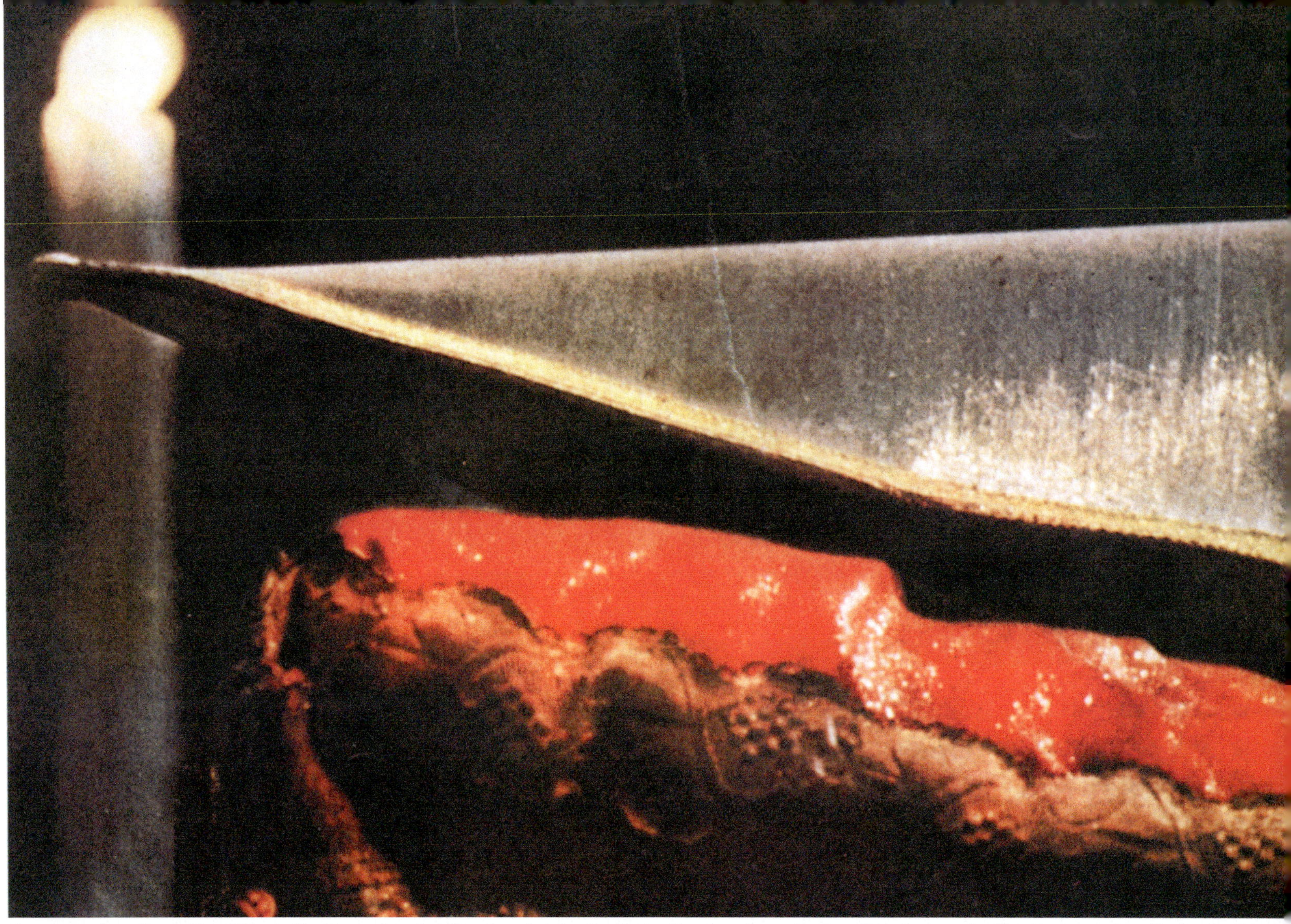

Der verstorbene Papst Pius XII. wird im Petersdom drei Tage lang bei der Confessio über dem Apostelgrab aufgebahrt, wo die Gläubigen von ihm Abschied nehmen

450 Millionen Katholiken in tiefer Trauer um Papst Pius XII.

9. Oktober. Mit tiefer Trauer reagiert die katholische Christenheit auf die Nachricht vom Tod Papst Pius XII. Das 82jährige Oberhaupt der katholischen Kirche ist nach längerer Krankheit in den frühen Morgenstunden in der päpstlichen Sommerresidenz Castel Gandolfo bei Rom gestorben.

Schon vor seiner Wahl zum Papst war Kardinal Eugenio Pacelli in seiner Funktion als Kardinalstaatssekretär maßgeblich an der Außenpolitik des Vatikan beteiligt. Er hatte großen Anteil an den von Papst Pius XI. geschlossenen Konkordaten, den Verträgen, die das gegenseitige Verhältnis zwischen der römisch-katholischen Kirche und einzelnen Staaten regeln, auch an dem Konkordat mit dem faschistisch geführten Deutschen Reich von 1933.

Nach seiner Ernennung zum Papst 1939, die ungewöhnlich schnell bereits im dritten Wahlgang des Konklaves erfolgt war, bemühte sich Pius XII. um Lösungen für die schwelenden Konflikte um die Zugehörigkeit Danzigs und den polnischen Korridor, die mit zum Ausbruch des Zweiten Weltkriegs beitrugen.

In den Kriegsjahren war der Papst auf strikte Neutralität bedacht und unternahm Versuche zur Friedensvermittlung und zur humanitären Hilfe. Seine sehr allgemein gehaltenen Appelle gegen die Verfolgung der Juden wurden ihm nach Kriegsende als zu wenig entschieden und eindeutig angelastet.

Nach dem Ende des Zweiten Weltkriegs war die Ernennung eines Apostolischen Nuntius in Deutschland die erste diplomatische Kontaktaufnahme einer auswärtigen Macht zu dem besiegten Land.

Mehr als seine Vorgänger nahm Pius XII. die Außenpolitik des Vatikan selbst in die Hand; das Amt des gewöhnlich für diese Fragen zuständigen Kardinalstaatssekretärs blieb nach dem Tod des Amtsinhabers Luigi Maglione 1944 unbesetzt.

Pius XII., der, teils fortschrittlich, teils konservativ, zu allen Fragen des kirchlichen Lebens Stellung bezog, leitete umfangreiche liturgische Reformen ein, die u. a. die Landessprache anstelle des Lateinischen bei Tauf- und Begräbniszeremonien erlaubten. Die Kirchen in Afrika und Asien unterstützte er u. a. durch die erste Ernennung von Farbigen zu Kardinälen im Jahr 1946. In seine Amtszeit fiel auch die erste Priesterweihe eines Weißen durch einen farbigen Bischof 1955.

Die Marienverehrung förderte er durch das Dogma der leiblichen Himmelfahrt Marias 1950.

Dank seiner Weltoffenheit – er empfing Vertreter des show-business, darunter Josephine Baker, Louis Armstrong und Sophia Loren – genoß Papst Pius XII. große Popularität. Seine starke Orientierung an den westlichen Staaten engte jedoch den universalen Auftrag der Kirche ein.

Die kirchliche Karriere des Eugenio Pacelli bis zu seiner Papstkrönung 1939

2.3.1876: Geburt des Eugenio Maria Giuseppe Giovanni Pacelli in Rom als Sohn des Doyens der Konsistorialadvokaten im Vatikan, Filippo Pacelli.

2.4.1899: Priesterweihe.

ab 1901: Zugehörigkeit zum päpstlichen Staatssekretariat; Ernennung zum Lehrer für kirchliche Diplomatie und internationales Recht an der Academia dei Nobili Ecclesiastici, der päpstlichen Diplomatenschule in Rom.

1917: Ernennung zum Apostolischen Nuntius in München am Hof König Ludwig III.; Ernennung zum Titularbischof.

1920: Übernahme der Nuntiatur für das Deutsche Reich in Berlin; Vorbereitung des Konkondatsvertrags mit Preußen, der am 14. Juni 1929 unterzeichnet wurde.

1929: Ernennung zum Kardinal.

ab 1930: Kardinalstaatssekretär von Papst Pius XI.

1934: Verleihung der Würde des Camerlengo, der jeweils in der Zeit, während der päpstliche Stuhl unbesetzt ist, die gesamte römisch-katholische Kirche zu verwalten hat.

2.3.1939: Wahl zum Papst als Nachfolger von Papst Pius XI., Eugenio Pacelli nimmt den Namen Pius XII. an.

Der am 9. Oktober verstorbene Eugenio Pacelli, der sich Papst Pius XII. nannte, feierlich aufgebahrt auf einem Katafalk im Petersdom zu Rom

Rituale bei Papstbegräbnis

Die Beerdigung eines Papstes und die Wahl eines neuen Oberhauptes der katholischen Kirche werden nach festgelegten Riten vollzogen.
Nach seinem Tod wird Papst Pius XII. zunächst in seinem Sterbezimmer, anschließend im Saal der Schweizer Garde in Castel Gandolfo aufgebahrt. Zuvor wurde ihm der Fischerring von der rechten Hand gestreift und nach dem vorgeschriebenen Zeremoniell zerbrochen, um das Ende seiner irdischen Macht zu symbolisieren.
Der Leichnam des Papstes wird am 10. Oktober nach Rom überführt und hier von seiner Titularkirche, der Lateransbasilika, aus in feierlicher Form in den Petersdom überführt. Hier wird der Leichnam für drei Tage aufgebahrt.
Am 13. Oktober wird der Papst an der von ihm selbst ausgewählten Grabstelle in der Achsenkapelle in der Apsis der Unterkirche hinter dem Petersgrab beigesetzt. Sein dreifacher Sarg – aus Zypressenholz, Blei und Bronze –, der auch Dokumente seiner 19jährigen Regierungszeit enthält, wird in einen Marmorsarkophag versenkt.
Danach ist die offizielle Totenfeier, an der die Kardinäle, das Domkapitel von Sankt Peter, das Diplomatische Korps und die Familienangehörigen teilnehmen, beendet.
Das Konklave, die Versammlung der aus aller Welt angereisten Kardinäle zur Wahl des neuen Papstes, beginnt am 25. Oktober. Wie im Jahr 1274 von Papst Gregor X. angeordnet, tagt es in völliger Abgeschiedenheit, die einerseits durch die damit verbundenen Unbequemlichkeiten die Wahl beschleunigen, andererseits eine Beeinflussung von außen verhindern soll.
Tagungsort ist die Sixtinische Kapelle, wo in geheimer Wahl mit der Mehrheit von zwei Dritteln und einer Stimme ein neues Kirchenoberhaupt gewählt werden soll. Die Stimmzettel werden nach jedem Wahlgang verbrannt. War die Abstimmung ohne Erfolg, wird dem Papier feuchtes Stroh beigemischt, der auf dem Petersplatz sichtbare Rauch ist grau. Erst bei erfolgter Wahl erscheint dann weißer Rauch und verkündet damit der wartenden Menge »Habemus papam« – »Wir haben einen Papst«.

Johannes XXIII. ist 266. Papst

28. Oktober. Das in Rom versammelte 51köpfige Kardinalskollegium wählt am Abend des dritten Konklavetages und nach über zehn vergeblichen Wahlgängen den Patriarchen von Venedig, Kardinal Angelo Giuseppe Roncalli, zum Oberhaupt der römisch-katholischen Kirche.

Der neue Papst, Nachfolger des am → 9. Oktober (S. 164) verstorbenen Pius XII., nimmt den Namen Johannes XXIII. an; zu seinem Wahlspruch werden die Worte »Gehorsam und Frieden«.

Roncalli wurde 1881 in Sotto il Monte bei Bergamo in Norditalien als drittes der 13 Kinder eines kleinen Pachters geboren. 1904 zum Priester und 1925 zum Bischof geweiht, stand er seit 1925 im diplomatischen Dienst des Vatikan; während dieser Zeit war Roncalli u. a. von 1944 bis 1953 Apostolischer Nuntius in Paris.

Im Jahr 1953 erhielt Roncalli den Kardinalspurpur und wurde kurze Zeit später zum Patriarchen von Venedig ernannt.

In seiner ersten Botschaft als Papst appelliert Johannes XXIII. an die Staatsmänner, die »ungeheuerlichen Waffen« abzuschaffen und einen »Frieden in Gerechtigkeit« zu garantieren. Er geht auch auf die Einschränkung der Religionsfreiheit in den kommunistisch regierten Ländern ein und stützt damit die in ihn gesetzte Hoffnung, daß er den Dialog mit Kirche und Führung der Ostblockstaaten suchen werde.

Johannes XXIII. gilt als Kompromißkandidat zwischen fortschrittlichen und konservativen Kräften innerhalb des Kardinalskollegiums; vielfach wird seine Wahl mit Blick auf sein Alter – der neue Papst ist fast 77 Jahre alt – als Übergangslösung gewertet.

Wie bereits seit 1389 ist mit Roncalli erneut ein Kardinal zum Papst gewählt worden, obwohl auch jeder andere katholische Christ dieses Amt übernehmen kann. Seit 1523 sind außerdem nur Italiener zum Oberhaupt der römisch-katholischen Kirche ernannt worden.

Der 266. Inhaber des Stuhls Petri hatte bereits im 15. Jahrhundert einen Vorgänger gleichen Namens. Dieser Johannes XXIII. regierte von 1410 bis 1415, wurde dann jedoch nach kurzem Prozeß abgesetzt. Er gilt als rechtmäßiger, jedoch unwürdiger Papst.

Der neue Papst wird am 4. November feierlich im Petersdom gekrönt.

Johannes XXIII. erhält von Zeremonienmeister Enrico Dante (r.) während der Krönungsfeier die aus weißem und goldenem Brokat gearbeitete Papstmitra

Der Patriarch von Venedig, Kardinal Roncalli, besteigt als Papst Johannes XXIII den Stuhl Petri und wird damit Oberhaupt der katholischen Kirche

Frankreich entzieht Guinea Finanzhilfe

2. Oktober. Das zu Französisch-Westafrika gehörige Guinea, das bei der Volksabstimmung über die neue französische Verfassung am → 28. September (S. 150) mehrheitlich mit Nein votiert hat, proklamiert seine Unabhängigkeit und wählt die Republik als Staatsform.

Leiter der neuen Regierung wird Sékou Touré, der schon seit 1957 Ministerpräsident ist, nachdem Frankreich seinen Überseebesitzungen innere Autonomie eingeräumt hatte. Frankreich gewährt nun Guinea die volle Selbständigkeit, entzieht dem Land jedoch die Wirtschaftshilfe und ruft alle französischen Experten in ihre Heimat zurück.

Quemoy-Krise ist vorerst beigelegt

6. Oktober. Die Volksrepublik China stellt ihr Bombardement der zu Formosa (Taiwan) gehörenden Küsteninseln unter der Bedingung ein, daß die USA ihren Geleitschutz für taiwanische Versorgungsschiffe aufgeben (→ 23.8./S. 134; 4.9./ S. 152). Zwei Tage später reagieren die Vereinigten Staaten positiv auf den chinesischen Vorschlag.

Zwar nehmen die Chinesen die Beschießung von Quemoy und Matsu am 20. Oktober vorübergehend wieder auf, die US-Regierung erklärt jedoch, daß sie keine Notwendigkeit zum Eingreifen sehe. Damit scheint der internationale Konflikt um Quemoy vorläufig entschärft.

Präsident verhilft Militär zur Macht

8. Oktober. Der pakistanische Staatspräsident Iskander Mirza setzt die Verfassung außer Kraft, löst die Zentral- und die Provinzregierungen, die Parlamente und sämtliche Parteien auf, verhängt über das ganze Land den Ausnahmezustand und ernennt den Oberkommandierenden der Streitkräfte, General Mohammed Ayub Khan, zum Administrator unter dem Standrecht.

Nach ständigen Regierungswechseln sieht Mirza in seinem Schritt eine friedliche Revolution, durch die das von Korruption, Machtkämpfen und Intrigen zerfressene innenpolitische Leben Pakistans eine stabilere Basis erhalten könne.

Ministerpräsident Thanom Kittikachorn überläßt den Militärs die Macht

Vorläufiges Ende der Krise im Nahen Osten

29. Oktober. Die letzten derjenigen britischen Fallschirmjäger, die am → 17. Juli (S. 117) auf Ersuchen König Husains ins Land gekommen sind, verlassen Jordanien.

Vier Tage zuvor sind bereits die zum gleichen Zeitpunkt in den Libanon einmarschierten US-Truppen vollständig aus dem Nahost-Staat abgezogen worden.

Entsprechend dem einstimmig von der UN-Vollversammlung verabschiedeten Nahostplan ist damit der Abzug fremder Truppen aus der Region verwirklicht worden (→ 22.8./S. 135). Die Regierungen von Jordanien und Libanon hatten sich seinerzeit zur Anforderung der Soldaten durch den Sturz der Monarchie im Irak (→ 14.7./S. 116) genötigt gesehen. Sie befürchteten, daß es auch in ihren Staaten zu proarabischen Revolten kommen könnte.

Anstifter der möglichen Umsturzbewegungen war nach Ansicht beider Staaten die Vereinigte Arabische Republik (VAR), deren Staatspräsident Gamal Abd el Nasser einen von beiden Machtblöcken unabhängigen arabischen Sozialismus anstrebt.

Schon vor dem Abzug der britischen Truppen hat die jordanische Regierung am 21. Oktober angekündigt, daß sie bereit sei, mit der VAR wieder diplomatische Beziehungen aufzunehmen, wenn sich alle arabischen Staaten an den Nahostplan der UNO hielten.

Die libanesische Regierung zieht am 19. November ihre Beschwerde gegen die VAR vom 22. Mai zurück, da sie inzwischen enge Beziehungen zu Kairo hergestellt hat. Die libanesische Regierung in Beirut hatte der VAR vorgeworfen, mit Waffenlieferungen und Propaganda die Aufständischen zu unterstützen.

Im Libanon sind Anfang Oktober trotz der Anwesenheit der US-Truppen die Unruhen vom Frühsommer wieder aufgeflammt. Die christlichen Falangisten haben zu einem Generalstreik aufgerufen, um ihre Interessen durchzusetzen.

Zur Beilegung der Krise wurden am 15. Oktober auf Veranlassung von Staatspräsident Fuad Schihab zwei Vertreter der Falangisten in die Regierung aufgenommen.

Das US-Magazin »Time« mit einem Foto von VAR-Präsident Nasser

US-amerikanische Marinesoldaten, die seit dem 16. Juli im Libanon stationiert waren, warten am Strand von Beirut auf ihren Rücktransport in die Heimat

Unblutiger Umsturz soll König schützen

20. Oktober. Durch einen unblutigen Staatsstreich übernimmt der Oberkommandierende der thailändischen Streitkräfte, Marschall Sarit Thanarat, mit Hilfe der zurückgetretenen Regierung von Ministerpräsident General Thanom Kittikachorn die Macht in dem südostasiatischen Land, das bis 1949 Siam hieß.

Thanarat erklärt, er habe den Umsturz unternommen, um gegen vielfache innere und äußere Bedrohungen die staatlichen Institutionen mit König Rama IX. Bhumibol Adulyadej an der Spitze zu schützen. Am folgenden Tag werden über 100 linksgerichtete Politiker verhaftet.

Parteiausschlüsse wegen Inaktivität

17. Oktober. Von November 1957 bis Ende Mai 1958 sind etwa 15% der Mitglieder aus der Polnischen Vereinigten Arbeiterpartei (PAP) ausgeschlossen worden. Dies erklärt Parteiführer Wladyslaw Gomulka vor dem 12. Plenum des Zentralkomitees der PAP.

In der überwiegenden Zahl der Fälle hätten die Betroffenen nicht genügend Aktivität gezeigt, ideologische Gründe wurden nur selten angeführt. Gomulka erklärt zugleich, die größere Freiheit, die seit Oktober 1956 in Polen gewährt werde, sei von Reaktionären für Versuche genutzt worden, eine Kluft zwischen Polen und der UdSSR aufzureißen.

Düsenjäger vom Typ »Starfighter F104«: Mit diesem Militärflugzeug soll die Bundeswehr ausgerüstet werden

Strauß will Starfighter für die Bundeswehr

4. Oktober. In einem Vortrag vor dem Wirtschaftsbeirat der CSU in München gibt Bundesverteidigungsminister Franz Josef Strauß (CSU) bekannt, daß die Bundeswehr nach dem Einrücken der neuen Rekruten des Jahrgangs 1938 172 000 Soldaten umfassen werde. Die angestrebte Sollstärke der Bundeswehr liegt bei 340 000 Mann.

Der Minister erklärt außerdem, daß der Aufbau der Bundeswehr in drei Etappen – das Heer bis 1961, die Luftwaffe bis 1962 und die Marine bis 1963 – vollzogen sein soll. Bis zum 1. April 1961 würden hierfür 36 Milliarden DM benötigt; seit 1955 wurden bereits 27 Milliarden DM für die Bundeswehr ausgegeben.

Am 24. Oktober entscheidet Strauß, daß für die Ausrüstung der Luftwaffe US-amerikanische Düsenjäger vom Typ »Starfighter F104« der Firma Lockheed eingesetzt werden sollen. Es ist geplant, sechs bis zehn der Maschinen zu kaufen und weitere 300 von bundesdeutschen Firmen in Lizenz bauen zu lassen.

Der »Starfighter«, der pro Exemplar etwa vier Millionen DM kostet, gilt als technisch am meisten ausgereifter und schnellster Abfangjäger der westlichen Rüstungsindustrie. Er erreicht Spitzengeschwindigkeiten von 2400 km/h und eine Gipfelhöhe von 24 000 m. Die Maschinen sollen zur Bekämpfung feindlicher Flugzeuge eingesetzt werden.

Einen weiteren Schritt zum Aufbau der bundesdeutschen Armee stellt die Führungsakademie der Bundeswehr in Hamburg-Blankenese dar, die am 28. Oktober ihrer Bestimmung übergeben wird.

Hier werden künftig in einjährigen Lehrgängen Offiziere aller drei Waffengattungen für den Generalstabsund Admiralstabsdienst ausgebildet; ab 1959 soll die Schulungsdauer auf zwei Jahre ausgedehnt werden. Zur Ausbildung gehören die Bearbeitung taktischer Aufgaben, der Unterricht in Spezialfächern durch Fach- und Sprachlehrer, Anleitungen für den Bereich der inneren Führung sowie Randgebiete der Militärwissenschaft.

Bundesregierung nicht nach Berlin

22. Oktober. Die Bundesregierung lehnt den Vorschlag der SPD, den Regierungssitz von Bonn nach Berlin (West) zu verlegen, ab. Nach Angaben der Regierung bestehen zwar keine völkerrechtlichen Bedenken, jedoch könnten die Alliierten dank des Viermächte-Status von Berlin die Übersiedelung verhindern.

Die Zustände in der DDR böten außerdem keine Gewähr dafür, daß sich die Arbeit der Bundesregierung in Berlin (West) immer ungestört abwickeln ließe. Die Regierung betont, daß sie Berlin als Hauptstadt eines freien wiedervereinigten Deutschlands betrachte.

Münchner Parteitag der Rechtsradikalen

26. Oktober. In München verabschiedet die 1946 gegründete rechtsradikale Deutsche Reichspartei (DRP) ihr Programm, in dem es heißt: »Jedem das Seine, alles für Deutschland«. Nach Ansicht der Partei habe Deutschland einen Anspruch auf die ehemaligen Ostgebiete des Deutschen Reiches und das Sudetenland.

In ihrem Programm fordert die Partei u. a. die Einführung eines Arbeitsdienstes sowie die Todesstrafe für Mord und Gewaltverbrechen an Frauen und Kindern.

Die Delegierten in München wählen Wilhelm Meinberg erneut zum Parteivorsitzenden.

Minister Schröder für Notstandsgesetz

30. Oktober. Auf einer Veranstaltung der Polizeigewerkschaft in Stuttgart verlangt Bundesinnenminister Gerhard Schröder (CDU) die Verabschiedung einer Notstandsgesetzgebung, die der Abwehr des Kommunismus dienen solle.

Der Minister plädiert dafür, Polizei und Bundesgrenzschutz zu diesem Zweck personell aufzustocken.

Das Grundgesetz enthält für den technischen, innenpolitischen oder kriegerischen Notstand nur knappe Bestimmungen. Die Verfassungsgeber schreckten vor einer anderen Regelung auch wegen des Mißbrauchs des Notstandsrechts in der Weimarer Republik zurück.

Streikende Metallarbeiter vor der Kieler Howaldtswerft im Jahr 1956

IG Metall muß Streik bezahlen

31. Oktober. Das Bundesarbeitsgericht in Kassel bestätigt das Urteil des Landesarbeitsgerichts Schleswig-Holstein, wonach die Industriegewerkschaft Metall Schäden ersetzen muß, die den Arbeitgebern während des Metallarbeiterstreiks vom 24. Oktober 1956 bis zum 14. Februar 1957 in Schleswig-Holstein entstanden sind.

Das Gericht ist der Ansicht, daß die Gewerkschaft vor dem Beschluß einer Urabstimmung über den Streik die vorgeschriebene Fünftage-Frist nicht eingehalten und damit die Friedenspflicht verletzt habe. Die IG Metall verweist dagegen darauf, daß die Urabstimmung innerhalb der fünf Friedenstage nur gefordert, aber nicht beschlossen worden sei, und legt am 6. November beim Bundesverfassungsgericht Beschwerde gegen das Arbeitsgerichtsurteil ein.

Bei dem bislang längsten Streik in der Geschichte der Bundesrepublik, an dem sich über 34 000 Arbeiter in 38 Betrieben der schleswig-holsteinischen Metallindustrie beteiligten, ging es um die Lohnfortzahlungen für Arbeiter im Krankheitsfall. Die Streikenden konnten durchsetzen, daß sie im wesentlichen den Angestellten gleichgestellt wurden.

Am 31. Mai 1957 verabschiedete der Bundestag ein Lohnfortzahlungsgesetz, das eine Gleichbehandlung aller Arbeiter und Angestellten bei Krankheit vorschreibt.

Königin Elisabeth II., Theodor Heuss

Heuss zu Gast bei Königin Elisabeth II.

23. Oktober. Bundespräsident Theodor Heuss beendet einen viertägigen Staatsbesuch in Großbritannien, die erste offizielle Visite eines deutschen Staatsoberhaupts im Vereinigten Königreich seit dem Besuch Kaiser Wilhelm II. vor mehr als 50 Jahren.

Heuss ist vom britischen Königshaus und der Regierung besonders herzlich aufgenommen worden; in der Öffentlichkeit war dagegen Zurückhaltung gegenüber dem Gast aus der Bundesrepublik zu spüren. Auch die britische Presse hat den Besuch mit kritischen, teils abschätzigen Kommentaren begleitet, die indes weniger der Person des Präsidenten als dessen Nationalität galten.

Anläßlich eines Staatsbanketts am 20. Oktober hat Königin Elisabeth II. die Notwendigkeit von freundschaftlichen Beziehungen zwischen Großbritannien und der Bundesrepublik betont. Zugleich erinnerte die Queen aber auch an die jüngste deutsche Geschichte – die Zeit der nationalsozialistischen Herrschaft. Diese könne nicht ausgelöscht werden, sei aber heute vor allem für die ganze Welt als Warnung und Beispiel bedeutsam, für das, was geschehen könne, wenn die Demokratie zusammenbricht.

Die britische Tageszeitung »The Times« wertet den Staatsbesuch in ihrem Leitartikel am 24. Oktober zwar insgesamt positiv, merkt aber an, daß für die Verbesserung des deutsch-britischen Verhältnisses »noch reichlich Zeit und Mühe ... verwendet werden sollten«.

Bundespräsident Heuss in London

Preissenkungen seit Frühjahr

In der Bundesrepublik ist seit dem Frühjahr eine Vielzahl von Preisen sowohl für Lebensmittel wie für Konsumgüter herabgesetzt worden. So gingen die Preise für Kühlschränke um 30 bis 40 DM auf durchschnittlich 500 DM zurück, ein Vollwaschautomat für fünf kg Wäsche kostet mit 1800 DM 400 DM weniger als noch vor Jahresfrist.

Gründe für die niedrigeren Preise liegen in billigeren Produktionsbedingungen wie in der nachlassenden Nachfrage und dem stärker werdenden Wettbewerb zwischen den einzelnen Herstellern.

Besonders stark vom Preisverfall betroffen ist die Textilbranche. Hier hat ein Hersteller im März aufgrund von Rationalisierung seine Erzeugnisse durchweg um 20% verbilligt; mit Beginn des Winters stehen der ganzen Branche nun erneut Preissenkungen ins Haus, mit denen der geschrumpfte Absatz wieder angekurbelt werden soll.

Bei den Lebensmitteln hat es für die bundesdeutschen Verbraucher einen Preisrückgang vor allem bei Überschußprodukten der Landwirtschaft wie Butter und Schweinefleisch gegeben.

Eine Viertelstunde Arbeit für eine Flasche Bier oder fünf Pfund Kartoffeln

		1938		1958	
	Mengeneinheit	Preis RM	Arbeitszeitaufwand[1] Std.	Preis DM	Arbeitszeitaufwand[1] Std.
Mischbrot	1 kg	0,39	0:30	0,85	0:22
Markenbutter	250 g	0,80	1:00	1,73	0:45
Vollmilch	1 l	0,23	0:17	0,43	0:11
Eier	1 Stück	0,12	0:09	0,21	0:05
Schweinekotelett	1 kg	2,10	2:39	5,73	2:28
Speisekartoffeln	2,5 kg	0,23	0:17	0,56	0:14
Bohnenkaffee	250 g	1,32	1:40	4,85	2:05
Flaschenbier	0,5 l	0,31	0:24	0,63	0:16
Herrenstraßenanzug	1 Stück	49,30	62:25	126,00	54:19
Damenstraßenschuhe	1 Paar	14,71	18:37	32,00	13:47
Normalbenzin	1 l	0,39	0:30	0,63	0:16
Fernsehgerät (s/w)	1 Stück	–	–	978,00	421 :33
Kühlschrank	1 Stück	–	–	492,00	212 :04

[1] Berechnungsbasis: Durchschnittlicher Stundenverdienst aller Industriearbeiter

Entschädigung an Nazi-Opfer

27. Oktober. Sieben der elf Staaten, die 1956 Wiedergutmachungsansprüche an die Bundesrepublik für ihre Staatsbürger stellten, die während des Zweiten Weltkrieges Opfer des Nationalsozialismus wurden und in Arbeits- und Konzentrationslagern untergebracht waren, erinnern in gleichlautenden Noten die Bundesregierung an ihre Ansprüche und machen sie neuerlich geltend.

Die Regierung in Bonn vertritt die Ansicht, daß die Geschädigten keinen Anspruch auf zusätzliche Wiedergutmachung hätten, sondern wie deutsche Staatsangehörige Leistungen entsprechend dem Bundesentschädigungsgesetz erhalten sollten. Falls dies nicht möglich sei, könne ihnen notfalls auch auf karitativem Weg geholfen werden.

Mit dem Bundesentschädigungsgesetz hält sich die Bundesrepublik genau an das Londoner Schuldenabkommen, das 1952/53 mit den Kriegsgegnern des ehemaligen Deutschen Reiches ausgehandelt wurde. Hierin wurde festgelegt, daß Ansprüche von Ausländern erst nach Abschluß eines Friedensvertrages geltend gemacht werden können. Hierdurch sollte die Möglichkeit geschaffen werden, ganz Deutschland zur Entschädigung heranzuziehen.

Seit 1948 hat die Bundesrepublik rund 82 Milliarden DM an Entschädigung geleistet. Davon erhielten Verfolgte des NS-Regimes etwa 10,5 Milliarden DM. Rund die Hälfte ging an deutsche Staatsbürger, 1,65 Milliarden DM an Israel, der Rest an andere Ausländer. Es wird damit gerechnet, daß bis 1963 mindestens noch einmal 13,8 Milliarden DM an die Opfer der Nationalsozialisten gezahlt werden müssen.

Für Kriegsopferversorgung brachte die Bundesrepublik bislang etwa 40 Milliarden DM auf, mit weiteren 75 Milliarden DM wird gerechnet.

Für den Lastenausgleich – Hilfen für Bombengeschädigte sowie Flüchtlinge und Vertriebene aus den ehemaligen deutschen Ostgebieten und aus der DDR – wurden etwa 28 Milliarden DM bezahlt, die künftigen Zahlungen werden auf 56 Milliarden DM geschätzt.

Düsenmaschinen auf Transatlantikroute

4. Oktober. Zwei Flugzeuge der britischen Luftfahrtgesellschaft BOAC vom Typ »Comet IV« eröffnen im transatlantischen Passagierverkehr das Zeitalter der Düsenmaschinen.
Um 9.55 Uhr startet die erste »Comet« mit 40 Passagieren und acht Besatzungsmitgliedern an Bord von London aus nach New York. Von dort fliegt zwei Stunden später eine Maschine gleichen Typs in Richtung Europa ab. Dieses Flugzeug benötigt bis London eine Zeit von sechs Stunden und zwölf Minuten.
Charles Lindbergh benötigte für den ersten Nonstop-Transatlantikflug am 20./21. Mai 1927 von New York nach Paris 33 Stunden.

Mondrakete bleibt zwei Tage im Weltall

11. Oktober. Einen Teilerfolg erzielen die Vereinigten Staaten mit ihrer zweiten Mondrakete, der vom Raumfahrtzentrum Cape Canaveral in Florida gestarteten »Pioneer«.
Sie erreicht eine Höhe von fast 130 000 km von der Erde, verlangsamt dann jedoch die Bewegung bis zum völligen Stillstand und wird von der Anziehungskraft der Erde zurückgerissen. Es wird vermutet, daß die »Pioneer« nach einer Flugdauer von 44 Stunden in der Atmosphäre verglüht.
Die erste Mondrakete der US-Amerikaner ist am → 17. August (S. 138) bereits 77 Sekunden nach dem Start explodiert.

1958er- Version des Opel »Kapitän«: Das neue Modell ist mit Panoramascheiben ausgerüstet und wirkt dadurch länger und schnittiger als sein Vorgänger

Importe aus Japan zu billig

29. Oktober. In Tokio, wo er sich im Verlauf einer mehrwöchigen Asienreise aufhält, kritisiert Bundeswirtschaftsminister Ludwig Erhard (CDU), daß die Preise der für Westeuropa bestimmten japanischen Exportartikel zu niedrig seien.
Erhard führt aus, daß er zwar die wirtschaftliche Konkurrenz sehr begrüße, jedoch führten die Japaner einen unfairen Wettbewerb, da ihre Löhne so niedrig seien, daß die Westeuropäer die Preise nicht unterbieten könnten.
Die Japaner treten – so Erhard – zudem gleich auf zwei Märkten als Rivalen der westlichen Industrie auf: Außer Westeuropa beliefern sie auch Südostasien, wo sie ebenfalls mit unangefochten niedrigen Preisen auftreten.
Bundeswirtschaftsminister Erhard empfiehlt Japan nachdrücklich, seine Produktionskosten und -preise an die der westlichen Länder anzugleichen.
Die Äußerungen Erhards führen in der japanischen Öffentlichkeit zu Verstimmungen, weil der Minister »Japan von einem veralteten Vorkriegsstandpunkt aus betrachtet, und weil Teile der deutschen Industrie die japanische Konkurrenz wegen ihrer niedrigen Preise fürchten«.

Ford Taunus 17 M, dessen Design in der US-amerikanischen Zentrale des Herstellers entworfen wurde; auffällig die Zwei-Farben-Lackierung

Montags nur noch eine Postzustellung

1. Oktober. Um nach der Einführung der 45-Stunden-Woche möglichst wenig zusätzliches Personal einstellen zu müssen, schränkt die Deutsche Bundespost ihre Dienstleistungen ein.
Künftig wird die Post montags und sonnabends nur noch einmal zugestellt; auf den Postämtern werden die Schalter sonnabends um 14 Uhr, an verkaufsoffenen Sonnabenden wie an allen übrigen Werktagen um 18 Uhr geschlossen.
Dafür soll als neue Serviceleistung die Zahl der »stummen Postämter«, die mit Briefmarkenautomaten, Geldwechslern, Telefonzellen und Briefkästen ausgestattet sind, beträchtlich erhöht werden.

Schlechtes Wetter beeinflußt Ernte

20. Oktober. Nach Angaben des Statistischen Bundesamtes sind 1958 in der Bundesrepublik rund 400 000 t weniger Getreide geerntet worden als im Vorjahr. Eingebracht wurden von den Landwirten insgesamt 13,07 Millionen t Getreide.
Während die Anbaufläche gegenüber 1957 um 0,9% vergrößert wurde, fiel der Ertrag pro ha um etwa 0,4% niedriger aus als im vergangenen Jahr. Der Rückgang wird auf die sehr wechselhafte Witterung zurückgeführt, die negative Auswirkungen auf die Frühjahrssaat hatte. Insgesamt dienen 7,6 Millionen t der Gesamternte als Brotgetreide, der Rest als Viehfutter oder zur Verwertung in der Industrie.

Mit dem »Karmann-Ghia« spricht das Volkswagenwerk Käufer an, die sich eine sportliche Note geben wollen und deshalb den »VW-Käfer« verschmähen

Auto 1958:

Viele Motorradfahrer steigen auf Pkw um

Nach einem an Prototypen neuer Automobile reichen Jahr 1957 hat die Branche 1958 relativ wenig Neues zu bieten. Die Produzenten der Mittelklassewagen beschränken sich darauf, Varianten ihrer bewährten Modelle auf den Markt zu bringen; mehrere Kleinwagenhersteller haben ihre Prototypen nun so weit entwickelt, daß sie in Serie gebaut werden können.

Bezeichnend für die Situation auf dem Kraftfahrzeugmarkt ist der Versuch einiger Motorradhersteller, in die Automobilproduktion einzusteigen. Die Zulassungszahlen für die Krafträder, die zu Beginn der 50er Jahre noch das motorisierte Verkehrsmittel schlechthin darstellten, gehen immer mehr zurück. Statt dessen bevorzugen viele Bundesbürger einen Kleinwagen, der mehr Komfort bietet und dennoch in Anschaffung und Unterhalt kaum teurer kommt als ein zweirädriger motorisierter Untersatz.

So gelingt der Neckarsulmer Motorradfabrik mit dem NSU »Prinz«, der ab 1958 serienmäßig produziert wird, der erfolgreiche Einstieg ins Kleinwagengeschäft. Ausgestattet mit einem doppelten Motorradmotor, der allerdings ein verhältnismäßig lautes Fahrgeräusch verursacht, bringt es der NSU »Prinz« mit 20 PS auf eine Höchstgeschwindigkeit von 105 km/h.

Nicht durchsetzen kann sich dagegen der Motorradproduzent Zündapp mit dem seit 1957 gebauten Kleinwagen »Janus 250«. Die außergewöhnliche Konstruktion mit Front- und Heckeinstieg, in der Fahrer und Mitfahrer Rücken an Rücken sitzen, hat nur wenige Abnehmer gefunden; die Herstellung des »Janus« wird deshalb im Oktober 1958 wieder eingestellt.

Einen Verlust von drei Millionen DM muß der Zweiradhersteller Victoria für seinen Ausflug ins Automobilgeschäft hinnehmen. Der seit 1955 produzierte »Spatz«, ein Kleinwagen mit Kunststoffkarosserie, wird nur etwa 1500 Mal verkauft; Victoria zieht sich daraufhin 1958 wieder aus der Kleinwagenbranche zurück und schließt sich mit den Unternehmen DKW und Express zur Zweiradunion zusammen, um den weiteren Bestand der Firmen zu garantieren.

Ford-Modelle (im Uhrzeigersinn von oben r.): Custom 300, Country Sedan, Sunliner, Fairlane 500 Victoria, Skyliner

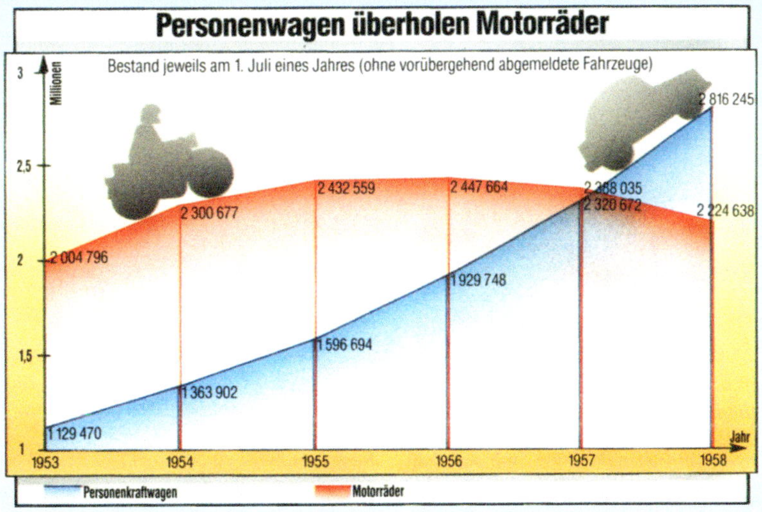

Seine Marktpräsenz ausbauen kann 1958 das Regensburger Messerschmitt-Werk, das 1958 mit der Variante »Tiger« seines Kabinenrollers herauskommt. Mit einem 500-cm³-Motor und einer Leistung von 19 PS ist der »Tiger« fast doppelt so stark wie seine Vorgängermodelle und bringt es auf eine Höchstgeschwindigkeit von 125 km/h. Wie bei allen Kabinenrollern erfolgt auch beim »Tiger« der Einstieg von oben – durch das aufklappbare Dach.

Bei den Mittelklassewagen bringt Opel in Rüsselsheim eine weiter verbesserte Variante seines »Kapitän« heraus (→ 14.6./S. 107); der Sechszylinder-Wagen gilt schon seit seiner Einführung im Jahr 1948 als preisgünstigstes und wirtschaftlichstes Modell seiner Klasse in der Bundesrepublik.

Auch Daimler-Benz bietet seine Wagen 1958 z. T. mit leichten Veränderungen an. Der Typ Mercedes-Benz 190, im September 1953 als ganz neues Modell der Öffentlichkeit präsentiert, erhält nun Ausstellfenster in den Vordertüren und wird außerdem auch mit Dieselmotor angeboten. Das aufwendigere und mit 12 500 DM gegenüber dem 190 um rund 3000 DM teurere Modell Mercedes-Benz 220 bekommt im Jahr 1958 eine SE-Variante, die über einen stärkeren Motor als die Grundversion und Benzineinspritzung verfügt.

Unangefochtener Spitzenreiter unter den bundesdeutschen Automobilherstellern ist aber auch 1958 das Wolfsburger Volkswagenwerk, das neben verschiedenen »Käfer«-Typen seit 1955 auch den sportlichen Karmann-Ghia anbietet. Dieses 1955 auf den Markt gekommene Modell ist mit einem Preis von 7500 DM für das Coupé bzw. 8250 DM für das 1957 herausgekommene Cabriolet etwa doppelt so teuer wie der Standard-»Käfer«, der wie schon 1955 für 3790 DM zu haben ist. VW expandiert 1958 mit seiner Produktion nach Kassel, wo nun Aggregate aufbereitet werden.

Krawalle bei Haley-Konzert

26. Oktober. Bei einem Gastspiel des US-amerikanischen Rock-'n'-Roll-Sängers Bill Haley im Sportpalast in Berlin (West) kommt es zu schweren Ausschreitungen, bei denen 34 Menschen, darunter fünf Polizisten, verletzt werden. Der bei dem Krawall entstandene Sachschaden wird auf 50 000 DM geschätzt.
Die Tumulte haben schon eine Stunde vor der Veranstaltung begonnen, als die jugendlichen Zuhörer die Eingänge stürmten, Fensterscheiben zerschlugen und Treppengeländer demolierten. Die Vorgruppe – die Big Band von Kurt Edelhagen – wird nach zwei Stükken durch den Ansturm grölender Jugendlicher dazu gezwungen, die Bühne zu räumen.
Bei Haleys Auftritt fliegen Holzlatten und Stuhlbeine durch die Luft. Allen Beschwichtigungsversuchen des Sängers zum Trotz stürmen die Zuhörer die Bühne und demolieren die Musikanlage und den Konzertflügel; im Saal werden ganze Stuhlreihen umgestoßen.
Die Sporthalle wird schließlich gewaltsam von der Polizei geräumt; dabei sind zwei Stunden lang 80 Beamte im Einsatz. 18 Jugendliche im Alter zwischen 16 und 21 Jahren werden festgenommen.
Bill Haley kommentiert die Vorfälle mit den Worten: »Was ich hier erlebt habe, ist eine Schande. So etwas hat es in den Vereinigten Staaten noch nie gegeben.«
Auch bei weiteren Konzerten des Sängers in der Bundesrepublik – u. a. am 27. Oktober in der Hamburger Ernst-Merck-Halle – kommt es zu Krawallen. Es wird angenommen, daß diese von wenigen Rädelsführern angezettelt werden, die dann jedoch eine große Zahl weiterer Jugendlicher mitreißen. Die als Halbstarke apostrophierten Randalierer sind auch schon anderweitig durch sinnlose Gewaltakte aufgefallen (→ 25.2./S. 40).

Der am 6. Juli 1925 geborene Bill Haley (r.) und seine Band » The Comets« sind u. a. durch ihren Hit »Rock Around the Clock« weltweit bekannt geworden

Jubel über Elvis in Bremerhaven

1. Oktober. Über 1000 Jugendliche bereiten dem US-amerikanischen Rock-'n'-Roll-Star Elvis Presley, der seinen Wehrdienst als Gefreiter der US-Truppen in der Bundesrepublik ableistet, bei seiner Ankunft in Bremerhaven einen stürmischen Empfang.
Presley, der am → 24. März (S. 60) in die Armee eintrat, soll nach den Worten seiner Vorgesetzten als ganz normaler Soldat behandelt werden; er wird bei den US-amerikanischen Streitkräften im hessischen Friedberg stationiert.
In Bremerhaven verläßt der Sänger zwar wie jeder andere Soldat mit geschultertem Seesack das Schiff, um in den Transportzug zu steigen, verteilt dann aber Kußhände sowie rote und weiße Nelken an seine Fans. Diese fordern hinter einer doppelten Polizeiabsperrung: »Wir wollen Elvis sehen!«
Zwar ist der Rock 'n' Roll ebenso wie Presleys Hits in der Bundesrepublik noch wenig verbreitet, die kleine Fangemeinde begeistert sich aber um so mehr für den Sänger mit dem erregenden Hüftschwung, der 1956 mit »Heartbreak Hotel« seinen ersten Hit landete.

In Bremerhaven kann die Polizei kaum die erregten Fans zurückhalten, die sich zur Begrüßung des Rock-'n'-Roll-Stars Elvis Presley eingefunden haben

Vor der Abreise von New York küßte Elvis Presley 76 Frauen zum Abschied

V. l.: Starlet Anita Wood, Presleys Cousine, seine Tante und seine Mutter

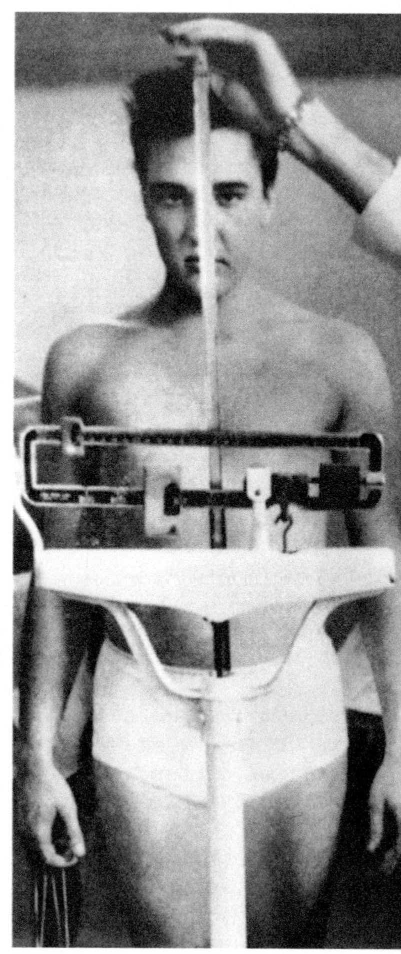

Wird behandelt wie jeder US-Soldat: Elvis Presley bei der Musterung

Der von Jugendlichen demolierte Sportpalast in Berlin (West) nach dem vorzeitig abgebrochenen Auftritt des US-amerikanischen Rock-'n'-Roll-Stars Bill Haley

Elvis Presley (r.), der bis März 1960 bei den US-Truppen im hessischen Friedberg stationiert ist, muß mit anderen Soldaten vor dem Essen strammstehen

»Typische Deutsche« im Film

Oktober. »Wir Wunderkinder«, ein Film von Kurt Hoffmann nach dem gleichnamigen Roman von Hugo Härtung, läuft in den bundesdeutschen Kinos an.

Dargestellt werden anhand einzelner Episoden die Lebenswege von zwei »typischen Deutschen«. Bruno Tiches (gespielt von Robert Graf) erweist sich stets als der Erfolgreiche, der sich an den Zeitgeist anpaßt. Sein Schulkamerad Hans Boeckel (Hansjörg Felmy) muß sich mühevoll nach oben kämpfen, gerät mit den Machthabern in Konflikte, bleibt sich aber selbst treu.

In der Zeit des Nationalsozialismus macht Tiches in der Partei Karriere, während Boekkel seine Stellung verliert und bis 1945 in innerer Emigration ausharrt.

Nach dem Krieg kommt Tiches schnell wieder nach oben, Boeckel, der mit seiner Frau (Johanna von Koczian) glücklich ist, versucht, als Journalist gegen die Alt-Nazis anzukommen.

Robert Graf als Opportunist Bruno Tiches im Film » Wir Wunderkinder«

Hans Boeckel (Hansjörg Felmy) und seine Frau Kirsten (Johanna von Koczian) haben wenig Geld zur Verfügung

»Kuli« präsentiert neues Quiz

11. Oktober. Der Hessische Rundfunk strahlt die erste Folge der Unterhaltungsshow »Sieben auf einen Streich« mit Hans-Joachim Kulenkampff als Quizmaster aus.

Für das »Tele Toto« werden jeweils eine Woche vor dem eigentlichen Sendetermin sechs Wettkämpfe angekündigt, auf deren Gewinner die Zuschauer tippen können. Beim siebten Wettbewerb muß der Sieger »blind« erraten werden.

Die »Sportereignisse«: Der Schlagersänger Gerhard Wendland und Kulenkampff treten gegeneinander zu einem Radrennen an, Mittelgewichtsboxer Gustav »Bubi« Scholz mißt sich mit Schauspieler Georg Thomalla im Hula-Hoop-Reifen-Schwingen u. ä.

Bereits die erste Folge des neuen »Kuli«-Quiz' wird ein großer Erfolg. Der Hessische Rundfunk registriert 305 000 Tipp-Zuschriften.

Quizmaster Hans-Joachim Kulenkampff ist nach längerer Pause wieder auf dem Bildschirm zu sehen

Literatur 1958:

Jüngste Vergangenheit wird zum literarischen Gegenstand

Die Zeit des Nationalsozialismus ist 1958 noch immer eines der zentralen Themen in der deutschsprachigen Literatur, bildet aber auch in Werken aus solchen Ländern, die unter dem deutschen Faschismus am stärksten zu leiden hatten, einen Schwerpunkt. Gleichzeitig liefert in wachsendem Maß die Gegenwart, die politische und soziale Umwelt mit ihren Auswirkungen auf die Menschen, Stoff für Romane, Erzählungen, Gedichte und – als in der Bundesrepublik besonders gepflegte Gattung – Hörspiele. Die Ereignisse der letzten Wochen im Konzentrationslager Buchenwald sind Gegenstand des Romans »Nackt unter Wölfen« des in der DDR lebenden Schriftstellers Bruno Apitz. Der im Jahr 1900 geborene Autor, der 1927 der KPD beitrat, war von 1934 bis 1945 inhaftiert, davon acht Jahre in Buchenwald, wo er die im Roman geschilderten Geschehnisse selbst miterlebt hat.
Beschrieben wird das Schicksal eines dreijährigen jüdischen Kindes, das von Auschwitz nach Buchenwald geschmuggelt wird. Trotz aller Schwierigkeiten gelingt es den Lagerinsassen, das Kind bis zur Befreiung des KZ zu verstecken; es wird schließlich im Triumphzug in die Freiheit getragen, gleichsam als Symbol des Widerstands und der Menschlichkeit. Wenngleich Apitz' Roman dank seiner mitreißenden Handlung und dem anrührenden Konfliktstoff zu einem großen Erfolg wird, werfen ihm Kritiker vor, sich nicht mit dem Faschismus selbst, seinen Voraussetzungen und seiner Entstehung auseinanderzusetzen, sondern lediglich die persönliche Schuld der dargestellten SS-Chargen zu beschreiben.
Das Leben im Konzentrationslager – im Durchgangslager und propagandistisch als »Musterghetto« geführten Theresienstadt – ist auch Thema der Erzählungensammlung »Nacht und Hoffnung« des 1926 geborenen tschechischen Dichters Arnost Lustig. Das Motto des Buches »Hundertmal fallen und sich hundertmal wieder erheben und doch nicht rufen – Ach!« gilt für alle Helden des Autors, deren Seelenleben er nüchtern und prägnant beschreibt. Hoffnung, der Wunsch nach Weiterleben, der Antrieb zum Kampf gegen die Lageraufseher und für die Freiheit bleibt ihnen auch in der erbarmungslosen, erdrückenden Lageratmosphäre.
Ebenfalls aus jüdischer Sicht schildert der aus Wien stammende, seit 1927 in Jerusalem lebende Schriftsteller Moscheh Ya'akov Ben-Gavriel die Zeit des Nationalsozialismus. In seinem Roman »Das Haus in der Karpfengasse« entwirft er ein Bild der Bewohner eines Hauses in der Prager Altstadt und der Leiden, die den Juden unter ihnen während der Zeit des Faschismus zugefügt wurden.
Mit dem Nationalsozialismus als einem Teil der deutschen Geschichte beschäftigt sich Wolfdietrich Schnurre, einer der Mitbegründer der Gruppe 47, in seinem »Roman in Geschichten« »Als Vaters Bart noch rot war«. Er schildert die Erfahrungen seiner Familie, die 1928 kurz vor der Weltwirtschaftskrise in die Reichshauptstadt Berlin zog und nach der Machtübernahme der Nationalsozialisten 1933 auf ein abgelegenes Gut an der polnischen Grenze »verreiste«.
Autobiographisch schildert auch der Romancier Gustav Regler die Zeit zwischen den beiden Weltkriegen in seiner Lebensgeschichte »Das Ohr des Malchus«. Beispielhaft für viele andere Künstler und Intellektuelle berichtet Regler über sein politisches Engagement, die Zeit des Exils nach 1933 und seinen Kampf für die spanische Republik an der Seite unter anderem von Ernest Hemingway, Hans Beimler und Ludwig Renn.

Truman Capote, Autor von »Frühstück bei Tiffany«

A. Sillitoe schreibt über die britische Arbeitswelt

Leon Uris veröffentlicht den Bestseller »Exodus«

Die deutsche Ausgabe erscheint im Jahr 1958

Die Schlacht bei Monte Cassino im Frühjahr 1944 hat Heinz Günther Konsalik zum Hintergrund seines neuen Romans »Sie fielen vom Himmel« gewählt. Inmitten einer verwirrenden Handlungsfülle versucht er sich in Vergangenheitsbewältigung, indem er Offiziere über Kriegs- und Kollektivschuld philosophieren läßt.
Schuld und der weitere Lebensweg überzeugter Nationalsozialisten nach 1945 sind das Thema in Willy Heinrichs Roman »Die Gezeichneten«. Sein Fazit: Die Alt-Nazis entgehen ihrer gerechten Strafe, während Mitläufer von der Vergangenheit eingeholt werden.
Mit dem Schicksal der Juden auch in der Zeit des Nationalsozialismus, vor allem aber während ihres Ringens um den Staat Israel, befaßt sich der US-Amerikaner Leon Uris in seinem Roman »Exodus«. Im ersten Teil schildert er einen verzweifelten Versuch der in einem Auffanglager in Zypern lebenden jüdischen Emigranten, die von den Briten verhängte Blockade zu durchbrechen und per Schiff im britischen Mandatsgebiet Palästina zu landen; mit dem Aufbau und der Verteidigung des jungen Staates Israel nach 1948 beschäftigt sich der zweite Teil des Romans.
Ein ungewöhnliches Romandebüt gibt die südafrikanische Schriftstellerin Nadine Gordimer: In »Fremdling unter Fremden«, der in Großbritannien erscheint und noch 1958 in die dritte Auflage geht, bezieht die Weiße Stellung gegen das Apartheidregime in ihrer Heimat.
Nach seinem Erfolg mit »Unterwegs« 1957 bringt der US-amerikanische Tramp und Gelegenheitsarbeiter Jack Kerouac 1958 mit »Be-Bop, Bars und weißes Pulver« sowie »Gammler, Zen und hohe Berge« gleich zwei neue Romane heraus. Sie vermitteln in Inhalt und Sprache, die oft in Slang übergeht, ein Bild vom Lebensgefühl der jungen Generation in den Vereinigten Staaten der späten 50er Jahre.
Einen Welterfolg hat der US-Amerikaner Truman Capote mit seinem Roman »Frühstück bei Tiffany«, in dem er den Aufenthalt der 18jährigen Holly Golightly in New York schildert. Die aus einer allzu früh geschlossenen Ehe vom Land in die Großstadt geflüchtete Frau lernt in einer Gesellschaft von Bohemiens, Playboys und Asozialen ein ihr gänzlich unbekanntes Leben kennendes gelingt ihr jedoch, ihre Integrität und Unabhängigkeit zu bewahren. Holly Golightly setzt sich schließlich nach Südamerika ab, wo sie ein ganz neues Leben beginnen will. Truman Capote besticht vor allem durch seinen Sprachstil, mit dem er ein pointiertes Porträt seiner Heldin zeichnet.
Das englische Arbeitermilieu der Gegenwart schildert der 1928 geborene englische Schriftsteller Alan Sillitoe in seinem ersten Roman »Samstag Nacht und Sonntag Morgen«. Sein Held, der 21jährige Arthur Seaton, will sich mit dem eintönigen Arbeitsleben arrangieren, indem er am Samstagabend in erotische und alkoholische Abenteuer taumelt. Die Ernüchterung folgt jeweils am Sonntagmorgen.

Pasternak lehnt unter Druck Nobelpreis ab

29. Oktober. Der sowjetrussische Schriftsteller Boris L. Pasternak lehnt die Annahme des ihm vier Tage zuvor verliehenen Nobelpreises für Literatur ab.
Er begründet seinen Schritt damit, daß er durch diese Auszeichnung in den Mittelpunkt einer politischen Kampagne gerückt worden sei und nicht mehr sein literarisches Werk gewürdigt werde.
Vor seiner Verzichtserklärung ist Boris L. Pasternak aus dem sowjetischen Schriftstellerverband ausgeschlossen worden; außerdem wurden ihm die Titel »sowjetischer Schriftsteller« und »sowjetischer Übersetzer« aberkannt.
Rund 800 Moskauer Autoren fordern am 31. Oktober, Pasternak zusätzlich das Bürgerrecht zu entziehen, was praktisch einer Ausweisung gleichkommt. Der Autor selbst schreibt in einem Brief an Parteichef Nikita S. Chruschtschow am selben Tag, daß eine Ausreise für ihn unmöglich sei, da er sich mit Rußland durch Geburt, Leben und Arbeit verbunden fühle. Eine Übersiedelung aus seinem Heimatland bedeute für ihn den Tod.

Boris Pasternak, Verfasser des Romans »Doktor Schiwago«

Pasternak ist vor allem wegen seines 1956 vollendeten, bislang aber nicht in der Sowjetunion erschienenen Romans »Doktor Schiwago« in die Schußlinie geraten. Das 1957 zuerst in Italien veröffentlichte Werk war laut Begründung des Nobelkomitees entscheidend für die Zuerkennung des Literaturpreises an den sowjetischen Autor.
Während Pasternak in der Sowjetunion nun als »Verräter«, als ein »räudiges Schaf« oder auch als »Schwein« tituliert wird, kommt es im Westen zu zahlreichen Sympathiekundgebungen. Der internationale PEN-Club in London fordert den sowjetischen Verband der Schriftsteller in einem Telegramm auf, die Kampagne gegen Pasternak einzustellen: »Wir ersuchen Sie, den Dichter zu beschützen und dadurch das Recht der schöpferischen Freiheit zu bewahren.«

Boris Pasternaks »Doktor Schiwago«

Der Arzt, Wissenschaftler und Lyriker Jurij Andrejewitsch Schiwago steht im Mittelpunkt von Boris Pasternaks Roman »Doktor Schiwago«, der im vor- und nachrevolutionären Rußland (etwa von 1904 bis um 1930) spielt. Schiwago, dessen gutbürgerliches Leben durch die Revolution 1917 aus den Angeln gehoben wird, zieht mit seiner Familie aufs Land und versucht dort, ein freies unengagiertes Leben zu führen.
Der Roman ist formal bewußt unübersichtlich gestaltet und lehnt sich damit an Vorbilder an, die nicht mit der sowjetischen Kunstideologie übereinstimmen. Schiwago verteidigt diesen Stil in dem Roman mit den Worten: »Das ungeordnete Aufzählen von äußerlich unvereinbaren Gegenständen und Begriffen ... stellt eine neue Ordnung des Sehens, der Wiedergabe von Eindrücken dar, die unmittelbar aus dem Leben und der Natur herrühren.«

Bubi Scholz wird erstmals Europameister

4. Oktober. *Vor 30 000 Zuschauern in der Nordkurve des Olympiastadions in Berlin (West) wird Gustav (»Bubi«) Scholz (im Bild l.) durch einen Aufgabesieg in der zwölften Runde über Titelverteidiger Charles Humez (Frankreich; im Bild r.) Europameister der Profiboxer im Mittelgewicht. Durch diesen Sieg in seinem 72. Kampf als Berufsboxer revanchiert sich der 28jährige Berliner zugleich für die umstrittene Punktniederlage gegen Humez am 1. März 1958 im Pariser Sportpalast. Erst in der zweiten Hälfte des Kampfes hat Scholz entscheidende Vorteile. Nach schweren Treffern in der zwölften Runde gibt Humez mitten im Schlagabtausch auf.*

Mike Hawthorn erringt Weltmeistertitel

19. Oktober. *Durch einen zweiten Platz hinter seinem Landsmann und großen Rivalen Stirling Moss auf Vanwall im zehnten und letzten Lauf der Fahrerweltmeisterschaft beim Großen Preis von Marokko auf dem Kurs von Ain Dab wird der Brite Mike Hawthorn (Abb., vorn) auf Ferrari neuer Automobil-Weltmeister. Er ist damit Nachfolger des Argentiniers Juan Manuel Fangio, der fünf Mal (1951 und 1954-1957) bester Fahrer der Welt war. Hawthorn wird seinen Titel allerdings nicht verteidigen: Am 27. Oktober beschließt er seinen Rücktritt vom Automobilrennsport, der offiziell aber erst sechs Wochen später bekanntgegeben wird.*

November 1958

Mo	Di	Mi	Do	Fr	Sa	So
					1	2
3	4	5	6	7	8	9
10	11	12	13	14	15	16
17	18	19	20	21	22	23
24	25	26	27	28		

1. November, Sonnabend

Zum vierten Jahrestag des Beginns des Krieges um die algerische Unabhängigkeit erklärt Ferhat Abbas, Chef der algerischen Exilregierung in Kairo, er sei nach wie vor bereit, mit Frankreich über eine friedliche Regelung des Konflikts zu verhandeln (→ 19.9./S. 151).

Nach den Worten des Außenministers der Volksrepublik China, Tschen Yi, ist die Befreiung von Formosa (Taiwan), den Inseln Matsu und Quemoy sowie den Pescadoren für China eine Lebensnotwendigkeit (→ 23.8./S. 134; 4.9./ S. 152).

Das UN-Büro für Sozialangelegenheiten schätzt, daß die Weltbevölkerung bis 1980 auf vier Milliarden Menschen anwachsen wird; bis zur Jahrtausendwende sollen es sechs bis sieben Milliarden sein. Die Bevölkerungskapazität der Erde wird von verschiedenen Experten auf Werte zwischen fünf und 16 Milliarden Bewohner geschätzt.

2. November, Sonntag

Mit einem Festakt wird auf der Museumsinsel in Berlin (Ost) eine Ausstellung mit Kunstschätzen – darunter der Pergamonaltar – eröffnet, die 1945 in die Sowjetunion gebracht und nun zurückgegeben wurden. → S. 189

Zwischen den nationalen Wissenschaftlichen Akademien der Vereinigten Staaten und der Sowjetunion wird ein Kulturabkommen geschlossen.

3. November, Montag

In Paris wird das neuerrichtete UNESCO-Gebäude eingeweiht, an dem u. a. Pablo Picasso und Joan Miro mitgewirkt haben. → S. 188

In Großbritannien erscheinen die Memoiren des britischen Feldmarschalls Bernard Law, Viscount Montgomery of Alamein and Hindhead, der u. a. 1944 die Landung der alliierten Truppen in Frankreich führte. → S. 183

4. November, Dienstag

Bei den Kongreß- und Gouverneurswahlen in den USA erzielen die Demokraten bei hoher Wahlbeteiligung erhebliche Stimmengewinne. → S. 181

Die UN-Vollversammlung billigt eine Resolution, in der die drei Atommächte aufgefordert werden, keine Anstrengungen zu scheuen, um einen Atomteststopp unter internationaler Kontrolle zu erreichen (→ 17.12./S. 197).

Direkt im Fernsehen übertragen wird die feierliche Krönung des neuen Papstes Johannes XXIII. im Petersdom in Rom (→ 28.10./S. 166).

Im Théâtre de l'Athénée in Paris wird das Stück »Don Juan« von Henri de Montherlant uraufgeführt.

5. November, Mittwoch

Der Regierende Bürgermeister von Berlin (West), Willy Brandt (SPD), weist die Erklärungen von SED-Chef Walter Ulbricht, Berlin gehöre zum Territorium der DDR, zurück. Berlin und die DDR gehörten vielmehr zu Deutschland, die Hauptstadt Deutschlands sei und bleibe Berlin (→ 27.11./S. 180).

Zum vierten Mal innerhalb weniger Wochen zwingen kubanische Rebellen eine Verkehrsmaschine der Fluggesellschaft Cubana zur Landung auf einem von ihnen kontrollierten Flugplatz. → S. 181

Zu Beginn ihrer zehnten Generalkonferenz in Paris lehnt die UNESCO die von der Sowjetunion beantragte Aufnahme der Volksrepublik China ab.

6. November, Donnerstag

Mit großer Mehrheit verabschiedet der Bundestag eine Novelle zum Lebensmittelgesetz, die u. a. die Zulässigkeit von Fremdstoffen in Lebensmitteln stark einschränkt. → S. 185

7. November, Freitag

US-Präsident Dwight D. Eisenhower äußert sich zur Fortführung der sowjetischen Kernwaffenversuche: Diese stünden im Gegensatz zur UN-Resolution vom 4. November und entbänden somit die USA von jeder Verpflichtung, die sie mit ihrem Angebot zu einem Atomteststopp eingegangen seien.

Während der Feiern zum 41. Jahrestag der Oktoberrevolution erklärt der stellvertretende Ministerpräsident der UdSSR, Anastas I. Mikojan, mit Hinweis auf die Krisen im Fernen und im Nahen Osten, die kommunistischen Staaten hätten durch ihr Verhalten bewiesen, daß der Krieg keine schicksalhafte Unvermeidbarkeit sei.

Die libanesische Regierung in Beirut bringt die Hoffnung zum Ausdruck, daß der normale Handels- und Transitverkehr mit der Vereinigten Arabischen Republik bald wieder aufgenommen werden könne.

Der Bürgermeister von Berlin (Ost), Friedrich Ebert, kündigt Reiseerleichterungen für Bewohner von Berlin (West) in die DDR an und erklärt zugleich, in Berlin (Ost) stünden 10 000 Arbeitsplätze für Westberliner zur Verfügung. → S. 181

8. November, Sonnabend

Bundeswirtschaftsminister Ludwig Erhard kehrt von einer fünfwöchigen Reise durch sieben asiatische Länder zurück. Auf Kritik stieß er u. a. deshalb, weil er die politische Lage in Ceylon (Sri Lanka) als zu instabil für bundesdeutsche Investoren bezeichnete (→ 29.10./S. 170).

Fragen des atlantischen Militärbündnisses sowie mögliche Folgen des wirtschaftlichen Zusammenschlusses in Europa sind Hauptthemen bei den zweitägigen Gesprächen zwischen Bundeskanzler Konrad Adenauer und dem kanadischen Ministerpräsidenten John Diefenbaker in Bonn.

In einer durch die sowjetische Nachrichtenagentur TASS verbreiteten Erklärung wird der Rückzug der US-amerikanischen Truppen aus Südkorea gefordert (→ 24.12./S. 198).

In Brüssel vereinbaren die Europäische Atomgemeinschaft und die Vereinigten Staaten ein Abkommen zur Förderung der Kernforschung auf dem europäischen Kontinent. → S. 183

Bei den Wahlen auf den Färoer-Inseln – sie haben 1948 von Dänemark weitgehende Autonomie erhalten – erreichen die vier bisherigen Regierungsparteien 22 der 30 Parlamentssitze.

9. November, Sonntag

Der Schweizer Schriftsteller Max Frisch wird in Darmstadt mit dem Georg-Büchner-Preis ausgezeichnet. → S. 188

Während seiner Europa-Tournee gibt der farbige US-amerikanische Jazz-Musiker Edward Kennedy (»Duke«) Ellington auch in Frankfurt am Main ein Konzert. → S. 189

Der Schlagerkomponist Peter Kreuder wirft der DDR vor, ihre Hymne sei ein Plagiat seiner Komposition »Good-bye, Johnny« aus dem Hans-Albers-Film »Wasser für Canitoga« von 1938. → S. 189

10. November, Montag

Auf einer Kundgebung in Moskau fordert der sowjetische Ministerpräsident Nikita S. Chruschtschow eine Revision des Potsdamer Abkommens der Siegermächte über Deutschland von 1945 und kündigt an, die UdSSR wollten ihren Teil der Kontrolle über Berlin an die DDR übertragen (→ 27.11./S. 180).

In Genf beginnt eine Expertenkonferenz zur Verhinderung von Überraschungsangriffen (→ 17.12./S. 197).

Nach einem Luftzwischenfall über Syrien bricht der jordanische König Husain seinen Flug nach Europa ab. Er erklärt, zwei Jäger der Vereinigten Arabischen Republik (VAR) hätten sein Flugzeug angegriffen, nachdem er der Aufforderung, im syrischen Damaskus zu landen, nicht nachgekommen sei.

Beim Besuch des griechischen Ministerpräsidenten Konstandinos Karamanlis in Bonn wird u. a. vereinbart, daß die Bundesrepublik dem südeuropäischen Land eine Anleihe in Höhe von 200 Millionen DM gewährt.

Am Württembergischen Staatstheater in Stuttgart wird postum das Stück »Der aufhaltsame Aufstieg des Arturo Ui« von Bertolt Brecht uraufgeführt, das 1941 entstand. → S. 188

11. November, Dienstag

Die britische Regierung erklärt sich nicht bereit, den sowjetischen Plan einer sofortigen Einstellung der Kernwaffenversuche ohne ein gleichzeitiges Abkommen über ein Kontrollsystem anzunehmen.

Um dem seit Ende Oktober andauernden Streik der Erdölarbeiter ein Ende zu setzen, verhängt der argentinische Präsident Arturo Frondizi den Belagerungszustand über das Land. Am 13. November gibt die Regierung bekannt, daß ein unter Beteiligung von Vizepräsident Alejandro Gomez geplantes Komplott habe verhindert werden können (→ 13.5./S. 88).

Drei Tage vor dem Kinostart läuft im Deutschen Fernsehen der Spielfilm »Freunde fürs Leben«.

12. November, Mittwoch

Die DDR-Regierung fordert in einem Memorandum 60 Staaten auf, ihre diplomatischen Beziehungen zu Deutschland nicht auf die Bundesrepublik zu beschränken, sondern auch die DDR anzuerkennen. → S. 181

Mit einem überraschend hohen Sieg des bisherigen Premierministers Sir Roy Welensky enden die Parlamentswahlen in der Zentralafrikanischen Föderation (heute Simbabwe); seine United Federal Party erringt 41 der 59 Parlamentssitze. → S. 182

13. November, Donnerstag

Auf der Jahresversammlung der 21 Staaten des Colombo-Plans in Seattle/ Washington stellt US-Präsident Dwight D. Eisenhower einen Fünfpunkteplan zur wirtschaftlichen Förderung der unterentwickelten Länder vor. → S. 183

In Venezuela legt Konteradmiral Wolfgang Larrazabal sein Amt als Präsident der Regierungsjunta nieder, das er am 23. Januar übernommen hat. Nachfolger wird am 14. November Edgar Sanabria.

Nach Angaben der Rationalisierungsgemeinschaft Mensch und Arbeit ist die Zahl der berufstätigen Frauen in der Bundesrepublik seit 1952 um 37,5% auf rund 6,2 Millionen gestiegen. → S. 185

»Der Autofriedhof«, ein Schauspiel von Fernando Arrabal, wird im New Yorker Street Theatre uraufgeführt.

14. November, Freitag

Der baden-württembergische Ministerpräsident Gebhard Müller (CDU) wird vom Bundesrat zum Präsidenten des Bundesverfassungsgerichts in Karlsruhe gewählt. Er wird Nachfolger des verstorbenen Joseph Wintrich.

In den Münchner Kammerspielen ist die Uraufführung des Theaterstücks »Pastorale oder Die Zeit für Kakao« von Wolfgang Hildesheimer zu sehen.

15. November, Sonnabend

Bundeskanzler Konrad Adenauer erklärt vor Journalisten in Bad Godesberg, durch die Moskauer Rede von Ministerpräsident Nikita S. Chruschtschow am 10. November sei eine äußerst gefährliche Lage nicht nur für die Bundesrepublik, sondern für die ganze Welt entstanden (→ 27.11./S. 180).

DDR-Betriebskampfgruppe auf der Titelseite der in Berlin (Ost) erscheinenden »Neuen Berliner Illustrierten« vom November 1958

NEUE Berliner Illustrierte
NBI blickte
hinter
Türen
aus
Stahl
und
Paraffin
45 8. NOVEMBER PREIS 30 PF 58

November 1958

Die Hamburger Börse, eine der ältesten deutschen Einrichtungen dieser Art, feiert ihr 400jähriges Bestehen. → S. 185

16. November, Sonntag

Bei den Wahlen zur DDR-Volkskammer erhalten die Kandidaten der Einheitsliste erwartungsgemäß 99,87% der abgegebenen Stimmen.

Mit 99,6% der abgegebenen Stimmen werden in Ungarn die Kandidaten der Vaterländischen Volksfront bei den Parlamentswahlen bestätigt.

Am Luganer See wird die erste vollautomatische Drahtseilbahn in Betrieb genommen. Bei der knapp 1000 m langen Bahn fahren die Kabinen automatisch ab, wenn der Fahrgast Geld in einen Apparat geworfen hat.

Durch ein 4:3 nach Verlängerung über Fortuna Düsseldorf gewinnt die Mannschaft von VfB Stuttgart vor 25 000 Zuschauern in Kassel den Vereinspokal des Deutschen Fußballbunds.

17. November, Montag

Der marokkanische König Muhammad V. fordert den Abzug aller US-amerikanischen Truppen aus seinem Land.

Mit einem Staatsstreich bringt der Oberbefehlshaber der sudanesischen Streitkräfte, General Ibrahim Abbud, die Macht im Staat an sich. → S. 182

Der Vorsitzende des Regierungsausschusses des Europäischen Wirtschaftsrats für die Verhandlungen über die Freihandelszone, Reginald Maudling, gibt die vorläufige Einstellung sämtlicher Arbeiten des Ausschusses und der von ihm benannten Arbeitsgruppen bekannt. → S. 183

18. November, Dienstag

In einer Rede in Cleveland warnt der US-amerikanische Außenminister John Foster Dulles die jungen unabhängigen Staaten vor den „trügerischen Versprechungen des Kommunismus".

Nach Angaben der Bundespost sind weltweit etwa 110 Millionen Telefonanschlüsse installiert, davon allein 60 Millionen in den Vereinigten Staaten. → S. 185

19. November, Büß- und Bettag

Die UN-Beobachtertruppe im Libanon betrachtet ihre Aufgabe als beendet und zieht sich zurück. Am 25. November streicht der Sicherheitsrat der Vereinten Nationen die Klage Libanons gegen die Vereinigte Arabische Republik von der Tagesordnung (→ 29.10./S. 167).

In einem Fußball-Länderspiel im Berliner Olympiastadion, das 81 000 Zuschauer live verfolgen, trennen sich die Mannschaften der Bundesrepublik und Österreichs 2:2. → S. 189

20. November, Donnerstag

Vor dem Berliner Abgeordnetenhaus erklärt der Regierende Bürgermeister Willy Brandt, die Westberliner Bevölkerung werde sich durch die sowjetischen Drohungen nicht aus der Ruhe bringen lassen. – Am selben Tag empfängt Bundeskanzler Konrad Adenauer in Bonn den sowjetischen Botschafter Andrei A. Smirnow zu Besprechungen über den Status von Berlin (→ 27.11./S. 180).

Das US-Außenministerium erklärt, die Vereinigten Staaten würden auf ihren Rechten in Berlin bestehen und seien gewillt, die Versorgung ihrer Truppen und gegebenenfalls der Bevölkerung gegen alle Widerstände durchzusetzen, falls die Sowjets die Kontrolle der Zufahrtsstraßen und des Luftverkehrs der DDR-Regierung übergeben (→ 27.11./S. 180).

Zwischen der Bundesrepublik und der DDR wird die Lieferung von Steinkohle aus dem Ruhrgebiet gegen Braunkohle und Weizen aus der DDR vereinbart. → S. 181

21. November, Freitag

Die rund 1500 Beschäftigten vom Werk Gelsenkirchen des Hüttenwerkes Oberhausen erhalten ihren Lohn erstmals nicht mehr in der Lohntüte, sondern er wird ihnen – wie den Angestellten – fluden ganzen Monat überwiesen. → S. 185

22. November, Sonnabend

Die Organisation der griechischen Zyprioten, EOKA, bietet auf einem in Nikosia verteilten Flugblatt an, die »aktive Kampagne« vorläufig einzustellen, um den Vereinten Nationen Gelegenheit zu geben, in einer ruhigen Atmosphäre die Zypernkrise zu lösen. – Am folgenden Tag erklärt der EOKA-Führer, Erzbischof Makarios III., die Waffenruhe werde unbeschränkt fortdauern, falls die Briten »guten Willen und Verständnis« zeigten (→ 15.8./S. 135).

Bei den Wahlen in Australien erreicht die bisherige Regierungskoalition aus Liberalen und Agrariern unter Führung von Ministerpräsident Robert Menzies erneut die Mehrheit im Parlament.

Der Italiener Vittorio Veronese wird neuer Generaldirektor der UN-Unterorganisation für Erziehung, Wissenschaft und Kultur (UNESCO).

23. November, Sonntag

Bei den Landtagswahlen in Bayern und Hessen werden die bisherigen Regierungen bestätigt: In Hessen erreichen SPD und GB/BHE gemeinsam 55 der 96 Landtagssitze, die regierende CSU erhält in Bayern allein 101 der 204 Mandate, ihre Koalitionspartner gewinnen 17 (GB/BHE) bzw. 8 Sitze (FDP).

Das seit 1957 unabhängige Ghana und Guinea, das seit dem → 2. Oktober (S. 167) souverän ist, geben bekannt, daß sie eine Union eingehen werden, die den Kern der zukünftigen Vereinigten Staaten von Westafrika bilden soll.

Am 15. Jahrestag der Zerstörung der Kaiser-Wilhelm-Gedächtniskirche wird auf dem Breitscheidtplatz in Berlin (West) der Grundstein für den Kirchenneubau nach dem Entwurf des Architekten Egon Eiermann gelegt.

24. November, Montag

SED-Chef Walter Ulbricht erklärt in einem Interview mit der Londoner »Daily Mail«, daß derjenige, der das Gebiet der DDR auf dem Wasser-, Land- oder Luftweg benutze, die Regierung der DDR de facto anerkenne.

25. November, Dienstag

Die Territorialversammlung in Saint-Louis proklamiert Senegal zur autonomen Republik innerhalb der Französischen Gemeinschaft. Der Soudan (seit 1960 Mali) hat schon einen Tag zuvor diesen Schritt vollzogen; am 28. November folgen Gabun, Kongo, Tschad und Mauretanien. → S. 182

26. November, Mittwoch

Bundeskanzler Konrad Adenauer (CDU) und der französische Ministerpräsident Charles de Gaulle treffen in Bad Kreuznach zu einer allgemeinen Aussprache zusammen.

Bei seinem Besuch in London bekräftigt der US-amerikanische Vizepräsident Richard M. Nixon die Entschlossenheit der Vereinigten Staaten, in Berlin zu bleiben (→ 27.11./S. 180).

Den Rekordpreis von 140 DM erzielt auf der Trierer Herbst-Weinversteigerung eine Flasche »1949er Wehlener-Zeltinger Sonnenuhr Trockenbeerenauslese«. Dies ist der höchste Preis, der bislang auf einer deutschen Weinversteigerung für eine Flasche geboten wurde.

27. November, Donnerstag

In Noten an die drei Westmächte, die Bundesrepublik und die DDR fordert die sowjetische Regierung, Berlin innerhalb von sechs Monaten in eine entmilitarisierte freie Stadt umzuwandeln; andernfalls werde sie ihre Berlin-Rechte auf die DDR übertragen. → S. 180

Die Landesregierung von Nordrhein-Westfalen entscheidet in einem seit Jahren geführten Streit, daß der Flughafen Köln-Wahn und nicht Düsseldorf-Lohhausen zu einem interkontinentalen Flughafen ausgebaut werden soll. Hauptargument für die Entscheidung ist die geringere Lärmbelästigung durch den in größerer Entfernung vom Stadtzentrum gelegenen Flugplatz Wahn.

28. November, Freitag

In Reaktion auf das sowjetische Ultimatum vom Vortag betont DDR-Ministerpräsident Otto Grotewohl erneut, daß ganz Berlin auf dem Territorium der DDR liege und Hauptstadt der DDR sei. – In derselben Frage erklärt das britische Außenministerium, die internationalen Abkommen über Deutschland und Berlin könnten nicht einseitig widerrufen werden (→ 27.11./S. 180).

General Lauris Norstad, Oberbefehlshaber der Truppen des westlichen Militärpaktes (NATO) in Europa, kündigt die Ausrüstung der meisten NATO-Armeen mit modernsten Atomwaffen innerhalb der nächsten drei bis sechs Monate an. Die Kontrolle über die Atomsprengköpfe wollen sich die USA vorbehalten.

Eine US-amerikanische Interkontinentalrakete vom Typ »Atlas« legt von Cape Canaveral/Florida zu ihrem Zielgebiet im Südatlantik erstmals die volle vorgesehene Distanz von 10 000 km zurück.

Die Österreichische Volkspartei (ÖVP) beschließt auf ihrem Parteitag in Innsbruck (bis 30.11.) ein neues Grundsatzprogramm, das die ÖVP als Partei der Mitte etablieren soll. → S. 182

Nach heftigen Protesten im Parlament zieht der japanische Ministerpräsident Nobosuke Kischi einen Gesetzentwurf zurück, der umfassendere Rechte für die Polizei vorsah. → S. 183

29. November, Sonnabend

Der sowjetische Ministerpräsident und Parteiführer Nikita S. Chruschtschow schlägt die Einberufung einer Roundtable-Konferenz mit Gesprächspartnern aus Ost und West vor, um eine friedliche Lösung der Berlin-Frage zu erreichen (→ 27.11./S. 180).

In einem Interview mit der »New York Times« erklärt SED-Chef Walter Ulbricht, daß die DDR eine alliierte Luftbrücke nach Berlin (West) als eine gegen sie gerichtete militärische Drohung betrachten werde (→ 27.11./S. 180).

Ein 2000 m² großes Grundstück bei Perugia in der italienischen Provinz Umbrien ist der Hauptpreis bei der Tombola auf dem diesjährigen Bundespresseball, zu dem sich die Bonner Politprominenz in Bad Neuenahr versammelt.

30. November, Sonntag

Bei den Wahlen zur ersten Nationalversammlung der V. Republik Frankreichs erhält die von Ministerpräsident Charles de Gaulle gegründete Union für die neue Republik (UNR) 188 der 465 Mandate, zweitstärkste Fraktion im Parlament werden die Konservativen mit 132 Abgeordneten. → S. 182

Die bulgarische Nationalversammlung wählt das Politbüromitglied Dimitar Ganew als Nachfolger des drei Tage zuvor verstorbenen Georgi Damjanow zum Präsidenten. → S. 182

Allgemeine Parlamentswahlen in Uruguay enden mit dem Sieg der konservativen Blancos über die liberalen Colorados, die seit 94 Jahren die Regierung gestellt hatten. → S. 183

Im November erhöht sich die Zahl der Arbeitslosen in der Bundesrepublik um rund 69 500 auf 462 200; dies entspricht einer Erwerbslosenquote von 2,2%. Im November 1957 lag die Arbeitslosenzahl um 52 900 über dem jetzigen Wert.

Das Wetter im Monat November

Station	Mittlere Lufttemperatur (°C)	Niederschlag (mm)	Sonnenscheindauer (Std.)
Aachen	– (6,0)	– (67)	– (62)
Berlin	4,8 (3,9)	– (46)	– (50)
Bremen	– (5,3)	– (60)	– (50)
München	– (3,0)	– (53)	– (54)
Wien	5,7 (4,5)	27 (53)	14 (–)
Zürich	13,6 (3,3)	66 (72)	13 (51)

() Langjähriger Mittelwert für diesen Monat
– Wert nicht ermittelt

Die britische Prinzessin Margaret, deren Affäre mit Peter Townsend die Illustrierten füllt, auf der Titelseite der Münchner »Revue« vom 8. November 1958

NUMMER 45 · MÜNCHEN, 8. NOVEMBER 1958 · 50 PFENNIG
REVUE
Townsend ausgepfiffen!
Vorwärts Kameraden wir müssen zurück
KINTOPP
Preisausschreiben

UdSSR kündigt einseitig Viermächteabkommen über Berlin

27. November. In Schreiben an die drei Westmächte, die Bundesrepublik Deutschland und die DDR kündigt die sowjetische Regierung das Viermächteabkommen über Berlin auf. Den Westmächten wird eine sechsmonatige Frist gesetzt, in der über einen neuen Status Berlins verhandelt werden soll.

Nach den Vorstellungen der Sowjetunion soll Berlin (West) in eine »freie entmilitarisierte Stadt« umgewandelt werden, deren Bestand von den vier Siegermächten unter Beteiligung der Vereinten Nationen (UN) garantiert werden soll.

Für den Fall, daß die Verhandlungen scheitern, kündigt die Sowjetunion an, sie werde ihre Rechte an Berlin und damit auch die Kontrolle über die Zufahrtswege der Stadt an die DDR übertragen.

Die Sowjetunion begründet ihre Vorschläge damit, daß Berlin in den Beziehungen der Weltmächte die Rolle einer »glimmenden Zündschnur« spiele, »die zu einem Pulverfaß gelegt worden ist«. Diesen Krisenherd gelte es nun endgültig aus der Welt zu schaffen.

Die militärische Anwesenheit der Westmächte in Berlin (West) und die von hier ausgehende »Wühltätigkeit« gegen die Ostblockstaaten stellten eine Bedrohung dar.

Das US-Außenministerium weist das nach dem sowjetischen Parteichef und Ministerpräsidenten, Nikita S. Chruschtschow, benannte Ultimatum am selben Tag in scharfer Form zurück und erklärt, daß die drei Westmächte keinesfalls auf ihre Rechte in Berlin verzichten und die Bevölkerung von Berlin (West) »unter feindliche Oberherrschaft« geraten lassen werden.

In Bonn wird die durch das Chruschtschow-Ultimatum entstandene Situation als »außerordentlich ernst« eingestuft. Die Regierung, die selbst keine Schritte zur Lösung Berlin betreffender Fragen unternehmen darf, wendet sich mit der Bitte um Einberufung einer Berlinkonferenz an die drei Westmächte.

Bundeskanzler Konrad Adenauer (CDU) erklärt am 2. Dezember vor der CDU/CSU-Bundestagsfraktion in Bonn, die sowjetische Regierung in Moskau versuche mit ihrem Ultimatum die gesamte Deutschlandfrage aufzurollen. Hierüber dürfe aber nicht unter Druck verhandelt werden (→ 14.12./S. 198).

»Westberlin wird entmilitarisierte Freistadt«

In ihrem Ultimatum vom 27. November legt die Sowjetunion die Entwicklung der unter Viermächteverantwortung stehenden Stadt Berlin aus ihrer Sicht dar und kündigt Schritte an, die eine Ausweitung der Souveränitätsrechte der DDR zur Folge haben (Auszüge):

»Die Sowjetregierung hat beschlossen, ihrerseits Maßnahmen zur Aufhebung des Besatzungsregimes in Berlin zu ergreifen, ausgehend von dem Bestreben, eine Normalisierung der Lage in Berlin im Interesse des europäischen Friedens, im Interesse der friedlichen, unabhängigen Entwicklung Deutschlands herbeizuführen ...

Zugleich ist die Sowjetunion bereit, mit den Regierungen der Vereinigten Staaten von Amerika und anderen interessierten Staaten Verhandlungen darüber aufzunehmen, Westberlin den Status einer entmilitarisierten Freistadt zu gewähren...

Die Sowjetregierung strebt an, daß die erforderliche Änderung der Lage Berlins in einer ruhigen Atmosphäre ohne Eile und unnötige Reibungen unter möglichst weitgehender Berücksichtigung der Belange der interessierten Seiten erfolge ... In Anbetracht dessen gedenkt die Sowjetregierung im Laufe eines halben Jahres keine Änderungen an dem gegenwärtig geltenden Modus für Militärtransporte der USA, Großbritanniens und Frankreichs aus Westberlin in die Bundesrepublik vorzunehmen. Sie hält diese Frist für durchaus hinreichend, um eine gesunde Basis für die Lösung der Fragen zu finden, die mit der Änderung der Lage Berlins verbunden sind und eventuelle Komplikationen zu vermeiden ...

Wird die erwähnte Frist jedoch nicht dazu ausgenutzt, zu einer entsprechenden Einigung zu gelangen, so wird die Sowjetunion durch Übereinkommen mit der DDR die geplanten Maßnahmen durchführen. Hierbei wird in Betracht gezogen, daß die DDR wie jeder andere selbständige Staat ganz für die Fragen zuständig sein muß, die ihren Raum betreffen, d.h. ihre Hoheitsrechte zu Lande, zu Wasser und in der Luft ausüben muß ...«

Nikita S. Chruschtschow, sowjetischer Partei- und Regierungschef

»Sowjetischer Vorschlag ist unannehmbar«

Die Regierungen der Vereinigten Staaten, Frankreichs und Großbritanniens übermitteln der Sowjetunion am 31. Dezember 1958 Antwortnoten auf deren Ultimatum vom 27. November. In dem Schreiben der US-Regierung in Washington heißt es u. a.:

»Die Sowjetunion hat ihre Machtstellung über das große Gebiet konsolidiert, das die westlichen Alliierten ihr abgetreten hatten. Sie fordert nunmehr, daß die westlichen Alliierten ihre Positionen in Berlin aufgeben, die praktisch die Gegenleistung dafür waren.

Die drei Westmächte sind als Besatzungsmächte in Berlin, und sie sind nicht zur Aufgabe der Rechte bereit, die sie durch den Sieg erworben haben ...

Die Regierung der Vereinigten Staaten kann die sowjetische Regierung nicht daran hindern, das Aufgeben ihrer eigenen Machtbefugnisse im Rahmen der Viermächteregierung in dem Sektor zu verkünden, den sie in der Stadt Berlin besetzt. Auf der anderen Seite kann und wird die Regierung der Vereinigten Staaten in keiner Weise eine einseitige Aufkündigung der Abkommen der Jahre 1944 und 1945 akzeptieren ... Die Regierung der Vereinigten Staaten wird weiterhin die sowjetische Regierung direkt für die Erfüllung ihrer Verpflichtungen, die sie unter den bestehenden Abkommen hinsichtlich Berlins übernommen hat, verantwortlich machen ...

Der weitere Schutz der Freiheit von über zwei Millionen Menschen in Westberlin ist von den drei Westmächten feierlich als Recht und Pflicht übernommen worden. Die Vereinigten Staaten können daher keinen Vorschlag in Betracht ziehen, der auf eine Gefährdung der Freiheit und Sicherheit dieser Menschen hinauslaufen würde.

Die Rechte der drei Mächte, in Berlin ohne eine Behinderung der Verbindungsstraßen und der Luftwege zwischen dieser Stadt und der Bundesrepublik Deutschland zu verbleiben, sind unter den gegebenen Bedingungen für die Ausübung dieses Rechtes und die Erfüllung dieser Pflicht von entscheidender Wichtigkeit. Daher ist der Vorschlag, aus Westberlin eine sogenannte ›freie Stadt‹ zu machen, wie ihn die Sowjetunion unterbreitet hat, unannehmbar ...«

Lehnt Vorschlag der UdSSR ab: US-Präsident Dwight Eisenhower

Ostberlin verspricht Reiseerleichterung

7. November. In einem Brief an den Regierenden Bürgermeister von Berlin (West), Willy Brandt, schlägt das Ostberliner Stadtoberhaupt Friedrich Ebert den Abschluß eines Handelsvertrages zwischen beiden Teilen der Stadt vor.

Zugleich stellt Ebert in Aussicht, daß ab dem 17. November Bürger von Berlin (West) touristische Fahrten und Verwandtenbesuche in der DDR machen dürfen. Darüber hinaus will Ostberlin ab 1959 Westberlinern zusätzlich 10 000 Arbeitsplätze zur Verfügung stellen.

Innerdeutscher Handel verstärkt

20. November. Zwischen der Bundesrepublik und der DDR wird ein Zusatzabkommen im Interzonenhandel abgeschlossen. Die Bundesrepublik wird eine Million t Steinkohle und Koks in die DDR liefern und dafür in den Jahren 1959/60 eine Million t Braunkohlebriketts sowie 50 000 t Weizen erhalten.

Für den Güteraustausch zwischen beiden deutschen Staaten trat am 21. September 1951 ein Interzonenhandelsabkommen in Kraft, das Warenverkehr auf Verrechnungsbasis vorsieht. Bedingung für den Abschluß war die Garantie für einen freien Verkehr zwischen der Bundesrepublik und Berlin (West).

Bekämpfen als Guerilleros die Diktatur in Kuba (v. l.): Guillermo García, Ernesto »Che« Guevara Serna, Universo Sanchez, Raúl Castro, Fidel Castro

Castros Rebellen entführen Flugzeug

5. November. Kubanische Rebellen bringen ein Flugzeug der Luftverkehrsgesellschaft Cubana mit 25 Passagieren und drei Besatzungsmitgliedern an Bord in ihre Gewalt und zwingen den Piloten zur Landung auf einem von den Aufständischen kontrollierten Flugplatz.

Mit dieser vierten Flugzeugentführung innerhalb weniger Wochen wollen die Rebellen gegen das Regime des Diktators Fulgencio Batista y Zaldívar ihre politischen Forderungen und ihre Macht unterstreichen und die kubanische Bevölkerung bezüglich Batistas Regierungsgewalt verunsichern.

Die Guerilla, die im Februar bereits den argentinischen Automobilrennfahrer Juan Manuel Fangio entführt und damit großes Aufsehen erregt hat (→ 25.2./S. 37), steht unter dem Kommando des ehemaligen Rechtsanwalts Fidel Castro, der nach vorübergehendem Exil 1956 in seine Heimat Kuba zurückkehrte und seither seinen Kampf gegen den Diktator fortsetzt.

Batista, der die hauptsächlich vom Export von Zucker, Nickel und Tabak lebende Insel seit 1952 regiert, wird von den Vereinigten Staaten, dem Hauptabnehmer der Ausfuhrgüter, toleriert und unterstützt. 1953 wagte Castro mit einer Gruppe linksorientierter Studenten einen ersten Aufstandsversuch, der jedoch sofort scheiterte.

DDR-Führung wirbt um Anerkennung

12. November. Ein »Weißbuch über die aggressive Politik der Regierung der Deutschen Bundesrepublik« übermittelt die DDR-Regierung zusammen mit einem Memorandum an etwa 60 Staaten.

Die Empfänger werden aufgefordert, ihre diplomatischen Beziehungen zu Deutschland nicht auf die Bundesrepublik zu beschränken, sondern auch die DDR als »eine Basis für ein friedliebendes und demokratisches Gesamtdeutschland« anzuerkennen.

Der Bundesrepublik wird vorgeworfen, sie fördere die Neubelebung des Faschismus, treibe ihre atomare Aufrüstung voran und praktiziere – in der Frage der Oder-Neiße-Grenze – eine revanchistische Politik.

Niederlage für Eisenhowers Republikaner

4. November. Bei den Kongreß- und Gouverneurswahlen in den Vereinigten Staaten erringt die Demokratische Partei den größten Sieg seit 1936. Präsident Dwight D. Eisenhower, selbst Republikaner, muß künftig gegen eine noch stärkere Opposition im Parlament regieren. Von den 435 Sitzen des Repräsentantenhauses haben die Demokraten nun 282 inne (bisher 234); die Republikaner verfügen über 153 Mandate (201).

Auch im Senat können die Demokraten ihre bislang knappe Mehrheit beträchtlich ausbauen: Sie haben nun sechs, statt bisher 49 Sitze, die Republikaner stellen 34 (bislang 47) Senatoren. Nach den Teilwahlen der Gouverneure werden nun 34 Staaten (29) von demokratischen, 14 (19) von republikanischen Politikern geleitet.

Bei den Wahlen im neuen US-Bundesstaat Alaska (→ 30.6./S. 102) am 25. November entscheiden sich die Stimmberechtigten ebenfalls für den demokratischen Gouverneur sowie zwei dieser Partei angehörende Senatoren. Ins Repräsentantenhaus entsendet Alaska je einen Demokraten und einen Republikaner.

Die Niederlage der Republikaner wird vor allem als Votum gegen Eisenhower gewertet, der 1956 eine wenig überzeugende Politik betrieben hat und dessen Gesundheitszustand ihn bisweilen an der Ausübung seiner Amtsgeschäfte hindert. Negativ für die Republikaner hat sich offenbar auch die Rezession ausgewirkt (→ 30.6./S. 102).

Gaullisten siegen bei Wahlen

30. November. Eine Woche nach dem ersten Wahlsonntag sind die Franzosen zum zweiten Wahlgang für die Nationalversammlung erneut zu den Urnen gerufen. Stärkste Partei wird die Union für die neue Republik (UNR) von Ministerpräsident Charles de Gaulle.

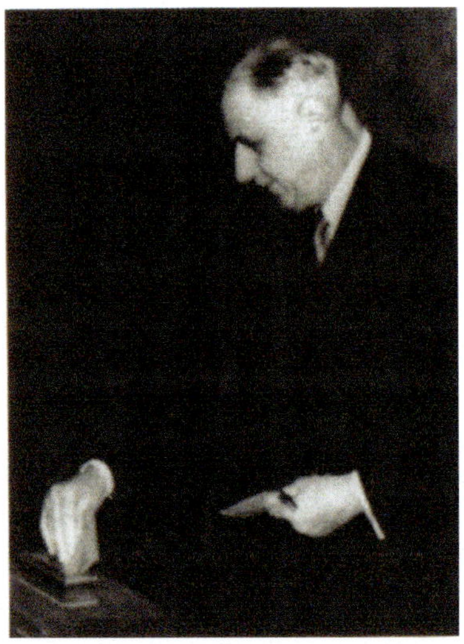

Charles de Gaulle bei der Stimmabgabe in seinem Wohnort Colombey

Die Wahlen werden erstmals nach dem von de Gaulle am 7. Oktober eingesetzten Wahlmodus abgehalten. Statt der bisherigen Verhältnis-Listenwahl gilt nun in einem Wahlbezirk derjenige Kandidat als gewählt, der im ersten Wahlgang die absolute Mehrheit der Stimmen, mindestens aber 25% der Stimmen der Wahlberechtigten erreicht. Kommt es zu keinem Ergebnis, so entscheidet im zweiten Wahlgang die relative Mehrheit.

Das neue Wahlrecht trägt mit dazu bei, daß die Gaullisten 188 der 465 Sitze in der Nationalversammlung erhalten. Zweitstärkste Fraktion wird die Unabhängige Rechte mit 132 Mandaten. Die bislang mit 145 Sitzen stärkste Partei – die Kommunisten – können nur noch zehn Abgeordnete ins neue Parlament in Paris entsenden.

Nach der neuen Verfassung, die am 28. September (S. 150) durch einen Volksentscheid angenommen wurde, stehen dem Parlament in Frankreich nur noch begrenzte Rechte zu (→ 21.12./S. 194).

Ganew Präsident

30. November. *Die bulgarische Nationalversammlung wählt das Politbüro-Mitglied Dimitar Ganew (Abb.) zum Präsidenten. Er ist Nachfolger des am 27. November verstorbenen Georgi Damjanow, der seit 1950 das Amt des Präsidenten des Präsidiums des Nationalrats innehatte.*

ÖVP will Profil als Partei der Mitte

28. November. Zu Beginn ihres dreitägigen Parteitags in Innsbruck beschließt die Österreichische Volkspartei (ÖVP) ein neues Grundsatzprogramm unter dem Titel »Was wir wollen«. Die ÖVP will sich künftig noch stärker als eine Partei der Mitte profilieren.

Leitlinie der ÖVP ist der Solidarismus, die Lehre von der wechselseitig verpflichtenden Verbundenheit des einzelnen mit der Gemeinschaft zur Förderung des Gemeinwohls. Die Partei fühlt sich der Tradition der christlich-abendländischen Kultur verpflichtet, sie bekennt sich zur katholischen Soziallehre und zur Idee der österreichischen Nation.

Auf wirtschaftspolitischem Gebiet tritt die ÖVP für eine soziale Marktwirtschaft ein, in der staatliche Eingriffe nur in Ausnahmefällen möglich sein sollen.

Die Delegierten des Innsbrucker Parteitags wählen am 30. November Bundeskanzler Julius Raab mit 342 von 349 Stimmen erneut zum Parteivorsitzenden.

Roy Welensky für Rassenannäherung

12. November. Bei allgemeinen Parlamentswahlen in der Zentralafrikanischen Föderation erringt die Regierungspartei, die Vereinigte Föderale Partei, mit Ministerpräsident Sir Roy Welensky an der Spitze einen bedeutenden Sieg. Sie hat künftig 44 der 59 Parlamentssitze inne.

Die Zentralafrikanische Föderation entstand 1953 als Vereinigung der britischen Kolonie Südrhodesien (heute Simbabwe) mit den Protektoraten Nordrhodesien (heute Sambia) und Njassaland (heute Malawi). Welensky, seit 1956 Ministerpräsident und nun bis 1963 in seinem Amt bestätigt, kam als Lokomotivführer über die Eisenbahnergewerkschaft zur Politik. Den 1953 verkündeten Grundsatz der »Rassenpartnerschaft« will er nur schrittweise durch vorsichtige Zugeständnisse an die schwarze Bevölkerungsmehrheit verwirklichen. Dies hat dazu geführt, daß viele Afrikaner die Wahl boykottiert haben.

Die Dominiumpartei, die mit neun Sitzen größte Oppositionspartei wird, tritt dagegen für eine Politik der Rassentrennung ein.

Teilautonomie für Kolonien

25. November. Entsprechend Artikel 76 der neuen französischen Verfassung entscheidet Senegal, als Republik Mitglied der Französischen Gemeinschaft zu werden.

Dieser Status gewährt dem Land innere Autonomie; Außenpolitik, Verteidigung, Geldwesen, Finanz- und Wirtschaftspolitik sowie kriegswichtige Rohstoffe fallen in die Zuständigkeit der Gemeinschaft mit dem französischen Staatspräsidenten an der Spitze. Den Schritt des Senegal hat am 24. November bereits der Soudan (heute Mali) vollzogen, am 28. November schließen sich der Tschad, Kongo, Gabun und Mauretanien an. Im Laufe des Dezember entscheiden sich außerdem die französischen Überseebesitzungen Ubangi-Schari, das sich in Zentralafrikanische Republik umbenennt, Elfenbeinküste, Dahomey (Benin), Obervolta (Burkina Faso) und Niger, Mitglieder der Gemeinschaft zu werden. Französisch-Somaliland (Dschibuti), die Komoren und Saint-Pierre-et-Miquelon im Atlantik wollen ihren Status behalten.

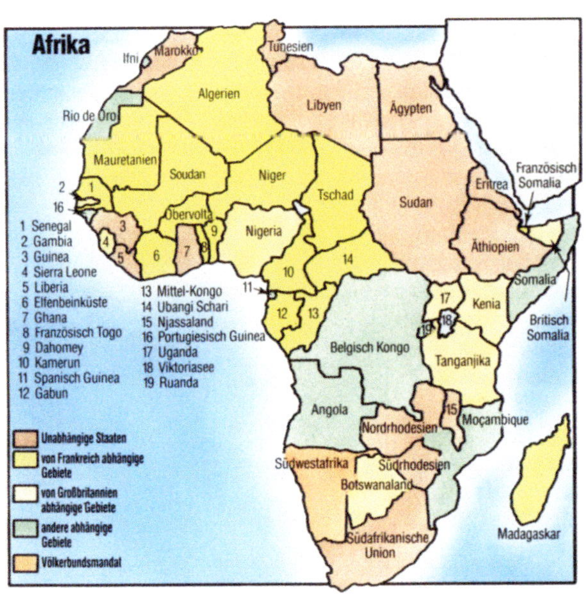

Militär übernimmt Macht im Sudan

17. November. Im Sudan übernimmt die Armee unter ihrem Oberbefehlshaber General Ibrahim Abbud in einem unblutigen Staatsstreich die Regierung, erklärt das Parlament sowie alle Parteien für aufgelöst und setzt die Verfassung außer Kraft.

Abbud, der am 18. November das Amt des Ministerpräsidenten und des Verteidigungsministers übernimmt, erklärt, daß die Revolution das Ziel verfolge, mit der in allen staatlichen Organen herrschenden Anarchie und Korruption aufzuräumen. Außerdem sollen die Beziehungen zur Vereinigten Arabischen Republik verbessert werden.

Mit dem Staatsstreich des 57 Jahre alten Generals hat in der seit dem 1. Januar 1956 unabhängigen Republik Sudan zum dritten Mal die Regierung gewechselt. Seit Beginn der Souveränität haben sich die Konflikte zwischen Nord- und Südprovinzen des Landes weiter verschärft. Die südlichen Landesteile hatten von den britischen Kolonialherren aus rassischen und religiösen Gründen die Errichtung eines eigenen Staates gefordert.

Unterstützung für Entwicklungsländer

13. November. In Seattle/Washington geht nach viertägiger Dauer die Jahrestagung der 21 Staaten des Colombo-Plans zu Ende.
Die Organisation wurde 1950 bei einer Konferenz der Außenminister des Britischen Commonwealth ins Leben gerufen und dient der Unterstützung bei der wirtschaftlichen Entwicklung Süd- und Südostasiens. Neben 16 Staaten der Region gehören dem Colombo-Plan auch Australien, Kanada, Neuseeland, Großbritannien und die USA als hilfeleistende Mitglieder an.
Auf der Tagung in Seattle hat US-Präsident Dwight D. Eisenhower einen Fünfpunkteplan zur wirtschaftlichen Förderung der Entwicklungsländer vorgelegt. Er schlägt vor, daß der internationale Handel ausgedehnt, Hilfe bei der technischen Entwicklung geleistet, private Initiativen und Investitionen gefördert, durch Banken normale Darlehen vermittelt und größere Projekte zu flexiblen Rückzahlungsbedingungen finanziert werden.

Japaner gegen mehr Rechte für die Polizei

28. November. *Nach Tumulten im Parlament (Abb.) und heftigen Protesten der Bevölkerung zieht Japans Ministerpräsident Nobosuke Kischi einen von ihm Anfang des Monats eingebrachten Gesetzentwurf zurück, durch den der Polizei mehr Rechte eingeräumt werden sollten. Kischi wollte so die große Zahl der Verbrechen eindämmen, die in Japan registriert werden.*
Nachdem vor 1945 die Polizei vielfach in Diensten der herrschenden Militärkaste gestanden hatte und häufig mit Verbrecherbanden zusammenarbeitete, wurden ihr nach der Besetzung des Inselstaates durch die Vereinigten Staaten von Amerika die Rechte stark beschnitten.

US-Hilfe bei Ausbau der Atomenergie

8. November. Zwischen den Vereinigten Staaten und der Europäischen Atomgemeinschaft (EURATOM) wird in Brüssel ein Abkommen zur Förderung der Kernforschung in Europa abgeschlossen.
Bis 1963 sollen im Rahmen des Vertrags sechs bis acht Atomreaktoren US-amerikanischer Bauweise auf dem Gebiet der sechs EURATOM-Staaten errichtet werden. Die USA wollen darüber hinaus einen für 20 Jahre ausreichenden Uranvorrat zur Verfügung stellen sowie ein Darlehen in Höhe von 135 Millionen US-Dollar (rund 566 Millionen DM) gewähren.
Ein auf zehn Jahre angelegtes gemeinsames Kernforschungsprogramm beider Seiten ergänzt das Abkommen. Die EURATOM plant, in absehbarer Zeit eine vergleichbare Vereinbarung auch mit Großbritannien zu treffen, das bereits über drei Atomreaktoren verfügt. Von den EURATOM-Staaten hat bisher nur Frankreich einen Atommeiler zur kommerziellen Stromerzeugung.

Keine Einigung über Freihandelszone

17. November. In Paris werden die Gespräche über die Errichtung einer europäischen Freihandelszone vorläufig für gescheitert erklärt. Grund sind die Spannungen zwischen Großbritannien und Frankreich, die sich nicht auf gemeinsame Vorstellungen einigen können.
Unmittelbarer Anlaß für den Abbruch der Verhandlungen durch den britischen Europaminister und Vorsitzenden des Regierungsausschusses des Europäischen Wirtschaftsrates (OEEC), Reginald Maudling, ist eine Erklärung der französischen Regierung. Darin heißt es, Frankreich sei sich darüber klar geworden, »daß es nicht möglich ist, die in Frage stehende Zone so zu gründen, wie es die Briten gewünscht haben«.
Die Mitglieder des OEEC, neben den sechs Staaten der Europäischen Wirtschaftsgemeinschaft (EWG) noch elf weitere Länder, haben angestrebt, sich bis zum 1. Januar 1959 über die Gestalt einer europäischen Freihandelszone zu einigen, weil zu diesem Termin erste Zollreduzierungen und Quotenerleichterungen innerhalb der EWG in Kraft treten (→ 1.1./S. 14). Wird keine entsprechende Regelung gefunden, fürchten die übrigen OEEC-Länder, im europäischen Handel benachteiligt zu werden.
Strittig ist, ob alle Staaten der Freihandelszone einen gemeinsamen Außenzolltarif haben sollten und wie die Wirtschafts- und Sozialpolitik der einzelnen Länder harmonisiert werden kann (→ 12.12./S. 197).

Reginald Maudling, Europaminister der Regierung von Großbritannien

Nach 94 Jahren neue Regierung Uruguays

30. November. Bei den Parlamentswahlen in Uruguay verliert die seit 94 Jahren ununterbrochen regierende Partido Colorado ihre Mehrheit. Die Macht übernimmt nun die konservative Partido Blanco.
Die Colorados haben den sozialstaatlichen Charakter des Landes geprägt. Der erste Präsident, den die liberale Partei stellte, José Batlle y Ordónez, verwirklichte in zwei Amtsperioden (1903-1907, 1911-1917) sein Konzept, das Arbeitsgesetzgebung, Sozialfürsorge, staatliche Kontrolle des Eisenbahn- und Straßenbaus sowie die Verstaatlichung der Energieversorgung vorsah. 1952 schafften die Colorados das Amt des Staatspräsidenten zugunsten einer kollektiven Führung ab, eine Entscheidung, die in einer Volksabstimmung 1956 mit großer Mehrheit bestätigt wurde, die jedoch von den anderen Parteien als zu schwerfällig abgelehnt wird.
Wirtschaftsprobleme und zahlreiche Korruptionsfälle in der Verwaltung haben nun die Wähler mit dazu veranlaßt, den Blancos mehrheitlich ihre Stimme zu geben.

»Montys« Memoiren lösen Proteste aus

3. November. Für Wirbel sorgen die Memoiren des britischen Feldmarschalls Bernard Law, Viscount Montgomery of Alamein and Hindhead, die gleichzeitig in vier Ländern veröffentlicht werden.
»Monty«, der 1942 als Oberbefehlshaber der 8. britischen Armee den deutschen Truppen unter Generalfeldmarschall Erwin Rommel bei Al Alamain in Ägypten eine entscheidende Niederlage zufügte, 1944 einen Teil der britischen Truppen bei der Invasion der Alliierten in Frankreich führte und 1945/46 die britischen Besatzungstruppen in Deutschland befehligte, wirft darin US-Präsident Dwight D. Eisenhower falsche strategische Entscheidungen während des Zweiten Weltkriegs vor. Nach Montgomerys Ausführungen wurde durch Eisenhowers Verhalten – dieser koordinierte als Oberbefehlshaber der US-Truppen in Europa (seit 1942) die Invasionen in Nordafrika und Europa – der Krieg um ein halbes Jahr verlängert.
Unmut ruft auch Montgomerys Ansicht hervor, Italiens Soldaten habe es an Kampfmoral gemangelt.

Wirtschaft 1958:

Konjunktur schwächt sich ab

Unter dem Einfluß der Wirtschaftskrise in den Vereinigten Staaten (→ 30.6./S. 102) schwächt sich auch in der Bundesrepublik 1958 die Konjunktur leicht ab. Dennoch wird das Bruttosozialprodukt gegenüber dem Vorjahr noch einmal um 6,4% gesteigert; dies ist allerdings nur noch knapp die Hälfte dessen, was im »Wirtschaftswunderjahr« 1955 an Zuwachs erreicht wurde.

Verwendet wird das Bruttosozialprodukt zu 58,5% für den privaten Verbrauch, 24% entfallen auf Investitionen, 13,5% auf den Staatsverbrauch und 4% werden für den Außenbeitrag verwendet. Pro Kopf der Bevölkerung liegt der private Verbrauch bei 2543 DM.

Die Stärke ihrer Wirtschaft bezieht die Bundesrepublik vor allem aus ihrem ständig wachsenden Außenhandelsüberschuß. Während zu Beginn der 50er Jahre noch mehr importiert als ausgeführt wurde, weist das Land nun ein Exportplus von fast sechs Milliarden DM auf.

Auf die Beschäftigungssituation hat der Konjunkturrückgang keine negativen Auswirkungen. Im September 1958 wird mit 1,7% die niedrigste Arbeitslosenrate seit der Währungsreform 1948 registriert (→ 30.9./S. 154).

Das Volkseinkommen ist seit 1950 von 76,3 Milliarden DM auf 168,9 Milliarden DM angewachsen; davon entfallen 1958 64,1% auf Bruttoeinkommen aus unselbständiger Arbeit. Demnach hat im Durchschnitt jeder beschäftigte Arbeitnehmer ein Jahresbruttoeinkommen von 5051 DM -1950 waren es noch 2881 DM.

Mit einer Preissteigerungsrate von 2,2% gegenüber dem Vorjahr liegt die Bundesrepublik 1958 etwa auf dem Niveau der übrigen Staaten der Europäischen Wirtschaftsgemeinschaft (EWG); einzig in Frankreich sind die Preise weit über dem Durchschnitt um 15,1% angehoben worden.

Problembereich der bundesdeutschen Wirtschaft ist 1958 neben dem Kohlebergbau, dessen Absatz durch Erdöl- und Kohleimporte deutlich zurückgegangen ist (→ 6.8./S. 136), in erster Linie die Textilindustrie. Grund für die Absatzkrise der heimischen Textilbranche sind hauptsächlich die Billigimporte aus den Ländern Süd- und Südostasiens, die auf dem bundesdeutschen Markt und in den Hauptexportländern der Deutschen für starke Konkurrenz sorgen. Jedoch auch die EWG-Partner Frankreich und Italien tragen durch die Einfuhr billiger Stoffe für eine Verschärfung der Textilkrise bei.

An den Aktienbörsen der Bundesrepublik ist nach rückläufiger Tendenz in den vergangenen Jahren 1958 ein kräftiger Aufschwung zu verzeichnen. Die Aktienkurse klettern, legt man einen Index von 100 für das Jahr 1953 zugrunde, auf 238,8 gegenüber 185,5 im vergangenen Jahr. Den größten Zuwachs haben Anteilsscheine von Unternehmen der metallverarbeitenden Industrie mit 258,3 (gegenüber 189 in 1957), eine Entwicklung, die im wesentlichen den Aktien der Automobilindustrie zu verdanken ist.

Zu einem explosionsartigen Anstieg vieler Papiere kommt es in den ersten Novembertagen, nachdem Einzelheiten einer Aktienrechtsreform bekanntgeworden sind, die Bundesjustizminister Fritz Schäffer (CSU) vorbereitet. In erster Linie soll damit eine bessere Einwirkungsmöglichkeit der Aktionäre auf die Gewinnverteilung der Unternehmen geschaffen werden.

Wichtige Wirtschaftsdaten ausgewählter Länder im Jahre 1958

Land	Bruttosozialprodukt (1950 = 100)	Industrieproduktion (1953 = 100)	Import (in Mrd. DM)	Export (in Mrd. DM)
Bundesrepublik	234	154	31,1	37,0
Frankreich	239	151	23,6	21,5
Niederlande	192	129	15,2	13,5
Großbritannien	171	114	42,4	37,3
Schweiz	163	k. A.	7,2	6,5
Österreich	259	150	6,4	3,9
USA	155	100	57,8	74,3

Arbeitssuchende in der Seemännischen Heuerstelle im Hamburger Hafen

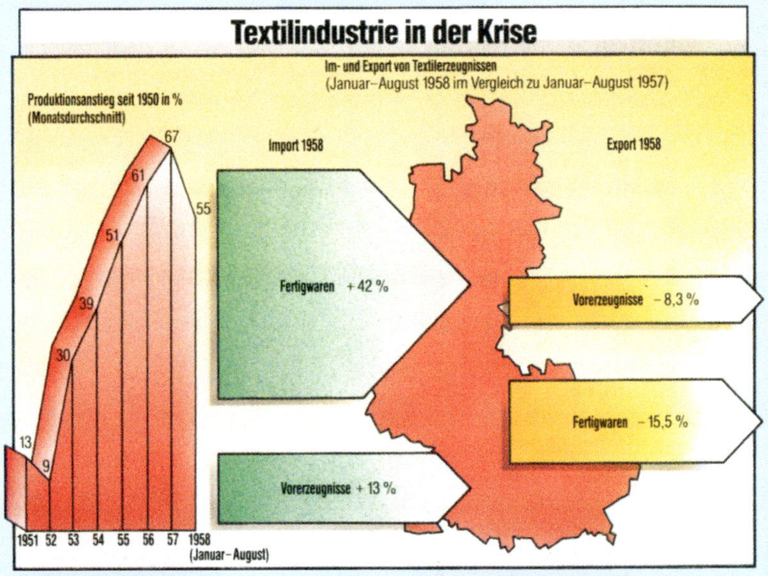

Präsentation einer in der DDR hergestellten Küchenmaschine in Leipzig

Keine Fremdstoffe mehr in Lebensmitteln

6. November. Mit großer Mehrheit verabschiedet der Bundestag in Bonn eine Novelle zum Lebensmittelgesetz, die u. a. ein weitgehendes Verbot von Fremdstoffen in Nahrungsmitteln sowie eine Kennzeichnungspflicht für alle Zusatzstoffe vorschreibt.
Das Gesetz tritt sofort in Kraft, sieht jedoch eine einjährige Übergangsfrist vor, in der noch nach den bisherigen Bestimmungen hergestellte Produkte verkauft werden dürfen. Die Gesetzesnovelle wird allgemein dahingehend gewertet, daß der Bonner Bundestag der Gesundheit vor ökonomischen Interessen den Vorrang gegeben habe.
Durch Verordnungen der Bundesregierung muß nun geklärt werden, welche Fremdstoffe Lebensmitteln weiterhin zugesetzt werden dürfen. Dabei soll es sich um solche Substanzen handeln, die gesundheitlich unbedenklich erscheinen oder die für die Versorgung der Bevölkerung mit leicht verderblichen Lebensmitteln unentbehrlich sind.
Die Zusatzstoffe in Lebensmitteln sind ins Gerede gekommen, nachdem sich die Substanzen wiederholt als gesundheitsschädlich erwiesen haben. Sie wurden immer häufiger zur Konservierung der Nahrung eingesetzt, dienten aber u. a. auch dazu, bestimmten Speisen ein besonders appetitliches Aussehen zu verleihen (→ 14.1./S. 21) oder ihren Geschmack nach Ansicht der Hersteller positiv zu beeinflussen.
Mit sofortiger Wirkung untersagt die Reform des Lebensmittelgesetzes, Fleisch mit Antibiotika zu konservieren und Geflügel Wachstumshormone zu verabreichen. Die Frage, ob Lebensmittel zur Konservierung radioaktiv bestrahlt werden dürfen, muß dagegen noch in einer Verordnung geklärt werden.

Ein neues Gesetz soll den Verbraucher davor schützen, daß Lebensmittel zur Konservierung mit gesundheitsgefährdenden Zusatzstoffen versetzt werden

Beim Start vor 400 Jahren: Hamburger Börse unter freiem Himmel

15. November. *Die Hamburger Börse, eine der ältesten deutschen Börsen, begeht ihr 400jähriges Bestehen. Nach dem Vorbild von Brügge und Antwerpen wurde 1558 in Hamburg ein Treffpunkt für Kaufleute eingerichtet, der zunächst nur aus einem eingefriedeten Platz unter freiem Himmel bestand. 20 Jahre später erhielt die Hamburger Börse allerdings ein eigenes Gebäude (Bildmitte).*
Von Beginn an war der Handelsplatz in der Hansestadt eine allgemeine Börse, an der Großhandelsgeschäfte mit Waren aller Art, Geld- und Wechselgeschäfte, Fracht- und Versicherungsgeschäfte abgeschlossen sowie Nachrichten ausgetauscht wurden. In der zweiten Hälfte des 16. Jahrhunderts nahm der Börsenplatz Hamburg in Zusammenhang mit der wachsenden Bedeutung des Handels in der Stadt einen großen Aufschwung.
Die Hamburger Börse gilt nun nach Frankfurt am Main und Düsseldorf im Wertpapiermarkt als die drittgrößte der Bundesrepublik Deutschland.

Berufstätige Frauen schlecht qualifiziert

13. November. Die Zahl der berufstätigen Frauen in der Bundesrepublik ist seit 1952 um 37,5% auf 6,2 Millionen angestiegen. Diese Angaben macht die Rationalisierungsgemeinschaft Mensch und Arbeit auf ihrer Tagung in Frankfurt am Main. Allerdings verfügen die Frauen über eine weit geringere Qualifikation als ihre männlichen Kollegen. 91% der in der Industrieproduktion beschäftigten Frauen sind ungelernte oder angelernte Arbeiterinnen, bei den Männern ist nur etwa die Hälfte un- oder angelernt.

55% aller Telefone stehen in den USA

18. November. Nach Angaben der Deutschen Bundespost steht die Bundesrepublik Deutschland mit 4,3 Millionen Telefonanschlüssen in der internationalen Fernsprechstatistik an vierter Stelle.
Im Jahr 1957 waren weltweit 110 Millionen Telefonapparate gemeldet; davon entfallen allein 60 Millionen auf die Vereinigten Staaten. In Großbritannien gibt es 7,2 Millionen Fernsprechapparate, in Kanada 4,5 Millionen und in Japan 3,4 Millionen Telefone.
In der Bundesrepublik verfügt etwa jeder elfte Einwohner über einen Fernsprechapparat. Seit 1950 hat sich die Zahl der Teilnehmer mehr als verdoppelt.

Lohntüte wird von Konto verdrängt

21. November. Die rund 1500 Beschäftigten vom Werk Gelsenkirchen des Hüttenwerks Oberhausen erhalten ihren Lohn erstmals nicht mehr in der traditionellen Tüte; das Geld wird ihnen statt dessen über ein Bankkonto ausgezahlt. Angestellten und Arbeitern wird das Geld außerdem nun für den ganzen Monat überwiesen.
Der von den Banken und Sparkassen in der Hoffnung auf neue Kunden stark propagierte Wechsel von der Lohntüte zum Konto überfordert die Geldinstitute allerdings zunächst. Sie sind dem Ansturm am Auszahlungstag zumal in Gebieten mit umfangreicher Industrieansiedlung nicht gewachsen.

Film 1958:

Kinos leiden unter Zuschauerschwund

Die durch die Konkurrenz des Fernsehens bedingte Krise des Kinos verschärft sich 1958 auch in der Bundesrepublik. Während in besonders fernsehintensiven Ländern wie den Vereinigten Staaten oder Großbritannien die Zuschauerzahlen in den Lichtspieltheatern bereits seit Jahren immer mehr abnehmen, gab es 1956 in der Bundesrepublik mit 755 Millionen Kinobesuchen eine Rekordzahl. 1958 sind es nur noch 694 Millionen.

Die Filmproduzenten versuchen auf vielerlei Weise, ihre Stellung zu behaupten. So hat die Spitzenorganisation der deutschen Filmwirtschaft (Spio) schon kurz nach Beginn des regelmäßigen bundesweiten Fernsehprogramms 1954 beschlossen, der Konkurrenz nur solche Spielfilme zu vermieten oder zu verkaufen, die mindestens fünf Jahre alt sind; neuere Streifen sollen den Kinos vorbehalten bleiben. Dennoch ist am 11. November 1958 ein Spielfilm zunächst im Deutschen Fernsehen zu sehen – der in Italien produzierte Film »Freunde fürs Leben« hat erst drei Tage später auch in den Kinos Premiere.

Andererseits entstehen erste Kooperationsverträge zwischen einzelnen Fernsehanstalten und bundesdeutschen Filmproduktionsgesellschaften, die sich hiervon einen finanziellen Ausgleich für die sinkenden Gewinne aus dem Kinofilmgeschäft versprechen.

In dem USA bemühen sich die großen Filmgesellschaften, durch neue Techniken die Lichtspielhäuser wieder attraktiver zu machen. So wird die »Cinemiracle-Projektion« entwickelt, bei der drei Kameras, davon zwei über Spiegel, die Szenen aufnehmen. Ebenso projizieren drei Kameras den fertigen Film auf die überdimensional große Leinwand, auf der ein besonders plastisches Bild erscheint. Ein anderer Filmproduzent kündigt die Herstellung eines »Duftfilms« an. Das hierfür erforderliche »smellovision«-Verfahren wurde von dem Schweizer Hans Laube entwickelt, der bereits einen »Duft-Katalog« mit rund 2000 Gerüchen zusammengestellt hat.

Neben den geringeren Einnahmen durch den Kinobesucherschwund macht den Filmproduzenten auch die Kostenexplosion bei den Schauspielergagen zu schaffen. Nach Angaben des Verbands deutscher Filmproduzenten sind die Gagen der Stars, die 1953 noch bei 30 000 bis 60 000 DM pro Film lagen, 1956 bereits auf 50 000 bis 200 000 DM geklettert, wobei die Tendenz weiter stark steigend ist. Zu den Spitzenstars zählten 1956 allerdings erst etwa ein halbes Dutzend bundesdeutscher Schauspieler – darunter O. W. Fischer, Curd Jürgens, Maria Schell, O. E. Hasse, Hans Albers und Caterina Valente; inzwischen haben weit mehr die Grenze der 100 000-DM-Gagen überschritten.

Eine Ursache der enormen Steige-

Nadja Tiller in der Titelrolle des Rolf-Thiele-Films »Das Mädchen Rosemarie«, der 1958 für Aufregung sorgt

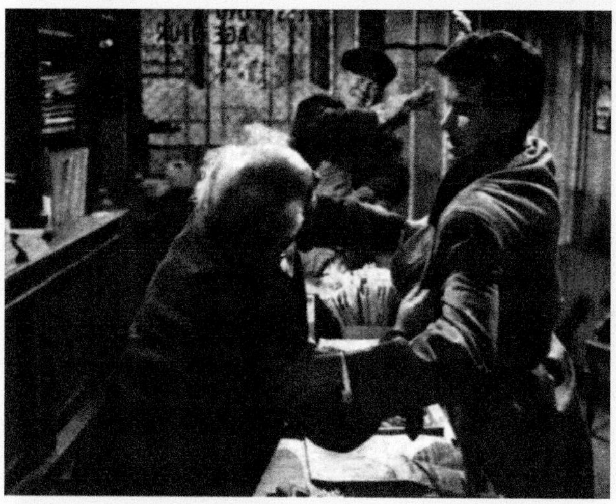

Szene aus dem Film »Nasser Asphalt« mit Horst Buchholz (r.) als Reporter Greg Bachmann (Regie: Frank Wisbar)

Romy Schneider (M.) und Alain Dehn (l.) in »Christine« nach Schnitzlers Bühnenstück »Liebelei«

Neu in die Kinos der Bundesrepublik gekommene Spielfilme 1952 bis 1958

Herstellungsland	1952	1953	1954	1955	1956	1957	1958
Bundesrepublik[1]	75	96	109	122	120	111	109
DDR	–	–	–	4	2	2	6
Frankreich[2]	45	48	51	55	58	59	69
Großbritannien	23	16	24	24	29	54	51
Italien	19	32	38	31	22	33	25
Japan	1	–	1	1	1	1	5
Österreich	15	16	13	20	26	23	22
Schweden	11	10	6	2	3	5	8
Spanien	3	2	2	1	5	3	6
USA	247	232	209	215	209	221	242
sonstige Länder	11	8	9	11	20	17	28
insgesamt	450	460	462	486	495	529	571

[1] Bundesgebiet ohne Saarland einschließlich Berlin (West)
[2] Einschließlich französisch-italienischer Kooperationen

rung ist das wachsende Ansehen, das bundesdeutsche Schauspieler im Ausland genießen. Romy Schneider, im deutschen Sprachraum als österreichische Kaiserin Elisabeth in den »Sissi«-Filmen berühmt geworden, wird für ihre Rolle in der deutsch-französischen Koproduktion »Christine«, in der sie an der Seite Alain Delons spielt, eine Gage von 500 000 DM angeboten; Curd Jürgens erhält Honorare zwischen 700 000 und 800 000 DM.
Bei einigen Filmen – etwa bei Helmut Käutners »Der Schinderhannes«, in dem Curd Jürgens und Maria Schell die Hauptrollen spielen – macht sich das Auslandsinteresse sehr positiv bemerkbar. Häufig reicht die Zugkraft der Schauspielerstars bereits aus, um auch mit internationalen Filmverleihern Verträge abschließen zu können.
Zu Publikumserfolgen des bundesdeutschen Kinos werden 1958 neben den Filmen »Wir Wunderkinder« (→ S. 173) und »Das Mädchen Rosemarie« (→ 28.8./S. 143) u. a. »Es geschah am hellichten Tag«, in dem es um die Entdeckung eines Sittlichkeitsverbrechers (gespielt von Gert Fröbe) geht, und »Der Pauker«, in dem Axel von Ambesser Regie führt. Hauptdarsteller in beiden Streifen ist Heinz Rühmann. Der ebenfalls zum Star aufgestiegene Horst Buchholz ist in dem Film »Nasser Asphalt« zu sehen, in dem er Greg Bachmann, einen begabten Reporter, verkörpert, der einen gewissenlosen internationalen Nachrichtenhändler (Martin Held) zumindest moralisch besiegt. In »Bühne frei für Marika« kommt der ehemalige Topstar der Ufa, die deutsch-ungarische Sängerin und Tänzerin Marika Rökk, in ihrer 22. Kinorevue zum Zuge.
Zu sehen ist außerdem »Mädchen in Uniform«, ein Remake des von Leontine Sagan 1931 inszenierten Films, nun mit Romy Schneider, Lily Palmer und Therese Giehse (Regie Geza von Radvanyi).
Gleich zweimal steht der Österreicher O. W. Fischer 1958 vor der Kamera: In »Peter Voss, der Millionendieb« verkörpert er den Titelhelden, der mit einer gar nicht existierenden Million rund um die Welt vor seinen Verfolgern flieht, in »Helden« spielt er den Schweizer Hauptmann Bluntschli, der in serbischen Diensten steht und schließlich die Frau seines Lebens findet.

Heinz Rühmann (M.) als »Der Pauker« bei seinen Schülern

Spencer Tracy in dem Film »Der alte Mann und das Meer«

Szene aus dem Film »Der Schinderhannes«, der unter der Regie von Helmut Käutner im Hunsrück gedreht wird

Szene aus »Wir Wunderkinder«: Robert Graf (l.) und Hansjörg Felmy

»Es geschah am hellichten Tag«: Gert Fröbe als Kindsmörder

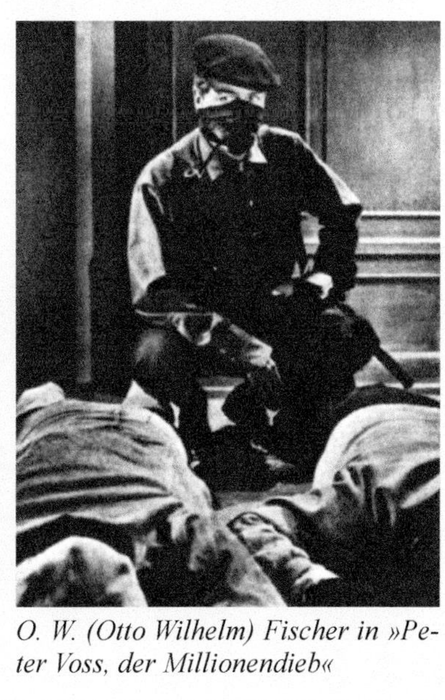

O. W. (Otto Wilhelm) Fischer in »Peter Voss, der Millionendieb«

UNESCO-Sitz von Künstlern gestaltet

3. November. In Paris wird in Anwesenheit des französischen Staatspräsidenten René Coty auf der Place Fontenay das neue Gebäude der Organisation der Vereinten Nationen für Erziehung, Wissenschaft und Kultur (UNESCO) eröffnet.
Der Y-förmige Bau wurde multinational konzipiert und realisiert. Beteiligt waren u. a. die Architekten Pier Luigi Nervi (Italien), Marcel Breuer, Walter Gropius und Eero Saarinen (USA), Lucio Costa (Brasilien) und Le Corbusier.
Auch an der Ausgestaltung des neuen UNESCO-Hauptsitzes haben namhafte Künstler mitgewirkt: Vor der Fassade des Verwaltungsgebäudes ist eine Plastik des Bildhauers Henry Moore zu sehen, Pablo Picasso schmückte den Konferenztrakt mit einem Fresko, Joan Miró malte für den Hof der Anlage eine »Wand des Mondes«. Außerdem sind Werke des deutsch-französischen Malers und Bildhauers Hans Arp, des Niederländers Karel Appel – ein Vertreter der informellen Malerei –, des US-amerikanischen Bildhauers Isamu Noguchi und vieler anderer zu sehen.
Der 1953 begonnene Bau erforderte Gesamtkosten in Höhe von neun Millionen US-Dollar (fast 38 Millionen DM). In ihm manifestiert sich die Vision einer durch Wissen und Bildung, Kunst und Kultur humanisierten Welt.

Das neue UNESCO-Gebäude in Paris, entworfen und realisiert von einem internationalen Architektenteam, mit beteiligt Breuer, Gropius und Le Corbusier

Pablo Picassos Fresko für den Konferenztrakt des UNESCO-Gebäudes in Paris, das Georges Salles (l.), ein Freund des Künstlers, Journalisten erläutert

Simone de Beauvoirs Jugenderinnerung

Im Pariser Verlag Gallimard erscheint die mit Spannung erwartete Autobiographie »Mémoires d'une jeune fille rangée« (»Memoiren einer Tochter aus gutem Hause«) der Schriftstellerin Simone de Beauvoir. Die Lebensgefährtin des existentialistischen Schriftstellers und Philosophen Jean-Paul Sartre beschreibt darin ihre Kindheit und Jugend bis zu ihrem 21. Lebensjahr, in dem sie ihr Philosophiestudium an der Sorbonne beendet und Sartre kennenlernt. Die Memoiren sind zugleich ein Bericht über die Loslösung des Mädchens von seinem bürgerlich-katholischen Elternhaus. Die Literatur, von den Eltern streng zensiert, eröffnet der Beauvoir Freiräume, die sie immer mehr zur Selbstbefreiung zu nutzen versteht. Mit zwölf Jahren verliert Simone de Beauvoir den religiösen Glauben, mit 15 beschließt sie Schriftstellerin zu werden, ein Ziel, auf das sie von da an ohne Umwege zusteuert.
Die 1908 geborene Autorin machte schon durch ihr Engagement für die Frauenemanzipation u. a. in dem Buch »Das andere Geschlecht« (1949) auf sich aufmerksam.

S. de Beauvoir

Parabel über den Faschismus

10. November. »Der aufhaltsame Aufstieg des Arturo Ui« wird von Bertolt Brecht (1941) am Württembergischen Staatstheater in Stuttgart uraufgeführt.

»Der aufhaltsame Aufstieg des Arturo Ui«: Szene aus der Uraufführung

In dem Parabelstück liefert der 1956 verstorbene Dramatiker eine Theorie für die Entstehung des Faschismus. Der Chicagoer Gangsterboß Arturo Ui – gemeint ist der »Führer« Adolf Hitler – kann dank der Tatenlosigkeit des Gastwirtes Dogsborough (Reichspräsident Paul von Benekkendorff und von Hindenburg) und der Unterstützung eines Trusts von Blumenkohlverkäufern (Großindustrie und Deutschnationale) zum Führer der Grünzeughändler aufrücken und plant sogleich die Ausweitung seiner Macht.
Brecht wollte mit dem Stück »die großen politischen Verbrecher, lebendig oder tot, der Lächerlichkeit preisgeben« und »den üblichen gefahrvollen Respekt vor den großen Tötern« zerstören.

Büchnerpreis für Max Frisch

9. November. In einer Feierstunde in Darmstadt wird der Schweizer Autor Max Frisch mit dem diesjährigen Georg-Büchner-Preis ausgezeichnet. In der Verleihungsurkunde heißt es, Frisch habe »in seinem epischen und dramatischen Werk die Spannung im Menschen und in seiner Zeit« aufgespürt »und – nach neuen inneren Werten suchend ihre Bedeutung mit künstlerischer Wahrhaftigkeit« dargestellt.

Der Schweizer Schriftsteller Max Frisch, der den Büchner-Preis erhält

Der 1911 in Zürich geborene Frisch machte bislang u. a. mit den Romanen »Stiller« (1954) und »Homo Faber« (1957) sowie mit seinen Dramen »Don Juan oder Die Liebe zur Geometrie« (1953), »Graf Öderland« (1951) und dem am 29. März (S. 62) uraufgeführten Stück »Herr Biedermann und die Brandstifter« auf sich aufmerksam.
Neben dem zehn Jahre jüngeren Friedrich Dürrenmatt gilt Frisch als bedeutendster Vertreter der modernen Schweizer Literatur.

Jazzkönig Ellington auf Europatournee

9. November. Im Rahmen seiner Europatournee gibt der US-amerikanische farbige Jazzmusiker Edward Kennedy (»Duke«) Ellington mit seiner Band ein Gastspiel in Frankfurt am Main.

Der 1899 in Washington als Sohn eines Butlers geborene Ellington gilt als einer der bedeutendsten Vertreter des Jazz, dem es gelungen ist, Elemente der »schwarzen« und der »weißen« Musik zusammenzuführen und – nicht zuletzt durch seinen Auftritt vor der königlichen Familie in Großbritannien 1933 – zur Emanzipation der farbigen Musiker beigetragen zu haben.

Edward Kennedy (»Duke«) Ellington, einer der führenden Jazzmusiker

Seit 1918 als Bandleader tätig, hatte »Duke« Ellington seine ersten großen Erfolge mit seinem »jungle style« im New York der 20er Jahre, wo er u. a. im »Cotton Club« auftrat. Mit seinen Titeln wie »Mood Indigo« und »Solitude« entwickelte er nach 1930 den melancholisch-sentimentalen »mood style«.

Ellington, selbst Pianist, fördert besonders die einzelnen Instrumentalisten seiner Band und deren besonderen Musikstil und Tongebung, denen er seine Kompositionen jeweils anpaßt.

In Frankfurt am Main tritt die Kapelle in 15köpfiger Besetzung – vier Trompeten, drei Posaunen, fünf Saxophone bzw. Klarinetten, Baß, Schlagzeug und Piano – auf. Wie immer dabei ist der Baritonsaxophonist Harry Carney, mit dem »Duke« Ellington bereits seit dem Jahr 1927 zusammenspielt.

Pergamonaltar kehrt nach 13 Jahren auf die Museumsinsel zurück

2. November. *Auf der Museumsinsel in Berlin (Ost) wird eine Ausstellung mit von der Sowjetunion zurückgegebenen Kunstschätzen – darunter der Pergamonaltar – eröffnet. Insgesamt sollen etwa 1,5 Millionen Stücke aus der UdSSR, wohin sie 1945 auf Veranlassung der Siegermacht transportiert wurden, auf deutschen Boden zurückgebracht werden. Zumeist handelt es sich um Kunstschätze der Antike, darunter eine 350 000 Stücke umfassende Münzsammlung. Die nun eröffnete Ausstellung zeigt eine Auswahl der Kunstschätze, wie sie zuvor bereits in Moskau und Leningrad zu sehen war. Darunter befinden sich die archaischen Figuren der »Großen Stehenden Göttin« und der »Thronenden Göttin« aus Tarent, der »Betende Knabe« aus der Schule des Lysipp von Sikyon sowie Kulturdenkmäler des alten Orients. Vollständig können die Kunstschätze jedoch erst dann ausgestellt werden, wenn das Alte Museum ganz wieder aufgebaut worden ist. In etwa einem Jahr soll der Pergamonaltar (Abb.), der Zeus und Athena zur Ehre zwischen 180 und 160 v. Chr. auf dem Burgberg von Pergamon von Eumenes II. errichtet wurde, wieder an seinem gewohnten Platz im Zentralraum des Museums errichtet werden.*

DDR-Hymne ein Schlager?

9. November. Als Plagiat bezeichnet der 53jährige Komponist Peter Kreuder die Nationalhymne der DDR. Die zum Text von Johannes R. Becher geschriebene Melodie von Hanns Eisler gehe unzweifelhaft auf Kreuders Schlager »Good-bye, Johnny« aus dem im Jahr 1938 entstandenen Film »Wasser für Canitoga« zurück.

Nachdem am 28. November die österreichische Urheberrechtsverwertungsgesellschaft AKM die Vorwürfe bestätigt hat, will Kreuder nun vor Gericht gehen, um Tantiemen in Höhe von etwa 250 000 DM einzuklagen.

Der Komponist wurde zuerst 1956 auf die Ähnlichkeit zwischen seinem Lied und der DDR-Hymne aufmerksam, als er bei einem Auftritt in Leipzig »Good-bye, Johnny« intonierte und sich daraufhin ein Großteil der Zuschauer von den Sitzen erhob.

Kreuder will außerdem erfahren haben, daß Eisler sich vor der Komposition der Nationalhymne volkstümliche Melodien habe vorspielen lassen, unter denen auch der Schlager aus dem Hans-Albers-Streif en gewesen sei. Einsicht in die Partitur der Hymne habe ihn schließlich vollends davon überzeugt, daß sein Lied durch Hanns Eisler plagiiert worden sei.

Peter Kreuder

Rahn rettet 2:2 gegen Österreich

19. November. 2:2 trennen sich die österreichische und die bundesdeutsche Fußballnationalmannschaft in ihrem 15. Länderspiel, das vor 81 000 Zuschauern, darunter etwa 20 000 aus der DDR und Berlin (Ost), im Olympiastadion in Berlin (West) ausgetragen wird.

Obwohl die Gäste zu Beginn des Spiels dominieren, erzielt der bundesdeutsche Stürmer Helmut Rahn (Rot-Weiß Essen) in der 17. Minute das Führungstor; er ist es auch, der eine Minute vor Abpfiff und nach zwei Gegentreffern der Österreicher schließlich noch das Unentschieden rettet. Für Österreich sind Leopold Horak in der 42. und in der 62. Minute Xaver Knoll (beide Wiener SC) erfolgreich.

Dezember 1958

Mo	Di	Mi	Do	Fr	Sa	So
1	2	3	4	5	6	7
8	9	10	11	12	13	14
15	16	17	18	19	20	21
22	23	24	25	26	27	28
29	30	31				

1. Dezember, Montag

Das am 25. April 1957 nach inneren Unruhen in Jordanien verhängte Kriegsrecht wird aufgehoben.

In Ludwigsburg wird die Zentralstelle zur Verfolgung nationalsozialistischer Gewaltverbrechen eingerichtet. → S. 200

Das Kuratorium Unteilbares Deutschland veröffentlicht einen Appell, in dem die DDR u. a. mit der Parole »Macht das Tor auf!« zur Öffnung ihrer Grenzen aufgefordert wird. → S. 206

Beim Brand der Lady-of-the-Angels-Schule in Chicago kommen 89 Kinder und drei Nonnen ums Leben. Ursache des Unglücks ist vermutlich in Brand geratenes Altpapier im Keller des Gebäudes. → S. 202

2. Dezember, Dienstag

Bundeskanzler Konrad Adenauer bezeichnet das Chruschtschow-Ultimatum vom → 27. November (S. 180) als gegen die Einheit des Westens gerichtet. Der sowjetische Ministerpräsident wolle den Westen dahin bringen, sein Bündnis mit der Bundesrepublik zu lockern.

Der ehemalige US-Präsident Harry S. Truman erklärt in einem Interview mit der bundesdeutschen Tageszeitung »Die Welt«, eine Preisgabe Berlins würde zugleich die Preisgabe Europas an die Sowjetunion bedeuten.

In Genf kommen die »anderen Sechs« – nicht der Europäischen Wirtschaftsgemeinschaft angehörende Mitgliedsländer des Europäischen Wirtschaftsrats – zu Besprechungen über die europäische Freihandelszone zusammen. → S. 197

Das als modernstes Hotel Europas geltende »Hilton«-Hotel Berlin an der Budapester Straße wird seiner Bestimmung übergeben (→ 17.12./S. 201).

3. Dezember, Mittwoch

Auf ihrer konstituierenden Sitzung wählt die DDR-Volkskammer Johannes Dieckmann erneut zu ihrem Präsidenten. – Am 8. Dezember wird auch die Regierung unter Ministerpräsident Otto Grotewohl in ihrem Amt bestätigt.

Das indonesische Parlament erläßt ein Gesetz, das die Verstaatlichung aller niederländischen Betriebe in dem südostasiatischen Land ermöglicht. → S. 198

4. Dezember, Donnerstag

Es kommt zu weiteren Reaktionen auf das sowjetische Berlin-Ultimatum vom → 27. November (S. 180): Der britische Außenminister Selwyn Lloyd nennt die Vorschläge rechtlich und moralisch unannehmbar. Als Insel innerhalb der kommunistischen Herrschaft habe Berlin nicht die geringste Chance, frei zu bleiben. – US-Außenminster John Foster Dulles nennt die Stationierung US-amerikanischer Truppen in der Bundesrepublik und Berlin (West) für die Sicherheit des Landes notwendig (→ 14.12./S. 198).

Die seit dem 29. August amtierende finnische Regierung unter dem Sozialisten Karl-August Fagerholm tritt zurück. In den folgenden Wochen scheitern zwei Versuche, eine neue Regierung zu bilden. → S. 196

Die Verhängung des Belagerungszustands verkündet der kolumbianische Präsident Alberto Lleras Camargo, nachdem ein Umsturzversuch gescheitert ist.

Nur teilweise wird der Aufruf des Internationalen Transportarbeiterverbands zu einem viertägigen Boykott der unter sog. billiger Flagge fahrenden Schiffe befolgt. → S. 202

5. Dezember, Freitag

Bundeskanzler Konrad Adenauer und Außenminister Heinrich von Brentano nehmen an einer Sondersitzung des Westberliner Abgeordnetenhauses zur Beratung der Berlin-Frage teil. Der Kanzler vertritt dabei die Auffassung, daß auf keinen Fall unter dem Druck des sowjetischen Ultimatums vom → 27. November (S. 180) über die gesamtdeutsche Frage verhandelt werden sollte.

Das Bundesamt für zivilen Bevölkerungsschutz mit Sitz in Bad Godesberg bei Bonn wird eingerichtet.

Das Frankfurter Schöffengericht verurteilt einen 31jährigen Hilfsarbeiter aus Wanne-Eickel zu zwei Jahren Haft wegen Unzucht mit Männern und Diebstahl. Der Verurteilte gibt sich seit Jahren als jüngster Sohn des deutschen Kaisers Wilhelm II. aus und nennt sich Prinz Otto Wilhelm von Hohenzollern-Reuß. → S. 204

6. Dezember, Sonnabend

Italiens Ministerpräsident Amintore Fanfani gewinnt knapp eine Vertrauensabstimmung im Parlament. Er stellte die Vertrauensfrage, nachdem er zuvor für zwei Gesetzesvorlagen nicht die Mehrheit erhalten hatte.

Den ersten Nikolauswein seit Menschengedenken bringt das Weingut Koch in Wiltingen (Kreis Saarburg) ein. → S. 204

Im Deutschen Fernsehen ist die letzte Sendung des Quiz »Hart auf hart« mit Guido Baumann zu sehen. Die Serie wird abgebrochen, weil sie nicht nur von der Kritik als »gähnend langweilig« eingestuft wurde. → S. 205

7. Dezember, Sonntag

Bei den Wahlen zum Abgeordnetenhaus in Berlin (West) – die Wahlbeteiligung liegt bei 93,7% – erhält die SPD mit 52,6% der Stimmen die absolute Mehrheit. Die CDU erreicht 37,7%, alle anderen Parteien scheitern an der Fünf-Prozent-Hürde. → S. 200

Bei den Präsidentschaftswahlen in Venezuela wird der Kandidat der Demokratischen Aktion, Romulo Betancourt, mit 47,5% der Stimmen gewählt; der vom 25. Januar bis 13. November als Chef einer Militärjunta amtierende Präsident Wolfgang Larrazabal erhält 29,9% der Wählerstimmen (→ 23.1./S. 15).

In einer Volksabstimmung billigen die Schweizer den Spielbankartikel in der Verfassung sowie den Spölvertrag für den Bau eines Wasserkraftwerks im Engadin in Zusammenarbeit mit Italien.

8. Dezember, Montag

Nach Angaben des Ministerpräsidenten Abd Al Karim Kasim wurde im Irak eine Verschwörung aufgedeckt, an der auch ausländische Kräfte beteiligt waren. → S. 197

In einem persönlichen Brief an Bundeskanzler Konrad Adenauer (CDU) sichert der US-amerikanische Außenminister John Foster Dulles die Unterstützung und Hilfe der Vereinigten Staaten für die Stadt Berlin (West) zu.

In einem Bericht über seine Europareise, in deren Verlauf er auch mit dem sowjetischen Parteichef und Ministerpräsidenten Nikita Chruschtschow zusammentraf, erklärt der US-amerikanische Senator Hubert Humphrey, er sei überzeugt, daß die Sowjets für die nächste Zeit nicht an Krieg dächten. → S. 198

Das erste 100 km lange Teilstück der Autostrada del Sole von Mailand nach Parma wird in Anwesenheit des italienischen Ministerpräsidenten Amintore Fanfani feierlich dem Verkehr übergeben. Die Autobahn soll weiter über Florenz und Rom bis nach Neapel führen.

9. Dezember, Dienstag

In Paris konstituiert sich die am → 30. November (S. 182) gewählte französische Nationalversammlung; zu ihrem Präsidenten wählen die Abgeordneten Jacques Chaban-Delmas.

Nach den Landtagswahlen in Bayern vom 23. November bildet der bisherige Ministerpräsident Hanns Seidel (CSU) eine Koalitionsregierung aus CSU, FDP und GB/BHE.

Im Abendprogramm teilt das Deutsche Fernsehen mit, daß die Zahl der in der Bundesrepublik Deutschland angemeldeten TV-Geräte die Zweimillionen-Marke überschritten hat.

10. Dezember, Mittwoch

Wegen grundsätzlicher Meinungsverschiedenheiten auf dem Gebiet der Sozialpolitik löst sich die seit 1954 amtierende Koalitionsregierung aus Sozialdemokraten und Christlich-Sozialen in Luxemburg auf. Am 18. Dezember wird das Parlament vorzeitig aufgelöst, Neuwahlen werden ausgeschrieben.

König Gustav VI. Adolf überreicht in Stockholm die diesjährigen Nobelpreise. In Oslo erhält der belgische Dominikanerpater Georges Pire den Friedensnobelpreis. → S. 204

11. Dezember, Donnerstag

Georg August Zinn (SPD) wird vom am 23. November gewählten hessischen Landtag in seinem Amt als Ministerpräsident bestätigt.

Die Eisenhower-Doktrin von 1957 sei eine einseitige Erklärung gewesen und jetzt überholt; dies erklärt der libanesische Ministerpräsident Raschid Karami auf einer Pressekonferenz in Beirut. Sein Land fühle sich nicht mehr daran gebunden und bemühe sich nun, eine strikt neutrale Politik zu verfolgen.

Bundesrat Paul Chaudet wird für das Jahr 1959 zum Bundespräsidenten der Schweiz gewählt.

Die Bundestagsfraktionen von CDU/CSU und SPD einigen sich darauf, Generalleutnant a. D. Helmuth von Grolman für das Amt des Wehrbeauftragten des Bundestages vorzuschlagen. → S. 200

12. Dezember, Freitag

Der niederländische Ministerpräsident Willem Drees und die sozialistischen Regierungsmitglieder erklären ihren Rücktritt, nachdem es in der Koalition Unstimmigkeiten in der Steuerpolitik gab. Am 22. Dezember bildet Louis J. M. Beel (Katholische Volkspartei) eine neue Regierung gemeinsam mit den beiden protestantischen Parteien.

Der französische Generalbevollmächtigte für Algerien, General Raoul Salan, wird zum Generalinspekteur der Armee in Paris ernannt. Paul Delouvrier, dem die Zivilverwaltung untersteht, wird am 19. Dezember sein Nachfolger, der militärische Oberbefehl wird an General Maurice Challe übertragen.

Der Bundestag in Bonn beschließt die Erhöhung der Renten um 6,1% zum 1. Januar 1959. → S. 202

13. Dezember, Sonnabend

In der letzten Sitzung der 13. Vollversammlung der Vereinten Nationen scheitert eine Algerienresolution knapp mit einer Stimme unter der erforderlichen Zweidrittelmehrheit. → S. 197

Bundesinnenminister Gerhard Schröder teilt dem Deutschen Beamtenbund und dem Deutschen Gewerkschaftsbund in einem Brief mit, daß Bundesbeamte kein Weihnachtsgeld erhalten werden. Die gegenwärtige Lage lasse derartige Zuwendungen nicht zu, außerdem seien im Haushalt keine Mittel dafür vorgesehen.

14. Dezember, Sonntag

Auf ihrer Außenministerkonferenz in Paris bekunden die drei Westmächte und die Bundesrepublik ihre Entschlossenheit, ihre Rechte in Berlin zu wahren und lehnen die sowjetischen Forderungen vom → 27. November (S. 180) ab. → S. 198

In Berlin (West) schließen sich der Bund der Vertriebenen Deutschen und der Verband der Landsmannschaften zum Bund der Vertriebenen – Vereinigte Landsmannschaften und Landesverbände zusammen. Präsident des Gesamtverbands wird Hans Krüger.

Einstimmung auf Weihnachten: Titelseite der Frauenzeitschrift »Constanze« aus Hamburg vom 10. Dezember 1958

Dezember 1958

In Accra/Ghana geht eine sechstägige Konferenz der afrikanischen Völker mit 200 Delegierten aus 25 Ländern Afrikas zu Ende. Die Konferenz bezeichnet die Bildung eines Commonwealth freier afrikanischer Staaten als ihr Ziel.

Der Springreiter Fritz Thiedemann aus Elmshorn wird zum Sportler des Jahres gewählt (→ 3.7./S. 129). Mannschaft des Jahres wird die deutsche Leichtathletikauswahl (→ 21.9./S. 159).

15. Dezember, Montag

Eine Volksabstimmung über den künftigen Status Berlins befürwortet der Regierende Bürgermeister Willy Brandt. Diese müsse unter Kontrolle der Vereinten Nationen oder der vier Siegermächte in beiden Teilen der Stadt durchgeführt werden (→ 27.11./S. 180).

16. Dezember, Dienstag

Mao Tse-tung kandidiert nicht mehr für das Amt des Präsidenten der Volksrepublik China; er bleibt jedoch Präsident des Zentralkomitees der Kommunistischen Partei. → S. 198

Bei einem Kaufhausbrand in der kolumbianischen Hauptstadt Bogotá kommen 82 Menschen ums Leben, etwa 200 Personen werden verletzt.

17. Dezember, Mittwoch

Kurt Georg Kiesinger (CDU) wird Nachfolger des baden-württembergischen Ministerpräsidenten Gebhard Müller, der am 14. November zum Präsidenten des Bundesverfassungsgerichts in Karlsruhe gewählt wurde.

Die am 31. Oktober in Genf begonnene Konferenz über die Einstellung von Kernwaffenversuchen vertagt sich auf den 5. Januar 1959, nachdem in mehreren Punkten Einigkeit erzielt werden konnte. → S. 197

Das traditionsreiche Café »Kranzler« in Berlin (West) eröffnet seine neuen Räume am Kurfürstendamm/Ecke Joachimsthaler Straße, die Platz für 600 Gäste bieten. → S. 201

18. Dezember, Donnerstag

In Paris endet eine dreitägige Sitzung des Rats des Nordatlantikpakts (NATO), bei der u. a. eine Erklärung zur Berlin-Frage veröffentlicht wird. Darin wird noch einmal die Auffassung der Westmächte unterstrichen, die Sowjetunion dürfe nicht einseitig bestehende Verträge aufkündigen (→ 27.11./S. 180).

Die am 10. Oktober begonnene Genfer Expertenkonferenz zur Verhinderung von Überraschungsangriffen wird ohne Ergebnis auf unbestimmte Zeit vertagt (→ 17.12./S. 197).

Zu einer Erörterung des Zypernproblems treffen in Paris die Außenminister von Großbritannien, Griechenland und der Türkei zusammen (→ 15.8./S. 135).

In Rom empfangen Julius Döpfner, Bischof von Berlin, und Franz König, Erzbischof von Wien, gemeinsam mit 21 weiteren Geistlichen von Papst Johannes XXIII. die Insignien der Kardinalswürde. → S. 204

19. Dezember, Freitag

In Cape Canaveral wird erfolgreich der US-amerikanische Satellit »Score« gestartet, der als Relaisstation für Funkübertragungen zwischen zwei Erdstationen dient → S. 201

Die Starsopranistin Maria Callas gibt in Paris zugunsten des Hilfswerks der französischen Ehrenlegion ein Wohltätigkeitskonzert, das per Eurovision auch im Deutschen Fernsehen übertragen wird. → S. 205

20. Dezember, Sonnabend

Auf der Tagung der Westeuropäischen Union (WEU) in Paris fordert der Oberbefehlshaber des Nordatlantikpakts (NATO) in Europa, General Lauris Norstad, für die Truppen der Mitgliedsstaaten eine Mindestdienstzeit von 18 bis 20 Monaten. Zugleich erklärt er, der Westen werde einen sowjetischen Angriff mit Atomwaffen beantworten.

21. Dezember, Sonntag

Mit 77,5% der Stimmen eines Wahlmännergremiums wird der französische Ministerpräsident Charles de Gaulle zum Staatspräsidenten gewählt. → S. 194

In Augsburg besiegt die bundesdeutsche Nationalmannschaft in einem Fußball-Länderspiel Bulgarien 3:0. Zwei Tore schießt der Hamburger Uwe Seeler.

22. Dezember, Montag

Die Bundesregierung billigt den Kartellvertrag zwischen dem Ruhrbergbau und den konzerngebundenen Ölgesellschaften, der verschiedene Maßnahmen zur Behebung der Absatzkrise im bundesdeutschen Steinkohlebergbau vorsieht. → S. 200

Der Verband der Heimkehrer ruft die Bundesbürger dazu auf, am Heiligabend um 19 Uhr zum Zeichen der unverbrüchlichen Treue zu Berlin Kerzen ins Fenster zu stellen (→ 1.12./S. 206).

23. Dezember, Dienstag

Auf Island bilden die Sozialdemokraten, die nur acht der 52 Parlamentssitze innehaben, unter Emil Jonsson eine Minderheitsregierung. Die frühere Regierung unter Hermann Jonasson (Progressisten-Partei) trat am 5. Dezember wegen innenpolitischer Differenzen zurück.

In seiner Weihnachtsansprache erklärt Papst Johannes XXIII., in einigen Staaten sei die Sklaverei für den einzelnen wie für die Masse, für das Denken wie für das Handeln, unleugbar.

Bundeskanzler Konrad Adenauer stellt in seiner Weihnachtsbotschaft fest, das deutsche Volk verbringe Weihnachten unter dem Druck des schärfsten Angriffs, den der Osten in den letzten Jahren gegen die Freiheit gerichtet habe. Dennoch erwarte er keine ernsthafte Störung des Friedens.

Die Große Hilfsstrafkammer am Koblenzer Landgericht verurteilt im sog. Lottoprozeß 14 der 19 Angeklagten zu Gefängnisstrafen zwischen vier Monaten und dreieinhalb Jahren wegen Betrugs und Urkundenfälschung. Sie haben durch Manipulationen nachträglich die richtigen Gewinnzahlen in Totoscheine eingetragen und so rund 2,3 Millionen DM ergaunert. → S. 204

Beim Einsturz einer alten Kalkgrube bei dem belgischen Dorf Zichen-Zussen-Bolder kommen 23 Menschen ums Leben.

24. Dezember, Mittwoch

Die südkoreanische Nationalversammlung genehmigt ein Staatssicherheitsgesetz, das u. a. die Pressefreiheit einschränkt. Vor der Abstimmung wurde die Opposition aus dem Sitzungssaal ausgesperrt. → S. 198

In den höher gelegenen Landstrichen Bayerns setzt am Heiligabend Schneefall ein, im übrigen Deutschland bleibt die »weiße Weihnacht« aus. → S. 206

25. Dezember, 1. Weihnachtstag

Zum Abschluß seiner viertägigen Sitzung in Moskau verabschiedet der Oberste Sowjet den Haushalt für das Jahr 1959; etwa ein Siebtel des Etats entfällt auf Militärausgaben.

Die sowjetische Regierung gibt bekannt, daß sie künftig Noten zurückweisen werde, in denen die DDR als »sowjetische Zone« bezeichnet wird.

26. Dezember, 2. Weihnachtstag

Einer alten Tradition entsprechend, die jedoch vor etwa 80 Jahren ausgesetzt wurde, besucht Papst Johannes XXIII. Häftlinge des römischen Gefängnisses Regina Coeli.

In Stuttgart gibt der Moskauer Staatszirkus seine erste Vorstellung zu Beginn einer Deutschland-Tournee, die ihn auch nach Frankfurt am Main, Dortmund, Essen, Hamburg, Kiel und Wiesbaden führt. → S.205

Die erste Hörfunksendung in Stereo in Deutschland wird vom Sender Freies Berlin (SFB) ausgestrahlt. → S. 201

27. Dezember, Sonnabend

Die Bundesrepublik, Großbritannien, Frankreich, Italien, die skandinavischen Staaten, die Benelux-Länder und die Schweiz erklären die Konvertibilität ihrer Währungen und kündigen das Abkommen über die Europäische Zahlungsunion. Damit tritt das Europäische Währungsabkommen (EWA) vom 5. August 1955 in Kraft. → S. 197

Die französische Regierung kündigt eine Abwertung des Franc um 17,55% und die Wiederaufnahme der Einfuhrliberalisierung an. Zugleich soll eine neue Währungseinheit für 100 bisherige Francs geschaffen werden. → S. 196

In Kairo wird zwischen der Vereinigten Arabischen Republik (VAR) und der Sowjetunion ein Abkommen über die Baufinanzierung des geplanten Assuan-Staudamms unterzeichnet. → S. 201

28. Dezember, Sonntag

Obwohl sie bei den Wahlen am → 7. Dezember (S. 200) die absolute Mehrheit im Abgeordnetenhaus erreicht hat, spricht sich die SPD in Berlin (West) für eine Fortsetzung der großen Koalition mit der CDU aus.

1:2 unterliegt die bundesdeutsche Fußballnationalmannschaft in Kairo der ägyptischen Elf. → S. 205

29. Dezember, Montag

Das US-amerikanische Magazin »Time« erklärt den französischen Staatspräsidenten Charles de Gaulle zum Mann des Jahres.

Die freie Konvertibilität des Peso und die Aufhebung aller Einfuhrbeschränkungen verkündet die argentinische Regierung in Buenos Aires.

30. Dezember, Dienstag

Der Regierende Bürgermeister von Berlin (West), Willy Brandt, äußert die Überzeugung, daß es keinen Krieg um Berlin geben werde; jedoch könne noch manche kritische Situation entstehen.

31. Dezember, Mittwoch

In gleichlautenden Noten an die sowjetische Regierung lehnen die USA, Frankreich und Großbritannien die Forderungen der UdSSR mit Bezug auf Berlin vom → 27. November (S. 180) ab.

1958 gab es erstmals mehr Flugzeug- als Schiffspassagiere über den Atlantik.

In Brisbane/Australien erreicht die US-amerikanische Mannschaft im Finale um den Tennis-Daviscup einen 3:2-Erfolg über den australischen Titelverteidiger.

Gestorben:

5. Berlin: Ferdinand Bruckner (eigentl. Theodor Tagger, *26.8.1891, Wien), österreichisch-deutscher Dramatiker.

15. Zürich: Wolfgang Pauli (* 25.4. 1900, Wien), schweizerisch-US-amerikanischer Physiker österreichischer Herkunft, Nobelpreisträger 1945.

20. Moskau: Fjodor W. Gladkow (*21.6.1883, Tschernawka/Saratow), sowjetischer Schriftsteller.

21. Los Angeles: Lion Feuchtwanger (Pseudonym: J. L. Wetcheek, *7.7.1884, München), deutscher Schriftsteller.

Das Wetter im Monat Dezember

Station	Mittlere Lufttemperatur (°C)	Niederschlag (mm)	Sonnenscheindauer (Std.)
Aachen	– (3,1)	– (62)	– (49)
Berlin	2,5 (0,7)	– (41)	– (36)
Bremen	– (2,2)	– (54)	– (33)
München	– (– 0,7)	– (44)	– (41)
Wien	2,6 (0,9)	70 (51)	61 (–)
Zürich	2,6 (0,2)	92 (73)	48 (37)

() Langjähriger Mittelwert für diesen Monat
– Wert nicht ermittelt

Auf das bevorstehende Weihnachtsfest weist das US-Magazin »Harper's Bazaar« mit einem Foto von Richard Avedon in seiner Dezember-Ausgabe hin

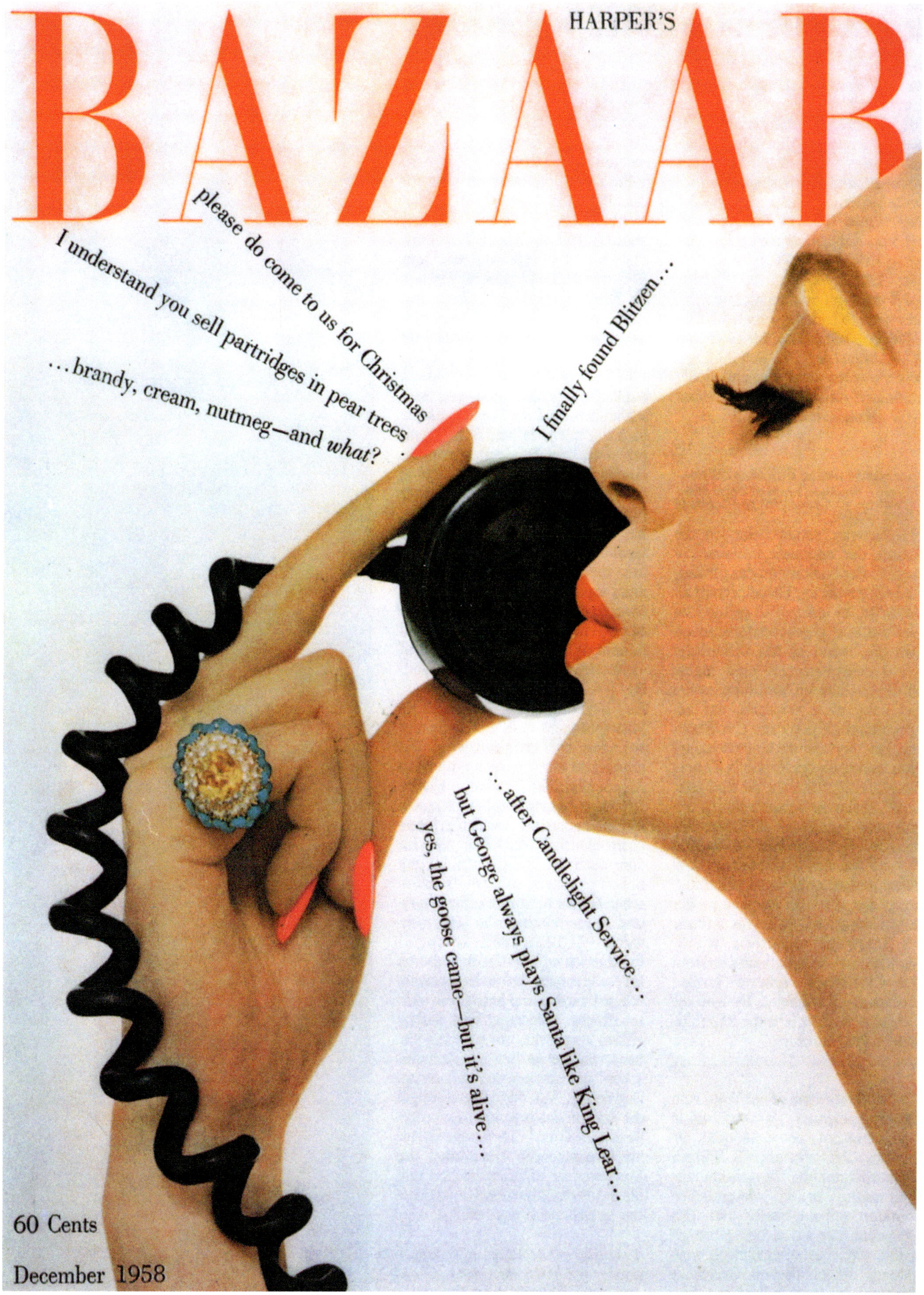

HARPER'S
BAZAAR
please do come to us for Christmas
I understand you sell partridges in pear trees
...brandy, cream, nutmeg—and *what*?
I finally found Blitzen...
...after Candlelight Service...
but George always plays Santa like King Lear...
yes, the goose came—but it's alive...
60 Cents
December 1958

De Gaulle ist Staatspräsident

21. Dezember. Das Wahlkollegium für die Wahl des Präsidenten der französischen V. Republik und der Französischen Gemeinschaft wählt den amtierenden Ministerpräsidenten Charles de Gaulle mit 78,5% der Stimmen zum Staatspräsidenten.
Seine beiden Gegenkandidaten – der Kommunist Georges Marrane und der von der Union der demokratischen Kräfte (UFD) aufgestellte Albert Châtelet – erhalten 13,1% bzw. 8,4% der Wahlmännerstimmen.
Der neue Präsident – er wird Nachfolger von René Coty, der 1953 zum Präsidenten der IV. Republik gewählt worden war und nicht wieder kandidiert hat – wird am 8. Januar 1959 offiziell vereidigt.

»Ich werde meine Pflicht erfüllen«

Bei seiner Vereidigung zum französischen Staatspräsidenten am 8. Januar 1959 führt Charles de Gaulle u. a. aus:

»Heute wie gestern habe ich die Pflicht, das nationale Interesse innerhalb der Nation und das gemeinsame Interesse der Gemeinschaft zu vertreten, in jedem Fall geltend zu machen und gegebenenfalls zu erzwingen, wenn es das öffentliche Wohl erfordert. Das sind meine Pflichten, und ich werde bei deren Erfüllung nicht versagen; das bezeuge ich euch im voraus. Um dies zu tun, muß ich aber die Unterstützung aller haben, die der Republik dienen, die Hilfe der Männer, die von jetzt an in Afrika die Verantwortung tragen, und vor allem die Unterstützung des französischen Volkes und der Völker der überseeischen Gebiete. Ich verlange diese Unterstützung, die mir vor kurzem in der Angst vor einer Gefahr von nationaler Tragweite zugesichert wurde, noch einmal, während am Horizont der Lichtschein unserer großen Hoffnungen erscheint. Es lebe die Gemeinschaft, es lebe die Republik, es lebe Frankreich!«

De Gaulle wird mit seiner Wahl zum Staatspräsidenten der mächtigste Mann im Staat – der V. Republik, deren am → 28. September (S. 150) per Volksabstimmung angenommene Verfassung er in wesentlichen Punkten selbst gestaltet hat. Der Präsident, der auf sieben Jahre gewählt wird, bestimmt danach weitgehend die politischen Geschicke Frankreichs; er ist außerdem Oberbefehlshaber der französischen Streitkräfte und verfügt in schweren Krisensituationen über fast uneingeschränkte Rechte.
Der 68jährige General de Gaulle hat erst vor einem halben Jahr erneut die politische Bühne betreten, als nach dem Putsch in Algier am → 13. Mai (S. 86) der Ruf nach einem starken Mann laut wurde. Als Chef der französischen Exilregierung seit Juni 1943 war de Gaulle nach Kriegsende als Ministerpräsident bestätigt und zum provisorischen Staatsoberhaupt gewählt worden. Nach der Einsetzung der IV. Republik im Jahr 1946 hatte er jedoch nur noch wenig politische Fortune und zog sich schließlich 1953 ins Privatleben zurück, nachdem es ihm nicht gelungen war, sein Rassemblement du Peuple Français (RPF; Vereinigung des französischen Volkes) zu einer Massenbewegung zu machen.
Bei seiner Rückkehr verlangte de Gaulle weitgehende Vollmachten, um die französische Staatskrise nach eigenem Gutdünken lösen zu können. Am 1. Juni wurde er zum Ministerpräsidenten ernannt und seinem Wunsch entsprechend mit vielfachen Sonderrechten ausgestattet (→ 4.6./S. 101).
Zu Beginn seiner Amtszeit als Staatspräsident muß de Gaulle nun vor allem zwei Probleme lösen: Die schwierige Wirtschaftslage und den Algerienkonflikt. Schon wenige Tage nach seiner Wahl erläßt er ein Maßnahmenpaket, das den öffentlichen Haushalt sanieren, zugleich aber auch die öffentlichen Investitionen erweitern soll. Die französischen Bürger müssen hierfür Steuer- und Preiserhöhungen in Kauf nehmen (→ 27.12./S. 196).
In Algerien will de Gaulle dadurch für Ruhe sorgen, daß er der moslemischen Bevölkerung besondere wirtschaftliche Förderung und soziale Hilfen verspricht, um so deren Lebensstandard an den der französischen Bevölkerungsminderheit anzugleichen. Auf diese Weise sollen die Kolonie entsprechend dem Algerienstatut vom → 31. Januar (S. 14) als integrierender Bestandteil des Mutterlandes erhalten bleiben und die Souveränitätswünsche der Algerier unterbunden werden.

Der neugewählte französische Staats-Präsident Charles de Gaulle (r.) und sein Amtsvorgänger René Coty ▷

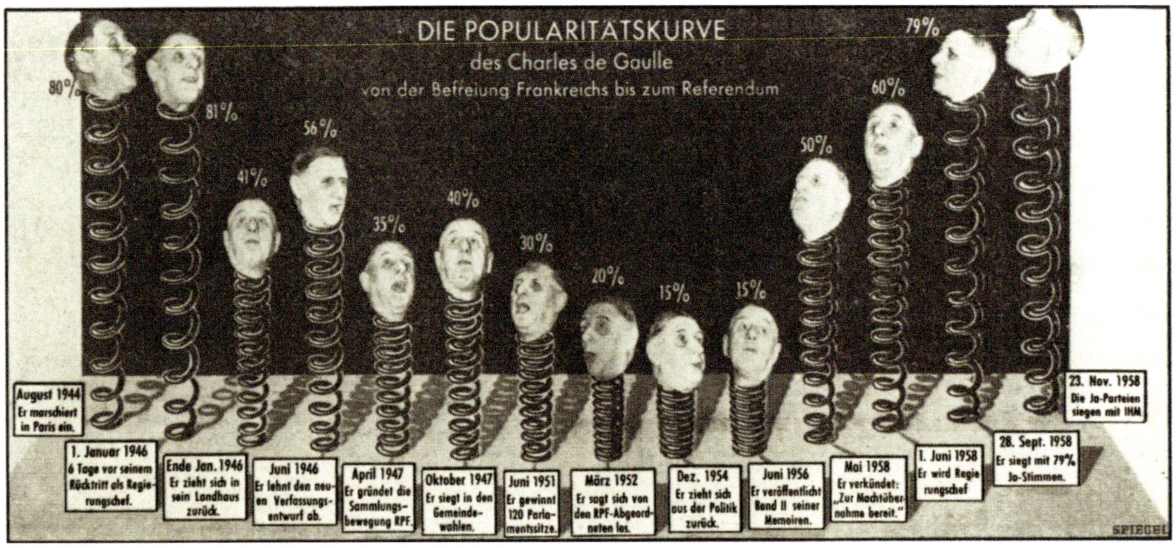
DIE POPULARITÄTSKURVE
des Charles de Gaulle
von der Befreiung Frankreichs bis zum Referendum
80%
81%
41%
56%
35%
40%
30%
20%
15%
15%
50%
60%
79%
August 1944 Er marschiert in Paris ein.
1. Januar 1946 6 Tage vor seinem Rücktritt als Regierungschef.
Ende Jan. 1946 Er zieht sich in sein Landhaus zurück.
Juni 1946 Er lehnt den neuen Verfassungsentwurf ab.
April 1947 Er gründet die Sammlungsbewegung RPF.
Oktober 1947 Er siegt in den Gemeindewahlen.
Juni 1951 Er gewinnt 120 Parlamentssitze.
März 1952 Er sagt sich von den RPF-Abgeordneten los.
Dez. 1954 Er zieht sich aus der Politik zurück.
Juni 1956 Er veröffentlicht Band II seiner Memoiren.
Mai 1958 Er verkündet: „Zur Machtübernahme bereit."
1. Juni 1958 Er wird Regierungschef
28. Sept. 1958 Er siegt mit 79% Ja-Stimmen.
23. Nov. 1958 Die Ja-Parteien siegen mit IHM
SPIEGEL

Subventionsabbau soll Haushalt sanieren

27. Dezember. Der französische Ministerrat verabschiedet eine Reihe von finanz- und wirtschaftspolitischen Maßnahmen, mit denen die Wirtschaft stabilisiert und das Haushaltsdefizit reduziert werden sollen.

Die schlechte Wirtschaftslage Frankreichs mit hohem Außenhandelsdefizit, zurückgehender Kreditwürdigkeit im Ausland und steigenden Preisen ist in erster Linie auf die hohen Ausgaben zurückzuführen, die dem Land im Algerienkrieg entstehen (→ 31.1./S. 14). Das nun beschlossene Maßnahmenpaket wird mit Hilfe der Sondervollmachten des Ministerpräsidenten Charles de Gaulle, die noch bis zum 7. Januar 1959 gelten, vom Kabinett verabschiedet (→ 13.5./S. 86).

In Zusammenhang mit dem Inkrafttreten des Europäischen Währungsabkommens (EWA) am → 27. Dezember (S. 197) wird der französische Franc um 17,55% abgewertet. Zugleich soll bis zum 1. Januar 1960 schrittweise als neue Währung der »franc lourd« (»schwerer Franc«) eingeführt werden, der im Wert 100 bisherigen Franc entspricht.

Das Budget für 1959 wird gegenüber dem Vorjahr um mehr als 10% auf 6189,9 Milliarden Franc (etwa 57,9 Milliarden DM) erhöht. Mehr Geld steht nun vor allem für öffentliche Investitionen, aber auch für den Militäretat, der ein Viertel des Gesamtbudgets ausmacht, zur Verfügung.

Das Haushaltsdefizit soll 1959 mit 587 Milliarden Franc (rund 5,5 Milliarden DM) etwa 2% unter dem des Vorjahres liegen. Um dies zu erreichen, werden die Staatsausgaben in einigen Bereichen gekürzt und verschiedene Steuern erhöht. Dies gilt insbesondere für Tabak, Wein und Alkohol, für die Bezieher mittlerer und höherer Einkommen sowie für Gewinne aus der Landwirtschaft und aus Industrieunternehmen. Die Steuermehreinnahmen sollen sich pro Jahr auf etwa 309 Milliarden Franc (umgerechnet rund 2,9 Milliarden DM) belaufen.

Zugleich sollen staatliche Subventionen gestrichen werden, wodurch sich einige Preise – darunter die für Mehl, Brot, Schokolade, Teigwaren und Milch – und Tarife – für Eisenbahn, Kohle, Elektrizität und Gas sowie die Post – erhöhen. Die Ausgaben der Sozialversicherung werden ebenfalls reduziert; zugleich werden die Sozialbeiträge von 16% auf 18,5% erhöht.

Um die durch den Subventionsabbau entstehende Verteuerung der Lebenshaltungskosten aufzufangen, beschließt die französische Regierung außerdem, mit Wirkung vom 2. Februar 1959 den garantierten Mindestlohn um 5,5% zu erhöhen. Um eine allgemeine Lohnanhebung zu verhindern, werden jedoch gleichzeitig alle Klauseln in Tarifverträgen verboten, die den Lohn an den Index der Lebenshaltungskosten binden.

De Gaulle erklärt in einer Rundfunkansprache am 28. Dezember, die Maßnahmen würden das Land für einige Zeit auf eine harte Probe stellen, die angestrebte Erneuerung sei diesen Preis jedoch wert.

Wir gingen der Katastrophe entgegen«

28. Dezember. In einer Rundfunkansprache erläutert der designierte französische Staatspräsident Charles de Gaulle die wirtschaftspolitischen Maßnahmen seiner Regierung. Über deren Notwendigkeit sagt de Gaulle u. a.:

»Ende Mai gingen wir auf dem Gebiet von Finanzen und Wirtschaft der Katastrophe entgegen. Die Bilanz zwischen dem, was wir im Ausland kaufen mußten, und dem, was wir im Ausland verkaufen konnten, hatte ein anscheinend nicht zu reduzierendes Defizit erreicht, während die ausländischen Darlehen so gut wie erschöpft waren. Überdies sahen wir keine Möglichkeit, auf normalem Weg alle Staatsausgaben zu decken. Die Steuern waren durchaus ungenügend und der Kredit schien erschöpft zu sein. Schließlich hörten die Preise nicht auf zu steigen, soziale Unrast herrschte, und die Symptome der Rezession hatten sich bemerkbar gemacht. Zusammen mit meiner Regierung habe ich den Entschluß gefaßt, unsere Angelegenheiten wirklich und gründlich in Ordnung zu bringen. Wir haben eine ganze Reihe von finanziellen, wirtschaftlichen und sozialen Maßnahmen beschlossen, die wir morgen in Kraft setzen werden und die die Nation auf eine Grundlage von Wahrheit und Aufrichtigkeit stellen werden, die einzige Grundlage, die es uns erlaubt, die Prosperität der Nation aufzubauen.«

Kekkonen will gute Beziehung zu UdSSR

4. Dezember. Mit dem Rücktritt der Regierung unter dem sozialdemokratischen Ministerpräsidenten Karl-August Fagerholm bricht die innenpolitische Krise in Finnland offen aus. Am Tag zuvor ist durch den Rückzug der fünf Minister der Agrarierpartei aus dem Kabinett bereits die Koalition gesprengt worden.

K.-A. Fagerholm

Anlaß für die seit Monaten schwelende Krise in Finnland ist die Verschlechterung der Beziehungen des Landes zur Sowjetunion. Diese hat ihre Warenbezüge aus Finnland reduziert, nachdem ihr Vorschlag, Finnland solle mehr aus der UdSSR importieren, um die Handelsbilanz zwischen beiden Ländern auszugleichen, nicht die gewünschte Reaktion gefunden hat. Als Folge der Exportdrosselung mußten in Finnland mehrere Unternehmen geschlossen werden; etwa 100 000 Menschen sind arbeitslos geworden. Am 10. Dezember nimmt Staatspräsident Urho Kekkonen in einer Radioansprache zur Regierungskrise Stellung. Er sagt u. a., die finnische Außenpolitik dürfe in Zukunft nie mehr gegen die Sowjetunion gerichtet sein, weil aufgrund der geographischen Lage nur so die nationalen Interessen gewahrt werden könnten. Es gelte nun, die Sowjets von der Festigkeit dieses finnischen Standpunkts restlos zu überzeugen.

Urho Kaleva Kekkonen, seit 1956 finnischer Staatspräsident

Europas Währungen frei austauschbar

27. Dezember. Die Bundesregierung gibt die Konvertibilität, die freie Umtauschbarkeit, der DM in jede andere Währung bekannt. Elf weitere europäische Staaten vollziehen ebenfalls diesen Schritt und kündigen damit das seit 1950 gültige Abkommen über die Europäische Zahlungsunion (EZU).
An dessen Stelle tritt nun das am 5. August 1955 unterzeichnete Europäische Währungsabkommen (EWA), das die Ausweitung des Handels und die Liberalisierung des Waren-, Dienstleistungs- und Kapitalverkehrs erleichtern soll.
Bislang waren die europäischen Währungen nur beschränkt konvertibel, d.h. sie konnten nur untereinander oder in andere »weiche« Währungen, etwa die brasilianische, getauscht werden. Transaktionen mit dem US-Dollar und anderen »harten« Währungen waren dagegen nur in begrenztem Rahmen und nur auf ausdrücklichen Wunsch der Notenbanken möglich.
Allerdings bleiben auch nach Inkrafttreten des EWA in vielen Ländern Devisenbeschränkungen für die eigenen Bürger bestehen. Nur in der Schweiz und der Bundesrepublik dürfen auch Inländer ungehindert Devisen ins Ausland bringen oder die Auszahlung ihrer Konten in jeder Währung verlangen.
Die Mitgliedsländer des EWA hoffen auch auf die wirtschaftsstabilisierende Wirkung ihres Vertrages: Während in der EZU eine negative Handelsbilanz eines Landes nur zu drei Vierteln ausgeglichen werden mußte und der Rest kreditiert wurde, muß nun jeder Passivsaldo sofort bezahlt werden, ein Anreiz, es nicht zu einem Einfuhrüberschuß kommen zu lassen.
Die deutsche Währung ist mit dem EWA erstmals seit der Notverordnung von 1931 wieder frei von sämtlichen Reglementierungen und Bewirtschaftungen. Bundeswirtschaftsminister Ludwig Erhard (CDU) bezeichnet die freie Konvertierbarkeit als »ein historisches Datum, fast ein Wendepunkt der zwischenstaatlichen ökonomischen Beziehungen«.
Ludwig Erhard vertritt die Ansicht, daß nun international ein freier Wettbewerb stattfinden könne, während es zuvor teilweise falsche Entwicklungen gegeben habe.

Der Völkerbundspalast in Genf, erbaut 1929 bis 1937, Tagungsstätte zahlreicher internationaler Konferenzen, so auch des Europäischen Wirtschaftsrates

OEEC will Freihandelszone

2. Dezember. Nach dem Scheitern der Verhandlungen über eine europäische Freihandelszone (→ 17.11./S. 183) beraten in Genf die »anderen Sechs«, die Mitglieder des Europäischen Wirtschaftsrats (OEEC), nicht aber der Europäischen Wirtschaftsgemeinschaft (EWG) sind, wie eine Diskriminierung ihrer Staaten nach der ersten Zollsenkung innerhalb der EWG zum 1. Januar 1959 vermieden werden kann.
Die Teilnehmer – Österreich, Dänemark, Großbritannien, Norwegen, Schweden und die Schweiz – wollen weiter darauf hinwirken, daß multilaterale Assoziationen zu den EWG-Ländern möglich werden. Der EWG-Ministerrat beschließt am 3. Dezember in Brüssel, die Zölle auf Industrieprodukte gegenüber den OEEC-Ländern um 10% zu senken und die Importkontingente für diese Waren um bis zu 20% zu erhöhen.

Algerienresolution abgelehnt

13. Dezember. In der UN-Vollversammlung findet eine vom afrikanisch-asiatischen Staatenblock eingebrachte Resolution, die das Recht des algerischen Volkes auf Unabhängigkeit anerkennt, nicht die erforderliche Zweidrittelmehrheit und gilt deshalb als abgelehnt.
Die Staatengruppe hat bereits mehrfach auf diesem Wege versucht, Verhandlungen zwischen der Kolonialmacht Frankreich und Algerien herbeizuführen, um den Krieg in Algerien zu beenden und dem nordafrikanischen Land zur Souveränität zu verhelfen (→ 31.1./S. 14).
Gebilligt hat die Vollversammlung dagegen zwei andere Resolutionen: Am 5. Dezember wurde einstimmig ein Antrag angenommen, der die Hoffnung auf eine friedliche, demokratische und gerechte Lösung des Zypernkonflikts ausdrückt (→ 15.8./S. 135); am 12. Dezember werden die Mißachtung der Menschenrechte und die Unterdrückung der politischen Freiheit in Ungarn beklagt und gegen die Hinrichtung des ehemaligen Ministerpräsidenten Imre Nagy und des früheren Verteidigungsministers Pal Maleter protestiert (→ 17.6./S. 100).

Dag Hammarskjöld, Generalsekretär der Vereinten Nationen seit 1953

Verhandlungserfolg über Atomteststopp

17. Dezember. In Genf einigen sich die drei Atommächte auf ihrer Konferenz über die Einstellung der Kernwaffenversuche über weitere Einzelheiten eines entsprechenden Abkommens.
Nachdem Anfang Dezember die USA, die UdSSR und Großbritannien bereits übereingekommen sind, Atomwaffenversuche künftig zu verhindern und zu verbieten und diese Verpflichtung einer Kontrolle zu unterwerfen, wird nun auch die Zusammensetzung des Kontrollgremiums festgelegt. Wegen noch ungeklärter Punkte ist der Vertrag noch nicht unterschriftsreif.
Mit weniger Erfolg verläuft die ebenfalls in Genf tagende Konferenz über die Verhinderung von Überraschungsangriffen. Über das Kontrollsystem gibt es noch sehr kontroverse Vorstellungen.

Putsch im Irak

8. Dezember. *In einer über Radio Bagdad verbreiteten Erklärung teilt der irakische Ministerpräsident Abd Al Karim Kasim (Abb.) mit, ein geplanter Putschversuch, an dem auch ausländische Kräfte beteiligt seien, habe verhindert werden können.*
Die »korrupten Elemente, die den Sturz des Regimes zum Ziele hatten«, seien verhaftet worden und würden vor ein Volksgericht gestellt. Kasim selbst ist am → 14. Juli (S. 116) durch einen Umsturz an die Macht gekommen, bei dem König Faisal II. getötet wurde.

Mao nicht wieder Staatsoberhaupt

16. Dezember. Der stellvertretende Ministerpräsident und Außenminister der Volksrepublik China gibt gegenüber den in Peking akkreditierten Diplomaten bekannt, daß Mao Tse-tung nicht wieder für das Amt des Staatsoberhauptes kandidieren wird. Er bleibt aber Parteichef.

Der Verzicht Maos, der 1949 von den 66 Mitgliedern des Volkskongresses erstmals zum Staatspräsidenten gewählt und 1954 in diesem Amt bestätigt wurde, löst heftige Diskussionen über dessen Ursachen aus: Es wird angenommen, daß Mao die von ihm initiierte Kampagne »Hundert Blumen sollen blühen« von 1957, in der die Bevölkerung zur Kritik an den bestehenden Verhältnissen aufgefordert wurde, geschadet hat. Der Liberalisierungsversuch wurde seinerzeit vorzeitig beendet, weil auch das System an sich und die Staats- und Parteiführer heftig angegriffen wurden.

Auch die von Mao durchgesetzte Entwicklung der Volkskommunen (→ 29.8./S. 134) ist bislang offenbar nicht ganz plangemäß verlaufen und wird außerdem durch die sowjetische Führung abgelehnt.

Viele westliche Beobachter sind dennoch der Meinung, daß Mao Tse-tung auch als »Nur«-Parteivorsitzender die mächtigste Persönlichkeit in der Volksrepublik China bleiben wird.

Mao Tse-tung bleibt Vorsitzender der Kommunistischen Partei Chinas

Indonesien plant Verstaatlichungen

3. Dezember. Das indonesische Parlament verabschiedet ein Gesetz, das die Verstaatlichung aller niederländischen Betriebe auf indonesischem Boden vorsieht.

Die gegen die ehemalige Kolonialmacht gerichteten Maßnahmen hatten im Dezember 1957 begonnen. Damals wurde bekannt, daß die Regierung Indonesiens in drei Phasen alle niederländischen Staatsangehörigen des Landes verweisen wollte. Bis Ende August 1958 haben etwa 39 000 Niederländer das südostasiatische Land verlassen. Zurückgeblieben sind rund 6500 niederländische Staatsbürger.

Grund für die Kampagne ist der Streit um die Zugehörigkeit von West-Neuguinea (Man Jaya), das von beiden Staaten beansprucht wird. Außerdem verblieben, nachdem Indonesien 1949 unabhängig wurde, viele Unternehmen in niederländischer Hand, so daß der Außenhandel weitgehend mit der ehemaligen Kolonialmacht abgewickelt wurde (→ 15.2./S. 37; 2.4./S. 74).

Südkorea schränkt Pressefreiheit ein

24. Dezember. Die südkoreanische Nationalversammlung billigt ein Staatssicherheitsgesetz, das u. a. die Pressefreiheit einschränkt. Die Verabschiedung wird erst möglich, nachdem 80 Oppositionsabgeordnete aus dem Sitzungssaal ausgesperrt wurden. Die Abgeordneten der Demokratischen Fraktion haben in den letzten Tagen versucht, die Abstimmung über das Gesetz zu verhindern, indem sie das Parlament belagert haben. Die Liberale Partei von Staatspräsident Syngman Rhee hat in der Nationalversammlung 125 der 233 Sitze inne.

Syngman Rhee

Rhee, der seit der Proklamation der Republik Korea am 15. August 1948 das Land regiert, herrscht autoritär und mißachtet die demokratischen Grundrechte der Verfassung.

»Sowjetunion denkt nicht an einen Krieg«

8. Dezember. Der US-Senator Hubert H. Humphrey, Mitglied des außenpolitischen Senatsausschusses, erklärt nach seiner Rückkehr von einer längeren Europareise, in deren Verlauf er auch mit dem sowjetischen Ministerpräsidenten Nikita S. Chruschtschow zusammentraf, er glaube nicht, daß die UdSSR in nächster Zeit an einen Krieg dächte, weil dieser ihren Siebenjahresplan für die Wirtschaftsentwicklung empfindlich stören würde.

Im einzelnen faßt Humphrey seine Eindrücke in folgenden fünf Punkten zusammen:

Hubert H. Humphrey, Senator aus dem US-amerikanischen Bundesstaat Minnesota und Mitglied des außenpolitischen Senatsausschusses

▷ In keinem Ostblockstaat habe er – außer bei der kommunistischen Führerschaft – eine antiamerikanische Haltung angetroffen. Vielmehr interessierten sich insbesondere junge Menschen sehr für die USA

▷ Die politischen Beziehungen zwischen den USA und der UdSSR werden in absehbarer Zeit keine Fortschritte machen; die Handelsbeziehungen könnten jedoch ausgebaut werden

▷ Er habe Chruschtschow dargelegt, daß die Außenpolitik seines Landes von allen US-Bürgern unabhängig von ihrer Parteizugehörigkeit unterstützt werde

▷ Eine Politik der Drohungen zwischen beiden Machtblöcken werde zu nichts führen

▷ Wenn die Westalliierten in der deutschen Frage und der Frage der Zukunft Berlins (West) einig und fest bleiben, werde es keine Schwierigkeiten mit der UdSSR geben (→ 27.11./S. 180)

Humphrey betont jedoch, daß sein Land in seiner Wachsamkeit nicht nachlassen und die Streitkräfte nicht verringern dürfe.

Westmächte gegen Berlin-Ultimatum

14. Dezember. Die Außenminister der Westmächte – Maurice Couve de Murville (Frankreich), Selwyn Lloyd (Großbritannien), John Foster Dulles (USA) – sowie Bundesaußenminister Heinrich von Brentano treffen in Paris zu einer Konferenz über das sowjetische Berlin-Ultimatum zusammen (→ 27.11./S. 180).

Sie bekräftigen die Entschlossenheit ihrer Länder, ihre Positionen und Rechte in bezug auf Berlin und das Recht auf freien Zugang zur Stadt zu wahren.

H. von Brentano

Die einseitige Aufkündigung des Viermächteabkommens über Berlin durch die UdSSR lehnen sie ab, weil hierdurch auch die Rechte der drei Westmächte tangiert werden. Nach ihrer Auffassung können die Verpflichtungen der UdSSR aus dem Abkommen nicht durch die DDR übernommen werden.

Die Regierungen in den Bundesländern und Berlin (West)

In Hessen, Bayern (23.11.), Berlin (West; → 7.12./S. 200), Nordrhein-Westfalen (→ 6.7./S. 119) und Schleswig-Holstein (28.9.) finden 1958 Wahlen statt. In Baden-Württemberg wird Kurt Georg Kiesinger Ministerpräsident an Stelle von Gebhard Müller (17.12.).

Baden-Württemberg

Letzte Landtagswahlen: 4. März 1956; CDU 42,6% (56 Sitze), SPD 28,9% (36), FDP/DVP 16,6% (21), GB/BHE 6,3% (7). Allparteienregierung seit dem 17. Dezember 1958

Ministerpräsident: Kurt Georg Kiesinger (CDU; *6.4.1904)

Kabinett: Stellvertretender Ministerpräsident, Wirtschaft: Hermann Veit (SPD); Inneres: Viktor Renner (SPD); Justiz: Wolfgang Haußmann (FDP); Finanzen: Karl Frank (FDP); Kultus und Unterricht: Gerhard Storz (CDU); Landwirtschaft: Eugen Leibfried (CDU); Arbeit: Erwin Hohlwegler (SPD); Heimatvertriebene: Eduard Fiedler (GB/BHE); Staatsräte: Anton Dichtel (CDU); Friedrich Werber (CDU)

Bayern

Letzte Landtagswahlen: 23. November 1958; CSU 45,6% (101 Sitze), SPD 30,8% (64), FDP 5,6% (8), Bayernpartei 8,1% (14), GB/BHE 8,6% (17). Koalition aus CSU, FDP und GB/BHE seit dem 9. Dezember 1958

Ministerpräsident: Hanns Seidel (CSU; *12.10.1901)

Kabinett: Stellvertretender Ministerpräsident, Finanzen: Rudolf Eberhard (CSU); Inneres: Alfons Goppel (CSU); Justiz: Albrecht Haas (FDP); Erziehung: Theodor Maunz (parteilos); Wirtschaft und Verkehr: Otto Schedl (CSU); Landwirtschaft: Alois Hundhammer (CSU); Arbeit: Walter Stain (CSU)

Berlin (West)

Letzte Wahlen zum Abgeordnetenhaus: 7. Dezember 1958; SPD 52,6% (78 Sitze), CDU 37,7% (55), FDP 3,8%, SED 1,9%. Koalition aus SPD und CDU seit dem 12. Januar 1959

Kabinett: Bürgermeister: Franz Amrehn (CDU); Bundesratsangelegenheiten: Günter Klein (SPD); Inneres: Joachim Lipschitz (SPD); Rechtswesen: Valentin Kielinger (CDU); Finanzen: Joachim Wolff (CDU); Wirtschaft und Kredit: Paul Hertz (SPD); Verkehr und Versorgungsbetriebe: Otto Theuner (SPD); Arbeit und Soziales: Kurt Exner (SPD); Gesundheit: Hans Schmiljan (CDU); Volksbildung: Joachim Tiburtius (CDU); Bau-und Wohnungswesen: Rolf Schwedler (SPD); Jugend und Sport: Ella Kay (SPD)

Regierender Bürgermeister: Willy Brandt (SPD; *18.12.1913)

Bremen

Letzte Wahlen zur Bürgerschaft: 9. Oktober 1955; SPD 47,8% (52 Sitze), CDU 18,0% (18), FDP/BDV 8,6% (8), KPD 5,0% (4); die KPD wird am 17. 8.1956 vom Bundesverfassungsgericht für grundgesetzwidrig erklärt), DP 14,8% (18), GB/BHE 1,9%. Koalition aus SPD, FDP und CDU seit dem 25. November/28. Dezember 1955

1. Bürgermeister: Wilhelm Kaisen (SPD; *22.5.1887)

Kabinett: 2. Bürgermeister, Hafen, Schiffahrt und Verkehr: Jules Eberhard Noltenius (CDU); Justiz und Verfassung: Erich Zander (CDU); Inneres: Adolf Ehlers (SPD); Bildung: Willy Dehnkamp (SPD); Finanzen: Wilhelm Nolting-Hauff (FDP); Wirtschaft, Ernährung und Landwirtschaft: Karl Eggers (SPD); Außenhandel: Ludwig Helmken (FDP); Arbeit: Gerhard von Heukelum (SPD); Bau- und Wohnungswesen: Alfred Balcke (SPD); Wohlfahrt und Gesundheitswesen: Karl Krammig (CDU); Jugend: Annemarie Mevissen (SPD)

Hamburg

Letzte Wahlen zur Bürgerschaft: 10. November 1957; SPD 53,9% (69 Sitze), CDU 32,3% (41), FDP 8,6% (10), DP 4,1%. Koalition aus SPD und FDP seit dem 4. Dezember 1957

Erster Bürgermeister: Max Brauer (SPD; *3. 9.1887)

Kabinett: Zweiter Bürgermeister, Wirtschaft und Verkehr: Edgar Engelhard (FDP); Schulbehörde: Heinrich Landahl (SPD); Kulturbehörde und Justizverwaltung: Hans Harder Biermann-Ratjen (FDP); Finanzbehörde: Herbert Weichmann (SPD); Polizei und Bezirksverwaltung: Wilhelm Kroger (SPD); Erster Bausenator: Paul Nevermann (SPD); Zweiter Bausenator: Rudolf Buch (SPD); Jugendbehörde: Paula Karpinski (SPD); Gesundheit: Walter Schmedemann (SPD); Ernährung und Landwirtschaft, Gefängnisbehörde: Emilie Kiep-Altenloh (FDP); Arbeit und Soziales: Ernst Weiß (SPD)

Hessen

Letzte Landtagswahlen: 23. November 1958; SPD 46,9% (48 Sitze), CDU 32,0% (32), FDP 9,5% (9), GB/BHE 7,4% (7); DP/FVP 3,5%. Koalition aus SPD und GB/BHE seit dem 11. Dezember 1958

Ministerpräsident: Georg August Zinn (SPD; *27.5.1901)

Kabinett: Inneres: Heinrich Schneider (SPD); Finanzen: Wilhelm Conrad (SPD); Justiz: Georg August Zinn (SPD); Unterricht: Ernst Schütte (SPD); Wirtschaft: Gotthard Franke (GB/BHE); Arbeit: Heinrich Hemsath (SPD); Landwirtschaft: Gustav Hacker (GB/BHE)

Niedersachsen

Letzte Landtagswahlen: 24. April 1955; Niederdeutsche Union (gemeinsame Wahlliste von CDU und DP) 39,0% (62 Sitze); SPD 35,2% (59); FDP 7,9% (12); KPD 1,3% (2; am 17.8.1956 wurde die KPD vom Bundesverfassungsgericht für grundgesetzwidrig erklärt); GB/BHE 11,0% (17); Zentrum 1,1% (1); DRP 3,8% (6). Koalition aus SPD, CDU und DP seit dem 12./19. November 1957

Ministerpräsident: Heinrich Hellwege (DP; *18.8.1908)

Kabinett: Stellvertretender Ministerpräsident, Inneres: Hinrich Wilhelm Kopf (SPD); Justiz: Werner Hofmeister (CDU); Finanzen: August Wegmann (CDU); Kultus: Richard Langeheine (DP); Soziales und Aufbau: Georg Diederichs (SPD); Wirtschaft und Verkehr: Alfred Kübel (SPD); Landwirtschaft: Kurt Rießling (CDU); Vertriebene: Albert Höft (SPD)

Nordrhein-Westfalen

Letzte Landtagswahlen: 6. Juli 1958; CDU 50,5% (104 Sitze, SPD 39,2% (81), FDP 7,1% (15). CDU-Regierung seit dem 21./25. Juli 1958

Ministerpräsident: Franz Meyers (CDU; *31.7.1908)

Kabinett: Stellvertretender Ministerpräsident, Finanzen: Artur Sträter (CDU); Inneres: Josef Hermann Dufhues (CDU); Justiz: Otto Flehinghaus (CDU); Kultus: Werner Schütz (CDU); Wirtschaft und Verkehr: Hans Lauscher (CDU); Arbeit: Johannes Ernst (CDU); Wiederaufbau: Peter Erkens (CDU); Ernährung: Gustav Niermann (CDU); Bundesratsangelegenheiten: vorläufig Franz Meyers (CDU)

Rheinland-Pfalz

Letzte Landtagswahlen: 15. Mai 1955; CDU 46,8% (51 Sitze); SPD 31,7% (36); FDP 12,7% (13); KPD 3,2% (die KPD wird am 17.8.1956 für grundgesetzwidrig erklärt). Koalition von CDU und FDP seit dem 1. Juni 1955

Ministerpräsident: Peter Altmeier (CDU; *12.8.1899)

Kabinett: Inneres: Alois Zimmer (CDU); Justiz: Bruno Becher (FDP); Kultus: Eduard Orth (CDU); Finanzen: Hans Georg Dahlgrün (parteilos); Wirtschaft, Soziales: Peter Altmeier (CDU); Ernährung und Landwirtschaft: Oskar Stübinger (CDU)

Saarland

Letzte Landtagswahlen: 18. Dezember 1955; CDU 25,4% (14 Sitze), CVP 21,8% (13), SPD 14,3% (7), SPS 5,8% (2), DPS 24,2% (12), KP 6,6% (2; mit der politischen Eingliederung des Saarlands in die Bundesrepublik zum 1. 1. 1957 galt das KPD-Verbot von 1956 auch für die KP Saar). Koalition aus CDU, SPD und DPS/FDP seit dem 4. Juni 1957

Ministerpräsident: Hans Egon Reinert (CDU;*24.9.1908)

Kabinett: Inneres: Julius von Lautz (CDU); Justiz: Hubert Ney (CDU); Kultus: Franz Josef Röder (CDU); Finanzen: Manfred Schäfer (CDU); Wirtschaft: Heinrich Schneider (DPS/FDP); Wiederaufbau: Erich Schwertner (DPS/FDP); Arbeit: Hermann Trittelvitz (SPD)

Schleswig-Holstein

Letzte Landtagswahlen: 28. September 1958; CDU 44,4% (33 Sitze), SPD 35,9% (26), GB/BHE 6,9% (5), FDP 5,4% (3). Koalition aus CDU, FDP und GB/BHE seit dem 11./13. Oktober 1954

Ministerpräsident: Kai-Uwe von Hassel (CDU; *21.4.1913)

Kabinett: Inneres: Helmut Lemke, gen. von Soltenitz (CDU); Justiz: Bernhard Leverenz (FDP); Finanzen: Carl Anton Schäfer (CDU); Volksbildung: Edo Osterloh (CDU); Wirtschaft und Verkehr: Hermann Boehrnsen (CDU); Landwirtschaft: Claus Sieh (CDU); Soziales, Arbeit und Verkehr: Lena Ohnesorge (parteilos)

Ermittlungen gegen NS-Gewaltverbrecher

1. Dezember. In Ludwigsburg wird – wie von den Justizverwaltungen der Länder im Oktober beschlossen – die Zentralstelle zur Verfolgung nationalsozialistischer Gewaltverbrechen eingerichtet.

Das Amt soll einerseits zur Aufdekkung nationalsozialistischer Straftaten und zur Koordination bei ihrer Verfolgung beitragen, andererseits sich mit solchen Verbrechen befassen, deren Tatort außerhalb der Bundesrepublik liegt und für die es deshalb hier keinen Gerichtsstand gibt. Dies gilt insbesondere für die Tätigkeit von Einsatzkommandos sowie die Verbrechen in den Konzentrationslagern.

Die Zentralstelle sammelt und sichtet für ihre Zwecke Material, ermittelt dabei Zeit, Ort und Täterkreis und welche der beteiligten Personen noch verfolgt werden können. Die Ermittlungsakten werden dann an die zuständige Staatsanwaltschaft weitergeleitet.

Kartei der bundesdeutschen Zentralstelle zur Verfolgung nationalsozialistischer Gewaltverbrechen in Ludwigsburg bei Stuttgart

Die Verfolgung von NS- Verbrechen

Jahr	wegen NS- und Kriegsverbrechen rechtskräftig Verurteilte	wegen NS- und Kriegsverbrechen eingeleitete Ermittlungsverfahren
1945	23	192
1946	238	1534
1947	816	3236
1948	1819	4650
1949	1523	3995
1950	809	2495
1951	259	1238
1952	191	467
1953	123	301
1954	44	183
1955	21	239
1956	23	262
1957	43	238
1958	22	442

Es muß jedoch davon ausgegangen werden, daß die Arbeit dieser Ermittlungsbehörde zunehmend erschwert wird, je weiter die Verbrechen zurückliegen.

Der Regierende Bürgermeister Willy Brandt wird in seinem Amt bestätigt

Absolute Mehrheit für Berliner SPD

7. Dezember. Als »Volksabstimmung, in der die Berliner zu verstehen gaben, daß sie sich nicht unter das Joch des Kommunismus zwingen lassen«, wertet der Regierende Bürgermeister von Berlin (West), Willy Brandt (SPD), die Wahlen zum Abgeordnetenhaus, die zehn Tage nach dem sowjetischen Berlin-Ultimatum stattfinden (→ 27.11./S. 180). Nach dem Wählervotum werden im neuen Berliner Parlament nur noch zwei Parteien vertreten sein: Die SPD mit Brandt an der Spitze erreicht 52,6% der abgegebenen Stimmen und erhält damit 78 der 133 Sitze im Abgeordnetenhaus. Auf die CDU entfallen 37,7% der Wählerstimmen und 55 der Mandate. Mit 93,7% erreicht die Wahlbeteiligung den höchsten Stand in der Bundesrepublik und Berlin (West) seit dem Ende des Zweiten Weltkriegs.

Gescheitert sind nicht nur die FDP, die bislang mit 32 Sitzen vertreten war, jedoch nach ihrer Spaltung 1956 an Durchschlagskraft verloren hat, sondern auch die SED. Sie war zwar auch bislang nicht im Abgeordnetenhaus, büßt aber nun ein Drittel ihrer Wählerstimmen ein und erreicht nur noch 1,9%.

Obwohl die SPD über die absolute Mehrheit verfügt, will sie – so der Beschluß des Landesparteitags vom 28. Dezember – die Koalition mit der CDU beibehalten. Brandt spricht sich angesichts der bedrohten Lage der Stadt für eine »Notgemeinschaft« mit der Union aus.

Kartellvertrag soll Ruhrkohle schützen

22. Dezember. Das Bundeswirtschaftsministerium erteilt die Genehmigung für einen Kartellvertrag zwischen Unternehmen des Ruhrbergbaus und den konzerngebundenen Ölgesellschaften, durch den die Lage im Steinkohlebergbau verbessert werden soll (→ 6.8./S. 136).

Die Mineralölkonzerne verpflichten sich in dem Vertrag, bis Ende 1960 die auf dem Weltmarktpreis basierenden Listenpreise für schweres Heizöl nicht zu unterbieten und keine Finanzbeihilfen für die Umstellung von Verbrennungsanlagen von festen Brennstoffen auf schweres Heizöl einzuräumen.

Bis zum Ende der Absatzkrise im Steinkohlebergbau sollen außerdem alle Maßnahmen vermieden werden, die zur Verdrängung fester Brennstoffe führen können.

Der Plan der Bundesregierung, die Einfuhr von Kohle aus den USA drastisch einzuschränken, um der heimischen Kohle größere Absatzchancen zu eröffnen, ist am Einspruch der USA gescheitert.

Grolman Wehrbeauftragter

11. Dezember. Die Bundestagsfraktionen von CDU/CSU und SPD einigen sich auf die Nominierung des Staatssekretärs im niedersächsischen Vertriebenenministerium, Generalleutnant a. D. Helmuth von Grolman, für das Amt des Wehrbeauftragten des Bundestages. Er soll voraussichtlich Anfang nächsten Jahres gewählt werden.

Das Amt des Wehrbeauftragten, der über die Einhaltung der Grundrechte der Bundeswehrsoldaten wachen und als Hilfsorgan des Parlaments die Kontrolle über die Armee ausüben soll, wurde per Gesetz bereits am 11. April 1957 geschaffen. Seither konnten sich die Parteien jedoch nicht auf einen geeigneten Beauftragten einigen. Zunächst wurde ein ehemaliger Berufsoffizier als Amtsträger ausgeschlossen, weil dieser möglicherweise »die Manneszucht für wichtiger als die Grundrechte halten« könnte.

Nachdem die beiden vorherigen Kandidaten nicht mehr in Frage kamen – einer hatte nicht den vorgeschriebenen einjährigen Wehrdienst absolviert, der andere verzichtete auf das Amt –, heißt es nun, ein General könne die Nöte der Soldaten schnell erfassen und im Verteidigungsministerium mit der nötigen Autorität auftreten.

H. von Grolman soll erster Wehrbeauftragter des Bundestages werden

Weihnachtsgruß aus dem Weltall

19. Dezember. Den Vereinigten Staaten gelingt es, den ersten Nachrichtensatelliten »Score« (= Signal Communications Orbit Relay Experiment) in eine Umlaufbahn um die Erde zu schießen.
Der fast 4 t schwere künstliche Himmelskörper ist doppelt so schwer wie der bislang größte sowjetische Satellit »Sputnik 3«. Bisher waren die US-Amerikaner lediglich in der Lage, wesentlich leichtere Satelliten ins All zu schießen (→ 31.1./S. 12).
»Score«, der von einer Interkontinentalrakete vom Typ »Atlas« transportiert wird, ist mit einem Sende- und Empfangsgerät ausgestattet, das es ermöglicht, Meldungen und Befehle von der Erde aufzunehmen und innerhalb von 20 Stunden Antworten und Ergebnisse mitzuteilen.
Am 20. Dezember übermittelt das US-Verteidigungsministerium dem Satelliten eine Weihnachtsbotschaft von Präsident Dwight D. Eisenhower, die »Score« wenige Sekunden später zurückstrahlt.
Ziel der US-amerikanischen Raumfahrtforschung ist es nun, einen Beobachtungssatelliten (»Auge im Weltall«) zu entwickeln, der als Überwachungsstation im Weltraum größere Kernwaffenexplosionen sowie den Abschuß ferngelenkter Waffen sofort feststellen und die Daten zur Erde übermitteln soll.
Einstweilen wird »Score« als großer Propagandaerfolg gewertet, der beweist, daß die USA in der Raumfahrttechnologie mit der Sowjetunion Schritt halten können.

Cape Canaveral: Start einer Interkontinentalrakete vom Typ »Atlas«

Stereoempfang nur mit zwei Radios

26. Dezember. Den Gebrauch von gleich zwei Radiogeräten rät der Sender Freies Berlin (SFB) seinen Hörern für den Empfang der ersten in Stereo ausgestrahlten Musiksendung (→ 6.5./S. 91).
Die Empfehlung ist deshalb notwendig, weil es in der Bundesrepublik bislang keine Rundfunkgeräte für Stereoempfang gibt. Nach den Vorstellungen des SFB sollen am traditionell als Besuchstag genutzten Zweiten Weihnachtsfeiertag »die Leute eben ihr Radiogerät zu ihren Bekannten« mitnehmen.
Da die beiden Tonspuren der Stereosendung auf getrennten Kanälen ausgestrahlt werden, müssen die Radios dann auch auf verschiedene Frequenzen eingestellt werden, um die neue Stereowiedergabequalität herzustellen.
Die Rundfunkindustrie ist mit dem Experiment des SFB allerdings unzufrieden. Sie fürchtet, daß der Absatz von Radiogeräten spürbar zurückgehen wird, weil die Kunden damit rechnen, daß bei Erscheinen der Stereoempfänger die jetzigen Geräte veraltet sein werden.

UdSSR unterstützt Assuandamm-Bau

27. Dezember. In Kairo unterzeichnen die Vereinigte Arabische Republik (VAR) und die Sowjetunion ein Abkommen über eine sowjetische Hilfe beim Bau des Assuanstaudamms am Nil in Oberägypten.
Für den ersten Bauabschnitt des Projekts will die UdSSR ein Darlehen von 400 Millionen Rubel (nach offiziellem Kurs etwa 420 Millionen DM) sowie Maschinen und Rohstoffe zur Verfügung stellen.

G. Abd el Nasser

Der Kredit wird von 1964 an in zwölf Jahresraten zu einem Zinssatz von 2,5% jährlich zurückgezahlt.
Im Sommer 1956 haben die USA, Frankreich und Großbritannien aus Verärgerung über den politischen Kurs des ägyptischen Staatspräsidenten Gamal Abd el Nasser (der jetzt Präsident der VAR ist) finanzielle Hilfe beim Bau des Assuandamms abgelehnt.

Zwei neue touristische Attraktionen in Berlin (West): Café »Kranzler« und »Hilton«-Hotel Berlin

17. Dezember. *An der Ecke Kurfürstendamm/Joachimsthaler Straße eröffnet das traditionsreiche Cafe »Kranzler« in Berlin (West) seine neuen Räume. 600 Menschen finden Platz in dem einstöckigen Gebäude mit Glaskuppel, dessen Einrichtung teils aus Biedermeier-, teils aus modernem Mobiliar besteht.*
15 Tage zuvor – am 2. Dezember – hat Berlin (West) bereits eine andere touristische Attraktion erhalten: Das als modernstes Hotel Europas bezeichnete »Hilton«-Hotel Berlin (Foto l.) hat mit 350 Zimmern, von denen jedes über Bad, Telefon und einen Fernsehanschluß verfügt, seinen Betrieb eröffnet.
Die Baukosten des Hotels an der Budapester Straße werden mit 27 Millionen DM angegeben, davon wurden 7,5 Millionen DM in die Inneneinrichtung investiert. Neben den Appartements zum Preis von 105 DM pro Nacht stehen auch drei Luxussuiten zur Verfügung, deren Sonderausstattung einschließlich einer eigenen Bar mit 235 DM pro Nacht honoriert werden muß.
Als besonderer Service wurde in der Abflughalle der US-amerikanischen Gesellschaften auf dem Flughafen Berlin-Tempelhof eine Direkttelefonleitung zum »Hilton« geschaltet, eine Einrichtung, die von den übrigen Berliner Hoteliers als »unlauterer Wettbewerb« eingestuft wird (Abb. r.: Feier zur Eröffnung des »Hilton« im großen Festsaal des Hotels).

Renten um 6,1% angehoben

12. Dezember. Gegen die Stimmen der FDP verabschiedet der Bundestag in Bonn das erste Rentenanpassungsgesetz. Danach sollen mit Wirkung vom 1. Januar 1959 die Renten um 6,1% erhöht werden.

Gegenüber dem von der Regierung vorgelegten Gesetzentwurf konnten die Sozialdemokraten außerdem durchsetzen, daß die von ihnen scharf attackierten Anrechnungsbestimmungen erst zum 1. Juni 1959 in Kraft treten. Ab dann sollen auf die Renten auch andere Sozialleistungen der Kriegsopferversorgung, der Unterhaltshilfen nach dem Lastenausgleich, Leistungen aus dem Bundesentschädigungsgesetz sowie solche aus der Arbeitslosenversicherung und der Arbeitslosenhilfe angerechnet werden.

Die SPD hatte zunächst beantragt, die Anrechnungsbestimmungen bis zur Novellierung der übrigen Sozialgesetze nicht anzuwenden, fand mit diesem Vorschlag aber keine Mehrheit. Ebenso scheiterte der Antrag der sozialdemokratischen Fraktion, die Rentenanpassung bereits rückwirkend zum 1. Januar 1958 in Kraft treten zu lassen.

Anfang 1957 hatte der Bundestag eine grundsätzliche Reform des Rentensystems, den Einstieg in die bruttolohnbezogene, dynamische Rente, beschlossen. Bis dahin war die Höhe der Rente nur von den eingezahlten Beiträgen des einzelnen abhängig.

Teilboykott der »billigen Flaggen«

4. Dezember. Nur zum Teil befolgt wird der viertägige Boykott gegen die unter sog. billiger Flagge fahrenden Schiffe, zu dem der Internationale Transportarbeiterverband aufgerufen hat, um für die Seeleute der Billig-Flaggen-Schiffe bessere Tarifbedingungen durchzusetzen.

Vom Boykott betroffen wurden 192 Schiffe mit den Flaggen Panamas, Costa Ricas, Liberias und Honduras'. Panama erklärt nach Beendigung des Streiks, es habe zum 31. Dezember 1958 alle Flaggenlizenzen für etwa 230 Schiffe gekündigt. Insgesamt fahren rund 1200 Schiffe unter billiger Flagge.

»1987 haben Kinder rechteckige Augen«

12. Dezember. Seine Prophezeiungen für das Jahr 1987 vertraut der US-amerikanische Film- und Fernsehkomiker Bob Hope einer Kapsel an, die bei der Einweihung eines Zeitungsgebäudes in Des Moines/Iowa eingemauert wird und dort 30 Jahre lang eingeschlossen bleiben soll.

Hope prognostiziert u. a. folgendes: »Cape Canaveral wird die Hauptstadt der USA sein, weil sie das einzige Gebiet sein wird, das noch nicht von einer Testrakete getroffen worden ist. Das Fernseh-Frühstück wird durch den Fernsehschirm gereicht, und die Kinder werden vom Fernsehen rechteckige Pupillen haben.«

89 Schüler sterben bei Brand

1. Dezember. 89 Kinder und drei Lehrerinnen kommen beim Brand der Lady-of-the-Angels-Schule in Chicago ums Leben. Das verheerende Feuer wurde vermutlich durch schwelendes Altpapier im Keller des Gebäudes ausgelöst.

Der Brand in der katholischen Grundschule, bei dem auch etwa 100 Personen z. T. schwere Verletzungen davontragen, bricht 18 Minuten vor Unterrichtsschluß aus und breitet sich mit großer Geschwindigkeit im zweiten Stock eines Flügels des U-förmigen Gebäudes aus. Für die meisten Kinder in diesem Teil der Schule kommt jede Hilfe zu spät.

Die drei Lehrerinnen, die ebenfalls den Tod finden, sind Nonnen, die während der Rettungsmaßnahmen in den Flammen verbrannt sind oder durch den Qualm erstickten.

Nach Ausbruch des Brandes leisten Priester und Nonnen eines benachbarten Seminars Hilfe, indem sie Kinder innerhalb des Gebäudes mit nassen Decken umwickeln und sie ins Freie bringen.

Viele Kinder stürzen sich jedoch auch in Panik aus den Fenstern, weil ihnen die Flammen den Weg in die unteren Stockwerke versperren. Andere Schüler werfen sich auf Weisung ihrer Lehrer auf den Boden und können so unter dichten Rauchschwaden hindurch ins Freie entkommen.

Aus dem Kinderstar wird eine Rock-'n'-Roll-Sängerin: »Conny« Froboess

Schlagersänger Bully Buhlan: Erfolg mit der »Räuberballade«

Caterina Valente (l.) und Bill Haley: In dem Film »Hier bin ich – hier bleib ich« singen sie gemeinsam den Titel »Viva la Rock 'n' Roll«

Peter Kraus, der bundesdeutsche Rock-'n'-Roll-Star in typischer Pose, mit der er den populären Elvis Presley nachahmt

Der Sänger und Komponist Domenico Modugno ist in Italien mit »Volare« populär

Mit seinem Titel »Nairobi« in Kopenhagen: Der britische Sänger Briton Tommy Steele

Der österreichische Schauspieler und Sänger Peter Alexander (eigentl: P. A. Neumayer) hat mit seinen Schlagern auch in der Bundesrepublik Erfolg

Begeistert mit dem Lied »Sitting on the Balcony« seine Fans auf einer der zahlreichen Rock-'n'-Roll-Bühnen in Tokio: Der Japaner Masaaki Hirao

Unterhaltung 1958:

Rock 'n' Roll gegen Schlager

Seit der Mitte der 50er Jahre tut sich erstmals in der Unterhaltungsmusik eine Kluft zwischen Jugendlichen und Erwachsenen auf. Hauptgrund hierfür ist das Aufkommen des Rock 'n' Roll ab 1955 in den Vereinigten Staaten und in zunehmendem Maße auch in Europa, den die Jugendlichen ganz explizit als »ihre« Musik auffassen und der bei den Erwachsenen auf fast einhellige Ablehnung stößt.

Den US-amerikanischen Rock-'n'-Roll-Stars – wie etwa Elvis Presley (→ 1.10./S. 172) oder Bill Haley (→ 26.10./S. 172) – versucht die bundesdeutsche Schlagerbranche eigene Entdeckungen entgegenzusetzen. 1958 sind dies u. a. der ehemalige Kinderstar Cornelia (»Conny«) Froboess, die inzwischen 15 Jahre alt geworden ist, und der 19jährige Peter Kraus, der sich in Musikstil und Auftreten stark an Presley anlehnt.

Dennoch gibt es 1958 weiterhin auch Schlager, die jung und alt gleichermaßen begeistern, z. B. »Die Räuberballade«, gesungen von Bully Buhlan, oder beispielsweise einer der vielen Erfolge der Allround-Künstlerin Caterina Valente, der Calypso »Spiel noch einmal für mich, Habanero«.

Pasternak fehlt bei Nobelpreisverleihung

10. Dezember. In Stockholm werden die diesjährigen Nobelpreise für Physik, Chemie und Medizin, in Oslo derjenige für die Erhaltung des Friedens verliehen. Den Literaturnobelpreis, der in diesem Jahr an den sowjetischen Schriftsteller Boris Pasternak gehen sollte, hat dieser unter politischem Druck in seiner Heimat abgelehnt (→ 29.10./S. 175).

Mit dem Friedenspreis hat das Nobelkomitee in diesem Jahr den belgischen Dominikanermönch Georges Pire ausgezeichnet, der durch private Initiativen weitreichende humanitäre Hilfsleistungen ins Leben rief.

Besonders bekannt wurde Pire durch die von ihm angeregten Patenschaften für Flüchtlingsfamilien nach dem Zweiten Weltkrieg. 1950 entstand hieraus die Organisation Hilfe für heimatlose Ausländer und deren Europadörfer. In der Bundesrepublik wurden zwischen den Jahren 1956 und 1958 fünf »Europadörfer« errichtet, die Flüchtlingen eine neue Heimat bieten.

George Wells Beadle (USA), der den Nobelpreis für Medizin erhält

Der Dominikaner Georges Pire wird mit dem Friedensnobelpreis bedacht

Den Medizinnobelpreis erhalten das US-Forscherteam George Wells Beadle und Edward Lawrie Tatum »für ihre Entdeckung, daß die Gene wirksam werden, indem sie bestimmte chemische Vorgänge regulieren« sowie ihr Landsmann Joshua Lederberg »für seine Entdeckungen über genetische Neukombinationen und Organisation des genetischen Materials bei Bakterien«.

Der Brite Frederick Sanger wird »für seine Arbeiten über die Struktur der Proteine, besonders des Insulins«, mit dem Nobelpreis für Chemie ausgezeichnet.

»Für die Entdeckung und Interpretation des Tscherenkow-Effekts« erhalten die drei sowjetischen Forscher Pawel A. Tscherenkow, Ilja M. Frank und Igor J. Tamm den Physiknobelpreis.

Ring und Hut für 23 neue Kardinäle

18. Dezember. Papst Johannes XXIII. übergibt bei einem öffentlichen Konsistorium im Petersdom 23 neuernannten Kardinälen in einer feierlichen Zeremonie den Kardinalshut. Vor dem Einzug des Papstes leisten die Kardinäle in der Kapelle der heiligen Petronilla den Treueeid.

Im Anschluß überreicht das Oberhaupt der katholischen Kirche den Kardinälen in einem geheimen Konsistorium den Kardinalsring und verleiht ihnen den Titel einer römischen Kirche oder Diakonie.

Wird zum Kardinal ernannt: Franz König, der Erzbischof von Wien

Ins Kardinalskollegium aufgenommen: Der Berliner Julius Döpfner

Unter den neuen Kardinälen befinden sich auch der Bischof von Berlin, Julius Döpfner, der die Kirche Santa Maria della Scala in Trastevere als Titelkirche erhält, und der Erzbischof von Wien, Franz König. Mit den Neuberufungen erhöht sich die Zahl der Kardinäle auf 75, während das Kollegium seit dem Jahr 1856 durch einen Erlaß von Papst Pius IX. (1846-1878) auf 70 Mitglieder beschränkt war. Der seit dem → 28. Oktober (S. 166) amtierende Papst erklärt, er habe die Zahl der Kardinäle erhöht, um die Arbeit der Kurie zu erleichtern.

Bei der Ernennung der Kardinäle am 15. Dezember ist Johannes XXIII. in einer lateinischen Ansprache besonders auf die Kirchenverfolgung und das Schisma in der Volksrepublik China eingegangen. »Das Wort China«, so der Papst, »versengt unsere Lippen und zerreißt unsere Herzen.« Niemals, am wenigsten zu Beginn seiner Amtszeit, habe er es aussprechen mögen. Er bitte den allmächtigen Gott, weiteres Unheil von der Gemeinschaft der chinesischen Katholiken gnädig fernzuhalten.

Falscher Kaisersohn muß ins Gefängnis

5. Dezember. Zu zwei Jahren Gefängnis verurteilt ein Frankfurter Schöffengericht einen 31jährigen Mann aus Wanne-Eickel, der sich jahrelang als jüngster Sohn des letzten deutschen Kaisers Wilhelm II. ausgegeben hat.

Der angebliche Prinz Otto Wilhelm von Hohenzollern-Reuß, vom Gericht als »arbeitsscheuer Hochstapler« bezeichnet, hat unter seinem klangvollen Namen 1949 eine US-amerikanische Millionärin geheiratet, verschwand aber bald mit dem Luxuswagen seiner Frau. Zur Last gelegt werden ihm außerdem Diebstahl und Unzucht mit Männern.

2,27 Millionen DM durch Toto-Betrug

23. Dezember. Wegen fortgesetzten Betrugs in Tateinheit mit Urkundenfälschung verurteilt die Große Hilfsstrafkammer am Koblenzer Landgericht 14 der 19 Angeklagten im sogenannten Lotto-Prozeß zu Haftstrafen zwischen vier Monaten und dreieinhalb Jahren.

Die beiden Hauptangeklagten sollen innerhalb von sechs Monaten mit gefälschten Totoscheinen 2,27 Millionen DM ergaunert haben. Sie hatten dafür auf Totoscheinen jeweils ein Feld freigelassen; nach Bekanntgabe der Gewinnzahlen trugen die Angeklagten, beide Angestellte der Koblenzer Staatlichen Sport-Toto GmbH, an ihrem Arbeitsplatz diese Zahlen nach. Erst nach 17 Manipulationen fiel das Verfahren auf.

Vier Fuder Wein an Nikolaus geerntet

6. Dezember. Den ersten Nikolauswein seit Menschengedenken bringt das Weingut Koch in Wiltingen (Kreis Saarburg) ein.

Von den vier am Nikolaustag geernteten Fudern (1 rheinisches Fuder = 1000 l) hat eines aus der Lage Gottesfuß ein Mostgewicht zwischen 110 und 116 Grad Öchsle. Bereits Weine ab etwa 80 Grad Öchsle gelten als Prädikatsweine.

Insgesamt ist der Weinjahrgang 1958 relativ ertragreich, jedoch ohne besondere Spitzenweine. Der gesamte Jahrgang weist keine lange Haltbarkeit auf.

Aus für Ratespiel mit Guido Baumann

6. Dezember. Nach nur sechs der geplanten zwölf Sendungen stellt der Westdeutsche Rundfunk (WDR) sein Fernsehquiz »Hart auf hart« ein. Die Serie ist sowohl vom Publikum wie von Fernsehkritikern heftig angegriffen und als verwirrend und langweilig bezeichnet worden. Quizmaster Guido Baumann hat das Aus in der Sendung am 15. November mit den Worten angekündigt: »Sie wissen, daß unsere Sendung sehr umstritten ist ... Daß sie etwas nüchtern war, liegt in der Natur der Sache und vielleicht auch in meiner Natur. Dafür habe ich zum Schluß eine erfreuliche Nachricht: ›Hart auf hart‹ wird am 6. Dezember zum letzten Mal ausgestrahlt.«
Während der Quizsendungen sollte u. a. von den Fernsehzuschauern ein »geheimnisvoller Gegenstand« erraten werden, zumeist ein Gebrauchsgegenstand, der in extremer Großaufnahme gezeigt wurde.
Ein Kritiker monierte, man habe das unbehagliche Gefühl, daß die Reihe nicht von einem Sender, sondern vom »Bundesministerium für Freizeitgestaltung« betreut werde.

Maria Callas – Galakonzert zugunsten der französischen Ehrenlegion

19. Dezember. *Zu Beifallsstürmen reißt die Sopranistin Maria Callas die Pariser Prominenz bei einem Galakonzert in der Pariser Oper hin, dessen Erlös der französischen Ehrenlegion zugute kommen soll. Die Eintrittskarten, die offiziell zwischen umgerechnet 5 DM und 200 DM kosteten, haben kurz vor Beginn des Konzerts in Paris Schwarzmarktpreise von bis zu 1000 DM erzielt.*
Die Sängerin, die nicht nur wegen ihrer Stimme, sondern auch durch die von ihr hervorgerufenen Skandale berühmt ist (→ 2.1./S. 27), brilliert in dem zwei Stunden dauernden Konzert mit italienischen Opernarien.
Der noch amtierende französische Staatspräsident René Coty ist bei dem Ereignis ebenso anwesend wie Françoise Sagan, Brigitte Bardot, Juliette Greco, Jean Cocteau, der Herzog von Windsor – der ehemalige britische König Eduard VIII. – sowie die Witwe von Aga Khan III. Das festliche Ereignis – per Eurovision übertragen – können die deutschen Zuschauer im Fernsehen miterleben.

Clown Oleg Popow begeistert Bundesbürger

26. Dezember. In Stuttgart feiert der Moskauer Staatszirkus seine glanzvolle Premiere in der Bundesrepublik. Randfigur, aber dennoch Star des Abends, ist der »beste Clown der Welt«, Oleg Popow.
Der 28jährige mit dem runden Kindergesicht und blonden Stoppelhaaren, auf denen eine karierte Schiebermütze sitzt, agiert wortlos und ohne eine Miene zu verziehen. Seine Komik bezieht er aus seinen Bewegungen, die von Tolpatschigkeit und kindlicher Naivität geprägt sind, dabei aber nie albern wirken.
Popow genießt als »verdienter Künstler des Volkes« in seiner Heimat die Vorrechte einer privilegierten Klasse; seine Monatsgage wird auf etwa 28 000 DM geschätzt.
Entdeckt wurde Popow im Alter von 14 Jahren auf einem Betriebsfest in Moskau. Er wurde in die staatlichen Zirkusschule in der sowjetischen Hauptstadt aufgenommen und erhielt dort eine Ausbildung als Seiltänzer und Jongleur. Seit 1955 arbeitet er als Clown beim Staatszirkus.

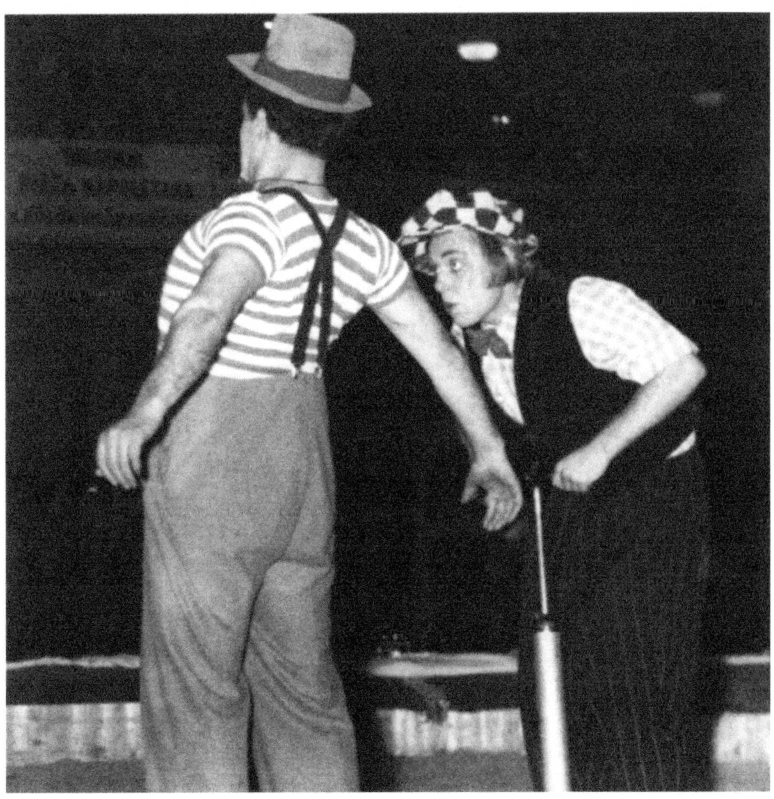

Oleg Popow (r.), weltberühmter Clown des Moskauer Staatszirkus, mit Partner

Niederlage im ersten Spiel gegen Ägypten

28. Dezember. Mit einer Überraschung endet das erste offizielle Länderspiel einer Mannschaft des Deutschen Fußballbundes gegen Ägypten – 1:2 unterliegt die Bundesrepublik in Kairo der über Erwarten starken Elf des Gastgebers.
Das einzige deutsche Tor schießt der Nürnberger Max Morlock auf Vorlage des Esseners Helmut Rahn. Vor 30 000 Zuschauern erweisen sich die Ägypter als überaus schnell, ballgewandt sowie taktisch und technisch gut auf den Gegner eingestellt.
Aus Sicht des Bundestrainers Josef Herberger zeigt die vierte Niederlage im 14. Länderspiel des Jahres, daß die Nationalelf über keinen »zweiten Anzug« verfügt: Von den erstmals aufgebotenen Walter Zastrau (Rot-Weiß Essen), Heinz Kordel (Schalke 04), Karl Ringel (Borussia Neunkirchen), Helmut Faeder (Hertha BSC Berlin), Alfred Pyka (Westfalia Herne) und Theo Klöckner (Schwarz-Weiß Essen) kann sich keiner nachhaltig für weitere Einsätze empfehlen.

Kerzen ins Fenster aus Treue zu Berlin

1. Dezember. Das Kuratorium Unteilbares Deutschland appelliert an führende Vertreter der Parteien und maßgebende Verbände der Bundesrepublik, gerade in der Weihnachtszeit gegen die »Leiden der Bevölkerung in der DDR« zu protestieren und die Entschlossenheit zur Wiedervereinigung Deutschlands nachdrücklich zu bekunden.
In dem Aufruf heißt es u. a.: »Es ist die Zeit gekommen, allen zuzurufen: Macht das Tor auf! Gebt uns das heilige Recht der Selbstbestimmung! Beseitigt als erstes die Schranken, die uns trennen! Wir fordern: Freies Reisen in Deutschland, freie Wahl des Wohnortes, freie Wahl des Arbeitsplatzes, freies Wort.«
Am 22. Dezember ruft der Verband der Heimkehrer dazu auf, zum Zeichen unverbrüchlicher Treue zu Berlin am Heiligabend um 19 Uhr brennende Kerzen in die Fenster zu stellen.

Um ihre Solidarität mit der Bevölkerung der DDR zu bekunden, stellen viele Bundesbürger Kerzen in die Fenster

1958 liegt viel Praktisches auf den deutschen Gabentischen

24. Dezember. Mit reich gedeckten Gabentischen und reichhaltigen Festtagsmenüs feiern die Bundesbürger das diesjährige Weihnachtsfest. Die erhoffte »weiße Weihnacht« bleibt allerdings wie so oft in weiten Teilen des Bundesgebietes aus. Das Wetter ist trüb und regnerisch, nur in den Höhenlagen Süddeutschlands fällt Schnee.
Unter den Erwachsenen sind auch in diesem Jahr wieder praktische Geschenke besonders gefragt. Die Palette reicht von großen Haushaltsgegenständen wie Fernsehtruhen, Waschmaschinen, Kühlschränken und Möbeln hin zu kleineren Haushaltsartikeln, vor allem solchen, die elektrisch betrieben werden.
Auch die krisengeschüttelte Textilbranche kann im Weihnachtsgeschäft zufriedenstellende Umsätze erzielen: In den Oberbekleidungsgeschäften ist warme Kleidung – Mäntel, Wollkleider und Herrensakkos – besonders befragt.
Hinter den Erwartungen zurück bleiben dagegen die Umsätze bei den Fernsehgeräten; hier war die Nachfrage im vergangenen Jahr noch so groß, daß vor Weihnachten Lieferfristen von einem Vierteljahr in Kauf genommen werden mußten.
Beim Kinderspielzeug dominieren Plastikartikel und Nachbildungen der neuesten technischen Errungenschaften: Viele Kinder finden in diesem Jahr Flugzeugträger und Überschalldüsenjäger oder auch getreue Abbilder von Erdsatelliten und Mondraketen unter dem Weihnachtsbaum.
Bei der Nachfrage nach Spielwaren macht sich aber auch die Arbeitszeitverkürzung bemerkbar. Immer häufiger werden Bastelartikel gekauft, z. B. Flugzeugmodelle oder Boote zum Selberbauen.
Bei den Gesellschaftsspielen, die ebenfalls eine Renaissance erleben, haben sich neben dem klassischen »Mensch-ärgere-dich-nicht« auch Importe aus dem anglo-amerikanischen Raum wie »Scrabble« oder »Monopoly« auf dem bundesdeutschen Markt durchsetzen können.

Praktisches für die Hausfrau: Als Weihnachtsgeschenk sehr beliebt

Für den Mann scheinbar ideale Geschenke an die Frau: Toilettenartikel

Findet großen Anklang: Elektrischer Rasierapparat als Weihnachtsüberraschung für den Mann

Oft verschenkt: Elektroartikel und Schallplatten

Silvester 1958 – bei naßkalter Witterung wird zu Hause gefeiert

31. Dezember. *Ruhiger als in den vergangenen Jahren verläuft der Silvesterabend in den Großstädten der Bundesrepublik. Der Wille zum Feiern ist zwar vorhanden – Sekt und Feuerwerkskörper sind vielfach schon lange vor Ladenschluß ausverkauft –, einsetzender Nieselregen sorgt jedoch dafür, daß um Mitternacht weniger Menschen das neue Jahr auf den Straßen begrüßen.*
Auch in New York werden die Silvesterfeiern durch das Wetter beeinträchtigt: Bei 7° C Kälte und eisigem Wind harren »nur« 300 000 Menschen auf dem Times Square bis zum großen Feuerwerk um Mitternacht aus.
Lautstark wird der Beginn des neuen Jahres in Frankreich und Italien gefeiert: In Rom zieht der traditionelle Fackelzug mit Blechmusik zum Petersdom: in Paris, wo Hupen gewöhnlich verboten ist, geben die Autofahrer auf den Champs-Elysées ein mitternächtliches Hupkonzert (im Bild: Kaltes Büffet für eine Silvesterfeier mit für die 50 er Jahre in typischer Weise angerichteten Speisen).

»Sorge um Berlin quält unsere Seele«

31. Dezember. In seiner Ansprache zum neuen Jahr sagt Bundespräsident Theodor Heuss u. a.:

»Man möchte dem sich seinem Ende neigendem Jahr manche guten Worte schenken: Das Korn, der Wein, das Obst sind in schöner Fruchtbarkeit und Fülle gediehen, die Zahl der in der gewerblichen Produktion Beschäftigten ist in den letzten zwölf Jahren nie so hoch gewesen wie in diesem. Der Rhythmus des Wohnungsneubaus ist kräftig geblieben.

Dabei ist uns freilich nicht erlaubt, mit dem Zitieren guter Ziffern über große Zahlen hinwegzusehen, deren Umfang mehr Sorge als Freude ankündigt. Ich denke jetzt an die so stark gewachsenen Haldenbestände des Kohlenbergbaus, hinter denen das unfrohe Wort von den ›Feierschichten‹ des Kumpels steht ...

Der sogenannte ›Gemeinsame Markt‹, der ... mit dem morgigen Tag ein weiteres Stück Verwirklichung finden wird, tritt zu einem Zeitpunkt in Kraft, da der zwischenstaatliche Geldverkehr, der jetzt seit bald drei Jahrzehnten in technischen Fesseln liegt, durch die Konvertierbarkeit der Währungen seine wohltätige Erleichterung erfahren wird.

Doch sind alle solche Überlegungen, die auch gern ein bißchen diesem Jahre danken möchten, völlig überschattet von der Sorge um Berlin, die seit Mitte November unsere Seele quält und nicht nur für die Deutschen eine Last des Denkens geworden ist, sondern die Regierungen der halben Welt vor die schwierigsten Fragen gestellt hat.

Meine Zuhörer müssen und werden mit mir nachsichtig sein, wenn ich zu dem Stand und dem Weitergang dieser Dinge nur behutsam spreche. Denn wenn auch die Pariser Konferenz der Außenminister der Westmächte in der ganz einfach ablehnenden Bewertung des sowjetischen Vorschlages, das sogenannte ›Westberlin‹ zu einer jeglichen Schutzes entbehrenden ›Freien Stadt‹ zu erklären, einig war und die NATO-Beschlüsse diese Haltung bestätigt haben, so bleibt doch die allen gemeinsame Aufgabe, mit Phantasie und elastischer Zähigkeit im Gespräch mit den Russen die Wege zu suchen, die deutschen Fragen in ihrer deutschen und damit zugleich ihrer europäischen Bedingtheit politisch zu regeln.«

Neue Postwertzeichen 1958 in der Bundesrepublik Deutschland

Sonderausgaben zum 50. Todestag von Wilhelm Busch

Sonderausgabe zur Waldbrandverhütung

Sonderausgabe zum 100. Geburtstag von Rudolf Diesel

Freimarke mit Ziffern

Wohltätigkeitsausgaben zugunsten der Jugend

Sonderausgabe zum 100jährigen Bestehen des Frankfurter Zoos

Sonderausgabe 800 Jahre München

Sonderausgabe 1000 Jahre Trierer Hauptmarkt

Sonderausgabe 10 Jahre Deutsche Mark

Sonderausgabe 150 Jahre Deutsches Turnen

Sonderausgabe zum 150. Geburtstag von Hermann Schulze-Delitzsch

Europamarke, August

Europamarken, 13. September

Wohltätigkeitsausgaben zugunsten der freien Wohlfahrtspflege mit Friedrich Wilhelm Raiffeisen, dem Gründer der Raiffeisenvereine, Sennerin mit Butterfaß, Winzerin mit Weinrebe und Bauer mit Heugabel

Sonderausgabe 500 Jahre Cusanusstift

Anhang

Bundesrepublik Deutschland, Österreich und die Schweiz 1958 in Zahlen

Die Statistiken für die drei deutschsprachigen Länderumfassen eine Auswahl von grundlegenden Daten. Es wurden vor allem Daten aufgenommen, die innerhalb der einzelnen Länder vergleichbar sind. Maßgebend für alle Angaben waren die amtlichen Statistiken. Die Zahlen beziehen sich auf die jeweiligen Staatsgrenzen von 1958. Nicht in allen gesellschaftlichen Bereichen finden jährliche Erhebungen statt, so dass mitunter die Daten aus früheren Jahren aufgenommen werden mussten. Das Erhebungsdatum ist jeweils angegeben (unter der Rubrik »Stand«). Die aktuellen Zahlen des Jahres 1958 werden – wo möglich – durch einen Vergleich zum Vorjahr relativiert. Wichtige Zusatzinformationen zum Verständnis einzelner Daten sind in den Fußnoten enthalten.

Bundesrepublik Deutschland

Erhebungsgegenstand	Wert	Vergleich Vorjahr (%)	Stand
Fläche			
Fläche (km²)	248 454	± 0,0	1958
Bevölkerung			
Wohnbevölkerung	52 158 000	+ 1,3	1958[2][5]
– männlich	24 020 000	+ 1,4	1958[3]
– weiblich	27 108 000	+ 1,2	1958[3]
Ausländer	506 000	–	1951[1]
Privathaushalte	18 318 000	–	1957[1]
– Einpersonenhaushalte	3 353 000	–	1957[1]
– Dreipersonenhaushalte	14 965 000	–	1957[1]
Lebendgeborene	886 000	+ 1,4	1958[2]
Gestorbene	564 000	– 2,9	1958[2]
Eheschließungen	474 000	+ 2,4	1958[2]
Ehescheidungen	44 000	+ 4,8	1958[2]
Familienstand der Bevölkerung[2]			
– Ledige insgesamt	22 227 000	+ 3,7	31.12.58
männlich	11 172 000	+ 4,0	31.12.58
weiblich	11 055 000	+ 3,4	31.12.58
– Verheiratete	25 093 000	+ 2,6	31.12.58
– Verwitwete und Geschiedene	4 838 000	+ 1,7	31.12.58
männlich	922 000	– 0,6	31.12.58
weiblich	3 916 000	+ 2,2	31.12.58
Religionszugehörigkeit			
– Christen insgesamt	48 765 500	–	1950[1]
katholisch	22 518 300	–	1950[1]
evangelisch	26 247 200	–	1950[1]
– Juden	22 400	–	1950[1]
– andere, ohne Konfession	1 865 000	–	1950[1]
Altersgruppen			
unter 5 Jahren	4 014 000	+ 4,1	1958
5 bis unter 10 Jahren	3 775 000	+ 0,6	1958
10 bis unter 15 Jahren	3 317 000	+ 0,1	1958
15 bis unter 20 Jahren	4 431 000	– 1,7	1958
20 bis unter 30 Jahren	7 646 000	+ 1,6	1958
30 bis unter 40 Jahren	7 031 000	+ 2,8	1958
40 bis unter 50 Jahren	6 632 000	– 2,7	1958
50 bis unter 60 Jahren	7 271 000	+ 1,0	1958
60 bis unter 70 Jahren	4 751 000	+ 1,7	1958
70 bis unter 80 Jahren	2 583 000	+ 1,0	1958
80 bis unter 90 Jahren	677 000	+ 2,4	1958
90 und darüber	31 000	+ 3,3	1958
Die zehn größten Städte			
– Berlin	2 223 800	± 0,0	30.6.58
– Hamburg	1 796 700	+ 1,4	30.6.58
– München	1 016 500	+ 3,4	30.6.58
– Köln	749 500	+ 3,0	30.6.58
– Essen	719 800	+ 1,6	30.6.58
– Düsseldorf	679 200	+ 1,6	30.6.58
– Frankfurt am Main	643 100	+ 1,5	30.6.58
– Dortmund	629 500	+ 1,9	30.6.58
– Stuttgart	617 800	+ 1,2	30.6.58
– Hannover	558 100	+ 2,0	30.6.58
Erwerbstätigkeit			
Erwerbstätige	26 378 000	+ 4,1	Okt. 58
– männlich	16 497 000	+ 3,3	Okt. 58
– weiblich	9 881 000	+ 5,4	Okt. 58
– nach Wirtschaftsbereichen			
Land- und Forstwirtschaft Tierhaltung und Fischerei	3 978 000	– 2,6	Okt. 58
Produzierendes Gewerbe	12 083 000	+ 5,3	Okt. 58
Handel und Verkehr	5 118 000	+ 8,4	Okt. 58
Sonstige	5 195 000	–	Okt. 58
Ausländische Arbeitnehmer	127 083	–	Juli 58
Betriebe			
– Landwirtschaftliche Betriebe	1 859 430	– 1,3	1958
– Bergbau und verarbeitendes Gewerbe	580 090	–	1950[1]
– Baugewerbe	178 364	–	1950[1]
– Handel, Gastgewerbe	883 700	–	1950[1]
Außenhandel			
– Einfuhr (Mio. DM)	31 133	– 1,8	1958
– Ausfuhr (Mio. DM)	36 988	+ 2,8	1958
– Ausfuhrüberschuß (Mio. DM)	5 855	+ 37,1	1958
Verkehr			
– Eisenbahnnetz (km)	31 046	– 0,1	1958
Beförderte Personen (in 1000)	1 363 000	–10,7	1958[2]
Beförderte Güter (in 1000 t)	302 000	– 8,8	1958[2]
– Straßennetz (km)	132 028	–	1957[1]
davon Autobahn (km)	2 260	–	1957[1]
– Bestand an Kraftfahrzeugen	6 619 000	+ 7,8	1958[2]
davon Pkw	2 816 000	+ 21,4	1958[2]
davon Lkw	620 000	+ 4,2	1958[2]
– Zulassung fabrikneuer Kfz	888 000	+ 11,0	1958
– Binnenschiffe zum Gütertransport (Tragfähigkeit in t)	4 643	+ 5,4	1958
Beförderte Güter (t)	137	– 3,5	1958
– Handelsschiffe/Seeschiffahrt (in Mio. BRT)	4 443	+ 14,3	1958
Beförderte Güter (t)	57	– 6,6	1958
– Luftverkehr			
Beförderte Personen	3 000 000	–	1958
Beförderte Güter (t)	139 623	–	1958
Bildung			
– Schüler an Volksschulen	5 031 261	+ 5,3	1958
Mittelschulen	361 360	+ 7,0	1958
Höheren Schulen	856 383	+ 6,6	1958
– Studenten	186 210	+ 26,5	Sommer 1958
Rundfunk und Fernsehen			
– Hörfunkteilnehmer	14 873 000	+ 7,8	1.4.1958
– Fernsehteilnehmer	1 513 258	+ 24,9	1.4.1958
Gesundheitswesen			
– Ärzte	75 717	+ 8,8	1958
– Zahnärzte	32 234	+ 9,0	1958
– Krankenhäuser	3 440	+ 2,3	31.12.1958
Sozialleistungen			
– Mitglieder der gesetzlichen Krankenversicherung	26 087 891	–	1958[4]
– Rentenbestand Rentenversicherung der Arbeiter	5 154 207	–	1958[2]
Rentenversicherung der Angestellten	1 756 946	–	1958[4]
Knappschaftliche Rentenversicherung	597 618	–	1958[4]
– Empfänger von Arbeitslosengeld und -hilfe	411 000		1957[1]
Sozialhilfe	694 000	–	1957[1]

[1] Letzte verfügbare Angabe
[2] Ohne Berlin
[3] Ohne Berlin und Saarland
[4] Ohne Saarland
[5] Jahresdurchschnitt

Statistische Zahlen 1958

Erhebungsgegenstand	Wert	Vergleich Vorjahr (%)	Stand
Finanzen und Steuern			
– Gesamtausgaben des Staates [3] (Mio. DM)	71 410	+ 6,7	1958
– Gesamteinnahmen des Staates[3] (Mio. DM)	69 807	+ 9,7	1958
– Schuldenlast des Staates (Mio. DM)	12 195	+ 18,6	1958
Löhne und Gehälter			
– Wochenarbeitszeit in der Industrie (Stunden)	41,5	– 3,5	1958
– Bruttostundenverdienst männlicher Arbeiter (DM)	2,48	+ 5,1	1958
weiblicher Arbeiter (DM)	1,58	+ 8,2	1958
– Bruttowochenverdienst männlicher Arbeiter (DM)	115,23	+ 4,9	1958
weiblicher Arbeiter (DM)	68,33	+ 5,7	1958
– Index der tariflichen Stundenlöhne in der gewerblichen Wirtschaft (November 1950 = 100)	161	–	1958
Preise			
– Index der Einzelhandelspreise (1950 = 100)	111	–	1958
– Einzelhandelspreise ausgewählter Lebensmittel (DM)			
Butter, 1 kg	6,93	– 3,1	1958
Weizenmehl, 1 kg	0,83		1958
Schweinefleisch, 1 kg	5,73	+ 1,4	1958
Rindfleisch, 1 kg	4,75	+ 1,7	1958
Eier, 1 Stück	0,23	+ 4,5	1958
Vollmilch, 1 l	0,43	± 0,0	1958
Zucker, 1 kg	1,24	+ 3,3	1958
– Index der Lebenshaltungskosten für 4-Personen-Arbeitnehmer-Haushalt mit mittlerem Einkommen (1950 = 100)	46,8	+ 2,0	1958
2-Personen-Haushalt von Renten- und Sozialhilfeempfängern (1950 = 100)	44,8	+ 2,3	1958
– Bruttosozialprodukt (Mro. DM)	227,3	+ 6,4	1958

Erhebungsgegenstand	Bremen	Berlin	Kassel	Aachen	Stuttg.	München
Klimatische Verhältnisse						
– Eistage (Temperatur ständig unter 0°)	11	9	10	7	4	22
– Niederschlagsmengen März und April (mm)	73	61	56	79	77	108
Mai	64	93	126	105	74	84
Juni	78	75	71	68	36	110
Juli	125	75	66	127	106	105
August	118	126	74	76	72	73
September und Oktober	114	122	114	124	101	145
Sonnenscheindauer März (Std.)	104	92	119	135	151	153
April	155	124	160	162	169	145
Mai	180	191	191	176	215	227
Juni	169	190	190	193	218	219
Juli	201	260	192	202	249	247
August	182	232	208	171	230	229
September	167	204	155	167	196	202
Oktober	87	102	87	115	105	81

[1] Letzte verfügbare Angabe
[2] Personen ab 18 Jahre
[3] Bund, Länder und Gemeinden

Österreich

Erhebungsgegenstand	Wert	Vergleich Vorjahr (%)	Stand
Fläche			
Fläche (km²)	83 849	± 0	1958
Bevölkerung			
Wohnbevölkerung	7 021 500	+ 0,3	1958
– männlich	3 270 400	+ 0,3	1958
– weiblich	3 751 100	+ 0,3	1958
Einwohner je km²	83,7		1958
Privathaushalte	896 030	–	1958
Lebendgeborene	119 755	+ 0,9	1958
– männlich	61 326	–	1958
– weiblich	58 429	–	1958
Gestorbene	85 980	– 3,7	1958
Eheschließungen	55 407	+ 2,0	1958
Ehescheidungen	8 238	+ 0,4	1958
Familienstand der Bevölkerung			
– Ledige insgesamt[2]	1 282 600	–	1951[1]
männlich	600 065	–	1951[1]
weiblich	682 535	–	1951[1]
– Verheiratete[2]	3 055 286	–	1951[1]
– Verwitwete und Geschiedene[2]	748 885	–	1951[1]
männlich	161 097	–	1951[1]
weiblich	487 788	–	1951[1]
Religionszugehörigkeit			
– Christen insgesamt	6 655 589	–	1951[1]
katholisch	6 208 646	–	1951[1]
evangelisch	429 493	–	1951[1]
– sonstige	17 450	–	1951[1]
– Juden	11 224	–	1951[1]
– andere, ohne Konfession	267 092	–	1951[1]
Altersgruppen[2]			
unter 5 Jahren	530 000	+ 3,2	1958
5 bis unter 10 Jahren	490 800	–	1958
10 bis unter 15 Jahren	497 200	–	1958
15 bis unter 20 Jahren	595 200	– 3,4	1958
20 bis unter 30 Jahren	892 200	– 0,4	1958
30 bis unter 40 Jahren	940 600	+ 2,9	1958
40 bis unter 50 Jahren	862 900	– 5,7	1958
50 bis unter 60 Jahren	995 200	0,6	1958
60 bis unter 70 Jahren	703 200	–	1958
70 bis unter 80 Jahren	400 000	–	1958
80 und darüber	114 200	–	1958
Die zehn größten Städte			
– Wien	1 616 125	–	1951[1]
– Graz	226 453	–	1951[1]
– Linz	184 685	–	1951[1]
– Salzburg	106 892	–	1951[1]
– Innsbruck	95 055	–	1951[1]
– Klagenfurt	62 782	–	1951[1]
– Wels	38 120	–	1951[1]
– Sankt Pölten	37 722	–	1951[1]
– Steyr	36 818	–	1951[1]
Leoben	35 653	–	1951[1]
Erwerbstätigkeit			
Erwerbstätige	2 202 700	+ 0,9	1958
– männlich	1 427 331	+ 0,7	1958
– weiblich	775 369	+ 1,3	1958
– nach Wirtschaftsbereichen			
Land- und Forstwirtschaft, Tierhaltung und Fischerei	1 155 308	–	1957[1]
Industrie und Gewerbe	582 350	–	1957[1]
Handel und Verkehr	87 784	–	1.9.1954[1]
Öffentlicher Dienst	336 773	–	1957[1]
Arbeitslose	105 127	– 7,8	1956/57
Betriebe			
– Landwirtschaftliche Betriebe	432 848	–	1951[1]
– Bergbau und verarbeitendes Gewerbe	4536	–	1957[1]
– Baugewerbe (Genossenschaft)	237	–	1957[1]
– Handel, Gastgewerbe Reiseverkehr	118 121	–	1954[1]

Erhebungsgegenstand	Wert	Vergleich Vorjahr (%)	Stand
Außenhandel			
– Einfuhr in Mio. öS (DM)	27 912 (4550)	– 4,9	1958
– Ausfuhr in Mio. öS (DM)	23 864 (3 890)	– 6,2	1958
– Einfuhrüberschuß in Mio. öS (DM)	4 048 (660)	– 3,9	1958
Verkehr			
– Eisenbahnnetz (km)	5 980	± 0,0	1958
Beförderte Personen (in 1000)	152 636	+ 2,1	1958
Beförderte Güter (in 1000 t)	41 955	– 10,6	1958
– Straßennetz (km)	31 110	± 0,0	1958
– Bestand an Kraftfahrzeugen	793 687	+ 10,0	30.6.58
Binnenschiffe zum Gütertransport (Tragfähigkeit in t)	14 388	–	1957[1]
Beförderte Güter (t)	4 556 861	+ 8,6	1958
– Luftverkehr			
Beförderte Personen[2]	133 082	+ 6,1	1958
Beförderte Güter (t)[2]	974 409	+ 12,6	1958
Bildung			
– Schüler an Volksschulen	529 044	– 1,6	1958
Hauptschulen	195 976	– 0,8	1958
Mittleren Lehranstalten	149 242	+ 1,2	1958
– Studenten	12 568	–	1957[1]
Rundfunk und Fernsehen			
– Hörfunkteilnehmer	1 893 320	+ 2,7	1958
– Fernsehteilnehmer	49 510	+ 201,6	1958
Gesundheitswesen			
– Ärzte	8 531	– 5,3	31.12.58
– Krankenhäuser	282	– 1,4	1958
Sozialleistungen			
– Mitglieder der gesetzlichen Krankenversicherung	3 352 232	+ 0,8	1958
– Rentenbestand Rentenversicherung der Arbeiter	546 865	+ 1,3	1958
Rentenversicherung der Angestellten	152 888	+ 5,8	1958
Knappschaftliche Rentenversicherung	29 080	+ 1,4	1958
– Empfänger von Arbeitslosengeld und -hilfe	97 181	–	1958
Finanzen und Steuern			
– Gesamtausgaben des Staates in Mio. öS (DM)	41 364 (6742)	+ 14,0	1958
– Gesamteinnahmen des Staates in Mio. öS (DM)	35 897 (5851)	+ 2,5	1958
Löhne und Gehälter			
– Bruttostundenverdienst männlicher Arbeiter öS (DM)	33,0 (5,38)	–	1957[1]
weiblicher Arbeiter öS (DM)	29,8 (4,86)	–	1957[1]
Preise			
– Index der Einzelhandelspreise (1938 = 100)	751	–	1957[1]
– Einzelhandelspreise ausgewählter Lebensmittel in öS (DM)			
Butter, 1 kg	4,30 (0,70)	+ 16,5	1958
Weizenmehl, 1 kg	23,00 (3,75)	+ 35,3	1958
Schweinefleisch, 1 kg	23,90 (3,90)	+ 19,8	1958
Rindfleisch, 1 kg	1,16 (0,19)	– 4,9	1958
Eier, 1 Stück	2,20 (0,36)	± 0,0	1958
Kartoffeln, 1 kg	5,95 (0,97)	–	1958
– Bruttonationalprodukt in Mio. öS (DM)	137 422 (22 400)	+ 4,2	1958

[1] Letzte verfügbare Angabe
[2] Abflüge
[3] Schätzung bzw. Fortschreibung der Wohnbevölkerung

Erhebungsgegenstand	Wien	Innsbruck	Salzburg	Klagenfurt	Graz	Feldkirch
Klimatische Verhältnisse						
– Mittl. Lufttemperatur (°C) Januar	0,2	– 3,5	– 1,9	– 5,8	– 1,5	– 0,7
Februar	3,6	1,3	1,3	– 1,7	3,0	3,0
März	0,5	0,4	– 1,1	– 0,7	2,1	0,7
April	7,9	7,0	6,0	6,4	7,9	6,0
Mai	18,1	16,8	15,4	17,1	18,7	15,6
Juni	17,1	16,0	15,2	16,5	17,5	15,7
Juli	20,2	18,8	18,1	19,1	20,4	18,2
August	19,3	18,0	17,7	18,0	19,4	18,3
September	15,6	15,6	14,9	14,0	15,5	15,9
Oktober	10,7	8,6	8,4	9,0	10,7	8,0
November	5,7	2,9	4,1	5,1	5,8	3,2
Dezember	2,6	0,2	1,3	–0,9	1,5	2,4
– Niederschlagsmengen (mm) Januar	34	56	82	65	39	62
Februar	57	85	146	60	62	195
März	73	32	60	36	53	74
April	26	61	81	101	52	86
Mai	18	32	96	37	10	66
Juni	150	104	219	212	144	126
Juli	50	92	108	133	86	127
August	99	94	83	166	209	112
September	24	118	135	72	117	97
Oktober	66	168	164	77	76	159
November	27	48	44	96	62	44
Dezember	70	83	76	89	59	65
– Sonnenscheindauer (Std.) Januar	77	97	94	106	96	91
Februar	63	81	69	134	114	68
März	127	143	152	203	175	153
April	151	149	122	174	160	128
Mai	260	214	232	307	298	196
Juni	214	185	191	209	205	202
Juli	274	221	238	272	255	206
August	247	214	204	265	277	215
September	193	221	198	195	188	194
Oktober	86	121	103	131	117	90
November	14	55	32	9	9	48
Dezember	61	62	80	54	85	60

Schweiz

Erhebungsgegenstand	Wert	Vergleich Vorjahr (%)	Stand
Fläche			
Fläche (km²)	41 294,9	± 0,0	1958
Bevölkerung			
Wohnbevölkerung	5 185 000	+ 1,3	1958[3]
– männlich	2 498 009	–	1958[3]
– weiblich	2 686 991	–	1958[3]
Einwohner je km²	125,6	+ 1,3	1958[3]
Ausländer	285 446	–	1950[1]
Lebendgeborene	91 421	+ 0,7	1958
Gestorbene	49 281	– 3,9	1958
Eheschließungen	39 975	– 4,1	1958
Ehescheidungen	4 400	– 3,2	1958
Familienstand der Bevölkerung			
– Ledige insgesamt	2 334 347	–	1950[1]
männlich	1 162 202	–	1950[1]
weiblich	1 172 145	–	1950[1]
– Verheiratete	2 029 317	–	1950[1]
– Verwitwete und Geschiedene	351 328	–	1950[1]
männlich	93 395	–	1950[1]
weiblich	257 933	–	1950[1]
Religionszugehörigkeit			
– Christen insgesamt	4 642 989	–	1950[1]
katholisch	1 987 614	–	1950[1]
evangelisch	2 655 375	–	1950[1]

Statistische Zahlen 1958

Erhebungsgegenstand	Wert	Vergleich Vorjahr (%)	Stand
Religionszugehörigkeit (Forts.)			
– Juden	19 048	–	1950[1]
– andere, ohne Konfession	52 955	–	1950[1]
Altersgruppen			
unter 5 Jahren	412 150	–	1950[1]
5 bis unter 10 Jahren	392 038	–	1950[1]
10 bis unter 15 Jahren	306 543	–	1950[1]
15 bis unter 20 Jahren	327 809	–	1950[1]
20 bis unter 30 Jahren	707 514	–	1950[1]
30 bis unter 40 Jahren	664 364	–	1950[1]
40 bis unter 50 Jahren	695 009	–	1950[1]
50 bis unter 60 Jahren	547 554	–	1950[1]
60 bis unter 70 Jahren	385 586	–	1950[1]
70 bis unter 80 Jahren	220 789	–	1950[1]
80 und darüber	55 636	–	1950[1]
Die zehn größten Städte			
– Zürich	429 800	–	1958[2]
– Basel	201 100	–	1958[2]
– Genf	170 200	–	1958[2]
– Bern	158 800	–	1958[2]
– Lausanne	119 700	–	1958[2]
– Winterthur	76 200	–	1958[2]
– St. Gallen	74 900	–	1958[2]
– Luzern	65 600	–	1958[2]
– Biel	56 300	–	1958[2]
– La Chaux-de-Fonds	37 700	–	1958[2]
Erwerbstätigkeit			
Erwerbstätige	1 798 896	–	1955[1]
– männlich	1 228 287	–	1955[1]
– weiblich	570 609	–	1955[1]
– nach Wirtschaftsbereichen			
Land- und Forstwirtschaft, Tierhaltung und Fischerei	710 854	–	1950[1]
Produzierendes Gewerbe	803 644	–	1950[1]
Handel und Verkehr	300 435	–	1950[1]
Sonstige	340 723	–	1950[1]
Ausländische Arbeitnehmer	363 391	– 3,6	August 1958
Arbeitslose	3 373	–	1958
Betriebe			
– Landwirtschaftliche Betriebe	205 997	–	1955[1]
– Bergbau und verarbeitendes Gewerbe	98 221	–	1955[1]
– Baugewerbe	21 206	–	1955[1]
– Handel, Gastgewerbe, Reiseverkehr	112 693	–	1955[1]
Außenhandel			
– Einfuhr in Mio. sFr. (DM)	7 335,200 (7 225,2)	–13,2	1958
– Ausfuhr in Mio. SFr. (DM)	6 648,834 (6 549,1)	– 1,0	1958
– Ausfuhrüberschuß in Mio. SFr. (DM)	686,366 (676,1)	+ 60,4	1958
Verkehr			
– Eisenbahnnetz (km)	5 114,4	+ 0,2	1958
Beförderte Personen (in 1000)	304 319	+ 1,4	1958
Beförderte Güter (in 1000 t)	31 869	– 7,5	1958
– Bestand an Kraftfahrzeugen	725 577[3]	+ 8,6	1958
davon Pkw	386 417	+ 11,5	1958
davon Lkw	65 733	+ 7,0	1958
– Zulassung fabrikneuer Kfz	74 233	–	1958
– Binnenschiffe zum Gütertransport (Tragfähigkeit in t)	302 893	–	1957[1]
Beförderte Güter (t)	414 729	–	1957[1]

[1] Letzte verfügbare Angabe
[2] Schätzung bzw. Fortschreibung der Wohnbevölkerung
[3] Incl. Krafträder

Erhebungsgegenstand	Wert	Vergleich Vorjahr (%)	Stand
– Handelsschiffe/Seeschiffahrt (BRT)	109 405	+ 13,8	1958
Beförderte Güter (t)	61 720	+ 15,3	1958
– Luftverkehr			
Beförderte Personen	1 058 715	+ 7,5	1958
Beförderte Güter (t)	19 624	+ 18,6	1958
Bildung			
– Schüler an Primarschulen	557 406	–	1956/57[1]
Sekundar- und Mittelschulen	124 839	–	1956/57[1]
– Studenten	14 487	+ 13,0	1958/59
Rundfunk			
– Hörfunkteilnehmer	1 016 615	+ 1,8	1958
– Fernsehteilnehmer	50 304	+ 60,3	1958
Gesundheitswesen			
– Ärzte	4 775	+ 6,5	1958
– Zahnärzte	2 154	+ 1,7	Ende 1958
Sozialleistungen			
– Mitglieder der gesetzlichen Krankenversicherung	4 112 000	+ 3,6	1958
– Empfänger von Arbeitslosengeld und -hilfe	65 790	+ 91,6	1958
Finanzen und Steuern			
– Gesamtausgaben des Staates in Mio. SFr. (DM)	2 643,2 (2 603,6)	+ 18,1	1958
– Gesamteinnahmen des Staates in Mio. SFr. (DM)	2 826,2 (2 783,8)	+ 18,8	1958
– Schuldenlast des Staates in Mio. SFr. (DM)	7 010,0 (6 904,9)	+ 7,2	1958
Löhne und Gehälter			
– Index der tariflichen Stundenlöhne in der gewerblichen Wirtschaft (1939 = 100)	263	+ 3,5	1958
Preise			
– Index der Einzelhandelspreise (1939 = 100)	181,9	+ 1,8	1958
– Einzelhandelspreise ausgewählter Lebensmittel in sFr. (DM)			
Butter, 1 kg	10,67 (10,51)	± 0,0	1958
Weizenmehl, 1 kg	1,16 (1,14)	– 10,1	1958
Schweinefleisch, 1 kg	7,60 (7,49)	– 0,5	1958
Rindfleisch, 1 kg	7,23 (7,12)	+ 2,0	1958
Eier, 1 Stück	0,30 (0,30)		1958
Kartoffeln, 1 kg	0,39 (0,38)	± 0,0	1958
Vollmilch, 1 l	0,56 (0,55)	+ 3,7	1958
Zucker, 1 kg	0,96 (0,95)	– 7,7	1958
– Bruttosozialprodukt in Mio. sFr. (DM)	31 520 (31 047)	+ 2,1	1958

Erhebungsgegenstand	Zürich	Basel	Bern	Genf	Davos	Lugano
Klimatische Verhältnisse						
– Mittl. Lufttemperatur						
Januar (°C)	– 0,1	1,1	– 0,7	1,5	– 6,7	2,5
Februar	3,7	4,6	3,0	5,4	– 2,8	5,5
März	0,9	2,4	1,2	3,7	– 5,2	5,9
April	5,7	6,5	5,8	7,5	0,2	9,6
Mai	14,7	15,2	14,7	15,8	9,5	18,1
Juni	15,3	16,0	15,1	16,6	10,1	19,2
Juli	17,9	18,7	17,8	19,6	12,8	22,0
August	17,8	18,6	17,8	19,3	12,6	21,8
September	15,5	16,3	15,8	17,5	10,5	19,1
Oktober	8,3	9,4	8,2	9,5	3,0	12,9
November	3,6	4,4	3,4	5,5	–0,9	8,5
Dezember	2,6	3,0	1,8	4,4	–3,7	3,3
– Niederschlagsmengen						
Januar (mm)	69	56	77	56	91	11
Februar	198	76	106	71	127	82
März	48	27	57	42	42	18
April	112	46	66	53	63	228
Mai	104	84	105	90	48	202
Juni	207	89	151	146	137	182
Juli	136	62	98	48	172	163
August	191	112	158	148	125	210

Erhebungsgegenstand	Zürich	Basel	Bern	Genf	Davos	Lugano
Klimatische Verhältnisse						
– Niederschlagsmengen September (mm)	91	46	73	96	77	98
Oktober	118	64	101	84	188	171
November	66	44	41	36	19	89
Dezember	92	70	69	57	62	229
– Sonnenscheindauer Januar (Std.)	49	58	54	30	106	148
Februar	74	81	82	81	72	123
März	128	133	136	145	144	173
April	139	141	141	167	143	166
Mai	213	184	210	225	190	204
Juni	227	216	230	249	176	215
Juli	225	218	263	276	189	258
August	239	221	241	269	193	242
September	180	185	195	210	204	189
Oktober	72	104	79	94	113	173
November	13	27	18	22	103	87
Dezember	48	62	35	34	64	78

Regierungen Bundesrepublik Deutschland, DDR, Österreich, Schweiz 1958

Neben den Staatsoberhäuptern der Bundesrepublik Deutschland, der DDR, Österreichs und der Schweiz sind in der Zusammenstellung die einzelnen Kabinette des Jahres 1958 in chronologischer Reihenfolge enthalten. Hinter den Namen der wichtigsten Regierungsmitglieder steht in Klammern der Zeitraum ihrer Tätigkeit.

Bundesrepublik Deutschland

Staatsform:
Republik
Bundespräsident:
Theodor Heuss (FDP; 1949-1959)

3. Kabinett Adenauer, Koalition von CDU/CSU und DP (1957-1961):
Bundeskanzler:
Konrad Adenauer (CDU; 1949-1963)
Vizekanzler und Wirtschaft:
Ludwig Erhard (CDU; Wirtschaftsminister 1949-1963, dann Bundeskanzler 1963-1966)
Auswärtiges:
Heinrich von Brentano (CDU; 1955-1961)
Inneres:
Gerhard Schröder (CDU; 1953-1961; dann Außenminister 1961-1966)
Finanzen:
Franz Etzel (CDU; 1957-1961)
Verteidigung:
Franz Josef Strauß (CSU; 1956-1962)
Ernährung und Landwirtschaft:
Heinrich Lübke (CDU; 1953-1959, dann Bundespräsident 1959-1969)
Arbeit und Sozialordnung:
Theodor Blank (CDU; 1957-1965)
Justiz:
Fritz Schäffer (CSU; 1957-1961)
Verkehr:
Hans-Christoph Seebohm (DP; 1949-1966)
Post:
Richard Stücklen (CSU; 1957-1966)
Wohnungsbau:
Paul Lücke (CDU; 1957-1965)
Vertriebene:
Theodor Oberländer (CDU; 1953-1960)
Gesamtdeutsche Fragen:
Ernst Lemmer (CDU; 1957-1962)
Angelegenheiten des Bundesrats:
Hans-Joachim von Merkatz (DP; 1955-1962)
Familie/Jugend:
Franz-Josef Wuermeling (CDU; 1957-1962)
Atomenergie/Wasserwirtschaft:
Siegfried Balke (CSU; 1956-1962)
Wirtschaftlicher Besitz des Bundes:
Hermann Lindrath (CDU; 1957-1960)
Bundespressechef:
Felix von Eckardt (CDU; 1953-1955, 1956-1962)

Die Ministerpräsidenten der deutschen Bundesländer
Baden-Württemberg
Gebhard Müller (CDU; 1953-10.12.1958), Kurt Georg Kiesinger (CDU; 17.12.1958-1966)
Bayern:
Hanns Seidel (CSU; 1957-1960)
Bremen:
Wilhelm Kaisen (SPD; 1. Bürgermeister 1945-1965)
Hamburg:
Max Brauer (SPD; Erster Bürgermeister 1946-1953, 1957-1960)
Hessen:
Georg August Zinn (SPD; 1950-1969)
Niedersachsen:
Heinrich Hellwege (DP; 1955-1959)
Nordrhein- Westfalen:
Fritz Steinhoff (SPD; 1956-21.7.1958), Franz Meyers (CDU; 21.7.1958-1966)
Rheinland-Pfalz:
Peter Altmeier (CDU; 1947-1969)
Saarland:
Hans Egon Reinert (CDU; 1957-1959)
Schleswig-Holstein:
Kai-Uwe von Hassel (CDU; 1954-1963)

Berlin (West):
Willy Brandt (SPD; Regierender Bürgermeister 1957-1966)

DDR

Staatsform:
Republik
Staatspräsident:
Wilhelm Pieck (SED; 1949-1960)
Ministerpräsident:
Otto Grotewohl (SED; 1949-1964)
1. Sekretar der SED:
Walter Ulbricht (SED; 1954-1971)

Österreich

Staatsform:
Republik
Bundespräsident:
Adolf Schärf (SPÖ; 1957-1965)

2. Kabinett Raab, Koalition von ÖVP und SPÖ (1956-1959):
Bundeskanzler:
Julius Raab (SPÖ; 1953-1961)
Vizekanzler:
Bruno Pittermann (SPÖ; 1957-1965)
Äußeres:
Leopold Figl (ÖVP; 1953-1959)
Inneres:
Oskar Helmer (SPÖ; 1945-1959)
Unterricht:
Heinrich Drimmel (ÖVP; 1954-1964)
Justiz:
Otto Tschadek (SPÖ; 1949-1952, 1956-1961)
Verteidigung:
Ferdinand Graf (ÖVP; 1956-1961)
Finanzen:
Reinhard Kamitz (ÖVP; 1952-1960)
Handel und Wiederaufbau:
Fritz Bock (ÖVP; 1956-1968)
Sozialwesen:
Anton Proksch (SPÖ; 1956-1965)
Verkehr und Elektrizität:
Karl Waldbrunner (SPÖ; 1949-1963)
Land- und Forstwirtschaft:
Josef Thoma (ÖVP; 1952-1959)

Schweiz

Staatsform:
Republik
Bundespräsident:
Thomas Holenstein (katholisch-konservativ, 1958)

Politisches Departement (Äußeres).
Max Petitpierre (freisinnig; 1945-1961)
Inneres:
Philipp Etter (katholisch-konservativ; 1934-1959)
Justiz und Polizei:
Markus Feldmann (Bauern-, Gewerbe- und Bürgerpartei; 1952-3.11.1958), Friedrich Wahlen (Bauern-, Gewerbe- und Bürgerpartei; Dezember 1958-1959)
Finanzen und Zölle:
Hans Streuli (freisinnig; 1954-1959)
Militär:
Paul Chaudet (freisinnig; 1955-1966)
Volkswirtschaft:
Thomas Holenstein (katholisch-konservativ; 1955-1959)
Post und Eisenbahn:
Giuseppe Lepori (katholisch-konservativ; 1955-1959)

Staatsoberhäupter und Regierungen ausgewählter Länder 1958

Die Einträge zu den wichtigsten Ländern des Jahres 1958 informieren über die Staatsform (hinter dem Ländernamen), Titel und Namen des Staatsoberhauptes sowie in Klammern dessen Regierungszeit. Es folgen – soweit vorhanden – die Regierungschefs, bei wichtigeren Ländern auch die Außenminister des Jahres 1958; jeweils in Klammern stehen die Zeiträume der Amtsausübung. Eine Kurzdarstellung gibt – wo es sinnvoller scheint – einen Einblick in die innen- und außenpolitische Situation des Landes. Über bewaffnete Konflikte und Unruhegebiete, auf die hier nicht näher eingegangen wird, informiert der Anhang »Kriege und Krisenherde des Jahres 1958« gesondert.

Afghanistan: Königreich

König: Mohammed Sahir (1953-1973)
Ministerpräsident: Mohammed Daud Khan (1953-1963)

Ägypten: Republik

Präsident: Gamal Abd el Nasser (1954-1970)
Außenminister: Mahmud Fausi (1952-1964)
Am 1. Februar 1958 tritt die Vereinigung Syriens mit Ägypten zur Vereinigten Arabischen Republik (siehe dort) in Kraft.

Albanien: Volksrepublik

Präsident: Haxhi Lleschi (1953-1977)
Ministerpräsident: Mehmed Schehu (1954-1981)

Algerien:

Französisches Generalgouvernement
Generalresident und Regierender Minister: Robert Lacoste (1956 – Mai 1958), Andre Mutter (15.5. – 28.5.1958)
Generaldelegierter: General Raoul Salan (7.6. – 12.12.1958), Paul Delouvrier (19.12.1958 – 1960)
Algerien ist ein politisch und wirtschaftlich dem Mutterland angegliedertes Generalgouvernement. Siehe auch den Anhang Kriege und Krisenherde.

Argentinien: Republik

Präsident: Pedro Aramburú (1955–1.5.1958), Arturo Frondizi (1.5.1958 – 1962)

Äthiopien: Kaiserreich

Kaiser: Haile Selassie I. (1930-1974)

Australien:

Bundesstaat im British Commonwealth
Ministerpräsident: Robert Gordon Menzies (Labour Party; 1939/40, 1949-1966)
Außenminister: Richard Gardiner Casey (1951-1960)
Britischer Generalgouverneur: William Slim (1952-1959)

Belgien: Königreich

König: Baudouin (seit 1951)
Ministerpräsident: Achille van Acker (flämischer Sozialist; 1945/46, 1946, 1954 – 2.6.1958), Gaston Eyskens (christlich-sozial; 1949/50, 25.6. – 4.11.1958, 6.11.1958 – 1961)
Außenminister: Victor Larock (1957-2. 6. 1958), Pierre Wigny (25. 6.1958-1961)

Bhutan: Königreich

König: Jigme Dorji Wangchuk (1952-1972)

Birma: Unionsrepublik

Präsident: U Wing Maung (1957-1962)
Ministerpräsident: U Nu (1947-1952, 1957 – 28.10.1958, 1960-1962), General Ne Win (28.10.1958 – 1960, 1962-1974)
Die schlechte Wirtschaftslage führt zu einer Regierungskrise.

Bolivien: Republik

Präsident: Hernán Siles Suazo (1952, 1956-1969)

Brasilien: Bundesrepublik

Präsident: Juscelino Kubitschek de Oliveira (1956-1961)

Bulgarien: Volksrepublik

Präsident (Präsident des Präsidiums des Nationalrats): Georgi Damjanow (1950 – 27.11.1958), Dimitar Ganew (30.11.1958 – 1964)
Ministerpräsident: Anton Tanew Jugow (1956-1962)
Außenminister: Karl Lukanow (1956-1962)

Ceylon:

Monarchie im British Commonwealth
Ministerpräsident: Salomon Bandaranaike (1956-1959)
Generalgouverneur: Sir Oliver Goonetilleke (1954-1962)
Ceylon (amtlicher Name ab 1972 Sri Lanka) ist als unabhängige parlamentarische Monarchie Gliedstaat des British Commonwealth of Nations (Republik ab dem Jahr 1972).

Chile: Republik

Präsident: Carlos Ibáñez del Campo (1927-1931, 1952 – 3.11.1958), Jorge Alessandri Rodriguez (1958-1964)

China: Volksrepublik

(National-China siehe Formosa)
Präsident: Mao Tse-tung (1949-1959)
Parteichef: Mao Tse-tung (1945-1976)
Regierungschef: Chou En-lai (1949-1976)

Costa Rica: Republik

Präsident: José Figueres Ferrer (1948, 1953 – 8.2.1958), Mario Echandi Jiménez (8.5.1958 – 1962)

Dänemark: Königreich

König: Friedrich IX. (1947-1972)
Ministerpräsident: Hans Christian Hansen (Sozialist; 1955-1960)
Außenminister: Hans Christian Hansen (1953 – 7.10.1958), Jens Otto Krag (7.10.1958 – 1962)

Dominikanische Republik: Diktatur

Präsident: Hector Bienvenido Trujillo (1952-1960)

Ecuador: Republik

Präsident: Camilo Ponce Enríquez (1956-1960)

El Salvador: Republik

Präsident: José María Lemus (1956-1960)

Eritrea:

Autonomer Gliedstaat Äthiopiens
Ministerpräsident: Fitaurari Asfaha Woldemikael
Die italienische Kolonie Eritrea wurde 1941 von britischen Truppen erobert und 1952 durch eine Föderation mit Äthiopien zusammengeschlossen. 1962 wird es als Provinz Äthiopien angegliedert.

Finnland: Republik

Präsident: Urho Kaleva Kekkonen (1956-1981)
Ministerpräsident: Rainer von Fieandt (1957 – 18.4.1958), Reino Iisakki Kuuskoski (26.4. – 29.8.1958), Karl-August Fagerholm (1948-1950, 1956/57, 29.8. – 4.12.1958)
Außenminister: Paavo Juho Hynninen (1957 – August 1958), Johannes Virolainen (1954-1956, 1957, 29.8. – 27.11.1958)

Formosa (Taiwan): Republik

Präsident: Chiang Kai-shek (1950-1975)

Frankreich: Republik

Präsident: René Coty (1954-1959)
Ministerpräsident: Félix Gaillard (Radikalsozialist; 1957 – 15.4.1958), Pierre Pflimlin (Republikanische Volksbewegung; 14. – 28.5.1958), Charles de Gaulle (1944-1946, 1.6.1958 – 1959)
Außenminister: Christian Pineau (1955, 1956 – 15.4.1958), René Pleven (14. – 28.5.1958), Maurice Couve de Murville (1958-1968)
Zum Algerienkrieg und zum Sturz der Vierten Republik siehe den Anhang Kriege und Krisenherde.

Ghana:

Monarchie im British Commonwealth
Ministerpräsident: Kwame Nkrumah (1957-1966, ab 1960 auch Staatspräsident)

Griechenland: Monarchie

König: Paul (1947-1964)
Ministerpräsident: Konstandinos Karamanlis (1955 – 1.3.1958, 17.5.1958 – 1961, 1961-1963, 1974-1980), Konstandinos Georgakopulos (5.3. – 17.5.1958)
Außenminister: Evangelos Averoff-Tositzas(1956-1961, 1961-1963)

Großbritannien: Monarchie

Königin: Elisabeth II. (seit 1952)
Premierminister: Harold Macmillan (konservativ; 1957-1963)
Außenminister: Selwyn Lloyd (1955-1960)
Die USA sagen die Lieferung von Mittelstreckenraketen zu, über deren Einsatz gemeinsam bestimmt werden soll.

Guatemala: Republik

Leiter der Militärjunta: Guillermo Flores Avendano (1957 – 2.3.1958)
Präsident: General Miguel Ydígoras Fuentes (2.3.1958 – 1963)

Guinea:

Unabhängige Republik ab 2.10.1958
Ministerpräsident: Sékou Touré (2.10.1958 – 1984, ab 1961 auch Staatspräsident)
Am 28. September 1958 stimmt die Bevölkerung Guineas gegen die Aufnahme in die Französische Gemeinschaft und fordert die Unabhängigkeit des Landes. Frankreich gewährt die Unabhängigkeit bei sofortiger Einstellung der französischen Wirtschaftshilfe und zieht alle französischen Experten ab. Ministerpräsident Sékou Touré kompensiert diese Verluste durch Anlehnung an sozialistische Staaten.

Haiti: Republik/Diktatur

Präsident: François Duvalier (1957-1971)

Honduras: Republik

Präsident: José Ramón Villeda Morales (1957-1963)

Indien: Bundesrepublik

Präsident: Rajendra Prasad (1952-1962)
Ministerpräsident: Jawaharlal Nehru (1946/47-1964)

Indonesien: Republik

(»gelenkte Demokratie«)
Präsident: Achmed Sukarno (1945/49-1967)
Zur gescheiterten Revolution in Indonesien und zum indonesisch-niederländischen Konflikt siehe den Anhang Kriege und Krisenherde.

Irak: Königreich/autoritäre Republik

König: Faisal II. (1939 – 14.7.1958)
Leiter des Souveränitätsrats (Präsident): Muhammad Nadschib ar-Rubai'i (14.7.1958 – 1963)
Ministerpräsident: Abdel Wahab Mirjan (1957 – 3.3.1958), Nuri As Said (3.3.1958 – 13.5.1958; Ministerpräsident der Arabischen Föderation 16.5. – 14.7.1958), Ahmed Muchtar Baban (19.5.1958 – 14.7.1958), Abd Al Karim Kasim (14.7.1958 – 1963)
Die am 14. Februar 1958 als Gegengewicht gegen die Union zwischen Ägypten und Syrien, die Vereinigte Arabische Republik (VAR), mit Jordanien gegründete Arabische Föderation wird nach der Revolution vom 14. Juli aufgelöst. Siehe den Anhang Kriege und Krisenherde.

Iran: Kaiserreich

Schah: Mohammad Resa Pahlawi (1941-1979)

Irland: Republik

Präsident: Seán Tomás O'Ceallaigh = Sean Thomas O'Kelly (1945-1959)
Ministerpräsident: Eamon de Valera (1919/21, 1932-1948, 1951-1954, 1957-1959, danach Präsident 1959-1973)
Außenminister: Frank Aiken (1951-1954, 1957-1969)

Island: Republik

Präsident: Asgeir Asgeirsson (1952-1968)

Ministerpräsident: Hermann Jonasson (1934-1942, 1956 – 5.12.1958), Emil Jonsson (23.12.1958 – 1959)

Israel: Republik

Präsident: Isaak Ben Zwi (1952-1963)
Ministerpräsident: David Ben Gurion (Mapai; 1948-1953, 1955-1963)
Verteidigungsminister: David Ben Gurion (1955-1963)
Außenminister: Golda Meir (1956-1966, Ministerpräsidentin 1969-1974)
Finanzminister: Levi Eschkol (1952-1963)

Italien: Republik

Präsident: Giovanni Gronchi (1955-1962)
Ministerpräsident: Adone Zoli (Democrazia Cristiana; 1957 – 19.6.1958), Amintore Fanfani (Democrazia Cristiana; 1954, 2.7.1958 – 1959, 1960-1963)
Außenminister: Giuseppe Pella (1953/54, 1957 – 19.6.1958, 1959/60), Amintore Fanfani (2.7.1958 – 1959)

Japan: Kaiserreich

Kaiser (Tenno): Hirohito (seit 1926)
Ministerpräsident: Nobosuke Kischi (1957-1960)
Außenminister: Aiichoro Fujiyama (1957-1960)

Jemen (Sana): Königreich

König: Ahmad Ibn Jahja (1948-1962)

Jordanien: Königreich

König: Husain (seit 1952)

Jugoslawien: Volksrepublik

Präsident: Josip Broz Tito (1953-1980)
Ministerpräsident: Josip Broz Tito (1943-1963)
Außenminister: Koča Popović (1953-1965)

Kambodscha (Kampuchea): Königreich

König: Norodom Suramarit (1955-1960)
Ministerpräsident: Sim Var (1957 – 8.1.1958, 24.4. – 22.6.1958), Ek Yi Oun (11. – 16.1.1958), Samdech Penn Nuth (1953, 16.1. – 10.4.1958), Norodom Sihanuk (1952/53, 1955/56, 1956, 1956/57, 10.7.1958 – 1960, 1961-1963, 1967/68)

Kanada:

Monarchie im British Commonwealth
Premierminister: John George Diefenbaker (konservativ; 1957-1963)
Außenminister: Sidney Smith (1957-1959)

Kirchenstaat: Siehe Vatikanstadt

Kolumbien: Republik/Diktatur

Leiter der Militärjunta: Gabriel Paris (1957 – 7.8.1958)
Präsident: Alberto Lleras Camargo (1945/46, 7.8.1958-62)

Korea (Nordkorea): Volksrepublik

Präsident: Yong Kun Choi (1952-1972)
Ministerpräsident: Kim Il Sung (1948-1972, danach Staatspräsident ab 1972)

Korea (Südkorea):

Republik/Militärdiktatur
Präsident: Syngman Rhee (1948-1960)

Kuba: Diktatur

Diktator: Fulgencio E. Batista y Zaldívar (1952 – 31.12.1958)
Das Regime muss sich seit 1953 gegen die Guerilla-Truppe des Rechtsanwalts Fidel Castro verteidigen.

Laos: Königreich

König: Sisavong Vong (1904-1959)
Ministerpräsident: Prinz Suvanna Phuma (1951-1954, 1956 – 22.7.1958, 1960), Phui Sananikone (15.8.1958-1959)

Libanon: Republik

Präsident: Kamil Schamun (1952 – 23.9.1958), Fuad Schihab (1952, 23.9.1958-1964)
Ministerpräsident: Sami as-Sulh (1942/43, 1945/46, 1952, 1955, 1956 – 20.9.1958), Raschid Karami (1955-56, 24.9. – 8.10.1958, 15.10.1958-1960, 1961-1964)
Zum Bürgerkrieg im Libanon siehe den Anhang Kriege und Krisenherde.

Liberia: Republik

Präsident und Ministerpräsident: William Tubman (1943-1971)

Libyen: Königreich

König: Idris I.(1951-1969)
Ministerpräsident: Abd Al Madschid Kubar (1957-1960)

Liechtenstein: Fürstentum

Fürst: Franz Joseph II. (seit 1938)

Luxemburg: Großherzogtum

Großherzogin: Charlotte (1919-1964)
Ministerpräsident: Joseph Bech (1926-1932, 1953 – 26.3.1958), Pierre Frieden (31.3. – 10.12.1958)
Außenminister: Joseph Bech (1937 – 10.12.1958)

Malaiische Föderation:

Monarchistischer Bundesstaat
König von Malaya: Tungku Abd ur-Rahman Fürst von Negri Sembilan (1957-1960)
Ministerpräsident. Tungku Abdul Rahman (1957-1959, 1959-1963)

Malta: Britische Kolonie

(Mit innerer Selbstregierung)
Gouverneur: Robert Laycock (1954-1959)
Ministerpräsident: Dominic Mintoff (1955 – 21.4.1958, erneut ab 1971)
Vom 26. April 1958 bis 1982 wird Malta durch den Gouverneur verwaltet.

Marokko: Königreich

König und Leiter des Kabinetts: Muhammad V. (1957-1961, davor Sultan als Sidi Muhammad 1927-1953, 1955-1957)

Mexiko: Bundesrepublik

Präsident: Adolfo Ruiz Cortines (1952 – 30.11.1958), Alfonso López Mateos (1.12.1958-1964)

Monaco: Fürstentum

Fürst: Rainier III. (seit 1949)

Mongolische Volksrepublik:

Volksrepublik
Präsident: Shamtsarangin Sambuu (1954-1972)
Ministerpräsident: Jumschagiin Zedenbal (1952-1974, danach Präsident ab 1974)

Nepal: Königreich

König: Mahendra (1956-1972)

Neuseeland:

Monarchie im British Commonwealth
Premierminister: Walter Nash (Labour; 1957-1960)
Neuseeland ist eine unabhängige parlamentarische Monarchie im Commonwealth mit dem britischen Monarchen als Staatsoberhaupt

Nicaragua: Diktatur

Diktator: Luis Somoza Debayle (1956-1963)

Niederlande:

Konstitutionelle Monarchie
Königin: Juliana (1948-1980)
Ministerpräsident: Willem Drees (Sozialist; 1948 – 12.12.1958), Louis Beel (1946-1948, 22.12.1958-1959)
Außenminister: Joseph Luns (1956-1971, danach NATO-Generalsekretär bis 1984)
Die Ablehnung der Vorlage über die Verlängerung der Steuererhöhungen führt zum Rücktritt der Regierung.

Nordirland: Teil von Großbritannien

Ministerpräsident: Basil Stanlake Brooke (1943-1963)

Nordkorea: Siehe Korea (Nordkorea)

Norwegen: Konstitutionelle Monarchie

König: Olaf V. (seit 1957)
Ministerpräsident: Einar Gerhardsen (Sozialist; 1945-1951, 1955-1963, 1963-1965)

Oman: Sultanat

Sultan: Said bin Taimur (1932-1970)

Pakistan: Republik

Präsident: Iskander Mirza (1956 – 27.10.1958), Mohammed Ayub Khan (27.10.1958-1969)
Am 29. Oktober 1958 wird das Amt des Premierministers abgeschafft und das Präsidialsystem eingeführt. Siehe den Anhang Kriege und Krisenherde.

Panama: Republik

Präsident: Ernesto de la Guardia jr. (1955-1960)

Papst: Siehe Vatikanstadt

Paraguay: Diktatur

Präsident: Alfredo Stroessner (seit 1954)

Persien: Siehe Iran

Peru: Republik

Präsident: Manuel y Ugareche (1939-1945, 1956-1962)

Philippinen: Republik

Präsident: Carlos P. García (17.3.1957-1961)

Polen: Volksrepublik

Staatsratsvorsitzender: Aleksander Zawadski (1952-1964)
Parteichef: Władysław Gomułka (1943-1948, 1956-1970)
Ministerpräsident: Józef Cyrankiewicz (1947-1952, 1954-1972)
Außenminister: Adam Rapacki (1956-1968)

Portugal: Diktatur

Präsident: Francisco Higino Craveiro Lopes (1951 – 9.8.1958), Américo Tomás (9.8.1958-1974)
Ministerpräsident: António de Oliveira Salazar (1932-1968)
Außenminister: Paulo Cunha (1950 – 13.8.1958), Marcello Mathias (13.8.1958-1961)

Rumänien: Volksrepublik

Vorsitzender des Präsidiums der Volksrepublik (Staatsoberhaupt): Petru Groza (1952 –7.1.1958)
Vorsitzender des Parlamentspräsidiums (Staatsoberhaupt): Ion Gheorghe Maurer (11.1.1958-1961, danach Ministerpräsident bis 1974)
Ministerpräsident: Chivu Stoica (1955-1961)

Sansibar:

Sultanat unter britischem Protektorat
Sultan: Chalifa II. (1911-1960)

Saudi-Arabien: Königreich

König: Saud Ibn Abd Al Asis (1933-1964)

Schweden: Konstitutionelle Monarchie

König: Gustav VI. Adolf (1950-1973)
Ministerpräsident: Tage Erlander (Sozialist; 1946-1969)
Außenminister: Östen Undén (1924-1926, 1945-1962)

Siam: Siehe Thailand

Singapur: Gliedstaat des Commonwealth mit innerer Selbstverwaltung
Ministerpräsident: Lim Yew Hock (Chinese; 1956-1959)

Sowjetunion: Siehe UdSSR

Spanien: Diktatur

Nationaler Staatspräsident und Vorsitzender des Ministeriums: Francisco Franco Bahamonde (1936-1975)
Außenminister: Fernando María Castiella y Maiz (1957-1969)

Sri Lanka: Siehe Ceylon

Südafrikanische Union:

Dominion im British Commonwealth

Ministerpräsident: Johannes Gerardus Strijdom (1954 – 24.8.1958), Hendrik Frensch Verwoerd (2.9.1958-1966)
Außenminister: Eric Hendrik Louw (1954-1963)
Generalgouverneur: Ernest George Jansen (1951-1959)

Sudan: Republik
Staatsleiter und Ministerpräsident: General Ibrahim Abbud (17./18.11.1958-1964)
Ministerpräsident: Abd Allah Chalil (1956 – 17.11.1958)

Südkorea: Siehe Korea (Südkorea)

Südrhodesien:
Siehe Zentralafrikanische Föderation

Syrien: Republik
Teil der Vereinigten Arabischen Republik
Präsident: Schukri Al Kuwwatli (1943-1949, 1955 – 22.2.1958)
Ministerpräsident: Sabri Asali (1954, 1955, 1956 – 22.2.1958)
Am 1. Februar 1958 tritt die Vereinigung Syriens mit Ägypten zur Vereinigten Arabischen Republik (siehe dort) in Kraft.

Taiwan: Siehe Formosa

Thailand: Konstitutionelle Monarchie
König: Rama IX. Bhumibol (seit 1946)
Ministerpräsident: General Thanom Kittikachorn (1957 – 20.10.1958, 1963-1973), Feldmarschall Sarit Thanarat (1957, 20.10.1958-1963)

Tibet:
Teil der Volksrepublik China seit 1951
14. Dalai-Lama: Tenzin Gjatso (1935 geboren und gefunden, 1939 inthronisiert, im Exil ab 1959)
7. Pantschen-Lama: Tschökji Gjaltsen (seit 1938)

Tschechoslowakei: Volksrepublik
Präsident: Antonín Novotný (1957-1968)
Ministerpräsident: Viliam Široký (1953-1963)
Außenminister: Wenzel David (1953-1968)

Tunesien: Republik
Präsident: Habib Burgiba (seit 1957, auf Lebenszeit)

Türkei: Republik
Präsident: Celâl Bayar (1950-1960)
Ministerrpräsident: Adnan Menderes (1950-1960)

UdSSR:
Union sozialistischer Sowjetrepubliken
Vorsitzender des Präsidiums des Obersten Sowjets (Staatsoberhaupt): Kliment J. Woroschilow (1963-1960)
Parteichef: Nikita S. Chruschtschow (1953-1964)
Ministerpräsident: Nikolai A. Bulganin (1955 – 27.3.1958), Nikita S. Chruschtschow (27.3.1958-1964)
Außenminister: Andrei A. Gromyko (1957-1985, danach Staatsoberhaupt)

Ungarn: Volksrepublik
Präsident: István Dobi (1952-1967)
Ministerpräsident: János Kádár (1956 – 27.1.1958, 1961-1965), Ferenc Münnich (27.1.1958-1961)
Zur sowjetischen Besetzung des Landes siehe Kriege und Krisenherde.

Uruguay: Republik
Vorsitzender des Bundesrats: Arturo Lezama (1957 – 7.3.1958), Carlos Fischer (7.3.1959-1959)

USA: Bundesrepublik
34. Präsident: Dwight D. Eisenhower (Republikaner; 1953-1961)
Vizepräsident: Richard M. Nixon (1953-1961, 37. Präsident 1969-1974)
Außenminister: John Foster Dulles (1953-1959)

Vatikanstadt: Absolute Monarchie
Papst: Pius XII., ursprünglich Eugenio Pacelli (1939 – 9.10.1958), Johannes XIII., ursprünglich Angelo Giuseppe Roncalli (28.10.1958-1963)
Prostaatssekretär: Domenico Tardini (1952-1958, danach Staatssekretär 1958-1961)

Venezuela: Diktatur/Republik
Diktator: Marcos Pérez Jiménez (1952 – 23.1.1958)
Leiter einer Militärjunta: Wolfgang Larrazábal (25.1. – 12./13.11.1958)
Vorläufiger Präsident: Edgar Sanabria (14.11.1958-1959)
Zum Sturz der Diktatur siehe den Anhang Kriege und Krisenherde.

Vereinigte Arabische Republik:
Republik
Staatspräsident: Gamal Abd el Nasser (1./21.2.1958-1961)
Am 1. Februar 1958 tritt die Vereinigung Syriens mit Ägypten zur Vereinigten Arabischen Republik in Kraft.

Vietnam (Nordvietnam): Republik
Präsident: Ho Chi Minh (1945/54-1969)

Vietnam (Südvietnam): Republik
Präsident: Ngo Dinh Diem (1955-1963)
Korruption und Ämterpatronage, totalitäre Praktiken der Geheimpolizei und die nur halbherzige Durchführung der Landreform heizen die innenpolitische Situation in Südvietnam an.

Zentralafrikanische Föderation:
Zusammenschluss der britischen Kolonien Nord- und Südrhodesien und Njassaland
Ministerpräsident: Sir Roy Welensky (1956-1963)
Generalgouverneur: Simon Ramsay 16. Earl Dalhousie (1957-1963)

Kriege und Krisenherde des Jahres 1958

Die herausragenden politischen und militärischen Kmensituationen des Jahres 1958 werden – alphabetisch nach Ländern geordnet – im Überblick dargestellt. Internationale Kriege und Krisenherde sind dem alphabetischen Länderverzeichnis vorangestellt.

Algeriens Kampf um Autonomie

Der Unterdrückungskrieg Frankreichs gegen Algerien, das als zum französischen Mutterland gehörend betrachtet wird, geht 1958 mit unverminderter Härte weiter. Am 31. Januar 1958 verabschiedet die französische Nationalversammlung als Kompromisslösung das Algerienstatut. Dadurch sehen jedoch die Algerienfranzosen ihre privilegierte Stellung gefährdet und befürchten Verhandlungen zwischen Frankreich und den Aufständischen. Am 13. Mai kommt es daraufhin zum Putsch von Algier, einer von der Armee unterstützten Rebellion der Algerienfranzosen, die zum Sturz der IV. Republik in Frankreich führt. Am 29. Mai wird Charles de Gaulle zum Ministerpräsidenten berufen; er gibt vorübergehend die Integrationspolitik auf und verstärkt den Einsatz des Militärs in Algerien. Am 19. September bildet die algerische Nationale Befreiungsfront FLN (Front de Libération Nationale) in Kairo eine Exilregierung unter Ferhat Abbas, der inhaftierte FLN-Führer angehören.

Berlin-Ultimatum der Sowjetunion

In ihrem Berlin-Ultimatum fordert die UdSSR am 27. November 1958 binnen Jahresfrist die Umwandlung Westberlins in eine entmilitarisierte Freie Stadt. Der sowjetische Ministerpräsident Nikita S. Chruschtschow kündigt in seiner Note an die drei Westmächte einseitig sämtliche Vereinbarungen über den Status von Berlin auf. Über die Modalitäten der Umwandlung Westberlins in eine entmilitarisierte Stadt will Chruschtschow mit den drei Westmächten Verhandlungen führen, die innerhalb von sechs Monaten abgeschlossen sein sollen. Falls das Ultimatum nicht angenommen werde, will Chruschtschow die Rechte an Berlin und die Kontrolle über die Zufahrtswege zu der Stadt der DDR übertragen. Berlin (West) werde von einem souveränen deutschen Staat umschlossen, die Viermächtekontrolle sei durch die Geschichte überholt. – Die Westmächte lehnen jede Veränderung des Status von Berlin ab. Im Jahr 1959 verstreicht der Stichtag des Berlin-Ultimatums ohne besondere Vorkommnisse.

China beschießt Quemoy

Die Volksrepublik China beginnt am 23. August 1958 mit der Beschießung der zu Taiwan gehörenden Insel Quemoy an der Formosastraße.

Sturz der IV. Republik in Paris

In Frankreich wird am 17. Mai 1958 der Notstand ausgerufen, nachdem die Unruhen in Algerien nach dem von der Armee unterstützten Putsch von Algier (13. Mai) auf das Mutterland übergegriffen haben und ein Bürgerkrieg droht. Die französischen Siedler in Algerien verlangen eine stärkere Berücksichtigung ihrer Interessen und fordern die Berufung von Charles de Gaulle zum Ministerpräsidenten. Staatspräsident René Coty kommt dieser Forderung am 29. Mai nach (bestätigt durch die Nationalversammlung am 1. Juni). De Gaulle ist seit 1955 nicht mehr öffentlich auf getreten und schreibt in Colombey-les-deux-Eglises an seinen Memoiren. De Gaulle lässt sich Sondervollmachten für die nächsten sechs Monate übertragen. Am 28. September wird durch Referendum eine neue Verfassung angenommen (in Kraft am 4. Oktober). Die Verfassung der V. französischen Republik sieht eine überragende Stellung des Staatspräsidenten vor, der das Parlament auflösen kann und in Ausnahmesituationen diktatorische Vollmachten erhält. De Gaulle wird am 21. Dezember zum ersten Staatspräsidenten gewählt.

Revolution in Indonesien scheitert

Am 15. Februar 1958 errichten lokale Militärbefehlshaber und oppositionelle Politiker in Padang eine Revolutionäre Regierung der Republik Indonesien. Die Aufstandsgebiete liegen jedoch zu weit voneinander entfernt, um ein einheitliches Vorgehen gegen den indonesischen Präsidenten Achmed Sukarno zu ermöglichen und die Vorherrschaft der Javaner zu brechen. Im April kapituliert die Revolutionsarmee trotz US-amerikanischer und britischer Unterstützung.

Indonesien gegen Niederlande

Am 3. Dezember 1958 tritt in Indonesien das Gesetz über die Verstaatlichung der niederländischen Unternehmen in Kraft. Zu dem Konflikt zwischen Indonesien und den Niederlanden ist es 1957 wegen der indonesischen Ansprüche auf Niederländisch West-Neuguinea (Irian Jaya) gekommen; die Auseinandersetzungen führten u. a. zur Besetzung zahlreicher niederländischer Unternehmen in Indonesien und zur Ausweisung der Niederländer. Unmittelbarer Auslöser war ein gescheitertes Attentat auf den indonesischen Präsidenten Achmed Sukarno. Bis Ende 1957 hatten rund 10 000 der etwa 50 000 in Indonesien lebenden Niederländer das Land verlassen.

Revolution im Irak

Während eines Staatsstreichs der Armee im Irak wird König Faisal II am 14. Juli 1958 ermordet, Brigadegeneral Abd Al Karim Kasim proklamiert die Republik. Die Arabische Föderation, die die haschimidischen Monarchien Irak und Jordanien am 14. Februar 1958 als Reaktion auf die Gründung der Vereinigten Arabischen Republik (VAR) durch Ägypten und Syrien gebildet hatten, wird einen Tag später aufgelöst. Nach dem Staatsstreich beginnen Auseinandersetzungen zwischen Kasim und dem der sozialistischen Bath-Partei nahestehenden Oberst Abd As Salam Muhammad Arif, der sich für eine Vereinigung mit der VAR ausspricht. Arif wird im September verhaftet und als Verschwörer vor Gericht gestellt. Unter der neuen Regierung werden die Gewerkschaften legalisiert, die politischen Parteien einschließlich der Kommunisten dürfen ihre Tätigkeit legal ausüben. In der provisorischen Verfassung vom 27. Juli 1958 finden die Gleichheit aller Bürger, unter besonderer Berücksichtigung der Araber und Kurden, sowie die Gleichberechtigung der Frau ihre gesetzliche Grundlage. Am 30. September wird ein Bodenreformgesetz erlassen, das den Großgrundbesitz beschränkt.

Bürgerkrieg im Libanon

Nach der Vereinigung Ägyptens und Syriens zur Vereinigten Arabischen Republik am 1. Februar 1958 und vor dem Hintergrund des Gerüchts, der libanesische Staatspräsident Kamil Schamun wolle durch Verfassungsänderung seine Wiederwahl erzwingen, kommt es im Mai 1958 im Libanon zu gewalttätigen Demonstrationen für den ägyptischen Staatspräsidenten Gamal Abd el Nasser. Die Kämpfe flauen erst ab, als auf Ersuchen Schamuns am 15. Juli 1958 Truppen der Vereinigten Staaten von Amerika an der libanesischen Küste landen. Am 31. Juli einigen sich alle Konfliktparteien auf General Fuad Schihab, den Oberkommandierenden der Armee, als neuen Präsidenten. Bei seinem Amtsantritt am 23. September bekräftigt Schihab die Einheit und Neutralität des Libanon und beruft Raschid Karami, einen »Rebellenführer«, zum Ministerpräsidenten. Nach Vermittlung der Vereinten Nationen werden die Truppen der Vereinigten Staaten bis zum Oktober des Jahres abgezogen.

Staatsstreich in Pakistan

Der Oberkommandierende der pakistanischen Streitkräfte, Mohammed Ayub Khan, zwingt am 27. Oktober Staatspräsident Iskander Mirza zum Rücktritt, nachdem dieser ihm am 8. Oktober selbst zur Macht verholfen hatte; Ayub Khan übernimmt selbst das Amt des Staatspräsidenten und das Verteidigungsministerium und regiert mit unumschränkten Vollmachten, gestützt auf die Armee.

Ungarn weiter von Sowjets besetzt

Auch zwei Jahre nach der Niederschlagung des ungarischen Aufstands (1956) bleibt Ungarn unter sowjetischer Besetzung. Durch den Truppenstationierungsvertrag von 1957 hat sich die UdSSR das Recht gesichert, für die Dauer der Existenz der NATO Militär in Ungarn zu stationieren. Vermutlich am 16. Juni 1958 wird Imre Nagy, Ministerpräsident Ungarns 1953 bis 1955, erneut Ministerpräsident 1956, einer der Führer des niedergeschlagenen Volksaufstands, nach seiner Verschleppung durch sowjetische Truppen hingerichtet (vielleicht in Budapest).

Sturz der Diktatur in Venezuela

Der seit 1952 herrschende Diktator Marcos Pérez Jiménez wird am 23. Januar 1958 durch einen Volksaufstand und einen Generalstreik gestürzt, als er verfassungswidrig seine Wiederwahl durchsetzen will. Vorübergehend übernimmt eine Militärjunta die Macht, am 14. November wird Edgar Sanabria vorläufiger Präsident. Aus den Wahlen vom Dezember 1958 geht Rómulo Betancourt von der Demokratischen Aktion (AD) als Sieger hervor.

Ausgewählte Neuerscheinungen auf dem Buchmarkt 1958

Die Auswahl berücksichtigt nicht nur Neuerscheinungen von literarischem oder wissenschaftlichem Wert, sondern auch vielgelesene Bücher des Jahres 1958. Innerhalb der einzelnen Länder sind die erschienenen Werke alphabetisch nach Autoren geordnet.

Bundesrepublik Deutschland und DDR

Bruno Apitz
Nackt unter Wölfen
Roman
Der sozialistische Erzähler Bruno Apitz (1900-1979), 1937 bis 1945 KZ-Häftling, schildert in dem in Halle an der Saale erschienenen, den »toten Kampfgefährten aller Nationen« gewidmeten Roman »Nackt unter Wölfen« Ereignisse im KZ Buchenwald am Ende des Zweiten Weltkrieges, wobei er eigene Erlebnisse verarbeitet. Die Häftlinge Höfel und Pippig verstecken ein etwa dreijähriges jüdisches Kind vor dem Zugriff der Wachmannschaften in der Kleiderablage. Der Roman erzählt, unter welchen Gefahren die kommunistischen Lagerinsassen das Kind bis zur Befreiung durch die Alliierten durchbringen. – Apitz erhält für diesen Roman 1958 den Nationalpreis der DDR verliehen. 1963 wird das Buch verfilmt und das Filmkollektiv ebenfalls mit dem DDR-Nationalpreis ausgezeichnet.

Gerd Gaiser
Schlußball
Aus den schönen Tagen der Stadt Neu-Spuhl
Roman
Der magischen Realismus mit Zeit- und Gesellschaftskritik verbindende deutsche Erzähler Gerd Gaiser (1908-1976) legt in seinem erfolgreichen Roman »Schlußball«, der beim Verlag Hanser in München erscheint, eine gleichnishafte Verurteilung der westdeutschen Wirtschaftswundergesellschaft vor. In der fiktiven Stadt Neu-Spuhl feiern die Gymnasiasten den Abschlußball ihres Tanzkurses. In 30 Episoden berichten sechs Personen und »vier Stimmen von außen« von diesem Fest, mit dem gleichzeitig das Bild einer Gesellschaft entworfen wird, die der »Herrgott doch noch hat den Krieg gewinnen lassen«, eine Gesellschaft, deren Mitglieder einzig nach Besitz und persönlicher Sicherheit trachten und »ums Geld leben« und sich vom »Ballast« ideeller Werte befreit haben. Verkörperung dieses Wohlstandsbürgers ist der »homo spulicus«, dessen Inneres »aus Kunststoff besteht und bei dem sogar der Kopf ein Markenartikel ist«. Einzig die Außenseiter erscheinen als Individuen. Angesichts solcher gesellschaftlicher Zustände empfiehlt Gaiser eine Art innerer Emigration: »Ich weiß nicht, was ich bin und wozu und worauf ich warte. Aber ich warte noch.« Und weiter: »Wissen wollen, was mit dir gespielt wird, ist ein bisschen viel Anspruch auf öffentliche Aufklärung.«

Hans Erich Nossack
Der jüngere Bruder
Roman
Der vom Existentialismus beeinflusste deutsche Schriftsteller Hans Erich Nossack (1901-1977) schildert in dem Roman »Der jüngere Bruder«, erschienen im Suhrkamp Verlag in Frankfurt am Main, die Geschichte des Ingenieurs Stefan Schneider, der nach zehnjährigem Exil in Brasilien 1949 nach Hamburg zurückkehrt. Er macht sich auf die Suche nach einem jungen Mann namens Carlos Heller, der 1942 als letzter mit seiner Frau Susanne zusammen gewesen ist, ehe sie eines Nachts vom Balkon ihres Hauses stürzte. Aus all dem, was Schneider über Carlos erfährt, glaubt er schließen zu dürfen, es handle sich um einen ihm innerlich verwandten Menschen, eine Art »jüngeren Bruder«, eine Art jugendliches Ich. Als sich Schneider schon zur Rückkehr nach Brasilien entschlossen hat, begegnet er in einer Kneipe einem Strichjungen namens Carlos. Diese Namensgleichheit belustigt Schneider; beim Lachen rutscht er in einer Bierpfütze aus, erleidet einen Schädelbruch und stirbt wenig später.

Wolfdietrich Schnurre
Als Vaters Bart noch rot war
Ein Roman in Geschichten
Der deutsche Schriftsteller Wolfdietrich Schnurre (*1920) verarbeitet in den 20 Geschichten seines als »ein Roman in Geschichten« bezeichneten Romans »Als Vaters Bart noch rot war«, erschienen im Verlag der Arche in Zürich, Kindheitserfahrungen aus der Zeit nach dem Umzug seiner Familie in die Reichshauptstadt Berlin kurz vor Ausbruch der Weltwirtschaftskrise 1929. Vater und Sohn erleben in den folgenden Jahren jeder auf seine Weise den Verfall althergebrachter Lebensformen. Nach der Machtübernahme der Nationalsozialisten »verreisen« Vater und Sohn auf ein abgelegenes Gut an der polnischen Grenze. Einem ungeschriebenen Gesetz folgend, spricht hier keiner über die tagespolitischen Ereignisse. Doch bald stellt sich heraus, dass das verträumte Gut keine Insel im Strom der Zeit ist. »Heb dir das Wort ›geflohen‹ noch auf«, rät der Vater dem Sohn.

Frankreich

Louis Aragon
Die Karwoche
(La Semaine Sainte)
Roman
Louis Aragon (1897-1982), einer der bedeutendsten Schriftsteller des französischen Surrealismus und der Résistance, schildert in seinem historischen Roman »Die Karwoche« die Flucht König Ludwigs XVIII. von Frankreich vor dem aus Elba zurückgekehrten Napoleon in der Karwoche des Jahres 1815. Das Geschehen wird von der erlebten Gegenwart des Autors her distanzierend kommentiert. Zentrale Gestalt ist der – später berühmte – Maler Théodore Géricault, der im Gefolge des Königs nach Norden flieht. Als er heimlich eine antiroyalistische Verschwörergruppe beobachtet, berührt ihn deren schlichtes patriotisches Sehnen nach gleichem Glück für alle Franzosen. In diesen Kleinbürgern und Arbeitern entdeckt der als Künstler und Soldat von den Privilegierten abhängige Géricault »die anderen«. Géricault, der sich zu einem »christlichen Ideal, aber ohne die Religion« bekennt, wird sich bewusst, dass Güte tragischen Mut verlangt. – Die deutsche Übersetzung erscheint 1961.

Simone de Beauvoir
Memoiren einer Tochter aus gutem Hause
(Mémoires d'une jeune fille rangée)
Autobiographie
Die französische Schriftstellerin Simone de Beauvoir (1908-1986), Lebensgefährtin des Philosophen und Schriftstellers Jean-Paul Sartre, veröffentlicht mit den »Erinnerungen einer Tochter aus gutem Hause« den ersten Teil einer Reihe autobiographischer Werke. Es folgen »In den besten Jahren« (1960), »Der Lauf der Dinge« (1963), »Das Alter« (1970) und »Alles in allem« (1972). Die außergewöhnlich begabte »Tochter aus gutem Hause« schildert ihre Jugend, ihre Abkehr vom bürgerlichen Wertsystem und ihre Annäherung an die existenzphilosophische Bewegung um Sartre. Nach Erscheinen des Buchs sagt sie: »Allzu viele Leserinnen haben in den ›Erinnerungen einer Tochter aus gutem Hause‹ die Schilderung eines Milieus genossen, das sie wiedererkannten, ohne sich für die Anstrengungen zu interessieren, die es mich gekostet hat, ihm zu entrinnen.« – Die deutsche Übersetzung erscheint 1960. Simone de Beauvoir gilt aufgrund ihrer Thesen zur weiblichen Selbstverwirklichung auch als Theoretikerin der neuen Frauenbewegung (»Das andere Geschlecht«, 1949).

Marguerite Duras
Moderato Cantabile
(Moderato Cantabile)
Roman
Die französische Schriftstellerin Marguerite Duras (*1914) gestaltet in

dem Roman »Moderato Cantabile« die verhängnisvolle Allgegenwart der Vergangenheit in zwischenmenschlichen Beziehungen. Die in einer abgelegenen Villa lebende Anne Desbaresdes begleitet ihren Sohn jeden Freitag zur Klavierstunde. Während der Junge ein Moderato Cantabile spielt, tötet in einem nahegelegenen Arbeitercafe ein Mann seine Geliebte, wie zu vermuten ist, auf ihren Wunsch hin. In diesem Café begegnet Anne einem Fremden, Chauvin. Die Beziehung zwischen den Gesprächspartnern gewinnt im Lauf der Zeit immer mehr Ähnlichkeit mit der Vorgeschichte des Mordes, der in dem Café verübt worden ist. Von plötzlicher Angst ergriffen, bricht Anne die Beziehung zu Chauvin ab, verzichtet auf den Ehebruch und kehrt in ihre bürgerliche Existenz zurück. Die deutsche Übersetzung des erfolgreichen Werks erscheint 1959. 1960 wird der Roman verfilmt.

Christiane Rochefort
Das Ruhekissen
(Le repos du guerrier)
Roman
Die französische Journalistin, Filmschauspielerin und Schriftstellerin Christiane Rochefort (*1917) wird bekannt mit ihrem zweiten Roman, »Das Ruhekissen«, einer drastischen Schilderung weiblicher Liebeshörigkeit und Erniedrigung. Eine junge Frau unterwirft sich rückhaltlos dem Willen eines als brutal geschilderten Alkoholikers. – Die deutsche Übersetzung erscheint 1959.

Großbritannien

Nadine Gordimer
Fremdling unter Fremden
(A World of Strangers)
Roman
Die anglo-südafrikanische Schriftstellerin Nadine Gordimer (*1923) schildert in ihrem in London erschienenen Roman »Fremdling unter Fremden«, der noch im Erscheinungsjahr dreimal aufgelegt wird, den politischen Erkenntnisprozess des 28-jährigen Engländers Toby Hood, der glaubt, als er in der Zweigstelle des familieneigenen Verlags in Johannesburg zu arbeiten beginnt, dass er in Südafrika ein beschaulich-amüsantes Leben führen kann, unbeeinflußt von politischen oder rassischen Problemen. Doch er lernt nicht nur die Welt der Weißen, sondern auch die der durch die Apartheidpolitik des weißen Regimes unterdrückten Farbigen kennen und kommt zu dem Schluss, dass politische Gleichgültigkeit die Übel in der Welt nur vermehrt. – Die deutsche Übersetzung erscheint 1962.

Iris Murdoch
Die Wasser der Sünde
(The Bell)
Roman
Der vierte Roman, »Die Wasser der Sünde«, der anglo-irischen Schriftstellerin Iris Murdoch (*1919) spielt im Milieu einer religiösen Laiengemeinde, die sich in der Nähe eines Klosters an einem See angesiedelt hat. Mittelpunkt des Geschehens ist eine vor mehreren Jahrhunderten im See versunkene Glocke, um die sich Sagen und Legenden gerankt haben. –Die deutsche Übersetzung dieses als allegorische Darstellung der Erscheinungsformen religiöser Berufung interpretierten Romans erscheint 1962.

Alan Sillitoe
Samstag Nacht und Sonntag Morgen
(Saturday Night and Sunday Morning)
Roman
»Samstag Nacht und Sonntag Morgen«, der erste Roman des englischen Erzählers und Lyrikers Alan Sillitoe (*1928), realistischer Schilderer der zeitgenössischen englischen Arbeiterwelt, ist im Arbeitermilieu Nottinghams angesiedelt. Der 21-jährige Arthur Seaton flüchtet aus der Monotonie seiner Fabrikarbeit in den Taumel erotischer und alkoholischer Wochenend-Eskapaden. Arthur ist kein Gesellschaftsveränderer, alles, was er will, ist »ein gutes Leben ... einen Haufen Arbeit, ordentlich was zu saufen und, bis ich neunzig bin, jeden Monat einen Weiberrock«. Auf die Ausschweifungen der Samstagnacht folgt die Ernüchterung am Sonntagmorgen. – 1960 wird das Werk verfilmt. Die deutsche Übersetzung erscheint 1961.

Angus Wilson
Meg Eliot
(The Middle Age of Mrs. Eliot)
Roman
Angus Wilson (*1913), einer der bedeutendsten zeitgenössischen englischen Romanciers, macht in seinem Roman »Meg Eliot« die Identitätskrise und Neuorientierung eines Menschen zum Thema, der durch den Tod des Lebenspartners auf sich selbst zurückverwiesen wird. Die 43-jährige Frau eines Rechtsanwalts verliert ihren Mann, der einem Mordanschlag, der nicht ihm galt, zum Opfer fällt. Sie erkennt die Scheinhaftigkeit ihres bisherigen Lebens, flüchtet zunächst zu ihrem Bruder, beginnt dann aber ein eigenständiges Leben, nachdem sie den Verlust ihres Mannes akzeptiert hat. – Die deutsche Übersetzung erscheint 1960.

Israel

Moscheh Ya'akov Ben-Gavriel
Das Haus in der Karpfengasse
Roman
Der aus Wien stammende, 1927 nach Israel ausgewanderte israelische Schriftsteller Moscheh Ya'akov Ben-Gavriel (1891-1965), seit 1948 Auslandskorrespondent in Jerusalem, zeichnet in dem in deutscher Sprache geschriebenen Roman »Das Haus in der Karpfengasse« ein Bild der Schicksale von jüdischen Bewohnern eines Hauses in der Prager Altstadt zur Zeit des Nationalsozialismus.

Italien

Giuseppe Tomasi di Lampedusa
Der Leopard
(Il gattopardo)
Roman
Giuseppe Tomasi, Fürst von Lampedusa (1896-1957), diente bis 1925 als Offizier und widmete sich dann literarischen und historischen Arbeiten. Sein erfolgreicher einziger Roman »Der Leopard«, in dem er das Schicksal einer aristokratischen Familie in Sizilien zur Zeit des italienischen Freiheitskämpfers und Politikers Giuseppe Garibaldi schildert, wird erst nach seinem Tod veröffentlicht und ein Welterfolg. – Die deutsche Übersetzung erscheint 1959. 1962 wird das Werk verfilmt (von Luchino Visconti).

Österreich

Hans Carl Artmann
med ana schwoazzn dintn gedichtar aus bradnsee
(Mit einer schwarzen Tinte Gedichte aus Breitensee)
Gedichtsammlung
Der aus Wien-Breitensee stammende experimentelle Dichter Hans Carl Artmann (*1921) setzt mit seiner ersten Buchveröffentlichung, der in Wiener Mundart gehaltenen Gedichtsammlung »med ana schwoazzn dintn«, erschienen beim Piper Verlag in München, nicht die Tradition der Wiener Heimatdichtung fort – auf diesem Missverständnis beruht zum Teil der große Erfolg dieses Werks in Österreich –, sondern verarbeitet unter dem Einfluss des Surrealismus und der schwarzen Romantik makabre, groteske, traurige, böse und abgründige Motive. Im ersten Gedicht heißt es programmatisch: »reis s ausse dei heaz dei bluadex ... daun eascht schreib dei gedieht« (reiß es aus, dein Herz, dein blutiges... dann erst schreib dein Gedicht). Für Nicht-Wiener sind dem Buch »Worterklärungen« beigegeben. Einem Teil der Auflage liegt eine Schallplatte bei.

UdSSR

Wera F. Panowa
Sentimentaler Roman
(Sentimental'nyj roman)
Roman
Die sowjetische Erzählerin Wera Fedorowna Panowa (1905-1973) schildert in dem autobiographisch gefärbten »Sentimentalen Roman«, den sie als »das Buch über meine Jugend« bezeichnet, die Erlebnisse einer Gruppe von Jugendlichen in Rostow am Don in den 20er Jahren nach der Oktoberrevolution. Die Beschreibung menschlicher Schicksale und Beziehungen vor dem Hintergrund der atheistischen Propaganda jener Zeit, der Periode der Neuen Ökonomischen Politik und der rasch wechselnden literarischen Strömungen, rufen in der sowjetischen Presse erhebliche Kritik hervor. – Die deutsche Übersetzung erscheint im Jahr 1960.

USA

James Agee
Ein Schmetterling flog auf
(A Death in the Family)
Roman
Der postum erschienene Roman »Ein Schmetterling flog auf« von James Agee (1909-1955) wird mit dem Pulitzer-Preis ausgezeichnet, 1960 unter dem Titel »All the Way Home« von Tad Mosel erfolgreich dramatisiert und 1963 verfilmt. Agee bietet aus wechselnden Perspektiven eine psychologische Analyse der Auswirkungen eines tödlichen Autounfalls auf die Familie des Verunglückten, die Frau und die beiden kleinen Kinder. Die deutsche Übersetzung erscheint 1962.

Truman Capote
Frühstück bei Tiffany
(Breakfast at Tiffany)
Roman
Der US-amerikanische Schriftsteller Truman Capote (eigentl. T. Streckfus Persons, 1925-1984) schildert in seinem Kurzroman »Frühstück bei Tiffany« die Erlebnise der 18jährigen Holly Golightly (»Nimm's leicht«), die aus ihrer Ehe mit einem älteren Arzt ausgebrochen ist und in New York in der Gesellschaft von Bohemiens, Asozialen und Playboys ein völlig neues Leben kennenlernt. – Die deutsche Übersetzung erscheint 1959. 1960 wird das Werk verfilmt.

Jack Kerouac
Be-Bop, Bars und weißes Pulver
(The Subterraneans)
Roman
Gammler, Zen und hohe Berge
(The Dharma Bums)
Roman
Die beiden Romane des Tramps und Gelegenheitsarbeiters Jack Kerouac (1922-1969) sind ein Dokument des Lebensgefühls der US-amerikanischen Nachkriegsgeneration während der 50er Jahre. »Be-Bop, Bars und weißes Pulver« ist die Beschreibung einer zwei Monate dauernden Liebesgeschichte im Untergrund von San Francisco, einer Beatnik-Gruppe aus Schriftstellern, Rauschgiftsüchtigen und Homosexuellen. – Die deutsche Übersetzung erscheint 1979. Japhy Rider, die zentrale Gestalt von »Gammler, Zen und hohe Berge«, propagiert hingegen eine kontemplative Revolution nach dem Vorbild der alten Zen-Mönche: »Das Ganze ist nämlich eine Welt voll von Rucksackwanderern, Dharma-Gammlern, die sich weigern zu unterschreiben, was die Konsumgesellschaft fordert... Ich habe eine Vision von einer großen Rucksackrevolution, Tausende oder sogar Millionen junger Amerikaner, die mit Rucksäcken umherwandern, auf Berge gehen, um zu beten... alles Zen-Besessene, die herumlaufen und Gedichte schreiben, die ihnen zufällig und ohne besonderen Anlass einfallen, und die durch Freundlichkeit und durch seltsame, unerwartete Handlungen ständig jedermann und jeder lebenden Kreatur die Vision ewiger Freiheit vermitteln.« – Die deutsche Übersetzung erscheint 1963.

Uraufführungen Schauspiel, Oper, Operette und Ballett 1958

Die bedeutendsten Uraufführungen aus Schauspiel Oper, Operette und Ballett sind alphabetisch nach Autoren/Komponisten geordnet.

Bundesrepublik Deutschland und DDR

Bertolt Brecht
Der aufhaltsame Aufstieg des Arturo Uí
Ein Gangsterspektakel
Bertolt Brechts (1898-1956) als »Gangsterspektakel« bezeichnetes Theaterstück »Der aufhaltsame Aufstieg des Arturo Uí«, geschrieben 1941 in der finnischen Emigration, uraufgeführt mit der Musik von Hans-Dieter Hosalla am 10. November im Württembergischen Staatstheater in Stuttgart unter der Regie von Peter Palitzsch, ist nicht nur »ein Versuch, der kapitalistischen Welt den Aufstieg Hitlers dadurch zu erklären, dass er in ein ihr vertrautes Milieu versetzt« wird, sondern generell der Versuch, »die großen politischen Verbrecher, lebendig oder tot, der Lächerlichkeit preisgeben zu wollen« und »den üblichen gefahrvollen Respekt vor den großen Tötern zu zerstören«, wie der Autor anmerkt. Die Ausgangssituation: Der Gangsterboss Arturo Uí (Hitler) bietet den Führern des Karfioltrusts in der Stadt Capoha seine Hilfe während einer großen Absatzkrise an: Er will mit Hilfe seiner Leute den Kohl an die kleinen Händler gewaltsam »absetzen«. – Das Stück schließt mit der bekannten Mahnung: »So was hätt einmal fast die Welt regiert! / Die Völker wurden seiner Herr, jedoch / dass keiner uns zu früh da triumphiert – / der Schoß ist fruchtbar noch, aus dem das kroch.«

Günter Grass
Onkel, Onkel
Spiel
Das Spiel »Onkel, Onkel«, das am 3. März auf den Bühnen der Stadt Köln uraufgeführt wird, gehört in die erste, weitgehend unpolitische Phase von Günter Grass (*1927) als Autor eines »poetischen« und »absurden Theaters« (»Beritten hin und zurück«, 1954, »Noch 10 Minuten nach Buffalo«, 1954, »Hochwasser«, 1955, »32 Zähne«, 1958, »Die bösen Köche«, 1961). Durch die Bezeichnung »poetisches« und »absurdes Theater« setzt Grass diese Stücke in enge Beziehung zu seinem lyrischen Schaffen. Der Weg »von der Lyrik zum Theaterstück« hat sich so »vollzogen, dass Gedichte, die in Dialogform geschrieben waren, sich erweiterten ... Dann kamen langsam, nach und nach, Regieanweisungen dazu«. In der Frage nach einem »Sinn« erscheinen diese Stücke absurd. Grass selbst bekennt sich zur tragischen Dimension des vordergründig Komischen, wenn er das Ziel seiner absurden Stücke so beschreibt: »Die Tragödie des Menschen mit den Mitteln der Komödie bewältigen.« In »Onkel, Onkel« treibt der Berufskiller Bollin mit Billigung seiner potentiellen Opfer seine Mordversuche so lange, bis er von zwei Kindern getötet wird. Während die Erwachsenen auf Bollins Angebot eingehen und mit der Kommerzialisierung des Tötens einverstanden sind – Stars wollen von Bollin ermordet werden, um durch eine Schlagzeile in der Zeitung unsterblich zu werden –, leisten die Kinder, die nur Anarchie kennen, Widerstand. – Grass erhält 1958 den Preis der Gruppe 47 und den Förderpreis des Kulturpreises im Bundesverband der Deutschen Industrie.

Peter Hacks
Der Müller von Sanssouci
Ein bürgerliches Lustspiel
Der 1955 von der Bundesrepublik Deutschland nach Berlin (Ost) übergesiedelte Dramatiker Peter Hacks (*1928) – bereits 1953 hatte er die DDR als die Heimat aller deutschen Schriftsteller bezeichnet – kehrt in seinem Lustspiel die bekannte Legende über den Preußenkönig Friedrich den Großen und »seinen Müller« um: Bei Hacks kämpft nicht ein Müller gegen den König um sein Recht, sondern der König zwingt den Untertan zur Opposition, weil er dem Volk ein belehrendes Beispiel von der Gerechtigkeitsliebe seines Monarchen geben will. Am Schluss beugt sich der König unter dem Jubel des Volkes dem Gesetz, das er selbst erlassen hat, die »Rechtsstaatlichkeit« ist bewiesen, der Müller ist ein legendärer Mann geworden – aber er ist wirtschaftlich ruiniert. Hacks' als »bürgerliches Lustspiel« bzw. im Vorspiel als »Schattenspiel« mit didaktischer Tendenz bezeichnetes Stück wird am 5. März in den Kammerspielen des Deutschen Theaters in Berlin (Ost) uraufgeführt.

Wolfgang Hildesheimer
Pastorale oder Die Zeit für Kakao
Ein Spiel in einem Akt
»Pastorale oder Die Zeit für Kakao«, uraufgeführt am 14. November in den Münchner Kammerspielen, ist das erste der drei »Spiele, in denen es dunkler wird« des aus Hamburg stammenden, seit 1957 in Poschiavo im Schweizer Kanton Graubünden lebenden Erzählers, Dramatikers und Hörspielautors Wolfgang Hildesheimer (*1916). Das Gemeinsame dieser Spiele, zu denen noch »Landschaft mit Figuren« (uraufgeführt 1959) und »Die Uhren« (1959) gehören, ist die allmähliche Verdüsterung der Szene. Das Stück selbst – ein Gesangsquartett versammelt sich zu fröhlichem Zeitvertreib auf einer Wiese – schöpft seine Wirkung aus dem Spiel mit Paradoxen, Parodien, Wortwitzen, Begriffsumkehrungen usw. nach Art des absurden Theaters.

Alfred Matusche
Nacktes Gras
Drama in zwölf Bildern
Der sozialistische Dramatiker Alfred Matusche (1909–1973) stellt in dem Theaterstück »Nacktes Gras«, das am 17. Dezember im Maxim-Gorki-Theater in Berlin (Ost) uraufgeführt wird, auf undoktrinäre und menschlich ergreifende Weise das Schicksal einer Frau in Hitler-Deutschland dar, die vor die Entscheidung zwischen Faschismus und Widerstand gestellt wird. Gerda ist von dem Faschisten Vollmer nur wegen des Sägewerks, das sie besitzt, geheiratet worden, und wird von ihm mit der im selben Haus wohnenden Frau des Vorarbeiters Lemmschitzer betrogen. Als Vollmer zur Wehrmacht einberufen ist, findet Gerda zu dem aus der KZ-Haft entlassenen Lehrer Wegarth. Nach Denunziation durch die Lemmschitzers wird sie in Dresden, wo ihr Mann gesellige Abende mit Soldatenbräuten verbringt, zum Tode verurteilt, doch die Bombardierung der Stadt verhindert die Urteilsvollstreckung. Alle Beteiligten treffen kurz vor dem Einmarsch der sowjetischen Truppen im Sägewerk wieder zusammen. Als Wegarth aus dem Munitionsdepot, das die Faschisten hier angelegt haben, Waffen holen will, lässt Vollmer das Depot sprengen, Wegarth wird getötet. Als Gerda davon erfährt, erschießt sie ihren Mann. Im selben Augenblick erreichen sowjetische Panzer das Sägewerk.

Frankreich

Eugène Ionesco
Mörder ohne Bezahlung
(Tueur sans gages)
Theaterstück in drei Akten
Die Uraufführung von Eugène Ionescos (*1912) Drama »Mörder ohne Bezahlung« findet nicht in Frankreich und nicht in französischer Sprache, sondern auf Deutsch am 14. April im Landestheater Darmstadt statt. »Mörder ohne Bezahlung« ist Ionescos erstes Stück mit einem »Helden« im traditionellen Sinn: Bérenger (Behringer), der auch in den Dramen »Die Nashörner« (1959), »Der Fußgänger der Luft« (1961) und »Der König stirbt« (1962) die zentrale Gestalt ist. Ein steckbrieflich gesuchter Mörder kann sein Unwesen weiter treiben, weil die Opfer aus Neugier selbst an den Ort des Verbrechens kommen. Als Bérenger das Tagebuch des Mörders und andere wichtige Beweisstücke in die Hand fallen, geht er zur Polizei, begegnet jedoch unterwegs dem Mörder, einem einäugigen, zerlumpten, kretinhaften Wesen. In einem pathetischen Monolog versucht Bérenger vergeblich, dieses Sinnlosigkeit des Todes und des Unmenschlichen schlechthin symbolisierende Wesen von seinem Tun abzubringen. In einer Welt, in der es keine gültige Wertordnung mehr gibt, verfügt allein der Tod, das Negative, das Inhumane über ein sicheres Prinzip. Am 19. Februar 1959 wird das Stück im Théâtre Récamio in Paris erstmals in Frankreich aufgeführt.

Henry de Montherlant
Don Juan
(Don Juan)
Drama in drei Akten
Der französische Romancier, Dramatiker und Essayist Henry de Montherlant (1896–1972), individualistischer Autor eines umstrittenen Œuvres mit hohen stilistischen Qualitäten, will mit seinem Drama »Don Juan«, das am 4. November im Théâtre de l'Athénée in Paris uraufgeführt wird, die Gestalt des Don Juan »entdämonisieren«, ihn als unkomplizierten, aber besessenen Schürzenjäger darstellen, nicht als ein Wesen auf der Suche nach dem Absoluten. Hervorstechendste Eigenschaften dieses modernen Don Juan sind seine unerträgliche Geschwätzigkeit und sein Opportunismus. Seine Lebensphilosophie: »Seine Leidenschaften sind es, die einen Mann retten.« – Die deutschsprachige Erstaufführung findet 1962 in Heidelberg statt.

Großbritannien

John Arden
Leben und leben lassen
(Live Like Pigs)
Schauspiel in 17 Szenen
Mit »Leben und leben lassen«, einer naturalistischen Komödie aus dem Milieu des sozialen Wohnungsbaus, uraufgeführt am 30. September im Royal Court Theatre in London, sowie dem ein Jahr später uraufgeführten »Tanz des Sergeanten Musgrave« findet John Arden (*1930) zu seinem charakteristischen Stil. Die durch eine Art epischen Theaters mit Musik, Songs, Tanz und Anreden an das Publikum sowie durch den Wechsel von Prosarede und Vers gekennzeichnete Komödie steht gleichzeitig unter dem Einfluss elisabethanischer Dramatiker – wie Ben Jonson – und Bertolt Brechts. In einem sanierten Kleinstadtgebiet wird eine Zigeunersippe einquartiert. Es kommt zu Auseinandersetzungen mit den »ordentlichen« Nachbarn, die Aggressionen entladen sich schließlich in Gewalt, so dass die Polizei einschreiten und die Zigeuner beschützen muss. Nachdem im Haus der Zigeuner eine gestohlene Maschine gefunden worden ist, muss der Clan das Wohngebiet wieder verlassen. Die Siedlung ist nun endgültig »saniert«.

Shelag Delaney
Bitterer Honig
(A Taste of Honey)
Schauspiel in zwei Akten
Die 19-jährige Shelag Delaney (*1939), Tochter eines Transportarbeiters, die im Alter von 16 Jahren von der Schule abgegangen ist und sich danach als Verkäuferin, Platzanweiserin und Busschaffnerin durchs Leben geschlagen hat, debütiert am 27. Mai im Royal Theatre in Stratford mit dem Erfolgsstück »Bitterer Honig« als Dramatikerin. Das Schauspiel ist eine weibliche Antithese zu John Osbornes »Blick zurück im Zorn« (uraufgeführt 1956). Wie die Gruppe der »zornigen jungen Männer« attackiert Delaney ein soziales System, das die Gefühle verkümmern und Verantwortlichkeit für den Mitmenschen zu einem Lippenbekenntnis verkommen lässt. Anders als Osborne lässt sie die Suche nach Glück nicht völlig in der Hoffnungslosigkeit enden, sondern am Horizont bleibt ein Hoffnungsstrahl, dass man sich mit den Umständen trotz alledem arrangieren, sich in sie »dreinfinden« kann. Das Stück, dessen Dialoge durch den Jargon von Fabrikarbeitern und den Slang von Straßenjungen geprägt sind, ge-

staltet das Schicksal des unehelichen irischen Mädchens Jo, das mit seiner leichtlebigen Mutter Helen eine gemeinsame Wohnung in den Slums von Manchester bezieht. Helen verlässt Jo, um einen Liebhaber zu heiraten, Jo wird von ihrem ersten Freund, einem schwarzen Matrosen, schwanger. Als der homosexuelle Kunststudent Geoffrey, der sich bei ihr einquartiert hat und sich um sie kümmert, Jo heiraten will, lehnt sie ab, obwohl sie ihn gern hat. Geoffrey muss die Wohnung verlassen, als Helen, die von ihrem Mann davongejagt worden ist, wieder auftaucht und ihre Rechte als Mutter geltend macht: Sie will sich um Jo und das Baby kümmern. Als sie jedoch erfährt, dass das Kind farbig sein wird, ist sie zutiefst schockiert und geht in die nächste Kneipe, während bei Jo die Wehen einsetzen.
Die deutschsprachige Erstaufführung findet am 1. Dezember 1959 im Berliner Theater statt. Der 1961 nach dem Stück gedrehte Film wird ein Welterfolg.

Harold Pinter
Die Geburtstagsfeier
(The Birthday Party)
Stück in drei Akten
Der Dreiakter »Die Geburtstagsfeier«, der am 28. April im Arts Theatre in Cambridge uraufgeführt wird, ist die erste von Harold Pinters (*1930) »comedies of menace« (Bedrohungskomödien). In diesen sog. schwarzen Komödien dringt in den scheinbar sicheren, abgeschlossenen Bereich eines Hauses oder Zimmers oder eines anderen Mikrokosmos eine namenlose, unheimliche Bedrohung ein und zerstört das Refugium. In der »Geburtstagsparty« mieten sich zwei Männer in einer Wohnung ein, in der der gescheiterte Pianist Stanley Webber zurückgezogen und von seiner Vermieterin bemuttert lebt. Stanley, der »ordentliche« Bürger, hat Angst vor den Fremden, die ihm zu Ehren eine Geburtstagsfeier veranstalten wollen. Sie verhören und erniedrigen ihn, erzählen am Tag nach der turbulenten Feier dem Wirt, Stanley sei wahnsinnig geworden, und schaffen ihr Opfer in einem großen schwarzen Wagen fort. Die deutschsprachige Erstaufführung des Dreiakters von Harold Pinter findet am 10. Dezember 1959 im Staatstheater Braunschweig statt.

Arnold Wesker
Hühnersuppe mit Graupen
(Chicken Soup with Barley)
Drama
Das erste Drama des engagierten sozialistischen Gesellschaftskritikers Arnold Wesker (*1932), »Hühnersuppe mit Graupen«, das am 7. Juli im Belgrade Theatre in Coventry uraufgeführt wird, ist zugleich das erste Stück einer Trilogie, in der sich der Autor mit der Entwicklung der englischen Arbeiterklasse zwischen 1936 und 1959 auseinandersetzt. Die Trilogie – 1959 folgt das Stück »Tag für Tag«, 1960 das Drama »Nächstes Jahr in Jerusalem« – ist nicht von einer durchgehenden Handlung bestimmt, sondern von der gemeinsamen Problemstellung: Der Selbstfindung meist junger Menschen aus der Arbeiterklasse in entfremdeten kapitalistischen Verhältnissen. In Sprache, Charakterzeichnung und dramatischem Aufbau vom Naturalismus beeinflusst, versucht Wesker, dem Theater soziale Relevanz zurückzugeben.
In »Hühnersuppe mit Graupen« schildert Wesker vor zeitgeschichtlichem Hintergrund – Spanischer Bürgerkrieg, Faschismus, Zweiter Weltkrieg, Labour-Regierung in Großbritannien, Ungarnaufstand – die Entwicklung der im Londoner East End lebenden kommunistischen jüdischen Arbeiterfamilie Kahn in den Jahren von 1936 bis 1956. Einzig die energische Sarah bleibt unbeugsam ihren politischen Ideen treu, während alle anderen Verwandten und Bekannten resignieren. Die deutschsprachige Erstaufführung des Dramas »Hühnersuppe mit Graupen« von Arnold Wesker findet am 16. Januar 1963 in Heidelberg statt.

Irland

Samuel Beckett
Das letzte Band
(Krapp's Last Tape)
Einakter
Der am 28. Oktober im Londoner Royal Court Theatre uraufgeführte, »eines Abends, spät in der Zukunft« spielende Einakter »Das letzte Band« des irischen Dramatikers und Erzählers Samuel Beckett (*1906), bringt den Einsamkeitsmonolog des alten, gescheiterten Schriftstellers Krapp auf die Bühne, dessen Leben nur mehr darin besteht, Kommentare zu tagebuchartigen Tonbandaufnahmen zu geben, die er vor Jahren aufgezeichnet hat. Dieses »Gespräch« mit dem Tonband führt Krapp schon seit 30 Jahren, es ist ein immerwährender Kreislauf, der den alten Mann bei seiner Suche nach der eigenen Identität nicht weiterkommen lässt. Das Stück schließt mit Krapps Worten: »Vielleicht sind meine besten Jahre dahin. Als noch eine Aussicht auf Glück bestand. Aber ich wünsche sie nicht zurück. Jetzt nicht mehr, wo dieses Feuer in mir brennt. Nein, ich wünsche sie nicht zurück.« – Die deutschsprachige Erstaufführung des Einakters findet am 28. September 1959 in der Berliner Werkstatt des Schiller-Theaters statt.

Brendan Behan
Die Geisel
(The Hostage)
Schauspiel in drei Akten
Der irische Dramatiker und Erzähler Brendan Behan (1923–1964), der bis 1946 für Verbrechen, die er als Mitglied der irischen Untergrundorganisation IRA begangen hatte, acht Jahre im Gefängnis gesessen hatte und vorzeitig entlassen wurde, verarbeitet in dem Schauspiel »Die Geisel«, das am 14. Oktober im Londoner Workshop Theatre uraufgeführt wird, Erlebnisse in der irischen Aufstandsbewegung. Zugleich steht jedoch der leidende Mensch als Opfer von Institutionen und Ideologien im Mittelpunkt. Ein englischer Soldat wird von irischen Untergrundkämpfern als Geisel in einer Art Bordell gefangen gehalten; durch die Gefangennahme soll verhindert werden, dass ein irischer Terrorist in Belfast gehängt wird. Der junge Soldat, ein Londoner Arbeiterjunge, der gerade seinen Militärdienst ableistet, befindet sich in einer paradoxen Situation. Er kann den zum Tod verurteilten Iren nicht retten, und sein eigener Tod würde nur neue Vergeltungsmaßnahmen von Seiten der Briten provozieren. Während des Kampfs mit der englischen Polizei wird der Soldat erschossen, fast beiläufig: Eine Kugel trifft ihn, als er fliehen will. »Keiner hat Schuld, keiner wollte ihn töten«, kommentiert der Pächter des Bordells.
Die deutsche Erstaufführung (in der Übersetzung von Annemarie und Heinrich Böll) am 27. Oktober 1961 in Ulm verursacht einen Theaterskandal.

Italien

Ildebrando Pizzetti
Mord in der Kathedrale
(L'assassinio nella cattedrale)
Tragische Oper in zwei Akten und einem Zwischenspiel
Der unter dem Einfluss des Neoklassizismus komponierende Ildebrando Pizzetti (1880–1968), der in seinen Opern eine starke Beziehung zur Religion erkennen lässt, behandelt in »Mord in der Kathedrale«, uraufgeführt am 1. März in Mailand, die Ermordung von Thomas Becket (1170), dem Erzbischof von Canterbury, einem Vorkämpfer für die Unabhängigkeit der Kirche vom Staat. Pizzetti hat das gleichnamige Drama von T. S. Eliot (uraufgeführt 1935) in einer Übersetzung von Alberto Castellini selbst als Libretto für seine Musik gestaltet.

Österreich

Ingeborg Bachmann
Der gute Gott von Manhattan
Hörspiel
Für ihr Hörspiel »Der gute Gott von Manhattan«, das am 29. Mai durch den Bayerischen Rundfunk zusammen mit dem Norddeutschen Rundfunk Hamburg zum ersten Mal gesendet wird, erhält die österreichische Dichterin Ingeborg Bachmann (1926–1973) den Hörspielpreis der Kriegsblinden. Geschildert wird in lyrischer Prosa die tragische Geschichte des Liebespaars Jennifer und Jan, das sich im Absolutheitsanspruch seines Gefühls über die Gesetze des Alltags erhebt, den Beginn der »Gegenzeit« proklamiert und deshalb vom Guten Gott von Manhattan – der Verkörperung des gesunden Menschenverstands und der Anpassung an die Konventionen – vernichtet wird. Dieser Gott sagt von sich: »Ich glaube an die Ordnung für alle und für alle Tage, in der gelebt wird jeden Tag ... Ich glaube, dass die Liebe auf der Nachtseite der Welt ist, verderblicher als jedes Verbrechen, als alle Ketzereien.«

Polen

Slawomir Mrozek
Die Polizei
(Policja)
Schauspiel in drei Akten
Slawomir Mrozek (*1930), Verfasser surrealistischer Satiren mit politisch-sozialkritischem Hintergrund, erringt mit dem vieldiskutierten Stück »Die Polizei«, das am 27. Juni im Teatr Dramatyczny in Warschau uraufgeführt wird, seinen ersten Erfolg als Dramatiker. In dieser Satire auf den Polizeistaat gibt es im Land des »Onkel Regent« nur noch einen politischen Häftling, der vor Jahren ein Bombenattentat auf den General verübt hat. Als dieser Häftling seine oppositionelle Haltung aufgibt, um »die Ordnung und Disziplin« kennenzulernen und eins zu sein mit dem Herrscher, wird er aus dem Gefängnis entlassen und avanciert in der Folgezeit zum Experten »für die Abwehr umstürzlerischer Tätigkeit«. Nun aber ist die Polizei, die bisher mächtigste Institution im Lande, arbeitslos. In ihrer Verzweiflung darüber, dass sie »nie mehr jemanden verhaften« können, wählen die Polizisten einen »Erlöser« aus ihrer Mitte: den Sergeanten, der auch öfter als Provokateur tätig gewesen ist. Dieser ruft aus dem Fenster: »Unser Regent, der Onkel des Infanten, ist eine alte Sau!« und wird – wie abgesprochen – unverzüglich verhaftet. Als weiteres Alibi ihrer Unentbehrlichkeit inszeniert die Polizei ein Attentat auf den Onkel Regenten. Als sich die Ordnungshüter nun gegenseitig verhaften, muss u. a. das Problem gelöst werden, »ob ein Polizeibeamter, der bereits jemanden verhaftet hat, mit dem er sich einerseits im Zustand der gegenseitigen Verhaftung befindet, einen dritten verhaften kann, von welchem er zusammen mit jenem anderen, mit dem ihn die erste gegenseitige Festnahme verbindet, zuvor schon verhaftet wurde«. In dem verhafteten Provokateur ist inzwischen die Rebellenseele wach geworden, und der frühere Sergeant ruft mit durchdringender Stimme: »Es lebe die Freiheit!«
Mrozek weist darauf hin, dass dieses Drama »nichts außer dem enthält, was es enthält, also: keine Metaphern. Zwischen seinen Zeilen steht nichts. Zwischen ihnen lesen zu wollen, ist daher verlorene Liebesmüh. Der nackte Text ist eindeutig; die Sätze und Szenen haben ihren logischen Sinn – es braucht also nichts in sie hineingelegt zu werden.«

Schweiz

Max Frisch
Herr Biedermann und die Brandstifter
Ein Lehrstück ohne Lehre
Eines der aggressivsten und zugleich erfolgreichsten Stücke von Max Frisch (*1911) ist das Lehrstück ohne Lehre »Herr Biedermann und die Brandstifter«, das am 29. März zusammen mit dem Sketch »Die große Wut des Philipp Hotz« im Zürcher Schauspielhaus uraufgeführt wird. Frisch warnt hier vor neuer Kriegsgefahr: Jene »Biedermänner«, die nach der Katastrophe des Zweiten Weltkriegs, die sie zuließen und förderten, jede Verantwortung ablehnen und als »Opfer« sogar Wiedergutmachung verlangen, legen noch dieselbe Kompromissbereitschaft politischen Brandstiftern gegenüber an den Tag wie vor der Katastrophe.
Der um seinen Wohlstand besorg-

te Spießer Gottlieb Biedermann, ein reicher Haarwasserfabrikant, glaubt, zwei unbekannte Männer, die sich bei ihm einquartieren und gefährliche Vorbereitungen treffen, am besten mit Gutmütigkeit behandeln zu müssen, um sie nicht zu reizen. Er verbrüdert sich mit ihnen, gibt ihnen aus Leutseligkeit und aus Angst um den eigenen Besitz schließlich sogar Streichhölzer und verschuldet so den Untergang seiner Stadt mit. Ein Chor der Feuerwehrleute kommentiert tragikomisch das Geschehen – eine Travestie des antiken Chores.

Spanien

Fernando Arrabal
Der Autofriedhof
(Le cimetière des voitures)
Schauspiel in zwei Akten
Der spanische Dramatiker Fernando Arrabal (*1932), der wegen der Zensur im faschistischen Spanien 1955 nach Frankreich übergesiedelt ist, verlegt in seinem grotesken Stück »Der Autofriedhof«, das am 13. November im Street Theatre in New York uraufgeführt wird, die Passion Christi in das Milieu einer Gruppe gesellschaftlicher Außenseiter, die auf einem Autofriedhof hausen. Der Musikant Emanou (Emmanuel!) wird polizeilich gesucht, »weil es verboten ist, Musik zu machen«. Ein Mitglied seiner Kapelle verrät ihn für Geld, Emanou wird in Kreuzform auf ein Fahrrad geflochten, misshandelt und entführt.

Fernando Arrabal
Gebet
(L'Oraison)
Mystisches Drama in einem Akt
Die beiden Henker
(Les deux bourreaux)
Melodram in einem Akt
Am 13. April werden im Théâtre de Poche in Paris die beiden grotesken Einakter »Gebet« und »Die beiden Henker« des spanischen Dramatikers Fernando Arrabal (*1932) uraufgeführt, der wegen der Zensur im faschistischen Spanien 1955 nach Frankreich übergesiedelt ist.
Das als »mystisches Drama in einem Akt« bezeichnete Stück »Gebet« zeigt Menschen, die so schlecht geworden sind, dass ihnen auch sinnloses Morden langweilig wird. Fidio und Lilbe kommen am Sarg ihres Kindes, das sie gemeinsam getötet haben, aus Überdruss auf den Gedanken, in der Bibel zu lesen. Sie fühlen sich fasziniert von diesem Buch und beschließen, »gut zu werden«, da das vielleicht weniger langweilig ist als alle Arten der Ausschweifung, die sie bisher ausprobiert haben. Sie stellen sich jedoch gleich darauf ein, dass das Gutsein ebenso langweilig werden könne wie Mord, Kuppelei, Ehebruch, Diebstahl oder Lügen: »Langweilig wird das werden. Langweilig wie alles andere. Wir werden auch das satt bekommen.«
Auch in dem vom Autor als »Melodram« bezeichneten Stück »Die beiden Henker« findet sich die Frömmigkeit als zentrales Motiv. Francoise übergibt ihren Mann Jean zwei Henkern, die ihn in einer Folterkammer misshandeln, und lauscht gierig seinen Schmerzensschreien, während sie sich vor ihren Söhnen in Selbstmitleid ergeht und die engelsgute Mutter herauskehrt, die von ihrem Mann gequält wurde. Dem Gefolterten reißt sie mit Nägeln die Wunden auf und reibt sie mit Salz und Essig ein, angeblich um sie zu desinfizieren. Jean erliegt schließlich seinen Verletzungen.

USA

Archibald MacLeish
Spiel um Job
(J.B.)
(Versdrama in elf Szenen und einem Prolog)
Der US-amerikanische Schriftsteller Archibald MacLeish (1892–1982), einer der Hauptvertreter des modernen Versdramas, verlegt in seinem »Spiel um Job«, das am 22. April im Yale University Theatre in New Haven uraufgeführt wird, die alttestamentliche Geschichte vom Dulder Hiob in die amerikanische Gegenwart. Über den Wohlstandsbürger J. B. bricht plötzlich ein Unglück nach dem anderen herein, doch er hadert nicht mit Gott, sondern vertraut auf ihn und erhält in der letzten Szene alles wieder, was er verloren hat. »Der Gott Hiobs steht unserer Generation näher als irgendeiner anderen seit Hunderten von Jahren«, kommentiert MacLeish und fährt fort: »Hiob nimmt es auf sich, sein Leben wieder zu leben, allem zum Trotz, was er vom Leben weiß, allem zum Trotz, was er jetzt von sich weiß – weil er ein Mensch ist.« – Die deutschsprachige Erstaufführung findet am 28. Juli in Salzburg statt.

Filme 1958

Die neuen Filme des Jahres 1958 sind im Länderalphabet und hier wiederum alphabetisch nach Regisseuren aufgeführt. Bei ausländischen Filmen steht unter dem deutschen Titel der Originaltitel.

Bundesrepublik Deutschland und DDR

Axel von Ambesser
Der Pauker
Heinz Rühmann ist »Der Pauker« in Axel von Ambessers gleichnamigem Film, der am 2. Oktober uraufgeführt wird. Dr. Seidel, der korrekte Studienrat eines Provinzgymnasiums, soll eine Großstadtklasse übernehmen, in der schon mehrere Lehrer kläglich gescheitert sind. Nur allmählich gelingt es Dr. Seidel, sich auch bei den wildesten Rowdys Achtung zu verschaffen. »Rühmann brilliert in einer Rolle, die ihm sitzt wie angegossen«, lautet das Urteil der »Frankfurter Allgemeinen Zeitung«.

Kurt Früh
Der Mann, der nicht nein sagen konnte
(Manden, der ikke ku' sige nej)
Heinz Rühmann ist in dem von Kurt Früh in Dänemark gedrehten Film »Der Mann, der nicht nein sagen konnte«, uraufgeführt am 4. September, ein Handlungsreisender mit dem sprechenden Namen Thomas Träumer, der einen Hund bei sich zu Haus einquartiert, obwohl das seiner Ehefrau (Hannelore Schroth) gar nicht recht ist. Träumer bringt den Hund schließlich in die Absteige seines Freundes Ulrich (Siegfried Lowitz). Am Ende akzeptiert die Ehefrau den Hund.

Kurt Hoffmann
Wir Wunderkinder
Kurt Hoffmann erzählt in »Wir Wunderkinder« in kabarettistischer Form die Lebensgeschichte zweier typischer Deutscher während eines halben Jahrhunderts. Vorlage für den Film ist Hugo Hartungs gleichnamiger Roman (1957), in dem der Verfasser anspruchsvoller Unterhaltungsromane, in die er ernsthafte Zeitprobleme und Zeitkritik geschickt einbringt, eine satirische Entwicklungsgeschichte des deutschen Bürgertums seit der Jahrhundertwende zeichnete, eines Bürgertums, das sich mit vier völlig verschiedenen Gesellschaftssystemen prächtig arrangierte, dem wilhelminischen Kaiserreich, der Weimarer Republik, der faschistischen NS-Diktatur und der Demokratie US-amerikanisch-westlicher Prägung: »Wir leben, heißa, im Wunderland. Wir säen das Gras des Vergessens auf das große Grab Europas und marschieren mit Tschingbum darüber hinweg.« Die Hauptrollen spielen Hansjörg Felmy, Robert Graf, Johanna von Koczian und Elisabeth Flickenschildt.

Géza von Radványi
Mädchen in Uniform
Géza von Radványis »Mädchen in Uniform« ist ein Remake des gleichnamigen Films von Leontine Sagan aus dem Jahre 1931. Thema ist die tyrannische Disziplin in einem preußischen Offizierstöchterinternat und die als lesbische Liebe missverstandene Freundschaft zwischen einer sensiblen Schülerin und einer Lehrerin. Trotz Starbesetzung – neben Romy Schneider und Lilli Palmer spielen Therese Giehse, Adelheid Seeck, Sabine Sinjen, Christine Kaufmann u. a – erreicht der Film bei weiten nicht das hohe Niveau der Verfilmung von 1931 und bleibt ein interessanter, im Jahre 1910 spielender Kostümfilm. Géza von Radányi bietet unverbindliche Internatsfolklore, während Leontine Sagans »Mädchen in Uniform« ein kritisches Zeitstück ist.

Rolf Thiele
Das Mädchen Rosemarie
Rolf Thiele thematisiert in seinem Film »Das Mädchen Rosemarie« den Fall des Frankfurter Callgirls Rosemarie Nitribitt – Nadja Tiller im Film –, das am 1. November 1957 in seiner Wohnung erdrosselt aufgefunden worden war. Der Fall entwickelte sich zu einer der meistdiskutierten Affären in der Geschichte der Bundesrepublik. Die polizeilichen Untersuchungen förderten die Beziehungen der Ermordeten zu zahlreichen Persönlichkeiten aus Politik und Wirtschaft zutage, die sie geschickt zu nutzen verstanden hatte. Die Enthüllungen lösten in der Öffentlichkeit einen Skandal aus. Es wurde als sensationell empfunden, dass eine Prostituierte ein derart mondänes Leben hatte führen können. Bald regte sich auch der Verdacht, dass interessierte Kreise versuchten, die Aufklärung des Falls zu verhindern. Thiele sagt 1963 in einem Interview über seinen Film: »Ich bediente mich eines Lustmordes, um ein Stückchen Gesellschaftskritik loszuwerden. Ich bediente mich gewisser Obszönitäten, um darauf hinzuweisen, wie obszön wir heute mit unserer Innerlichkeit umgehen.«
Der Erfolg von »Das Mädchen Rosemarie« veranlasst den Regisseur, Rolf Thiele, der bisher überwiegend literarische Stoffe verfilmt hat, sich pseudoproblematischen Filmen mit unterschwelliger Erotik zuzuwenden (»Grieche sucht Griechin«, 1966).

Großbritannien

Jack Clayton
Der Weg nach oben
(Room at the Top)
Jack Claytons Film »Der Weg nach oben« ist die Verfilmung von John Braines gleichnamigem literarischem Erstling, einem der meistdiskutierten englischen Romane der 50er Jahre. Braine schildert den sozialen Aufstieg und gleichzeitigen moralischen Abstieg des ehrgeizigen Arbeitersohns Joe Lampton (im Film Laurence Harvey), der nach der Maxime handelt: »Man ist gezwungen, durch Dreck zu waten, um zu bekommen, was man haben will.« Vor allem durch Liebschaften steigt Lampton immer höher in der gesellschaftlichen Hierarchie auf.

Schweiz

Ladislao Vajda
Es geschah am helllichten Tag
Mit der Darstellung des Kriminalkommissars Matthäi in Ladislao Vajdas Kriminalfilm »Es geschah am helllichten Tag« nach dem Roman

»Das Versprechen« (1958) von Friedrich Dürrenmatt sichert sich Heinz Rühmann endgültig einen Platz unter den großen Charakterdarstellern. »Meine schönste Aufgabe seit langem«, kommentiert er seine Rolle, und die Tageszeitung »Die Welt« urteilt über den Film: »Die Schweiz hat mit diesem bemerkenswerten Beitrag gezeigt, wie man das abgegraste Feld des gehobenen Kriminalfilms immer noch neu und besonders gestalten kann.«

Spanien

Luis Bunuel
Nazarin
(Nazarin)
Luis Bunuels in Mexiko produzierter Film »Nazarin«, ein Angriff auf die Institution Kirche, gilt als das Porträt eines »Urchristen«. Der weltfremde Priester Nazarin (Francisco Rabel) verzichtet auf persönlichen Besitz und versucht, genau nach den christlichen Geboten zu leben, löst jedoch durch jede gutgemeinte Tat eine kleine Katastrophe für sich selbst und seine Umwelt aus. Er kommt zu dem Schluss, dass richtig religiös zu leben nicht bedeutet, dass Leiden vermindert, sondern dass sie vermehrt werden. Das Internationale Katholische Filmbüro zeichnet den Film aus, im Jahr 1959 erhält er bei den Filmfestspielen in Cannes den Sonderpreis der Jury.

USA

Stanley Kramer
Flucht in Ketten
(The Defiant Ones)
Stanley Kramer macht in dem kommerziell erfolgreichen Film »Flucht in Ketten«, der zwei Oscars erhält, die Rassendiskriminierung zum Thema. Einem schwarzen, dargestellt von Sidney Poitier, und einem weißen Sträfling, gespielt von Tony Curtis, gelingt die Flucht aus einem Arbeitslager, doch die beiden Entflohenen sind durch eine Kette aneinander gefesselt. Das anfängliche Misstrauen und die gegenseitige Ablehnung weichen bald der Zusammenarbeit und dem Helfenwollen. – Sidney Poitier wird bei den Berliner Filmfestspielen 1958 zum besten Schauspieler gewählt.

John Sturges
Der letzte Zug von Gun Hill
(The Last Train from Gun Hill)
Kirk Douglas, Anthony Quinn, Earl Holliman und Carolyn Jones sind die Hauptdarsteller in dem Western »Der letzte Zug von Gun Hill« von John Sturges. Ein Sheriff rächt den Tod seiner Frau, die eine Indianerin war und vom Sohn eines Bekannten ermordet worden ist.

Orson Welles
Im Zeichen des Bösen
(Touch of Evil)
Orson Welles ist Regisseur, Drehbuchautor und Hauptdarsteller des Films »Im Zeichen des Bösen«, der zum Kultfilm des Film Noir avanciert. Er spielt einen Mann, der zum fanatischen Verbrecherjäger geworden ist, nachdem Gangster seine Frau ermordet haben. »Wie kann man von einem Menschen sagen, er sei schuldig, wo wir doch alle nur Menschen sind!« urteilt Welles in einem Interview über diesen gewalttätigen Mann, der selbst zum Mörder wird. Der Film ist nicht nur eine Selbstdarstellung von Orson Welles, auch die anderen größeren Rollen und die Nebenrollen sind meisterhaft besetzt: Charlton Heston als Kriminalinspektor, Zsa Zsa Gabor als Inhaberin eines Striplokals, Joseph Cotton als Detektiv, Marlene Dietrich u. a. spielen in diesem Film.

Sportereignisse und -rekorde des Jahres 1958

Die Aufstellung erfaßt Rekorde, Sieger und Meister in wichtigen Sportarten. Aufgenommen wurden nur solche Wettbewerbe, die in den vergangenen Jahren bereits regelmäßig ausgetragen worden sind oder ab 1958 kontinuierlich zu den Sportprogrammen gehörten. Sportarten in alphabetischer Folge.

Automobilsport

Grand-Prix-Rennen (Formel Eins)

Großer Preis von (Tag) Kurs/Strecke (Länge)	Sieger (Land)	Marke	Ø km/h
Europa (15.6.) Spa-Franchorchamps (338,4 km)	Tony Brooks (GBR)	Vanwall	209,093
Belgien	ausgetragen als Großer Preis von Europa		
Deutschland (3.8.) Nürburgring (342,2 km)	Tony Brooks (GBR)	Vanwall	145,338
England (19.7.) Silverstone (353,3 km)	Peter J. Collins (GBR)	Ferrari	164,232
Frankreich (6.7.) Reims (415,1 km)	Mike Hawthorn (GBR)	Ferrari	201,898
Italien (7.9.) Monza (402,5 km)	Tony Brooks (GBR)	Vanwall	195,077
Marokko (19.10.) Casablanca (402,9 km)	Stirling Moss (GBR)	Vanwall	187,033
Monaco (18.5.) Monte Carlo (314,5 km)	Maurice Trintignant (FRA)	Cooper	109,413
Niederlande (26.5.) Zandvoort (314,5 km)	Stirling Moss (GBR)	Vanwall	151,159
Portugal (24.8.) Boavisto-Porto (370,4)	Stirling Moss (GBR)	Vanwall	169,028
Argentinien (19.1.) Buenos Aires (313 km)	Stirling Moss (GBR)	Cooper	134,559

Formel-Eins-Weltmeister (10 WM-Läufe)

Name (Land)	Marke	Punkte*	Siege
1. Mike Hawthorn (GBR)	Ferrari	42 (49)	1
2. Stirling Moss (GBR)	Cooper/Vanwall	41 (41)	3
3. Tony Brooks (GBR)	Vanwall	24 (24)	3

* Für das Gesamtklassement wurden nur die sechs besten Resultate gewertet; in Klammern die Punktzahl für alle Rennen.

Langstreckenrennen

Kurs/Dauer (Datum)	Sieger (Land)	Marke	Ø km/h
Indianapolis/500 Ms	Jimmy Bryan (USA)	Epperly-Offenhauser	215,315
Le Mans/24 Stunden (21./22.6.)	Olivier Gendebien (BEL)/ Phil Hill (USA)	Ferrari	170,914
Mille Miglia/1008 km (11.5.)	Olivier Gendebien (BEL)/ Luigi Musso (ITA)	Ferrari	94,801
Nürburgring/1000 km (1.6.)	Stirling Moss (GBR)/ Jack Brabham (NSE)	Aston-Martin	135,765

Rallyes

Monte Carlo (19.–24.1.)	Monraisse (FRA)/ Feret(FRA)	Renault-Dauphine	

Boxen/Schwergewicht

Ort/Datum	Weltmeister	Gegner	Ergebnis
Los Angeles/18.8.	Floyd Patterson (USA)	Roy Harris (USA)	K.o.(12.R.)

Eiskunstlauf

Turnier	Ort	Datum
Weltmeisterschaften	Paris	13.–16.2.
Europameisterschaften	Bratislava	30.1.–2.2.
Deutsche Meisterschaften	München	9.–12.1.
Einzel	Herren	Damen
Weltmeister	David Jenkins (USA)	Carol Heiss (USA)
Europameister	Karel Divin (ČSR)	Ingrid Wendl (AUT)
Deutsche Meister	Manfred Schnelldorfer (München)	Ina Bauer (Krefeld)
Paarlauf		
Weltmeister	Barbara Wagner/Robert Paul (CAN)	
Europameister	Vera Suchankowa/Zdenek Dolezal (ČSR)	
Deutsche Meister	Marika Kilius (Frankfurt am Main)/Hans-Jürgen Bäumler (Rießersee)	
Eistanz		
Weltmeister	Jane M. Markham/Courtney L. Jones (GBR)	
Europameister	Jane M. Markham/Courtney L. Jones (GBR)	
Deutsche Meister	Rita Pauka/Peter Kwiet (Berlin)	

Fußball

Weltmeisterschafts-Endrunde vom 8. Juni bis 29. Juni 1958 in Schweden

Datum	Ort	Spiel	Ergebnis
Vorrunde, Gruppe 1			
8.6.	Halmstad	Nordirland – Tschechoslowakei	1:0 (1:0)
8.6.	Malmö	Deutschland – Argentinien *Deutschland:* Herkenrath, Stollenwerk, Erhardt, Juskowiak, Eckel, Szymaniak, Rahn (2), F. Walter, Seeler (1), Schmidt, Schäfer.	3:1 (2:1)
11.6.	Hälsingborg	Tschechoslowakei – Deutschland *Deutschland:* Herkenrath, Stollenwerk, Erhardt, Juskowiak, Schnellinger, Szymaniak, Rahn (1), F. Walter, Seeler, Schäfer (1), Klodt.	2:2 (2:0)
11.6.	Halmstad	Argentinien – Nordirland	3:1 (1:1)
15.6.	Hälsingborg	Tschechoslowakei – Argentinien	6:1 (3:0)
15.6.	Malmö	Deutschland – Nordirland *Deutschland:* Herkenrath, Stollenwerk, Erhardt, Juskowiak, Eckel, Szymaniak, Rahn (1), F. Walter, Seeler (1), Schäfer, Klodt.	2:2 (1:1)

Abschlusstabelle	Mannschaft	Tore	Punkte
	1. Deutschland	7:5	4:2
	2./3. Tschechoslowakei	8:4	3:3
	2./3. Nordirland	4:5	3:3
	4. Argentinien	5:10	2:4

Entscheidungsspiel um Plattz Zwei

17.6.	Malmö	Nordirland – Tschechoslowakei	2:1 (1:1) n.V.

Datum	Ort	Spiel	Ergebnis
Vorrunde, Gruppe 2			
8.6.	Norköpping	Frankreich – Paraguay	7:3 (2:2)
8.6.	Västeras	Jugoslawien – Schottland	1:1 (1:0)
11.6.	Västeras	Jugoslawien – Frankreich	3:2 (1:1)
11.6.	Norrköping	Paraguay – Schottland	3:2 (2:1)
15.6.	Eskilstuna	Jugoslawien – Paraguay	3:3 (2:1)
15.6.	Örebro	Frankreich – Schottland	2:1 (2:0)

Abschlusstabelle	Mannschaft	Tore	Punkte
	1. Frankreich	11:7	4:2
	2. Jugoslawien	7:6	4:2
	3. Paraguay	9:12	3:3
	4. Schottland	4:6	1:5

Datum	Ort	Spiel	Ergebnis
Vorrunde, Gruppe 3			
8.6.	Stockholm	Schweden – Mexiko	3:0 (1:0)
8.6.	Sandviken	Wales – Ungarn	1:1 (1:1)
11.6.	Stockholm	Wales – Mexiko	1:1 (1:0)
12.6.	Stockholm	Schweden – Ungarn	2:1 (1:0)
15.6.	Stockholm	Schweden – Wales	0:0
15.6.	Sandviken	Ungarn – Mexiko	4:0 (1:0)

Abschlusstabelle	Mannschaft	Tore	Punkte
	1. Schweden	5:1	5:1
	2./3. Ungarn	6:3	3:3
	2./3. Wales	2:2	3:3
	4. Mexiko	1:8	1:5

Entscheidungsspiel um Platz Zwei

17.6.	Stockholm	Wales – Ungarn	2:1 (0:1) n.V.

Datum	Ort	Spiel	Ergebnis
Vorrunde, Gruppe 4			
8.6.	Göteborg	UdSSR – England	2:2 (1:0)
8.6.	Uddevalla	Brasilien – Österreich *Österreich:* Szanwald, Halla, Happel, Swoboda, Hanappi, Koller, Horak, Senekowitsch, Buzek, Körner, Schleger.	3:0 (1:0)
11.6.	Boras	UdSSR – Österreich *Österreich:* Schmied, E. Kozlicek, Stotz, Swoboda, Hanappi, Koller, Horak, O. Kozlicek, Buzek, Körner, Senekowitsch.	2:0 (1:0)
11.6.	Göteborg	Brasilien – England	0:0
15.6.	Göteborg	Brasilien – UdSSR	2:0 (1:0)
15.6.	Boras	England – Österreich *Österreich:* Szanwald, Kollmann, Happel, Swoboda, Hanappi, Koller (1), E. Kozlicek, O. Kozlicek, Buzek, Körner (1), Senekowitsch.	2:2 (0:1)

Abschlusstabelle	Mannschaft	Tore	Punkte
	1. Brasilien	5:0	5:1
	2./3. UdSSR	4:4	3:3
	2./3. England	4:4	3:3
	4. Österreich	2:7	1:5

Entscheidungsspiel um Platz Zwei

17.6.	Göteborg	UdSSR – England	1:0 (0:0)

Datum	Ort	Spiel	Ergebnis
Viertelfinale			
19.6.	Norrköping	Frankreich – Nordirland *Frankreich:* Abbes, Kaelbel, Jonquet, Lerond, Penverne, Marcel, Wisnieski (1), Fontaine (2), Kopa, Piantoni (1), Vincent. *Nordirland:* Gregg, Keith, Cunningham, McMichael, Blanchflower, Cush, Bingham, Casey, Scott, McIlroy, McParland.	4:0 (1:0)
19.6.	Göteborg	Brasilien – Wales *Brasilien:* Gilmar, De Sordi, Bellini, Orlando, Nilton Santos, Zito, Didi, Garrincha, Mazzola, Pele (1), Zagalo. *Wales:* Kelsey, Williams, Mel Charles, Hopkins, Sullivan, Bowen, Medwin, Hewitt, Webster, Allchurch, Jones.	1:0 (0:0)
19.6.	Malmö	Deutschland – Jugoslawien *Deutschland:* Herkenrath, Stollenwerk, Erhardt, Juskowiak, Eckel, Szymaniak, Rahn (1), F. Walter, Seeler, Schmidt, Schäfer. *Jugoslawien:* Krivokuca, Sijakovic, Zebec, Crnkovic, Krstic, Boskov, Petakovic, Ognjanovic, Milutinovic, Veselinovic, Rajkov.	1:0 (1:0)
19.6.	Stockholm	Schweden – UdSSR *Schweden:* Svensson, Bergmark, Gustavsson, Axbom, Börjesson, Parling, Hamrin (1), Gren, Simonsson (1), Liedholm, Skoglund. *UdSSR:* Jaschin, Kessarjew, Krischewskij, Kusnezow, Wojnow, Zarew, A. Iwanow, V. Iwanow, Simonjan, Salnikow, Iljin.	2:0 (0:0)
Halbfinale			
24.6.	Stockholm	Brasilien – Frankreich *Brasilien:* Gilmar, De Sordi, Bellini, Orlando, Nilton Santos, Zito, Didi (1), Garrincha, Vava (1), Pele (3), Zagalo. *Frankreich:* Abbes, Kaelbel, Jonquet, Lerond, Penverne, Marcel, Wisnieski, Fontaine (1), Kopa, Piantoni (1), Vincent.	5:2 (2:1)
24.6.	Göteborg	Schweden – Deutschland *Schweden:* Svensson, Bergmark, Gustavsson, Axbom, Börjesson, Parling, Hamrin (1), Gren (1), Simonsson, Liedholm, Skoglund (1). *Deutschland:* Herkenrath, Stollenwerk, Erhardt, Juskowiak, Eckel, Szymaniak, Rahn, F. Walter, Seeler, Schäfer (1), Cieslarczyk.	3:1 (1:1)
Spiel um den 3. Platz			
28.6.	Göteborg	Frankreich – Deutschland *Frankreich:* Abbes, Kaelbel, Lafont, Lerond, Penverne, Marcel, Wisnieski, Douis (1), Kopa (1), Fontaine (4), Vincent. *Deutschland:* Kwiatkowski, Stollenwerk, Wewers, Erhardt, Schnellinger, Szymaniak, Rahn (1), Sturm, Kelbassa, Schäfer (1), Cieslarczyk (1).	6:3 (3:1)
Endspiel			
29.6.	Stockholm	Brasilien – Schweden *Brasilien:* Gilmar, Djalma Santos, Bellini, Orlando, Nilton Santos, Zito, Didi, Garrincha, Vava (2), Pele (2), Zagalo (1). *Schweden:* Svensson, Bergmark, Gustavsson, Axbom, Börjesson, Parling, Hamrin, Gren, Simonsson (1), Liedholm (1), Skoglund.	5:2 (2:1)

Länderspiele	Ergebnis	Ort	Datum
Deutschland (+ 6/ = 5/ – 3)			
Belgien – Deutschland	0:2	Brüssel	2. 3.
Deutschland – Spanien	2:0	Frankfurt	19. 3.
Tschechoslowakei – Deutschland	3:2	Prag	2. 4.
Deutschland – Argentinien*	3:1	Malmö	8. 6.
Deutschland – Tschechoslowakei*	2:2	Hälsingborg	11. 6.
Deutschland – Nordirland*	2:2	Malmö	15. 6.
Deutschland – Jugoslawien*	1:0	Malmö	19. 6.
Schweden – Deutschland*	3:1	Göteborg	24. 6.
Deutschland – Frankreich*	3:6	Göteborg	28. 6.
Dänemark – Deutschland	1:1	Kopenhagen	24. 9.
Frankreich – Deutschland	2:2	Paris	26.10.
Deutschland – Österreich	2:2	Berlin (West)	19.11.
Deutschland – Bulgarien	3:0	Augsburg	21.12.
Ägypten – Deutschland	2:1	Kairo	28.12.
Österreich (+ 2/ = 2/ – 4)			
Österreich – Italien	3:2	Wien	23. 3.
Österreich – Irland	3:1	Wien	14. 5.
Brasilien – Österreich*	3:2	Udevalla	8. 6.
UdSSR-Österreich*	2:0	Boras	11. 6.
England – Österreich*	2:2	Boras	15. 6.
Österreich – Jugoslawien	3:4	Wien	14. 9.
Österreich – Frankreich	1:2	Wien	5.10.
Deutschland – Österreich	2:2	Berlin (West)	19.11.
Schweiz (+ 0/ = 1/ – 4)			
Frankreich – Schweiz	0:0	Paris	16. 4.
Schweden – Schweiz	3:2	Hälsingborg	7. 5.
Schweiz – Belgien	0:2	Zürich	26. 5.

* WM-Endrunde

Länderspiele (Forts.)	Ergebnis	Ort	Datum
Tschechoslowakei – Schweiz	2:1	Bratislava	20. 9.
Holland – Schweiz	2:0	Rotterdam	2.11.

Landesmeister	
Deutschland	FC Schalke 04 – Hamburger SV 3:0 (Hannover, 18.5.)
Österreich	Wiener SK
Schweiz	BSC Young Boys Bern
Belgien	Standard Lüttich
Dänemark	BK Vejle
England	Wolverhampton Wanderers
Finnland	Kuopio Palloseura
Frankreich	Stade Reims
Holland	DOS Utrecht
Italien	Juventus Turin
Jugoslawien	Dinamo Zagreb
Norwegen	Skeid
Schottland	Hearts of Midlothian
Schweden	IFK Göteborg
Spanien	Real Madrid

Landespokal	
Deutschland	VfB Stuttgart – Fortuna Düsseldorf 4:3 n.V. (Kassel, 16.11.)
Österreich	nicht ausgetragen
Schweiz	Young Boys Bern – Grasshoppers Zürich 1:1 n.V., 3:1
Dänemark	BK Vejle
England	Bolton Wanderers – Manchester United 2:0
Finnland	Kota TP
Frankreich	Stade Reims
Holland	Sparta Rotterdam
Italien	Lazio Rom
Jugoslawien	Roter Stern Belgrad
Schottland	Clyde Glasgow – Hibernian Edinburgh 1:0
Spanien	Atletico Bilbao – Real Madrid 2:0

Europapokal der Landesmeister	Ergebnis	Ort	Datum
Real Madrid – AC Mailand	3:2 n.V.	Brüssel	28.5.

Real Madrid: Alonso; Atienza, Lesmes; Santisteban, Santamaria, Zarraga; Kopa, Joseite, Di Stefano, Rial, Gento. – **AC Mailand:** Soldan; Fontana, Beraldo; Bergamaschi, Maldini, Radice; Danova, Liedholm, Schiaffino, Grillo, Cucchiaroni.
Schiedsrichter: Alsteen (Belgien). – **Tore:** 0:1 Schiaffino (60.), 1:1 Di Stefano (75.), 1:2 Grillo (79.), 2:2 Rial (80.), 3:2 Gento (116.). – **Zuschauer:** 70 000.

Messepokal	Ergebnis	Ort	Datum
London – Barcelona	2:2/0:6		

Stadtelf Barcelona: Estrems (2. Spiel: Ramallets); Olivella, Segarra; Gensana, Verges, Ribelles (2. Spiel: Brugue); Basora, Evaristo, Martinez, Villaverde (2. Spiel: Suarez), Tejada.

Gewichtheben/Schwergewicht

Weltrekord (Land, Datum)	Dreikampf	Drücken	Reißen	Stoßen
Paul Anderson (USA)	512,5 kg	185,5 kg		197,0 kg
Dave Ashman (USA)			150,5 kg	

Leichtathletik

Deutsche Meisterschaften am 17./18. August in Düsseldorf

Disziplin	Sieger (Stadt)	Leistung
Männer		
100 m	Armin Hary (GER)	10,3
200 m	Manfred Germar (GER)	21,0
400 m	John Derek Wrighton (GBR)	46,3
800 m	Michael Arthur Rawson (GBR)	1:47,8
1500 m	Brian St. Hewson (GBR)	3:41,9
5000 m	Zdyslaw Krzyszkowiak (POL)	13:53,4
10 000 m	Zdyslaw Krzyszkowiak (POL)	28:56,0
Marathon	Sergei Popow (URS)	2:15:17,0
110 m Hürden	Martin Lauer (GER)	13,7
400 m Hürden	Juri Litujew (URS)	51,1
3000 m Hindernis	Jerzy Chromik (POL)	8:38,2

Disziplin	Sieger (Land)	Leistung
4 x 100 m	Deutschland	40,2
4 x 400 m	Großbritannien	3:07,9
20 km Gehen	John Vickers (GBR)	1:33:09,0
50 km Gehen	Jewgeni Maskinskow (URS)	4:17:15,4
Hochsprung	Rikard Dahl (SWE)	2,12
Stabhochsprung	Eeles Landström (FIN)	4,50
Weitsprung	Igor Ter-Owanesian (URS)	7,81
Dreisprung	Jozef Schmidt (POL)	16,43
Kugelstoß	Arthur Rowe (GBR)	17,78
Diskuswurf	Edmund Piatkowski (POL)	53,92
Hammerwurf	Tadeusz Rut (POL)	64,78
Speerwurf	Janusz Sidlo (POL)	80,18
Zehnkampf	Wassili Kusnezow (URS)	7865
Frauen		
100 m	Heather Young (GBR)	11,7
200 m	Barbara Janiszewska (POL)	24,1
400 m	Maria Itkina (URS)	53,7
800 m	Elisabeth Yermolajewa (URS)	2:06,3
80 m Hürden	Galina Bystrowa (URS)	10,9
4 x 100 m	UdSSR	45,3
Hochsprung	Jolanda Balas (RUM)	1,77
Weitsprung	Liesel Jakobi (GER)	6,14
Kugelstoß	Marianne Werner (GER)	15,74
Diskuswurf	Tamara Press (URS)	52,32
Speerwurf	Dana Zatopkova (ČSR)	56,02
Fünfkampf	Galina Bystrowa (URS)	4733

Deutsche Meisterschaften (Hannover, 18.–20. Juli)

Disziplin	Sieger (Ort)	Leistung
Männer		
100 m	Manfred Germar (Köln)	10,2
200 m	Manfred Germar (Köln)	20,9
400 m	Carl Kaufmann (Karlsruhe)	46,9
800 m	Paul Schmidt (Horde)	1:49,4
1500 m	Ernst Brenner (Ludwigsburg)	3:51,2
5000 m	Ludwig Müller (Wesel)	14:25,0
10 000 m	Walter Konrad (München)	30:00,8
Marathon	Jan Wedeking (Wilhelmshaven)	2:26:08,2
Mannschaft	Olympia Wilhelmshaven	
110 m Hürden	Martin Lauer (Köln)	13,7
200 m Hürden	Martin Lauer (Köln)	23,4
400 m Hürden	Helmut Janz (Gladbeck)	52,3
3000 m Hindernis	Heinz Lauf er (Feuerbach)	8:54,6
4 x 100 m	ASV Köln	40,7
4 x 400 m	OSV Horde	3:15,0
3 x 1000 m	VfL Wolfsburg	7:14,8
Hochsprung	Theo Püll (Viersen)	2,02
Stabhochsprung	Dieter Möhring (Wolfsburg)	4,30
Weitsprung	Manfred Molzberger (Oberberg)	7,72
Dreisprung	Hermann Strauß (Kitzingen)	15,29
Kugelstoß	Hermann Lingnau (Hannover)	17,12
Diskuswurf	Otto Koppenhöfer (Heilbronn)	51,71
Hammerwurf	Hugo Ziermann (Frankfurt)	57,47
Speerwurf	Heinrich Will (Rendsburg)	74,82
Fünfkampf*	Manfred Heide (Neustadt a. Rbg.)	3328
Mannschaft	TV 1847 Wetzlar	8795
Zehnkampf*	Werner von Moltke (Ellwangen)	6917
Mannschaft	AS V Berlin	17050
20 km Gehen	Horst Thomanske (Braunschweig)	1:37:09,6
Mannschaft	Eintracht Braunschweig	
50 km Gehen	Horst Thomanske (Braunschweig)	4:43:52,2
Mannschaft	Eintracht Braunschweig	
Frauen		
100 m	Inge Fuhrmann (Berlin)	11,6
200 m	Inge Fuhrmann (Berlin)	24,2
400 m	Antje Braasch (Hamburg)	57,1
800 m	Ariane Döser (Reutlingen)	2:12,6
80 m Hürden	Centa Gastl-Kopp (München)	10,8

*30./31. 8.1958 in Ludwigsburg

Disziplin	Sieger (Ort)	Leistung
4 × 100 m	Hannoverscher SV 1896	48,1
Hochsprung	Inge Kilian (Braunschweig)	1,67
Weitsprung	Erika Fisch (Hannover)	6,15
Kugelstoß	Marianne Werner (Greven)	14,95
Diskuswurf	Kriemhild Hausmann (Krefeld)	51,62
Speerwurf	Jutta Neumann-Krüger (Berlin)	52,35
Fünfkampf*	Edeltraut Eiberle (Trossingen)	4648
Mannschaft	1. FC Nürnberg	12442

*30./31.8.1958 in Ludwigsburg

Weltrekorde (Stand: 31.12.1958)

Disziplin	Name (Land)	Leistung	Datum	Ort
Männer				
100 m	Willie Williams (USA)	10,1	03.08.1956	Berlin
200 m (Gerade)	Dave Sime (USA)	20,0	09.08.1956	Sanger
200 m (Kurve)	Andrew Stanfield (USA)	20,6	26.05.1951	Philadelphia
400 m	Lou Jones (USA)	45,2	30.06.1956	Los Angeles
800 m	Roger Moens (BEL)	1:45,7	03.08.1955	Oslo
1500 m	Herb Elliott (AUS)	3:36,0	28.08.1958	Göteborg
Meile	Herb Elliott (AUS)	3:54,5	06.08.1958	Dublin
5000 m	Wladimir Kuz (URS)	13:35,0	13.10.1957	Rom
10 000 m	Wladimir Kuz (URS)	28:30,4	11.09.1956	Moskau
110 m Hürden	Jack Davis (USA)	13,4	22.06.1956	Bakersfield
400 m Hürden	Glenn Davis (USA)	49,2	06.08.1958	Budapest
3000 m Hindernis	Jerzy Chromik (POL)	8:32,0	02.08.1958	Warschau
4 × 100 m	USA	39,5	01.12.1956	Melbourne
4 × 400 m	Jamaika	3:03,9	27.07.1952	Helsinki
Hochsprung	Jurij Stepanow (URS)	2,16	13.07.1957	Leningrad
Stabhochsprung	Bob Gutowski (USA)	4,78	27.04.1957	Palo Alto
Weitsprung	Jesse Owens (USA)	8,13	25.05.1935	Ann Arbor
Dreisprung	Oleg Rjachowskij (URS)	16,59	28.07.1958	Moskau
Kugelstoß	Parry O'Brien (USA)	19,25	01.11.1956	Los Angeles
Diskus	Fortuna Gordien (USA)	59,28	22.08.1953	Pasadena
Hammerwurf	Harold Conolly (USA)	68,68	20.06.1958	Bakersfield
Speerwurf	Egil Danielsen (NOR)	85,71	26.11.1956	Melbourne
Zehnkampf	Rafer Johnson (USA)	7896	27./28.7.58	Moskau
Frauen				
100 m	Shirley de la Hunty (AUS)	11,3	04.08.1955	Warschau
200 m	Bethy Cuthbert (AUS)	23,2	16.09.1956	Sydney
800 m	Nina Otkalenko-Pletnejewa (URS)	2:05,0	24.09.1955	Zagreb
80 m Hürden	Centa Gastl-Kopp (GER)	10,6	29.07.1956	Frechen
4 × 100 m	Australien	44,5	01.12.1956	Melbourne
Hochsprung	Jolanda Balas (RUM)	1,83	18.10.1958	Bukarest
Weitsprung	Elzbieta Krzesinska (POL)	6,35	20.08.1956	Budapest
Kugelstoß	Galina Zybina (URS)	16,76	15.10.1956	Taschkent
Diskuswurf	Nina Dumbadse (URS)	57,04	18.10.1952	Tiflis
Speerwurf	Bierute Kalediene (URS)	57,49	30.10.1958	Cardiff
Fünfkampf	Galina Bystrowa (URS)	4846	15./16.10.57	Odessa

Deutsche Rekorde* (Stand: 31.12.1958)

Disziplin	Name (Stadt)	Leistung	Datum	Ort
Männer				
100 m	Heinz Fütterer (Karlsruhe)	10,2	31.10.1954	Yokohama
200 m (Gerade)	Manfred Germar (Köln)	20,4	31.07.1957	Köln
200 m (Kurve)	Manfred Germar (Köln)	20,6	01.10.1958	Wuppertal
400 m	Rudolf Harbig (Dresden)	46,0	12.08.1939	Frankfurt/M.
800 m	Rudolf Harbig (Dresden)	1:46,6	15.07.1939	Mailand
1000 m	Siegfried Valentin (Berlin-Ost)	2:19,7	13.06.1958	Turku
	Paul Schmidt (Horde)	*2:20,4*	*27.09.1958*	*Dortmund*
1500 m	Siegfried Hermann (Halle)	3:14,0	20.07.1956	Erfurt
	Werner Lueg (Gevelsberg)	*3:43,0*	*29.06.1952*	*Berlin*
2000 m	Klaus Richtzenhain (Leipzig)	5:12,2	30.06.1956	Berlin
	Günther Dohrow (Berlin)	*5:16,0*	*27.05.1954*	*Berlin*
3000 m	Siegfried Hermann (Halle)	7:59,0	30.06.1956	Berlin
	Herbert Schade (Solingen)	*8:13,2*	*06.08.1952*	*Köln*
5000 m	Friedrich Janke (Berlin-Ost)	13:52,0	04.08.1957	Moskau
	Herbert Schade (Solingen)	*14:06,6*	*08.06.1952*	*Köln*
10 000 m	Friedrich Janke (Berlin-Ost)	29:21,2	12.10.1957	Brunn
	Herbert Schade (Solingen)	*29:24,8*	*14.09.1952*	*Düsseldorf*
110 m Hürden	Martin Lauer (Köln)	13,7	31.07.1957	Köln
400 m Hürden	Helmut Janz (Gladbeck)	51,3	15.06.1958	Dortmund
3000 m Hindernis	Heinz Laufer (Schwenningen)	8:44,4	29.11.1956	Melbourne
4 × 100 m	Nationalstaffel/DLV	39,5	29.08.1958	Köln
	ASV Köln	40,6	18.08.1957	Düsseldorf
4 × 400 m	Nationalstaffel	3:06,6	27.07.1952	Helsinki
	OSV Horde	3:08,9	31.07.1957	Köln
Hochsprung	Günter Lein (Leipzig)	2,01	12.10.1957	Brunn
	Theo Püll (Viersen)	*2,07*	*05.10.1958*	*Saarbrücken*
Stabhochsprung	Manfred Preußger (Leipzig)	4,56	26.07.1958	Leipzig
	Dieter Möhring (Wolfsburg)	*4,30*	*19.07.1958*	*Hannover*
Weitsprung	Luz Long (Leipzig)	7,90	01.08.1937	Berlin
Dreisprung	Hermann Strauß (Kitzingen)	15,59	26.05.1958	Fürth
Kugelstoß	Hermann Lingnau (Hannover)	17,51	10.06.1958	Athen
Diskuswurf	Willy Schröder (Magdeburg)	53,10	28.04.1935	Magdeburg
Hammerwurf	Horst Niebisch (O.-Berlin)	61,76	22.07.1957	Jena
	Karl Storch (Fulda)	*60,77*	*28.09.1952*	*Karlsruhe*
Speerwurf	Heiner Will (Rendsburg)	80,22	14.10.1956	Köln
Zehnkampf	Walter Meier (Halle)	7388	13./14.9.58	Leipzig
	Martin Lauer (Köln)	*7201*	*22./23.9.56*	*Hamburg*
Frauen				
100 m	Christa Köhler (Berlin-Ost)	11,5	30.06.1956	Berlin
	Inge Fuhrmann (Berlin)	*11,6*	*19.07.1958*	*Hannover*
200 m	Christa Stubnick (Berlin-O.)	23,5	09.09.1956	Risa
	Inge Fuhrmann (Berlin)	*24,2*	*20.07.1958*	*Hannover*
400 m	Ursula Donath (Halle)	54,7	01.08.1957	Moskau
800 m	Ursula Donath (Halle)	2:07,5	13.09.1956	London
1000 m	Lina Radke (Berlin)	3:06,8	25.08.1930	Brieg
80 m Hürden	Centa Gastl-Kopp (München)	10,6	29.07.1956	Frechen
4 × 100 m	Nationalstaffel/DVfL	44,8	03.08.1958	Kassel
	Nationalstaffel/DLV	*45,9*	*27.07.1952*	*Helsinki*
	SC Dynamo Ost-Berlin	46,1	20.07.1958	Jena
	Eintracht Frankfurt	*47,4*	*04.09.1955*	*Köln*
Hochsprung	Inge Kilian (Braunschweig)	1,68	29.06.1958	Delmenhorst
Weitsprung	Elfriede Brunnemann (Hannover)	6,21	04.09.1949	Hannover
Kugelstoß	Marianne Werner (Greven)	15,84	26.07.1958	Duisburg
Diskuswurf	Kriemhild Hausmann (Krefeld)	53,89	27.07.1958	Njimwegen
Speerwurf	Almut Brömmel (München)	53,77	15.09.1957	Kiel
Fünfkampf	Edeltraut Eiberle (Trossingen)	4648	30./31.8.58	Ludwigsburg

* Der Deutsche Leichtathletik-Verband/DLV (Bereich: Bundesrepublik Deutschland einschl. West-Berlin) und der Deutsche Verband für Leichtathletik/DVfL (Bereich: Deutsche Demokratische Republik) führten eine gemeinsame Rekordliste. Die DLV-Bestleistungen, die schlechter waren als der offizielle Deutsche Rekord, sind in der Tabelle in Kursivschrift gesetzt.

Pferdesport

Disziplin/Turnier	Sieger (Land)	Pferd (Gestüt)	Datum
Galopprennen			
Deutsches Derby	Werner Gassmann (GER)	Wilderer (Ravensberg)	22.6.
Trabrennen			
Deutsches Derby	H. Kramm (GER)	Marty (Mai)	

Pferdesport (Forts.)

Disziplin/Turnier	Sieger (Land)	Pferd (Gestüt)	Datum
Turniersport			
Springreiten			
Europameisterschaft in Aachen (1.–3.7)			
Einzel	Fritz Thiedemann (GER)	Meteor	3.7.
Deutsches Derby	Fritz Thiedemann (GER)	Finale	13.7.
Dressur			
Deutsches Derby	Willi Schultheis (GER)	Doublette	12.7.

Radsport

Disziplin, Ort, Datum	Plazierung, Name (Land)	Zeit/Rückstand
Straßenweltmeisterschaft (Reims)		
Profis (277 km) 31.8	1. Ercole Baldini (ITA)	
	2. Louison Bobet (FRA)	
	3. André Darrigade (FRA)	
Amateure (177 km) 30.8	1. Gustav Adolf Schur (DDR)	
	2. Valere Paulissen (BEL)	
	3. Adrian Dewolf (BEL)	
Rundfahrten (Etappen)		
Tour de France (24)	1. Charly Gaul (LUX)	116:59:05
Datum: 26.6.–20.7.	2. Vito Favero (ITA)	3:10
Länge: 4319 km 120 Starter, 78 im Ziel	3. Raphael Géminiani (ITA)	3:41
Giro d'Italia (20)	1. Ercole Baldini (ITA)	
Datum: 18.5.–8.6.	2. Jos Brankart (BEL)	
Länge: 3343 km	3. Charly Gaul (LUX)	
Tour de Suisse (8)	1. Pasquale Fornara (ITA)	
Datum: 11.6.-18.6.	2. Hans Junkermann (GER)	
Länge: 1509 km	3. Antonio Catalano (ITA)	
Deutschlandrundfahrt	nicht ausgetragen	

Schwimmen

Europameisterschaften in Budapest

Disziplin	Sieger (Land)	Leistung
Männer		
Freistil 100 m	Paolo Pucci (ITA)	56,3
Freistil 400 m	Ian Black (GBR)	4:31,3
Freistil 1500 m	Ian Black (GBR)	18:05,8
Freistil 4 × 200 m	UdSSR	8:33,7
Brust 200 m	Leonid Kolesnikow (URS)	2:41,1
Rücken 100 m	Robert Christophe (FRA)	1:03,1
Delphin 200 m	Ian Black (GBR)	2:21,9
Lagen 4 × 100 m	UdSSR	4:16,5
Kunstspringen	László Ujivari (UNG)	141,17
Turmspringen	Brian Eric Phelps (GBR)	143,74
Wasserball	Ungarn	
Frauen		
Freistil 100 m	Kate Jobson (SWE)	1:04,7
Freistil 400 m	Jans Koster (HOL)	5:02,6
Freistil 4 × 100 m	Niederlande	4:22,9
Brust 200 m	Adelaide den Haan (HOL)	2:52,0
Rücken 100 m	Judith G. Grinham (GBR)	1:12,6
Delphin 100 m	Catharina Lagerberg (HOL)	1:11,9
Lagen 4 × 100 m	Niederlande	4:52,9
Kunstspringen	Ninel Krutowa (URS)	124,22
Turmspringen	Aldona Karezkaite (URS)	81,14

Deutsche Meisterschaften in Gelsenkirchen

Disziplin	Sieger (Ort)	Leistung
Männer		
Freistil 100 m	Paul Voell (Rheydt)	57,2
Freistil 200 m	Hans Zierold (Hamburg)	2:08,3
Freistil 400 m	Hans Zierold (Hamburg)	4:39,4
Freistil 1500 m	Hans Zierold (Hamburg)	19:24,4
Freistil 4 × 200 m	Bremer SC 1885	9:03,5
Brust 200 m	Klaus Bodinger (Karlsruhe)	2:43,5
Brust 4 × 200 m	Wasserfreunde München	11:34,0
Rücken 100 m	Ekkehard Miersch (Heidelberg)	1:08,9
Rücken 4 × 100 m	Hamburger SC	4:45,9
Delphin 200 m	Horst Weber (Bayreuth)	2:32,0
Delphin 4 × 100 m	Bremer SC 1885	4:34,8
Lagen 4 × 100 m	Hamburger SC	4:36,0
Frauen		
Freistil 100 m	Ursel Winkler (Reutlingen)	1:07,4
Freistil 400 m	Ursel Winkler (Reutlingen)	5:16,8
Freistil 4 × 100 m	Düsseldorf 1898	4:47,7
Brust 200 m	Wiltrud Urselmann (Krefeld)	2:54,9
Brust 4 × 200 m	SSC Hellas Berlin	12:38,2
Delphin 100 m	Ursel Winkler (Reutlingen)	1:18,0
Delphin 4 × 100 m	Düsseldorf 1898	5:55,4
Rücken 100 m	Helga Schmidt (Oldenburg)	1:18,0
Rücken 4 × 100 m	Nikar Heidelberg	5:36,6
Lagen 4 × 100 m	Düsseldorf 1898	5:23,9

Weltrekorde (Stand: 31.12.1958)

Disziplin	Name (Land)	Leistung	Datum	Ort
Männer				
Freistil 100 m	John Devitt (AUS)	54,6	28. 1.1957	Sydney
Freistil 200 m	Tsuyoshi Yamanaka (JAP)	2:03,0	22. 8.1958	Osaka
Freistil 400 m	Jon Konrads (AUS)	4:21,8	18. 2.1958	Melbourne
Freistil 800 m	Jon Konrads (AUS)	9:14,5	22. 2.1958	Melbourne
Freistil 1500 m	Jon Konrads (AUS)	17:28,7	22. 2.1958	Melbourne
Freistil 4 × 100 m	Australien	3:46,3	3. 5.1958	Brisbane
Freistil 4 × 200 m	Australien	8:23,6	3.12.1956	Melbourne
Brust 100 m	Mu Hsiang-hsiung (CHN)	1:11,4	1958	Peking
Brust 200 m	Masaru Furukawa (JAP)	2:34,7	6.12.1956	Melbourne
Delphin 100 m	Lance Larson (USA)	59,6	28. 6.1958	Los Angeles
Delphin 200 m	William Yorzik (USA)	2:18,6	30.11.1956	Melbourne
Rücken 100 m	John Monckton (AUS)	1:01,5	15. 2.1958	Melbourne
Rücken 200 m	John Monckton (AUS)	2:18,4	18. 2.1958	Melbourne
Lagen 400 m	Wladimir Struschanow (URS)	5:12,9	20.10.1957	Moskau
Lagen 4 × 100 m	Australien	4:10,4	22. 8.1958	Osaka
Frauen				
Freistil 100 m	Dawn Fraser (AUS)	1:01,2	10. 8.1958	Schiedam
Freistil 200 m	Dawn Fraser (AUS)	2:14,7	22. 2.1958	Melbourne
Freistil 400 m	Lorraine Crapp (AUS)	4:47,2	20.10.1956	Sydney
Freistil 800 m	Ilsa Konrads (AUS)	10:11,8	13. 6.1958	Townsville
Freistil 1500 m	Ilsa Konrads (AUS)	19:58,9	1958	Sydney
Freistil 4 × 100 m	Australien	4:17,1	6.12.1956	Melbourne
Freistil 4 × 200 m	USA	10:09,8	6. 7.1956	Tyler
Brust 100 m	Karin Beyer (DDR)	1:19,6	20. 9.1958	Leipzig
Brust 200 m	Ada den Haan (HOL)	2:51,3	4. 8.1957	Rhenen
Delphin 100 m	Nancy Ramey (USA)	1:09,6	28. 6.1958	Los Angeles
Delphin 200 m	Tineke Lagerberg (HOL)	2:38,9	13. 9.1958	Naarden
Rücken 100 m	Judith Grinham (GBR)	1:11,9	23. 7.1958	Cardiff
Rücken 200 m	Chris van Saltza (USA)	2:37,4	1. 8.1958	Topeka
Lagen 400 m	Sylvia Ruuska (USA)	5:43,7	1. 8.1958	Topeka
Lagen 4 × 100 m	Niederlande	4:52,9	5. 9.1958	Budapest

Deutsche Rekorde (Stand. 31.12.1958)

Disziplin	Name (Ort)	Leistung	Datum	Ort
Männer				
Freistil 100 m	Paul Voell (Rheydt)	57,2	10. 8.1958	Gelsenkirchen
Freistil 200 m	Hans Zierold (Hamburg)	2:08,3	9. 8.1958	Gelsenkirchen
Freistil 400 m	Hans Zierold (Hamburg)	4:39,4	10. 8.1958	Gelsenkirchen
Freistil 800 m	Hans Zierold (Hamburg)	9:52,1	14. 8.1958	Berlin
Freistil 1500 m	Heinz-Günther Lehmann (Aachen)	19:16,5	5. 9.1954	Turin
Freistil 4 × 100m	Spandau 04	4:10,1*	1938	Darmstadt
Freistil 4 × 200 m	Bremer SC 85	9:03,5	9. 8.1958	Gelsenkirchen

* = aufgrund der 50-m-Bahn-Regelung nachträglich registrierte Langbahn-Bestleistungen. Seit dem 1. Mai 1957 wurden international nur noch Leistungen auf einer Bahn von mindestens 50 m Länge anerkannt.

Disziplin	Name (Land)	Leistung	Datum	Ort
Brust 100 m	Norbert Rumpel (Schweinfurt)	1:16,0*	1956	Hamburg
Brust 200 m	Klaus Bodinger (Karlsruhe)	2:41,4	1. 9.1958	Budapest
Delphin 100 m	Horst Weber (Bayreuth)	1:04,2	15. 8.1956	Burghausen
Delphin 200 m	Horst Weber (Bayreuth)	2:25,7	21. 7.1957	Reutlingen
Rücken 100 m	Ekkehard Miersch (Heidelberg)	1:05,9	4.11.1956	Wiesbaden
Rücken 200 m	Wolfgang Krecker (Hamburg)	2:39,0*	1953	Wolfenbüttel
Lagen 400 m	Rüdiger Müller (Hof)	5:39,2	24. 8.1958	Hof
Lagen 4 x 100 m	Bremer SC 85	4:32,2	10. 8.1958	Gelsenkirchen
Frauen				
Freistil 100 m	Ursel Brunner (Heidelberg)	1:05,5	21. 7.1957	Reutlingen
Freistil 200 m	Ingrid Künzel (Darmstadt)	2:27,8	20. 8.1956	Budapest
Freistil 400 m	Ursel Brunner (Heidelberg)	5:09,7	30. 6.1957	Metz
Freistil 800 m	Ingrid Künzel (Darmstadt)	11:06,5	17. 3.1956	Wiesbaden
Freistil 1500 m	Ursel Brunner (Heidelberg)	22:13,7	11. 6.1958	Heidelberg
Freistil 4 x 100 m	Düsseldorf 98	4:43,3	11. 8.1957	Landshut
Brust 100 m	Wiltrud Urselmann (Krefeld)	1:22,0	8. 9.1957	Leipzig
Brust 200 m	Wiltrud Urselmann (Krefeld)	2:53,8	2. 9.1958	Budapest
Delphin 100 m	Ingrid Künzel (Darmstadt)	1:16,6	30. 6.1957	Metz
Lagen 4 x 100 m	Düsseldorf 98	5:19,1	10. 8.1957	Landshut

* = aufgrund der 50-m-Bahn-Regelung nachträglich registrierte Langbahn-Bestleistungen. Seit dem 1. Mai 1957 wurden international nur noch Leistungen auf einer Bahn von mindestens 50 m Länge anerkannt.

Ski alpin

	Herren	Damen
Weltmeisterschaften in Badgastein		
Abfahrt	Toni Sailer (AUT)	Lucille Wheeler (CAN)
Slalom	Josl Rieder (AUT)	Inger Björnbakken (NOR)
Riesenslalom	Toni Sailer (AUT)	Lucille Wheeler (CAN)
Kombination	Toni Sailer (AUT)	Frieda Dänzer (SUI)
Deutsche Meister		
Abfahrt	Fritz Wagnerberger	Hannelore Basler
Slalom	Ludwig Leitner	Hannelore Basler
Riesenslalom	Ludwig Leitner	Hannelore Basler
Kombination	Ludwig Leitner	Hannelore Basler
Österreichische Meister		
Abfahrt	Josl Rieder	Putzi Frandl
	Karl Schranz	
Slalom	Karl Schranz	Kathi Hörl
Riesenslalom	Karl Schranz	Putzi Frandl
Kombination	Karl Schranz	Putzi Frandl
Schweizer Meister		
Abfahrt	Roger Staub	Hedi Beeler
Slalom	Georges Schneider	Frieda Dänzer
Riesenslalom	Roger Staub	Frieda Dänzer
Kombination	Roger Staub	Frieda Dänzer

Tennis

Meisterschaften	Ort	Datum
Wimbledon	London	23.6.–5.7.
French Open	Paris	
US Open	Forest Hills	
Australian Open	Melbourne	
Internationale Deutsche	Hamburg (Herren) Berlin (Damen)	7.–12.8.
Daviscup-Endspiel	Brisbane/AUS	

Turnier	Sieger (Land) – Finalgegner (Land)	Ergebnis
Herren		
Wimbledon	Ashley J. Cooper (AUS) – Neale Fraser (AUS)	3:6, 6:4, 6:4, 13:11
French Open	Mervin Rose (AUS) – Luis Ayala (CHI)	6:3, 6:4, 6:4
US Open	Ashley J. Cooper (AUS) – Mal Anderson (AUS)	6:2, 3:6, 4:6, 10:8, 8:6
Australian O.	Ashley J. Cooper (AUS) – Mal Anderson (AUS)	7:5, 6:3, 6:4
Int. Deutsche	Sven Davidson (SWE) – Jacques Brichant (BEL)	5:7, 6:4, 0:6, 9:7, 6:3
Daviscup	USA – Australien	3:2
Damen		
Wimbledon	Althea Gibson (USA) – Angela Mortimer (GBR)	8:6, 6:2
French Open	S. Kormoczy – Shirley Bloomer (GBR)	6:4, 1:6, 6:2
US-Open	Althea Gibson (USA) – Darlene Hard (USA)	3:6, 6:1, 6:2
Australian O.	Angela Mortimer (GBR) – Lorraine Coghlan (AUS	6:3, 6:4
Int. Deutsche	Lorraine Coghlan (AUS) – Shirley Bloomer (GBR)	
Herren-Doppel		
Wimbledon	Sven Davidson (SWE)/ Ulf Schmidt (SWE) – Neale Fraser (AUS)/ Ashley J. Cooper (AUS)	6:4, 6:4, 8:6
French Open	Ashley J. Cooper (AUS)/ Neale Fraser (AUS) – Bob Howe (AUS)/ A. Segal	3:6, 8:6, 6:3, 7:5
US Open	H. Richardson Alejandro Olmedo (USA) – S. Giammalva/ B. MacKay	3:6, 6:3, 6:4, 6:4
Australian Open	Ashley J. Cooper (AUS) Neale Fraser (AUS) – Roy Emerson (AUS) R. Mark	7:5, 6:8, 3:6, 6:3, 7:5
Int. Deutsche	F. Contreras/M. Hamas	
Damen-Doppel		
Wimbledon	Maria Esther Bueno(BRA) Althea Gibson (USA) – M. (Osborne-)du Pont(USA) Margaret Varner (USA)	6:3, 7:5
French Open	Yola Ramirez R. M. Reyes – M. K. Hawton T. D. Long	6:4, 7:5
US Open	Darlene Hard (USA) J. Arth – Maria Esther Bueno (BRA) Althea Gibson (USA)	2:6, 6:3, 6:4
Australian O.	M. Hawton T. D. Long – Angela Mortimer (GBR) Lorraine Coghlan (AUS)	7:5, 6:8, 6:2
Int. Deutsche	M. Hawton/T. D. Long	
Mixed		
Wimbledon	Bob Howe (AUS) Lorraine Coghlan (AUS) – Kurt Nielsen (DAN) Althea Gibson (USA)	6:3, 13:11
French Open	Nicola Pietrangeli (ITA) Shirley Bloomer (GBR) – Bob Howe (AUS) Lorraine Coghlan (AUS)	9:7, 6:8, 6:2
US Open	Neale Fraser (AUS) Margaret (Osborne-)du Pont – Alejandro Olmedo (USA) Maria Esther Bueno (BRA)	6:3, 3:6, 9:7
Australian O.	Bob Howe (AUS) K. Hawzon – A. Newton Angela Mortimer (GBR)	9:11, 6:1, 6:2

Abkürzungen zu den Sportseiten

AFG	Afghanistan
AFG	Afghanistan
ARG	Argentinien
AUS	Australien
AUT	Österreich
BEL	Belgien
BOL	Bolivien
BRA	Brasilien
BRD	Bundesrepublik Deutschland
BUL	Bulgarien
BUR	Birma
CAB	Kambodscha
CAN	Kanada
CEY	Ceylon (Sri Lanka)
CHI	Chile
CHN	China
COL	Kolumbien
COS	Costa Rica
CSR	Tschechoslowakei
CUB	Kuba
CUB	Kuba
DAN	Dänemark
DDR	Deutsche Demokratische Republik
DOM	Dominikanische Republik
ECU	Ecuador
EGY	Ägypten
ETH	Äthiopien
FIN	Finnland
FRA	Frankreich
GBR	Großbritannien
GER	Deutschland/BRD
GHA	Ghana
GRE	Griechenland
GUA	Guatemala
HAI	Haiti
HOK	Hongkong
HOL	Niederlande
HON	Honduras
IND	Indien
IND	Indien
INS	Indonesien
IRA	Iran
IRK	Irak
IRL	Irland
ISL	Island
ISR	Israel
ITA	Italien
JAP	Japan
KOR	Korea
LBY	Libyen
LIA	Liberia
LIB	Libanon
LIE	Liechtenstein
LUX	Luxemburg
MAL	Malaiische Föderation
MAR	Marokko
MCO	Monaco
MEX	Mexiko
MON	Mongolische
MON	Mongolische Volksrepublik
NEP	Nepal
NIC	Nicaragua
NKO	Nordkorea
NOR	Norwegen
NRH	Nordrhodesien
NSE	Neuseeland
PAK	Pakistan
PAN	Panama
PAR	Paraguay
PER	Peru
PHI	Philippinen
POL	Polen
POR	Portugal
RHO	Rhodesien
RUM	Rumänien
SAF	Südafrika
SAL	El Salvador
SAN	San Marino
SPA	Spanien
SPA	Spanien
SUD	Sudan
SUI	Schweiz
SWE	Schweden
SYR	Syrien
TAI	Taiwan
THA	Thailand
TUN	Tunesien
TUR	Türkei
UNG	Ungarn
URS	UdSSR, Sowjetunion
URU	Uruguay
USA	Vereinigte Staaten von Amerika
VAR	Vereinigte Arabische Republik
VEN	Venezuela
VIE	Vietnam
YUG	Jugoslawien

Nekrolog 1958

Bekannte Persönlichkeiten aus allen Bereichen des gesellschaftlichen Lebens, die im Jahr 1958 gestorben sind, werden – alphabetisch geordnet – in Kurzbiographien dargestellt.

Kurt Alder

deutscher Chemiker, Chemienobelpreisträger 1950 (*10.7.1902, Königshütte/Chorzów in Polen), stirbt am 20. Juni in Köln.

Alder erhielt 1950 zusammen mit Otto Diels den Chemienobelpreis verliehen für die 1927/28 mit Diels entwickelte Diensynthese (Diels-Alder-Synthese), die für die Synthese carbozyklischer Verbindungen wichtig ist.

Karl Arnold

deutscher CDU-Politiker, Ministerpräsident von Nordrhein-Westfalen 1947 bis 1956 (*21.3.1901, Herrlishöfen bei Biberach an der Riß), stirbt am 29. Juni in Düsseldorf.

Arnold, seit 1920 aktiv in der christlichen Gewerkschaftsbewegung tätig, nach dem gescheiterten Attentat auf Adolf Hitler 1944 verhaftet, zählte 1945 zu den Begründern der CDU. 1946 wurde der dem Gewerkschaftsflügel der Partei zugerechnete Politiker Oberbürgermeister von Düsseldorf und 1947 als erster CDU-Politiker Ministerpräsident von Nordrhein-Westfalen als Nachfolger von Rudolf Amelunxen (Zentrum).

Wassili Nikolajewitsch Bakschejew

sowjetischer Maler (*24.12.1882, Moskau), stirbt am 28. September in der sowjetischen Hauptstadt Moskau.

Bakschejew, der in der Tradition der »Wanderer« mit Genrekunst begann (»Prosa des Alltags«, 1893), wurde ab 1900 bekannt mit seinen vom Impressionismus geprägten hellfarbenen, zarten Bildern der russischen Landschaft (»Frühlingstag«, 1940). Er war Mitglied der Akademie der Künste der UdSSR und erhielt den Titel »Volkskünstler«.

Giacomo Balla

italienischer futuristischer Maler (*18.7.1871, Turin), stirbt am 1. März in Rom.

Balla, Autodidakt mit kurzer Zeichenausbildung in Turin, ging 1900 während eines siebenmonatigen Aufenthalts in Paris zum Neoimpressionismus über und wurde einer der Mitbegründer des Futurismus. Am 10. März 1910 veröffentlichte er mit Umberto Boccioni und Gino Severini das erste Manifest der futuristischen Malerei, deren Forderung nach synchroner Darstellung von Bewegungen er mit seinem Bild »Hund an der Leine« (1912) erfüllte: Das zeitliche Nacheinander der Bewegung wird im Bild als sich überlagerndes Nebeneinander gestaltet. In den folgenden Jahren führte dieser Stil zu einer Annäherung an die abstrakte Malerei (»Merkurdurchgang vor der Sonne«, 1914). Später war Balla ein Vertreter des vom italienischen Faschismus geförderten romantisch-neuklassizistischen »Novecento italiano«.

Emil Barth

deutscher Lyriker, Erzähler und Essayist (*6.7.1900, Düsseldorf), stirbt am 14. Juli in Düsseldorf.

Barth wurde bekannt durch seine biographischen, im Rheinland spielenden Entwicklungsromane »Das verlorene Haus« (1936) und »Der Wandelstern« (1939), die von der Kritik den Selbstdarstellungen Gottfried Kellers und Hans Carossas gleichgestellt wurden. In dem lyrischen Hauptwerk »Xantener Hymnen« (1948) zog er das Fazit aus der Katastrophe des Zweiten Weltkriegs. 1948 erhielt er für sein Gesamtwerk, insbesondere für die »Xantener Hymnen«, den Immermann-Literaturpreis der Stadt Düsseldorf, 1953 erhielt er den zum ersten Mal verliehenen Großen Kunstpreis des Landes Nordrhein-Westfalen. Weitere Gedichtsammlungen sind »Totenfeier« (1928) und »Tigermuschel« (1956).

André Bauchant

französischer Laienmaler, Hauptvertreter der sog. modernen Naiven (*24.4.1873, Château-Renault/Indre-et-Loire), stirbt am 12. August in Montoire-sur-le-Loir im Departement Loir-et-Cher.

Bauchant, Sohn eines Gärtners, war selbst zeitlebens als Gärtner tätig. Im Alter von 46 Jahren (1918) begann er, in Öl zu malen, wobei er poetische Blumen-, Vogel- und Landschaftsbilder sowie Bilder mit biblischen, mythologischen und historischen Sujets bevorzugte (»Orpheus auf dem Weg in die Unterwelt«, 1930). 1927 erhielt er von dem russischen Ballettimpresario Sergei Diaghilew den Auftrag, die Dekorationen für das Ballett »Apollon Musagète« zu malen.

Johannes R(obert) Becher

deutscher Schriftsteller, DDR-Kulturminister seit 1954, Dichter der DDR-Nationalhymne (*22.5.1891, München), stirbt am 11. Oktober in Berlin (Ost).

Becher galt als führender Repräsentant der »sozialistischen deutschen Nationalliteratur« in der DDR. 1945 gründete er den Aufbau-Verlag und die kulturpolitische Monatszeitschrift »Aufbau«, 1949 war er Mitbegründer der Literaturzeitschrift »Sinn und Form«. 1949 und 1950 (gemeinsam mit Hanns Eisler, dem Komponisten der DDR-Nationalhymne) erhielt er den Nationalpreis der DDR und wurde 1952 mit dem Internationalen Lenin-Friedenspreis ausgezeichnet; von 1953 bis 1956 war er Präsident der Deutschen Akademie der Künste und ab 1954 Minister für Kultur. – Becher begann als expressionistischer Avantgardist (»Verfall und Triumph«, 1914). Nach der russischen Oktoberrevolution 1917 bekannte er sich in seinem lyrischen Schaffen unverhüllt zum Kommunismus. Ein Prozess »wegen Vorbereitung zum Hochverrat« aufgrund seiner Gedichtsammlung »Der Leichnam auf dem Thron« (1926) und des Romans »Levisite oder Der einzig gerechte Krieg« (1926) wurde nach internationalen Protesten niedergeschlagen. 1933 emigrierte er über die Tschechoslowakei und Frankreich nach Moskau. In seinem autobiographisch gefärbten Roman »Abschied« (1940) schilderte er die Entwicklung eines Bürgersohns zum Marxisten.

Marcus Behmer

deutscher Zeichner und Grafiker des Jugendstils (*1.10.1897, Weimar), stirbt am 16. September in Berlin.

Behmer bildete sich als Autodidakt in Weimar, München, Frankreich und Florenz und wurde – beeinflusst von der englischen Buchkunst, vor allem von Aubrey Vincent Beardsley – einer der ersten Vorkämpfer für eine Erneuerung der buchkünstlerischen Gestaltung im Sinne des Jugendstils. Er schuf Illustrationen, Bucheinbände, Exlibris, Groteskzeichnungen (u. a. für die politisch-satirische Wochenschrift »Simplicissimus«) u. a.

Petr Bezruč

eigentl. Vladimír Vašek, tschechischer Dichter (*15.9.1867, Troppau), stirbt am 17. Februar in Olomouc.

Bezruč beschreibt in seiner Lyrik die wirtschaftliche und nationale Unterdrückung des tschechischen Volkes im oberschlesischen Industriegebiet. In seinen ab 1899 erscheinenden »Schlesischen Liedern« schildert er spontan, nicht ideologisch begründet, die soziale Not der Arbeiter und Bauern im polnisch-deutschen Grenzgebiet.

Leo Blech

deutscher Dirigent und Komponist (*22.4.1871, Aachen), stirbt am 25. August in Berlin.

Blech, der vor allem als Dirigent berühmt wurde, war von 1905 bis 1923 – ab 1913 neben Carl Muck und Richard Strauss als Generalmusikdirektor – und von 1926 bis zu seiner Emigration 1937 an der Berliner Hofoper (Staatsoper) und lebte dann in Riga und Stockholm, wo er 1941 bis 1949 Kapellmeister der Königlichen Oper war. 1949 bis 1953 dirigierte er wieder in Berlin. Er komponierte unter dem Einfluss seines Lehrers Engelbert Humperdinck Opern (»Aschenbrödel«, 1905), Lieder, Chorwerke und Klavierstücke.

Ferdinand Brückner

eigentl. Theodor Tagger, österreichischdeutscher Dramatiker (*26.8.1891, Wien), stirbt am 5. Dezember in Berlin (West).

Brückner gründete 1923 das Berliner Renaissance-Theater, das er mit seiner Frau bis 1927 leitete. 1933 kehrte er von Deutschland nach Österreich zurück, emigrierte im selben Jahr nach Frankreich, 1936 in die USA und nahm die US-Staatsbürgerschaft an. Nach seiner Rückkehr nach Deutschland (1951) wurde er 1953 Dramaturg am Schillertheater und am Schlossparktheater in Berlin (West). – Brückner errang mit dem von Sigmund Freuds Psychopathologie beeinflussten Stück »Krankheit der Jugend« 1926 seinen ersten, sensationellen Bühnenerfolg. Es folgten die bühnenwirksamen, in zündenden Dialogen geschriebenen zeit- und gesellschaftskritischen, zum Teil krass naturalistischen Stücke »Die Verbrecher« (uraufgeführt 1928), »Elisabeth von England« (1930) und »Die Rassen« (1933), eine Anklage gegen den Antisemitismus. Weitere Dramen: »Timon« (1932), »Simon Bolivar« (1945), »Heroische Komödie« (1948), »Der Tod einer Puppe« (1956), »Das irdene Wägelchen« (1957).

James Branch Cabell

US-amerikanischer Schriftsteller (*14.4.1879, Richmond/Virginia), stirbt am 5. Mai in Richmond.

Als Romantiker, der diese Romantik gleichwohl auch ironisierte und sarkastisch-satirisch darstellte, flüchtete sich Cabell aus der Gegenwart in die Vergangenheit, in der er sein in Südfrankreich gelegenes mittelalterliches Traumreich Poictesme ansiedelte. Das Hauptwerk der Poictesme-Reihe ist der Roman »Jürgen« (1919), der wegen sexueller Szenen einen Skandal verursachte.

Karl Erb

deutscher Sänger, Tenor (* 13.7.1877, Ravensburg), stirbt am 13. Juli in Ravensburg.

Erb, Autodidakt, kam 1907 an das Stuttgarter Hoftheater und war von 1913 bis 1925 Mitglied der Münchner Staatsoper. Er wurde als Opern-, Oratorien- und Liedersänger bekannt. Eine seiner Glanzrollen war der Evangelist in Johann Sebastian Bachs »Matthäus-Passion«.

Faisal II.

König des Irak seit 1939 bzw. 1953 (*2.5.1935, Bagdad), wird am 14. Juli während eines Staatsstreichs im Irak ermordet.

General Abd Al Karim Kasim proklamiert die Republik Irak. Der Umsturz ereignet sich wenige Monate nach Bildung der Arabischen Föderation durch die Königreiche Irak und Iran. Faisal war der Sohn und Nachfolger König Ghasis, bis 1953 stand er unter der Regentschaft seines Onkels Abd Allah.

Henri Farman

französischer Flugpionier und Flugzeugkonstrukteur (*26.5.1874, Paris), stirbt am 18. Juli in Paris.

Farman, ursprünglich Maler und Rennfahrer, stellte in den Jahren 1907 bis 1909 mehrere Flugrekorde auf und gründete 1912 mit seinem Bruder Maurice die Farman-Flugzeugwerke in Boulogne-Billancourt bei Paris, die zu Beginn des Zweiten Weltkriegs zu den größten Flugzeugwerken der Welt zählten.

Paul Fechter

deutscher Theater-, Kunst- und Literaturkritiker, Literarhistoriker und Biograph, der auch als Erzähler und Dramatiker hervortrat (*14.9.1880, Elbing), stirbt am 9. Januar in Berlin.

Fechter arbeitete, z. T. als Mitherausgeber, für die »Dresdner Neuesten Nachrichten«, die »Vossische Zeitung«, die »Deutsche Allgemeine Zeitung«, die »Deutsche Zukunft«, die »Deutsche Rundschau« und die »Neuen Deutschen Hefte«. Er verfasste Essays (»Der Expressionismus«, 1914, »Die Tragödie der Architektur«, 1921), literarhistorische Abhandlungen (»Dichtung der Deutschen«, 1932, »Geschichte der deutschen Literatur«, 1952, »Das europäische Drama«, 1956-1958) und Biographien (»Frank Wedekind«, 1920, »Gerhart Hauptmann«, 1922), ironisch-humoristische Berliner Romane und Romane aus seiner westpreußischen Heimat (»Das wartende Land«, 1931, »Die Fahrt nach der Ahnfrau«, 1935, »Die Gärten des Lebens«, 1939, »Alle Macht den Frauen«, 1950) sowie Reisebücher und Memoiren.

Lion Feuchtwanger

deutscher pazifistisch-sozialistischer Dramatiker und Erzähler (*7.7.1884, München), stirbt am 21. Dezember in Los Angeles.
Feuchtwanger, Sohn eines Fabrikanten, begann nach seiner Promotion als Dramatiker und Theaterkritiker zu arbeiten. Später betätigte er sich auch als Übersetzer und Bearbeiter indischer, griechischer und spanischer Dramen. 1918/19 nahm er an der Revolution im Deutschen Reich teil. Während einer Vortragsreihe in den USA wurden 1933 seine Bücher im Deutschen Reich öffentlich verbrannt, er selbst wurde ausgebürgert. 1933 bis 1940 hielt er sich in Südfrankreich auf. Nach einer Russlandreise wurde er 1940 beim Einmarsch der deutschen Truppen in Frankreich erneut inhaftiert, es gelang ihm die Flucht in die USA. In seinen Romanen beschäftigte er sich überwiegend mit der jüdischen Vergangenheit. Zu seinen bedeutendsten Romanen zählen »Die hässliche Herzogin Margarete Maultasch« (1923), der in der Veit-Harlan-Verfilmung zu trauriger Berühmtheit gelangte »Jud Süß« (1925) und die Trilogie »Der Wartesaal« (1930-1940), bestehend aus »Erfolg« (1930), »Die Geschwister Oppenheim« (1933) und »Exil« (1940). 1932, 1935 und 1945 erschien die »Josephus-Trilogie«, 1957 »Jefta und seine Tochter«.

Friedrich Forster

eigentl. Waldfried Burggraf, deutscher Dramatiker (*11.8.1895, Bremen), stirbt am 1. März in Bremen.
Forster war von 1933 bis 1937 Schauspieldirektor in München. Er schrieb bühnenwirksame Schauspiele in gekonnter dramaturgischer Technik, darunter das erfolgreiche Volksstück »Robinson soll nicht sterben!« (uraufgeführt 1932).

Walter Freitag

deutscher Gewerkschaftsführer und SPD-Politiker, DGB-Vorsitzender von 1952 bis 1956 (*14.8.1889, Remscheid), stirbt am 7. Juni in Herdecke.
Freitag zählte in der Weimarer Republik zu den führenden SPD-Politikern, während der NS-Diktatur war er zeitweilig in einem Konzentrationslager interniert. Von 1946 bis 1952 war er Vorsitzender der IG Metall. Als DGB-Vorsitzender (1952-1956) trat Freitag besonders für die paritätische Mitbestimmung ein.

Max Friedländer

deutscher Kunsthistoriker (*5.6. 1867, Berlin), stirbt am 11. Oktober in Amsterdam.
Friedländer, Sohn eines Bankiers, wurde 1904 zweiter und 1924 erster Direktor der Berliner Gemäldegalerie, leitete ab 1908 auch das Kupferstichkabinett und erwarb sich große Verdienste um die Erweiterung der Sammlungen. 1933 wurde der international renommierte Wissenschaftler von den Nationalsozialisten seiner Ämter enthoben und emigrierte 1938 nach Amsterdam. Friedländer zählte zu den bedeutendsten Kunstkennern seiner Zeit. Sein 14-bändiges Hauptwerk, »Die altniederländische Malerei« (1924-1937), wurde grundlegend für die Kenntnis und Deutung vieler Künstler und ihrer Werke, aber auch von Werkstattproblemen und Schulzusammenhängen. Er schrieb ferner Künstlermonographien (»Albrecht Dürer«, 1921, »Pieter Bruegel«, 1921, »Albrecht Altdorfer«, 1923, »Max Liebermann«, 1924«), die Studien »Der Holzschnitt« (1917) und »Die Gemälde von Lucas Cranach« (1932) sowie die »Essays über Landschaftsmalerei und andere Bildgattungen« (1947).

Maurice Gustave Gamelin

französischer General (*20.9.1872, Paris), stirbt am 18. April in Paris.
Gamelin, Generalstabschef der Armee ab 1931, war als Oberbefehlshaber der französischen und britischen Truppen seit Ausbruch des Zweiten Weltkriegs mitverantwortlich für die Niederlage Frankreichs, wurde 1940 abgelöst, stand 1942 in dem Diffamierungsprozess von Riom vor Gericht, wurde 1943 an Hitler-Deutschland ausgeliefert und blieb bis Kriegsende in deutscher Gefangenschaft.

Fjodor Wassiljewitsch Gladkow

sowjetischer Schriftsteller (*21.6.1883, Tschernawka/Saratow), stirbt am 20. Dezember in Moskau.
Gladkow hatte 1925 mit seinem Roman »Zement«, in dem er als erster in der sowjetischen Literatur die Industrialisierung zum Thema machte, großen Erfolg. Dieses später auch dramatisierte und verfilmte Werk wurde als erster sozialistischer Aufbauroman Standardlektüre der sowjetischen Schulkinder. Er verfasste außerdem die Romane »Ugrijumow erzählt vom Zuchthaus« (1927), »Neue Erde« (1932), »Energie« (1933) und die Erzählung »Eine kleine Triologie« (1936).

Richard Goldschmidt

US-amerikanischer Zoologe und Genetiker (*12.4.1878, Frankfurt am Main), stirbt am 25. April in Berkeley im US-Bundesstaat Kalifornien.
Goldschmidt, Neffe des deutschen Mineralogen und Geochemikers Victor Moritz Goldschmidt, leitete ab 1921 das Berliner Kaiser Wilhelm-Institut für Biologie und emigrierte 1935 in die USA, wo er Professor an der University of California in Berkeley wurde. Er arbeitete über Genphysiologie und genetische Probleme der Evolution und stellte eine Theorie der Geschlechtsbestimmung auf. Seine »Einführung in die Vererbungswissenschaft« (1971) wurde mehrmals aufgelegt. Weitere Werke: »Die quantitativen Grundlagen von Vererbung und Artbildung« (1920), »Theoretische Genetik« (1955).

Hans Grundig

deutscher Maler und Grafiker (*19.2.1901, Dresden), stirbt am 11. September in Dresden.
Grundig, Sohn eines Dekorationsmalers, ab 1926 KPD-Mitglied, während der NS-Zeit mehrfach in Haft, von 1940 bis 1945 im KZ Sachsenhausen, begann unter dem Einfluss von Otto Dix mit scharf beobachtender Sozialkritik im Sinn des Verismus (»Arbeitslose Zigarettenarbeiterin«, 1925), ehe er ab etwa 1930 zu dem für ihn typischen expressiven Realismus fand. Themen seiner Gemälde, Linolschnitte, Federzeichnungen, Radierungen und Illustrationen sind das Proletarierleben in der Großstadt (»Hungermarsch«, 1932), das unmenschliche System der NS-Diktatur (Triptychon »Das Tausendjährige Reich«, 1935-1938) und nach 1945 das Leben in der DDR (»Jugendtriptychon«, 1959).

Olaf Gulbransson

norwegischer Maler und Zeichner (*26.5.1873, Oslo), stirbt am 18. September in Tegernsee.
Gulbransson, einer der hervorragendsten Zeichner und Karikaturisten, übersiedelte 1902 nach München, wo er als Zeichner für die literarisch-politische Wochenschrift »Simplicissimus« tätig war. 1929 wurde er Professor an der Münchner Akademie. Mit Thomas Theodor Heine, dem Mitbegründer des »Simplicissimus«, Eduard Thöny und Bruno Paul gehörte er zu den Künstlern des »Simplicissimus«, die im wilhelminischen Deutschland Militarismus und Chauvinismus anprangerten, aber ab 1914 nicht mehr zu der früheren Klarheit ihrer Aussage fanden. Während des Dritten Reichs war Gulbransson gelegentlich zu Kompromissen gezwungen. Seine berühmtesten Mappenwerke sind »Berühmte Zeitgenossen« (1905) und »Aus meiner Schublade« (1912).

Hugo Häring

deutscher Architekt (*22.5.1882, Biberach an der Riss), stirbt am 17. Mai in Göppingen.
Häring war neben Hans Scharoun der bekannteste deutsche Vertreter der organischen Architektur, die er in seinen Siedlungsbauten in Berlin-Zehlendorf (1926) und Berlin-Siemensstadt (1929/30) zusammen mit Walter Gropius realisierte. Häring war Mitbegründer der Architektenvereinigung »Der Ring« (1923), als dessen Sekretär er eine stärkere Orientierung auf die sozialen Aufgaben der Architektur forderte. Von 1935 bis 1943 war Häring Leiter der Schule für Gestaltung, Kunst und Werk in Berlin.

Ernst Heinkel

deutscher Flugzeugkonstrukteur (*24.1.1888, Grunbach/Rems-Murr-Kreis), stirbt am 30. Januar in Stuttgart.
Heinkel, begeisterter Flieger, arbeitete ab 1911 für mehrere Flugzeugfirmen als Chefkonstrukteur. Im Jahr 1922 gründete er in Warnemünde die Ernst-Heinkel-Flugzeugwerke und entwickelte in der Folgezeit eine große Anzahl neuer Typen, neben Sportflugzeugen das erste europäische Schnellverkehrsflugzeug (He 70), den »Heinkel-Blitz« (1932), das als Bomber verwendete Verkehrsflugzeug He 111 (1935), die von einem Doppelmotor über eine gemeinsame Luftschraube angetriebene He 119 (1937), die drei internationale Geschwindigkeitsrekorde aufstellte; die He 176 (1939) als erstes Raketenflugzeug der Erde und im selben Jahr das erste Flugzeug mit Turbinen-Luftstrahlantrieb (He 178).

Juan Ramón Jiménez

spanischer Lyriker, Literaturnobelpreisträger 1956 (*24.12.1881, Moguer/Spanien), stirbt am 29. Mai in San Juan/Puerto Rico.
Jimenez, der wichtigste Vertreter des spanischen Modernismus, bezeichnete die 1914 erschienene Prosa-Elegie »Platero und ich« als »sentimentales Gedicht meiner Jünglingszeit«, doch gab gerade dieses Buch den Hauptausschlag dafür, dass er 1956 den Literaturnobelpreis erhielt. Erzählt wird die Geschiente des kleinen Esels Platero in einem andalusischen Dorf. Jiménez, der u. a. mit Rúben Darío befreundet war, hielt sich während des Spanischen Bürgerkriegs in den USA und in Kuba auf. 1951 siedelte er nach Puerto Rico über. Sein Werk hatte maßgeblichen Einfluss auf die spanischen und lateinamerikanischen Dichter der »poésie pure«. Weitere bekannte Gedichtsammlungen sind »Ewigkeiten« (1918), »Lied. Liebe und Dichtung jeden Tag« (1936) und »Tier vom Grund« (1949).

Frédéric Joliot-Curie

eigentl. Frédéric Joliot, französischer Physiker, Chemienobelpreisträger 1935 zusammen mit seiner Frau Irène Joliot-Curie (*19.3.1900, Paris), stirbt am 14. August in Paris.
Joliot wurde 1925 Mitarbeiter der zweimaligen Nobelpreisträgerin (Physik und Chemie) Marie Curie, deren Tochter Irène er heiratete, am Institut de Radium in Paris. Er bekleidete zahlreiche hohe wissenschaftliche Ämter, war von 1946 bis 1950 Hoher Kommissar der französischen Atomenergiekommission – aus der seine Frau aufgrund ihrer politischen Tätigkeit für die Kommunistische Partei ausgeschlossen wurde – und 1950 Präsident des kommunistisch orientierten Weltfriedensrates.

Mit seiner Frau führte Joliot-Curie zahlreiche Experimente durch, die bedeutend für die kernphysikalische Grundlagenforschung waren. Das Forscherpaar leistete die Vorarbeiten, die zur Entdekkung des Neutrons durch James Chadwick (1932) führten, und entdeckten die künstliche Radioaktivität, als sie Bor-, Aluminium- und Magnesiumatome mit Alphateilchen beschossen. Sie wiesen zahlreiche radioaktive Isotope nach und erforschten ihre Anwendung auf die Biochemie und Medizin; für die Entdeckung der künstlichen Radioaktivität und neuer radioaktiver Elemente bzw. Isotope erhielten sie 1935 den Chemienobelpreis verliehen. Nach der Entdeckung der Kernspaltung durch Otto Hahn (1938) erkannten sie, dass bei der Spaltung Neutronen freigesetzt werden und damit die Möglichkeit einer Kettenreaktion gegeben ist.

Ernest Jones
britischer Psychoanalytiker (*1.1.1879, Gower/Wales), stirbt am 11. Februar in London.
Jones, ab 1926 Direktor der London Clinic of Psychoanalysis, war einer der vertrautesten Schüler Sigmund Freuds und dessen Biograph (»Das Leben und Werk S. Freuds«, drei Bände, 1954).

Gottfried Kölwel
deutscher Schriftsteller (*16.10.1889, Beratzhausen bei Regensburg), stirbt am 21. März in München.
Der heimat- und naturverbundene Lyriker, Erzähler und Dramatiker Kölwel trat 1914 mit der Gedichtsammlung »Gesänge gegen den Tod« an die Öffentlichkeit. Seine bedeutendsten Werke sind die Memoiren »Das Jahr der Kindheit« (1935, 1942 unter dem Titel »Das glückselige Jahr), die Erzählung »Das Glück auf Erden« (1936), die Novellen »Der Bayernspiegel« (1941) und der Roman »Der verborgene Krug« (1944, 1952 unter dem Titel »Aufstand des Herzens«).

Rudolf von Laban
eigentl. Rudolf Laban von Varalya, ungarischer Choreograph und Tanzpädagoge, Schöpfer des modernen Ausdruckstanzes und der Tanzschrift (*15.12.1879, Pressburg), stirbt am 1. Juli in Weybridge in Großbritannien.
Nach Engagements an deutschen und schweizerischen Bühnen erwarb von Laban als Ballettmeister der Berliner Staatsoper von 1930 bis 1934 internationalen Ruhm. Im Jahr 1938 emigrierte er nach Großbritannien, wo er seine Arbeit fortsetzte, ab 1942 in einem eigenen Bewegungsstudio in Manchester. Laban ist der Begründer des modernen Ausdruckstanzes, den er mit den Kategorien Kraft/Bewegung, Zeit/Rhythmus und Raum/Richtung definierte. Seine berühmtesten Schülerinnen waren Mary Wigman und Gret Palucca.
Er erforschte außerdem die allgemeinen Merkmale und Gesetze rhythmischer Bewegung, grenzte sie gegenüber anderen musischen Bereichen ab (Musik, Theater) und entwickelte eine Tanzschrift, die internationale Verbreitung fand.

Ernest Orlando Lawrence
US-amerikanischer Physiker, (*8.8.1901, Canton/Süd-Dakota), stirbt am 27. August in Palo Alto im US-Bundesstaat California.
Lawrence, einer der führenden Wissenschaftler des US-amerikanischen Atomenergieprojekts, entwickelte 1929/30 das Zyklotron. Mit Hilfe dieses Teilchenbeschleunigers zur Vielfachbeschleunigung von Ionen gelang ihm die Herstellung zahlreicher Radioisotope. 1939 erhielt er dafür den Physiknobelpreis.

Mechthilde von Lichnowsky
geborene Gräfin von und zu Arco-Zinneberg, in zweiter Ehe verheiratete Peto, deutsche Lyrikerin, Erzählerin, Dramatikerin und Essayistin (*8.3.1879, Schloss Schönburg bei Griesbach im Rottal), stirbt am 4. Juni in London.
Mechthilde von Lichnowsky, Urgroßenkelin von Erzherzogin Maria Theresia, galt als eine der letzten »alten Damen« der deutschen Literatur im 20. Jahrhundert. Sie schrieb Romane aus der Welt des Adels vor 1914, ferner Dramen, Gedichte, Essays und – von Karl Kraus beeinflusste – aphoristische Prosastükke. Sich als Exponentin einer geistigen Aristokratie fühlend, verachtete sie den NS-Staat, in drei Kampfschriften beschäftigte sie sich mit der »Kreatur aus Braunau«. Als Hauptwerke gelten die Romane »Geburt« (1921) und »Delaide« (1937).

Roger Martin du Gard

französischer Schriftsteller, Literaturnobelpreisträger 1937 (*23.3.1881, Neuilly-sur-Seine), stirbt am 22. August in Bellême im Departement Orne.
Martin du Gard, aus einer großbürgerlichen Familie stammend, wandte sich nach dem Archäologiestudium und einer kurzen Tätigkeit als Archivar der Schriftstellerei zu und führte ab 1920 ein zurückgezogenes, unpolitisches Leben auf dem Bauernhof Bellême, wo er zwischen 1922 und 1940 sein Hauptwerk verfasste, den achtbändigen Romanzyklus »Die Thibaults«, für den er 1937 den Literaturnobelpreis verliehen bekam. Beeinflusst von Leo N. Tolstoi, zeichnete er realistisch-psychologisch ein Bild des seiner traditionellen Werte beraubten Bürgertums und der zwischen Katholizismus und Wissenschaftsgläubigkeit, Pazifismus und Revolutionsbegeisterung schwankenden Intellektuellen vor dem Ersten Weltkrieg.

Alexander Meißner
deutscher Funkpionier (*14.9.1883, Wien), stirbt am 3. Januar in Berlin.
Meißner, ab 1907 Mitarbeiter der Firma Telefunken in Berlin, war einer der Pioniere auf dem Gebiet der drahtlosen Technik. 1911 konstruierte er den Telefunken-Kompass (Drehfunkfeuer) für die Navigation von Luftschiffen, erfand 1913 die Rückkopplung und führte den Überlagerungsempfang ein. Sein »Schwingaudion« war empfindlicher als alle anderen Empfänger.

Walter Reichsritter von Molo
deutscher Erzähler (*14.6.1880, Sternberg/Nordmähren), stirbt am 27. Oktober in Hechendorf bei Murnau.
Von Molo zählte zu den führenden bürgerlich-demokratischen Kulturpolitikern der Weimarer Republik. Er war von 1928 bis 1930 Präsident der Deutschen Dichterakademie und lebte ab 1933 in »innerer Emigration« auf seinem Hof in Oberbayern. In seinen breitangelegten historischen Romanen behandelt er das Schicksal großer Deutscher aus heroisch-idealistischer Sicht: »Klaus Tiedemann, der Kaufmann« (1908,1912 unter dem Titel »Die Lebenswende«, 1928 unter dem Titel »Das wahre Glück«), »Schiller« (Tetralogie mit den Titeln »Ums Menschtum«, »Im Titanenkampf«, »Die Freiheit«, »Den Sternen zu«, 1912-1916), »Fridericus« (1918), »Luise« (1919), »Das Volk wacht auf« (1921; diese drei Romane 1922 unter dem Sammeltitel »Ein Volk wacht auf«), »Mensch Luther« (1928), »Geschichte einer Seele« (Kleist-Roman, 1938).

George Edward Moore
englischer Philosoph (*4.11.1873, London), stirbt am 24. Oktober in Cambridge.
Moore wandte sich, wie Bertrand Russell, gegen die neuidealistischen Strömungen in der Philosophie und gilt als Begründer des englischen Neurealismus. Seine Lehre steht der Russells in mancher Hinsicht recht nahe und ist fast ebenso einflussreich wie die Russells. Bei der von ihm und Russell um 1900 begründeten analytischen Philosophie wird die Vernunftkritik ersetzt. Die Sprache der Philosophie sollte auf die Alltags- bzw. Umgangssprache reduziert werden, in der sich der »common sense« (gesunder Menschenverstand) unverfälscht ausdrückt. Zu seinen Hauptwerken zählen »Principia ethica« (1903), »Eine Verteidigung des common sense« (1925).

Georg Munk
eigentl. Paula Buber, geborene Winkler, deutsche Schriftstellerin (*14.6.1877, München), stirbt am 11. August in Venedig in Italien.
Die mit dem jüdischen Religionsforscher und Religionsphilosophen Martin Buber verheiratete Paula Buber veröffentlichte unter dem Pseudonym Georg Munk die unter dem Einfluss der Romantik stehenden Romane und Erzählungen »Die unechten Kinder Adams« (1912), »Irregang« (1916), »Die Gäste« (1927), »Am lebendigen Wasser« (1952) und »Mukkensturm« (1953).

Imre Nagy

ungarischer kommunistischer Politiker, Ministerpräsident 1953 bis 1956, erneut Ministerpräsident 1956, einer der Führer des niedergeschlagenen Volksaufstands von 1956 (*7.6.1896, Kaposvár), wird vermutlich am 16. Juni nach seiner Verschleppung durch sowjetische Truppen hingerichtet, vielleicht in Budapest. Sein Tod löst weltweit Empörung aus.
Nagy, Bauernsohn und gelernter Schlosser, geriet während des Ersten Weltkriegs in russische Kriegsgefangenschaft und kämpfte nach seiner Entlassung während des russischen Bürgerkriegs auf Seiten der Roten Armee. Er war Mitarbeiter des Moskauer Agrarinstituts und leitete im Zweiten Weltkrieg den ungarischen Sender des Moskauer Rundfunks. 1944 kehrte er nach Ungarn zurück, bekleidete mehrere Ministerposten – als Landwirtschaftsminister führte er 1944/45 eine grundlegende Agrarreform durch – und wurde 1953 erstmals Ministerpräsident. Im April 1955 wurde Nagy jedoch wegen seiner »weichen«, antistalinistischen Haltung aus allen Partei- und Staatsämtern entlassen. Nach dem Sturz des stalinistischen Parteiflügels wurde er im Oktober 1956 erneut Ministerpräsident und war einer der Führer des ungarischen Volksaufstands. Nach der Niederwerfung wurde er von sowjetischen Truppen verschleppt.

Vítězslav Nezval
tschechischer Dichter (*26. 5. 1900, Biskupovice bei Trebitsch), stirbt am 6. April in Prag.
Nezval war einer der Hauptvertreter des Logik und Form ablehnenden Poetismus, einer tschechischen Literaturbewegung, die 1924 durch seine Gedichtsammlung »Pantomime« eingeleitet wurde und 1928 durch das mit Karel Teige verfasste »Manifest des Poetismus« ihre programmatische Formulierung erhielt. Sein Hauptwerk ist die 1934 erschienene Gedichtsammlung »Ein Lebewohl und ein Winken«. Eine Stimmung spielerischen Humors, eine heitere Sinnlichkeit, eine Vorliebe für das Exotische und das Primitive sowie eine bewusste Naivität sind charakteristisch für den Poetismus.

Wolfgang Pauli
schweizerisch-US-amerikanischer Physiker österreichischer Herkunft, einer der maßgeblichen theoretischen Physiker des 20. Jahrhunderts, Mitbegründer der modernen Quantentheorie, Physiknobelpreisträger 1945 (*25.4.1900, Wien), stirbt am 15. Dezember in Zürich.
Pauli, Sohn eines Chemikers, wurde 1926 Professor in Hamburg und 1928 an der Eidgenössischen Technischen Hochschule in Zürich. Von 1940 bis 1946 war er zugleich Mitarbeiter am Institute for Advanced Study in Princeton im US-Bundesstaat New Jersey. 1946 nahm er die US-Staatsbürgerschaft an.
Mit der Entdeckung neuer Anwendungsmöglichkeiten verhalf Pauli der Relativitätstheorie und der Quantenmechanik zum Durchbruch. Bekannt wurde er 1925 durch die Formulierung des nach ihm benannten Pauli-Prinzips, nach dem mehrere Elektronen, die zur Hülle eines Atoms gehören, nur Zustände einnehmen können, die sich in mindestens einer Quantenzahl unterscheiden. Dieses grundlegende Prinzip der Mikrophysik hatte weitreichende Folgen für das Verständnis des Aufbaus der Atomhülle und damit des Periodensystems sowie für die Kernphysik.

Alfred Heinrich Pellegrini
schweizerischer Maler (* 10.1.1881, Basel), stirbt am 5. August in Basel.
Pellegrini, u. a. Schüler von Adolf Hoelzel in Stuttgart, schuf vor allem monumentale Fresken, so im Treppenhaus des Kunsthauses Basel (1919), im Strafgerichtssaal (1926, 1952) und am Stadtkasino (1941) in Basel. Der monumentale Stil dieser Fresken prägt auch seine Tafelbilder, Landschaften, Bildnisse und Figurenbilder.

Pius XII.

vorher Eugenio Pacelli, Papst seit 1939 (*2.3.1876, Rom), stirbt am 9. Oktober in der päpstlichen Sommerresidenz Castel Gandolfo.

Eugenio Pacelli wurde 1917 Titularerzbischof und Nuntius in München, war 1920 bis 1929 in Berlin, wurde 1929 in den Kardinalsrang erhoben und avancierte 1930 zum Kardinalstaatssekretär von Pius XI., dem er 1939 im Amt nachfolgte. Nach dem Ausbruch des Zweiten Weltkriegs verhielt er sich nach außen hin neutral, versuchte auf diplomatischem Weg und durch das Päpstliche Hilfskomitee, Verfolgungen zu verhindern und Not zu lindern, schwieg aber offiziell zur Judenvernichtung im Deutschen Reich und verharmloste den Nationalsozialismus, während er den Kommunismus verdammte. 1949 drohte er für die Mitgliedschaft in kommunistischen Parteien die Exkommunikation an und untersagte Katholiken die Lektüre kommunistischer Bücher. Als absoluter Monarch führte er ein zentralistisches, autoritäres Regiment. Das Dogma von der leiblichen Himmelfahrt Marias (1950) vertiefte die Kluft zwischen Katholizismus und Protestantismus.

Georges Rouault

französischer Maler und Grafiker des Expressionismus (*27.5.1871, Paris), stirbt am 13. Februar in Paris.

Rouault, einer der Hauptmeister der französischen Malerei im 20. Jahrhundert, begann als Glasmaler und restaurierte mittelalterliche Glasfenster, ehe er an der École des Beaux-Arts in der Klasse Gustave Moreaus zu malen begann und ab 1900 auf Anregung des religiösen Schriftstellers Léon Bloy den Verlust der Humanität in Bildserien von Clowns, Prostituierten, Richtern und Gerichtsszenen anprangerte. Bis 1917 dominierten diese sozialen Sujets, die folgenden zehn Jahre schuf Rouault fast ausschließlich Druckgrafiken (Aquatinta-Zyklus »Guerre et Miséréré«, 1917–1927). Ab Ende der 20er Jahre malte er wieder seine von tiefer mystischer, mitleidvoller Empfindsamkeit geprägten Bilder von Clowns, Pierrots, Frauen, dem Leiden Christi und Szenen aus dem Alten Testament. 1945 erhielt er den Auftrag für fünf Glasfenster in der Kirche von Assy. 1948 verbrannte er 315 Bilder, meist aus seinem Frühwerk. Rounaults Gemälde mit ihrer intensiven Farbigkeit und den markanten Konturlinien lehen sich stark an die Glasmalerei an.

Reinhold Schneider

deutscher katholischer Romancier, Erzähler, Dramatiker und Essayist, Historiker und Kulturphilosoph (*13.5.1903, Baden-Baden), stirbt am 6. April in Freiburg im Breisgau.

Schneider erhielt 1940 von den Nationalsozialisten Schreibverbot, publizierte illegal weiter und wurde einer der Hauptvertreter des katholisch-geistlichen Widerstands gegen den Faschismus in Deutschland. 1944 wurde er wegen »Vorbereitung zum Hochverrat« angeklagt, doch verhinderte der Zusammenbruch des NS-Regimes den Prozess. 1956 erhielt er den Friedenspreis des Börsenvereins des Deutschen Buchhandels. In seinen überwiegend biographischen und historischen Werken ist Schneider um eine geschichtlich fundierte Sinndeutung des Lebens bemüht, wobei er der göttlichen Gnade mehr Gewicht zuerkennt als dem menschlichen »Sich-Bemühen«. Als sein Meisterwerk gilt die Erzählung »Las Casas vor Karl V. Szenen aus der Konquistadorenzeit« (1938). Weitere Werke: »Der große Verzicht« (Drama, 1950), »Die Sonette von Leben und Zeit, dem Glauben und der Geschichte« (Gedichte, 1954), »Erbe und Freiheit« (Essays, 1955), »Die silberne Ampel« (Roman, 1956).

Walther Schreiber

deutscher CDU-Politiker, Regierender Bürgermeister von Berlin 1953 bis 1955 (*10.6.1884, Pustleben/Wipperdorf im Landkreis Nordhausen), stirbt am 30. Juni in Berlin.

Schreiber, von 1925 bis 1932 als Vertreter der DDP preußischer Handelsminister, war 1945 Mitbegründer der CDU in Berlin und der Sowjetischen Besatzungszone, wurde jedoch im selben Jahr als zweiter Vorsitzender abgesetzt. Ab 1947 leitete er als Vorsitzender die Berliner CDU und wurde 1953 zum Regierenden Bürgermeister gewählt als Nachfolger des verstorbenen Ernst Reuter (SPD).

Jewgeni Lwowitsch Schwarz

sowjetischer Dramatiker („21.10.1896, Kasan), stirbt am 15. Januar in Leningrad.

Die mit märchenhaften Elementen versetzten und oft für Jugendbühnen geschriebenen Dramen von Jewgeni Schwarz entsprachen nicht der politischen Orientierung in der UdSSR, wurden zwar meist aufgeführt, von der offiziellen Kritik jedoch wenig beachtet. Seine berühmtesten Stücke sind »Der Schatten« (1940) und »Der Drache« (entstanden 1943/44), in dem sich das Märchenelement der politischen Satire nähert (Schwarz will die duldende Hinnahme staatlicher Gewalt anprangern).

Albert Soergel

deutscher Literarhistoriker (*15.6.1880, Chemnitz/Karl-Marx-Stadt), stirbt am 27. September in Karl-Marx-Stadt.

Soergel verfasste die Literaturgeschichte »Dichtung und Dichter der Zeit. Eine Schilderung der deutschen Literatur der letzten Jahrzehnte« (1911), »Im Banne des Expressionismus« (1925) und »Dichter aus deutschem Volkstum« (1934).

Michail Michailowitsch Soschtschenko

sowjetischer satirischer Schriftsteller (*10.8.1895, Petersburg/Leningrad), stirbt am 22. Juli in Leningrad.

Soschtschenko, Sohn eines Kunstmalers, 1918/19 Offizier der Roten Armee, lebte ab 1921 als freier Schriftsteller und wurde mit seinen humoristisch-kritischen Schilderungen des sowjetischen Alltagslebens einer der beliebtesten und meistgelesenen Schriftsteller der UdSSR. 1946 wurde er wegen unpolitischen Verhaltens aus dem sowjetischen Schriftstellerverband ausgeschlossen, nach 1953 jedoch rehabilitiert. Zu seinen Hauptwerken zählen die satirischen Erzählungen »Was die Nachtigall sang« (1927), »Das Himmelblaubuch« (1934) und »Die Abenteuer eines Affen« (1946).

Mike Todd

eigentl. Avrom Goldenbogen, US-amerikanischer Bühnen- und Filmproduzent (*22.6.1907, Minneapolis), kommt am 21. März bei einem Flugzeugabsturz in den Zuni Mountains im US-Bundesstaat New Mexico ums Leben.

Todds wichtigste Produktion war der Film »In 80 Tagen um die Welt« (1956). Seinen Plan, mit seiner Frau Elizabeth Taylor als Dulcinea eine aufwendige Verfilmung des Romans »Don Quijote« von Miguel de Cervantes zu produzieren, verhindert der Flugzeugabsturz, bei dem Todd und sein Biograph Art Cohn umkommen. Zur Entwicklung des Films trug Todd durch Unterstützung eines neuen Breitwand-Verfahrens in 70-mm-Format bei, das er Mitte der 50er Jahre unter der Bezeichnung »Todd-AO« auf dem Markt durchsetzen konnte. Außer »In 80 Tagen um die Welt« entstand auch sein Film »Oklahoma!« (1956) in diesem effektvollen Verfahren.

Maurice de Vlaminck

französischer Maler, Grafiker und Schriftsteller, Hauptmeister des Fauvismus (*4.4.1876, Paris), stirbt am 11. Oktober in Rueil-la-Gadelière im Departement Eure-et-Loire.

De Vlaminck, einer der Begründer und Hauptvertreter des Fauvismus – er wird vielfach als »der« Fauve bezeichnet –, schlug sich als Profi-Radrennfahrer und Geiger durch, eher er 1900 zur Malerei kam. Unter dem Einfluss von Vincent van Gogh »habe ich die Farbtupfen auf meine Leinwand gepresst und habe nur Zinnoberrot, Chromgelb, Grün und Preußischblau verwendet, um gellend hinauszuschreien, was ich zu sagen hatte«. In der Zeit von 1908 bis 1914 fand er unter dem Eindruck der Gemälde Paul Cézannes zu ausgewogeneren Kompositionen, ehe er sich 1915 erneut einem spannungsgeladenen realistischen Expressionismus zuwandte und später wieder gegenstandsgetreuer malte. Vlaminck schuf nicht nur Gemälde und Grafiken – darunter Holzschnitte mit Ansichten von Paris und Umgebung –, sondern veröffentlichte auch etwa 20 Bücher, Romane (ins Deutsche wurde übersetzt »Gefährliche Wende«, 1929), Gedichte, Memoiren und Kritiken.

John Broadus Watson

US-amerikanischer Psychologe, Begründer des Behaviorismus (*9.1.1878, Greenville/Südkarolina), stirbt am 25. September in New York.

Watson, von 1908 bis 1920 Professor für experimentelle und vergleichende Psychologie an der Johns Hopkins University in Baltimore, danach in der Werbung tätig, lehnte die Selbstbeobachtung und das unmittelbare Verstehen fremden Seelenlebens als psychologische Methoden ab, forderte die Anwendung naturwissenschaftlicher Verfahren auf die Psychologie und wurde zum Hauptbegründer des Behaviorismus, der »subjektive« (psychische) und »objektiv erfassbare« Vorgänge streng trennt und sich nur mit letzteren befasst. Der Behaviorismus beschreibt und erklärt Verhaltensvorgänge, enthält sich jedoch jeder seelischen Deutung. Das Verhalten wird nach dem Reiz-Reaktions-Schema gedeutet. – Von Watsons Beiträgen zur Psychologie des Säuglings und des Kleinkinds wurden Pädagogik, Verhaltens- und Milieutherapie stark beeinflusst.

Alfred Weber

deutscher Nationalökonom und Soziologe (*30.7.1868, Erfurt), stirbt am 2. Mai in Heidelberg.

Weber, Bruder des Sozialökonomen, Wirtschaftshistorikers und Soziologen Max Weber, war von 1907 bis 1933 und erneut ab 1945 Professor in Heidelberg. Er entwickelte eine multikausale historisch-soziale Kulturtheorie und die industrielle Standortlehre. Eines von Webers Hauptwerken ist das geschichtsphilosophisch-historische Werk »Kulturgeschichte als Kultursoziologie« (1935). Weitere Werke: »Über den Standort der Industrie: Reine Theorie des Standorts« (1909), »Religion und Kultur« (1912), »Die Krise des modernen Staatsgedankens in Europa« (1925), »Ideen zur Staats- und Kultursoziologie« (1927), »Das Tragische und die Geschichte« (1943), »Abschied von der bisherigen Geschiente« (1946), »Prinzipien zur Geschichts- und Kultursoziologie« (1951), »Der Dritte oder der Vierte Mensch« (1953).

Jens Ferdinand Willumsen

dänischer Maler, Grafiker, Bildhauer und Architekt (*7.9.1863, Kopenhagen), stirbt am 4. April in Cannes in Frankreich.

Willumsen lernte während eines Frankreichaufenthalts 1890 bis 1894 Paul Gauguin und die Künstlerkolonie von Pont-Aven kennen und schuf in der Folgezeit Gemälde, dekorative Arbeiten, Skulpturen und Keramiken sowie Radierungen und Lithografien, die teils dem Symbolismus, teils dem Jugendstil zuzuordnen sind. Ab 1916 lebte er vor allem in Südfrankreich. Hier entstand sein vom Expressionismus geprägtes Spätwerk (Landschaften, Venedig-Gemälde).

Florian Witold Znaniecki

polnisch-US-amerikanischer Soziologe (*15.1.1882, Swiatniki Górne), stirbt am 23. März in Champaign im US-Bundesstaat Illinois.

Znaniecki, der 1921 das Soziologische Institut in Posen gründete und ab 1940 an der Universität Illinois lehrte, verarbeitete in seinem zusammen mit William Isaac Thomas verfaßten fünfbändigen Hauptwerk, »Der polnische Bauer in Europa und Amerika« (1918–1921), autobiographisches Material und lieferte damit einen wichtigen Beitrag zur Entwicklung qualitativer Methoden in der empirischen Sozialforschung.

Personenregister

Das Personenregister enthält alle in diesem Buch genannten Personen (nicht berücksichtigt sind mythologische Gestalten und fiktive Persönlichkeiten sowie Eintragungen im Anhang mit Ausnahme des Nekrologs). Die Herrscher und Angehörigen regierender Häuser mit selben Namen sind alphabetisch nach den Ländern ihrer Herkunft geordnet. Kursive Zahlen verweisen auf Abbildungen.

Sachregister

Das Sachregister enthält Suchwörter zu den in den einzelnen Artikeln behandelten Ereignissen sowie Hinweise auf die im Anhang erfassten Daten und Entwicklungen. Kalendariumseintrage sind nicht in das Register aufgenommen. Während politische Ereignisse im Ausland unter den betreffenden Ländernamen zu finden sind (Beispiel »Algerienkonflikt« unter »Frankreich«), wird das politische Geschehen in der Bundesrepublik Deutschland unter den entsprechenden Schlagwörtern erfasst. Begriffe zu herausragenden Ereignissen des Jahres sind ebenso direkt zu finden (Beispiel: »Qemoykrise« eben dort). Ereignisse und Begriffe, die einem großen Themenbereich (außer Politik) zuzuordnen sind, sind unter einem Oberbegriff auf gelistet (Beispiel: »Luftfahrt« unter »Verkehr«).

Bildquellenverzeichnis

Audi AG, Ingolstadt (1); Kurt Bethge, Hanau (1); Ilse Buhs, Stuttgart (1); Deutsche Lufthansa, Frankfurt (1); Deutsche Presse-Agentur, Frankfurt (44); Giselher Ernst, Stuttgart (1); Eupra-Bildarchiv, München (1); Norbert Fischer, Dietzenbach (1); Ford AG, Köln (1); Claus Hansmann, München (1); Rudi Herzog, Wiesbaden (1); Harenberg Kommunikation, Dortmund (333); Martina Kaiser, Berlin (1); Archiv Dr. Karkosch, München (2); Katholische Nachrichtenagentur, Bonn (3); Keystone Pressedienst, Hamburg (120); Horst Müller, Düsseldorf (1); Norddeutscher Rundfunk, Hamburg (1); Pressestelle des Landtags des Saarlandes, Saarbrücken (1); Roebild, Frankfurt (2); Schweizerische Radio- und Fernsehgesellschaft, Bern (1); Sekretariat der deutschen Bischofskonferenz, Bonn (1); Staatstheater Stuttgart (1); Süddeutscher Verlag, München (14); Volkswagen AG, Wolfsburg (1); Votava, Wien (1); Klaus zu Klampen, Ahaus (1)